조세 없는 민주주의의 기원

조세 없는 민주주의의 기원

1934~60년 세무 기구 분석

1판1쇄 | 2022년 2월 21일

지은이 | 손낙구

펴낸이 | 정민용
편집장 | 안중철
편집 | 강소영, 윤상훈, 이진실, 최미정

펴낸곳 | 후마니타스(주)
등록 | 2002년 2월 19일 제2002-000481호
주소 | 서울 마포구 신촌로14안길 17, 2층 (04057)
전화 | 편집_02.739.9929/9930 영업_02.722.9960 팩스_0505.333.9960

블로그 | blog.naver.com/humabook
트위터, 페이스북, 인스타그램 | @humanitasbook
이메일 | humanitasbooks@gmail.com

인쇄 | 천일문화사_031.955.8083 제본 | 일진제책사_031.908.1407

값 30,000원

ISBN 978-89-6437-396-5 94300
     978-89-90106-64-3 (세트)

조세 없는 민주주의의 기원

1934~60년 세무 기구 분석

손낙구 지음

후마니타스

일러두기

1. 단행본·정기간행물에는 겹낫표(『 』)를, 논문·기사·기고문·보고서 등에는 홑낫표(「 」)를 사용했다.
2. 인용문 안의 대괄호([ ])는 저자의 첨언이다.
3. 한글 전용을 원칙으로 하되 필요한 경우 한자 및 원어를 병기했다.
4. 참고문헌의 확인 및 검색 편의를 위해 해방 이후 발간된 한국어 문헌의 서지 사항은 한글로 표기했다.

차례

책을 펴내며 · 10

1부   조세는 어떻게 국가를 만들고 변화시켰는가 · 15

  1장 │ **조세와 근대국가의 형성 : 유럽과 한국의 비교** · 17

    1 유럽 근대국가 형성과 조세 · 17
    2 조세로 본 한국 근대국가 형성의 특징 · 69

2부   대표와 동의 없는 과세 : 일제하 독립적 세무 기구 분석 · 109

  2장 │ **왜 일제하 세무 관서를 연구하는가** · 111

    1 조세 없는 민주주의의 역사적 기원을 찾아서 · 111
    2 일제하 세무 관서 연구의 현황과 과제 · 116
    3 제도의 변화, 부과 징수 체계, 인력 운용 분석 · 125

  3장 │ **일제하 세무 관서의 설치와 제도의 변화** · 129

    1 조선총독부 세무 관서의 설치와 제도적 특징 · 129
    2 세무 관서 제도의 변화 · 173

4장 | **일제하 세무 관서의 부과 징수 체계: 개인소득세 부과 징수와 소득조사위원회를 중심으로** · 215

1 일본과 조선의 개인소득세 부과 징수 제도 · 215

2 개인소득세의 부과 징수와 소득조사위원회 · 264

5장 | **일제하 세무 관서의 인력 운용** · 317

1 세무 관서의 세무 인력 · 317

2 세무 인력의 교육 훈련과 조선인 · 361

3부　**조세 없는 민주주의의 형성: 해방 후 세무 기구 분석** · 433

6장 | **해방 후(~1960년) 세무 기구의 정비와 운영** · 435

1 세무 기구의 정비 · 435

2 해방 전후 세무 관리의 연속성 · 442

3 해방 후 세무 관리의 조세관 · 466

4 소득세법의 제·개정과 정부 주도성 · 478

5 개인소득세 징수 제도의 변화 · 499

참고문헌 · 516

찾아보기 · 564

◆ 그림 차례

3-1. 조선총독부 세무 감독국(및 도 재무부) 조직의 변화(1934~45년)   193

3-2. 조선총독부 세무서 조직의 변화   196

4-1. 1934년분 개인소득세의 부과 징수 절차   270

4-2. 1934년 개인소득세의 창설을 알리는 전단지(독립기념관 소장)   277

4-3. 1934년 개인소득세 신고서 앞면(독립기념관 소장)   278

6-1. 해방 후 세무 기구 조직의 변화(1948~61년)   441

6-2. 근로소득 원천징수 개념도(1950년 5월)   508

◆ 표 차례

1-1. 유럽 각국 노동자 권력 자원의 성장과 보통선거권, 사회보험제도 도입
시기(19세기~20세기 중반)   44

1-2. 1980년대 복지 체제별 노동자의 권력 자원과 노동시장, 복지제도, 재분배 지표   56

1-3. 조세수입·차입금·해외 원조·외자도입의 추이(1948~81년)   82

1-4. OECD 국가별 조세와 복지의 재분배 효과(2019년 및 최근 연도 기준)   93

3-1. 세무 감독국의 주요 현황(1934년)   151

3-2. 세무 감독국의 직원 배치(1934년)   156

3-3. '세무서 정원 배치 예정표'(1934년 4월 12일)에 나타난 세무서 현황   158

3-4. 일본·대한제국·조선총독부·해방 후의 세무 기구 관련 법령의 형식 비교   162

3-5. 대한제국·조선총독부·일본·해방 후의 세무 기구 비교   164

3-6. 대한제국·조선총독부·일본·해방 후 세무 집행 기관의 직원 구성   167

3-7. 대한제국·조선총독부·일본·해방 후 세무 감독 기관의 직원 구성   168

3-8. 대한제국과 조선총독부의 민족별·관등별·고용 형태별 세무 직원 현황   170

3-9. 대한제국·조선총독부·일본·해방 후의 인구·면적 대비 세무 기구 규모 비교   172

3-10. 1934~43년 내국세 신설 세목 현황   175

3-11. 세무 관서 설치 이후 조세의 변화(1934~43년)   176

3-12. 세무 관서의 정원과 재직 인원(현원) 추이(1934~43년)   190

3-13. 조선총독부 지방 행정 기구 개혁 요강(1943년) 203

3-14. 조선총독부 도 재무부의 사무 분장(1943년 12월~1945년) 206

3-15. 도 재무부(이재과 및 회사감사과 제외) 직원 정원표(1944년 5월 31일 전후) 207

3-16. 경기도 세무서의 사무 분장(1943년 12월 1일) 210

3-17. 도 세무서 직원 정원표(1944년 5월 31일 전후) 212

4-1. 조선소득세령의 주요 내용(1934년 5월 현재) 225

4-2. 일본·조선·대만의 소득조사위원회 제도 비교(1934년 기준) 258

4-3. 제3종 소득세 조사 결정 추이(1935~42년) 261

4-4. 광주·평양 세무 감독국의 제3종 소득세 조사 결정 추이(1935~36년) 262

4-5. 세무서의 제3종 소득 조사 계획서의 주요 내용(1934년) 272

4-6. 지불 조서로 본 조선사편수회 직원 소득 현황 285

4-7. 경성 세무 감독국 관할구역의 개인소득세 신고·조사 비교(1935~38년, 1942년) 290

4-8. 경성 세무 감독국 관내 세무서의 1934년분 개인소득 결정 현황 297

4-9. 제3종 소득세 조사 결정 추이(1935~42년) 302

4-10. 경성 세무 감독국 소득심사위원회 위원(1934~43년) 307

4-11. 개인의 결정 소득에 대한 소득 심사청구 결과(1935~38년, 1942년) 310

5-1. 판임관 임용 자격별 인원(1940년 2월 1일 현재) 325

5-2. 임용 연도별 조선인 세무 관리 재직자 수 추이(1934~42년) 330

5-3. 세무 인력 규모의 변화(1934~42년) 332

5-4. 세무 기구별 직원 현황(1939년 4월) 335

5-5. 연도별 세무서 수와 조선인 세무서장 수 현황 349

5-6. 조선인 세무서장의 관등별 분포(서장 재임 시 최종 관등 기준) 350

5-7. 세무서 조선인 과장 현황(1934~39년) 355

5-8. 내국세 중 직·간접세 징수 및 세무서 겸임·비겸임 과장 수 현황(1934~39년) 356

5-9. 경성 세무 감독국의 직원 정신 수양 교육 364

5-10. 조선 총독 훈시 납세 설득 논리의 키워드 변화 추이 366

5-11. 재무국장 미즈타의 이도 관련 정신교육 내용 구성(1941년) 370

5-12. 조선총독부 주최 세무 강습회 현황(1934~44년)   378

5-13. 세무 감독국 주최 세무 강습회 현황(1934~41년)   382

5-14. 조선총독부 세무 관리 양성소 학과목과 강사(1940년 2월)   386

5-15. 조선총독부 세무 관리 양성소 제1~3회 교육 현황   387

5-16. 조선총독부 세무 관리 양성소 제4~6회 교육생 모집 현황   388

5-17. 조선총독부 주최 세무 강습회 조선인 수강생 현황(1935~39년)   390

5-18. 대구감독국 세무 강습회 조선인 수강생   394

5-19. 조선총독부 세무 관리 양성소 조선인 졸업생 현황   397

5-20. 조선총독부 세무 강습회 이후 조선인 수강생의 세무 관리 경력   401

5-21. 대구 세무 감독국 세무 강습회 조선인 수강생의 이후 관리 경력   404

5-22. 세무 관리 양성소 조선인 졸업생의 세무 관리 경력   406

5-23. 세무 관서 주산 경기회 조선인 참가 및 입상자 현황(1935~39년)   411

5-24. 세무 감독국 주최 주산 경기회 입상 조선인 고원의 세무 관리 임용 현황   416

6-1. 1950년과 1960년의 지방 세무 행정기관 현황   438

6-2. 미군정 임명사령에 나타난 도 재무부 부·과장 및 세무서 서·과장 현황   446

6-3. 사세국과 사세청 과장급 이상 신규 임명자 중 일제하 세무 관리 경력자 현황(1949년,

    1951~60년)   453

6-4. 신규 임명 세무서장 중 일제하 세무 관리 경력자 현황(1949~60년)   456

6-5. 제1공화국 서장급 이상 세무 관리 중 조선총독부 세무 관리 경력자 현황(1949~60년)

    459

6-6. 세무 공무원 양성소 강사 중 조선총독부 관리 경력자 현황   462

6-7. 해방 후 조세·재정학 관련 저서의 조세론 목차 구성   469

6-8. 간베 마사오와 김만기의 조세의 중요성과 근거에 대한 목차 구성   474

6-9. 세제개혁위원회의 구성(1948년)   481

6-10. 제헌국회 제2~4회 재정경제위원회 제3분과 위원 현황   489

6-11. 제1공화국기 소득세법(조세특례법) 제·개정 현황   497

책을 펴내며

이 책 전체를 통해 필자는 '왜 한국에서는 조세 문제가 민주주의 체제 안이 아니라 바깥에 존재하게 되었는가'에 대해 말하려한다.

최근 10년간 이 주제를 스스로 풀어야 할 화두로 삼게 된 사연은 이렇다. 필자는 2008년에 『부동산 계급사회』, 2010년에 『대한민국 정치사회지도』를 펴냈다. 그때 나이가 40대 후반이었는데, 20대 중반에 시작한 노동운동을 마무리하고 활동 공간을 국회로 옮겨 의원 보좌관 4년을 경험하고 나서 쓴 책들이었다. 국회에 처음 발을 들여놓았을 때는 노무현 정부 후반기로, 집값과 전월세 가격이 폭등해 집 없는 서민들이 무척 힘들어하고 있었다. 그런데 필자를 포함해 명색이 민주주의와 진보를 추구한다는 사람들이 이 문제에 대해 잘 모르거나 심지어 무심하기까지 하다는 자책감이 들어 부동산을 파고들었고, 왜 부동산 때문에 서민들이 힘겨워하게 되었는지 그 구조를 밝혀 보려 했다.

부동산 관련 책을 쓰는 동안은 일을 쉬고 있었고 그간의 활동도 중단한 터여서 자연스럽게 숨 가쁘게 지나온 시간을 돌아보게되었고, 여러 가지 상념이 꼬리에 꼬리를 물었다. '혁명 없는 시대에 혁명가는 무엇으로 살아야 하는가?' 따위의 철 지난 화두를 노트에 끄적거렸다. 혁명이나 개량, 민주화나 정치발전, 진보 운동

등등은 그 자체가 목적이 아니라 그 무언가를 위한 수단에 불과하다는 것, 여기서 그 '무언가'는 아마도 땀 흘려 열심히 일하는 대다수 보통 사람들이 인간다운 삶의 조건을 누리면서 행복하게 살아가는 사회가 아니겠냐는 것 등등. 어떻게 보면 결론이 뻔히 정해진 명제들을, 시간을 들여 정리해 보곤 했다.

상념의 끝에 다다른 것은 결국 사회 현실이었다. 많은 희생을 치르고 민주화를 이룬 지 20년이 지났고 10년 민주 정부도 거쳤는데 왜 보통 사람들의 삶은 여전히 고단하고 팍팍한가? 노동자나 셋방을 떠도는 서민들에게는 절박한, 먹고사는 문제들은 왜 민주화 이후에도 정치와 민주주의에서 중요한 문제로 다뤄지지 않는 걸까? 민주화 운동 세력 중 상당수가 정치를 변화시킬 수 있는 실질적 지위에도 올랐는데, 왜 평범한 보통 사람들의 사회경제적 문제에 대해 해결 능력이 취약하고 심지어 무심하기까지 한 것일까? 도대체 무엇이 문제이고 어떻게 해결해야 하는가?

물론 필자는 이즈음 한편으로는 일종의 정답 같은 결론을 갖고 있기도 했는데, 바로 최장집 교수가 『민주화 이후의 민주주의』에서 말한 '노동 없는 민주주의'였다. 여기서 '노동 없는'이란 노동 의제가 배제되고 있다는 것만이 아니라, 노동자를 대변하는 정치 세력이 배제된 보수 독점 정치체제가 지속되고 있다는 의미로서 민주화 이후 민주주의의 특징을 표현한 것이다. 필자로서는 실천 과정에서 수도 없이 겪었던 일들을 확인받는 느낌이 들 정도로 공감이 가는 내용이기도 했다. 다만 민주화를 이뤘는데 왜 민주주의가 노동·부동산·복지와 같은 사회경제적 문제와 분리되고 있는지를 그 뿌리까지 정확히 파악하기 위해서는 '노동 없는 민주주의'의 시각과 영역에 더해 무엇인가 더 규명돼야 하는 것이 아닐까 하는 생각이 들었다. 그리고 조세 문제를 키워드로 민주주의와 국가의 형성 및 변화를 들여다보는 것이 한 방법이 될 수 있겠다 싶었다.

필자가 이해하기로는 17~18세기 유럽에서 근대국가가 형성된 이래 현재에 이르기까지 조세는 민주주의의 바깥이 아니라 안에, 그것도 핵심으로 자리 잡아 왔다. 조세는 민주주의를 탄생시킨 시민혁명의 도화선이었고, 대표를 낳았으며, 근대 의회 또한 조세의 협상 무대로서 탄생했다. 대중정당이 등장하고 보편적 선거권이 실현된 이후 복지국가로 나아갈 수 있었던 것도 조세가 민주주의 안에서 재분배 수단으로서, 그리고 복지의 전제로서 뚜렷하게 기능할 수 있었기 때문에 가능했다. 즉, 민주주의는 조세라고 하는 사회경제적 문제의 중심 의제와 뗄 수 없는 관계 속에서 탄생했고 발전했던 것이다.

그러나 1948년 입헌주의, 보통선거권, 대의제 등의 제도적 형식을 갖추며 시작된 한국의 민주주의는 조세 및 이를 둘러싼 계급 간 이해관계와 무관했다. 출발할 때부터 조세는 민주주의 바깥에 존재했던 것이다. 대표는 조세를 비롯한 사회경제적 문제에 대한 계급 간 갈등을 대변하지 못했고, 국회는 그 같은 갈등의 협상 무대나 사회적 협약을 체결하는 장으로서 기능하지 못했다. 따라서 얼마나 많은 조세를 누가 부담하고 어디에 쓸 것인지, 나아가 사회경제적 의제와 갈등에 대한 문제는 민주주의의 중요한 의제로 등장하지 못했다. 더구나 민주주의에 대한 민주화 세력의 인식과, 이후 대안 설계 및 실천에서도 조세를 비롯한 사회경제적 의제를 민주주의 안으로 품어 안는 작업이 이루어지지 못했기 때문에 민주화 이후에도 '조세 없는 민주주의'가 지속되고 있는 것이 아닐까? 이것이 필자의 문제의식이었다.

유럽에서 근대 시민 혁명은 '대표 없는 과세'에서 '대표 있는 과세'로의 전환을 가져왔으며, 복지국가 혁명은 민주화된 국가가 적극적 조세정책과 복지 확대를 통해 사회의 불평등 구조를 개선하는 변화를 이끌어 냈다. 반면 우리는 식민지 시기 '대표 없는 과세'에서 해방 후 '조세 없는 민주주의'로 이행했고, 민주화 이후에는 조세를 통해 불평등을 개선하는 데 적극적으로 나서지 못했으며, 그 결과 경제는 선진국이 되었음에도 가난한 시민들은 그 혜택에서 배제되고 있다는 데 주목해 그 기원을 밝혀 보려 했다.

2010년에 늦깎이 역사학도가 되어 박사과정에 입학했고 '조선총독부 세무관서'의 설치와 운영에 관한 사료를 수집하고 들여다보기 시작했다. 최초의 중앙집권적 세무 기구의 성격과 세무 행정을 분석함으로써 '조세 없는 민주주의'의 전사前史로서 식민지 시기 '대표 없는 과세' 체제를 규명할 수 있다는 판단에서였다. 이어서 미군정기와 제1공화국 시기의 세무 기구, 세무 인력, 세무 행정을 살펴보고 식민지 시기 그것과 어떤 연관성이 있는지를 살폈다. 국가 형성과 제도적 형식으로서 민주주의의 출발이 조세 문제와 어떻게 연계되는지를 분석함으로써 '조세 없는 민주주의'의 기원을 추적할 수 있겠다는 문제의식이었다. 그 내용을 2015년 필자의 박사 학위논문에 담았고, 이후 다시 수정·보완해 이 책의 2부와 3부에 실었다.

2부와 3부가 일제하(1934년~)와 해방 후(~1960년) 한국의 세무 기구에 대한 분석이라면, 1부는 조세가 어떻게 민주주의와 근대

국가를 만들고 변화시켰는지에 대한 일반론이라고 할 수 있다. 왜 중앙집권적 세무 기구를 분석하게 되었는지를 좀 더 논리적으로 설명하고, 그 결과가 어떤 함의를 갖는지를 이야기하고 싶어서 학위논문을 마친 뒤에 쓰기 시작했다. 연구사를 중심으로 조세와 근대국가 형성의 관계에 대해 유럽과 한국을 비교하는 형식을 띠게 되고, 시기도 현대 유럽 복지국가와 최근의 한국 복지 실태까지 다루다 보니 생각보다 오랜 시간이 걸렸다.

최대한 사료와 연구에 근거해 당대의 상황을 복원하고 해석하고 논리를 전개하고자 나름 노력했지만 판단은 독자들의 몫이며, 부족한 점에 대해서는 널리 이해를 구한다.

민주화 이후 30여 년 동안 한국 사회 각 분야에서는, 이전의 기준으로 보면 기적과 같은 변화가 일어났다. 하지만 민주화는 완성되지 않았다. 이제 민주화의 효과가 사회경제적 내용을 포괄할 때가 되었다. 그러자면 민주화의 다음 과제는 '노동 있는 민주주의'와 '조세 있는 민주주의'를 실현함으로써 불평등을 개선하고, 땀 흘려 일하는 보통 사람들의 삶을 두텁게 하는 것이 되어야 한다. 결코 만만치 않은 일이지만 필자는 결국 이루어질 것으로 확신한다. 이 책이 그 길을 여는 데 작은 등불이라도 되길 바란다.

이 책을 내기까지 많은 분들의 도움을 받았다. 특별히 대학원 공부를 마칠 수 있도록 지도 교수로서 격려와 도움을 아끼지 않으신 한상도 선배님께 감사드린다. 더딘 작업을 기다려 주고 꼼꼼히 살펴봐 준 후마니타스 식구들에게도 고마움을 전한다. 끝으로 사랑하는 아내와 딸, 그리고 먼저 가신 부모님과 작은형님에게 이 책을 바친다.

1부

조세는 어떻게 국가를 만들고 변화시켰는가

1장
조세와 근대국가의 형성
유럽과 한국의 비교

1. 유럽 근대국가 형성과 조세

1) 조세의 역사적 보편성과 근대국가

(1) 조세로 본 역사와 사회

조세 없는 사회는 없다. 인간의 역사가 곧 조세의 역사다. 인간이 무리를 지어 살기 시작한 이후 조세는 시간과 공간에 따라 명칭이나 형태의 차이가 있다 하더라도 항상 존재해 왔다. 기록으로도 확인된다. 조세에 대한 기록은 역사시대가 시작된 기원전 3000년 전후부터 시작되었다. 메소포타미아의 쐐기문자, 이집트의 상형문자, 중국의 갑골문자, 인더스 문자, 잉카문명의 결승문자 등 인류 문명 발상지의 초기 문자 해독 연구에서는 예외 없이 조세 관련 기록이 등장한다(하라리 2015, 183~193). 조세 기록은 고대부터 현대까지 이례적으로 긴 기간 동안 이례적으로 많은 국가에서 지속되었고 다른 기록에 비해 품질도 높아서 비교가 가능한 정량 데이터를 다수 포함하고 있다(Martin, Mehrotra, and Prasad 2009, 2). 인류 역사를 계급투쟁의 역사로 파악한 카를 마르크스에 따르면 조세를 둘러싼 인간의 갈등과 투쟁은 계급투쟁의 가장 오래된 형태이기도 하다(O'connor 2009, 10에서 재인용).

생산 결과에 대한 추출 능력extractive capacity은 정치체제의 특성과 운명에 깊은 영향을 미친다.[1] 특히 재정을 주로 조세에 의존하는 조세국가 성격을 띠고 등장한 근대국가의 단계에서는 그 중요성이 더 커진다. 조세국가의 등장을 분석함으로써 근대의 경제·정치·사회변동을 좀 더 풍부하게 이해할 수 있다. 근대국가에서 조세는 정치 공동체의 구성원이 누구인지, 그 울타리가 얼마나 넓고 경계가 어디까지인지를 결정한다. 다양한 개인은 보편적 납세 의무와 조세를 재원으로 제공되는 편의와 혜택을 통해 정부와 연결되며, 정부 정책을 매개로 사회와 연결된다. 조세는 정치 공동체가 발휘할 수 있는 힘의 크기를 결정한다. 조세는 군사·법률 분야와 함께 근대 관료제가 형성된 산실이었다. 국가가 조세를 통해 추출한 자원은 다른 자원과 교환할 수 있기 때문에 조세는 대부분의 국가 활동을 가능하게 한다. 국가 활동이 광범위해질수록 조세에 대한 의존도가 높아지며, 조세정책의 변화는 사회에 광범위한 영향을 미친다(Martin, Mehrotra, and Prasad 2009, 1, 3~4).

---

1 국가의 추출 능력 또는 재정 징수 역량은 국가가 사회 행위자들로부터 그들의 경제적 부의 일부를 국가 재정으로 가져갈 수 있는 능력인데, 오랜 인류 역사에서 국가는 이를 위해 민중에 대한 수탈이나 지배계급과의 거래라는 방법을 택했지만, 현대로 오면서 입법기관의 결정과 정부 기관의 집행으로 작동하는 조세제도가 주요 수단이 되었다(신진욱 2020a, 81).

　　　　　1부　조세는 어떻게 국가를 만들고 변화시켰는가

조세는 정치 공동체 내 갈등과 긴장의 주요 원천이다. 시민 누구도 조세로부터 자유로울 수 없으며, 때로는 의식하지 못하는 사이에 세금을 내고 있다. 빵 한 덩이 값에는 세금 약 150개가, 집 한 채 가격에는 세금 약 600개가 숨겨져 있다고 한다(O'connor 2009, 204). 그런데 조세는 개인의 재산이나 소득 중 일부를 본인의 의사와 상관없이 거둬들이는 것이기 때문에 얼마나 많은 조세를 거둘지(조세 수준), 또 누구에게 더 많은 조세를 징수할지(조세 구조)를 둘러싸고 국가와 개인 그리고 사회집단 간 이해관계의 충돌과 갈등이 불가피하다. 긴장과 갈등은 통치자와 납세자 사이에서만이 아니라 납세자 내부에도 존재한다. 납세자는 더 낮은 세금을 원하고, 자신보다 다른 사람이 더 내기를 바란다. 반면 국가로부터 더 많은 혜택을 받고 싶어 한다(Steinmo 1993, 18).

조세를 둘러싼 긴장과 갈등은 "사회적으로 희소한 가치의 권위적 배분"(Easton 1965, 56)을 다루는 정치과정을 통해 해결될 수밖에 없다. 조세는 개인의 일상적인 경제생활과 밀접한 관계가 있고 국가 재원의 기초가 된다는 점에서 경제문제인 동시에 정치 문제이기 때문이다. 국가와 개인, 사회집단 사이에 이해관계가 충돌하고 서로 유리한 조세 규칙을 만들기 위해 대립하고 협상한다. 마침내 제도화된 협상의 장으로서 근대 의회를 설치하고 납세자 대표의 동의하에서만 조세를 징수하기로 한다. 이것이 근대 민주주의가 첫걸음을 내딛는 순간이다.

근대국가에서 국가는 사회 유지를 책임지는 동시에, 조세로 조달되는 자원에 의존하기 때문에 조세를 둘러싼 갈등 관계는 단절되지 않고 계속 재협상되며, 완전히 해결되지 않고 지속적으로 재현된다(Martin, Mehrotra, and Prasad 2009, 4). 이에 따라 민주주의도 변화·발전한다. 근대 민주주의가 탄생했을 때 납세자 대표는 세금을 일정 금액 이상 낼 수 있는 부유층으로부터 선출된 사람으로 제한되었다. 이후 대중정당이 등장해 하층 대중의 정치적 참여가 진전되고 차티스트운동이 성공하면서 대표는 하층 대중으로 확대되었다. 현대 민주주의의 시작이다.

조세는 재분배와 복지를 결정한다. 근대국가는 구성원의 정치적 평등을 전제하지만 사회경제적 불평등이라는 자본주의 시장경제가 갖는 숙명적인 한계를 안고 있다. 조세와 복지는 자본주의경제가 가진 "정치적 평등과 사회경제적 불평등의 비극적인 간격"(메랭 2000, 64)을 어느 정도 메우고 그 충돌을 완화하는 재분배 수단이다. 국가는 과거에는 야경국가이자 법과 질서의 국가였으며, 전쟁 국가이자 심지어 전체주의적 지배를 위한 억압 국가였으나, 20세기 들어 웰빙well-being의 생산과 분배에 특별한 관심을 기울이는 복지국가로 변모했다(에스핑앤더슨 2007, 16). 20세기 후반기에 그 추세는 더 빨라졌고, 현대 복지국가는 국방과 치안 유지 등 필수 경비를 제외한 예산의 대부분을 복지에 쓴다고 해도 지나친 말이 아니다.

이제 조세는 단순한 재원 마련의 수단이 아니라 그 자체가 재분배 수단이면서, 복지 지출을 가능하게 하는 전제가 되었다. 어떤 사회가 복지국가를 만들어 가고자 한다면 그 성패는 대규모 조세 수취 능력을 안정적으로 제도화할 수 있는지 여부에 달려 있다(윤홍식 2012, 221). 한 국가의 조세 체계의 구조와 설계는 공공 지출의 수준을 결정하기 때문에 어떤 조세정책을 선택하느냐에 따라 전혀 다른 복지국가로 갈 수도 있는 것이다(Steinmo 1993, 193~196).

(2) 근대국가의 등장과 조세

유럽 근대국가의 등장을 조세 문제와 결부해 파악한 최초의 연구는 오스트리아 경제학자 조지프 슘페터의 『조세국가의 위기』(1918)였다. 그는 신성로마제국하의 오스트리아를 사례로 들면서, 오스만제국의 군사적 압박에 맞서 전쟁 비용을 조달하지 않으면 안 되는 '공동의 위기'에 처해, 이를 해결할 재정 수요의 등장으로부터 근대국가가 탄생했다고 보았다. 조세국가의 성장은 화폐경제, 관료주의, 대표 의회와 민주주의의 등장과 발전을 촉진하는 등 광범위한 사회경제적 변화를 불러왔다. 따라서 '조세국가'Steuerstaat란 '조세'Steuer와 '국가'Staat라는, 사실상 같은 뜻을 가진 단어의 반복Pleonasmus이라 할 정도로(Schumpeter 1918, 23) 근대국가의 형성을 이해하는 데 조세 문제가 결정적이며, 재정의 역사가 일반 역사의 필수적인 부분이라는 것이다.

슘페터 이전에도 비슷한 문제의식이 있었다. 대표적으로 18세기 말에 "세입Revenue은 국가가 가장 몰두하는 주요 문제이다. 아니그것은 국가이다"라고 규정한 영국의 철학자이자 정치가인 에드먼드 버크가 있다(Dietz 1964, 213). 슘페터와 함께 재정사회학의 창시자로 평가받는 오스트리아 사회학자 루돌프 골드샤이트(Goldscheid 1917, 129)는 "예산이야말로 모든 오해의 소지가 있는 이데올로기를 제거한 '국가의 골격'"이라고 말했다.

이후 조세 또는 조세를 포함한 재정 문제를 유럽 근대국가의 형성과 연계하는 문제의식이 본격적인 연구로 이어진 것은 1970~80년대부터였고, 대체로 두 가지 방향으로 진행되었다.

첫 번째는 슘페터의 문제의식을 국가별로 구체화한 연구다. 라데비 페테르센(Petersen 1975)은 덴마크, 케르스텐 크뤼거는 독일의 조세국가 성립 과정을 각각 분석했다. 특히 크뤼거(Krüger 1987, 51, 52, 56)는 16~17세기 독일 중부 헤센 지역을 분석해 직영지 국가domain state에서 조세국가tax state로 이행하는 2단계 모델을 유형화했다. 그에 따르면 직영지 국가에서는 비상사태 외에는 세금을 거의 부과하지 않고 직영지의 잉여 수입만으로 공공 재정을 충당했다. 그러나 16세기 들어 이것만으로는 군사적 재정 수요를 감당할 수 없게 되자 1553년 주세 등 간접세와 1557년 직접세인 재산세 도입을 계기로 정기적인 조세 부과를 통해 공공 재정을 조달하는 조세국가로 이행했다.

두 번째는 슘페터의 조세국가 개념과 문제의식을 확장하는 방향에서 제기된 재정-군사 국가fiscal-military state론이나 재정 국가fiscal state론을 들 수 있다. 유럽에서 근대국가가 형성되던 16~18세기는 찰스 틸리(Tilly 1975, 74, 42)의 표현을 빌리면 "전쟁 준비가 국가 건설을 위한 중요한 활동"이었으며, "전쟁이 국가를 만들고 국가는 전쟁을 만들었다"는 전쟁의 시대였다. 시간이 갈수록 전쟁의 방식과 군사시설은 훨씬 규모가 커지고 구성과 구조가 복잡해졌으며 더 영구적으로 되었다. 따라서 갈수록 돈이 많이 들었기 때문에 이 비용을 어떻게 조달하느냐가 관건이었다. 슘페터가 말했듯이 전쟁 비용을 조달하기 위한 재정 수요에서 조세국가가 출현했지만, 조세만으로는 그 비용을 감당할 수 없었기 때문에 차입금과 같은 조세 이외의 자금을 동원할 수 있어야 했다. 따라서 어떤 국가가 금리가 낮은 장기 차입을 안정적으로 조달할 수 있느냐가 중요하다는 것이 재정(-군사) 국가론의 문제의식이다.

그런데 저리 장기 차입이 가능하려면 국가 신용이 중요하고 이를 위해서는 결국 담보가 되는 조세를 되도록 안정적으로 많이 징수해야 한다. 국고 기능, 화폐 발행, 국가 신용의 관리, 그리고 저리의 장기 차입을 뒷받침할 국영 중앙은행의 설립과 금융·신용시장의 발달도 필수적이다. 이에 따라 군대와 세무 관리를 중심으로 군사력 확충과 재정 확대를 추진하고 감독할 중앙집권적인 전문적 행정 관료 조직이 구축된다.

역사학자 리처드 보니와 윌리엄 마크 옴로드(Bonney and Ormrod 1999, 1~21)는 1999년, 앞서 살펴본 크뤼거의 2단계 이행 모델을 수정해 '공납 국가'tribute state, '직영지 국가', '조세국가', '재정 국가'라는 4단계 이행 모델을 제시했다. 이는 1988년부터 1992년까지 유럽과학재단이 13~18세기 유럽 근대국가의 기원에 관한 연구 프로젝트의 일환으로 진행한 재정사 연구와 그에 뒤이은 각국 사례 비교 연구를 바탕으로 한 것이었다. 이에 따르면 공공 재정 및 세입의 구성 측면에서 공납 국가는 약탈과 강탈로 획득한 잉여에, 직영지 국가는 직영지 내의 생산 잉여에 각각 의존하며 두 단계 모두 주로 강제징수와 강탈을 통해 조달한다. 이에 비해 조세국가는 법적 절차에 따른 정기적인 조세를 통해 재정을 조달한다.

재정 국가는 조세로는 불충분한 재정을 조달하기 위해 이전에는 생각할 수 없었던 대규모 자금을 차입한다. 이를 위해 국영 중앙은행과 다양한 금융 제도를 통한 신용 구조가 발달한다. 조세국가 단계부터 재정 기구가 발달하고 전문적으로 훈련된 관리가 중앙행정을 담당한다. 또한 매매가 가능한 관직이 잔존하다가 재정

국가 단계에서 소멸한다. 이들에 따르면 1815년까지 유럽에서 영국만이 유일하게 재정 국가의 단계에 도달했다(Bonney 1999, 3). 재정 국가론의 시각에서 각국 사례 및 비교 연구도 활성화되어 있다.[2]

재정-군사 국가론은 역사학자 존 브루어가 18세기 대영제국 건설의 토대가 된 재정 제도의 혁신을 분석한 책에서 처음 사용되었다.[3] 이후에는 각국 사례 분석 연구가 진행되면서 유럽 초기 근대국가를 설명하는 개념으로 대중화되었다.[4]

조세와 조세 이외의 재정 수입, 특히 조세에 기반한 차입금이라는 근대국가 재정의 주요한 두 가지 수입원 중, 조세국가론 단계에서는 주로 조세를 주목했다면, 재정(-군사) 국가론에서는 둘 다 시야에 넣게 되었다고 할 수 있다. 재정-군사 국가론과 재정 국가론은 세부 내용이나 강조점에서 차이가 있지만 큰 틀에서는 연구 관점이나 개념에 유사한 점이 많다. 슘페터의 조세 국가론을 계승하면서도 군사 혁명론Military Revolution과 재정 혁명론Financial Revolution의 시각에서 유럽 근대국가 형성을 규명한 연구 성과를 적극 반영했다는 점, 근대 초기 영국에서 전형적인 모델을 찾고 있다는 점

----

2 대표적으로 리처드 보니(Bonney ed. 1999), 바르톨로메 윤-카사릴라·패트릭 오브라이언·프란시스코 코민 코민(Yun-Casalilla, O'Brien and Comín eds. 2012)이 있다. 두 책 모두 유럽의 여러 국가를 다루고 있는데, 후자는 일본, 중국, 무굴과 영국 지배하의 인도 등 아시아 지역도 분석 대상으로 삼고 있다.

3 존 브루어(Brewer 1989, 137)는 영국이 1688~1714년 사이에 재정-군사 국가의 이름에 걸맞은 주요 특징을 부족함 없이 갖추었다고 말하고 있다.

4 각국 사례연구의 대표적인 저술은 얀 글레테(Glete 2002), 크리스토퍼 스토어스(Storrs ed. 2009)가 있다.

도 같다.[5] 따라서 전쟁과 군사적 측면을 시·공간적 특수성으로 이해해 문제의식을 중심으로 요약한다면 재정적 측면의 보편적 근대 국가론은 조세국가와 재정 국가로 좁혀도 무방할 듯하다.

2) 근대 민주주의의 등장과 조세

(1) 근대 민주주의의 재정적 기원

정치학자들에 따르면 21세기 들어 지구상에 존재하는 국가의 절반 이상이 민주주의 정치체제를 채택할 만큼 오늘날 민주주의는 인류가 지향하는 보편적인 정치체제가 되었다. 민주주의는 기원전 6세기경 시작된 그리스 도시국가 아테네의 고대 민주주의를 역사적 원형으로 하지만, 직접적으로는 17~18세기 영국·미국·프랑스 시민혁명의 결과 등장한 입헌주의와 대의제를 특징으로 하는 근대 민주주의에 기원을 두고 있다.

시민혁명의 발발 과정과 그 결과로서 근대 민주주의의 등장은 조세 문제와 뗄 수 없는 관계에 있다. 미국 독립혁명의 슬로건이 "대표 없이 과세 없다"No taxation without representation인 데서 알 수 있듯이

---

5 16~17세기 군사기술과 전쟁 방식의 급진적 변화가 유럽 근대국가와 사회의 형성에 미친 영향을 밝힌 군사 혁명론은 1950년대에 영국 역사학자 마이클 로버츠(Roberts 1955)가 처음 거론했다. 영국은행의 설립, 장기부채의 정착, 주식시장의 발달 등 명예혁명 이후 신용 확보를 위한 재정 혁신에 주목한 재정 혁명론은 1960년대에 영국 역사학자 피터 G. M. 딕슨(Dickson 1967)이 처음 제기했다.

조세 문제는 3개국 시민혁명의 도화선이었다. 혁명의 결과 납세자들이 정기적인 선거를 통해 선출하는 대표들로 구성된 상설 의회가 설치되었고, 혁명 주체 세력들은 자신들이 새롭게 건설할 정치체제를 "(시민의) 동의에 의한 (대표들의) 지배"the consent of the governed[6] 체제라고 선언했다. 통치권의 정당성은 오직 구성원의 동의로부터 나오며, 그 동의는 구성원들이 개별적으로 또는 선출한 대표를 통해 가능하다는 것이다. 입헌주의와 대의제를 특징으로 하는 근대 민주주의의 등장이다.

이 같은 역사적 사실을 기반으로 조세 또는 재정(-군사) 국가 등 다양한 조세 국가론은 근대 민주주의의 재정적 기원을 공유한다. 그 초점은 근대 민주주의의 중심축이라 할 만한 근대 의회의 탄생이 조세(재정) 문제를 둘러싼 각축에서 비롯되었다는 데 맞춰져 있다. 조세와 대표의 관계를 분석함으로써, 조세가 대표, 즉 근대 의회를 낳았다고 주장하는 것이다. 대표적으로 가브리엘 아르당(Ardant 1975, 231)에 따르면 중세 말 근대 초기 수백 년 동안 조세 문제가 민감한 현안이 되면서 납세자들의 정치의식을 불러일으켰으며, 갈등이 격화된 끝에 혁명이나 독립 전쟁으로 이어졌고, 각 나라마다 다양한 명칭의 근대 의회를 만들기에 이르렀다. 따라서 조세는 근대국가와 국민의 기원이며 정치적 대표성의 재정적 기원임이 명백하다.

일찍이 슘페터(Schumpeter 1918, 16)는 『조세국가의 위기』에서 자신

---

6 토머스 제퍼슨이 기초한 1776년 미국 독립선언문에 나오는 구절이다.

의 재산과 부채로는 전비를 마련할 수 없게 된 오스트리아 군주가 등족회의等族會議에 과세에 대한 동의를 요청했고, 군주와 의회의 협상 결과로 조세에 관한 협약Schadlosbriefe을 체결했다고 말했다. 이같은 일이 반복되면 영국의 대헌장Magna Charta과 같은 위상을 갖게 될 것이라고도 했다. 슘페터가 말한 등족회의는 중세의 신분제의 회로서 유럽 각지의 군주제 또는 귀족제 정치체제에서 조세, 전쟁, 왕위 계승과 같은 중요한 문제들을 다루기 위해 주로 왕이 필요로 할 때 간헐적으로 소집한 회의체다.[7]

마이클 허브에 따르면 이르면 13세기부터 영국·프랑스·오스트리아 등 최소 23개 지역 및 국가에서 신분제의회가 존재했고, 과세 메커니즘에 깊숙이 관여했다(Herb 2003, 10~12, 22, 26). 이 가운데 영국 신분제의회가 근대 의회 모델로 진화하는 등 19세기까지 존속한 것은 4개였고, 나머지는 그 이전에 사실상 소멸했다. 다양한 계층의 대표들로 구성되었으며, 시간이 흐름에 따라 점차 귀족들과 평민들이 각각 별개의 의회에서 대의되었다(마넹 2004, 114; 달 1999, 70). 신분제의회는 신분(출생)에 입각한 투표를 통해 의원을 구성했는데, 이는 근대 초기 대의제의 납세액에 입각한 선거제도(세금 납부자 선거 체제régime censitaire)로 계승되었다.

---

[7] 프랑스의 신분제의회인 삼부회는 14세기 초 태동했으나 1614년 이후 열리지 않다가 175년 만인 1789년 루이 16세가 조세 부과를 위해 소집했다.

(2) 조세 협상 무대에서 탄생한 근대 의회

조세 및 재정 문제와 근대 민주주의 등장을 연계시키는 연구는 대체로 '전비 마련을 위한 협상과 협약 체결'이라는 슘페터의 논점을 계승하고 있는데 이를 '대표의 협상 모델'bargaining model of repre-sentation(Timmons 2005, 534~535; Boucoyannis 2015, 304) 또는 '재정적(사회적) 협약론'fiscal(social) contract proposition(Moore 2004, 299)이라 부른다.

이들 연구에 따르면 의회의 기원에 대한 자료를 아무 생각 없이 읽더라도 근대 의회가, 군주와 시민들이 조세 문제를 놓고 벌인 협상 무대에서 탄생했다는 사실이 드러난다(Bates 1991, 24). 통치자들은 권력을 나눌 생각이 없었지만 전쟁을 위한 과세, 군 복무, 국가 기획에 대한 협조를 얻기 위해 시민들과 협상할 수밖에 없었으며 조세의 대가이자 양보의 결과로서 선거, 투표, 입법부가 출현했다(틸리 1994, 102). 협상과 합의 그리고 정치적 대표의 출현은 상업이나 장거리 해상무역과 같은 이동 가능한 자산을 과세 기반으로 하는 곳에서 발달했다(Bates and Lien 1985, 4~5). 이동 자산은 세수가 풍부한 반면 세원 추적이 쉽지 않고 조건이 맞지 않으면 다른 지역이나 국가로 옮겨갈 수 있어 상인들의 협상력이 높았기 때문에 조세와 정치적 대표 및 정책의 거래와 교환이 상대적으로 쉬웠다. 이들 국가의 주력군이 해군이었고 모든 장거리 교역이 해상에서 이루어졌다는 점도 조세와 정부 정책을 거래하는 데 유리한 조건이 되었다(Moore 2004, 302~303). 반면 상업화 수준이 낮은 농촌이 과세 기반인 곳에서는 저항하는 농민들로부터 빈약한 자원을 징수하기 위해 강압적인 과세가 이루어진 것으로 분석되었다.

그러나 실제 근대 초기 역사의 전개 과정은 조세가 즉시 또는 자동적으로 대표로 연결되지는 않는다는 점에서 좀 더 다양하고 풍부한 연결 통로가 탐색되었다. 데버라 부코야니스(Boucoyannis 2015, 304~305)는 미국 독립 전쟁이 일어나기 전 조세를 납부하라는 영국에 대해 아메리카 사람들이 대표를 요구했을 때 그 결과는 협상이 아니라 혁명이었다고 지적했다. 특히 협상 모델이 '약한 통치자'와 '강한 사회적 행위자'의 조합을 전제하는 것은 역사의 실제 전개 과정에 맞지 않다며, 통치자가 세금을 내도록 사회적 행위자를 강요할 만큼 강했던 곳에서만 대중적 대표성이 출현할 수 있다는 의미에서 '대표의 강압 모델'compellence model of representation을 내세웠다.

클라스 닐슨은 근대 초기 유럽의 정치체제 형성에 조세 부과가 미친 효과를 크게 네 가지 경로로 유형화하고 있다. 첫째, 계약적 경로contractual path다. 협상, 동의, 상호주의에 의한 과세가 이루어지고 입헌주의와 대의권의 정치적 성과로 이어진다. 앞서의 협상 모델 및 재정(사회)적 협약론과 부합한다. 둘째, 강압적 경로coercive path다. 무력에 의한 과세가 이루어지고 정치적으로는 전제정치로 이어진다. 셋째, 투쟁적 경로conflictual path다. 통치자의 과세에 대해 시간이 지날수록 납세자의 저항이 거세짐에 따라 결국 양보할 수밖에 없게 된다. 과세는 독재 통치로 이어지지만 의회의 자기주장을 통해 정치적 대표성을 획득한다. 넷째, 자급자족적 경로autarkic path다. 독점적 국영기업이나 토지와 같은 국가나 통치자의 독점적 소유권에 기반한 비非조세 수입에 의존하는 경우로 통치자는 국내 정치적 투쟁에서 유리한 고지를 차지했다.

닐슨에 따르면 영국은 조세와 협상이라는 이상적 조합의 전형을 보여 주지만, 유럽 대륙의 대다수 국가들은 조세와 억압의 침울한 조합의 길을 걸었다. 과세가 순조롭게 대표로 연결되지만은 않았지만 통치자와 납세자 사이의 장기간에 걸친 투쟁, 때로는 미국과 같이 피비린내 나는 혁명을 통해 정치적 대표성과 권리 확보로 이어졌다는 것이다(Nilsson 2017, 2, 24~27, 210~211).[8]

(3) 대의제는 어떻게 조세국가를 발전시켰나

조세와 대표의 연계성을 반대 측면에서, 즉 대의제가 어떻게 조세 및 차입에 의존하는 근대국가를 강화했는지에 초점을 맞춰 분석한 연구들도 있다. 마거릿 레비에 따르면 전쟁은 조세 협약의 필요성을 정당화하고 기초를 마련했지만 납세에 대한 광범위한 동의는 대의기관이 존재했기에 가능했다. 대의기관의 활동은 과세가 공평하게 이루어지고, 자신의 세금이 통치자가 제공하는 공공 재화와 공정하게 교환된다고 인식하게 함으로써 '준자발적 준수'quasi-voluntary compliance를 위한 조건부 협력을 가능하게 하고 징세 권력을 합법화했다는 것이다(Levi 1988, 177, 180).

재정(-군사) 국가론에서 주목하는, 정부 재정에 대한 신용 관리와 이에 기반한 안정적 차입이 입헌주의와 근대 의회가 제 기능을

---

8 닐슨에 따르면 자신이 제시한 '계약적', '강압적' 경로는 찰스 틸리의 '자본집약적', '군사 집약적' 국가 건설 경로에, '투쟁적' 경로는 '추출-저항-정착 사이클'에 대응한다. 또한 '자급자족적 경로'는 이 책 1장에서 살펴보는 지대 국가론의 문제의식이 일부 반영된 관점이라 할 수 있다.

하는 국가에서 더 효과적이었다는 연구도 있다. 더글러스 노스와 배리 와인가스트에 따르면 영국에서는 1688년 명예혁명 이후 군주의 재정적 권한을 확고하게 견제하는 의회와 독립된 사법부의 등장 등 헌정적 변화와 이를 뒷받침하는 제도적 변화가 정부 정책에 대한 예측 가능성과 재정에 대한 신용을 높였다. 정부의 대출에 대한 이자를 지불하기 위해 세금을 부과할 수 있도록 의회가 승인함으로써, 매년 채권자들의 이자를 지불할지 여부에 대한 군주의 재량권이 제한되고, 차입을 통한 안정적인 자금 조달 능력을 향상할 수 있었다는 것이다(North and Weingast 1989, 819, 820, 829).

근대 초기 유럽 4개국의 국가 재정과 정치 발전을 비교 연구한 필립 호프만과 캐스린 노버그에 따르면 프랑스와 스페인에 비해 영국과 네덜란드가 재정적인 성공을 거둘 수 있었던 것은 대의기관이 재정적인 요구를 승인하는 것을 돕고 재정에 대한 합법성을 제공한 데서 비롯되었다. 의회는 과세의 합법성을 부여하고 증세를 도왔으며, 제도적으로 군주의 지출을 통제하고 책임을 물음으로써 대출금이 상환될 것임을 보장했다. 의회에 의해 재정 건전성이 높아졌고 높은 신용은 장기 저리 차입을 가능케 했다는 것이다 (Hoffman and Norberg 1994, 305~309).

근대 의회의 등장과 함께 의회 내에서 국채 보유자들의 이익을 대변하는 정당의 역할이 안정적인 정부 차입을 가능하게 했다는 연구도 있다. 데이비드 스타새비지에 따르면 17~18세기 영국에서 정부 채권 보유자들을 대변하는 휘그파는 저리의 장기 정부 차입, 정부 차입에 대한 채무 이행 보장, 영국은행의 설립 등의 정책을 추진했다. 반면 지주의 이익을 대변하는 토리파는 정부의 차관 추진을 반대하고 채무 불이행을 공공연히 주장하는가 하면 국영 은행 설립에 반대했다. 휘그파가 의회 내에서 다수파를 차지한 기간 (1690~1700년, 1715~59년) 동안 정부 재정의 신용을 높이고 장기 저리 차입을 가능하게 할 수 있는 영국은행 설립 등 재정 혁명을 추진했기 때문에 프랑스 등 타국에 비해 재정적·경제적으로 성공할 수 있었다는 것이다(Stasavage 2007, 129~130). 이와 관련해, 18세기 중반 정부 채권을 보유한 영국인은 5만~6만 명 수준이었으나, 나폴레옹전쟁(1803~15년)이 끝날 무렵에는 약 30만 명에 달해, 이 시기 유권자의 실질적인 다수를 대표하고 있었다(Macdonald 2006, 351).[9]

18세기 영국과 프랑스의 재정 운영을 분석한 마틴 던턴에 따르면 영국이, 인구가 더 많고 자원도 풍부한 프랑스를 제치고 1815년까지 유럽에서 유일한 재정 국가로 부상한 관건은 근대 의회였다. 과세에 대한 납세자의 동의 체제가 없었던 프랑스에서는 관직의 판매와 징세 청부에 의존했다. 반면 영국은 의회를 통해 군주와 납세자 간 협상의 장을 마련하고 동의를 확보했으며, 군주의 과세 권한을 통제하고 지출을 감시함으로써 국가의 재정 운영과 지불 능력에 대한 확신을 줄 수 있었다는 것이다. 이에 따라 1700~25년 영국의 1인당 조세 징수액이 프랑스의 2배가 넘었고, 1780년대에는 2.7배로 확대되었다. 또 1746~93년 사이 영국은 프랑스에 비해 약 2%p 낮은 이자율로 돈을 빌릴 수 있었다(Daunton 2012, 112~116).

---

[9] 1831년 기준으로 연 40실링 이상의 조세를 납부한 성인 남성 유권자는 약 43만 9000 명으로 이는 전체 성인 남성 약 346만 명의 13% 수준이었다(Evans 2019, 502).

1부 조세는 어떻게 국가를 만들고 변화시켰는가

3) 중앙집권적 세무 기구의 등장

(1) 징세 청부에서 직접 과세로

지금까지 조세 문제가 근대국가와 근대 민주주의의 형성에 어떻게 연관되어 있는지를 살펴보았다. 이제 이 책의 주제이기도 한 근대 초기 중앙집권적인 세무 기구의 탄생에 대해 살펴보자.

막스 베버는 신분제 국가에서 관료제 국가로의 전환이라는 시각에서 근대국가의 형성을 분석한다. 그에 따르면 유럽에서 전문 관료층의 발전은 전쟁으로 인한 재정 압박 아래 재정 분야에서 군주의 권력을 제한하기 위해 취해진 결정적인 조치를 통해 시작되었다. 이어 전쟁 기술이 발전함에 따라 전문 장교들이 등장하고, 사법 절차가 정교해지면서 훈련된 법률가들이 그 뒤를 따랐다. 16세기에 들어와 발전된 국가에서는 재정·군사·법률 분야에서 전문 관료제가 완전히 정착된다(베버 2021, 36).

조세 또는 재정(-군사) 국가 등 다양한 조세 국가론의 시각에서는 조세의 안정적 징수와 장기 저리 차입을 뒷받침할 세무·금융 등 재정 관료제 형성 문제가 중요한 분석 대상이 되어 왔다. 그런데 구체적인 실증 연구에서, 특히 중앙집권적 세무 기구와 전문 세무 관리의 등장 시기에 대해서는 베버가 말한 16세기보다 한 세기 이상 늦춰 잡고 있다. 17세기 중반까지도 유럽 대부분의 국가에서는 통치자가 거두고자 하는 조세 총액을 민간 업자로부터 미리 당겨 받고 조세 징수권을 위탁하는 조세 징수 청부tax farming 제도가 보편적이었기 때문이다(Brewer 1989, 64).

역사가들이 발견한 인류 최초의 징세 청부 제도는 기원전 17세기에 메소포타미아문명권의 바빌론 제국을 통치한 함무라비 왕 때다(Webber and Wildavsky 1986, 57). 조세 징수 업무를 청부업자인 상인들에게 위탁함으로써 통치자들은 별도의 세무 관리를 두지 않는 등 징세 비용을 낮추고, 흉작 등에 따른 세수의 불확실성을 줄일 수 있었다. 이 제도는 이후 이집트 신왕국(기원전 16세기~기원전 11세기) 후반기, 고대 그리스와 로마에서도 널리 시행되었다. 중세 후반 이후 근대 초기에 걸친 시기에도 영국·프랑스·네덜란드·프로이센·스페인 등 유럽 전역에서 보편적으로 활용되었으며, 오스만제국·중동·아시아·아메리카 등 유럽 밖에서도 현지 조건에 맞게 시행되고 있었다(고선 2011; Johnson and Koyama 2013, 30; Linnarsson 2018, 176).

17~18세기 유럽 각국은 전쟁이라는 긴급 요청에 대응해 각자 재정 시스템을 정비했지만 대부분 토지세를 비롯한 직접세와 국제무역(관세) 및 국내 상품(소비세)에 부과하는 간접세를 조합한 조세 구조를 갖췄다. 간접세 비중이 75%를 차지한 영국을 비롯해 네덜란드·프로이센 등은 초기부터 간접세 중심이었고, 직접세 비중이 높았던 프랑스도 18세기 후반에는 그 비중이 현저히 줄어 점차 간접세 중심 조세 구조로 수렴해 갔다.[10] 따라서 각국의 과세 시스템의 차이는 조세를 어떻게 과세해 징수하고 관리하는가, 즉

---

10 직접세와 간접세를 포함한 다양한 세원을 확보하는 것도 근대국가의 안정적 재정 확보에 중요하다. 조세 기반을 분산함으로써 경제 변동에 영향을 덜 받을 뿐만 아니라 재정 신용도를 높이며, 다양한 계층에 대한 과세를 실현할 수 있기 때문이다.

징세가 청부되는지 여부가 중요한 변수가 되었다(Storrs ed. 2009, 16).

역사적으로 징세 청부는 국가 또는 정부의 통치력이 변방까지 미치지 못하고 관료 조직을 충분히 관리하고 통제할 수 없으며, 화폐경제와 금융시장이 발전하지 못하던 시대에 안정적인 세수입과 국왕의 차입금을 보장하는 효율적인 수단이 될 수 있었다. 그러나 근대국가의 행정조직과 화폐경제 및 금융시장이 발전할수록 그 유용성은 점차 떨어지게 되었다(고선 2011, 43). 청부 대금이 장기간 고정되어 세수를 늘리는 데 한계가 있었고, 국가 재정의 주요 수입원인 조세와 차입금을 모두 금융업자인 징세 청부업자에게 의존함으로써 국가가 재정적 자율성을 갖기 어려웠다. 청부업자를 통해 조달하는 차입금은 이자율이 높은 단기 자금이 대부분이었다. 더구나 징세 청부를 둘러싸고 부패가 만연했고, 징세 청부업자가 이윤을 극대화하기 위해 가혹한 징수 행위를 함으로써 조세 폭동의 주요 원인이 되었다. 근대국가로 가는 길에서 징세 청부는 비효율성, 부패, 조세 폭동의 원인 제공 등 구시대의 잔재가 된 것이다.

가장 빨리 징세 청부 제도가 폐지되고 직접 과세를 위한 세무 기구가 설치된 곳은 영국이었다. 1671년 관세에 대한 청부가 폐지되고 관세국Board of Custom을 설치해 직접 징수했다. 1683년에는 소비세에 대한 청부가 폐지되고 소비세국Board of Excise이 설치되었다. 이듬해에는 노세爐稅, hearth tax의 징세 청부도 폐지되었다. 소비세의 징세 청부 폐지에는 징세에 대한 군주와 도급인의 관여를 견제하려는 의회의 역할이 컸다(The National Archives 2019; Bonney 1979, 12, 25).[11]

경쟁국들은 영국에 비해 속도가 더뎠다. 네덜란드에서는 1748년 징세 청부 제도가 폐지되고 이듬해부터 공공 징수인을 고용해 조세를 징수하기 시작했다. 오스트리아에서 징세 청부가 사라지고 직접 징수 행정이 시작된 것도 18세기였다(Yun-Casalilla 2012, 27). 프로이센에서도 18세기 말까지 소비세 징수를 프랑스인 도급업자에게 청부하고 있었다(Brewer 1989, 127). 스웨덴에서는 1765년 관세의 징세 청부 제도가 폐지되고 이듬해부터 국가에 의해 직접 징수되었다(Linnarsson 2018, 190). 프랑스에서는 대혁명 때인 1791년 3월 국민제헌회의에 의해 징세 청부제가 폐지되고 상설 세무 기구가 설치되었으며, 1794년 5월 징세 청부업자 28명이 단두대에서 처형되었다(Chanel 2016, 80).

(2) 중앙집권적 세무 기구의 등장

영국에서 처음으로 징세 청부 제도가 폐지되었지만 국가에 의한 직접 과세로 전환하는 속도는 더뎠다. 군주가 과거 청부업자였던 금융업자를 세입 업무의 일부로 끌어들여 조세를 담보로 자금을 조달함으로써 그 영향으로부터 완전히 벗어나지 못했기 때문이다. 1688년 명예혁명을 통해 의회의 재정 권한이 강화된 데 이어, 1694년 국립 영국은행이 설립되어 국가가 새로운 자금 조달 수단

---

11 관세는 수입품 등 국제 교역품에, 소비세는 국내 생산품, 특히 주류에 각각 부과되었으며, 노세는 각 가정에 설치되어 있던 화로의 수에 따라 부과되던 재산세다. 노세는 1688년 폐지되었고 1690년대에 토지세가 신설되었다. 18세기 들어 인지세, 염세 등이 신설됐지만 한 세기 동안 관세, 소비세, 토지세가 세수의 90%를 차지하게 되었다.

을 갖춤으로써 징세 시스템 내의 금융업자를 비로소 배제할 수 있었다. 이에 따라 18세기 들어 국가에 의한 직접 과세를 담당할 근대적 세무 기구 체제가 본격적으로 정비되었다.

18세기 영국의 근대적 세무 기구에 대한 연구는 재정-군사 국가론을 주창한 브루어가 대표적이다(Brewer 1999, 127~148). 그에 따르면 명예혁명 직후 시작해 25년간 지속된, 프랑스 루이 14세와의 전쟁 기간 동안 영국의 국가조직이 전례 없이 확대되었고, 1760년대부터 한 차례 더 강화되었다. 규모가 가장 크고 증가 속도가 빠른 것은 전쟁 비용을 조달하는 세무 기구였으며 그중에서도 소비세 담당 관리가 압도적이었다. 세무 관리의 수는 1688~1714년 사이에 2배인 6000명으로 늘었고, 그중 소비세 징수 관리가 46%를 차지했다. 1690년부터 미국 독립 전쟁이 끝난 1782~83년까지 세무 관리의 수는 3배로 증가해 8300명이 되었고, 같은 기간에 소비세 관리는 4배로 증가해 전체 세무 관리의 63%를 차지했다 (Brewer 1989, 67).

18세기 영국에서 소비세 관리가 정부 관리 중 최대 집단이 된 이유는 이 시기 동안 소비세 징수 금액이 급증해 정부 세입 중 최대 비중을 점했기 때문이다. 1680년 전체 세수 중 관세와 기타 조세는 각각 36%였고 소비세는 28%에 그쳤으나, 1780년에는 소비세가 56%로 급증한 반면, 관세와 기타 조세는 각각 22%에 머물렀다(O'Brien 1988, 10). 소비세는 맥주와 증류주를 중심으로 하는 알코올 음료세를 주요 재원으로 시작되었지만 점차 일상생활 물자 전반으로 확대되었다. 이는 상품을 구매하기 전, 제조 또는 유통 시점에서 징수되기 때문에 최종 담세자인 소비자가 의식하지 못하는 사이에 세무 행정과의 마찰을 줄이면서 손쉽게 거둘 수 있는 장점이 있었다.

토지세 대신 소비세 징수를 늘림으로써 최대 지배층이었던 토지 소유 계급의 반발을 피하면서 조세 부담을 하층민을 포함한 전체 영국인에게 분산할 수 있었다. 특히 1714년 이후 영국이 공채 상환금을 새로운 조세 수입과 연동하는 방식으로 장기 저리 영구 공채를 안착시켜 재정 문제를 획기적으로 해결하는 과정에서, 토지세보다는 소비세의 세율을 인상하거나 과세 대상을 확대했다(윤은주 2001, 190).

(3) 근대 관료제와 영국 소비세 징수 행정

브루어에 따르면 당시 영국의 소비세 징수 행정은 18세기 유럽의 다른 정부 조직에서 볼 수 없는, 베버가 말하는 관료제의 요건을 모두 충족한 최초의 근대적 세무 행정이었다(Brewer 1989, 68; 1999, 141).[12] 브루어의 연구를 중심으로 18세기 영국 소비세 징수 행정에서 나타난 근대적 성격을 필자의 관점에서 요약하면 다음과 같다(Brewer 1989, 88~134).

이전 시기는 물론이고 동시대 유럽 국가들과 비교되는 가장 큰 특징은 조세 징수의 근거, 대상과 범위, 징수 방법과 절차, 세무

---

12 이하 18세기 영국 소비세 행정에 대한 기술 중 별도 인용이 없는 내용은 브루어의 연구를 참조한 것이다.

관리의 권한과 책임 등 세무 행정 전반이 의회가 제정한 법률에 기초했다는 점이다. 의회가 조세를 포함한 모든 법률의 제정권을 최종적으로 확보한 명예혁명 이후 세무 행정은 군주의 자의적 결정이 아니라 의회의 결정에 근거했다. 의회가 제정한 법률에 따라 지역과 신분에 관계없이 과세 대상과 범위 및 세율에 똑같은 일률 과세 원칙이 적용되었다. 행정부는 조세의 징수 금액, 징세 경비, 세무 관리의 수 등 과세 정보를 포함한 재정 수입과 지출에 관한 내용을 의회에 정기적으로 보고해야 했고, 이에 따라 세무 행정의 정확성과 투명성이 높아졌다.

중앙 정부가 임명한 세무 관리에 의해 조세가 부과되고 징수되는 중앙 집중적 징수 시스템이었다는 점도 큰 특징이었다. 영국은 17세기 말에 유럽에서 최초로 중앙정부의 재무부가 수입과 지출을 모두 관리하고 세입과 세출 관련 장부를 일괄해 관리하기 시작했다. 이 같은 중앙 집중적 재정 시스템 아래 재무부 내 소비세국에서 소비세의 부과 징수 전반을 관장했다. 징세의 일상적인 정량화를 중시하는 동시에, 중앙의 회계장부 담당 부서가 이를 반드시 관리했다. 이에 따라 영국의 소비세는 18세기 유럽에서 가장 집중화된 조세 징수 체계 아래 운용되었다.

세무 관리 규모는 전례 없이 방대했다. 1690~1829년 사이 국가 공무원 중 세입 담당 공무원의 비중은 82~97%에 달했다(Hoppit 2002, 284, Table 2 참조). 가장 많은 것은 소비세 담당 관리로 증가 속도도 가장 빨랐다. 1690년 약 1200명에서 1780년대 초 4900명으로 4배로 늘었다. 이들은 소비세 위원과 4개 부서로 구성된 중앙 소비세국을 정점으로 전국 단일 체계로 운용되었다. 국가가 임명한 소비세 관리 총인원이 4371명이었던 1770년을 기준으로 보면, 236명이 근무하는 중앙 소비세국을 정점으로 크게 수도권(런던)과 지방권 등 2개 체계로 나누고, 지방권은 다시 53개 징세구로 나눠 관리했다.

각 징세구마다 담당 징세관collector을 두어 담당 구역을 1년에 8회 순회해 각 구역에서 계량관gauger들이 사정한 과세 금액에 따라 세금을 징수해 중앙 소비세국 출장소에 송금하게 했다. 계량관은 모두 2704명으로 걷거나 말을 타고 구역을 순회하면서 과세 상품의 제조업체나 유통 판매 업체에서 계량해 과세 금액을 산출했다. 또 253명의 감독관supervisor을 별도로 두어 계량관의 업무 처리가 적정했는지를 조사하고, 업자와 유착하거나 부패 행위를 하는지도 감시했다. 수도 런던에는 724명이 배치되었는데 징세관은 두지 않고 업자가 직접 납부하게 했다.

이에 따라 18세기 영국 어디에서나 소비세 관리를 볼 수 있었다. 소비세국이 과세 대상으로 관리하는 업체 수는 약 10만 개에 달했다. 1780년의 경우 양조업자와 주류 판매상 3만 3000개, 위스키나 브랜디 등 증류주 판매 허가를 받은 술집 3만 6000개, 차와 커피 판매점 3만 5500개, 그리고 수천 개의 잡화점, 그보다는 약간 적은 수의 면직 나염업이나 제지업체 등이었다.

직접 과세로 전환한 영국의 조세 징수는 상당히 효율적이어서 납세자들이 중앙정부에 지불한 것과 중앙정부가 실제로 받은 것의 차이는 매우 작았다. 추정치에 따르면 1788~1815년에 그 차이는 약 10%였다(O'Brien 1988, 3). 그중에서도 소비세의 징수 비용은 더 적었고 시간이 흐를수록 더 저렴해졌다. 1684년 전체 소비세

수입 중 징수비의 비중은 15.8%였으며, 1730년 7.7%, 1760년 6.5%, 1787년 5%로 점차 낮아졌다(Vries 2012, 8).

이 같은 효율성의 배경에는 소비세 담당 관리의 충원 개선과 직업적 안정성·전문성 향상, 운영의 효율화, 징수의 지역적 집중성 등 복합적인 요인이 작용했다. 18세기 영국의 소비세 관리는 정치적 후원자의 추천이 필요하긴 했지만 다른 세무 관리들에 비해 체계적인 임용 과정을 거쳐 선발되었다. 이들은 필기와 실기 시험에 합격한 뒤 몇 달간의 수습 연수를 이수해야만 했다. 읽고 쓰는 법은 물론 업무 특성상 부기와 회계, 수학과 기하학을 익히고 사용할 줄 알아야 했다(Brewer 1999, 128~130).[13] 보수는 민간 분야 어떤 사무직보다 더 높았고 정기적으로 지급되었으며, 능력과 연공에 따른 승진 사다리가 제공됐고, 퇴직연금 제도가 시행되었다.

징세 청부 폐지 직후부터 소비세 징수 업무를 표준화한 것도 효율성을 높였다. 1683년 직접 과세 전환 당시 소비세국은 런던을 제외한 지방권을 886개 소지구와, 이를 다시 36개 징세구로 분류한 징수 체계를 청부업자들로부터 물려받았으며, 이후 1689년까지 측정과 평가, 부기 등 소비세 업무에 대한 국가 표준화를 진행했다(Ogborn 1998, 296). 표준화는 일선 지구에서 진행되는 소비세 측정 및 평가에 대한 감독을 더 쉽게 했을 뿐만 아니라, 각 업무를 '대체할 수 있는' 것으로 만들어 징세구 간 정기적인 이동이

---

13 신임 소비세 관리 임용은 21~30세로 제한되었는데 40%는 소매업자, 20%는 농부, 10%는 젠트리 출신이었다.

가능하게 했다. 이를 바탕으로 주기적으로 세무 관리들의 근무지를 옮기는 시스템을 시행해 과세 대상과 관리의 유착을 차단하고, 징수 계정을 정기적으로 상호 확인해 그들을 효과적으로 징계할 수 있었다(He 2007, 149).

소비세 징수의 수도권 집중성과, 징수된 소비세의 신속한 송금 체계도 효율성을 높이는 데 기여했다. 18세기 런던은 경제와 무역, 소비의 중심지였고 소비세 징수도 런던과 주요 대도시에 집중되었다. 1741년 기준으로 런던과 인근 카운티 및 동부와 남부 주요 대도시에서 영국 소비세의 79%가 징수되었다(Ashton 1959, 29).[14] 당시 징수된 소비세는 환어음을 통해 송금되었는데 영국에서 가장 발달된 지역에 소비세 징수가 집중되면서, 런던의 개인 은행가들이 지방의 소비세 징수 관리들과 협력해, 런던에서 발행된 안전하고 신속한 환어음을 통해, 징수된 소비세 수입을 송금하기가 훨씬 수월해졌다(Hughes 1934, 214).[15]

---

14 1741년 영국 소비세 총수입 266만 7638파운드 중 런던에서 징수된 것은 90만 3117 파운드로 34%에 달했고 하트퍼드Hertford, 서리Surrey, 브리스틀, 로체스터Rochester, 서퍽 Suffolk, 노리치 등 대도시에서 45%가 징수되었으며, 북부와 중부 그리고 웨일스에서 징 수된 소비세는 전체의 21%에 머물렀다.

15 허원카이(He 2007, 169, 177)에 따르면 18세기에 중앙은행인 영국은행은 징수된 세금을 송금할 전국적 지점망을 갖추지 못했다. 이에 따라 런던 민간은행이 발행한 환어음을 통해 세금이 송금되었다.

4) 민주주의의 발전과 조세 문제

(1) 대중민주주의와 노동자의 권력 자원

조세를 둘러싼 갈등 과정에서 탄생한 초기 근대 민주주의 체제에는 고대 아테네에서와 마찬가지로 상류층 남성만 참여할 수 있었다. 대표는 가난한 사람들을 배제한 '1원 1표'의 세금 납부자 선거 체제에서 선출되었고, 정당의 주된 형태는 귀족·지주·상업 부르주아들이 주축이 된 명사 정당cadre party이었다.

차티스트운동으로 잘 알려진, 19세기 중반 유럽 각국의 대규모 의회 개혁 운동의 성과로 납세액 등 선거권 제한 조건이 철폐되기 시작했다. 선거권은 처음에는 자본가와 중간계급 남성으로, 다음에는 성인 남성으로, 최종적으로는 모든 성인에게 확대되어 '1인 1표'의 보편적 선거권이 실현되었다. 나라별로 차이가 있지만 빠른 곳은 1848년부터 시작해 늦어도 제1차 세계대전 종전기까지 대부분의 서유럽 국가에서 남성 선거권이 실현되었다. 여성 선거권은 제1차 세계대전기에 보장되기 시작해 제2차 세계대전 이후까지 긴 시간에 걸쳐 실현되었다(〈표 1-1〉 참조).[16]

유럽에서 보편적 선거권이 실현된 것은 한 세기에 걸쳐 광범위

---

16 전쟁 준비를 위한 국민 동원의 필요성과 전쟁 이후 국민 통합의 필요성은 지배계급과 국가가 하층계급의 오랜 선거권 확대 요구를 수용하는 중요한 요인이 되었다(Therborn 1977, 24~26).

표 1-1　유럽 각국 노동자 권력 자원의 성장과 보통선거권, 사회보험제도 도입 시기(19세기~20세기 중반; 단위 : %)

	최초의 노동조합	최초의 노동조합연맹			최초의 노동자 기반 정당			노동조합 조직률			최초의 의회 진출
		사회주의 계열	기독교 계열	공산주의 계열	사회주의 계열	기독교 계열	공산주의 계열	1914년 이전	전간기	1950년	
스웨덴	1886년	1898년		1910년	1889년		1917년	11.0	30.0	68.0	1896
노르웨이	1860년대	1899년			1887년		1923년	6.0	19.0	46.0	1903
덴마크	1879년	1886년			1871년		1920년	16.0	34.0	53.0	1884
핀란드	1904년	1907년		1960년	1899년		1918년	5.0	8.0	33.0	1907
오스트리아	1870년	1893년	1909년		1874년	1895년	1918년	6.0	43.0	62.0	1897
벨기에	1857년	1898년	1912년		1877년	1884년	1921년	5.0	28.0	37.0	1894
네덜란드	1866년	1893년	1905년		1881년	1888년	1918년	16.0	27.0	36.0	1888
독일	1840년	1868년	1899년		1863년	1870년	1918년	16.0	46.0	36.0	1871
프랑스	1860년	1895년	1919년	1893년	1879년	1944년	1920년	7.0	12.0	33.0	1893
이탈리아	1890년	1906년	1918년	1912년	1882년	1919년	1918년	11.0	19.0	44.0	1895
스위스	1838년	1880년			1880년	1912년	1921년	6.0	15.0	40.0	1897
영국	18세기 중반	1868년			1883년		1920년	15.0	29.0	44.0	1892

자료 : 1) 최초의 노동조합: 독일노동조합총연맹·프리드리히 에베르트 재단(2000, 519, 675).
2) 최초의 노동조합연맹과 노동자 기반 정당 : Korpi(2008, 26). 단, 공산주의 계열 노동조합연맹과 정당, 영국 최초 사회주의 계열 정당은 Ebbinghaus and Visser(2000, 41); 일리(2008, 128, 337)에 의거함.
3) 노동조합 조직률 : Korpi(1983, 31); Western(1993, 267).

한 대중이 참여한 끈질긴 투쟁의 결과였다. 국가별로는 수많은 우여곡절을 겪었지만 큰 흐름으로 본다면 선거권이 확대되는 과정은 노동자와 농민 등 하층계급의 정치 참여가 확대되고, 이들의 지지에 기반한 대중정당이 등장해 정치를 주도하고, 선거를 통해 광범위한 지지를 얻음으로써 집권에 이르는, 현대 대중민주주의가 정착되는 과정이었다.[17] 정치에서 배제되었던 하층 대중이 선거 시

---

17 프랑스와 스위스를 제외한 대부분의 서유럽 국가에서 보편적 선거권(남성)이 실현되기 전에 사회주의 계열 정당이 창당되었고 노르웨이, 핀란드를 제외하고는 선거권이 실현되기 전이나 동시에 최초의 의회 진출이 이루어졌다(〈표 1-1〉 참조).

| 사회민주주의 정당의 의회 진출과 득표율 | | | | | 보통선거권 | | 최초의 사회보험제도 | | | |
| 최고 득표율 | | 평균 득표율 | | | 남성 | 여성 | 산재 | 질병 | 연금 | 실업 |
1900년 이전	1918년 이전	1920년대	1930년대	1940년대						
3.5	36.4	36.0	44.0	49.0	1907년	1918년	1901년	1891년	1913년	1934년
0.3	32.1	26.0	38.0	43.0	1898년	1915년	1894년	1909년	1936년	1906년
19.3	29.6	35.0	44.0	39.0	1894년	1915년	1898년	1892년	1891년	1907년
	47.3	27.0	38.0	26.0	1906년	1919년	1895년	1963년	1937년	1917년
	25.4	39.0	41.0	42.0	1907년	1918년	1887년	1888년	1906년	1920년
8.5	30.3	37.0	33.0	31.0	1894년	1948년	1903년	1894년	1900년	1907년
3.0	11.2	22.0	22.0	27.0	1917년	1919년	1901년	1913년	1913년	1916년
19.7	34.8	24.0	21.0	29.0	1871년	1919년	1884년	1883년	1889년	1927년
	16.8	28.0	20.0	21.0	1876년	1946년	1898년	1930년	1910년	1914년
6.8	21.3				1913년	1946년	1898년	1886년	1898년	1919년
	16.8	26.0	28.0	27.0	1848년	1971년	1911년	1911년	1946년	1924년
1.3	7.0	33.0	34.0	48.0	1918년	1928년	1906년	1911년	1908년	1911년

4) 사회민주주의 정당의 시기별 득표율 : 서순(2014, 70); Castles(1978, 4).
5) 보통선거권/최초의 의회 진출 : 최초의 의회 진출과 남성 보통선거권은 최장집 엮음(1997, 102), 여성 보통선거권은 최장집 엮음(1997, 76).
6) 최초의 사회보험제도 : Flora and Alber(1981, 59).

장에 대량으로 유입되었고, 이들의 지지를 받은 사회민주당이나 노동당과 같은 좌파 정당 그리고 경쟁 상대였던 기독교민주당과 같이 사회적 기반에 뿌리를 둔 대중정당이 빠르게 영향력을 키워 갔다. 이에 따라 기존 정당들도 대중정당으로 변화하지 않을 수 없게 되었다.

정당 체계의 개편 과정은 당시 유럽 사회의 주요 균열이 대중정당을 통해 정치화되는 과정이었다. 시모어 마틴 립셋과 스테인 로칸에 따르면 당시 유럽에서는 근대국가 혁명에 따른 중심 대 주변, 국가 대 교회, 그리고 산업혁명에 따른 농업 대 공업, 자본 대 노동의 사회적 균열social cleavage이 형성되었고, 이를 바탕으로 형성된 집단의 이익을 표출할 조직으로서 정당들이 나타났다. 이 가운데 산업화가 진전될수록 자본주의 경제체제가 만들어 내는 자본가와 노동자 간의 계급 갈등이 오랫동안 보편적인 중심 균열로 자리 잡음에 따라 이를 반영한 정당 구도가 20세기 후반까지 지속되었다(Lipset and Rokkan 1967, 33~35).

한편 토머스 마셜은 근대 이후 민주주의의 역사적 변화를 18세기의 시민적 권리(법적 시민권), 19세기의 정치적 권리(참정권), 20세기의 사회경제적 권리(복지권)의 순서로 시민권이 단계적으로 확립되는 과정으로 설명한다(마셜·보토모어 2014, 30~53). 스테파노 바르톨리니는 1848년 이후 제1차 세계대전기까지 유럽의 참정권 보장 수준이 사상과 결사의 자유나 정치적 반대의 권리와 같은 법적·시민적 권리가 확보된 기반 위에서 정치적 대표 장치로서 보장되는 경우와, 지배계급에 의해 국민 통합의 도구로서 위로부터 부여되는 경우로 나뉜다고 보았다. 후자의 경우에는 참정권 확대에도 불구하고 광범위한 불평등 장치에 의해 정치적 대표 기능이 제대로 작동하지 못한다(Bartolini 2000, 207).

앤서니 기든스는 마셜의 세 가지 시민권에 더해, 노동자들의 단결권과 단체교섭권 및 파업권으로 구성된 산업적 시민권industrial civil rights이 별도의 시민권으로 추가되어야 한다고 지적한다(Giddens 1982, 171~172). 발테르 코르피에 따르면 보편적 선거권의 실현은 모든 시민에게 정치적 시민권을, 단체교섭의 제도화는 노동자들에게 산업적 시민권을 부여했으며 이에 기반해 노동자의 권력 자원이 성장할 수 있었다. 그에 따르면 자본주의사회에서 가진 것이 없는 노동자는 생산수단을 소유한 자본가에게 종속된 불리한 처지로,

이는 각 계급이 발휘할 수 있는 힘의 원천, 즉 권력 자원의 차이에서 비롯된 것이다. 자본가의 권력 자원은 생산수단에 대한 통제이며, 노동자의 권력 자원은 노동조합과 노동자에 기반한 정당이다. 두 계급 간 권력 자원의 격차와 변화는, 의회 등에서 계급별 이익이 충돌하는 민주적 계급투쟁의 양상이나, 사회적 분배와 불평등의 결정 과정과 결과, 나아가 모든 시민이 평등하게 참여해 기업과 경제의 방향을 결정하는 경제적 민주주의로 변화할 가능성을 결정한다(Korpi 1978, 44, 49; 1983, 14~16, 18, 20, 22, 187).

베른하르트 에빙하우스와 엘레 비저에 따르면 노동자의 권력 자원은 세 가지 정치사회적 균열이 복합적으로 반영되어 국가마다 다양한 양상을 띠면서 형성·발전했다. 첫째, 노동과 자본의 계급 균열은 사회민주주의 정당 그리고 그에 연계된 사회주의 노동조합 운동을 성립시켰다. 둘째, 교회와 국가의 종교 균열은 라이벌 조직으로서 기독교 계열의 노동조합과 정당의 토대를 형성했다. 셋째, 혁명 대 개혁의 이데올로기 균열은 무정부주의·생디칼리스트·공산주의 노동운동의 출현과 관련이 있었다(Ebbinghaus and Visser 2000, 43).

역사적으로 노동조합은 18세기 중반 영국에서 처음 등장해 19세기에는 유럽 전역으로 확산되었다. 초기에는 자연스럽게 경제적 이익을 추구했지만 자본과 국가 권력이 노조를 범죄 집단으로 취급하며 탄압하자 19세기 중반 차티스트운동을 계기로 본격적인 정치적 투쟁으로 활동 영역을 확대했다. 오랜 탄압을 이겨내고 노조 활동과 파업이 실질적으로 합법화된 것은 대략 1870~90년대였으며, 20세기 초 30년 동안 대다수 서유럽 국가에서 단체협약의 법적 효력을 인정받음으로써 마침내 산업적 시민권이 확립되었다.[18] 1914년 제1차 세계대전이 발발하기 전까지 독일·네덜란드·덴마크·영국 등 유럽 12개국의 평균 노조 조직률은 10%를 기록했고, 전간기에는 26%로, 1950년에는 44%로 급상승한다. 노동자계급에 기반한 사회민주주의 정당이 1863년 독일에서 처음 창당되었으며, 1890년대까지 유럽 전역으로 확산되어 의회에 진출하기 시작했다. 제1차 세계대전이 끝날 무렵에는 12개국 모두에서 남성 보편적 선거권이 실현되었고 1920~40년대에는 평균 30~35%를 득표하며 급성장해 대중 정치의 중심축으로 자리 잡는다(〈표 1-1〉 참조). 바로 이후 100년 동안 유럽 역사를 좌우할 가장 중요한 요소, 즉 노동자 권력 자원의 성장이다(Korpi 1978, 44).

(2) 재분배 수단으로서의 조세

사회민주당과 노동당 등 신생 대중정당들은 기존 정당과는 차별화된 전략으로, 그때까지 정치화되어 있지 않았던 하층계급 유권자들에게 지지를 호소했는데, 재분배 수단으로서의 조세개혁도 그중 하나다. 19세기 말까지 유럽 각국의 세제는 관세, 품목별 소비세, 전매수입, 각종 부과금 등 역진적 간접세 중심이었기 때문에 가난한 사람들에게 크게 불리했다(Steinmo 1993, 14~15). 그런데 의

---

[18] 국가별로는 이보다 앞서 법적으로 노조가 인정되기도 했지만 탄압이 계속돼 실질적인 합법화가 실현되기까지는 시간이 더 걸렸다. 노조 금지 제도가 없었던 노르웨이와 스위스에서는 일찍부터 파업 등 노조 활동이 보장되었고, 벨기에와 핀란드는 1940년대에 단체협약이 합법화되었다(Bartolini 2000, 321~335).

회에서 다뤄지는 조세 의제는 통치자의 조세 부과에 대한 상층 엘리트 대표들의 동의 여부에 초점이 맞춰졌기 때문에 하층계급의 불만이 누적되고 있었다.

이 같은 이유에서 사회 계급 간 불공평한 조세 부담은 낡은 정치체제의 산물로 지목되었고, 20세기가 밝으면서 새로운 정치 세력이 노동자계급을 위한 선거권의 확대와 조세 부담의 공정한 분배를 요구하며 전면에 나섰다. 실제로 조세 문제는 빠르게 경제적 이익과 이데올로기의 주요 전쟁터가 되었다. 노동자계급과 중간계급을 대변하는 정당뿐만 아니라 노동조합까지 참가하면서 그들의 정치적 대표들은 점점 더 조세를, 자본주의에 의해 초래된 소득과 부의 잘못된 분배를 변화시키는 수단으로 사용할 것을 요구했다(Steinmo 2003, 209).

조세개혁의 요구는 누진적인 소득세의 도입으로 모였다. 역사적으로 소득세가 처음 도입된 것은 1799년 영국에서였다. 뒤이어 프로이센(1808년)과 미국(1862년)에서도 시행되었지만 모두 전쟁 비용 조달을 위한 임시세였기 때문에 항구적인 세목으로 자리 잡지는 못하고 있었다.[19] 소득세가 대중 정치 시대의 핵심적인 조세개혁 전략으로 떠오른 것은, 그것이 소득이 높을수록 세율도 높아지는 누진세로서 소득재분배 효과가 높기 때문이다. 다른 한편,

---

19 영국은 나폴레옹전쟁의 비용을 마련하기 위해, 프로이센은 나폴레옹전쟁 패배에 따른 부채 상환 재원 조달을 위해, 미국은 남북전쟁 비용 마련을 위해 각각 임시세로서 소득세를 도입했고, 전시 재원 조달 목적이 끝나자 폐지되었다.

물가 상승 등으로 말미암아 명목소득이 증가할수록 높은 세율이 적용되어 실질적인 증세 효과가 발생하기 때문에(이를 브래킷 크리프 Bracket Creep라 한다) 정부도 소득세를 안정적 조세 수입의 대안으로 주목했다. 자본주의 시장경제가 급격히 발전함에 따라 빠르게 증가하는 새로운 소득 세원을 원천별로 파악해 과세하는 것이 불가피하기도 했다. 더구나 소득세 도입 초기부터 이미 원천징수 방식이 채택되기 시작해 세수 확보에도 유리했다.[20]

20세기를 전후해 새롭게 투표권을 얻은 가난한 사람들의 표를 의식할 수밖에 없게 된 기존 정당들도 조세개혁 요구를 무시하기 어려웠다. 산업화로 사회적 부가 급증하면서 세원 규모도 크게 늘었기에 증세 여건은 무르익었다. 산업화에 따른 사회 기반 시설, 국방, 초기 사회보험 프로그램을 위한 재정 수요와 함께 제1차 세계대전으로 치닫는 국제 정세 때문에 각국은 국방비 증액도 요구받고 있었다. 이에 1890년대 초부터 유럽 각국은 다양한 형태로 소득세를 시행하기 시작했고, 20세기 초까지 짧은 기간 동안 모든 산업화된 국가에서 부자와 법인을 대상으로 누진세율이 적용된 개인소득세와 법인세가 도입되었다(Webber and Wildavsky 1986, 310: Steinmo 1993, 22).

소득세 도입 전략은 보통선거권이 확대되는 과정에서 각 정치

---

20 국가와 시기에 따라 정도의 차이는 있지만 소득세는 처음 도입될 때부터 누진세율이 적용되었고, 원천징수 제도는 영국에서 1803년 처음 시행되어 1862년 미국 소득세에서도 채택되었다(최원 2011, 13~14).

세력의 이해관계와 긴밀하게 연계되었다. 대표적으로 영국의 경우 20세기 초 자유당이 주도한 인민 예산People's Budget을 통해 소득 수준에 따라 등급을 나누고 누진율을 적용하는 누진과세, 근로소득과 비근로소득의 차별화를 특징으로 하는 소득세가 항구적 세목으로 정착되었다. 소득세 인상분을 주로 고소득자에게 부담시키고 부양 자녀가 있는 중산층 소득에 대한 과세 부담은 줄어들도록 설계되었다. 이는 노동자계급이 노동당에 더 많은 지지를 보내지 않도록 하는 동시에 전통적으로 자유당을 지지해 온 중간계급이 보수당에 넘어가지 않도록 하려는 정치적 전략에서 나온 것이다(Daunton 2012, 137; Steinmo 1993, 60).[21]

제1차 세계대전은 각국이 활용 가능한 모든 자원과 수단을 총동원해 싸우는 전쟁이었다는 의미에서 '총력전'total war이라 불렸다. 이를 위해 부유층을 대상으로 기록적인 전시 증세가 동반되었고, 다양한 명목의 전시 누진과세가 추가됨으로써 20세기 첫 20년 동안 유럽의 조세체계는 소득과 재산에 대한 직접세 중심으로 변화했다. 단적으로 1831~35년 영국 세입의 25.2%를 차지하던 직접세는 1911~14년 52.3%로 증가했다(Daunton 2007, 136~137). 이에 따라 주로 하층민에게 집중되어 왔던 조세 부담은 상류층으로 이동했다. 무엇보다 이전까지 국가 재원 조달 수단으로서만 기능하던 조세가 사회의 부와 소득의 분배에 개입할 수 있는 사회정책

---

21 실제로 소득이 비교적 적은 중간계급 남성들의 1913~14년 소득세 금액은 1892~93년 보다 증가하지 않았다. 소득세 부담은 고소득 계층으로 이동했다(Daunton 1996, 177).

수단으로 그 역할이 확대되었다. 재분배 수단으로서의 조세가 등장한 것이다.

제1차 세계대전 때보다 더 많은 전비가 필요했던 제2차 세계대전은 각국 조세정책의 기조를 다시 극적으로 변화시켰다. 기업과 부유층에 대한 세율을 가파르게 인상한 동시에 과세 대상을 중간층은 물론 하층계급으로 크게 확대했다. 1930년대 중반까지 상위 5% 미만이 내던 '계급세'class tax였던 소득세는 전쟁이 끝날 무렵에는 전체의 60%가 내는 '대중세'mass tax로 전환되었다. 산업구조가 변화함에 따라 근로소득이 점점 증가했고, 이에 대해 원천징수 제도와 같은 새로운 방법을 도입해 조세 징수의 실질적 정치적 비용도 줄였다.[22] 그 결과 1930~45년 사이 유럽 다수 국가와 미국에서 국내총생산GDP 대비 세수는 거의 2배로 증가했다. 또 국가는 높은 수준의 조세에 기반해 모든 계급과 세대에 걸쳐 부와 소득을 재분배하는 책임을 맡게 되었다(Steinmo 2003, 211~213).

(3) 재분배 수단으로서의 복지

제2차 세계대전 이후 유럽 각국은 전쟁 때 급증한 세금을 줄이지 않고 유지하거나 오히려 늘리면서 이를 재원으로 삼아 조세정책을, 지속적인 경제성장과 복지국가 건설을 위한 사회경제 정책

---

22 제2차 세계대전기에 일본(1940년), 미국(1943년), 영국(1944년) 등 다수 국가에서 근로소득에 대한 원천징수 제도Pay-As-You-Earn, PAYE가 시행된다(최원 2011, 15 참조).

의 중심 수단으로 발전시켰다. 복지 정책은 조세 수입에 기반하면서도, 조세와 마찬가지로 사회적 불평등을 완화하는 수단이 되었다. 복지 제도가 발전한 국가일수록 더 많은 세금을 거두어 더 보편적이고 두터운 복지를 실현함으로써 시민의 삶의 질을 높이고 불평등을 크게 개선했다. 조세와 복지의 전면적인 연계와 조합, 복지를 위한 조세의 등장이다.

유럽 복지국가는 산업화, 민주화, 노동운동과 좌파 정당의 성장, 국가 관료제의 성립 등으로부터 영향을 받으면서 성장했으며 (양재진 2020, 76), 어느 요소를 강조하느냐에 따라 복지국가 형성과 유형에 대한 이론이 갈리고 있기도 하다.[23] 19세기 말에서 제2차 세계대전기까지는 4대 사회보험으로 대표되는 개별적인 복지 제도가 등장해 각국으로 확산되는 시기였다. 최초의 3대 사회보험 제도는 1880년대 독일에서 보수 세력의 기획으로 만들어졌는데, 급성장하는 노동운동과 사회민주당에 대한 노동자들의 지지를 차단해 체제를 지키기 위해서였다(파울랜바흐 2017, 18~50).[24] 1906년에는 노르웨이에서 실업보험 제도가 시작되었다. 대다수 유럽 국가들은 제1차 세계대전 이전에, 늦어도 제2차 세계대전기까지는 유

---

23 복지국가 형성과 발전 및 이론적 논의 전반에 대해서는 윤홍식(2013: 2019)을 참조.

24 당시 독일에서는 유럽 최초로, 가장 강력한 노동자계급의 대중정당이 창당되어 1871년 첫 의회에 진출한 이후 1877년 50만 표(9.1%), 1890년 1400만 표(19.7%), 1912년 4250만 표(34.8%)를 얻었다. 파죽지세였다. 이에 비스마르크는 한 손에는 채찍을, 다른 손에는 당근을 들고 대응했다. 사회주의자법(1878년)을 제정해 사회주의 성향 단체들의 활동을 금지하는 한편, 노동자질병보험법(1883년), 재해 보험법(1884년), 장애 및 고령 보험법(1889년)을 잇따라 시행해 노동자들을 사민당으로부터 분리하려 했다.

사한 형태의 4대 보험을 시행했다(〈표 1-1〉 참조). 앞서 살펴본 소득세 도입 등 조세개혁도 개별적인 복지 제도의 재원 마련과 부분적으로 연계되었다.[25]

제2차 세계대전 종전기부터 1970년대까지의 복지국가 황금기를 주도한 것은 집권에 성공했거나 연정에 참여한 사회민주주의 정치 세력이었으며, 이때 비로소 복지는 개별적인 제도의 시행을 뛰어넘어 '국가의 존재 양식'이 되었다. 다양한 기능 가운데 복지가 국가의 중심 기능이 되었고, 복지를 효율적으로 제공하기 위해 국가 재정과 기구가 확대되었으며, 시민에게 복지를 제공하는 것이 국가 존재의 정당성으로 부각되었다(정원오 2010, 25~29).

괴스타 에스핑-안데르센에 따르면 선진 자본주의 복지국가는 가족-시장-국가의 역할 분담과 지배적인 연대의 양식, 그리고 탈상품화와 계층화를 기준으로 사회민주주의, 조합주의(보수주의), 자유주의 복지국가 체제라는 세 가지 유형으로 발전했다(에스핑앤더슨 2007).[26] 이후 다양한 기준에 의한 다양한 복지국가 유형화가 시도되었는데, 에블린 후버와 존 스티븐스의 연구(〈표 1-2〉 참조)에서 알 수 있듯이 스웨덴·노르웨이·덴마크·핀란드 등 북유럽 사회민주주의 복지국가군은 사민당의 장기 집권 및 중간계급과의 동맹에 기

----

25 예를 들어 1909년 영국 자유당의 인민 예산 추진은 직전 연도에 도입한 노령연금의 재원 마련과 연계돼 있었다(Steinmo 1993, 56~57).

26 탈상품화는 시민들이 일자리나 소득, 혹은 전반적 복지의 손실 없이 자유롭게 일을 그만둘 수 있는 상황을 보장하는 정도를, 계층화는 복지 혜택 정도가 계층별로 나뉘는 정도를 뜻한다.

반해 두터운 보편적 복지를 실현하고, 조세와 복지를 통한 재분배를 통해 불평등을 크게 개선한 것으로 나타나고 있다. 독일·오스트리아·네덜란드·프랑스 등 중부 유럽의 조합주의 복지국가군 또한 기민당 독자 또는 사민당과의 연립 정권을 통해 북유럽 못지않은 복지 수준과 불평등 개선을 실현했다. 반면 노동자 권력 자원이 미약한 미국·영국 등 자유주의 복지국가군의 복지 수준은 상대적으로 뒤처졌다.

그렇다면 복지국가의 유형별 차이는 조세체계와 어떤 연관이 있을까? 뚜렷하게 대비되는 복지국가 유형을 대표하는 스웨덴과 미국의 조세체계를 비교한 스벤 스테인모에 따르면 대규모 세수를 확보할 수 있는 조세 구조의 존재 여부에서 가장 뚜렷한 차이가 나타난다. 그에 따르면 스웨덴의 조세제도는 미국에 비해 특별히 누진적이지 않지만 모든 소득 집단을 대상으로 매우 무거운 조세 부담을 지우는 것을 특징으로 한다. 이를 통해 국가는 막대한 재정수입을 확보하는 조세제도를 구축했고, 이 수입은 주택·교육·보건·복지에 대한 공공 지출로 전환되며, 이 지출의 실질적 재분배 효과는 가파른 누진세보다 훨씬 크다. 무거운 조세 부담과 큰 복지가 성공적으로 연계된 스웨덴 복지국가 모델은 1980년대 이후 21세기 초에 걸친 세계화와 신자유주의 물결에도 불구하고 큰 부침 없이 지속되고 있다(Steinmo 2002).

실제로 1965년부터 2008년까지 경제협력개발기구OECD 17개 주요 복지국가의 GDP 대비 주요 세목 비중을 분석한 윤홍식의 연구에 따르면 에스핑-안데르센의 세 가지 복지국가 체제는 그에 조응하는 조세체계와 짝을 이루고 있다.[27] 먼저 복지 제도가 상대

표 1-2 1980년대 복지 체제별 노동자의 권력 자원과 노동시장, 복지제도, 재분배 지표(단위 : %)

		노동조합 조직률	사회민주당 집권 기간	기독민주당 집권 기간	코포라티즘 지수	임금 결정의 중앙 집중화	협약 적용률
사회민주주의 복지국가	스웨덴	82	30	0	4	60	83
	노르웨이	59	28	1	4	57	75
	덴마크	70	25	0	3	60	
	핀란드	73	14	0	3		95
	평균	71.1	24.3	0.3	3.5	59.0	84.3
기독교 민주주의 복지국가	오스트리아	66	20	15	4	20	71
	벨기에	72	14	19	3	34	90
	네덜란드	38	8	22	4	47	60
	독일	40	11	16		20	76
	프랑스	28	3	4	3	20	92
	이탈리아	51	3	30	2	40	
	스위스	35	9	10	3		
	평균	47.0	9.6	21.6	3.2	30.2	77.8
자유주의 복지국가	캐나다	31	0	0	1	9	38
	아일랜드	68	3	0	3		
	영국	48	16	0	2	28	47
	미국	25	0	0	1	6	18
	평균	43.0	4.7	0	1.8	14.3	34.3
임금 소득자 복지국가	오스트레일리아	51	7	0	1	40	80
	뉴질랜드	59	10	0	1		67
기타	일본	31	0	0		16	21

주: 1) 노동조합 조직률Union Density : 전체 노동자 중 노동조합에 가입한 노동자의 비율.
　2) 좌파 집권 기간Left Cabinet Years : 1946~80년 사이 사회민주주의 단독정부인 경우 매년 1씩, 연립 정부인 경우 의석수에 따라 조정한 수치를 가산.
　3) 기독민주당 집권 기간Christian Democratic Cabinet Years : 위와 같은 방식으로 지수화.
　4) 코포라티즘 지수Corporatism Index : 노사정 3자간 교섭 정도를 1~4의 수치로 지수화.
　5) 임금 결정의 중앙 집중화Centralization of wage setting : 임금에 대한 단체교섭의 수준이 기업 단위를 넘어 산업/부문 또는 전국/국가 단위로 집중된 정도를 지수화.
　6) 협약 적용률Union Coverage : 전체 노동 중 노동조합 가입 여부에 관계없이, 노동조합과 사용자 사이에 체결된 단체협약의 결과를 적용받는 노동자의 비율.
　7) 여성의 노동력 참여Female Labor Force Participation : OECD가 집계한 노동인구 중 여성 비율.
　8) GDP 대비 사회보장비 지출Social Security Expenditure as % of GDP : 국제노동기구ILO 통계가 집계한 GDP 대비 사회보장비 지출 비중.

27 이하 서술은 윤홍식(2011: 2012)에 근거했다.

1부 조세는 어떻게 국가를 만들고 변화시켰는가

여성의 노동력 참여	GDP 대비 사회보장비 지출	GDP 대비 이전 지출	GDP 대비 총조세	공공 의료·교육·복지·고용	탈상품화 지수	조세 및 이전 지출 후 지니계수	조세 및 이전 지출의 재분배 효과
74	31	18	56	20	39	0.20	52
62	20	14	53	15	38	0.22	40
71	26	17	52	18	38	0.26	36
70	17	9	36	9	29	0.21	38
69.3	23.6	14.5	49.4	15.5	35.2	0.22	41.4
49	21	19	46	4	31	0.23	
47	21	21	43	6	32	0.23	46
35	27	26	53	4	32	0.28	38
51	23	17	45	4	28	0.25	38
54	25	19	45	7	28	0.32	35
39	20	14	33	5	24	0.31	28
54	13	13	33	5	30	0.32	21
47.0	21.6	18.4	42.4	5.0	29.3	0.28	34.2
57	13	10	36	4	22	0.29	24
36	19	13	39		23	0.33	35
58	17	12	40	8	23	0.27	33
60	12	11	31	5	14	0.31	26
52.8	15.2	11.5	36.5	5.7	20.6	0.30	29.4
53	11	8	31	7	13	0.29	29
45	16	10			17		
54	10	10	28	3	27		

9) GDP 대비 이전 지출Transfer Payments as % of GDP : GDP 대비 이전 지출[실업수당, 재해 보상금, 사회보장비, 투자 보조금 등] 금액 비중.

10) GDP 대비 총조세Total Tax Revenue as % of GDP : OECD가 집계한 GDP 대비 총조세 금액 즉 조세수입에 사회보장 기여금을 더한 것의 비중(= 국민 부담률).

11) 공공 의료·교육·복지 고용Public HEW Employment : 노동인구 중 공공 의료·교육·복지 노동자 비중[HEW = health, education, and welfare].

12) 탈상품화 지수Decommodification Index : 에스핑-안데르센이 복지국가 발달 정도를 지수화한 것으로 노동자가 일을 할 수 없는 상황에 처했을 때 국가가 어느 정도 수준의 복지를 제공해 주는지를 나타냄.

13) 조세 및 이전 지출 후 지니계수Post tax Transfer Gini : 직접세 및 이전 지출 후의 지니계수.

14) 조세 및 이전 지출의 재분배 효과Redistribution resulting from taxes and transfers : 직접세 및 이전 지출의 영향을 받은 소득 불평등의 감소 비율.

자료 : Huber and Stephens(2001).

적으로 두터운 '큰 복지국가'라고 할 만한 유럽의 사회민주주의와 조합주의 국가군은 조세 수준이 높은 '고高세금 유형'으로 분류된다. 반면 영국과 미국, 동아시아, 남부 유럽 등 '작은 복지국가'는 낮은 조세 수준에 머무는 '저低세금 유형'이다. 큰 복지국가의 조세체계는 상대적으로 광범위한 사람들이 내는 개인소득세(특히 임금 소득세), 소비세, 사회보장 기여금 중심으로 구성되어 있고 직접세와 간접세, 누진세와 역진세 모두 GDP 대비 비중이 크다. 반면 작은 복지국가의 조세체계는 납부 대상이 제한적인 재산세와 법인소득세의 비중이 상대적으로 높고 직접세와 간접세의 규모가 모두 작다.

사회적 평등을 실현하는 보편적 복지국가는 단순히 조세 규모만이 아니라 재원의 성격과 지출의 내용이 어떻게 연계되느냐와 관련이 있다. 북유럽 사회민주주의 복지국가군은 GDP 대비 개인소득세의 규모가 상대적으로 큰 반면, 중부 유럽 조합주의 복지국가군은 노동자들이 부담하는 사회보장 기여금의 규모가 컸다. 윤홍식에 따르면 이런 특성이 두 복지국가 체제의 보편성을 가르는 핵심 준거가 된다. 즉, 중부 유럽에서는 (상대적으로 급여가 기여에 비례하는 보험 수리數理 원칙Actuarial Principles이 지켜지는) 사회보장 기여금에 의존하기 때문에 복지 급여가 기여금을 납부한 대상으로 한정될 가능성이 높다.

반면 북유럽에서는 일반 조세에 근거하기 때문에 보험 수리 원칙에 연연할 필요 없이 좀 더 광범위한 대중에게 보편적으로 지급할 여지가 넓은 것이다.

5) 제3세계의 근대국가 형성과 조세

(1) 조세국가 형성의 두 가지 연결고리

지금까지 연구사를 중심으로 유럽의 조세(재정) 국가 형성 과정을 살펴보았다. 이를 요약하면 조세국가에서는 안정적인 조세 징수가 국가의 힘과 지속성을 결정했으며, 이것을 가능하게 하는 장치로 조세를 매개로 두 가지 연결 고리를 구축함으로써 조세국가가 형성되었다고 할 수 있다.[28]

첫 번째는 '대표 없이 과세 없다'로 상징되는 조세와 대표성의 연결 고리다. 근대 대의제 의회는 군주와 납세자 사이의 조세 갈등 과정에서 협상과 혁명의 결과로서 탄생했다는 점, 납세자가 선출한 대표로 구성된다는 점, 이후의 조세 갈등에 대한 협상 무대이자 그 결과인 재정 협약fiscal contract을 법률화하는 곳이라는 점에서 이 고리의 핵심이다. 근대 민주주의의 재정적 기원이기도 한 이 고리는 근대국가가 형성 단계에서부터 조세 문제를 정치적 중심 의제로 삼는 특성을 띠었음을 의미한다.

두 번째는 안정적 조세 징수 기반을 위한 조세와 제도의 근대적 변화의 연결 고리다. 사유재산권 보호 제도, 중앙집권적 세무 기구 설치, 나아가 재정 국가론에서 중요하게 다루는 중앙은행 설치 등이 이 고리에 해당한다. 이 중에서 중앙집권적 세무 기구를

---

28 두 가지 연결 고리는 데버라 브라우티검(Bräutigam 2002, 11~13)에서 착안했다.

설치해 국가가 조세를 효율적이고 통일적으로 직접 부과 징수하는 것이 안정적 조세 확보의 관건이었다.

두 가지 연결 고리는 역사적 시·공간의 제약을 넘어 조세국가가 형성되고 지속될 수 있는 필수 요건이므로, 유럽 이외 지역이나 식민 지배를 겪은 주변부 국가의 근대국가 형성과 비교해 공통점과 차이점을 분석할 수 있는 잣대가 된다. 유럽의 경우 두 가지에 조세와 전쟁의 연결 고리를 추가하면 더 설명력이 있겠지만, 시·공간적 제약성이 크므로 이는 초기 유럽 근대국가 형성의 특수성으로 한정할 필요가 있다.

영국이 아메리카 식민지에 대표 없는 과세를 강요하다가 미국 독립 전쟁으로 비화되었듯이, 제국주의 일반의 식민 지배는 앞에서 살펴본 닐슨의 분류를 적용하면 '대표 없는 강압 과세'였다. 물론 일부이긴 하지만 식민지 의회가 설치되거나 제국주의 본국 의회에 대표를 파견하는 방식으로 제한적인 선거권이 부여되기도 했다. 아일랜드(영국), 필리핀(미국), 알제리(프랑스)가 여기에 해당한다(변은진 외 2007 참조). 그러나 이는 극히 예외적인 사례이고 식민지의 절대다수는 제국주의 지배가 끝날 때까지 대표 없는 강압 과세가 유지되었다.

조기에 조세국가를 수립해 강화된 재정 역량을 바탕으로 많은 식민지를 거느렸던 제국주의 국가들이 식민지에서 동원한 조세 징수 수단은 다양했다. 유럽의 동남아시아 식민지에서는 주로 중국인 징세 청부업자에게 소금과 같은 주요 품목의 판매 독점권을 주고 수익금의 일부를 조세로 납부하게 했다. 유럽의 아프리카 식민지에서는 징세 청부 제도와 함께 지역의 족장들에게 조세 징수를 위임하는 방식이 사용되었다(Bräutigam 2002, 12). 반면 유럽에 비해 뒤늦게 조세국가 대열에 합류한 일본 제국주의는 식민지 대만과 조선에서 초기에 지방 행정 조직에 조세 징수를 맡겼다가 식민지 총독부 직할의 중앙집권적 세무 기구를 설치해 직접 과세로 전환했다.

이처럼 식민지하에서는 '조세와 대표성의 연결 고리'가 없는 가운데 '조세와 제도의 근대적 변화라는 연결 고리'는 다양한 양태를 보이는 만큼, 식민지를 경험한 신생 독립국의 조세국가 형성 과정은 매우 복잡한 양상을 띠었다.

(2) 노동자 권력 자원과 조세-복지

유럽과 미국의 경우 근대국가가 수립되는 시민혁명, 산업화가 시작되는 산업혁명, 정치적 시민권이 확보되기 시작하는 남성 선거권 실현이 최소 수십 년의 시차를 두고 전개되었다.[29] 이 과정에서 특히 서유럽 대다수 국가에서 근대국가 형성과 산업혁명에 따른 사회적 균열이 정치화되고 점차 자본 대 노동의 균열로 수렴되어 갔다. 또 노동자계급이 선거권 확대 투쟁을 주도하거나 적극

---

29 영국은 명예혁명(1688년) 이후 230년 만인 1918년에, 프랑스는 혁명(1775~83년) 이후 90여 년 만인 1876년에, 미국은 독립 혁명(1789~94년) 이후 70여 년 만인 1870년에 각각 남성 선거권이 실현되었다. 또 산업혁명 시작 이후 남성 선거권이 실현되기까지 영국은 150년 이상, 프랑스는 60년 이상의 기간이 있었고 미국도 30년 정도의 시차가 있었다.

참여해 남성 선거권을 실현했고 이후 의회에 진출해 대중 정치의 중심축 가운데 하나로 자리 잡았다.

20세기 초부터 노동자계급에 기반한 노동당이나 사회민주당이 의회정치에서 약진하면서 하층계급의 사회경제적 요구가 정치적 중심 의제로 등장했다. 소득의 공정한 재분배를 위한 누진적 소득세를 중심으로 한 직접세 중심의 조세개혁, 노동자에게 삶의 최저 조건을 보장하기 위한 4대 사회보험 제도가 20세기 전반기에 대다수 유럽 국가에서 이루어졌다. 이를 처음 기획하고 순차적으로 실행한 것은 보수 정치 세력이었지만, 노동자 권력 자원의 폭발적인 성장과 체제 위협의 압박에 대한 대응의 산물이기도 했다.

두 차례 세계대전은 조세 구조를 누진적 직접세 구조로, '계급세'를 넘어 '대중세'로 변화시킨 중요 요인이었을 뿐만 아니라 이를 통해 국가의 조세 징수 능력이 획기적으로 강화되었다. 좌우를 막론하고 집권 세력은 전쟁이 끝난 뒤 세금을 낮추지 않고 조세정책을 사회경제적 수단으로 발전시켰다. 1970년대까지 이어진 복지국가 황금기 동안 사민당 주도의 북유럽 보편주의 복지국가와, 기민당 주도의 중부 유럽 조합주의 복지국가라는 두 가지 '큰 복지국가' 모델이 탄생했다. '고高세금'이 '큰 복지국가'의 공통점이었고, 모든 소득 집단에게 무거운 조세 부담을 지우지만 복지 혜택을 통해 훨씬 뛰어난 재분배를 실현했다.

필자는 앞에서 근대 민주주의가 형성될 때 초기 근대 의회가 조세의 협상 무대이자 협약 체결의 장으로서 성격을 띠고 출현했다고 썼다. 넓게 보면 대중민주주의로 전환한 이후 노동자 권력 자원의 성장을 바탕으로, 계급에 기반한 정당이 의회에 진출해 제1,

2당을 다투는 수준까지 성장했기 때문에 의회가 재분배를 통해 자본주의 불평등을 완화하기 위한 조세와 복지의 협상 무대, 새로운 재정 협약의 장이 될 수 있었다. 근대 민주주의 형성이 재정적 기원을 갖고 있다면, 현대 대중민주주의의 형성은 계급적 기원을 갖는다고 할 수 있는 것이다.

반면 식민지를 겪은 주변부 제3세계를 포함한 비유럽 지역의 경우 단순히 근대국가 형성과 산업화, 참정권의 실현이 유럽에 비해 늦었을 뿐만 아니라 시간적 배열이나 전개 양상도 유럽과는 많이 달랐다. 무엇보다도 사회적 균열의 정치화나 노동자계급의 조직화 및 계급에 기반한 정당의 형성 없이 선거권이 부여되는 경우가 많았다(Bornschier 2009, 7). 보편적 선거권이 오랜 투쟁의 결과물이거나 노동자 권력 자원의 형성 과정이자 기반이 되었던 유럽의 양상은 이곳에 적용되지 않는다. 국가에 따라서는 대규모 노동자계급이 존재하기 훨씬 전에 보편적 선거권이 도입되고, 뒤늦은 산업화로 사회경제적 불평등이 극심함에도 오랫동안 계급 균열이 정치화되지 않았다. 독일처럼 노동자, 농민을 비롯한 사회적 계급에 기반한 종교 정당의 출현도 극히 드물었다.

따라서 앞서 서술한, 근대 조세국가와 민주주의의 탄생 과정뿐만 아니라 보편적 선거권 실현을 통한 대중민주주의로의 전환도 유럽과는 다른 길을 걷는다. 영국·프랑스·미국의 경우 '세금 납부자 선거 체제'에서 보편적 선거권으로 이행하는 데 최소 70년에서 최대 230년의 시간이 걸렸다(이 장의 각주 29 참조). 반면 식민지를 겪은 주변부 국가의 경우 신생 독립국으로서, 근대국가의 수립과 사실상 시차 없이 보편적 선거권이 도입되었다. 재분배 수단으로서 조세의 등장, 국가의 조세 징수 능력 제고, 복지국가의 모색 또한 산업화 수준의 시차와 노동자 권력 자원 형성의 지체라는 조건의 차이에 따라 다양한 역사를 그려 가게 된다.

(3) 과대 성장 국가론, 자유주의 결핍론, 지대 국가론

앞서 살펴본 조세(재정) 국가론은 주로 유럽과 미국의 역사적 경험을 바탕으로 했기 때문에 유럽 이외의 지역, 특히 한국처럼 식민 지배를 경험한 주변부 국가의 역사적 조건을 감안한 형성 경로가 풍부하게 모색될 필요가 있다. 이 맥락에서 참고할 만한, 제3세계의 조세와 연관된 근대국가 형성의 대표적인 이론은 과대 성장 국가론과 자유주의 결핍론, 지대 국가rentier state론을 들 수 있다.

① 과대 성장 국가론

과대 성장 국가는 조세를 매개로 한두 가지 연결 고리 중 첫 번째 고리가 없는, 그래서 대표 없는, 민주주의 없는, 거꾸로 선 조세 국가다. 과대 성장 국가론은 정치학자 함자 알라비(Alavi 1972)가 파키스탄과 방글라데시 등 식민 지배를 겪은 제3세계에서 볼 수 있는 해방 이후 근대국가 형성의 특성을 분석해 개념화한 이론이다. 그에 따르면 서구 유럽에서는 자생적 부르주아의 주도로 근대국가가 수립되고 자본주의적 생산관계 성장을 뒷받침하는 데 필수적인 법과 제도의 틀이 마련되었다. 그러나 식민지에서는 자국 부르주아가 아니라 중심부 부르주아가 주도해 제국주의 국가의 상부구조를 식

민지에 복제하고, 거기에 더해 식민지 고유의 사회적 계급들 모두에 대한 지배권을 행사할 수 있는 국가기구를 만들어 낸다. 이에 따라 식민지 사회의 상부구조는 모든 사회 계급들을 종속시킬 수 있는 강력한 군사-관료 기구와 메커니즘을 갖춘다. 그런데 이것은 발전된 사회경제적 하부구조에 기초한 중심부 제국주의 상부구조를 그대로 복제한 것이므로 식민지의 사회경제적 구조에 비해 과대 성장된 것이다.

제3세계 주변부 국가는 해방과 더불어 제국주의로부터 정치적으로 독립한 뒤에도, 과대 성장된 국가기구와 사회 계급들을 통제할 수 있는 제도화된 관례들을 식민 유산으로 물려받는다. 또 최상층에 있는 취약한 부르주아들이 자신들의 권력 유지와 확대에 유리한 군사-관료적 통치에 얽매임으로써 더 팽창하게 된다. 그 결과 해방 이후에도 상부구조와 사회경제적 구조의 간격을 극복하지 못하는 과대 성장 국가로 남는다는 것이다.

최장집(1989, 86~87)에 따르면 이 같은 국가의 과대 성장은 사회의 과소 성장을 뜻한다. 이는 그 사회를 구성하거나 조직화하는 사회적 분화가 필연적으로 낳게 마련인, 서로 다른 이해관계에 바탕을 둔 정치사회 조직들 간의 연결망이 약체화된다는 것을 의미한다. 이런 조건에서는, 국가 엘리트들이 정치적 타협과 협상을 통해 사회 내 정치사회 집단들과 합의를 이룸으로써 이들을 정치적 동맹 세력으로 끌어들일 가능성이 낮아진다. 여러 계층의 이해를 동원하는 정당의 기능과 의회 대표 기능도 위축된다.

② 자유주의 결핍론

　자유주의 결핍론은 '권리 중심적 사회'라는 기초를 쌓지 못한 조숙한 민주주의론이다. 자유주의는 근대 시민혁명을 통해 구현된 이념이자 원리라 할 수 있다. 그 핵심은 피치자가 통치자에게 공적 권력을 행사하도록 동의하는 대신, 피치자는 그 누구도 침해할 수 없는 권리를 갖는 '권력과 권리의 균형 체제'에 있다. 이 과정에서 통치 권력에 대한 적법한 선출의 기반을 확립하고 공통의 권리를 가진 여러 집단의 영향력이 사회적으로나 정치적으로 조직되었다.

　유럽과 서구에서는 조세를 매개로 두 가지 연결 고리가 구축된 이후 100여 년에 걸친 차티스트운동을 통해, 첫 번째 연결 고리에 대한 투표권의 조세 제한이 철폐되고, 모든 계급의 참여가 보장되는 보편적 선거권이 보장되었다. 이 과정을 거치면서 노동운동과 대중정당이 주체가 되는 대중 정치 시대로 진입했다. 달리 말하면 현재와 같은 민주주의가 완성되기까지 일반적으로 정치 경쟁의 자유가 실현되고 나서 보통선거권이 부여되는 '자유화 → 민주화' 경로를 거쳤다고 할 수 있다(달 1987, 24~27).

　자유화 단계에서는 재산과 계약 등 시장과 관련된 선택권, 그리고 신앙·사상·언론·집회·결사의 자유 등 시민권이 발전되었고, 이에 기반해 정당 결성의 자유와 정치적 반대의 자유가 실현되었다(Bartolini 2000, 207). 정부가 계급의 다양한 분파 또는 정치적 발언권이 있는 여러 계급들에 대해 책임질 수 있도록 하는, 정권 교체가 가능한 복수 정당 시스템이 자유주의 국가의 본질이었다. 여기에 민주화 단계의 핵심인 민주적인 참정권이 자유주의 국가의 '논리적 완결'로서 나중에 추가됨에 따라 서구의 자유민주주의 체제가 성립했다(Macpherson 1967, 9).

이와 달리 선거권이 먼저 부여되고 이후에 정치 경쟁의 자유를 실현하는 '민주화→자유화' 경로를 밟는 국가들이 있다.[30] 이 경우 엘리트 간에 경쟁 정치의 기술이 습득되고 정당한 것으로 인정되기 전에, 나아가 다양한 시민 집단의 권리를 보호하기 위한 조직화나 세력화의 기반 없이, 선거권이 확대됨으로써 불안정한 경쟁 정치의 체제가 억압 체제로 바뀔 위험이 크다(달 1987, 28~29). 이 같은 경로를 밟은 제3세계 주변부 국가의 경우 보편적 선거권이 부여되었지만 자유화 단계를 거치지 않았기 때문에 사후적으로 사회적 조직화의 기반을 발전시키는 동시에 정치 경쟁의 자유를 실현해야 하는 과제를 안게 되었다는 것이다.[31]

박찬표(2010, 83)에 따르면 선거권이 일찍 제도적으로 도입되었지만, 반정부 정치 세력이나 정당은 탄압의 대상이 되기 일쑤이고, 심지어 선거를 통해 성립한 좌파 정권이 군부 쿠데타에 의해 전복되는 과정이 되풀이되었다. 이 같은 제3세계의 권위주의 체제가 바로 이 경로의 위험성을 보여 준다. 결국 해방 이후 한국을 비롯한 제3세계 국가들의 후발 민주화는 보편적 선거권에 더해 사회의 다원적

---

30 스테파노 바르톨리니(Bartolini 2000, 408)에 따르면 서유럽에서도 영국·노르웨이·스위스·네덜란드·벨기에 등은 '자유화→민주화' 경로를 거친 반면, 독일·오스트리아·프랑스·덴마크·스웨덴 등은 '민주화→자유화' 경로를 밟았다.

31 자유주의 결핍론에 대한 개괄적인 정리는 박찬표(2008)를 참조.

조직화와 정치 경쟁의 자유를 실현하는 과정이라는 것이다.

③ 지대 국가론

지대 국가론은 조세 없는 근대국가 형성론이다. 이는 1970년대에 세계 무역과 금융의 주요 축으로 부상한 아랍 산유국들의 궤적을 설명할 개념으로 등장했다.[32] 여기서 '지대'rents란 석유나 광물과 같은 천연자원 지대뿐만 아니라 해외 원조와 같은 전략 지대를 포괄하는 개념으로, 지대 국가는 조세보다는 지대에 재정을 의존하는 국가를 말한다.

1987년 하젬 베블라위의 연구에 따르면 당시 아랍 산유국들의 석유 수입은 국가 예산의 90% 이상, 수출의 95% 이상, GDP의 60~80%를 차지했다. 그러나 석유산업에 종사하는 노동력은 2~3%에 불과하고 석유 수입은 국가에 직접 귀속되었다. 사실상 조세가 없기 때문에 고도로 중앙집권적인 세무 기구와 같은 관료 체제를 구축할 필요도, 시민들이 대표성을 요구할 이유나 국가가 납세자와 협상이나 협약을 하기 위해 애쓸 동기도 극히 미약하다. 따라서 유럽에서와 같이 '대표 없이 과세 없다'는 정치적 요구를 할 수는 있지만, 아랍의 정치적 현실은 '과세 없이 대표 없다'일 수밖에 없

---

32 지대 국가론의 주요 내용은 하젬 베블라위(Beblawi 1987, 53~54), 테리 린 칼(Karl 1997, 13), 새뮤얼 헌팅턴(Huntington 1991, 65), 믹 무어(Moore 2004, 304~308), 데버라 브라우티검(Bräutigam 2002, 10, 13, 15)을 참고.

었다는 것이다.

지정학적 조건 등이 배경이 되어 해외 원조, 즉 전략 지대가 세입의 주된 수입원이 되는 제3세계 주변부 국가의 경우에도 국가수립 문제가 독특한 경로를 밟는다. 국내에서 징수하는 조세가 아예 또는 거의 없는 경우 조세 징수를 위한 국가기구나 관료제를 유지할 필요가 없거나 줄어든다. 정부가 납세자와의 정치적 협상 통로를 마련하기 위해 노력할 동기도 없기 때문에 국가 운영을 위한 책임 있는 관계는 정부와 시민 사이가 아니라, 원조 제공국과 원조 수혜국 정부 사이에서 형성된다(Bräutigam 2002, 15).

2. 조세로 본 한국 근대국가 형성의 특징

조세 문제와 연관 지어 한국 근대국가 형성의 특징을 살펴보기 위해서는 먼저 일제하 조세 징수 시스템이 남긴 식민 통치의 유산을 파악해야 한다. 유럽에서 조세국가 형성의 핵심 지표 중 하나였던 중앙집권적 세무 기구는 이미 1934년에 설치되었다. 일제는 이 같은 세무 행정의 중앙 집중화와 전문화를 발판으로 소득세를 중심 세제로 하는 조세제도를 운영해 식민 지배에 필요한 재정을 충당했다. 그러나 근대적 형태의 세무 기구와 세제 운영을 통해 재정의 대부분을 조세로 조달했음에도 납세자의 대표도, 조세 협상 무대로서의 근대 의회도, 민주주의도 없었다. 앞서 살펴본 닐슨의 분석 유형에 따르면 대표 없는 강압적 과세를 특징으로 하는 식민지 전제정치였다.

1) 대표 없는 강압적 과세의 식민 지배 유산

(1) 일본 조세국가의 조선 침략

일본은 독일과 함께 '위로부터의 근대화'를 추진한 대표적인 후발 자본주의국가이다. 연구자들은 일본이 대략 1890년대까지 조세국가 또는 재정 국가로의 전환을 완료한 것으로 보고 있다.[33] 지조개정에 이어 1887년 소득세를 도입했고, 1896년 중앙집권적인 세무 기구를 설치해 조세의 중앙 집중화와 안정적인 세수 확보를 꾀했다. 1882년 중앙은행을 설치해 1890년대 초반부터 세수를 기반으로 국내에서 국채를 발행하기 시작했고 뒤이어 국제 금융시장에서도 발행했다. 1890년 메이지明治 헌법이 시행되어 제국의회가 설치되었고, 국세 15엔 이상을 납부한 25세 이상 남성들에게 선거권을 부여하는 세금 납부자 선거 체제를 시작했다. 조세를 매개로 앞서 살펴본 두 가지 연결 고리를 갖춘 일본판 조세국가가 출발한 것이다. 영국에 비해서는 약 200년, 미국과 프랑스보다는 100년 정도 늦게 조세국가로서 틀을 갖춘 일본은 그 재정력을 바탕으로

---

33 하야시 다케히사(林健久 1965, 338)는 1873년 지조개정地租改正의 성공이 곧 슘페터가 말하는 조세국가의 성립이며, 헌법·회계법·의회제도·재판소 등 사유재산의 안전을 보장하는 여러 제도가 완비되는 1890년을 조세국가의 완성으로 볼 수 있다고 했다. 허원카이(He 2007, 217~273)는 중앙은행을 포함한 중앙집권적 재정 시스템이 구축되는 1890년대를 일본의 근대적 재정 국가가 수립된 시기로 보았다. 나카바야시 마사키(Nakabayashi 2012, 378~409)는 지조개정과 제국의회의 설치에 뒤이어 국채 발행을 통해 런던 금융시장에 진입한 1890년대 후반부터 지속 가능한 재정 국가가 시작되었다고 보았다.

청일전쟁(1894~95년)과 러일전쟁(1904~05년)에서 연달아 승리해 대만과 조선을 식민지로 지배하기 시작했다.[34]

일제는 1910년 조선 병합 직후부터 내국세 징수 업무를 지방 행정조직인 13개 도道에 맡겨 오다가 1934년에 조선 총독 직할의 세무 기구를 설치했다. 이는 이전까지 지방 행정조직이 담당해 오던 내국세 징수 업무를 분리해 대장성 직할의 독립된 기구를 설치해 전담하게 한 1896년 일본 본국의 중앙집권적 세무 기구를 복제한 것이다(이런 맥락에서 조선총독부는 당시 새로 설치한 기구의 성격을 '독립적' 세무 기구로 칭하고 있는데, 이 책에서도 이 용어를 사용했다). 영국 등 유럽에서 근대국가의 직접 과세가 징세 청부업을 폐지하고 중앙집권적 세무 기구를 설치하는 것으로 시작되었다. 반면 일본에서는 지방조직이 담당해 오던 징세 업무를 분리해 중앙 정부 산하에 독립된 세무 기구를 설치하는 것으로 나타났고 이것이 식민지 조선에도 이식된 것이다.

17세기 말 영국에서 최초의 중앙집권적 세무 기구가 설치될 때에는 주된 세목이 소비세였다면, 19세기 말 일본에서는 중심 세제가 토지세와 지세에서 소득세와 영업세로 전환되는 시기였다. 일본이 중앙집권적 세무 기구를 설치한 시기는 지방세였던 영업세를 국세로 전환하는 해이자, 1887년 걷기 시작한 소득세를 본격적으로 증세하려던 때였다. 20세기에 식민지 조선에서는 조세체계를

---

34 허원카이(He 2007, 274~387)에 따르면 일본과 달리 중국은 근대적 재정 국가 수립에 실패했다.

토지세에서 소득세 중심으로 전환할 목적으로 독립적 세무 기구를 설치했다. 이 같은 특성이 반영되어 일본과 식민지 조선에서는 국세 업무를 지방 행정조직이 담당함으로써 발생하는 세무 행정의 지역별 차등, 업무의 중복과 비효율성, 중앙행정과 지방행정의 충돌 등의 폐해가 독립적 세무 기구가 필요한 이유로 설명되었다. 이와 함께 소득세 및 영업세 등 새로운 세제 시행에 필요한 전문성이 특별히 강조되었다.

(2) 식민지 세무 기구의 특징

식민지 조선의 독립적 세무 기구는 1943년까지 약 10년 동안 존속했는데 그 특징은 다음과 같다(자세한 내용은 2부 참조).

첫째, 조선 내부의 사회경제적 발전 단계에 조응한 것이 아니라 일제 지배 세력의 주도하에 식민 본국의 제도를 복제 이식해 설치·운영되었다. 일본 천황의 '관제대권'과 '임면대권'에 따라 칙령에 근거해 설치되었으며 정원 변동 등도 천황의 재가를 받아야 했다. 일본인 중심의 상층 감독 기관이 조선인 중심의 세무서 집행 업무를 지휘·감독했다. 감독 기관 한 곳당 20개 세무서를 담당하게 하여, 대한제국기(33개)와 일본(50개)에 비해 더 촘촘한 감독망을 구축했다. 세무 직원들은 황국신민화, 납세보국納稅報國, 황국 조세이념皇國租稅理念 등 일제가 요구한 이데올로기로 무장해야 했다. 제국주의 본국 중앙을 정점으로 식민지 중앙 정부의 통일적 방침에 따라 일본인 감독 관리를 통해 일사불란한 직접 과세를 실현하려했던 것이다.

둘째, '대표와 동의 없는 강압적 과세'를 위한 식민 지배 기구로서의 성격이 뚜렷했다. 영국 등 유럽은 물론이고 일본에서도 근대 조세국가의 출발점에 중앙집권적 세무 기구와 의회제를 통한 근대 민주주의가 나란히 서있었다. 그러나 식민지 조선에는 의회가 설치되지도 않았고 조선인에게는 선거권도 부여하지 않았기 때문에, 조세는 대표를 낳지도 않았고 협상도 없었으며 재정 협약도 존재하지 않았다. 세금을 얼마나 누구에게 거둘지, 부과 징수 과정은 어떠해야 하는지에 대해 납세자의 참여나 동의는 존재하지 않았으며, 전적으로 제국주의 본국과 조선총독부에 의해 결정되었다. 독립적 세무 기구의 설치뿐만 아니라 1943년 이를 폐지하고 다시 지방 행정조직에 징세 업무를 이관한 것도 일제의 일방적 결정으로 이루어졌다.

일제는 본국의 제도를 단순 복제 이식한 것이 아니라 지배 정책에 필요한 것을 선별적으로 적용하거나 필요에 따라 변형했는데, 그 실상은 매우 정교하고 섬세했다. 한 예로 일본은 1887년 개인 소득세 제도를 처음 도입하면서부터 프로이센의 제도를 모방해 납세자의 직접 투표로 선출된 대표들이 독자적 과세표준을 결정할 수 있도록 하는, 높은 수준의 참여를 보장하는 소득조사위원회 제도를 시행해 왔다. 그러나 이 제도가 식민지 조선에 이식될 때에는 위원의 임명제, 결정권을 갖는 의결 기구가 아닌 단순 자문 기구로 변질되었다. 일본에서는 정부가 1913년부터 추진한 소득세법 중 세무 관리의 장부·물건 검사권 보장 및 거부 시 벌칙 조항은, 제국 의회가 납세자의 권리를 침해한다는 이유로 반대함에 따라 입법화되는 데 27년이 걸렸다. 그러나 조선에서는 소득세 도입 당시부터 이를 전면 도입했다.

셋째, 그 규모가 방대했다. 설치 당시 인력은 2500여 명으로 인구 1만 명당 세무서 평균 직원 수가 1.11명으로 일본(1.02명)이나 대한제국기(1.04명)보다 많았으며, 1942년까지 40%가 증가한 3500여 명을 기록했다. 대한제국기 재무서가 내국세만이 아니라 지방세, 지방 금융까지 담당했던 점이나, 당시 식민지 조선의 자본주의경제 발전 수준이나 세제의 다양성 및 복잡성의 정도에서 일본과 격차가 컸던 점을 감안하면 매우 방대한 규모였다. 이는 대표와 동의 없는 강압적 과세를 통해 식민 통치의 과세 기반을 확보하려는 제국주의 지배 정책이 낳은 과대 성장 국가 현상이라 할 수 있다.[35]

넷째, 전문성과 효율성을 갖춘 중앙집권적 징세 조직으로서의 성격이다. 세무 관리는 일상적인 세무 행정 경험과 함께 다양한 교육 훈련을 통해 실무 능력과 전문성을 갖추었다. 일본 본국의 교육 훈련 제도를 이식해 주기적인 세무 강습회를 이수하도록 했고 세무 관리 양성소를 설치해 체계적인 교육 훈련을 시도했다. 교과목에는 행정법·상법·부기·회계학·수학·재정·경제·상품학 등 세무 행정에 필요한 전문 지식이 포함되었고, 계산 능력을 향상할 주산

---

[35] 방대한 세무 기구는 강압적 과세의 결과인 동시에 일본 식민 지배 기구의 규모가 컸던 것과도 연관이 있다. 식민지 인도에서 영국인의 지배 기구나 베트남에서의 프랑스 지배 기구와 비교할 때 조선에서의 일본 지배 기구는 규모가 훨씬 컸으며, 그 결과 해방 후 한국인의 새로운 정치 참여를 추진하는 데 심각한 저해 요소가 되는 거대한 관료적 무기를 유산으로 남겨 놓았다(커밍스 2007, 41; 李炳植 2013, 11 참조).

교육과 경진 대회가 시행되었다. 교육 훈련의 성과를 승진 등에도 반영했다.

독립적 세무 기구가 존속한 10년간(1934~43년)은 중일전쟁 발발과 장기화, 제2차 세계대전 발발 등으로 일제가 기록적인 전시 증세를 거듭한 때였다. 이 기간에 내국세의 세목 수는 13개에서 31개로 2.4배, 세수 총액은 무려 12배로 폭증했다. 토지세 중심의 조세 구조도 소득세 중심으로 전환되어, 세무 기구 독립 첫해 12%였던 소득세 비중은 1939년 27%로 증가해 제1세목으로 자리 잡았다. 간접세에 의존하던 조세 구조도 1939년부터 직접세 중심으로 전환되어 1942년까지 직접세가 54~62%를 기록했다.[36] 세무 직원 1명당 징수액은 같은 기간 5.4배로 증가했으며, 내국세 100원당 징세비는 7.4원에서 3분의 1 수준인 2.6원으로 감소했다.

이처럼 식민 통치는 조세와 대표성의 연결 고리가 끊어진 '대표 없는 과세' 체제라는 근본적 한계를 안고 있는 가운데, 제국주의 본국의 필요와 기준에 맞춘 과대 성장된 중앙집권적 세무 기구와, 이에 기반한 강압적 과세라는 유산을 남겼다.

지금부터는 앞서 유럽의 근대국가 형성 과정 및 대표 없는 강압적 과세라는 일제 식민 지배의 유산을 염두에 두면서 기존 연구의 성과에 필자의 견해를 추가해 해방 후 조세로 본 한국 근대국가 형성의 특징을 살펴본다.

---

36 1943년에는 다시 간접세 비중이 57%로 증가하는데 이는 일제가 전비 마련을 위해 간접세를 무차별적으로 증징한 결과였다.

2) 과대 성장 국가와 강한 국가

(1) 현대사의 도가니이자 거푸집, 해방 정국

도가니는 고체를 용해할 때, 예컨대 쇠붙이를 녹여 쇳물을 만드는 데 쓰는 그릇을 가리킨다. 고대인들은 구리나 쇠붙이를 도가니에 넣고 고온에 가열해 녹인 뒤 거푸집이라 불리는 주물 틀에 부어 청동기나 철기를 만들었다. 1940년대 후반기의 해방 정국(더 길게 본다면 한국전쟁이 끝나는 1953년까지)은 이전의 것이 용해되고 새로운 것이 만들어지는 도가니이자 거푸집으로서, 그 이후 한국 정치와 사회의 원형이 주조되고 구조화되는 시기였다(커밍스 2017, 167; 최장집 2010, 46; 박찬표 2007, 417; 성경륭, 2000). 해방 정국에서 최대의 주조자 鑄造者는 남한을 점령한 미국이었다.

미국의 남한 점령은 1945년 9월 8일 인천 상륙을 시작으로 11월 10일 제주도 점령까지 약 2개월에 걸쳐 7만 7000여 명의 대규모 전술 부대와 군정 요원을 동원한 가운데 이루어졌으며, 1948년 8월 대한민국 정부 수립 때까지 3년간 계속되었다. 미군이 처음 진주했을 때, 남한에는 장차 통치 기구로 발전할 수 있는 2개 후보군이 두각을 드러내고 있었다. 첫째는 좌파 민족주의 연합이었다. 이 조직은 일본이 항복하자 국민의 전폭적인 지지를 등에 업고 건국준비위원회(이하 건준)를 조직했고 각 지방에 '인민위원회'라는 산하 조직을 결성하는 등 통치 체제를 갖추어 한반도 전역에서 행정 기능을 수행하고 있었다. 두 번째 세력은 일본이 조선을 통치하면서 이용했던 식민 관료 체제였다. 이는 일제강점기 중에 한반도를 효율적으로 통치하기 위해 일본이 한국인을 기용해 조직한 것이었다(브라진스키 2011, 37~38).

미국의 목표는 소련의 한반도 지배를 저지하기 위해 남한을 군사적으로 점령해 반공 블록을 구축하고 친미 자본주의 체제를 수립하는 것이었다. 따라서 건준 등 좌파 연합이 주도하는 세력의 움직임은 미국의 대한 정책 목표 실현을 방해하는, "소비에트화를 노리는 공산 세력"이었다(박찬표 2007, 70). 이에 미군정은 좌파 민족주의 세력을 제거하기 위한 물리력으로, 그리고 군사 점령이 끝난 뒤 반공·친미 자본주의 체제를 수립할 기반으로 활용하기 위해 조선총독부의 행정 관료 조직과 경찰, 사법 기구를 그대로 이어받고 군대와 다양한 준경찰·준군사 조직을 육성했다. 이처럼 미군정은 일제가 식민 통치를 위해 만들었던 과대 성장 국가기구를 더욱 강화해 좌파 연합 주도의 정치사회 세력을 와해한 뒤 남한 신생 정부에 물려주었으며, 그 기구들은 한국전쟁과 남북한 간 적대 관계가 지속되면서 더 강력하게 제도화되었다.

(2) 강한 국가의 기원, 과대 성장 국가

기존 연구를 바탕으로 과대 성장 국가기구의 팽창 현황을 정리하면 다음과 같다. 1946년 9월 9일 미군정이 조선총독부를 인수할 당시 관리 수는 한반도 전체를 기준으로 약 8만 명(조선인 약 3만 명)이었으나, 그해 말까지 남한에만 7만 5000명의 한국인이 신규 임용되거나 유임되었으며, 1947년 말에는 15만 명으로 급증했다. 억압 기구는 더 큰 폭으로 강화되었고 한국전쟁을 거치면서 더 큰 규모로 팽창했다. 한반도 전역을 통치하던 일제 말기 경찰은 약 2만 6000명(조선인 약 1만 명)이었으나 미군정 말기(1948년 6월)에 남한에서만 3만 5000명으로 증가했다. 다시 한국전쟁 직전(1950년 6월)에 4만 8000명으로, 한국전쟁이 끝난 뒤(1954년)에는 5만 명 수준으로 증가했다. 해방 당시 한반도에 주둔하고 있던 일본군은 25만 명 수준이었으며 미군정에 의해 남한에 1946년 6000명 규모로 창설된 한국군(조선국방경비대)은 미군정 말기(1948년 7월)가 되면 5만 9000명으로 증가했다. 다시 한국전쟁 직전(1950년 6월)에 11만 3000명으로, 종전 시기(1953년)에는 65만 명으로 폭발적으로 증가했다(안진 2012, 117~118, 126; 박찬표 2007, 215~216; 성경륭 2000, 180~181, 190; 조선 2017, 339).

이와 같은, 억압 기구 팽창에 대한 기존 연구의 분석에 더해 이 책은 일제하에서 과대 성장한 세무 기구가 해방 후 재강화되는 과정을 정리했는데, 이를 요약하면 다음과 같다. 1945년 해방과 함께 세무 기구의 상층부에 있던 일본인들도 본국으로 돌아갔다. 미군정이 조선총독부의 통치 기구와 제도를 승계함에 따라 지방 행정 기구가 내국세 징세 업무를 담당한 이전의 기형적 징수 체제가 유지되었다. 1948년 3월 사세국의 기구 개편에 따라 세무 기구는 중앙정부 산하로 편입되었고, 8월 대한민국 정부 수립 이후 재무부 사세국 산하에 4개 감독 기구(사세청)와 67개 세무서로 정식 출범했다. 1943년 폐지된 지 5년 만에 이루어진 중앙집권적 세무 기구의 부활이다.

일제하에서 과대 성장한 세무 기구의 규모는 해방 후 더 확대되었다. 일제 말기 한반도 전역에 걸쳐 3500명 수준이던 세무 인력은

1부 조세는 어떻게 국가를 만들고 변화시켰는가

정부 수립 과정에서 비약적으로 팽창해 한국전쟁이 발발하는 즈음에 남한에서만 8000명에 육박했다. 공식 기록상으로도 한국전쟁을 거치고 난 1954년 7700명 규모로 팽창했다. 1954년 기준 인구 1만 명당 세무서 직원 수는 2.6명으로 식민지 시기(1934년 기준 1.11명)의 2배가, 면적 200제곱킬로미터당 직원 수는 11.55명으로 식민지 시기(1934년 기준 2.12명)의 5배가 넘었다.

그렇다면 국가 형성기의 과대 성장 국가는 어떤 함의를 갖는가? 과대 성장 국가란 경제적 토대와 사회적 기반에 비해 과대하게 성장한 국가권력 기구를 가리킨다. 먼저 과대 성장 국가는 당시 한국의 궁핍한 경제와 취약한 재정에서 조달 가능한 자원으로는 지탱하기 힘든 규모였기 때문에, 국가 재정과 경제 운용에 큰 부담을 줄 수밖에 없었다. 그 결과 국가 재정을 미국의 경제원조에 의존해야 했다. 이 점에 대해서는 뒤에서 자세히 다루겠다.

해방 공간의 과대 성장 국가는 한국 현대사를 관통해 온 시민사회를 압도하는 '강한 국가'strong state의 기원이다(최장집 2009, 96~99; 박찬표 2010, 85, 98~99). 한국의 국가 형성은 일제로부터 물려받은 강력한 국가 물리력을 이용해 시민사회의 도전 세력을 물리적으로 제압하고 반공 체제를 강제하는 방식으로 이루어졌다. 이렇게 형성된 반공 국가는 한국전쟁을 거치면서 60만 군대라는 엄청난 국가 물리력의 기반을 갖추게 되었다. 이후 남북 적대 관계 아래 비대화된 군부는 5·16 쿠데타, 10월 유신, 12·12 쿠데타로 이어지는 군사 정변을 통해 권력을 장악하고, 반공 이념에 더해 경제 발전이라는 새로운 국가 목표를 제시하면서 사회를 동원하고 재조직해 갔다.

앞에서 국가의 과대 성장은 여러 계층의 이해를 동원하는 정당의 기능과 의회 대표 기능을 위축시킨다고 말한 바 있다. 실제로 해방 공간에서 남한 국가의 형성은 국가 강권 기구와 행정권을 가진 강력한 국가기구가 정비되고 효과적으로 작동하기 시작한 뒤에, 그 틀 안에서 정당과 의회가 기능하기 시작했다. 이후 국가 권력의 중심은 의회가 아니라 행정부였으며, 행정 권력이 의회 권력을 압도했다. 그 결과 보통선거권과 의회를 통한 국가권력의 통제와 접근에 가장 큰 장애가 되었던 것은 바로 미군정이 남긴 과대 성장된 행정 권력, 국가 강권력이었다(박찬표 2007, 351).

3) 원조-외자 의존과 작은 조세국가

(1) 조세 규모를 초과한 군사·치안비

미군정 기간에 미군, 과대 성장한 국가기구 및 관료 조직을 유지하기 위해서는 엄청난 국가 예산을 투입해야 했고, 좌파 세력에 대한 무력 진압 및 미군 철수에 대비한 치안·군사력의 급격한 확대로 더 가속화되었다. 통계에 따라 차이가 있지만 1946~48 회계연도 동안 치안·군사비 비중은 최소 20%에서 최대 50%에 달했다. 이는 미군정의 재정 위기를 가속화하는 요인으로 작용해 3년간 총 재정 적자는 미군정청과 과도정부의 적자 290억 원에, 점령 비용 약 100억 원을 합해 총 400억 원에 이르는 막대한 규모였다. 미군정은 남한 신생 정부에, 과대 성장한 강력한 반공 국가기구와 더불어 취약한 재정적 기반을 남겨 주었다(박찬표 2007, 307~ 309, 318~319).

정부 수립 이후 1959년까지 군사·치안비는 더욱더 폭증해 연평균 기준으로 정부 세출 예산의 56.7%를 기록했고 1950~51년, 1953~57년 기간에는 60~70%대에 달했다(배영목 1995, 353, ⟨표 2⟩ 참조). 특히 한국전쟁을 계기로 폭증한 군대의 규모는 1950년대 내내 국가의 재정 및 경제 규모가 감당할 만한 수준을 훨씬 뛰어넘는 것이었다(한국조세연구원 2012a, 287). 반면 조세수입은 필요한 재정을 충당하기에 턱없이 부족해 같은 기간(1948~59년) 동안 연평균 기준으로 세입의 33.3%에 불과했다. 한국전쟁 발발에 따른 전시 증세의 영향으로 1951년 세입의 60.1%를 차지했던 것을 제외하면, 조세수입은 단 한 번도 세입의 절반을 넘기지 못했다.[37] 이에 따라 여타의 국가사업은 차치하더라도 조세수입으로는 군사·치안비도 감당할 수 없는 상황이 계속되었다. 같은 기간 군사·치안비 대비 조세수입 비중은 연평균 기준으로 73.1%에 불과해 1959년을 제외하고는 단 한 해도 조세수입이 군사·치안비의 규모를 넘어서지 못했다(배영목 1995, 351, ⟨표 1⟩, 353, ⟨표 3⟩ 참조).

이승만 정권은 조세수입에 의존하는 대신 그보다 더 많은 차입금과 해외 원조를 통해 국가 재정을 조달했다. 정권 초기(1948~50년)에는 조세수입의 1.7~3.9배에 달하는 차입금에 의존했다. 여기에는 앞서 말한 미군정이 남긴 부정적 유산이 크게 작용했다고 할수 있다. 한국전쟁 발발 이후 1952년부터는 미국의 원조 자금에 의존했다. 1953년 10월 체결된 한미상호방위조약에 따라 미국이

---

[37] 전시 증세는 세무 기구의 정비와 인력 확충을 통해 가능한 것으로 보이는데 1950년대 후반기에 세무 인력 규모는 6500명 수준으로 감소한다.

표 1-3 **조세수입·차입금·해외 원조·외자도입의 추이**(1948~81년; 단위 : 백만 원, %)

	1948년	1949년	1950년	1951년	1952년	1953년	1954년	1955년	1957년	1958년	1959년
조세수입(a)	6	15	43	395	978	2,096	5,199	11,054	11,736	14,659	22,086
차입금(b)	10	45	153	0	0	2,020	2,320	0	950	2,230	640
해외 원조(c)	0	0	13	0	307	796	4,470	15,054	22,451	24,580	18,910
b/a	167	300	356	0	0	96	45	0	8	15	3
c/a	0	0	30	0	31	38	86	136	191	168	86
(b+c)/a	167	300	386	0	31	134	131	136	199	183	89

	1960년	1961년	1962년	1963년	1964년	1965년	1966년	1967년	1968년	1969년	1970년
조세수입(a)	24,971	23,199	28,242	31,078	37,421	54,634	87,646	129,241	194,288	262,823	334,723
차입금(b)	801	600	2,465	462	0	0	0	0	0	0	0
해외 원조(c)	16,763	24,058	28,726	26,312	28,020	36,090	38,415	35,238	30,655	21,868	17,696
외자도입(d)	0	0	520	9,360	6,413	11,800	53,446	65,239	109,810	170,614	181,469
b/a	3	3	9	1	0	0	0	0	0	0	0
c/a	67	104	102	85	75	66	44	27	16	8	5
d/a	0	0	2	30	17	22	61	50	57	65	54
(b+c+d)/a	70	106	112	116	92	88	105	78	72	73	60

	1971년	1972년	1973년	1974년	1975년	1976년	1977년	1978년	1979년	1980년	1981년
조세수입(a)	407,683	433,446	521,492	844,676	1,255,479	1,914,747	2,402,682	3,372,262	4,401,708	5,297,700	6,577,938
차입금(b)	0	72,500	0	42,400	0	0	0	0	0	0	0
해외 원조(c)	12,189	4,399	0	0	0	0	0	0	0	0	0
외자도입(d)	291,547	291,596	438,840	662,596	745,360	855,712	1,103,036	1,528,956	2,121,856	2,303,051	3,732,264
b/a	0	17	0	5	0	0	0	0	0	0	0
c/a	3	1	0	0	0	0	0	0	0	0	0
d/a	72	67	84	78	59	45	46	45	48	43	57
(b+c+d)/a	75	85	84	83	59	45	46	45	48	43	57

주 : 1) 1956년은 재정법 개정으로 회계연도가 변경돼 수치가 없음.
　　2) 외자는 공공차관, 상업차관, 금융기관 차입, 민간 기업 채권, 외국인 직접투자로 구성되며 도입액은 도착 기준으로 해당
　　연도 환율을 적용해 산출했으며, 1945~61년 사이 도입된 500만 달러는 연도별 금액이 없어 누락됨. 환율은 1970년
　　이전은 김광석·Westphal(1976, 36)을, 1970년부터는 「통화별 환율 조사통계」(기획재정부 각 연도)를 참조함.
자료 : 한국재정40년사편찬위원회(1991, 63~68), 재무부·한국산업은행(1993, 643).

　　한국에 72만 명에 달하는 군대를 육성할 수 있도록 제공하기로 한
군사 원조(브라진스키 2011, 63)가 1955년부터 본격화되었는데, 이때부
터 미국의 대외 원조 정책이 전환되는 1958년까지는 해외 원조가
조세수입의 1.4~1.9배에 달했다. 이에 따라 정부 수립 이후 1959년

　　　　　　　1부　조세는 어떻게 국가를 만들고 변화시켰는가

까지 조달된 차입금과 해외 원조의 규모는 연평균 기준으로 조세 수입의 1.6배에 달했다. 해외 원조에 대한 높은 재정 의존도는 원조가 조세수입의 60~70%대를 차지하는 1960년대 중반까지 지속되었으며, 이후 산업화 시기에는 외자도입이 그 역할을 대신하게 된다(〈표 1-3〉 참조).

(2) 원조-외자 의존과 조세 징수 능력

한국전쟁 후 원조에 대한 국가 재정의 높은 의존성은 중요한 정치적 결과를 가져왔다. 앞에서 지정학적 조건 등으로 말미암아 해외 원조와 같은 전략 지대가 세입의 주된 수입원이 되는 제3세계 주변부 국가의 경우, 국가 운영을 위한 책임 있는 관계는 정부와 시민 사이가 아니라 원조 제공국과 원조 수혜국 정부 사이에서 형성된다고 말한 바 있다. 이승만 정부는 미국이 대한 정책의 일환으로 무상으로 제공한 원조에 주로 의존했기 때문에 그만큼 미국의 정책적 요구에 민감할 수밖에 없었던 반면, 납세자, 즉 사회 구성원들에 대한 국가의 책임성은 약화될 수밖에 없었다(김미경 2018, 109~111). 또 이승만 정권은 원조 물자를 특정 계급·계층에 선별적으로 후원하고 수혜 관계를 형성함으로써 정치적 지지를 동원하려 했다. 그 결과 자원의 접근에 대한 사회 구성원 내부의 불평등이 심해지고 정치적 반대와 도전을 불러일으켜 정치적 불안정으로 이어졌다(김미경 2018, 111~112).

이처럼 국가 재정의 조세 의존도가 낮은 국가 형성기의 특성은 1960~70년대 산업화 시기의 박정희 정권으로 승계되었다. 경제

개발을 명분이자 목표로 내걸고 쿠데타를 일으킨, 박정희를 중심으로 한 군인들은 가시적 성과를 보여 주고자 자본을 동원하는 데 사활을 걸었고, 미국의 대한 원조 정책이 변화되면서 원조가 점차 줄어들자 외자도입을 적극 추진한다(이정은 2012, 364). 해외 원조가 유지되던 제1차 경제개발 5개년 계획 기간(1962~66년)에는 연평균 기준으로 조세수입의 26.4%를 차지하던 외자도입의 규모는, 원조가 급감해 결국 소멸된 제2차(1967~71년)와 제3차(1972~76년) 기간에는 각각 58.6%와 66.6%를 기록했다(〈표 1-3〉 참조).

이승만·박정희 정권 시기, 원조·외자에 의존하는 재정 구조는 국가가 조세 징수 능력을 극대화하지 못한 결과이기도 했다. 국제통화기금IMF은 1953~76년 사이 개발도상국들의 조세 징수 실적을 비교했다. 이에 따르면 1950년대 이래 한국 정부 정책의 주요 목표는 대외 원조 유입을 극대화하는 것이었기 때문에 조세 징수를 늘리려는 노력을 게을리했다. 1953~55년 조세 징수 실적은 국민총생산GNP 대비 5.7%로, 비교 대상 국가 평균치 11.3%의 절반 수준에 불과해, 27개국 가운데 최하위 수준인 26위를 기록했다. 1960년대 경제개발이 본격화됨에 따라 1인당 소득과 과세표준의 증가, 세무 행정의 발전 등을 감안한 징수 가능 조세 규모는 1960년대 초반(1962~64년) GNP 대비 12.3%에서 1970년대 중반(1972~76년) 15.9%까지 증가했다. 그러나 실제 징세 실적은 1969~71년 기간을 제외하고는 73~93% 수준에 머물러 47개 조사 대상국 가운데 21~29위를 기록해 중하위권을 벗어나지 못했다. 한국은 조사 대상인 23년의 거의 모든 기간에 다른 개발도상국들처럼 조세 징수 능력을 극대화하지 않았던 것이다.[38]

이승만·박정희 정권 시기 방대한 군사·치안비 규모, 조세 의존도가 낮은 재정 구조, 원조·외자에 대한 지나친 의존, 국가의 조세 징수 능력 극대화의 회피는 경제 규모에 비해 조세 수준이 낮은 작은 조세국가의 기원이 되었다. 작은 조세국가는 역대 정권이 선택한 저조세와 감세 정책의 결과이기도 하지만, 뒤에서 살펴볼 민주정치 영역 내에서 조세를 둘러싼 설득과 타협의 회피, 복지 확충을 위한 증세 시도의 회피 등이 복합적으로 작용한 결과였다.

4) 재정적 기원 없는 민주주의

(1) 자유화 단계가 생략된 민주주의

한국 근현대사에서 미군정이 점령 정책의 목표를 달성하고 남한 정부를 수립해 권력을 이양한 1948년은 외형적 제도의 측면에서만 보면 입헌주의와 보통선거권에 기반한 민주주의 제도가 처음 시행된 해이다. 미군정에 의해 국회의원선거법이 공포(3월 17일)되어 만 21세 이상 모든 남녀에게 선거권이 부여되었고, 제헌 의원 선거(5월 10일)를 통해 근대 의회가 구성(5월 31일)되었다. 대한민국을 민주공화국으로 명시하고 시민의 재산권과 과세 동의권을 보장한 제헌 헌법이 공포(7월 17일)되었으며, 이후 일련의 제도 정비를 통해 근대적 재정 제도가 갖춰졌다.

---

38 이상 IMF 조사 중 한국 관련 내용은 로이 발 외(Bahl, Kim, and Park 1986, 25~30)를 참조.

그렇다면 출발점에 선 1948년의 한국 민주주의는 어떤 특성을 띠고 있었는가? 기존 연구들은 대부분의 서구 국가들이 경험한, 선거권의 점진적 확대를 내용으로 하는 세금 납부자 선거 체제를 거치지 않았다는 점에 주목했다(최장집 1996, 20). 그도 그럴 것이, 예를 들어 영국에서는 명예혁명(1688년) 이후 보통선거권이 실현되기까지(남성은 1918년, 여성은 1928년) 230여 년 동안 세금 납부자 선거 체제를 거쳤고, 그사이 선거권 확대를 둘러싼 지난한 투쟁과 국가적 갈등을 겪었다. 이 과정을 통해 마셜이 말한 시민적 권리가 발전했고, 그 기반 위에 정당 결성의 자유와 정치적 반대의 자유가 실현되는 '자유화'의 단계를 거쳐 '민주화'의 완성이라고 할 만한 보통선거권이 실현되었다.

그러나 박찬표에 따르면 1948년 한국의 민주주의는 '자유화' 단계가 생략된 채 시작되어, 반공 체제로 인해 정당 경쟁이나 정치적 반대의 공간이 극도로 폐쇄된, '반공 체제의 틀 안으로 폐쇄된 민주주의'라는 태생적 한계를 안게 되었다. 해방 공간을 거치면서 극좌 공산주의 세력은 물론이고, 선거와 의회정치를 통한 사회주의 실현을 추구하는 사민주의 노선의 중간 좌파 세력, 심지어 이들과의 공존이나 타협을 주장한 중간 우파, 분단 체제 수용에 반발한 우파 세력까지 모두 정치적 공간에서 제거되었다. 그 결과 남한의 정치사회는 이승만·한민당 세력만이 경쟁하는 공간으로 협애화되었고, 한국전쟁은 이런 정치 경쟁의 이념적 폐쇄성을 최종적으로 완성하고 내면화하게 된다(박찬표 2007, 432~433; 2010, 80, 84).

(2) '대표 없는 과세'의 연장전

이 책에서는 기존 연구와 조금 다른 각도에서, 1948년 최초의
한국 민주주의가 재정적 기원 없이 시작되었다는 점에 주목했다.
앞에서 근대 민주주의의 재정적 기원이란, 근대 의회가 군주와 납
세자 사이의 조세 갈등 과정에서 탄생했으며 조세 문제에 대한 협
상 무대이자 그 결과인 재정 협약을 법률화하는 곳이라는 점에 초
점이 있으며, 형성 단계에서부터 조세 문제를 정치적 중심 의제로
삼는 근대국가의 특성을 보여 주는 것이라 말한 바 있다.

그러나 한국에서 의회의 탄생은 조세 문제의 각축에서 비롯되
지도 않았고, 대표가 납세자의 조세 이해관계를 대변하지도 않았
으며, 따라서 의회가 조세의 협상 무대가 되거나 재정 협약 체결
의 장이 된 것도 아니었다. 조세와 대표성의 연결 고리를 통해 조
세 문제가 정치적 중심 의제가 되지도 않았다. 의회에서 조세 문
제가 어떻게 다뤄졌는지를 보기 위해 1949~59년 사이에 소득세
법의 제정 및 개정 과정을 분석한 결과를 보면 이 같은 사실이 잘
드러난다.

1949년 7월에 소득세법이 제정될 당시 국회 심의 과정에서는
정부 제출 법안이 별다른 토론이나 논쟁도 없이 형식적 심의 절차
를 거쳐 사실상 그대로 통과되었다. 이후 1959년까지 일곱 차례
개정되는 과정에서도 정부 입법안이 원안 또는 일부 수정되는 방
식으로 통과되었다. 이에 따라 정부 법안이 발의되어 국회 본회의
통과까지 걸린 기간은 평균 28일에 불과했다. 이 가운데 세 차례
개정안 심의는 전시가 아니었음에도 법안 발의 후 통과까지 20일

도 걸리지 않았다. 의회가 법률을 제정하고 정부를 감시하는 고유한 역할을 포기하고 정부가 만들어 준 법을 통과시켜 주는 거수기 역할을 한다는 의미로 1970년대에 '통법부'通法府라는 말이 등장했는데, 조세 법안에 대해서만큼은 '통법부 현상'이 이미 이때부터 시작된 것이다.

국회가 '통법부' 기능에 머무름에 따라 이 시기 조세 법안의 제정과 개정을 주도한 것은 정부 내에서 조세정책을 수립하고 집행하는 관리들이었다. 이들은 대부분 조선총독부 세무 관리 출신이었다. 단적으로 정부 수립 직후인 1948년 10월 설치되어 대한민국 최초의 조세 법안을 마련한 것은 세제개혁위원회였는데, 이를 실질적으로 주도한 재무부 사세국 관리 전원과, 전문가로 참가한 위원 절반이 조선총독부 세무 관리 출신이었다.

미군정하에서 1946년 8월까지 새로 임명된 세무 관리의 71%가 조선총독부 세무 관리 출신들로 채워졌으며, 최소한 1960년까지 중앙집권적 세무 기구는 일제하 독립적 세무 기구의 역사적 유산을 물려받아 운영되었다. 정부 수립 이후 제1공화국이 끝날 때까지 (1949~60년) 정부 조세정책을 총괄하는 재무부 사세국장을 역임한 4명 중 3명(75%), 세무 행정을 감독하는 각 사세청의 청장과 국·과장을 역임한 130명 중 95명(75%), 일선 세무서장을 지낸 192명 중 120명(63%)이 조선총독부 세무 관리 출신으로 나타났다.

일제가 강요한 조세관과 이념도 1950년대로 계승되었다. '전선은 피로써, 후방은 납세로써 보국해야 한다'는 의미로 중일전쟁 때 일제가 식민지 조선인들에게 세뇌했던 슬로건 '납세보국'은 1958년 대한민국 대구 동부세무서 입구 기둥 위에도 커다랗게 내걸렸다

(국세청 2006, 「사진으로 보는 국세청 발자취」).[39] 총독부 세무 관리 출신으로, 세무 관리로서는 최고위직에 오른 재무부 사세국장 김만기金萬基가 식민지 시기 조세관을 복제한 '도의적 조세관'을 담은 조세 교과서를 저술했는데, 이것이 1950년 기록적인 베스트셀러가 되었다. 1949년에는 일제하 세무 관리 양성소를 전신으로 하는 세무 공무원 양성소가 정규 세무 행정 교육기관으로 설치되었으며, 강사진의 60%가 식민지 시기 관리 경력자였다. 조선총독부 출신 세무 관리들은 식민지 시기 '대표 없는 강압적 과세' 시스템 아래서 익혔던 조세관과 행정 마인드를 그대로 지닌 채, 대한민국 초기 조세 관련 법률을 만들고 정책을 수립하고 세무 행정을 집행했다. 나아가 이들의 교육을 통해 새로운 세무 관리들에게 식민지 조세관이 재생산된 것이다.

(3) 정치적 중심 의제에서 배제된 조세

그렇다면 조세와 대표성의 연결 고리가 구축되지 못한 채 재정적 기원 없이 성립된 민주주의는 어떤 함의를 갖는 것일까? 우선 한국의 민주주의는 출발점부터 조세 문제가 정치의 중심 의제가 되지 못했고, 민주화 이후에도 크게 달라지지 않았다는 점을 들

---

39 1950년대 세무서 외벽에 세무서명보다 훨씬 큰 글씨로 쓴 '납세보국' 표어가 걸려 있는 것을 쉽게 볼 수 있다. 권태호(1993c, 84, 87)의 회고록을 보면 1950년대 중반 동래세무서와 부산진세무서를 배경으로 찍은 사진에 모두 '납세보국' 표어가 보인다.

수 있다. 조세는 개인의 일상적인 경제생활과 밀접한 관계가 있고, 납세의무와 그것을 재원으로 제공되는 편의를 통해 개인과 정부가 연결되며, 정부 정책을 통해 사회와 연결된다. 근대 민주주의에서 최초의 대표는 납세자의 대표였고, 이후에는 계급의 대표였다. 최초의 의회는 조세 수준에 대한 협상 무대였으며, 이후에는 조세 구조에 대한 협상 무대로 발전했다. 따라서 정치가 조세 문제를 중심 의제로 삼음으로써 개인의 일상적인 생활 및 사회와 정치가 끈끈하게 연계되었다.

그러나 한국 민주주의에서는 납세자나 계급의 이해관계와 요구가 정치적으로 대표되지 않았다. 개인의 재산이나 소득 중 일부를 본인의 의사와 상관없이 거둬들이는데, 얼마나 많이 거둘지(조세 수준), 누구에게 더 많이 거둘지(조세 구조)에 대해 누구도 그 이해관계를 대변해 대표하지도 협상하지도 않았다. 얼마만큼의 조세를 누구에게서 거두어 어떤 목적으로 누구를 위해 지출할지에 대한 실질적 결정권을 정부(재정 관리)에게 맡겨 둔, 1950년대 조세 '통법부'로서의 의회는 민주화 이후에도 실질적으로 달라지지 않았다. 민주화 이전은 물론이고 이후에도 절차적·정치적 영역, 남북 관계, 지역주의, 세대 갈등과 같은 비조세적·비계급적 성격의 이슈가 민주주의와 정치권력의 향배를 결정했다. '대표 없는 조세'는 '조세 없는 정치', '조세와 사회경제적 문제가 중심 문제로 다루어지지 않는 민주주의'를 만들어 냈다. 보통 사람들의 사회경제적 삶이 정치적 의제에서 배제되고 쟁점으로 떠오르지 못하면서, 정치의 영역에서 이루어지는 결정의 내용은 개인이나 사회와 유리되고 민주주의가 지향하는 가치로부터 멀어졌다(최장집

2012, 119).

조세는 사회적 갈등과 긴장의 주요 원천으로서 정치과정을 통해 해결될 수밖에 없다. 주로 조세에 재정을 의존하는 근대국가에서는 안정적인 조세 확보를 위해 각 계급 및 계층과 협력적 관계를 맺으려 하며, 정치적 반대 세력을 설득하고 타협하는 고도의 정치력을 필요로 한다. 그 과정에서 의회 중심의 근대적 정치 대표 체제가 제도화되고 국가의 정당성도 여기에 기반하게 된다(김미경 2018, 111). 그러나 한국은 근대국가 형성 이래로 조세가 민주정치 영역에서 다뤄지고 결정되지 않았기 때문에 조세를 둘러싸고 정치적 반대 세력을 설득하거나 타협하는 정치가 이루어지지도 않았다. 그 결과 국가는 사회 각 계급 및 계층의 이해로부터 자유롭고 자율적인 특성을 갖게 되었다. 조세 문제가 민주정치 영역에서 중심 의제로 다뤄지고 반대 세력을 설득하고 타협한다는 것은 현실적으로 감세보다는 증세로 귀결되는 정치적 경로라 할 수 있다. 그러나 한국의 역대 정권은 증세가 필요할 때 다양한 계급·계층을 설득하고 타협하는 대신 정반대의 길을 걸었다. 예를 들어 전쟁 복구의 필요로 증세에 대한 사회적 합의 여건이 마련되었던 한국전쟁 이후에는 원조에 의존했고, 증세의 경제적 기반이 갖춰진 1970년대 이래 고도 성장기에는 오히려 감세 정책이 시행되었다. 산업화에 이어 민주화에 성공한 1990년대 이후에도 민주정치 영역에서 복지 제도 확충을 위한 증세를 설득하거나 타협하려는 시도는 이루어지지 않았다.

민주정치의 영역에서 조세를 둘러싼 설득과 타협, 합의를 회피하고 사회로부터 자율적인 국가가 감세 정책을 반복적으로 선택해 온 결과는 국가 재정 징수 역량을 발휘하고 발전시키는 데 부정적인 영향을 미쳤다. 일반적으로 산업화의 확대와 민주화는 근대화를 불러일으키며 누진적 소득세와 사회보험료 징수 등 조세 체제의 변화를 가져오는 가운데, 세원의 규모가 급증하고 GDP에 대한 조세 수입의 비율이 상승한다. 자본주의 산업화에 따른 퇴직, 실업, 빈부 격차와 경기변동 등 사회·경제 문제에 대처하기 위해 국가 기능이 확대되어야 하는 상황에서, 산업화와 상품생산의 확대에 따라 과세 기반tax base이 경제성장률보다 빠른 속도로 팽창해 조세 징수가 용이해지기 때문이다. 그런데 다음 수치에서 보듯이 1960년 대 이래 한국의 조세 수준 증가 속도는 매우 완만하고 그 수준도 상당히 낮다. 50년 이상 산업화가 지속되고, 민주화 이후 30여 년이 지났음을 감안하면 한국의 낮은 조세 부담 수준과 완만한 증가세는 매우 이례적으로 평가된다(양재진·민효상 2013, 52, 58~59).

제1차 경제개발 5개년 계획이 시작된 1962년에 10.3%였던 조세 부담률(GDP 대비 조세수입 비중)은 민주화 이행기로 접어든 1987년 15.0%로 25년 동안 4.7%p가 증가했다. 그리고 2019년 기준 20.0%로 31년 동안 4.6%p가 증가했다. 여기에 사회보장 부담률(GDP 대비 사회보장 기여금 비중)을 더한 국민 부담률은 처음 집계가 시작된 1972년 12.1%에서 1987년 15.3%로, 다시 2019년에는 27.4%로 증가했다. 1987년 0.3%였던 사회보장 부담률이 2019년 7.3%로 7.0%p 증가한 것의 영향이다. 하지만 이는 경제 규모가 비슷한 국가에 비해 여전히 매우 낮은 수준이다. OECD 평균 국민 부담률 33.8%(조세 부담률 24.9%)와 차이가 크고, 37개 회원국 중 일곱 번째로 낮으며, 유럽 주요 복지국가에 견줘서는 최대 19%p가

표 1-4 OECD 국가별 조세와 복지의 재분배 효과(2019년 및 최근 연도 기준; 단위 : %)

	GDP 대비 총조세	GDP 대비 소득세	GDP 대비 사회보장 기여금	GDP 대비 사회복지 지출	조세 및 복지 지출의 재분배 효과	조세 및 복지 지출의 고용 형태별 빈곤율 감소 효과			조세 및 복지 지출 후 지니계수	조세 및 복지 지출 후 빈곤율
						정규직	비정규직	실업자		
OECD 평균	33.8	8.1	9.0	20.0	26.2	-32.6	-33.9	-48.0	0.32	11.2
한국	27.4	4.9	7.3	12.2	9.6	-15.1	-1.8	-13.6	0.36	16.7
스웨덴	42.9	12.9	9.2	25.5	26.9				0.28	8.9
노르웨이	39.9	10.0	10.6	25.3	29.5				0.26	8.4
덴마크	46.3	24.1	0.0	28.3	36.0				0.26	6.1
핀란드	42.2	12.2	11.8	29.1	38.7				0.27	6.5
오스트리아	42.4	9.4	14.8	26.9	34.3	-31.7	-38.9	-53.7	0.28	9.4
벨기에	42.9	11.9	13.3	28.9	37.2	-62.5	-57.8	-61.0	0.27	8.2
네덜란드	39.3	8.0	13.5	16.1	27.8				0.29	8.3
독일	38.8	10.5	14.7	25.9	28.3	-20.5	-42.9	-38.0	0.29	10.4
프랑스	45.4	9.4	14.9	31.0	33.6	-22.2	-35.1	-54.8	0.29	8.5
룩셈부르크	39.2	9.3	10.8	21.6	34.1	-21.8	-33.2	-63.8	0.30	11.4
이탈리아	42.4	10.7	13.3	28.2	24.7	6.0	0.8	-42.0	0.33	13.9
스위스	28.5	8.6	6.7	16.7	14.6	33.3	-23.1	-45.1	0.30	9.2
헝가리	35.8	5.5	11.6	18.1		-63.1	-55.3	-63.2	0.28	8.0
폴란드	35.4	5.3	13.3	21.3	28.3	-23.0	-26.1	-55.2	0.28	9.8
체코	34.9	4.3	15.5	19.2	33.1	-73.9	-56.2	-61.5	0.25	6.1
슬로바키아	34.7	3.6	15.0	17.7	28.5	-59.0	-21.6	-51.6	0.24	7.7
슬로베니아	37.7	5.3	15.8	21.1	38.3				0.24	7.5
아이슬란드	36.1	14.8	3.3	17.4	26.5	-87.7	-84.8	-60.4	0.26	4.9
에스토니아	33.1	5.4	11.6	17.7	20.0	-40.2	-32.3	-30.5	0.31	16.3
라트비아	31.2	6.0	9.6	16.4	19.3				0.35	17.5
리투아니아	30.3	4.1	9.7	16.7					0.38	15.5
포르투갈	34.8	6.5	9.7	22.6	29.6	-41.9	-16.1	-49.3	0.33	10.4
스페인	34.6	7.7	12.2	24.7	26.8	11.1	-13.4	-41.3	0.34	14.2
그리스	38.7	6.3	11.9	24.0	30.6	40.0	15.5	-47.0	0.33	12.1
터키	23.1	3.7	7.2	12.0					0.40	
이스라엘	30.5	6.4	5.3	16.3	19.3				0.34	16.9
캐나다	33.5	12.0	4.7	18.0	20.6	-25.2	-17.7	-13.5	0.31	11.8
아일랜드	22.7	7.1	4.0	13.4	40.7				0.31	9.0
영국	33.0	9.0	6.4	20.6	23.4	-65.7	-60.3	-54.0	0.36	11.7
미국	24.5	10.0	6.1	18.7	18.1				0.39	17.8
오스트레일리아	28.7	11.8	0.0	16.7	24.7	-70.7	-46.1	-26.6	0.33	12.4
뉴질랜드	32.3	12.3	0.0	19.4	16.8				0.35	

일본	32.0	6.1	12.9	22.3	14.9		0.34	
칠레	20.7	1.4	1.5	11.4	4.8		0.46	16.5
콜롬비아	19.7	1.2	1.9	13.1				
멕시코	16.5	3.4	2.3	7.5			0.46	16.6

주 : 1) GDP 대비 총조세 : 조세수입에 사회보장 기여금을 더한 금액의 GDP 대비 비중(= 국민 부담률).
2019년(오스트레일리아, 일본은 2018년) 기준. 자료 : OECD(2020b, 17).
2) GDP 대비 소득세 : 개인소득세 수입이 GDP에서 차지하는 비중으로 2018년 기준. 자료 : OECD
(2020b, 64). 2019년 기준으로 한국은 5.4%, OECD 평균은 8.3%임(한국조세재정연구원 2021).
3) GDP 대비 사회보장 기여금 : 국민연금·고용보험·산재보험·건강보험 등 공적 사회보험 부담금 총액이
GDP에서 차지하는 비중으로 2019년(오스트레일리아, 일본은 2018년) 기준. 자료 : OECD(2020b, 61, 66).
4) GDP 대비 사회복지 지출 : 사회복지 관련 정부의 재정지출과 국민연금·고용보험·건강보험 등 사회보험
지출 등이 GDP에서 차지하는 비중. 2019년 및 최근 연도 기준. 자료 : https://stats.oecd.org/Index.
aspx?datasetcode=SOCX_AGG (검색일 2021/06/09).
5) 조세 및 복지 지출의 재분배 효과 : 시장 소득 지니계수와 (조세와 사회복지 지출 후) 가처분소득 지니계수
차이가 시장 소득 지니계수에서 차지하는 비중. 2014~15년 각국 자료를 분석해 추출된 수치임.
자료 : Causa and Hermansen(2017, 30).
6) 조세 및 복지 지출의 고용 형태별 빈곤율 감소 효과 : 시장 소득과 가처분소득의 상대 빈곤율 간 차이가
시장 소득 빈곤율에서 차지하는 비율을 수치로 나타냄. 자료 : OECD(2015, 178~179). 이 자료의 〈그림
4-18〉에 연결된 링크에서는 조세 및 복지 지출 후 각국의 고용 형태별 빈곤율 수치를 확인할 수 있음
(http://dx.doi.org/10.1787/888933208192). 이 통계의 분석 대상 각국 자료들은 '2012년 또는 가장
최근 연도' 기준.
7) 조세 및 복지 지출 후 지니계수 : 2017년 및 최근 연도 기준. 자료 : OECD(2020a, 27). 한편
OECD(2021a)에 따르면 조세 및 복지지출 이전과 이후 한국의 지니계수(2018년 기준)는 각각 0.37과
0.33(비교 대상 36개국 중 열한 번째로 불평등)으로 이전에 비해 불평등 정도가 다소 완화되었다.
8) 조세 및 복지 지출 후 빈곤율 : 중위 소득 50% 이하, 2019년 및 최근 연도(한국 2018년), 가처분소득
기준. 자료 : OECD(2021b).

낮다(〈표 1-4〉 참조). 낮은 조세 수준은 국가 재정 징수 역량의 취약성을 보여 준다.

국가 재정 징수 역량의 취약성은 복지국가 건설을 심각하게 가로막고 있다. 대규모 재정이 필요한 복지국가는 사회 각 계급·계층의 동의와 합의에 의한 증세가 전제될 수밖에 없고, 국가와 사회 구성원들 사이의 일종의 재정 협약 없이는 불가능하다. 또 방대한 복지 재정을 사회에 요구할 권위와 정당성, 의지를 가진 국가만이 복지국가를 발전시킬 수 있다. 그러나 한국은 근대국가 형성 이래 조세 확충을 민주정치 영역에서 해결해 온 경험도, 증세가 좀 더 좋은 복지로 보상되는 정치적 경험도 존재하지 않았다(김미

경 2018, 27; 신진욱 2020a, 124; 권순미 2014, 305).

5) 노동자 권력 자원의 파괴와 불평등

(1) '대역전'의 폐허에서 시작된 보통선거권

1948년 남한에 만 21세 이상 모든 남녀에게 보통선거권이 일거에 부여되었다. 어떻게 이런 일이 가능했을까? 박찬표(2007, 319~320)에 따르면, 미국이 분단국가 수립을 둘러싼 북한(북한 및 소련)과의 경쟁에서, 단독정부 수립 과정을 정당화하고 국민을 선거로 유인·동원하기 위해, 토지개혁과 같은 사회경제적 개혁과 함께 보통선거권을 핵심으로 하는 자유민주주의 제도를 이식한 결과였다.

물론 모든 역사적 현상은 그 배경과 전개 과정, 영향의 측면에서 다면성이 있기 때문에, 앞에서 말한 '자유화' 단계의 생략이나 재정적 기원의 부재라는 한계에도 불구하고 한국 현대사에서 1948년 보통선거제 도입의 의의가 결코 작다고 할 수는 없다. 보통선거권은 중요한 정치적 고비마다 정치권력에 대한 아래로부터의 통제와 저항의 효과를 발휘했다. 또 1972년 유신헌법에서 보듯이 이후 수십 년 동안 보통선거권은 독재 권력에 의해 끊임없이 훼손되고 부정되었지만, 이에 저항하는 민주화 운동을 낳음으로써 한국 민주주의 발전의 동력이 되어 왔다. 1987년 민주화 역시 1948년에 법적·제도적으로 도입된 보통선거권을 실제로 실현하는 것이었다고 할 수 있다(박찬표 2010, 90~91).

그런데 유럽에서 19세기 말, 20세기 초 보통선거권의 도입은 노동자 등 하층계급의 정치 참여가 확대되고, 이들의 지지에 기반한 대중정당이 등장해 정치를 주도함으로써 현대 대중민주주의가 시작되는 과정이었다. 그러나 한국에서 보통선거권은 노동자·농민 등 하층 대중의 결사체와 좌파 정당 등 노동자의 권력 자원을 물리적으로 파괴한 위에서 부여되었다.

뒤돌아보면 "시민사회의 팽창과 폭발"이자 "혁명을 향해 들끓는 가마솥"으로 비유되는(최장집 1989, 82; 성경륭 2000, 177), 해방 공간에서 만들어진 노동자의 권력 자원은 출발점에 선 한국 민주주의가 대중민주주의로 발전할 수 있는 소중한 자산이 될 수 있었다. 사회주의혁명과 프롤레타리아독재 노선을 추구했던 극좌 공산주의 세력을 논외로 한다면, 선거와 의회정치를 통해 사회주의 실현을 추구하는 사회민주주의 노선의 중간 좌파 세력, 그리고 노동자와 농민의 자주적 결사체는 대중정당과 대중민주주의, 복지국가를 추동할 수 있는 권력 자원으로서 가치가 컸다.

대표적으로 시민사회 영역에서 노동자, 농민의 결사체 그리고 정치 영역의 건준 결성과 활동을 들 수 있다. 1945년에 해방이 되자 노동자들은 생활권 옹호, 자주 관리 운동을 전개하며 11월 5일 16개 산별노조에 기초한 조선노동조합전국평의회(전평)로 결집해 12월까지 전체 노동자 200만 명 가운데 55만 명이 노조원인 조직으로 성장했다. 농민들은 소작료 불납 운동, 일본인 소유 토지의 관리와 분배 등을 전개하며 12월 8일 330만 명의 회원을 거느린 전국농민조합총연맹(전농)을 결성했다. 당시 한반도 전역의 농가 호수가 299만 호였다는 점에 비추어 보면 전농은 소작농을 중심으로 대다수 농민을 포괄한 셈이었다(김석준 1996, 178~191). 또한 건준은 중도 세력을 중심으로 좌우파 세력을 망라하는 통일전선적 형태를 지닌 민족해방운동 세력의 유력한 구심체로서 새로운 독립국가 건설의 모태가 될 만한, 해방 후 최초로 등장한 '대안 국가'였다(박찬표 2007, 67). 8월 말까지 이미 145개 지부를 결성한 건준은 미군 진주를 이틀 앞둔 9월 6일 전국인민대표자회의를 개최해 조선인민공화국(인공)이라는 '국가기구'로 전환했으며, 지방인민위원회를 결성하기 시작해 11월까지 남한에서 7개 도, 12개 시, 145개 군, 2개 섬, 75개 읍, 1667개의 면 단위까지 조직화를 이루었다(최장집 1989, 122; 성경륭 2000, 176).

그러나 미군정 기간에 이중적인 의미에서 대역전이 일어났다. 하나는 시민사회의 팽창으로부터 국가의 팽창과 시민사회의 재편·위축으로 바뀌는 대역전이다. 다른 하나는 좌파의 압도적 우위에서 우파의 압도적 우위로 재구조화되는 대역전이다. 그 결과 미군정 기간에 남한 내 좌파 및 비극우파 정치 세력과 노동자, 농민의 대중조직이 파괴된 폐허 위에서 보통선거권이 부여되었다. 그리고 계급 이해를 대의하는 대리 기관과 대리인을 뽑는 과정이 아닌, 반공주의와 단정 세력을 승인하는 요식행위로서 5·10 총선거가 치러진 것이다(최장집 1989, 84; 윤홍식 2019, 187, 206).

(2) 보수 편향 정치체제와 불평등

좌파의 권력 자원이 파괴된 폐허 위에 보통선거권이 도입되며 시작된 한국 민주주의 체제는 사실상 보수만을 대표하는 보수 독점의 정치적 대표 체제의 성격을 띠게 되었다. 이승만 정권은 노동자 권력 자원을 무력화하는 데 그치지 않고 재형성 자체를 어렵게 하는 장치를 구축했다. 1948년 12월에 일제의 치안유지법을 모태로 한 국가보안법을 제정해 좌파 정치 세력의 활동을 금지한 것이 대표적이다. 여기에 한국전쟁을 거치는 동안 남한에서 좌파 세력은 사실상 괴멸되었다. 1953년에는 노동조합법을 제정하면서 그 시행령을 통해 노동자들의 권력 자원 형성과 복지국가 추진을 어렵게 하는 기업별 노동조합 체제를 강제했다(손낙구 2010).[40]

국가 형성기에 구축된 이 같은 역사적 초기 조건은 권위주의 발전 국가와 결합해, 산업화 과정에서 등장하는 새로운 균열에 기초해 반대 세력이 유의미한 사회적·정치적 대안으로 조직되는 것을 가로막았다. 이에 따라 한국 정치는 오랫동안 해방 정국에서 미군정의 비호 아래 권력을 장악한 한민당, 자유당 등 지배계급에 뿌리를 둔 보수정당 간 경쟁에 머물렀다. 산업화 과정에서는 물론이고 민주화 이후에도 노동계급의 시민적·정치적 권리와, 집단적 범주의 경제적 권리는 발전하지 못했다. 1987년 민주화 이후에 내용적으로 보수 편향의 사회 정치 구조는 변화되기보다 오히려 더욱 강화되었다. 이에 따라 보수 우파 이외의 정치적 대안이 봉쇄되어 산업화된 사회의 가장 중요한 균열인 노동-자본의 균열이 대표되지 못하는, '좌파 없는' 또는 '노동 없는' 민주주의로 귀결되었다(최

---

40 한국과 일본을 제외하고는 세계적으로 유례가 드문 기업별 노조 체제는 단결권, 단체교섭권, 파업권을 기업 내로 제한하고 기업 복지를 선호하게 하여 복지국가 추진에 결정적인 노동자 권력 자원 형성에 극히 불리하다.

장집 2010, 23; 박찬표 2010, 109, 288; 신진욱 2020b, 134). 재정적 기원이 없는데 더해 계급적 기원이 없이 시작된 민주주의였고, 그 결과는 자본주의적 불평등을 제어할 주체 세력과 수단의 상실이었다.

1960~70년대 산업화를 거치면서 한국 사회는 완연한 자본주의 경제체제가 되었다. 처음 자본주의가 성립할 때 생산수단을 가진 사람은 부르주아, 즉 자본가가 된 반면, 생산수단을 갖지 못한 노동자들은 자신의 노동력을 팔아 살 수밖에 없었다. 본격적인 자본주의적 불평등이 시작된 것이다. 불평등은 자본주의가 안고 있는 근본적인 속성이지만 크게 두 단계에 걸쳐 그 정도를 완화할 수 있다. 첫 번째는 생산과정에서 창조된 가치를 임금과 이윤으로 분배하는 단계이고, 두 번째는 정부가 재정의 수입과 지출을 통해 생산과정의 분배를 교정하는 재분배 단계이다. 재분배 단계는 다시 정부의 조세 부과 징수(1차 재분배)와 재정지출(2차 재분배) 단계로 나뉜다. 자본주의가 발전하면 할수록 대다수 시민은 노동자로 살아가야 하므로, 분배와 재분배 과정에서 불평등이 얼마나 개선되느냐에 따라 사회 구성원의 삶이 결정된다.

해방 정국 이후 오랫동안 지속된, 대중과 결합하지 못한 엘리트 중심의 보수 편향적 대표 체제는 민중의 실질적 삶과 관련된 분배와 1, 2차 재분배 과정에 대한 사회경제적 삶의 문제를 민주주의의 중심 의제로 삼아 해결하는 데 실패했다. 그 결과 계급 간 불평등 구조가 심화되었다.

분배 구조의 불평등은 노동시장에서의 분배에 영향을 미치는 노동자 권력 자원의 취약성과 연계돼 있다. 산업화 50년, 민주화 30년을 거치는 동안 노동조합 조직률은 최저 9.4%(1963년)에서 최대 18.6%(1989년) 사이에 머물렀으며 민주화 이후 계속 하락해 현재에도 10%대 초반에 그치고 있다. 노동조합의 조직과 교섭은 기업별 수준을 벗어나지 못했고 사용자 단체 조직률도 노동조합과 마찬가지로 매우 낮다. 이에 따라 단체협약 적용률도 사실상 노동조합 조직률과 동일해 노동조합에 가입하지 못한 노동자들은 노조의 보호를 거의 받지 못했다.[41] 코르피에 따르면 최저임금 정책은 노조의 교섭력을 강화하는 정책과 함께 노동시장의 분배에 영향을 미치는 주요 요소다(Korpi 1983, 189~190). 특히 한국처럼 노조 조직률과 단체협약 적용률이 낮을수록 법정 최저임금이 분배에 미치는 효과가 크다. 그러나 한국의 최저임금 제도는 너무 늦게 도입되었고 그 수준과 준수율이 낮아 분배 구조 개선에 미치는 효과가 매우 제한적이었다.[42]

그 결과 민주화에도 불구하고 노동시장에서 노동자에게 분배되는 몫은 계속 줄었고, OECD 주요 국가와 비교해도 매우 낮은 수준이다. 주상영은 자영업 소득이 법인 부문에서와 같은 비율로 노동

---

41 OECD(2018: 2019)가 집계한 한국의 노조 조직률은 10.5%(2017년), 사용자 단체 조직률은 15.2%(2016년), 단체협약 적용률은 11.8%(2016년)이다.

42 최저임금 제도는 1894년 뉴질랜드에서 처음 도입되어 각국으로 확산되었고 1929년에는 ILO 협약으로 채택되었지만 한국에서는 산업화가 시작된 지 30년 가까이 지난 1988년에야 처음 시행되었다(최저임금위원회 2018). 처음에는 '상시 근로자 10인 이상 제조업'에만 적용되다 점차 확대되어 2000년 최저임금법 개정을 통해 '상시 근로자 1인 이상 모든 사업장'에 적용되기 시작했다. 그러나 아직 최저임금의 절대적·상대적 수준이 낮으며, 최저임금 미준수율과 최저임금 이하 비율이 높아 분배에 미치는 영향이 매우 제한적이다. ILO(2020, 18)에 따르면 최저임금을 적정 수준으로 인상하고 이를 정확히 지킬 경우 불평등 정도를 3~10%p 정도 감소할 수 있다.

소득과 자본소득으로 분리된다는 가정을 적용해 노동 소득 분배율을 추정했다. 그에 따르면 노동 소득 분배율은 1975년 70% 수준에서 1980~90년대 중반까지 64~68% 수준으로 하락했다. 1996년 66.1%를 고점으로 외환 위기 이후 5~6년간 급속히 하락해 2000년 (60.0%) 이후 50%대로 내려왔고, 2009~10년 세계 경기의 회복에도 불구하고 임금 상승 억제의 영향으로 다시 급락해 2010년 54.0%까지 떨어졌다. 2015~16년에는 56.0% 수준까지 회복되었으나 외환 위기 이전에 비하면 여전히 10%p 정도 낮은 수준이다. 또 지난 20년 동안(1996~2016년) 비교 대상 OECD 20개국 중 가장 큰 폭인 10%p가 하락해 평균(61%)보다 낮은 것은 물론 최하위권을 기록했다(주상영 2017, 20; 2018/08, 77).[43] 반면 동전의 양면이라 할 수 있는 자본의 몫(자본소득 분배율)은 정반대로 움직였다.

(3) 재분배 기능이 취약한 작은 조세·복지 국가

노동시장에서 발생하는 분배의 불평등을 완화하는 것이 1, 2차 재분배이다. 그러나 2018년 OECD 보고서에 따르면 한국은 조세

---

[43] 자영업 비중이 상대적으로 높을 뿐만 아니라 자영업 일자리와 소득의 변동이 큰 우리나라에서 노동 소득 분배율의 수준과 추이를 파악하기 위해서는 자영 소득에서 노동 소득을 분리하는 것이 중요하다. 그러나 한국은행의 노동 소득 분배율 통계는 자영업자 소득의 전부를 자본소득으로 간주하므로, 자영업 비중의 감소를 고려하지 못한다(이병희 2015/01, 25~27). 다만 어떤 방식으로 계산하더라도 과다한 자영업자 비율에 더해 산업화 초기에 농업 비중은 높은 반면 임금노동자 비중은 매우 낮았기 때문에 1980년대 초반 이전의 자료는 신뢰성이 크게 떨어진다(주상영 2013, 163).

와 복지 재정 지출을 통한 재분배 완화 효과가 9.6%로, OECD 평균 26.2%의 3분의 1 수준에 불과하고, 비교 대상 32개국 중 칠레(4.8%)에 이어 두 번째로 낮다. 아일랜드·핀란드·슬로베니아·벨기에·덴마크·오스트리아·룩셈부르크·프랑스·체코 등 유럽 주요 국가에서는 조세와 복지 재정을 통해 노동시장의 분배 불평등을 최고 40%에서 최저 3분의 1까지, OECD 국가 전체를 봐도 평균적으로 4분의 1 정도를 개선하고 있는 반면, 한국은 10% 미만으로 극히 저조한 수준인 것이다(〈표 1-4〉 참조).

1, 2차 재분배를 통한 빈곤 지표의 개선 효과 집계에서도 한국의 재분배 효과는 극히 낮게 나타난다. 2017년 기준으로 우리나라는 조세와 공적 이전 전의 빈곤율이 19.7%, 조세와 공적 이전 후의 빈곤율이 17.4%로 빈곤 감소 효과는 2.3%p 수준에 불과해 OECD 국가 중 칠레 다음으로 낮은 수준이다(한국보건사회연구원 2020, 49). 재분배 효과가 왜 이렇게 떨어지는 것일까? 1차 재분배(조세)와 2차 재분배(복지 지출)로 나누어 살펴보자.[44]

----

44 조세와 복지 이외에도 재분배에는 다양한 요소가 영향을 미친다. "분배에 얽힌 갈등은 노동자가 창조한 가치를 임금과 잉여가치로 나누는 과정과, 잉여가치를 이자·상업이윤·지대·조세·산업 이윤으로 나누는 과정에서 나타난다. …… 또한 분배는 금년에 새로 창조된 가치를 여러 경제주체들이 나누어 가지는 것에 국한되지 않고 오랫동안의 소득을 저축하여 이룬 재산을 재분배하는 것도 포함한다. 예컨대 독점적인 건설업체가 아파트를 높은 가격으로 판다면 이 건설업체의 독점이윤의 원천은 구매자들의 금년의 소득뿐만 아니라 그들의 저축과 재산이다. 또한 사채업자가 폭리로 서민을 수탈하거나 온갖 복권 판매가 서민들의 주머니를 터는 것도 금년의 소득보다 더욱 클 것이다"(김수행 2004/12/02). 특히 부동산 가격의 주기적인 폭등은 한국의 불평등을 악화시킨 주요 요소 중 하나이다(손낙구 2008). 다만 여기에서는 조세와 복지를 중심으로 한 재분배 효과를 살펴본다.

먼저 재분배 수단으로서의 조세는, 누진적 성격을 갖는 소득세 제도의 도입과 발전, 그리고 그 결과로서 직접세 중심의 조세 구조 형성이 핵심이다. 이것을 가능하게 한 것은 노동자 권력 자원의 성장과 제1, 2차 세계대전이라는 계기였다. 그러나 식민 지배를 겪은 뒤 해방 정국에서 노동자의 권력 자원이 파괴된 남한의 상황은 완전히 달랐다. 소득세는 1934년 일제가 중국 침략에 필요한 전비와 식민 통치 비용을 조달하기 위해 도입했고, 한국전쟁을 겪은 뒤에는 거꾸로 소득세와 직접세 비중이 줄어들어 유럽과는 역방향으로 나아갔다.

소득세가 전체 조세수입에서 차지하는 비중은 1948년 정부 수립 당시에 33.4%에서 점점 하락해 1960년이 되면 8.6%로 감소한다. 반면 대표적 간접세라고 할 수 있는 물품세(소비세의 일종)의 비중은 같은 기간에 11.2%에서 17.3%로, 관세 비중은 6.0%에서 20.6%로 증가했다(최광·현진권 엮음 1997, 43). 이는 이승만 정권이 초기부터 간접세 중심의 세제 운영을 계획했기 때문인데, 1948년 43%이던 간접세 비중은 한국전쟁이 발발한 1950년 28%로 일시적으로 낮아졌다가 1953년 57%, 1957년 62%, 1960년 73%로 급증했다(한국조세연구원 2012a, 351~352).

소득세와 달리, 재분배 수단으로서 기능이 취약한 간접세 중심의 역진적 조세제도는 산업화 시기로 이어졌다. 특히 1970년대 내내 소득세는 낮추고 세수는 간접세에 더 많이 의존했으며, 경제 개발비는 외자를 활용했다(양재진·민효상 2013, 50, 72~73). 고도성장에 따른 세수 자연 증가분의 20% 또는 그 이상을 매년 감세 조치를 위해 활용했다(권순미 2014, 297). 소득세와 법인세 감세 등 자본에 우호적인 조세 감면 정책의 확대로 말미암아 부족해진 세수를 부가가치세로 메우는 전략을 통해 간접세 중심의 조세 구조가 지속되었다(김미경 2018, 161). 낮은 수준의 세금을 통해 개인과 가구의 가처분소득을 늘리는 정책은 박정희 정권 이래 현재까지 정부의 이념과 관계없이 일관되게 추진한 정책이기도 했다(윤홍식 2018, 170).

그 결과 간접세 중심의 조세 구조는, 2007~08년 연속으로 직접세 비중이 절반을 넘어서기 시작할 때까지 50년 넘게 지속되었다.[45] 재분배 효과의 중심인 소득세 부담은 여전히 낮다. 2019년 기준으로 OECD 국가들은 GDP의 8.3%를 소득세로 거둬들이고 있으나 한국은 5.4%에 불과하다.[46] 정부 수립 이후 수십 년 동안 누진적 조세에 대한 감세와 간접세 중심의 역진적 조세정책이 병행되어 온 결과 조세의 재분배 효과가 매우 낮았다. 더불어 국가의 조세 징수 역량도 취약해졌다(권순미 2014, 289).

2차 재분배, 즉 복지 지출은 어떨까? 앞서 유럽 사례에서 알 수 있듯이 어떤 나라의 복지 체제 유형은 해당 사회의 권력 자원 구

---

45 국세청이 매년 『국세통계연보』에서 발표하던 국세의 직접세·간접세 비율은 2008년 통계(직접세 51%, 간접세 49%)를 끝으로 중단되었다. 직접세·간접세 모두 세부담의 전가가 일어난다는 점에서 이 통계를 기준으로 세부담의 역진성을 평가하는 것은 바람직하지 않다는 이유에서다. 한편 한국조세연구원의 분석에 따르면 직접세 비중은 2009~10년에 40%대로 감소했다가 2011년부터 간접세보다 높아져 2015년 기준으로 53.9%를 기록했다(국세청 각 연도; 기획재정부 2011/02/14; 한국조세재정연구원 2017, 248, 250).

46 부가가치세와 물품세 비중도 OECD 평균에 비해 각각 3.6%p와 0.7%p가 낮은 4.6%와 1.6%를 기록했다. 사회보장기여금(7.3%)도 OECD 평균에 비해 1.7%p가 낮은데, 특히 고용주 몫이 3.3%로 2.1%p 낮았다. 반면 재산세(3.3%)와 법인세(3.8%)는 OECD 평균에 비해 각각 1.2%p와 0.8%p가 높았다(한국조세재정연구원 2021; 오건호 2021, 20).

성과 밀접히 관련되어 있으며, 현재 한국 복지 체제 또한 한국 사회의 정치적 유산인 권력 자원의 산물이라고 할 수 있다. 미군정이 주도한 대역전은 한국 복지 체제를 소수의 지배계급(층)에게 유리한 구조로 고착화하는 권력 자원 형성의 출발점이었다(윤홍식 2018, 156; 2017, 186). 이승만 정권이 복지 확대나 국민 통합에 필요한 더 큰 규모의 증세를 위해 정치사회적 합의를 형성하려는 의지가 있었는지도 의문이지만, 조세 징수 능력이 군사·치안비를 감당하기에도 벅찼던 1950년대 한국 복지 체제는 미국의 원조 물자라는, 최소한의 구호가 사적으로 제공되는 '원조 복지 체제'로 귀착되었다 (윤홍식 2019, 301).

수출 주도형 경제정책을 추진했던 박정희·전두환 정권 시기에는 임금 상승을 억제하고 노동운동을 억압했을 뿐만 아니라, 기업의 비용 부담을 우려해 복지를 최대한 억제하고 도입을 늦췄다.[47] 정부는 노동자들의 가처분 소득 하락을 방지하기 위한 근로소득세 감면을 포함해, 동원 가능한 거의 모든 조세 감면 제도를 활용해 수출 기업을 지원했다. 산업화 시기의 복지 실태는 통계에서도 확인할 수 있는데, GDP 대비 사회 지출은 연평균 기준으로 박정희 정권 시기(1962~79년)에 1.2%(신동면 2011, 316에서 계산함), 전두환 정

---

[47] 4대 사회보험 제도 중 의료보험법과 산재보상보험법은 1963년에 제정되었으나 이듬해 산재보험만 500인 이상 사업장에 시행되었고 의료보험은 유보되었다가 1977년에야 시행되었다. 1973년 제정된 국민복지연금법은 이듬해 긴급조치 3호에 의해 유보되었다가 1988년에야 도입되었다. 고용보험은 1995년에 도입되었다(양재진 2020, 83, 113, 168, 210; 양재진·민효상 2013, 76).

권 시기(1980~87년)에 1.9%(윤홍식 2019, 226)에 불과했다. 이에 따라 '낮은 조세 부담'과 함께 '낮은 복지 수준' 체제가 자리를 잡았고, 이 유산은 지금까지도 이어지고 있다.

식민 지배와 분단의 시련을 겪고 나서 뒤늦게 1960~70년대에 산업화를, 1980년대에 민주화를 이룬 한국은 빠르게 선진국 대열에 들어섰다. 제2차 세계대전 이후 식민지에서 독립한 80개가 넘는 국가 가운데 산업화와 민주화를 동시에 성취한 사실상 유일한 나라로 평가받고 있기도 하다. 1996년에는 주로 선진국들로 구성된 OECD 스물아홉 번째 회원국으로 가입했으며, 2019년에는 인구가 5000만 명이 넘으면서 1인당 국민소득이 3만 달러를 넘어선 30-50 클럽의 회원이 되었다. 2021년에는 유엔무역개발회의UNCTAD가 한국의 지위를 개발도상국에서 선진국 그룹으로 변경했다. 1964년 UNCTAD가 설립된 이래 회원국의 개도국 지위가 선진국으로 바뀐 사례는 한국이 처음이었다. 그러나 복지국가의 태동과 발전 정도는 상당히 뒤떨어져 있다.

취약한 노동자 권력 자원과 작은 조세·복지 국가small tax and welfare state는 동전의 양면이다. 2007년 국민연금 개혁 이전까지 한국의 보수 양당은 복지 분야에 무관심하거나 무능력했고, 뒤늦게 원내에 진출한 진보 정당의 영향력은 너무 미약했다(김영순 2021, 55~57). 기업별 조직과 교섭의 울타리에 갇힌 노동조합은 국가적 조세 역량을 키우고 복지 제도를 확충하는 대신 기업 복지를 선호하는 한계를 벗어나지 못하고 있다.

그런 가운데서도 2010년 지방선거의 무상 급식 이슈를 계기로 복지에 대한 정치권의 관심이 높아지는 등 복지 정책이 나름대로 성장해 온 것도 사실이다. 하지만 아직 갈 길이 멀다. 복지 재정 지출(GDP 대비 사회 지출)은 민주화 이후, 특히 외환 위기 직후인 김대중 정부 때부터 본격적으로 증가 속도가 빨라졌지만 2019년 기준 12.2%로 최하위 수준을 벗어나지 못하고 있다. OECD 평균 20.0%에 크게 미치지 못할뿐더러 유럽 주요 복지국가의 절반 수준에 그쳐 37개 회원국 중 34위를 기록하고 있다(〈표 1-4〉 참조).

그 결과 1, 2차 재분배 이후 한국의 불평등 수준은 매우 높은 실정이다. OECD가 발간한 『2020년 한국경제 보고서』에 따르면 조세와 복지 지출 이후 한국의 소득 불평등 지니계수는 0.36으로 비교 대상 36개 국가 중 일곱 번째로 불평등이 심하다. 1, 2차 재분배 이후 빈곤율(16.7%)도 비교 대상 33개 국가 중 네 번째로 높았고 OECD 평균(11.3%)에 비해 높은 수준이다(〈표 1-4〉 참조).

더구나 외환 위기 이후 증가된 사회 지출이 조세가 아닌, 노사 기여로 충당되는 사회보험 지출이 대부분이어서 피고용자들은 복지의 상당 부분을 기업에 의존하고 있다. 그것도 사회보험 기여금을 안정적으로 낼 수 있는 대기업과 공공 부문이 중심이 되고 있기 때문에 비정규직이나 불완전 고용 상태에 있는 노동자들의 복지 수준은 매우 열악한 상황이다(권순미 2014, 290; 윤홍식 2018, 172~173). OECD에서 2015년에 20개국을 대상으로, 고용 형태별로 조세 및 복지 지출로 인한 빈곤 감소 효과를 조사한 연구가 있다. 이에 따르면 각국 정부의 조세 및 복지 정책은 고용 형태별로 빈곤율을 크게 낮춘 것으로 나타났는데 그 효과가 정규직과 비정규직 가구에서는 평균 -34~-33%, 실업자 가구에서는 평균 -48%에 이르는 것으로 나타났다. 이에 따라 정규직 가구의 빈곤율은 조세와 복지

지출 이전 6%에서 이후 4%로, 비정규직은 34%에서 22%로 각각 3분의 1가량이 줄어들었다. 실업자 가구에서는 조세 및 복지 지출의 재분배 효과가 훨씬 더 커서 빈곤율이 76%에서 39%로 거의 절반으로 줄어들었다.

반면 한국은 고용 형태와 관계없이 빈곤율 감소 효과가 낮아서 조세와 복지 지출에 따른 재분배 효과가 저조했다. 그마저도 정규직에 비해 비정규직, 실업자 가구에서 효과가 더 낮았다. 특히 비정규직 가구에서는 감소 효과가 -1.8%에 불과해 재분배 효과가 사실상 없었다. 실업자와 정규직 가구도 각각 -13.6%와 -15.1%로 OECD 평균에 비하면 절반에도 못 미쳤다. 이에 따라 조세 및 복지 지출 이후의 빈곤율은 정규직 12%, 비정규직 27%, 실업자 47%로 비교 대상 국가들에 비해 높은 수준을 기록했다(〈표 1-4〉 참조).

지금까지 1부에서는 조세 문제가 국가 재정, 민주주의, 중앙집권적 세무 기구, 복지 제도 등 근대국가 각 분야의 형성과 발전에 어떻게 연관되는지를 개괄적으로 살펴보았다. 유럽에서는 조세를 둘러싼 갈등의 협상 과정에서 근대 민주주의가 탄생했으며, 민주주의 발전은 곧 조세제도가 재분배와 복지를 촉진하는 수단으로 변화해 가는 과정이었다. 반면 한국에서는 조세 문제와 무관하게 민주주의가 형성되었을 뿐만 아니라, 민주주의의 변화 과정도 조세제도와 연계되지 않음으로써 재분배와 복지의 확대로 귀결되지 못했다. 이처럼 한국에서는 '조세 없는 민주주의'가 성립되어 민주화 이후에도 지속되었다는 것이 필자의 생각이다. 이제 2부에서는 일제강점기 중앙집권적 세무 기구의 설치와 운영에 대한 분석을 통해 조세 없는 민주주의의 역사적 기원을 살펴보려 한다.

2부

대표와 동의 없는 과세: 일제하 독립적 세무 기구 분석

2장

왜 일제하 세무 관서를 연구하는가

1. 조세 없는 민주주의의 역사적 기원을 찾아서

일제는 1934년 5월 그동안 지방행정기관이 담당하던 내국세 부과 징수 업무를 분리하고 이를 담당할 중앙집권적 세무 기구로서 '독립적 세무 기구'를 설치했다. '조선총독부 세무 관서'(이하 세무 관서)는 그 결과로 설치된 5개 세무 감독국과 99개 세무서를 통칭하는 개념으로, 세무서 수가 일부 변동된 것을 제외하고는 조직의 골격이 유지되다가 1943년 11월 폐지될 때까지 약 10년간 존속했다. 2부에서는 세무 관서가 설치되어 폐지될 때까지 제도의 변화와 조세의 부과 징수 체계, 세무 인력의 운용 상황을 살펴보고자 한다.

1부에서 살펴보았듯이 어떤 체제이든 사회 구성원의 동의에 기초해 자원을 수취할 능력을 확보하지 않고서는 운영될 수 없다는 점에서 조세 문제는 그 시대를 이해하는 데 중요한 열쇠이다. 특히 근대국가는 국가 운영에 필요한 재정을 주로 조세를 통해 조달하는 조세국가의 성격을 띠고 성립했다는 점에서 더욱 그렇다. 서구 근대화 과정에서 조세 문제는 국민국가를 성립시킨 촉매제이자 의회를 제도화하는 단초가 되었다. 이후 세금을 낸 사람에게만 투표권을 주던 제도가 폐지되고 보통선거권이 실현되는 과정은 대중정당에 기초한 현대 민주주의 발전과 궤를 같이했다. 오늘날 민주주의가 발전한 나라일수록 복지와 함께 조세가 정치와 민주주의의 핵심 의제가 되고 있는 것은 이 같은 근대화 과정을 역사적 배경으로 하고 있다.

반면 한국의 경우 민주화 이전은 물론이고 민주화 이후에도 조세 문제는 정치와 민주주의의 주요한 의제로 다뤄지지 않고 있다. 조세에 대한 사회적 인식도 극히 부정적이어서 '어쩔 수 없이' '빼앗기는 기분으로' '불공평하다는 생각'으로 세금을 낸다는 여론이 다수를 차지하고 있다. 조세와 정치의 분리, 조세 없는 민주주의는 조세를 둘러싼 사회적 불신과 갈등을 해소하기 어렵게 할 뿐만 아니라 정치·민주주의의 발전도 저해할 수밖에 없다.[1] 또한 미래의 복지사회는 사회적 합의에 기초한 높은 수준의 조세 부담을 전제한다는 점에서 조세 없는 민주주의는 그 원인을 찾아 반드시 해결해야 할 과제이다. 원인을 규명하기 위해서는 다양한 분야에서 종합적인 연구가 뒷받침되어야 한다. 역사학의 경우 한국 근대화 과정에서의 조세 문제를 분석함으로써 이 같은 현상의 역사적 배경을 규명할 수 있을 것이다. 조세제도, 조세정책, 세무 행정 등을 포괄하는 조세 문제의 다양한 영역 가운데, 2부에서는 식민지 시기 독립적 세무 기구를 연구 대상으로 해 근대화 과정의 조세 문제를 분석하고자 한다. 즉, '조세 없는 민주주의'의 역사적 기원을

---

1 한국의 조세와 민주주의의 관계에 대한 연구는 김미경(2008)을 참조.

분석하기 위한 작업의 일환으로 일제하 중앙집권적 세무 기구를 연구하려는 것이다.

1부에서 살펴보았듯이 근대국가 성립 과정에서 중앙정부가 직할하는 독립적 세무 기구의 설치는 보편적인 역사 현상이다. 조세의 중간 유출을 차단하고, 자본주의경제와 조세 행정에 대해 전문성을 갖춘 세무 관리로 독립적 기구를 구성해 재정을 중앙정부로 집중하기 위해서다. 한국의 근대 이행 과정에서도 독립적 세무 기구 설치는 조선 후기 이래 중요한 근대적 재정 개혁 과제 중 하나였다. 비록 실패로 끝났지만 갑오개혁 당시 조세 징수 과정에서 지방관과 이서吏胥층을 배제해 조세의 중간 유출을 차단하려 한 것도 바로 이 과제를 해결하려는 시도였다.

1905년부터 1945년까지 식민지 시기에는 일제가 필요에 따라 독립적 세무 기구의 설치와 폐지를 반복했기 때문에 근대적 재정 개혁 과제가 온전히 실현되기 어려웠다. 대한제국 말기에 일제는 조선의 징세 기구를 장악할 목적으로 독립적 재무 기구를 설치했으나 1910년 조선 병합과 함께 폐지해 이후 24년 동안 지방행정 기관에서 세무 행정을 담당하도록 했다. 일제가 1934년 독립적 세무 기구를 설치한 직접적인 동기는 근대적 성격의 일반 소득세를 중추로 하는 조세 구조를 확립해 식민 통치에 필요한 재정 조달의 어려움을 타개하려는 데 있었다.

토지조사사업(1910~18년)을 통해 지세를 근대적 세목으로 개편한 일제는 1927년 영업세와 자본이자세를 신설한 데 이어, 1916년 이래 법인소득세만 과세해 오던 소득세를 개인소득세와 이자소득세까지 포괄하는 일반 소득세로 개편해 조세의 중추로 삼으려 했다. 이를 위해서는 자본주의 시장경제에서 발생한 소득·소비·거래·자본·재산 등에 대한 세원을 파악할 수 있는, 전문성을 갖춘 독립적인 세무 기구가 필요했던 것이다. 하지만 1943년 말 태평양전쟁 수행을 위한 '결전행정'決戰行政 확립을 명분으로 세무 감독국을 폐지하고 각 도道 직할로 세무서를 설치함으로써 세무 기구는 기형적인 형태로 미군정기까지 4년여 동안 유지되었다.

일제하의 독립적 세무 기구는 식민 통치 기구의 하나로 설치되었기 때문에 기구의 성격과 운영의 측면에서 식민지적 성격이 뚜렷했다. 예를 들면 서구와 일본의 경우 '대표 있는 과세' 체제[2]에서 의회의 견제와 통제 아래 독립적 세무 기구가 설치·운영된 데 비해, 일제가 의회도 설치하지 않고 참정권도 보장하지 않은 조선에서는 '대표 없는 과세' 체제하에서 설치·운영되었다. 조선인의 동의를 받지 않은 채 조세를 징수하기 위해 설치된 세무 기구의 규모는 방대했고 세무 관리의 권한은 강력했으며 세무 행정은 강압적이었다. 반면 조세의 도입과 부과 징수 과정에 아무런 의사 결정권을 갖지 못한 납세자의 위상은 취약했으며, 이의 제기권을 비롯한 권리는 극히 제한되었다.

'조세를 누가 왜 내야 하는가'의 문제, 즉 조세의 근거 측면에서

---

2 시민의 대표로 구성된 의회가 과세 동의권을 갖는 '대표 있는 과세' 체제는 영국·프랑스·미국 등 서구 선발 근대 자본주의국가 성립의 결정적 계기였던 시민혁명과 독립 전쟁의 슬로건 '대표 없이 과세 없다'에서 착안한 것이다. '대표 없는 과세' 체제는 이와 대비되는 개념으로서 과세 동의권을 보장하지 않는 식민지 조세 부과 시스템의 특성을 표현한 것이다.

도 식민지적 성격이 나타났다. 서구나 일본의 경우 근대국가 성립 과정에서 개인주의적 국가관이나 유기적 국가관에 입각해 '대가와 권리로서의 조세관' 또는 '의무로서의 조세관'이 형성되었다. 반면 조선총독부는 애국심에 기초한 납세보국·황국 조세 이념과 같은 정신적 조세관을 내세웠다. 특히 일제 말기의 황국 조세 이념은 조세를 신에게 바치는 공양물로 규정하고 황국신민皇國臣民이 국가의 은덕에 보은하기 위해 공양물을 상납上納해야 한다는, '상납으로서의 조세관'이었다. 또 세무 관서의 관리들은 식민지 조세관을 적극 수용하고 방대한 세무 기구의 강력한 권한을 행사하며 강압적 세무 행정에 앞장섬으로써 조선 민중에게 불신과 원망의 대상이 되었다.

1948년의 중앙집권적 세무 기구 설치는 식민지 시기와 달리 항구적인 독립성이 확보되었다는 점에서 조선 후기 이래 오랜 재정 개혁 과제가 비로소 실현되었음을 의미했다. 그뿐만 아니라 해방 후 한국의 근대국가 성립기에 보통선거권 보장과 총선거, 제헌 국회의 개원과 헌법 제정을 통해 과세 동의권이 보장되었기 때문에 '대표 있는 과세' 체제 아래서 독립적 세무 기구가 설치·운영되기 시작했다. 적어도 제도의 형식과 절차 측면에서는 식민지 시대와 단절된 새로운 출발이었던 것이다. 다른 한편 조선총독부 세무 관서의 존속 기간에 형성된 세무 행정의 기반과 인적 자본이 미군정기를 거쳐 해방 후로 승계되었고, 1948년 이후 독립적 세무 기구의 기반이 되었다는 점에서 식민지 시대와 연속성이 있었다. 더 중요하게는 내용적 측면에서 조세 문제가 정치와 민주주의의 핵심 의제가 되지 못함으로써 일제하의 '대표 없는 과세' 체제의 연장선이라는 한계를 안게 되었다. 따라서 조선총독부 세무 관서의 설치와 운영의 구체적 실태를 파악하고, 해방 후 세무 행정과의 연관성을 분석함으로써, 식민지 시기는 물론, 해방 후 근대국가 성립기에 조세 문제가 어떤 지점에서 출발했는지를 규명할 수 있을 것이다.

그동안 학계에서 식민지 시기에 대한 연구는 민족주의에 입각한 수탈론과 식민지 근대화론이라는 양대 경향 아래 많은 성과가 축적되어 왔고, 이들 관점을 둘러싸고 치열한 논쟁이 이어지고 있다. 기존 연구사의 연장선에서 본다면 조세 문제에 대해서도 민족주의 시각에서 과도한 수취의 식민성과, 근대화론의 관점에서 근대적 세무 관료 체제의 제도화를 대비시키는 쟁점이 형성될 수 있을 것이다. 그러나 식민지에서 해방 후로 이어지는 한국형 조세 체제의 기원과 형성에 대한 연구는 아직 쟁점이 형성될 만큼 진전되지 못했다. 따라서 이 책에서는 쟁점 이전에 조선총독부 세무 관서의 설치와 변화, 조세의 부과 징수 체계, 세무 인력을 중심으로 지금까지 체계적으로 밝혀지지 못한 한국형 조세 체제의 형성기적 특징을 실증적으로 규명하는 데 일차적인 의의를 두었다.

2. 일제하 세무 관서 연구의 현황과 과제

그동안 식민지 시기 조세 연구는 주로 세제사, 그 가운데서도 세제의 제·개정과 징수 결과를 중심으로 이루어졌으며, 부과 징수 과정이나 이를 담당한 세무 기구에 대한 연구는 미흡했다. 물론 이를 통해 식민지 조세의 제도 변화와 성격 규명, 증징의 양상과 규모에 대한 분석 등 상당 부분이 해명될 수 있었다. 그러나 1934년 이후 10년간 조세 부과 징수를 담당했던 조선총독부 세무 관서에 대한 연구는 단독으로 이루어지기보다 세제사 연구 등에 혼재된 채 단편적으로 다뤄져 종합적인 성과가 없는 상태다.

조선총독부 세무 관서에 대한 기존 연구는 세 가지 유형으로 나누어 살펴볼 수 있다. 첫째는 세무 행정사 또는 징세 기구사의 한 영역으로 이루어진 연구다. 둘째는 세제사 연구를 통해 세무 관서의 조세 징수를 규명한 연구다. 셋째는 식민지 시기 조선인 관료 및 친일파 연구를 통해 세무 관리를 다룬 경우다.

첫째 유형 중 국세청이 1996년 펴낸 『세정 100년 약사』稅政 100 年略史는 현재까지는 유일한 세무 행정사로 조선총독부 세무 관서에 대해서도 상당한 분량을 할애해 다루고 있다(국세청 1996b). 이 연구를 통해 설치 배경, 조직 및 기능, 세정 운영의 모습, 세무 양성소의 설치 등에 대해 개략적인 내용을 파악할 수 있다. 또 관련 사료와 회고록을 함께 싣고 있고, 부록으로 세무 관서 관할구역 및 세무서 변동 상황 등을 다루고 있어 참고가 된다. 그런데 조선총독부 세무 관서를 다룬 본문 65쪽 중 서술은 9쪽에 불과하고 나머지 56쪽은 사료와 회고록으로 메우고 있어 세무 관서의 세무 행정 전반을 파악하기에는 한계가 있다.[3]

---

3 후술하겠지만 가령 『세정 100년 약사』에서는 해방 직전 세무서 수를 96개로 파악하고 있고(국세청 1996b, 299, 350), 이후 다른 연구에서도 이를 따르고 있는데, 이는 잘못이다. 실

국세청이 10년에 한 번씩 펴내는 기관사機關史에도 전사前史로서 조선총독부 세무 관서의 설치와 폐지에 이르는 과정을 다루고 있는데, 분량이 5~16줄로 지나치게 간단하다(국세청 1986; 1996a; 2006). 세무서로서는 유일하게 삼척세무서가 기관사를 발간해 식민지 시기 울진세무서의 운영 상황을 일부 담고 있어 일선 세무 행정을 파악하는 데 도움이 된다(삼척세무서 1991).[4] 부록으로 울진세무서장을 역임한 김진하金振河, 울진세무서 근무 후 삼척세무서 과장으로 퇴임한 장근하張根河, 울진세무서 속屬을 역임한 남효중南孝重의 간단한 회고 글이 실려 있다.

김재호(2001)는 근대적 재정 제도의 성립이라는 맥락에서 갑오개혁에서 일제 말기까지 징세 기구의 변화를 다뤘다. 조선총독부 세무 관서에 대해서도 일부 기술했지만 자세한 분석은 시도되지 않았다. 이 외에 일제의 통치 기구 연구 중에서 신상준(1974)은 조선총독부 세무 관서의 설치에 대해, 김민철(2003)은 전시체제기 행정 기관 개편 과정의 조선총독부 세무 관서 폐지에 대해 간단히 다루고 있다.

둘째 유형과 관련해 식민지 시기 세제사 연구는 일찍부터 이루어져 연도별 세제의 변화와 조세 증징의 실태, 조세 구조와 부담의 변화 등이 상당 부분 해명되었다(김명윤 1964; 장병순 1973; 水田直昌 監修 1974;

제로는 1944년 4월 3개 세무서(종로·서대문·대동)가 신설되어 세무서 수는 창설 이래 가장 많은 102개로 증가해 일제 패망 때까지 존속했다.

4 1934년 5월 개청한 울진세무서는 1950년 4월 삼척세무서로 개칭하고 사무실도 울진군에서 삼척군으로 이전했다.

재무부 1979; 세무조사연구소 1981; 우명동 1987; 정태헌 1996; 김옥근 1997; 차병권 1998; 2000; 김동률·조재형 2000; 정덕주 2006; 박기주 2012). 이 가운데 조선총독부 세무 관서 설치 이후 세제를 상세히 다룬 것은 재무부(1979), 차병권 (1998), 박기주(2012)가 대표적이다. 1979년 재무부에서 펴낸『한국 세제사』는 각 시기별 신설 및 개정 세목의 세율을 비롯한 상세한 내용을 전 시기에 걸쳐 서술했는데, 특히 1940~44년 사이 연도별 세목과 세율 등의 변화를 처음으로 상세하게 정리했다. 차병권(1996) 은 1937년 이후 세목의 신설과 개정 등 증세 내용을 중심으로 다루면서 이전 연구에 없던 '1945년의 마지막 증세' 항목을 추가해 일제 패망 직전 시기에 대한 연구 공백을 해소했다. 또한 식민지 시기 조세정책 변화의 효과를 분석하고, 식민지 유산을 조세 도덕의 퇴폐頹廢와 중앙집권적 세원 배분 구조 두 가지로 정리했다.

박기주(2012)는 그간의 연구 성과를 종합해 식민지 세제의 변화를 상세하게 서술하고, 조세의 종류별 구성, 조세부담률, 공평성과 효율성에 대한 평가를 시도했다. 1920년대 후반에서 1930년 중반 사이 제1, 2차 세제 정리를 통해 근대적 세제가 구축되는 등 식민지기 세제가 형식과 내용에 근대적 성격이 있었다는 적극적인 시각을 엿볼 수 있다. 식민지 시기에 근대적 세제가 도입되었다는 시각은 일본 쪽 연구인 우방협회(水田直昌 監修 1974) 외에도 정태헌(1996), 정덕주(2006) 등 이전의 한국학계 연구에서도 부분적으로 엿보였는데 이 연구에 와서 좀 더 분명해졌다.

다만 이들 연구는 세제의 제·개정 내용과 징수 결과 수치에 치중해 세제사를 정리하고 분석을 시도하고 있다. 따라서 세무 기구의 활동과 조세 부과 징수의 구체적 과정, 납세자의 반발과 이의

제기 등을 종합적으로 파악하는 데는 한계가 있다.

이런 점에서 정태헌(1996)은 1934년에 도입된 개인소득세 연구의 선구이자 부과 징수 과정에 대한 분석을 시도했다는 점에서 주목된다. 이 연구에서는 개인소득세의 과세 대상 소득, 조세행정, 소득공제규정 등의 식민지성, 증징과 세원 색출의 변화와 업종별 특징, 이자소득세 정책의 변천에 대해 규명했다. 소득조사위원회와 소득심사위원회의 구성과 역할, 세무 관리의 권한 등에 대해 일본과 조선의 제도를 비교해 개인소득세 부과 징수 과정에 관한 식민성의 주요 논점을 제시한 점도 시사하는 바가 크다. 다만 "1934년 조선 경제는 소득수준이 열악했고 소득 격차가 극심하여 개인소득세 도입 자체가 무리"였다는 관점은 당시 식민지 조선에서 자본주의경제가 일정하게 형성되었고 개인소득세가 소득 격차를 완화하는 기능을 가진다는 점에서 재론의 여지가 있다(정태헌 1996, 220, 435; 2011, 37).

이 밖에 조석곤(2012)은 조선총독부 세무 관서가 1940년 말부터 2년여 동안 실시한 토지 임대 가격 조사 사업을 광주 세무 감독국 자료를 중심으로 연구했고, 김낙년(2013)은 소득세 자료를 기초로 1933~40년의 소득 불평등을 연구해 해방 후와 비교했다.

셋째 유형은 식민지 시기 조선인 관료 및 친일파를 연구하면서 세무 관리를 함께 다룬 연구들이다. 이기동(1985)은 일제하 조선인 관료들을 시기별로 유형화하고 고등문관시험(이하 고문) 출신을 집중적으로 소개하면서 해방 후 경력까지 다루었는데, 여기에 세무 관리 역임자 12명이 포함되었다.[5] 또 대학 출신을 다루면서 청주 세무서장을 역임한 인태식印泰植을 소개했다. 이들 중 4명에 대해서는 세무 관리 경력을 언급했다. 고문 출신 중 경성 세무 감독국 속을 역임한 김만기가 누락되어 있지만 고문 출신 연구의 선구라 할 수 있다.

안용식은 대한제국기부터 제2공화국까지 관료 임용 상황을 정리한 여러 권의 자료집과 이에 관한 연구도 여러 편 내놓았는데(안용식 엮음 1993; 1994; 1994·1995·1996; 1995·1996; 1997·1998; 2001b; 2001a; 2002·2003; 안용식 2001; 안용식·오연숙·오승은·원구환·송혜경 2007; 안용식·송혜경·정현백 2007; 2008; 안용식·김기홍·권자경·신원부 엮음 2010), 이 중 세무 관리가 포함된 것은 1994년 자료집과 2007년 공동 연구 논문이다. 안용식의 연구는 『조선총독부관보』의 「서임급사령」敍任及辭令 중 1920년 이후 조선인을 추려 정리한 것으로, 이를 통해 다수의 세무 관리 명단을 알 수 있다(안용식 엮음 1994). 그러나 임면 일자가 주된 내용이라 정보가 많지 않고, 1920년대 이후 「서임급사령」이 고등관 이상만 다루는 등 대상이 제한적이다.

안용식의 공동 연구는 고문 출신 134명의 일제 때 활동 상황과

---

5 이기동의 연구에서 김만기가 누락된 것은 그의 일본식 성명이 밝혀지지 않았기 때문이다. 이기동보다 4년 앞선 1981년 출간된 일본인 하타 이쿠히코의 연구(秦郁彦 1981)에서도 김만기를 찾을 수 없다. 이 연구는 일본 고문 합격자 명단과 출신 학교, 첫 근무지 및 최종 근무지 등을 포함했고, 조선인의 경우 '조선 출신'이라고 명기했다. 세무 관리 역임 사실이 명기된 것은 전체용全體鏞(경성 세무 감독국 속) 1명이다. 이후 대부분의 고문 출신 조선인 관료 연구는 이 연구에 근거하고 있다. 예를 들어 하타 이쿠히코는 1938년 고문에 합격한 전지용全智鏞을 김지용金智鏞으로 오기誤記하고 있는데 이기동은 이를 전지용으로 바로잡은 반면 그대로 답습한 연구도 있다. 한편 김만기(1989)는 회고록에서 1943년 고문 합격 사실을 밝히고 있다.

해방 후 경력을 다루었다(안용식·송해경·정현백 2007). 세무 관리 역임자의 경우 12명의 경력을 소개했는데 김만기가 포함된 대신 김성환金聖煥은 누락되었다. 세무 관리 경력이 언급된 사람은 4명이다. 장신(2007)과 정태헌(2013)의 연구에서는 고문 출신들이 남긴 회고록을 활용해 그들의 정체성과 시대 인식을 다루고 있는데, 공통적으로 김만기의 회고록이 다뤄지고 있다.[6]

친일파 연구에 세무 관리가 포함된 경우는 민간단체인 민족문제연구소의 『친일인명사전』이 대표적이다(친일인명사전편찬위원회 엮음 2009). 여기에는 총 4389명이 수록되어 있는데 재무국 세무과 근무자 3명, 세무 감독국 근무자 14명, 세무서장 역임자 38명, 세무서 과장 역임자 23명의 이력이 상세하게 담겨 있다. 중복자를 제외하면 수록된 세무 관리 수가 48명이다. 친일반민족행위진상규명위원회에서 2009년 펴낸 종합 보고서 중 일제의 훈·포상제도 연구에서 부록으로 '서보장瑞宝章 서훈자 명단'을 싣고 있다(친일반민족행위진상규명위원회 엮음 2009a, 「일제의 훈·포상 제도」).[7] 재무국 세무과 근무자 1명, 세무 감독국 근무자 7명, 세무서장 역임자 38명, 세무서 과장

---

6 이 외에 다음의 연구도 고문 출신 조선인 관료 연구에 세무 관리를 포함했다. 장세윤 (2007)은 경성제국대학 출신 조선인 고문 합격자의 이력을 1980년대까지 다루고 있는데, 세무 관리 역임자 중에는 임문석林文碩·김성환金聖煥·전지용全智鎔 3명을 소개하고 있다. 오카모토 마키코(岡本眞希子 2008)의 저서 중 제6장 「文官高等試驗合格者と植民地」에서 고문 출신 조선인들을 다루고 있는데 세무 관리 중에는 이창근李昌根만 언급되었다.

7 이 외에 종합 보고서 중 도지사·참여관 중심으로 조선인 관료 임용 현황을 살핀 연구에서 고문 출신 조선인 명단을 싣고 있는데, 세무 관리 13명의 합격 현황이 나타나 있다(친일반민족행위진상규명위원회 엮음 2009b, 「조선총독부의 관료 임용 제도와 조선인 관료」).

역임자 41명으로 중복 17명을 제외하면 77명의 명단을 확인할 수 있다.

한편 앞서 본 국세청의 『세정 100년 약사』는 부록에서 1934년부터 연도별로 세무서장급 이상 조선인 세무 관리 명단을 싣고 있어 간부급 중 일부를 확인할 수 있다. 『조선총독부급소속관서직원록』(이하 『직원록』)에서 추린 것으로 보이는데, 일본식 성명 강요(창씨개명)가 시행된 1940년 세무서장 명단은 9명, 1941년은 6명에 그치고 있고 세무서 과장급 간부 명단은 담지 않고 있다.[8] 세무 관서의 일본인 관리를 다룬 연구는 많지 않은데, 안용식(안용식 엮음 2001a: 2002·2003; 안용식·오연숙·오승은·원구환·송혜경 2007)과 이형식(李炯植 2013) 그리고 일본 쪽 연구(秦郁彦 1981; 岡本眞希子 2008)에 일부 관리의 경력이 포함되어 있으나 세무 관리에 대한 독자적인 연구는 없는 상태다.

이상의 연구들을 통해 식민지 조세에 대해 많은 내용이 밝혀졌지만, 이 책의 연구 대상과 목적인 조선총독부 세무 관서의 설치와 운영의 실태에 대해서는 충분히 주목하지 않았다. 조선총독부 세무 관서를 직접 연구한 종합적인 분석은 아직 나오지 않았으며, 그 결과 식민지 말기 독립적 세무 기구는 어떤 배경과 과정을 거쳐 설치되었고 왜 10년 만에 폐지되었는지, 그 기구의 위상과 성격

---

8 일부 누락되거나 잘못 기록한 명단도 발견된다. 『세정 100년 약사』 부록에 실린 명단과 『직원록』을 비교하면 1936년 진주세무서장 김기득金箕得과 1938년 용인세무서장 박재승朴載昇이 누락되었고, 1938~39년 영흥세무서장 임철호任喆鎬를 임철호林喆鎬로 오기하고 있다. 또 1941년 청진세무서장은 일본인 하시모토 마사루橋本勝인데, 조선인 권본승權本勝으로 잘못 기록하고 있다.

은 무엇이고 조세 부과 징수 등 운영 체계의 실상은 어떠했는지, 독립적 세무 기구의 세무 인력은 어떻게 충원해 양성했으며 조선인 세무 관리들의 규모와 위상은 어떠했는지 등의 기본적인 분석이 이루어지지 못했다. 그 결과 일제 지배 36년 중 3분의 1에 해당하는 식민지 말기 10여 년간의 조세 부과 징수 시스템이 충분히 파악되지 않아 일제 말기 지배 정책을 종합적으로 이해하는 데도 한계로 작용하고 있음은 물론, 해방 후와의 연관성을 파악하기도 어려운 실정이다.

2부에서는 이런 연구 공백을 해소할 시도로서, 선행 연구를 바탕으로 다음 세 가지를 연구 과제로 삼고자 한다.

첫째, 조선총독부 세무 관서의 설치 배경에서부터 폐지 이후 일제 패망 때까지의 경과를 파악하고, 제도적 특징과 제도 변화의 이유를 분석하고자 한다. 선행 연구들은 일제의 보고서(朝鮮總督府財務局 1935) 내용을 요약하거나 재해석해 설치 배경을 서술했을 뿐 제도의 특징이나 변천의 배경은 해명하지 못했으며, 패망 직전 1년 8개월간 세무 행정 연구는 공백 상태다. 이 책에서는 설치 배경과 경과, 설치 당시 조직의 특징, 설치 이후 10년간 제도의 변화와 이유를 분석하고 세무 관서 폐지 후 세무서만을 남긴, 패망 직전의 기형적 세무 기구 분석를 분석함으로써 식민지 유산의 종착점을 파악하려 한다.

둘째, 구체적으로 일제는 1934년 이후 조세를 어떤 제도에 근거해 어떤 과정을 거쳐 어떻게 부과 징수했는지를 해명하기 위해, 개인소득세 부과 징수를 중심으로 조선총독부 세무 관서의 운영 체계를 분석해 그 특징을 파악하고자 한다. 이와 관련해 선행 연구에서는 세무 관리의 검사권, 소득조사위원회, 납세자 권리 등의 측면에서 식민지적 특질이 드러난다는 논점이 제시되었으나 구체적인 분석은 누락되었다. 이 책에서는 세무 관서의 대표적인 세제 운영 사례로 개인소득세 제도의 도입 과정과 앞의 논점을 포함한 부과 징수 제도를 체계적으로 분석하고자 한다. 또한 '소득 신고 →세무서의 소득 조사→소득조사위 자문→소득 결정→이의 제기와 소득심사위 심사→소득세 납부'의 전 과정을 시간적 순서에 따라 사례를 통해 파악하려 한다.

셋째, 조선인 세무 관리를 중심으로 조선총독부 세무 관서의 세무 인력을 파악하고자 한다. 선행 연구에서는 일제하 관료 및 친일파 연구의 한 부분으로 고급 세무 관리 역임자 일부에 대한 경력이 확인되었을 뿐이다. 이에 먼저 세무 인력의 유형별 충원 방식, 충원 시기와 규모의 변화, 기관별 분포 현황 전반을 파악하고자 한다. 또한 조선총독부 세무 관서에 임용된 조선인 명단을 망라해 파악하고, 고위직과 간부급에 대해서는 별도로 분석하고자 한다. 세무 인력에 대한 교육 훈련의 양상과 내용 및 이에 대한 수용 실태 분석을 통해 세무 기구의 인적 자본으로서 식민지 유산의 실체를 규명하려 한다.

3. 제도의 변화, 부과 징수 체계, 인력 운용 분석

2부에서는 실증적 분석과 비교 연구를 통해 조선총독부 세무 관서의 제도, 부과 징수 체계, 세무 인력의 운용 실태를 분석하려고 한다.

먼저 조선총독부 세무 관서의 제도 및 집행 체제의 성격을 분석하기 위해 자료 및 문헌의 비판적 분석을 통한 실증적 연구와 함께 비교 연구를 시도했다. 제도 분석에서는 조선총독부 세무 관서 제도를 3개의 다른 독립적 세무 기구와 비교했다. 대한제국기 재무 관서와 대한민국 정부 수립 후의 세무 관서를 비교함으로써 시기별 공통점과 차이점을, 같은 시기인 일본의 세무 관서와 비교함으로써 제국과 식민지의 공통점과 차이점을 각각 파악하고자 한다. 부과 징수 체계 분석에서는 소득조사위원회를 포함한 개인소득세 제도를 소재로 일본과 공통점 및 차이점을 각 단계별로 비교함으로써 일본의 제도가 식민지에서 어떻게 변용되었으며, 그에 따른 특징은 무엇인지를 분석했다.

조선총독부의 조선인 세무 인력을 분석하기 위해서는 해당 명단을 전체적으로 망라하고 구체적인 데이터에 기초한 실증적인 연구를 시도했다. 이를 위해 1934~42년도 『직원록』에 수록된 조선총독부 재무국 세무과·세무 감독국·세무서 근무 경력이 있는 조선인 1159명의 입관 연도, 관리 근무 경력, 퇴관 연도, 문관 시험 합격 현황, 나이, 학력 등을 파악해 데이터베이스를 작성했다. 이와 별도로 1949~60년 사이 재무부 사세국·사세청·세무서의 서장급 이상 간부 236명의 관리 경력을 데이터베이스로 작성했다.

이 책에서 사용한 자료는 우선 관제 및 사무 분장 규정, 세무서의 명칭·위치·관할구역 변화 등을 분석하기 위한 조선총독부 세무 관서 관제朝鮮總督府稅務官署官制 제·개정 관련 12개 공문서, 조선총독부 내 임시 직원 설치제朝鮮總督府內臨時職員設置制 개정 관련 11개 공문서, 조선총독부 지방관 관제朝鮮総督府地方官官制 개정 관련 5개 공문서(이상 28개 공문서는 일본국립공문서관 소장), 『조선총독부관보』, 『조선세무법규제요』 등이 있다. 세무 관서의 구체적인 운영을 분석하는 데는 『서무예규(갑종)』·『비서예규』·『제3종 소득세 예규(직세과)』·『제1호 비서예규 갑종 서무과』(이상 국가기록원 소장)·『세무통계서』·『납세선전시설예집』·『세무요람』·『토지임대가격조사개요』 등 각 세무 감독국이 생산한 공문서와 발간물, 『조선의 세제정리경과개요』·『조선세무통계서』·『소득세법대만소득세령화태·소득세령급동시행규칙의 비교대조(부 소득세에 관한 제법령)』·『세제개정참고자료』·『직세사무제요』 등 조선총독부 재무국의 조세제도 관련 간행물, 『조선재무』·『(조선)내국세징수사무해설』 등 조선재무협회 간행물을 일차적으로 사용했다. 세무 관리와 소득조사위원의 인적 사항과 관련해서는 대한제국·조선총독부·일본·대한민국의 관보와 직원록·인명록·연감·신문 외에 『조선은행회사조합요록』·『조선상공회의소일람』·『농지개혁시 피분배지주 및 일제하 대지주 명부』 등 기업·지주 관련 자료, 『하야시 시게조 회고록』(林繁蔵回顧録編輯委員會 編 1962)·『내가 걸어온 길』 등 세무 관리가 남긴 회고록이나 이들이 『조선재무』·『국세』 등에 남긴 기록을 활용했다. 해방 후 세무 기구와의 연관성을 분석하는 데는 미군정과 대한민국의 관보, 신문, 인명록, 직원록, 연감, 총무처의 공무원 인사 관련 자료, 국회 회의록 등을 사용했다.

2부의 구성은 다음과 같다. 3장에서는 조선총독부 세무 관서의 설치 배경부터 폐지 이후 일제 패망 때까지 경과를 파악하고, 제도적 특징과 제도 변화의 이유를 분석하고자 한다. 첫째, 세무 기구 독립 추진 경과를 파악하고 대한제국기, 해방 후, 일본 세무 기구 제도와의 비교를 통해 조선총독부 세무 관서의 제도적 특징을 분석한다. 둘째, 세무 관서 존속 10년 동안 제도 변화와 그 이유를 파악하고, 1943년 11월 세무 관서가 폐지된 이유와 패망 직전까지 각 도 재무부와 세무서 운영 관련 제도를 파악하고자 한다.

4장에서는 개인소득세 부과 징수와 소득조사위원회를 분석해 조선총독부 세무 관서의 부과 징수 체계를 파악했다. 첫째, 개인소득세 제도의 도입 과정과 부과 징수 절차, 소득조사위원회 제도, 세무 관리의 장부·물건 검사권, 납세자 권리 등에 대해 일본과 식민지 조선을 비교해 그 특징을 살폈다. 둘째, 1934년 경성 세무감독국 관내 세무서의 개인소득세 부과 상황과 소득조사위원회 운영 상황을 시간 순서로 추적해 새로운 조세 부과 징수 제도가 형성된 과정을 구체적으로 규명했다.

5장에서는 조선인 세무 관리를 중심으로 조선총독부 세무 관서의 조선인 인력을 파악했다. 첫째, 세무 인력의 유형별 충원 방식, 충원 시기와 규모의 변화, 기관별 분포 현황을 파악하고 간부급 조선인에 대해서는 별도로 분석했다. 둘째, 정신교육, 세무 행정교육, 주산 교육 등 세무 관리에 대한 교육 훈련 및 이에 대한 조선인의 수용 태도를 분석해 세무 인력 양성 과정에 나타난 식민지적 성격과 그 유산을 살펴본다.

3장

일제하 세무 관서의 설치와 제도의 변화

1. 조선총독부 세무 관서의 설치와 제도적 특징[1]

1910년 8월 27일 조선을 병합한 일본은 9월 30일 기존의 탁지부 직할 재무 감독국과 재무서를 폐지하고, 내국세 징세 업무 일체를 13개 도지사의 관할로 이관했다(『朝鮮總督府官報』 1910/09/30). 그러나 조선 지배 10년이 경과하면서 지방행정이 점차 복잡해지고 세목 수도 증가함에 따라 세무 행정을 지방행정기관에 맡겨 두는 것이 적절하지 않다는 의견이 대두되었다. 특히 급격히 팽창하는 식민 통치 비용을 뒷받침하기 위해 일반 소득세 중심의 세제 개편 논의와 병행해, 지방행정기관에 맡겨 왔던 내국세 징수 업무를 분리해 독립된 세무 기구에 맡겨야 한다는 조선총독부 내부의 목소리가 커졌다. 세무 기구 독립 정책은 1923~24년에 한 차례 추진되었다가 성사 직전에 중단된 적이 있기 때문에 먼저 그 경과를 간략히 살펴본 뒤 1934년의 추진 배경과 경과를 다루고자 한다.

---

1 3장 1절은 손낙구(2014)를 수정·보완했다.

1) 1923~24년 세무 기구 독립 추진과 중단 경과[2]

1920년대 초 3·1운동 진압과 문화정치에 따른 재정 팽창을 뒷받침하기 위해 세원 발굴에 골몰하던 조선총독부는 조선의 산업 구조 변화에 연계해 상공업 소득에 대한 과세, 즉 일반 소득세를 중추로 한 세제 개편을 계획했다. 이를 위해 상공업 소득을 파악하고 부과 징수할 전문적인 세무 기구를 설치하기 위한 정책을 추진했다. 1924년 초 세무 기구 독립을 위한 대강의 계획이 입안되었고, 그해 6월 일본 제국의회에 62만 원의 예산안이 제출되었다. 세무서 유치 운동이 격화되는 가운데 5개 세무 감독국과 102개 세무서 설치 지역도 결정되었다. 8월 개청을 목표로 지역마다 세무서 건물 확보 및 인사이동 준비가 한창인 가운데 7월 25일 예산안이 통과된 데 이어 관제안의 심의도 마무리되는 등 만반의 준비가 갖춰졌다.

하지만 8월 9일 세무 기구 독립은 전격적으로 중지되었다. 세무 기구 독립 중지의 직접적인 원인은 긴축정책을 앞세운 신임 일본 내각의 신임 정무총감이 조선총독부를 압박해 행정정리를 단행했기 때문이다. 아울러 그 배경에는 내국세 부과 징수 권한을 둘러싼 갈등과 함께, 상류층에 대한 거액의 일반 소득세 과세가 산업 정책 및 분할통치 전략과 충돌함으로써 발생한, 1920년대 일제 식민 통치 정책 내부의 갈등 구조가 자리 잡고 있었다.

---

2 좀 더 자세한 내용은 손낙구(2011)를 참조.

당시 조선 사회는 세무 기구 독립을 통한 일반 소득세 도입 정책을 둘러싸고 조선총독부 내부는 물론 계층별·민족별·지역별 이해관계에 따라 다양한 견해가 대립하고 있었다. 유산계급 가운데서도 일반 소득세 부담액이 미미한 지역의 일본인 및 조선인 유산계급은 지역 경제 활성화를 위한 세무 관서 유치 운동에 적극 가세했고, 재조在朝 일본인 산업자본가들은 증세를 철도망 건설 등 공업화 정책의 지렛대로 삼으려 했다. 반면 조선일보·동아일보를 필두로 한 조선의 산업자본가들은 정세 급변기에 세무 기구 독립을 통한 일반 소득세 도입에 가장 선명한 반대 목소리를 분출함으로써 이를 중지시키는 데 일정한 역할을 했다.

1923~24년 통치 정책 및 조선 사회 내부의 갈등 구조는 이후 1926~27년 세제 정리에서도 지속되어 일반 소득세 도입 유보로 귀결되었으며, 이후 간접세를 중심으로 한 대중 수탈적 조세 구조가 고착화되는 원인이 되었다.

2) 1934년 세무 관서 설치의 배경과 경과

1930년대 초반부터 조선총독부 재무 관리들을 중심으로 세무 기구 독립 정책이 재추진되었다. 그런데 이 정책이 1923~24년의 실패를 되풀이하지 않으려면 다음 세 가지 문제를 넘어서야 했다.

첫째, 일본 내각과 제국의회의 협조적 분위기를 이끌어 내야 했다. 세무 기구가 독립하려면 일본 내각에서 관제를 제정해 천황의 재가를 받고, 필요한 예산이 제국의회에서 통과되어야 했다. 그러나 1923~24년 실패의 직접적 원인이었던, 조선 총독에 대한 정당내각의 통제와 긴축재정 정책이 1930년까지 이어지고 있었다.

둘째, 세무 기구 독립을 통한 일반 소득세 신설과 충돌하는 농업 중심의 산업 정책을 전환해야 했다. 상공업 소득 중심의 소득세 과세 체계는 획기적인 공업화 정책을 전제하지만, 1920년대 일제의 산업 정책은 농업 중심의 산미 증식 계획에 확고한 중심을 두고 있었다. 공업화 정책이 없는 일반 소득세 추진은 산업자본가들의 반발은 물론이고, 토지 소득에 대한 과중한 부담이 불가피하기 때문에 지주를 매개로 전개되던 산미 증식 계획과도 충돌할 수밖에 없었다.

셋째, 세무 기구 독립을 통해 신설될 일반 소득세를 부담하는 유산계급으로부터 최소한의 묵시적 동의나 협조를 이끌어 내야 했다. 재조 일본인 자본가와 조선 유산계급의 협조를 얻으려면 앞서의 공업화 정책이 가장 중요했다. 아울러 재조 일본인들이 주로 부담하고 있던 소득세 성격의 학교 조합 부담금의 경감, 지주 및 자작농의 토지 수익에 대한 과세 경감 등도 '가렴주구의 원성'을 예방할 과제로 꼽혔다(朝鮮總督府財務局 1940, 39~40).

이 밖에도 조선총독부는 장부의 부재나 기재 부실, 납세신고에 대한 도덕적 관념 희박, 징세 기관 정비나 종사원 훈련 부족 등 '조선의 민도'와 과세 기술의 한계도 일반 소득세 도입을 위해 해결할 과제로 제시하고 있다. 그러나 학교 조합 부담금 및 토지 수익에 대한 과세 경감은 일반 소득세 도입과 동시에 조정이 가능했고, '민도'나 과세 기술의 한계 역시 도입과 시행 과정에서 점차 개선할 성질의 문제였다. 따라서 핵심 과제는 일본 내각 및 정부의 협조와 공업화 정책을 통한 유산계급의 설득이었다. 이어지는 내용에서는 만주 침략 이후 일본 정치 지형의 급변과 우가키 가즈시게宇垣一成 신임 조선 총독의 농공 병진 정책 추진 등이 세무 기구 독립을 둘러싼 환경을 어떻게 변화시켰고 어떤 과정을 거쳐 세무 관서가 설치되었는지 살펴본다.

(1) 일본 정당내각의 붕괴

1920년대 정당을 중심으로 유지되어 오던 일본의 정치 지형은 1931년 군부의 만주 침략 이후 급변했는데, 조선총독부의 세무 기구 독립 추진과 관련해서는 두 가지 점이 중요했다. 첫째, 1931년 2건의 군부 쿠데타 기도에 이어 1932년 해군 장교와 육군 사관후보생들이 이누카이 쓰요시大養毅 수상을 암살(5·15 사건)해 8년간의 정당내각이 무너지고, 조선 총독을 역임했던 사이토 마코토齋藤實가 이끄는 거국일치내각이 들어섰다. 정당내각의 붕괴는 조선 총독에 대한 통제의 '상대적 약화'를 의미했고(이형식 2014, 28), 신임 수상 사이토는 조선 총독 재임 당시인 1923~24년 세무 기구 독립에 적극적인 인물이었다는 점에서 이전에 비해 긍정적인 환경이 될 수 있었다.

둘째, 거국일치내각의 첫 대장대신에 취임한 다카하시 고레키요高橋是清는 만주 침략에 따라 팽창하는 군사비와 경기 침체에 따른 시국광구時局匡救 사업비를 조달하기 위해 그간의 긴축재정 정책을 포기하고 적극재정 정책으로 전환했다. 일본 각의는 이를 뒷받침하기 위해 1932년 12월 세제개정준비위원회를 설치하고 이듬해 가을 약 1억 엔 가까운 증세를 포함한 세제 개정안 요강을 작

성했다(日本大藏省財政金融硏究所財政史室 編 1998b, 85~86). 다카하시가 이 요
강을 받아들이지 않아 실현되지는 않았지만 일본 정부가 긴축재정
정책을 포기한 것은 세무 기구 독립을 어렵게 했던 큰 장애물 중
하나가 사라졌음을 의미했다.[3]

(2) 우가키 총독의 부임과 농공 병진 정책

1931년 6월 우가키가 신임 조선 총독으로 부임했다. 우가키는
육군 내에 우가키파로 불리는 파벌을 거느렸을 뿐만 아니라 의회
에도 지지 세력이 포진해 있는 등 정치 기반이 폭넓었다. 또한 와
카쓰키 레이지로若槻禮次郎 수상은 선뜻 부임하려 하지 않는 우가키
를 설득하기 위해 인사에 관한 전권을 부여했다(이형식 2011a, 224).[4]
내각 및 의회의 협력을 이끌어 낼 강력한 정치력을 갖고 있는 우
가키 총독이 인사권을 확보하고 부임한 것은 세무 기구 독립을 추
진하는 데 유리한 조건이 되었을 것이다. 육군대신 시절부터 총력

---

3 1923~24년 조선총독부의 세무 기구 독립 추진 당시 관련 예산안이 통과되고 관제안 심
　의까지 마쳤지만 1924년 6월 긴축재정 정책을 추진하는 호헌 3파 내각이 들어서 본국
　과 식민지의 행정 재정 정리, 즉 인력 감축을 강력히 요구함에 따라 전격적으로 중지되
　었다(손낙구 2011, 111). 이후 8년 동안 긴축정책을 추진하는 정당내각이 계속 집권해 조선
　의 세무 기구 독립 추진을 심각하게 가로막았고, 역으로 정당내각 붕괴와 긴축정책 포기
　는 새로운 환경이 조성되었음을 의미했다.

4 우가키는 청년 장교들과 우익 인사들이 자신을 수상으로 내세우려다 자신이 참여하지
　않음으로써 실패한 1931년 3월 사건의 여파로 입지가 축소되었다. 와카쓰키 수상은 조
　선 총독으로 부임할 것을 강력히 종용했고, 우가키는 후일을 기약하며 조선으로 건너왔
　다(이승렬 1994, 199).

전 체제를 추구해 온 우가키는 자신이 1920년대 후반에 제창한 '일본해 중심론' 구상 및 이를 경제 블록론으로 구체화한 '일선만 日鮮滿 블록'론에 입각해 농공 병진 경제정책을 내세웠다(이승렬 1996, 155; 방기중 2003, 81).

1930년부터 일본 내에서 농업공황과 미가 하락에 대한 대응책으로 외지미外地米 수입[移入] 통제 움직임이 강력히 등장하면서 조선총독부의 산미 증식 계획은 전환점을 맞이했다. 특히 1933년 가을 일본과 조선의 대풍년을 계기로 조선미 수입을 둘러싼 마찰은 더욱 격화되어 산미 증식 계획의 수정이 불가피했고, 산업 정책도 공업화 쪽으로 전환하지 않으면 안 되는 상황이 되었다(기유정 2009, 325~339). 우가키의 농공 병진 정책은 산업 정책의 전환을 모색하던 조선총독부 관리들은 물론 공업화 정책을 요구해 온 재조 일본인 자본가와 조선 유산계급의 이해와도 일치했지만 여기에는 막대한 자금이 필요했다. 그러나 당시 공황의 여파를 타개하기 위해 긴축재정 정책을 펴던 1930년대 초반까지 일본 본국의 사정은 식민지 개발을 확대할 만한 입장이 아니었다.

식민지 조선의 재정 사정도 녹록하지 않았다. 1920년대 중반부터 보충금과 공채금이 감소 추세에 접어드는 등 본국으로부터 재정 확보가 쉽지 않았다.[5] 제1차 세제 정리의 결과로 1927년 영

---

5 1924년도에 전폐되었던 공채금은 1920년대 후반에 약간 회복되었지만 1920년대 초의 3700만 원은 고사하고 2000만 원에도 못 미쳤고 1930년대 초반에는 1200만~1400만 원 수준으로 줄었다. 보충금 역시 1920년대 중반 2000만 원 수준까지 일시적으로 증가했다가 다시 1500만 원대로 떨어졌으며, 1932년부터는 1200만 원대로 감소했다(『朝鮮

업세 및 자본이자세를 신설했지만 증수 효과는 1933년까지 국세 총액의 각각 3%와 1%에 머물 정도로 미미했다.[6] 그 결과 1927~ 33년간 지세·주세·관세의 비중이 평균 85%에 달할 정도로 지세 와 간접세 의존율이 높았는데 주세나 관세는 경기변동의 영향을 많이 받기 때문에 안정적인 조세수입이 어려웠다.[7]

세무 기구 독립이 좌절된 이후 100원당 10원이 넘는 높은 징 세비가 드는 고비용 저효율 구조도 1930년대 초반까지 개선되지 않았다.[8] 일반 소득세의 도입이 미뤄짐으로써 개인의 급여나 소득 에 대한 과세가 이루어지지 않아 조세 부담이 토지 소득에 편중되 는, 부담의 불균형 문제도 여전했다.[9] 더구나 1933년 식민지 조선 은 풍수해를 세 번이나 맞아 재해복구비 수요도 막대했다(『東亞日報』 1933/08/17). 따라서 우가키는 일본 독점자본의 투자를 적극 유치하는

總督府統計年報』 각 연도).

6 다만 영업세 도입 및 시행은 상공업 과세 자료의 축적, 소득의 파악 능력 제고, 종사원 훈련의 측면에서 일반 소득세 도입 준비 단계의 성격도 담고 있었다(정태헌 1996, 136~138). 1935년 8월부터 1940년 9월까지 조선총독부 재무국 세무과장을 역임한 무라야마 미치 오(村山道雄 1940, 104)는 이에 대해 다음과 같이 기술하고 있다. "영업세의 실시 등에 의해 납세신고의 경험도 쌓여 일반의 납세 도의심納稅 道義心도 점차 발달함과 함께 과세 기술 도 장족의 진보를 보이기에 이르렀다는 것."

7 세목별 통계는 『조선총독부통계연보』(『朝鮮總督府統計年報』 각 연도)를 참조.

8 내국세 100원당 징세비는 병합 초기부터 세무 기구 독립 이전까지 줄곧 10~16원 수준 을 유지했다(손낙구 2011, 84).

9 조선총독부에 따르면 1931년 기준으로 토지·가구·영업·사람에 대한 부담이 일본의 경 우 28%·14%·15%·44%였지만, 조선의 경우 60%·2%·0.4%·33%로 토지에 대한 세 부 담이 과중했다(『公文類聚』 1934/04/19).

한편 세제 개편을 통해 증세 등 식민지 조선의 재정상황 타개책을 최대한 서두르지 않을 수 없었다.

(3) 조선총독부 재무 권력의 교체

1929년 11월 구사마 히데오草間秀雄 재무국장과 호즈미 신로쿠로穗積眞六郎 세무과장이 동반 퇴임하고 후임으로 하야시 시게조林繁藏와 후지모토 슈조藤本修三가 각각 임명되었다. 구사마는 1924년 6월 시모오카 정무총감 부임 때 재무국장으로 임명되어 세무 기구 독립을 중지시켰던 인물이다. 그가 5년여 만에 퇴임한 것은 세무 기구 독립 주체 형성과 관련해 적지 않은 변화를 의미했다.[10]

신임 하야시 재무국장과 후지모토 세무과장은 1923~24년 세무 기구 독립 추진에 적극적이었던 재무 관료들이다. 하야시는 총독부 예산을 담당하는 재무국 사계과장이자 조선재정조사위원회 위원으로 활동했고, 후지모토는 재무국 세무과 사무관으로서 세무과장이자 조선재정조사위원회 간사를 맡은 이노우에 기요시 밑에서 실무를 뒷받침했다.[11]

1929년 각 도 재무부장 회의에서 세무 기구 독립 주장이 참석

---

10 구사마 히데오 재무국장은 퇴임 후 일본 나가사키 시장으로 부임했다(朝鮮功勞者銘鑑刊行會 編 1936, 23). 호즈미 신로쿠로는 1932년부터 1941년까지 우가키 가즈시게, 미나미 지로 총독과의 긴밀한 유대 관계를 바탕으로 상공국장을 지내면서 공업화 정책을 추진한다 (이상의 2007, 99~100).

11 조선재정조사위원회 위원 명단은 조선총독부재무국(朝鮮總督府財務局 1935, 9~11)을 참조.

자들의 공감을 얻는 등 재추진 동력도 차츰 마련돼 가고 있었다.[12] 1931년 우가키 총독 부임 후 하야시 재무국장과 후지모토 세무과장이 유임되었기에 더욱 힘을 받았다. 이들은 1931년 9월 행정정리를 추진하는 본국 정부에 5개 세무 감독국과 102개 세무서 설치를 주 내용으로 하는 세무 기구 특설안을 포함한 조직 개폐 방안을 제출하는 등(『昭和財政史資料』 1931/09/18~10/11)[13] 본격적인 세무 기구 독립 추진에 나서게 된다.

(4) 세무 관서 설치 경과

1934년 세무 기구 독립은 제2차 세제 정리의 결과로 이루어졌다. 제2차 세제 정리는 1926년과 1940년의 제1차 및 제3차 세제 정리 때와 달리 세제조사위원회를 구성하지 않고 진행된 점이 다르다. 우선 일본 본국 정부의 정책이 변화하느냐가 관건이었을 뿐,[14] 1923~24년의 추진 경험이 있었기 때문에 일반 소득세 도입과 세무 기구 독립을 위한 실무적 준비는 사실상 끝난 상태였다. 또 본국 정부와 협의된 상태에서 추진하는 것도 아니었기 때문에 조사위원

---

12 "1929년 재무부장 회의에서 나는 세무 기관 특설이 필요하다고 역설했고 이 말에는 후배 재무부장도 모두 공명共鳴했다"(古庄逸夫 1962, 176).

13 조선총독부의 세무 기관 특설 요구는 행정정리와 감원을 추진하던 일본 정부가 받아들이지 않아 실현되지 않았다.

14 "총독부로서는 세제 개정에 대하야 3년 전부터 충분히 긔초조사를 하여왔다. 그러나 중앙의 태도에 대부분이 순응하게 됨으로 지금 엇떠케 개정할는지 말할 수는 없다"(『朝鮮日報』 1933/06/03).

회 구성 경로를 채택하지 않은 것으로 보인다.

1933년 예산 편성을 앞두고 극심한 세입 부족에 부딪친 조선 총독부는 1932년 중반부터 일본 내각의 긴축재정 정책의 변화 가능성을 예의 주시하는 한편(『東亞日報』 1932/07/28), 일반 소득세 도입을 통한 증세 추진 가능성을 내비치며 분위기 조성에 나섰다(『東亞日報』 1932/08/23). 1932년에는 경기·전북·경남도지사가, 1933년에는 경기·충북·경남·평남·강원도지사가 도지사 회의에서 각각 개인소득세 신설의 필요성을 제기하는 등 관료 사회의 분위기는 점차 고조되어 갔다(『東亞日報』 1933/04/26). 1932년 하반기를 지나면서는 세제 개편과 세무 기구 독립 재추진 움직임이 좀 더 확고해졌고,[15] 1932년 12월 일본 각의에서 증세를 위한 세제개정준비위원회를 설치한 것을 계기로 본격적인 준비에 나섰다.

1933년 이후 추진 경과는 크게 세 단계로 나뉜다. 1단계는 총독부의 예산 편성 단계에서 세제 개편과 세무 기구 독립 계획을 반영하는 것이다. 이는 우가키 총독이 예산안을 결재하는 1933년 8월 29일까지 진행되었다(『朝鮮日報』 1933/08/30).

예산안 편성을 담당하는 재무국을 중심으로 각 국局과 협의를 거쳤고, 세제 개편과 관련해서는 각 도 재무부장 회의에서도 논의했다. 5월 31일부터 사흘간 각 도 재무부장 회의를 개최했고, 정무총감은 총독부에서 추진하는 조세체계 정비를 위한 세정 정리와

---

15 "이 가을 …… 그사이 조세제도 및 세무 기관의 확립을 위해 애쓰는 정도가 높아지고 있는 것은 놓칠 수 없는 일이다"(慶尙北道知事 金瑞圭 1933, 21).

관련해 '경제계의 동향, 민중의 의향에 주의하여 총독부의 조사에 대한 자료를 제공하고, 적절한 의견을 개진'할 것을 지시했다(『朝鮮 財務』 1933/06, 5~6). 8월 25일 이마이다 기요노리 정무총감이 차기 연도 예산과 관련해 기자단과 회견을 거쳐 개인소득세 신설을 포함한 세제 정리 및 세무 기구 독립 추진 방침을 공식화했으며(『每日申報』 1933/08/26), 29일 총독 결재를 마침으로써 1단계는 일단락되었다.

2단계는 총독부의 예산안을 일본 내각으로부터 승인받는 것으로, 각의에서 조선총독부 특별회계 예산안이 통과된 1933년 12월 26일 완료되었다. 이를 위해 먼저 이마이다 총감이, 뒤이어 하야시 재무국장과 후지모토 세무과장이 도쿄로 건너갔다. 일제 공문서 자료철에는 당시 이들이 휴대하고 간 것으로 보이는 「쇼와 9년도 조선총독부 특별회계 예산 개계槪計」라는 문서가 남아 있다 (『昭和財政史資料』 1933/09/18). 1933년 9월 18일 작성된 이 문서에 따르면 세입에는 세제 정리에 따른 세수입의 증가분으로 약 275만 원이, 세출에는 세무 기구 특설비 등 약 234만 원이 반영되었다.[16] 예산안은 식민지 정책을 담당하는 척무성 심의를 무난히 통과해 10월 13일 수상과 장상藏相에게 보고되었다.[17] 12월 26일 우여곡절 끝에 각의를 통과한 예산안은 1934년 2월 13일 중의원에 제

---

16 세입은 정확히 274만 8094원이 반영되었다. 세출에는 세제 정리에 수반된 교육비 보조비 151만 6522원, 세무 기관 특설 관련 내국세 징수비 80만 4842원 및 총독부 경비 증가분 1만 5398원 등 233만 6762원이 반영되었다.

17 이때 척무성이 발표한 1934년도 조선총독부 특별회계 예산안은 2억 5646만 원으로 총독부가 제출한 원안과 동일했다(『東亞日報』 1933/10/15).

출되었다.

3단계는 예산안의 일본 의회 통과, 일반 소득세 도입 등 세제 개편, 세무 기구 독립을 위한 관제 제정 단계였다. 1934년도 조선총독부 특별회계 예산안은 1934년 2월 13일 일본 중의원에 이어 3월 14일 귀족원을 통과함으로써 확정되었다(『日本官報』 1934/02/14; 1934/03/15). 이로써 일반 소득세 및 상속세 신설 등 세제 개편안에 따른 수입은 세입에, 세무 기구 독립에 필요한 예산은 세출에 각각 반영되어 확정되었다.

예산안이 통과됨에 따라 세제 개편을 위한 마지막 절차인 관련 세제의 제·개정 절차가 진행되었다. 3월 30일 가장 먼저 청량음료세가 신설되었고, 4월 30일 일반 소득세 도입 및 지세의 경감 방안이 공포되었으며, 6월 22일 상속세 신설, 6월 25일 주세령 개정안 공포로 이어졌다(『朝鮮總督府官報』 1934/03/30; 1934/04/30e; 1934/04/30f; 1934/06/22; 1934/06/25).[18]

이 가운데 일반 소득세 도입 관련 조선소득세령 개정 경과를 보면, 먼저 1934년 2월 15일 조선총독부가 입안한 개정안이 일본 정부로 이송되었고, 2월 27일 척무대신의 진달서進達書가 내각 총리대신에게 송부되었다(『公文類聚』 1934/04/19).[19] 법제국 심사 기간은 정확히 알 수 없으나 내각 총리대신 명의의 각의 상정 문서 작성일

---

18 한편 지주와 자영농의 토지 수익 과세 경감 방안과 함께 재조 일본인들의 반발을 무마할 학교 조합 부담금 경감 방안도 시행했다(朝鮮總督府財務局 1940, 291~296).
19 세제 등 제령의 제·개정 절차는 이승일(2006, 91~96)을 참조.

이 4월 19일이고, 24일 각의 결정이 이루어진 것으로 보아 4월 중 하순까지 법제국 심사가 진행됐던 것으로 보인다.[20] 4월 24일 각의 결정 후 25일 천황의 재가를 받은 내각 총리대신이 4월 26일 조선 총독에게 지령서를 보냈고, 4월 30일 관보에 공포되어 즉시 시행되었다(『朝鮮總督府官報』 1934/04/30e).

세무 기구 독립을 위한 관제의 제·개정 및 관계 법령의 개폐도 이루어졌다.[21] 가장 중요한 조선총독부 세무 관서 관제안은 4월 12일 척무대신의 진달서가 내각 총리대신에게 송부되어 법제국 심사를 거친 뒤, 4월 17일 각의 결정 후 천황의 재가를 받아 내각 총리대신과 척무대신이 4월 28일 공포했다(『公文類聚』 1934/04/12; 『東亞日報』 1934/04/18).

(5) 개인소득세의 주요 내용

개인소득세 제도는 1934년 전면 개정된 조선소득세령에서 소득세 과세 대상자의 소득을 크게 제1종·제2종·제3종으로 구분하고 개인(제3종) 소득에 과세를 시작함으로써 도입되었다.[22] 제1종

---

20 각의 결정일은 4월 24일이다(『每日申報』 1934/04/25). 당시 조선의 제2차 세제 정리 방침에 따라 조선소득세령뿐만 아니라 조선상속세령, 조선청량음료세령 등 여러 가지 세제 제·개정안이 일본 정부로 이송되어 있었다.

21 칙령勅令 4개, 제령制令 7개, 부령府令 14개의 제·개정이 이루어졌다(朝鮮總督府財務局 編 1940, 286~288).

22 제2종 소득은 개인이나 법인의 공사채公社債와 예금 등에 대한 이자소득이므로 여기에도 개인소득이 존재한다. 일본의 경우도 1939년까지 개인의 이자소득을 제3종 개인소

은 법인의 소득, 제2종은 공사채와 예금 등의 이자소득, 제3종은 제2종에 속하지 않은 개인소득이다. 제3종의 주요 개인소득은 ① 비영업 대금貸金 이자와 제2종 소득에 속하지 않은 공사채 이자 및 예금이자, ② 산림소득(총수입에서 비용 공제), ③ 상여 또는 상여 성격의 소득, ④ 법인으로부터 받은 이익이나 이자의 배당과 잉여금, ⑤ 봉급, 급료, 세비, 연금, 은급恩給[23] 및 이와 유사한 성격의 급여, ⑥ 기타소득이다. 개인소득에 대해서는 근로소득 공제, 부양가족 공제, 생명보험 공제가 적용되었다.

개인소득세 제도의 틀은 당시 일본 소득세법을 준거로 했으나 구체적인 내용에서는 차이가 있었다. 대표적으로 일본과 대만의 면세점免稅點은 1200엔과 1500엔인 데 비해 조선은 800원이었다. 또 22단계의 소득 구간에 0.2~27%의 세율을 적용해 일본(소득 구간 20단계, 세율 0.8~33%)에 비해 소득 구간은 더 세분되었고 더 누진적으로 설계되었다. 조선의 소득 구간별 세율은 일본에 비해 7000원까지는 절반 수준이었고 7000원 초과 소득에서는 56~78% 수준이었다. 대만과 비교해서는 3000원까지는 같거나 1.5~2배 수준이었고, 3000원 초과 소득에서는 81~93% 수준이었다(『朝鮮總督府官報』 1934/04/30e; 朝鮮總督府財務局 연도 미상[24]).

득과 달리 제2종 소득으로 분류해 과세하다가 1940년 소득세법 개정을 계기로 개인소득에 합산하는 종합 누진과세 체제로 전환했는데, 조선은 일제 패망 때까지 그대로 유지되다가 1929년 소득세법 제정 때 제2종(개인)과 제3종 소득세가 통합되었다.

23 공훈이 있는 자가 받는 급여.

24 朝鮮總督府財務局, 『所得稅法臺灣所得稅令樺太·所得稅令及同施行規則 / 比較對照(附 所

(6) 조선 유산계급의 반응

조선총독부가 일반 소득세 도입 및 세무 기구 독립을 축으로 세제 개편을 추진하는 데 대해 동아일보·조선일보를 축으로 한 조선 유산계급의 반응은 일단 그 자체는 반대하지 않는다는 것이었다(『朝鮮日報』1933/09/07). 대신 면세점과 세율을 문제 삼았다. 당시 일본의 개인소득세 면세점은 1200엔, 같은 식민지인 대만은 1500엔이었는데 조선 유산계급을 대변하는 신문들의 일관된 대응은 면세점을 일본과 동일하게 1200원으로 하자는 것이었다(『中外日報』1930/02/16;『朝鮮日報』1933/09/07; 咸尚勳 1933/11/03;『東亞日報』1933/11/25; 1933/12/30).

당시 조선의 소득수준은 일본에 비해서는 현저하게 낮았고 대만에 비해서는 낮은 수준으로 평가되었기 때문에 조선의 면세점을 800원으로 할 경우 개인소득세 과세 대상이 일본과 대만에 비해 더 넓어진다는 것을 의미했다.[25] 면세점은 최종적으로 800원

得稅二關スル諸法令)』. 1927년 개정 법령까지 반영된 것으로 보아 1920년대 말 자료로 추정되지만 정확한 발간 연도를 알 수 없다.

25 다만 정태헌(1996, 216~222)에 따르면 800~1200원 사이의 과세 대상자는 전체 납세호의 40% 수준이었지만 1941년까지는 이들에 대한 과세가 낮은 수준으로 극히 제한적으로 이루어졌다. 장기적으로 세원을 넓혀 증징하려는 목적과 고소득층에 대한 과세 집중의 완충장치로서 무리하게 과세 대상에 포함했지만 식민지 체제를 유지·강화할 첨병으로서 절대적으로 필요한 '한계 계층'이었기 때문에 회유책으로서 증징하지 않았다는 것이다. 정태헌에 따르면 초기 조선의 개인소득세 부담은 일본에 비해 1.5배 이상으로 과중한 수준이었다. 반면 박기주(2012, 198)는 조선의 면세점이 일본에 비해 낮은 수준이 아니라고 보고 있다. "조선에서 일반 노동자의 1년 임금이 300원 미만이고 관공리·교사가 500~600원, 은행원이 1000원을 약간 상회하는 수준이었으므로 면세점 800원은 비교

으로 정해졌다. 1923~24년 당시 동아일보와 조선일보를 중심으로 한 조선 유산계급이 3·1운동 이후 조성된 정치 정세를 배경으로 강하게 반대했던 점을 감안하면 이런 결정은 이들의 태도가 상당히 변화했음을 보여 준다.

조선 유산계급의 태도 변화에는 크게 네 가지 요인이 작용한 것으로 보인다. 먼저 정세 변화를 꼽을 수 있는데, 3·1운동의 여파가 가시지 않은 1923~24년과 달리 1930년대 초는 일제가 파시즘으로 치닫던 시기라는 점이다. 두 번째는 1920년대 산미 증식 계획을 축으로 한 농업 일변도의 산업 정책에서 농공 병진 정책으로 변화가 불가피하다는 상황 인식하에,[26] 이른바 '만주 붐' 및 우가키 총독이 조선 공업화를 추진한 것의 영향으로 조선 유산계급이 총독부의 재정·경제 정책에 좀 더 협조적인 태도로 변했다는 점을 들 수 있다(정태헌 1996, 170~173).

세 번째는 일본 정당내각의 붕괴, '만주사변' 후 군사비 확대를 위한 적극재정 정책 등의 영향으로 일반 소득세 도입을 통한 증세를 피하기 어렵다는 정세 판단이다. 네 번째는 일반 소득세는 일본인과 조선인 중 소수 고소득자에게 과세하는 것으로, 세 부담의

적 고소득에 해당하며, 일본의 면세점이 1200원인 것과 비교해도 양 지역의 소득의 차이를 고려하면 그다지 낮게 설정된 것은 아니었다.**

26 조선 유산계급은 1920년대 산미 증식 계획 및 대일본 쌀 수출의 수혜자였지만 1930년대 초 쌀 수출을 둘러싼 일본과의 마찰로 공업화 쪽으로 정책 수정이 불가피하다는 상황 인식을 공유했을 가능성이 크다. 당시 우가키 총독의 조선 공업화 정책에 대한 조선 유산계급의 상황 인식과 태도의 양상은 방기중(2002, 77~101)을 참조.

불균형을 개선한다는 명분이 나름 뚜렷했다. 또 일본은 물론 식민지 대만에서도 1921년부터 시행해 왔다는 점[27]에서 도입 자체를 계속 반대하기는 어려웠다.

1923~24년 세무 기구의 독립을 추진했을 때와 비슷한 양상으로 세무 관서 유치 운동도 재현되었다.[28] 당시 발간되고 있던 신문 보도를 종합하면 1934년 1월부터 99개 세무서의 설치 지역이 최종 확정된 4월 말까지 27개 세무서에 대해 유치 운동이 벌어졌으며, 유치 운동을 전개한 부와 군은 37곳으로 나타났다.[29] 일제로서는 세무 관서 유치 운동이 과열되자 곤혹스러워하면서도[30] 이를 일정하게 활용했다. 유치 운동에는 조선인과 일본인을 가리지 않고 지역 유지들이 앞 다투어 참여했기 때문에 유치 운동이 과열될수록 세무 기구 독립에 대한 여론의 호응이 큰 것으로 보이게 하는 효과가 있었다.[31] 또 당시 재정난에 허덕이던 조선총독부가 세

---

27 일본은 1887년부터, 식민지 대만은 1921년부터 일반 소득세를 도입·시행해 왔다. 세무 기구 역시 일본은 1896년에 독립되었고, 식민지 대만도 1920년 세무 기구 독립과 거의 동일한 조직으로 세무 행정을 운영하기 시작했다(稅務大學校硏究部 編 1996, 3~4; 『公文類聚』 1934/04/19; 大藏省 編 1940b, 300~315).

28 철도, 도로, 군청·면사무소, 학교, 경찰서, 우편국, 금융조합 등과 같이 세무 관서도 지역 경제 발전에 필요한 근대적 시설 중 하나로 인식되었기 때문에 유치 경쟁이 과열되었다고 볼 수 있다. 일제하 지역사회의 금융조합 및 도청 유치 운동에 대해서는 문영주(2009), 김나아(2012)를 참조.

29 1934년 1월 1일~4월 30일 사이 『朝鮮日報』·『東亞日報』·『每日申報』·『釜山日報』의 세무 관서 유치 운동 보도 종합.

30 "각 군이 모다 아전인수적으로 자군自郡에 유치코저 바야흐로 백열적白熱的 쟁탈전을 개시하여 도道 당국에 진정군陳情郡이 연속부절連續不絶함으로 소관간부덜은 크게 고뇌 중이라 한다"(『每日申報』 1934/02/28).

무 관서 청사 부지 매입비 및 건축비 중 상당 부분을 지역 유지들로부터 조달하려 했기 때문에 유치 운동이 과열될수록 비용을 절감하는 효과가 있었다.[32]

3) 조선총독부 세무 관서의 설치

(1) 세무 관서 관제의 제정

1934년 4월 28일 칙령 제111호 조선총독부 세무 관서 관제가 공포되어 5월 1일부터 시행되었다. 관제에서는 기관의 성격과 소속, 관장 사무의 범위, 관리의 임무와 정원 등의 내용이 담겼다. 이에 따르면 세무 관서는 내국세 사무를 관장하는 세무 기구로서 일반 행정 기구로부터 분리·독립시켜 조선 총독의 관리에 두었고, 감

---

31 경남삼천포세무서유치운동기성회慶南三千浦稅務署誘致運動期成會 임원 명단을 보면 회장은 읍장인 일본인이, 고문은 조선인과 일본인 각 1명이, 이사는 일본인이, 위원은 조선인 7명과 일본인 5명이 각각 맡고 있다. ① 회장 : 읍장 우에무라 주네아쓰植村玄厚, ② 고문 : 장승상張勝相, 가메오카 하지메龜岡一, ③ 이사 : 후지사와 료조오藤澤良藏, ④ 위원 : 김우열金瑀烈, 장지린張志麟, 임기순林基淳, 곽태림郭台琳, 김상문金尙文, 권태병權泰秉, 김부구金富九, 요시무라 히로유키吉村實元, 야마모토 신키치山本增吉, 니시오 도미타로西尾富太郎, 요코우치 신로쿠橫內新六, 나리타 사다미치成田定撤(『朝鮮日報』 1934/02/14).

32 다음은 1935년에서 1938년까지 광주·경성 세무 감독국장을 지낸 후루쇼 이쓰오의 회고이다. "예산 부족으로 감정실의 설비가 없어 나는 이것과는 별개로 관내 업자의 출손出損으로 주조酒造회관을 건설했다. 또 세무서의 신영비도 불충분하여 약간의 지방 관계자의 기부를 받아 집무에 부자유로운 정도의 규모로 설영設營했다. 이는 재무부장 또는 농림국장 재임 중 관내 유력자와 면식이 있었고 기부금은 이들 유력자가 흔쾌히 협력 지원하여 하등의 어려움 없이 원만하게 진행되었다"(古庄逸夫 1962, 175).

독 기관으로서 세무 감독국을 집행기관으로서 세무서를 두었다.

조선총독부 세무 관서 관제

제1조 조선총독부 세무 관서는 조선 총독의 관리에 속하며 내국
   세에 관한 사무를 관장한다.

제2조 세무 관서는 세무 감독국 및 세무서로 한다.

제3조 세무 감독국은 내국세에 관한 사무를 감독한다.

제4조 세무서는 내국세에 관한 사무를 집행한다(『朝鮮總督府官報』

   1934/04/29).

후술하듯이 관제의 내용은 일본의 제도를 전형으로 대한제국
기 재무 감독국 및 재무서 운영 경험을 참조해 조선의 실정에 맞게
변용했다. 1923~24년 세무 기구 독립 추진 당시 조선총독부 재무
국 세무과장이었던 이노우에 기요시井上淸의 회고에 따르면 1934년
공포된 세무 관서 관제는 1924년 공포 직전 철회된 관제안이 거
의 그대로 반영된 것이다(井上淸 1938, 29). 골격은 이미 1923~24년
세무 기구 독립 추진 당시 마련돼 있었던 것이다.

세무 감독국에는 국장, 사무관, 부사무관, 기사, 속, 기수技手를
두었는데 부사무관을 제외하고는 일본 세무 감독국 관리의 직제
구성과 같다. 일본과 달리 부사무관을 조선에 둔 것은 조선의 세
무 감독국이 2부 6과 체제를 채택한 데 따른 것으로 보인다. 5부
체제인 일본의 경우 각 부의 장을 사무관으로, 일반 관리를 기사
(기술사무 관장)와 속(서무)·기수(기술)로 임명했다. 그러나 조선은 2
부 6과 체제였기 때문에 세무부와 경리부의 장을 각각 사무관으로

임명하고 6과의 과장 중 일부를 중요도에 따라 부사무관으로 임명하기 위해 별도로 둔 것이다.[33]

　세무 감독국 관리 중 국장, 사무관, 부사무관은 주임관奏任官이고 나머지는 판임관判任官이다. 일본 세무 감독국장의 관등이 모두 칙임관勅任官인 데 비해, 세무 관서 설치 당시 조선의 세무 감독국장 5명은 한 등급 아래인 주임관으로 위상이 더 낮았다.[34]

　세무서에는 사세관司稅官, 속, 기수, 세무리稅務吏를 두었다. 사세관이나 속으로 임명된 세무서장은 세무 감독국장의 지휘·감독에 따라 서의 사무를 맡아 처리하고 부하 직원을 지휘·감독했다. 서장은 국세징수령 시행규칙에 의해 부읍면府邑面에서 징수하는 내국세의 징수 사무를 감독했다.[35] 서장을 제외한 속과 세무리는 서무와 검사 업무에, 기수는 기술 업무에 각각 종사했다. 이들 중 사세관은 주임관, 나머지는 판임관이다.[36]

　세무서 관리 중 세무리는 조선에만 존재하는 관리다. 세무리는 이전부터 부군도府郡島에서 세무 업무를 담당하던 말단 관리로, 신

---

33 1934년 세무 감독국 설치 당시 경성 세무 감독국 직세과장이 과장으로서 유일하게 부사무관으로 임명되었고 1937년 대구 세무 감독국 직세과장이 부사무관으로 임명되었다(『朝鮮總督府及所屬官署職員錄』 1934; 1937).

34 1940년 9월 조선의 세무 감독국장 중 2명이 처음으로 칙임관으로 임명되었다(『朝鮮總督府官報』 1940/09/27).

35 1934년 세무서 설치 당시 부읍면에서 징수하는 내국세는 제3종 소득세와 지세, 영업세였다(『朝鮮總督府官報』 1934/04/30d).

36 세무 관서 관제는 제정 이후 1943년 12월 폐지될 때까지 총 열두 차례 개정되었는데 세목 신설 및 기존 세목 세율 인상 등 증세와 세무서 신설 및 사세관 세무서 증가에 따른 정원 조정 등이 주를 이뤘다.

설된 특별임용규정에 의해 임용해 세무서에서 서무와 검사를 담당하게 했다(『朝鮮總督府官報』 1934/04/30c).

(2) 명칭·위치·관할구역의 결정

조선총독부는 조선총독부 세무 관서 관제 제5조에 따라 세무 감독국 및 세무서의 명칭, 위치 및 관할구역도 결정해 발표했다(『朝鮮總督府官報』 1934/04/30b).

① 세무 감독국

세무 감독국은 경성·광주·대구·평양·함흥의 5개소를 두었다. 조선총독부 자료에 따르면 세무 감독국의 위치 및 관할구역을 정한 기준은 ① 지리적 조건, ② 교통의 편리 및 세무 행정과 일반 행정 간 연락의 적부適否, ③ 종래의 연혁 및 과세물건의 다과 등 세 가지였다. 위 세 가지 기준에 따른 5개 세무 감독국의 주요 현황은 〈표 3-1〉과 같다.[37]

감독국 수를 5개로 하는 것은 1923~24년 세무 기구 독립 추진 당시부터 정해진 듯하지만 감독국의 명칭과 위치 및 관할구역을 둘러싸고 몇 가지 안을 놓고 검토를 거듭했던 것으로 보인다.

---

37 세무 감독국의 위치와 명칭 및 관할구역은 1943년 12월 세무 감독국이 폐지될 때까지 변동이 없었다.

표 3-1 **세무 감독국의 주요 현황**(1934년)

명칭	경성 세무 감독국	광주 세무 감독국	대구 세무 감독국	평양 세무 감독국	함흥 세무 감독국	계
위치	경성	광주	대구	평양	함흥	
관할구역	경기도, 충청북도, 충청남도, 강원도	전라북도, 전라남도	경상북도, 경상남도	황해도, 평안남도, 평안북도	함경남도, 함경북도	
면적(만 리萬里)	3,540	1,455	2,029	3,897	3,392	14,313
호수(호戶)	1,098	738	854	826	396	3,912
철도 연장(킬로미터)	1,179	455	585	771	1,007	3,997
도로 연장(킬로미터)	5,982	3,229	3,584	7,252	4,876	24,923
경지면적(정町)	1,167	671	693	1,375	610	4,516
세액 1(천 원)	9,766	5,025	7,566	7,118	1,760	31,235
세액 2(천 원)	2,172	915	1,170	534	218	5,009
세액 계(천 원)	11,938	5,940	8,736	7,652	1,978	36,244
제3종 소득세 인원(명)	31,678	12,814	19,963	15,380	8,854	88,689

주: '세액 1'은 제3종 소득세를 제외한 세액이며, '세액 2'는 신설된 제3종 소득세 예상 징수액임.
자료: 『朝鮮總督府官報』(1934/04/30); 『公文類聚』(1934/04/12)에서 작성.

1931년 행정정리 당시 조선총독부가 제시한 세무 기구 특설안에
서는 감독국의 위치를 경성·광주·부산·평양·함흥에 두고 강원도
를 경성·부산·함흥 감독국에 나누어 관할하게 했다(『昭和財政史資料』
1931/09/18~10/11).[38] 또 조선총독부가 1934년 4월 세무 관서 관제안
심의를 위해 일본 본국에 제출한 설명 자료를 보면, 전라남북도
관할 감독국과 경상남북도 관할 감독국은 '광주 또는 전주', '부산
또는 대구'로 표기하고 있다(『公文類聚』 1934/04/12). 이를 고려하면 최

---

38 1934년의 관제와 비교하면 대구 대신 부산에 세무 감독국을 두려 한 점, 강원도를 경
성·부산·함흥 세무 감독국에 분산해 관할구역으로 하려 한 점, 세무서를 102개 설치하
려 한 점 등이 다르다.

종 결정은 관제안 통과 이후 내려진 것으로 판단된다.

② 세무서

1931년 행정정리 당시 특설안에서 102개까지 설치하는 방안을 검토했던 세무서는 모두 99개를 두는 것으로 최종 결정 및 발표했다. 세무서는 1923~24년 세무 기구의 독립을 추진할 당시부터 '2~3개 군을 묶어 세무서 하나'를 두는 방안이 기본이 되어 왔다(井上淸 1938, 29). 실제로 54개 세무서의 관할구역이 2개 부군도이고 26개 세무서의 관할구역이 3개 부군도로 나타나 전체의 80%가 2~3개 부군도를 묶어 관할구역으로 삼았다.[39]

그러나 일부 세무서 설치 지역은 결정 뒤 번복되는 등 막판까지 혼전을 거듭했다. 한 예로 조선총독부가 관제안 심의를 위해 일본 본국에 제출한 설명 자료에는 평안남도 장진군을 관할구역으로 하는 장진세무서를 두기로 했으나, 4월 30일 최종적으로 공포된 조선총독부령 제45호에서는 충청남도 예산군과 당진군을 관할구역으로 하는 예산세무서로 대체되었다.[40]

---

39 이 밖에 대구세무서(대구부·달성군·고령군·경산군·청도군)와 함흥세무서(함흥부·함주군·신흥군·정평군·장진군)가 5개 부군으로 관할구역 수가 가장 많았다. 개성·양주·충주·광주·강진·평양·원산세무서 등 7개 세무서는 4개 부군도를 관할구역으로 했다. 반면 수원·이리·제주·울산·김해·연백·희천·강계·명천·무산세무서는 해당 군 한 곳만을 관할구역으로 했다. 전체 관할구역은 234곳(218개 군, 14개 부, 2개 도)으로 세무서당 평균 2.4개 부군도를 관할했다(『朝鮮總督府官報』 1934/04/30b).

40 변경 이유는 『공문류취』(『公文類聚』 1937/07/07a)를 참조.

세무 감독국과는 달리, 세무서의 위치와 관할구역 결정 기준에 대해서는 뚜렷한 기록이 없다. 다만 '세무서별세액등조'稅務署別稅額 等調라는 표를 통해 세무서별로 관할구역, 면적[廣袤], 호수戶數, 세액 등을 제시하고 있어 이들 내용을 감안한 것으로 보인다. 하지만 가장 중요한 세액의 경우 제3종 소득세 등 신설 세목이 제외된 과거의 세액이어서, 신규 세액까지 고려하지는 못한 듯하다(『公文類聚』 1934/04/12).[41]

(3) 사무 분장 규정의 공포

세무 관서 분과 규정도 발표되었다. 세무 감독국에는 서무과와 세무부·경리부의 2부를 두고, 세무부에는 직세과·간세과·감정과 를, 경리부에는 징수과·회계과를 두었다(『朝鮮總督府官報』 1934/05/01a).[42]

서무과는 ① 인사 및 기밀, ② 서무의 감독, ③ 문서의 접수 발송, 편찬 및 보존, ④ 관보 보고, ⑤ 통계 및 보고, ⑥ 관인의 관수를 담당했다. 세무부 직세과는 세무서 직세과 사무 감독과 직세부과 및 감면 등 직접세 관련 업무를 취급했다. 간세과는 세무서 간세과 사무 감독, 간세의 부과 및 감면 등 간접세 관련 업무를 담당했다. 감정과는 분석과 감정을 담당했다. 경리부 징수과는 징수

---

41 세무서의 위치와 명칭 및 관할구역은 1943년 12월 세무 감독국 폐지 때까지 열 차례, 이후 세 차례 등 해방 때까지 총 열세 차례 개정되었다. 이에 따라 1934년 세무 기구 독립 당시 99개였던 세무서 수는 해방 직전 102개로 증가했다.

42 광주·함흥 세무 감독국에는 감정과를 두지 않고 그 업무를 간세과에서 담당하게 했다.

및 세외수입 감독을 담당했다. 회계과는 ① 회계 감독, ② 세입예산 및 결산, ③ 불려拂戻·오납·하려下戻 및 교부금의 교부, ④ 회계, ⑤ 관유재산, ⑥ 역둔토, ⑦ 청중 단속, ⑧ 영선營繕을 담당했다.

한편 조선총독부가 관제안 심의를 위해 일본 본국에 제출한 설명 자료를 보면 서무과를 두지 않은 2부 5과제를 예정하고 있는 것으로 보아 관제안 통과 후 막판에 서무과를 추가한 듯하다(『公文類聚』 1934/04/12).[43]

세무서에는 서무과·직세과·간세과의 3과를 두었다(『朝鮮總督府官報』 1934/05/01b). 서무과는 ① 내국세의 징수 및 세외수입, ② 불려·오납·하려 및 교부금의 교부, ③ 관유재산, ④ 역둔토, ⑤ 회계, ⑥ 청중 단속, ⑦ 영선, ⑧ 문서의 접수, 발송, 편찬 및 보존, ⑨ 관보 보고, ⑩ 통계 및 보고, ⑪ 기밀, ⑫ 관인의 관수를 담당했다. 직세과는 ① 직세의 부과 및 감면, ② 직세의 검사, ③ 토지대장·임대대장·지적도·임야도를 담당했다. 간세과는 ① 간세의 부과 및 감면, ② 간세에 관한 영업의 면허, ③ 간세의 감시, 검사 및 검정, ④ 조선간접국세범칙자처분령에 의한 처분을 담당했다.[44]

---

43 세무 감독국 사무 분장 규정은 다섯 차례 개정되어 1943년 12월 폐지 직전 세무 감독국에는 서무과와 직세부·간세부의 2부를 두고 있었다. 직세부에는 제1과와 제2과를, 간세부에는 간세과와 경리과를 두었다.

44 세무서 사무 분장 규정은 이후 여섯 차례 개정되었는데 1940년 12월 토지 임대 가격 조사를 위해 토지조사과가 신설되었다가 1943년 3월 폐지된 것을 제외하고는 서무과·직세과·간세과의 3과 체제는 변화가 없었다.

(4) 직원 배치

① 세무 감독국

세무 관서 관제에 따른 세무 감독국의 정원은 125명이며(『朝鮮總督府官報』1934/04/29)〈표 3-2〉는 이들의 각 감독국별 배치 현황을 보여 준다. 정원 125명 중 118명은 세무 관서 신설 이전까지 도와 부군도에서 내국세의 부과 징수에 종사해 온 직원의 정원을 이동 배치한 것이다. 구체적으로 국장과 사무관은 도道 사무관 정원에서, 속 77명은 도 속(51명)과 부군도 속(26명)에서, 기수는 도 기수에서 각각 전환 배치한 것이다. 이것으로도 모자란 부사무관 2명, 기사 2명, 속 5명은 증원해 충당했다(『公文類聚』1934/04/12).[45]

세무 관서 관제에는 포함되지 않았지만 고원雇員 81명이 추가 정원으로 배치되어(『公文類聚』1934/04/12)[46] 총 직원의 정원은 206명이며, 고원의 비중은 평균 39%로 감독국별로는 37~42%를 기록했다.

---

[45] 이 자료에 따르면 세무 관서 신설 이전까지 도와 부군도에서 내국세의 부과 징수에 종사해 온 직원의 정원은 도 사무관 13명, 도 이사관 7명, 부 이사관 2명, 도 속 51명, 도 기수 26명, 부군도 속 776명, 부군도 기수 67명, 부군도 세무리 91명 등 총 1033명으로 이들은 모두 5개 세무 감독국과 99개 세무서로 전환 배치되었다.

[46] 고원 역시 기존 도와 부군도에서 내국세 부과 징수 사무에 종사하던 인원이 이동 배치된 것으로 보이는데 당시까지 내국세 사무에 종사해 온 고원의 규모는 정확히 밝혀지지 않고 있다. 다만 1931년 현재 13개 도 재무부에서 세무에 종사하던 고원은 모두 100명이었다는 기록이 남아 있다(『公文類聚』1926/05/24).

표 3-2 **세무 감독국의 직원 배치**(1934년; 단위 : 명)

명칭		경성감독국	광주감독국	대구감독국	평양감독국	함흥감독국	계
관리(상시, 정원)		38	19	23	26	19	125
	국장	1	1	1	1	1	5
	사무관	2	1	2	2	1	8
	부사무관	1		1			2
	기사	1		1			2
	속	26	13	14	17	12	82
	기수	7	4	4	6	5	26
고원		28	12	12	18	11	81
계		66	31	35	44	30	206

자료 : 〈표 3-1〉과 같음.

② 세무서

세무 관서 관제에 따르면 세무서의 정원은 사세관 20명, 속 825명, 기수 66명, 세무리 106명 등 총 1017명이다. 세무서장 99명 중 79명은 속으로 임명했지만 20명은 고등관인 사세관으로 임명했다. 일반 소득세 신설에 따라 타 관서와의 연락이나 민간과 협조가 매우 중요하고 긴밀해진 상황에서 도와 부 소재지에 있는 세무서 중 세액이 많은 곳에 대해서는 그에 합당한 직책을 보장할 필요가 있었기 때문이다. 서장을 사세관으로 임명한 세무서는 다음과 같다.

사세관 배치 세무서(1934년)

경성 세무 감독국 : 경성, 인천, 개성, 청주, 대전, 춘천

광주 세무 감독국 : 군산, 전주, 목포, 광주

대구 세무 감독국 : 대구, 부산, 마산

함흥 세무 감독국 : 원산, 함흥, 성진

평양 세무 감독국 : 해주, 평양, 진남포, 신의주

정원 1017명 중 915명은 도와 부군도에서 내국세 부과 징수 업무를 담당해 오던 직원의 정원을 전환 배치한 것이다. 구체적으로 사세관 7명은 도 이사관에서, 2명은 부 이사관에서, 속 750명·기수 65명·세무리 91명은 부군도에서 전환 배치되었다. 전환 배치로 해결되지 않은 사세관 11명, 속 75명, 기수 1명, 세무리 15명은 증원했다(『公文類聚』 1934/04/12).

관제 심의를 위해 조선총독부가 본국에 제출한 설명 자료에는 1017명의 정원을 99개 세무서에 배치할 계획표가 실려 있다. 여기에는 사세관·속·기수·세무리 등으로 나누어 어느 세무서에 몇 명씩 배치할지와 함께, 고원 배치 내역이 포함돼 있다. 〈표 3-3〉은 이를 재정리한 것인데, 이에 따르면 세무 관서 관제에는 포함되지 않았지만 1318명의 고원이 추가로 배치되고 있다.

그 결과 세무서에 배치된 전체 직원 수는 2335명에 달했고, 그 중 56%가 고원이었다. 99개 세무서의 고원을 포함한 평균 직원 수는 23.6명으로 이 중 10.3명은 판임관 이상 직원인 반면 13.3명은 고원이다. 88개 세무서에서 고원 비중이 50% 이상을 기록했고, 40개 세무서는 고원이 60% 이상으로 나타났다.

이처럼 1934년 설치 당시 세무 관서에 배치된 직원 수는 고원을 포함해 총 2541명이었다. 이후 이 수치는 통계자료마다 약간의 차이가 있지만 1942~43년에는 3200~3450여 명 규모로 증가했다. 세무 관리의 수는 55% 수준인 1700~1870여 명으로, 고원

표 3-3 '세무서 정원 배치 예정표'(1934년 4월 12일)에 나타난 세무서 현황(단위 : 명, 개)

		경성 감독국	광주 감독국	대구 감독국	평양 감독국	함흥 감독국	계
직원 수	세무서 수	26	17	19	24	13	99
판임관 이상	사세관	6	4	3	4	3	20
	속	239	135	184	180	87	825
	세무리	27	12	23	31	13	106
	기수	17	13	13	15	8	66
	계	289	164	223	230	111	1,017
	고원	408	222	280	253	155	1,318
	합계	697	386	503	483	266	2,335
평균	판임관 이상	11	10	12	10	9	10
	고원	16	13	15	11	12	13
	계	27	23	26	20	20	24
직원 수별 세무서 수	50명 이상	1	-	2	1	-	4
	40~50명 미만	-	1	-	-	1	2
	30~40명 미만	6	3	4	1	2	16
	20~30명 미만	10	5	6	8	2	31
	10~20명 미만	9	8	7	13	6	43
	1~10명 미만	-	-	-	1	-	3
고원 비중별 세무서 수	70% 이상	5	1	-	-	-	6
	60~70% 미만	10	6	7	5	6	34
	50~60% 미만	7	8	11	15	7	48
	50% 미만	4	2	1	4	-	11
서장 직위별 세무서	사세관 평균 직원 수	41	31	51	36	34	38
	고원 비중(%)	49	51	49	46	53	49
	속 평균 직원 수	23	20	22	17	16	20
	고원 비중(%)	63	61	59	55	61	60

주 : 장진세무서(함흥감독국)가 예산세무서(경성감독국)로 바뀌기 전 자료임.
자료 : 『公文類聚』(1934/04/12)에서 작성.

의 수는 45% 수준인 1430~1530여 명으로 늘어났다(『朝鮮總督府統計年報』 1942; 『朝鮮稅務統計書』 1942).

3) 세무 관서의 제도적 특징

이어지는 내용에서는 일본, 대한제국 및 해방 후 세무 기구와의 비교를 통해 조선총독부 세무 관서의 제도적 특징을 네 가지 측면에서 살펴보려 한다. 먼저 비교 대상의 세무 기구 설치 현황을 간략히 정리하면 다음과 같다. 일본에서는 1896년 대장성 직속으로 세무 관리국과 세무서를 설치했고, 1902년 다시 세무 관리국을 폐지하고 세무 감독국을 설치하면서 독립적 세무 기구가 감독 기관과 집행기관으로 분명하게 자리매김되었다(稅務大學校研究部 編 1996, 3; 大藏省昭和財政史編輯室 編 1965, 4). 1902년 당시 세무 감독국은 18개, 세무서는 513개, 정원은 7237명이었으며 조선총독부 세무 관서 설치 시점인 1934년에 감독국은 7개, 세무서는 345개, 정원은 7694명이 되었다.

조선총독부 세무 관서는 일본 세무 기구를 전형으로 한 것이어서 유사한 점이 많다. 세무 감독국 및 세무서라는 명칭도 같고 관제 내용도 유사하며, 감독 기관과 집행기관 및 징세 보조 기관(시정촌 및 부읍면)이라는 징세 기본 조직의 체계도 다르지 않다. 그러나 식민지 상황에 맞게 변용하는 과정에서 적지 않은 차이가 발생했다.

대한제국 재무 감독국과 재무서(이하 재무 관서)는 1907년 12월에 설치되어 1910년 10월 폐지되었다. '탁지부대신의 관리에 속'한 독립된 세무 기구라는 점, 조직을 감독 기관과 집행기관으로 나눈 점, 기구 설치를 일본인이 주도하고 장악한 점에서 조선총독부 세무 관서와 유사했다. 그러나 20여 년의 시차를 두고 일제의

반半식민지 시기와 완전한 식민지하에서 각각 성립했기 때문에 여러 가지 차이가 나타났다.

1948년 8월 대한민국 정부 수립 이후 1950년 4월 사이에 서울·대전·광주·부산에 4개 사세청을, 집행기관으로 67개 세무서를 각각 순차적으로 설치했다(『관보』 1948/11/04; 1949/08/03; 1950/04/01a; 1950/04/01b).[47] 이후 한국전쟁이 발발함에 따라 전비를 충당하기 위해 토지소득세가 신설되고, 피난 시절에는 부산 지역에서 국세의 60% 수준을 충당함에 따라 부산시 내 소재 세무서가 집중적으로 증설되는 등 우여곡절을 거쳐 이 글의 비교 시점인 1954년 초가 되면 세무서가 73개로 늘어난다.[48] 해방 후 세무 관서는 조선총독부 세무 관서 체제를 상당 부분 계승했기 때문에 유사한 점이 많지만 일제로부터 해방된 뒤 분단된 조건에서 남한에만 설치되었기에 차이 또한 컸다.

---

[47] 1943년 12월 세무 감독국이 폐지되고 세무서가 도道 산하로 편입되는 시기부터 1948년 3월 감독 기관으로 9개 사세청이 설치될 때까지 기간에는 세무 행정이 일반 행정에 편입되어 독립적인 세무 기구는 존재하지 않았다.

[48] 1954년을 비교 시점으로 삼은 것은 한국전쟁 3년간의 과도기가 지나간 뒤 비로소 그 제도적 특징의 윤곽이 드러나는 시기로 봤기 때문이다. 1954년 7월 10일 영등포·동인천·장항·광산·창원 등 5개 세무서가 신설되어 78개로 증가한다(『관보』 1954/07/10). 다만 사료의 제약으로 후술할 직원 구성 비교 자료인 『세무통계서』(『稅務統計書』 1954)가 73개를 기준으로 세무 관리 정원을 집계하고 있어, 이 자료가 발행된 7월 이전을 비교 시점으로 삼았다.

(1) 법령 형식

〈표 3-4〉는 비교 대상 세무 기구의 설치 및 운영 관련 법령의 형식을 비교한 것이다. 천황의 이른바 '관제대권' 및 관리에 대한 '임면대권'에 따라 조선총독부 세무 관서 관제의 법 형식은 일본 세무 기구와 마찬가지로 천황의 명령인 일본 칙령이다.[49] 반면 대한제국기에는 고종의 칙령으로, 해방 후에는 제헌국회에서 제정된 법률에 따라 각각 세무 관서가 설치되었다.

일본의 경우 천황의 '관제대권'에 따라 칙령으로 세무 기구가 설치되었지만 의회의 입법 협찬協贊권[50]을 통해 세제 제·개정에 대한 제한적인 과세 동의권이 보장되었을 뿐만 아니라, 세무 관리의 장부·물건 검사권을 제한하는 등 세무 행정에 대한 의회의 견제가 존재했다.[51] 해방 후에는 제헌국회에서 법률을 통해 세무 관서가 설치되었으며, 입법권을 통해 과세 동의권이 보장되었다. 반면 조선총독부 세무 관서는 납세자의 과세 동의권도 보장되지 않은 가운데 총독의 명령인 제령으로 제정된 세제를 아무런 견제 없이 부

---

49 메이지 헌법하의 근대 일본은 천황의 관제대권과 임면대권(제10조 천황은 행정각부의 관제 및 문무관의 봉급을 정하고 문무관을 임면한다)에 따라 행정조직과 관료 제도는 천황의 명령인 칙령에 의해 정해졌고 이는 식민지도 동일했다(岡本眞希子 2008, 76~77). 그러나 관제대권과 임면대권 외의 헌법 조항은 사실상 식민지에 적용되지 않았다.

50 '협찬권'은 법률이나 예산의 결정권자가 천황이며 제국 의회는 보조에 불과하다고 여기는 개념이기에 통상적인 의회의 예산 심의권 및 입법권과는 그 의미가 다르다.

51 제국의회의 세무 관리에 대한 장부·물건 검사권 제한의 역사는 우시고메 쓰토무(牛米努 2009a)를 참조.

표 3-4　일본·대한제국·조선총독부·해방 후의 세무 기구 관련 법령의 형식 비교

	일본	대한제국	조선총독부	해방 후
설치 법령	칙령	칙령	칙령	법률
법령명	• 세무 감독국 관제 • 세무서 관제	• 재무국 관제 • 재무서 관제	조선총독부 세무 관서 관제	지방 세무 관서 설치법
명칭·위치·관할구역	• 세무 감독국 관제의 별표 • 세무서 관제의 별표	• 재무국 : 재무국 관제의 별표 • 재무서 : 탁지부령	조선총독부령	대통령령
사무 분장 (분과) 규정	대장성달관방직을 大藏省達官房職乙	탁지부 훈령	조선총독부 훈령	재무부 훈령

자료: 『日本官報』; 大藏省主税局 編(1938); 『舊韓國官報』; 『朝鮮總督府官報』; 『官報』에서 작성.

과 징수했다는 점에서 식민지적 성격이 뚜렷했다.

한편 하위 법령을 포함해 비교해 보면 조선총독부 세무 관서 관련 법령이 일본의 제도를 전형으로 삼으면서도 식민지 실정과 '대한제국기의 경험'을 감안해 변용했음을 알 수 있다. 대한제국기에는 일본과 마찬가지로 감독 기관과 집행기관의 관제를 별도로 두고 명칭·위치·관할구역은 각 관제의 별표에 배치했다. 반면 조선총독부는 세무 감독국과 세무서를 묶어 하나의 관제로 했고, 명칭·위치·관할구역은 관제에서 분리해 조선총독부가 자유롭게 제·개정할 수 있는 조선총독부령으로 했다. 명칭·위치·관할구역은 (특히 세무서의 경우) 세수의 변경 등에 따라 변동이 잦기 때문에, 개정 시 일본 법제국의 사정과 각의 심의를 거쳐 천황의 재가를 받아야 하는 관제(칙령)에 담지 않은 것이다.

대한제국기에도 재무국의 명칭·위치·관할구역은 일본과 같이 관제의 별표로 하고, 재무서는 탁지부령으로 규정해 재무서의 잦은 변동에 대비했다. 그러나 재무국의 경우 1907년 한성·평양·대

구·전주·원산의 5개소에 이에 1909년 3월 충청남북도를 관할구역으로 하는 공주 재무 감독국이, 1910년 1월 전라남도를 관할구역으로 하는 광주 재무 감독국이 각각 신설됨에 따라 그때마다 관제를 개정해야 했다(『舊韓國官報』 1909/03/19; 1910/01/18). 이처럼 조선총독부가 세무서는 물론 세무 감독국의 명칭·위치·관할구역을 관제의 별표가 아닌 조선총독부령으로 규정한 것은 대한제국기의 경험을 감안한 것으로 보인다.

(2) 사무 범위

관제의 내용으로 들어가서 세무 기구가 담당하는 사무의 범위를 비교해 보면 조선총독부 세무 관서가 대한제국기에 비해 내국세 전담 전문 기구로서의 성격이 좀 더 분명하다는 점을 알 수 있다. 대한제국 재무 관서는 내국 세무와 함께 지방의 재무도 담당했는데,[52] 여기서 지방의 재무는 지방세와 금융 업무였다.[53] 반면 조선총독부 세무 관서는 이 가운데 내국 세무만을 전담했다. 여기

---

[52] "제1조 재무 감독국은 탁지부대신度支部大臣의 관리에 속屬하야 내국세무 및 지방에 재在한 재무財務를 감독監督함"(『舊韓國官報』 1907/12/18a). "제1조 재무서는 내국세무 및 지방에 재在한 재무財務를 집행함"(『舊韓國官報』 1907/12/18b).

[53] 구체적으로 재무서의 한 부서인 세무소장稅務所掌에서 국세 지방세의 부과 감면 및 징수 검사 사정 업무를, 재무 감독국 세무과에서 이를 감독하는 업무를 담당했다(『舊韓國官報』 1908/01/27a; 1908/01/27b). 금융 업무와 관련해서는 재무 감독국 설치 당시 경리과에서 지방 금융조합과 같이 정부 보조를 받는 각종 공공조합의 감리와 지방 금융을 담당하게 했다가, 1909년 8월 이를 전담하는 이재과를 신설했다(『舊韓國官報』 1908/01/27a; 1909/08/20).

표 3-5 대한제국·조선총독부·일본·해방 후의 세무 기구 비교

		대한제국(1910년 6월)	조선총독부(1934년)	일본(1934년)	해방 후(1954년)
소속		탁지부대신	조선 총독	대장대신	재무부 장관
임무	감독 기관	내국 세무 및 지방 재무 감독	내국세 사무 감독	내국세 사무 감독	관세를 제외한 국세 사무 감독
	집행 기관	내국 세무 및 지방 재무 집행	내국세 사무 집행	내국세 사무 집행	관세를 제외한 국세 사무 집행

자료 : 『日本官報』; 『舊韓國官報』; 『朝鮮總督府官報』; 『官報』에서 작성.

에는 두 가지 요인이 작용했다.

첫째, 토지세가 조세의 중심이었던 대한제국기와 달리 20년 사이에 세제가 복잡·다양해지고 자본주의적 시장경제에 기반한 소득세까지 도입되어 내국세·지방세·금융 업무를 포괄적으로 담당할수 없게 되자 기구를 분화한 것이다.

둘째, 세무 기구를 독립시킨 주된 목적의 차이다. 대한제국기 재무 관서 독립은 조선인 지방 관리가 가진 징세권을 박탈(독립 기구화)

해 이를 일본인이 장악하기 쉽게 하는 데 초점이 맞춰졌다.[54] 반면 조선총독부의 세무 관서 설치는 일반 소득세라는 새로운 세제의 도입을 매개로 이를 효율적으로 부과 징수할 수 있는, 전문성을 갖춘 세무 기구 정비가 주된 목적이었다.

일본과 해방 후 세무 관서 역시 내국 세무만을 전담하는 전문적 세무 기구의 성격을 띠고 있고, 이 점은 〈표 3-5〉의 조직도에 나타난 부서 배치에서도 확인할 수 있다. 세무서는 내국세의 양대 축인 직접세와 간접세의 부과 징수를 담당하는 직세·간세과와, 일반 사무를 처리하는 서무(총무)과의 3과를 기본으로 하고 있고, 이를 감독하기 위한 부서 편제도 기본적으로 크게 다르지 않다.[55]

사무 분장 규정의 내용을 보면 내국세 부과 징수를 주된 업무로 하고 국유재산 관리 업무를 겸한다는 점에서 크게 다르지 않았다.[56] 그러나 중요한 차이가 있었는데 바로 일본에 있는 소원訴願 및 행정소송 관련 사무가 조선에는 없다는 점이다. 일본 세무 감독국 직세부에서는 '직세에 관한 소원의 재결에 관한 사항'을, 간

---

54 세무 기구 장악의 목적이 달성되자 재무 관서 설치 3년여 만인 1910년 10월 조선 병합과 함께 독립적 세무 기구는 폐지되고 일반 행정 기구에 편입되었다. 조선 병합 이전 일제의 조선 재정 장악 과정은 이윤상(1986), 이영호(2001), 신상준(2005)을 참조.

55 다만 해방 후 세무 관서는 토지수득세과를 별도로 두고 있는 점이 다르다. 사세청과 세무서에 각각 설치된 토지수득세과는 한국전쟁 전비 조달을 위해 토지수득세가 신설됨에 따라 1951년 12월에 설치되어 10년간 존속하다가 토지세의 지방세 이양에 따라 1961년 10월 2일 일괄 폐지되었다(『관보』 1951/12/01; 1961/10/02b).

56 국유재산 관리는 일본 세무 관서의 업무로 편입된 이래 대한제국·조선총독부·해방 후 세무 기구도 이를 따르고 있다.

세부에서는 '간세에 관한 소원의 재결에 관한 사항'을 각각 담당했다. 또 일본 세무서 직세과에서는 '직세에 관계된 소원 및 소송에 관한 사항'을, 간세과에서는 '간세에 관계된 소원 및 소송에 관한 사항'을 각각 담당했다.

그러나 조선총독부 세무 관서에는 이에 관한 업무가 편제되지 않았다. 이는 일제가 조선에서는 소원 및 행정 소송 제도 자체를 도입하지 않았기 때문으로, 과세 동의권 박탈과 함께 식민지 조선의 납세자 권리 보장과 관련한 중요 취약점에 해당된다.[57] 조선총독부와 해방 후 세무 관서의 사무 분장 내용은 대체로 비슷하다. 다만 일반 경제 및 국민소득 조사는 일제하와 미군정기까지 세무 관서 업무에 포함되지 않았으나 정부 수립 후 처음으로 사세청 조사과와 세무서 직세과 사무로 편제되었다.

(3) 인력 구조와 민족 구성

〈표 3-6〉과 〈표 3-7〉은 세무 관리와 고원을 망라해 세무 기구

---

57 일본의 소원 제도와 행정 소송 제도는 1890년 제1회 제국의회에서 소원법(법률 제105호)과 행정재판법(법률 제48호) 및 행정청의 위법처분에 관한 행정재판의 건(법률 제106호)이 의결·제정·공포됨으로써 시행되기 시작했다(『日本官報』 1890/06/30; 1890/10/10a; 1890/10/10b). 일제하 조선에는 소원 제도와 행정 소송 제도 자체가 없었고, 1951년 9월부터 소원법과 행정소송법이 시행됨에 따라 행정관청의 부당한 조세 부과에 대한 구제 절차가 처음 도입되었다(『관보』 1951/08/03; 1951/08/24). 1950년대 조세 소송은 고등법원의 경우 1953년, 1957년, 1960년 각 1건씩 3건이, 대법원의 경우 1953년 14건, 1956년 1건, 1957년 1건, 1958년 3건 등 총 6건이 진행된 것으로 확인된다(『국세통계연보』 1966, 327~328).

2부 대표와 동의 없는 과세

표 3-6　대한제국·조선총독부·일본·해방 후 세무 집행 기관의 직원 구성(단위 : 명)

		대한제국	조선총독부	일본	해방 후
재무관		66			
사세관			20	185	136
주사		651			2,453
속			825	5,029	
기사					158
서기					2,527
세무리			106		
기수			66	71	
기원					160
고원		582	1,318	1,716	
노무 직원					163
계		1,299	2,335	7,001	5,597
세무서당	판임 이상	3	10	15	74
	고원	3	13	5	3
	계	6	24	20	77
고원 비중(%)		45	56	25	

주 : 세무서당 판임 이상 및 고원 수 중 해방 후는 노무 직원을 제외한 공무원 및 노무 직원 수.
자료 : 度支部司稅局 編(1910); 『第4次 朝鮮總督府統計年報』(1911); 『公文類聚』(1934/04/12);
　　大藏省主稅局 編(1936); 『稅務統計書』(1954); 대한민국정부(1954)에서 작성.

의 직원 구성을 비교한 것인데, 절반이 넘는 인원을 고원으로 채용한 조선총독부 세무서 인력 구조의 특징이 드러난다. 1934년 설치 당시 조선총독부 세무서의 고원 비율은 56%로 대한제국 재무서(45%)에 비해 11%p가 높다. 이에 비해 같은 시기 일본은 25%에 불과하고, 해방 후 세무서는 이들을 대부분 일반 공무원으로 흡수하고 있다.[58]

---

[58] 1951년도 예산안을 보면 세무 관서에 공무원 3906명(이사관 4명, 서기관 8명, 사세관 48명, 사무관 202명, 주사 1903명, 서기 1741명)과 노무 직원 209명 외에 2820명의 임시 직원

표 3-7 대한제국·조선총독부·일본·해방 후 세무 감독 기관의 직원 구성(단위 : 명)

		대한제국	조선총독부	일본	해방 후
국(청)장		7	5	7	4
서기관				14	8
사무관		12	8	7	48
부사무관			2		
기사			2	7	12
기좌					4
속			82	336	
주사		173			204
서기					74
기수			26	60	
기원					10
고원		136	81	262	
노무 직원					31
계		328	206	693	395
감독국(청)당	판임 이상	27	25	62	91
	고원	19	16	37	8
	계	47	41	99	99
고원 비중(%)		41	39	38	

주 : 감독국(청)당 판임 이상 및 고원 수 중 해방 후는 노무 직원을 제외한 공무원 및 노무 직원 수.
자료 : 〈표 3-6〉과 같음.

이는 조선총독부가 긴축재정 정책을 견지하던 본국 정부의 오
랜 반대를 무릅쓰고 세무 기구 독립을 실현하는 과정에서 '비용

(12개월 고용 1770명, 3~10개월 고용 임시 직원 1050명)에 대한 인건비가 편성되고 있다.
여기서 임시 직원 한 달 치 임금은 노무 직원과 동일하다. 그러나 1953년도 예산안에는 일
반 공무원 5744명(이사관급 4명, 서기관급 8명, 사무관급 188명, 주사급 2773명, 서기급 2771
명)과 노무 직원 242명 등으로 12개월간 고용하는 임시직 규모 정도의 공무원 수가 증
가하고 임시 직원 고용 예산은 948명을 3개월간 고용하는 금액이 편성되고 있다(대한민
국정부 1951; 1953).

절감'을 위해 세무 관서 설치에 필요한 예산을 극도로 적게 잡았던 것과 관련이 있다.[59] 인건비 절감을 위해 급료가 싼 고원, 특히 조선인 고원 비중을 크게 높였던 것이다.[60] 그러나 차츰 그 비중을 낮춰 1943년이 되면 44%로 감소하는데(『朝鮮稅務統計書』 1942),[61] 고원 비중이 지나치게 높은 것은 세무 행정의 질을 떨어뜨려 안정적인 세수 확보에 장애가 되기 때문이었을 것으로 보인다.[62]

　대한제국기와 비교함으로써 조선총독부 세무 관리의 민족 구성의 특징도 파악할 수 있다(〈표 3-8〉 참조).[63] 조선총독부 세무 관서는 상층 핵심 요직은 일본인이, 말단 하급 직책은 조선인이 담당하는, 총독부 직원 배치의 전형을 보여 준다. 또 하급 직책이라

---

59 앞에서 세무 관서 청사 설치 비용의 상당 부분을 각 지역의 유지들에게서 조달한 것과도 맥락을 같이한다.

60 1934년 세무 관서 조선인 고원 1명당 평균 연간 급여는 380원으로 일본인 고원(503원)의 76% 수준이었다(『朝鮮總督府統計年報』 1934). 한편 세무서 고원의 83%가 조선인인 반면 세무 감독국은 조선인과 일본인 비중이 비슷했다. 업무의 중요성을 감안해 감독 기관에는 고원도 주로 일본인을 배치한 것이다.

61 『조선총독부통계연보』에서도 세무 관서의 고원 비중(감독국과 세무서를 합친 인원수 기준)은 1934년 58%, 1935년 57%로 초기부터 매우 높게 나타나다 1941년 47%, 1942년 45%로 일제 말기에는 10%p 이상 낮아진다(『朝鮮總督府統計年報』 각 연도).

62 "최근 왕왕 과세에 관한 불평 원망[怨嗟]의 소리를 듣는 것은 당국자로서 대단히 유감스러운 일로 이제 그 원인을 생각건대 법규의 잘못된 해석[誤釋], 납세자의 오해, 당국자의 위법처분 또는 착오 처리 등이 그 주된 것이다. 이들 원인을 제거하기 위해서는 세무 전 직원의 3분의 2 이상을 점하는 고원에게 일반 관리로서의 기능을 갖추게 할 필요가 있다. ……"(吳南柱 1935, 55).

63 감독국과 서의 직원을 주임관 및 판임관, 고원으로 나누어 민족별로 비교할 수 있는 통계는 대한제국 시기는 1910년이 유일하고, 조선총독부 시기는 1936년이 가장 빠르다.

표 3-8 대한제국과 조선총독부의 민족별·관등별·고용 형태별 세무 직원 현황(단위 : 명)

		감독국			서			합계			조선인 비중(%)		
		계	일	조	계	일	조	계	일	조	국	서	계
대한제국 (1910년 6월)	주임관 이상	19	19	0	65	15	50	84	34	50	0	77	60
	판임관	173	134	39	643	266	377	816	400	416	23	59	51
	소계	192	153	39	708	281	427	900	434	466	20	60	52
	고원	136	95	41	582	51	531	718	146	572	30	91	80
	계	328	248	80	1,290	332	958	1,618	580	1,038	24	74	64
조선총독부 (1936년 4월)	주임관 이상	15	14	1	20	18	2	35	32	3	7	10	9
	판임관	105	86	19	960	387	573	1,065	473	592	18	60	56
	소계	120	100	20	980	405	575	1,100	505	595	17	59	54
	고원	174	108	66	1,287	219	1,068	1,461	327	1,134	38	83	78
	계	294	208	86	2,267	624	1,643	2,561	832	1,729	29	72	68

자료: 『第4次 朝鮮總督府統計年報』(1911); 『朝鮮稅務統計書』(1935; 1936).

도 감독국에는 일본인이 더 많았고, 세무서에서도 사세관 서장 등
상층부는 조선인이 드물었다. 이 점은 재무 감독국과 재무서도 크
게 다르지 않았다. 다만 조선인 주임관이 재무서의 경우 77%인 데
비해 세무서는 10%에 불과하고, 재무 관서의 조선인 비중이 20%
인 데 비해 세무 관서는 12%로 낮아지고 있다. 이는 일본 대장성
과 세무 감독국 및 세무서 출신 관리들이 조선으로 건너와 세무 행
정을 장악하는 과정에 있던[64] 반╪식민지 대한제국기와 달리 완전
한 식민지 조선총독부기의 특성으로 보인다.

---

[64] 하부까지 장악할 만큼 충분한 인력이 조선으로 건너오지 않은 단계라는 의미다.

(4) 세무 기구의 규모

〈표 3-9〉는 인구와 면적을 감안해 세무 기구의 규모를 비교한 것이다. 인구 대비 세무서의 규모를 의미하는 인구 1만 명당 직원 수를 보면, 조선총독부 세무서(1.11명)는 대한제국기(1.04명)에 비해 규모가 컸다. 특히 주목되는 점은 같은 시기 일본(1.02명)에 비해서도 인구에 비해 세무 직원이 상대적으로 더 많았다는 것이다. 당시 식민지 조선의 자본주의경제 발전 수준이나 세제의 복잡성 및 다양성의 정도가 일본과 격차가 컸던 점을 감안하면 1934년 당시 일제는 본국에 비해 더 방대한 규모의 세무 기구를 식민지 조선에 설치한 것이다. 이는 납세자의 동의에 기초하지 않은 식민지 조세의 부과 징수 체제를 유지하기 위해 방대한 규모의 세무 기구가 필요했기 때문으로 보인다.

또한 해방 후 인구 1만 명당 세무서 직원 수(2.6명)는 식민지기의 2.3배에 달해 그 규모가 더 비대해지고 있다. 면적 대비 세무서의 규모를 의미하는 200제곱킬로미터당 세무서 직원 수에서도 '대한제국(1.18명) → 조선총독부(2.12명) → 해방 후(11.55명)'로 갈수록 그 규모가 급격히 커지고 있다. 일제가 식민지를 착취하기 위해 만든 과대 성장된 관료 기구가 해방 후 더 큰 규모로 확대된 것이다.[65]

조선총독부 세무 감독국 한 곳당 세무서 수(20개)는 대한제국기

---

65 식민지기 및 해방 후 과대 성장된 관료 기구에 대해서는 커밍스(1986a, 47, 261~263)를 참조.

표 3-9   대한제국·조선총독부·일본·해방 후의 인구·면적 대비 세무 기구 규모 비교

		대한제국 (1910년 6월)	조선총독부 (1934년 5월)	일본 (1934년)	해방 후 (1954년)
인구(명)		12,518,240	21,125,827	68,309,000	21,502,386
면적(제곱킬로미터)		220,769	220,769	380,159	96,929
기관 수	국局/청廳	7	5	7	4
	서署	234	99	348	73
직원 수(명)	국/청	328	206	693	395
	서	1,299	2,335	7,001	5,597
	계	1,627	2,541	7,694	5,992
1서署당	직원	6	24	20	77
	인구	53,497	213,392	196,290	294,553
	면적	943	2,230	1,092	1,328
서 직원 1명당	인구	9,637	9,047	9,757	3,842
	면적	170	95	54	17
인구 1만 명당 서 직원 수		1.04	1.11	1.02	2.6
면적 200제곱킬로미터당 서 직원 수		1.18	2.12	3.68	11.55
국/청당 서 수		33	20	50	18
국/청 직원 1명당 서 직원 수		4	11	10	14

자료: 『朝鮮總督府統計年報』(각 연도); 日本政府統計の総合窓口(e-Stat) 홈페이지에서 「全國の面積,
    人口および人口密度－大正9年~昭和45年」(2015/05/01); 『大韓民國統計年鑑』(각 연도); 度支部司稅局
    編(1910); 『第4次 朝鮮總督府統計年報』(1911); 『公文類聚』(1934/04/12); 大藏省主稅局 編(1936);
    『稅務統計書』(1954); 대한민국정부(1954)에서 작성.

(33개)와 일본(50개)에 비해 적어 더 촘촘한 감독망을 짠 것으로 나
타났다. 또 조선총독부 세무 감독국 직원 1명당 감독 대상 서署 직
원 수(11명)는 대한제국기(4명)에 비해 더 많아 더 효율적인 감독
기능을 수행한 것으로 보인다. 일본(10명)과는 비슷했다. 요약하면
조선총독부 세무 관서는 대한제국과 일본에 비해 더 촘촘한 감독
망을 짰고, 대한제국에 비해 더 효율적인 감독 기능을 수행했다. 해
방 후에는 감독 기관 한 곳당 세무서 수가 18개, 감독 기관 직원
1명당 세무서 직원은 14명으로 식민지기에 비해 감독망이 더 촘

촘해졌으며 감독 기능도 더 효율적이었다.

한편 대한제국기 재무서 수는 234개(1개 서당 인구 5만 3000여 명)로 조선총독부기 99개(1개 서당 인구 21만여 명), 해방 후 남한 73개(1개 서당 인구 29만여 명)의 2~3배에 달해 인구에 비해 재무서 수가 많았다. 이는 대한제국기 군郡의 수가 344개로 조선총독부기 부군도 234개에 비해 상대적으로 많았던 점이나, 1907년 당시 세무서 수가 493개에 달했던 일본의 영향 등과 관련된 것으로 보인다.

2. 세무 관서 제도의 변화

1930년대 중반 이후 일제 말기 10년간은 중일전쟁의 발발 및 장기화, 제2차 세계대전 발발에 따른 기록적인 전시 증세 기간이었다. 1934년 13개였던 세목은 잇따른 세목 신설로 1943년 31개로 늘었고, 여기에 세율 인상 및 과세 대상 확대를 통해 매년 조세 증징이 단행되어 1943년 내국 세수 총액은 1934년의 12배로 폭증했다. 일제는 폭증하는 조세를 차질 없이 징수하기 위해 세무 기구를 확충하고 정비했다.

1934년 독립적 세무 기구로서 조선총독부 세무 관서를 설치한 데 이어 매년 인력을 증원하고 부서를 개편했으며, 비정규직 성격을 띤 고원의 비중을 축소하는 등 세무 행정의 안정화를 기했다. 1940년부터 3년간 토지 임대 가격 조사 사업을 시행해 지세의 과세표준을 지가에서 임대 가격으로 전환했다. 1943년 12월부터는 이른바 '결전행정' 확립을 위한 행정 기구 개편의 일환으로 세무 감독국을 폐지하고 각 도에 재무부를 부활한 뒤 세무서를 도 관할 하에 두는 기형적 세무 기구를 운영했다.

2절에서는 1934년 5월 조선총독부 세무 관서 관제 설치 이후 1945년 일제 패망 때까지 제도의 변화를 살펴본다. 대상 제도는 관제, 사무 분장 규정, 명칭 위치 및 관할구역 등 세무 관서 관련 제도이다.

1) 조선총독부 세무 관서의 변화(1935년~1943년 11월)

(1) 세무 관서 관제와 임시 직원 설치제의 정원 변동

1934년 공포된 조선총독부 세무 관서 관제(이하 세무 관서 관제) 에는 기관의 성격과 소속, 관장 사무의 범위, 관리의 임무와 정원 등이 담겨 있다. 이후 1943년 11월 폐지 때까지 10년간 세무 관 서 관제의 개정은 모두 세무 감독국과 세무서 소속 관리의 종류 및 관등 그리고 정원을 규정한 제6조와 제12조에 대해 이루어졌다. 관리의 종류에 대해서는 변화가 없다가 1940년 9월 개정에서 사 세관보司稅官補(판임관)가 처음 추가되었다. 1943년 4월 개정에서는 서기관書記官이 신설되었다. 관리의 관등 개정은 5명의 세무 감독 국장에 대해 주임관으로 임명하던 것에서 1937년 7월 개정에서 경성 세무 감독국장을, 1940년 9월 개정에서는 평양 세무 감독국 장을 각각 칙임관으로 승격한 것이 전부였다. 이 외에는 모두 정 원의 개정이다.

한편 세무 관서의 정원 중 상시 직원에 대해서는 세무 관서 관

표 3-10 **1934~43년 내국세 신설 세목 현황**

신설 연도	세목
1933년 이전	지세, 광세(1906년), 주세(1909년), 조선은행권발행세(1911년), 등록세(1912년), (법인)소득세(1916년), 사탕소비세(1919년), 거래소세·거래세(1921년), 영업세(1927년), 자본이자세(1927년), 골패세(1931년) : 총 11개(1933년 이전 신설되어 1934년 현재 시행 중인 세목 수이며, 이하는 연도별 신설 세목 수)
1934년	(일반)소득세, 상속세, 청량음료세 : 총 3개
1935년	임시이득세 : 총 1개
1937년	외화채특별세, 법인자본세, 휘발유세, 임시이득특별세, 소득특별세, 공채및사채이자특별세, 이익배당특별세, 물품특별세 : 총 8개
1938년	이익배당세, 공채및사채이자세, 통행세, 물품세, 입장세, 특별입장세 : 총 6개
1939년	건축세, 유흥음식세 : 총 2개
1940년	특별법인세 : 총 1개
1942년	마권세, 전기가스세, 광고세 : 총 3개
1943년	직물세, 특별행위세 : 총 2개

주 : 1) 괄호 안은 신설 연도.
   2) 임시이득특별세, 소득특별세, 공채및사채이자특별세, 이익배당특별세, 물품특별세는 북지사건특별 세령에 의해 1937년 신설되어 1938년 폐지.
   3) 지나사변특별세령에 의해 1938년 신설된 물품세·공채및사채이자세·이익배당세·입장세·특별입장세· 통행세와 1939년 신설된 건축세·유흥음식세는 1940년 지나사변특별세령이 폐지되고 각각의 개별 세령으로 제정·시행되었다.
자료 : 『朝鮮總督府官報』에서 작성.

제에 규정하지만, 일정 기간 임시로 진행되는 사무에 필요한 임시 직원에 대해서는 별도의 칙령에 따라 추가 배치되었다. 즉, 1935 년 6월부터 각 기관의 임시 직원 정원을 규정하는 조선총독부 내 임시 직원 설치제(이하 임시 직원 설치제) 중 제2조의7을 신설해 포함하기 시작한 것이다.

정원 변동의 가장 큰 동인은 전시체제기 재정 조달을 위한 조세의 증징이었다. 1934~43년 내국세 신설 세목 현황을 보면 단기간 존속하다 폐지된 세목을 감안하더라도 1943년 부과되는 세목은 31개로 1934년에 비해 2.4배로 늘었다(〈표 3-10 참조〉). 세목 신설과 함께 세율 인상 및 과세 대상 확대 등 매년 기록적인 조세 증징

표 3-11 세무 관서 설치 이후 조세의 변화(1934~43년; 단위 : 천 원, 명)

	국세 총액	내국 세액	주요 내국세 세액						직접세 (%)	간접세 (%)	세무 인력		내국세 징세비	
			소득세	지세	주세	임시 이득세	물품세	유흥 음식세			인원	1인당 내국세 징수액	총액	100원당 징세비 (원)
1934년	56,129	42,201	5,114	14,738	16,584	-	-	-	42	58	2,524	16.7	3,133	7.4
1935년	64,364	49,675	9,202	13,768	19,590	438	-	-	43	57	2,539	19.6	3,959	8.0
1936년	74,306	55,911	12,219	13,313	21,756	1,086	-	-	42	58	2,509	22.3	4,110	7.4
1937년	86,413	71,603	16,590	13,827	24,067	2,840	-	-	49	51	2,638	27.1	4,250	5.9
1938년	114,491	95,247	23,776	13,892	26,492	7,902	5,929	-	49	51	2,748	34.7	4,627	4.9
1939년	150,230	132,226	35,599	9,950	28,059	21,589	10,148	3,768	54	46	2,909	45.5	5,109	3.9
1940년	205,005	189,277	50,358	13,943	24,598	36,702	17,502	11,993	58	42	3,040	62.3	5,705	3.0
1941년	242,386	234,350	65,147	14,105	31,344	47,370	21,366	17,915	62	38	3,542	66.2	9,107	3.9
1942년	338,331	335,802	82,327	13,086	28,254	67,164	43,486	44,260	57	43	3,452	97.3	10,485	3.1
1943년	506,704	499,673	84,025	23,839	72,246	74,684	66,619	76,356	43	57	-	-	12,953	2.6

자료: 『朝鮮總督府統計年報』(각 연도).

이 단행됨에 따라 내국세 총액은 1934년 4220만 원에서 1943년 4억 9967만 원으로 10년 만에 12배로 급증했다(〈표 3-11〉 참조).[66]

1940년부터 3년간 실시한 지세의 과세표준을 지가에서 임대 가격으로 바꾸기 위한 토지 임대 가격 조사 사업도 정원 변동의 주요 요인 중 하나였는데, 사업의 결과 세액이 82%나 인상되었다. 이에 따라 세무 관서 정원 증원 수요는 그만큼 증가할 수밖에 없었다. 이어지는 내용에서는 세무 관서의 상시 직원 정원을 규정한 세무 관서 관제 제6조와 제12조, 그리고 임시 직원 정원을 규정한 임시 직원 설치제 제2조의7 개정을 중심으로 세무 관서 직원 정

---

66 일제 말기 세제 신설, 세율 인상, 과세 범위 확대 등 조세 증징의 자세한 실태는 박기주 (2012)를 참조.

원의 변동을 살펴본다.

① 상시 직원 정원의 변동

세무 관서 관제는 세무 관서가 존속한 1934년 5월부터 1943년 11월 사이 약 10년간 열세 차례 개정되었다. 이 기간에 세무 관서 관제상의 정원은 증원 663명, 감원 94명으로 569명의 순증을 기록했다. 기관별로는 세무 감독국이 34명, 세무서가 535명 증가했다. 정원이 변동된 요인은 크게 다섯 가지로 나눌 수 있다.

첫째, 세목의 신설 및 개정 등 조세 증징을 뒷받침하기 위한 증원이다. 둘째, 세액과 납세 인원의 증가에 따른 후속 조치 성격의 증원이다. 셋째, 세무 관리 승격 등에 따른 정원 변동이다. 넷째, 행정정리 등에 따른 감원이다. 다섯째, 국유재산 관리 업무 및 세무청사 건축·수리 등 사무를 위한 정원의 변동이다. 이하에서는 1940년 제3차 세제 정리[67] 이전과 이후로 나누어 각 요인별 정원 변동 현황을 살펴본다.

---

[67] 일제는 식민 통치 기간에 1926년, 1934년, 1940년 각각 대규모 세제 정리를 단행했다 (자세한 내용은 朝鮮總督府財務局 1940 참조). 1940년 제3차 세제 정리에서는 임시조세증징령과 지나사변특별세령을 폐지하고 두 법령으로 말미암아 복잡해진 세목을 단일 세령으로 규정하기 위해 물품세·유흥음식세 등 7개 세령을 제정하고, 특별법인세를 추가로 신설했다. 동시에 소득세·지세·임시이득세·주세·물품세 등 거의 모든 세목에 걸쳐 세율을 인상했다.

가. 1934~39년의 상시 직원 정원 변동

1934~39년 사이에는 증원 316명, 감원 2명, 관리 승격 10명
의 정원 변동이 있었다. 첫째, 세목 신설 및 기존 세목 개정에 의
한 조세 증징을 뒷받침하기 위한 증원은 215명으로, 이 중 191명
이 조선지나사변특별세령의 제·개정에 따른 증원이다. 1938년 4
월 조선지나사변특별세령이 시행됨에 따라 6월 83명이 증원되었
다. 물품세 신설을 뒷받침할 30명, 소득세 및 법인세 증징 업무
29명, 통행세와 입장세 신설 업무 8명, 이익배당세와 공채및사채
이자세 신설 업무 5명 등 세무서 속 72명과 이를 감독할 국 속 11
명이다.

1939년 4월 조선지나사변특별세령이 개정·시행되자 5월 다시
108명이 증원되었다. 가장 많은 인원은 신설된 유흥음식세 업무
담당 63명이었고, 물품세의 과세 범위가 확대 증징됨에 따라 35명
이 증원되었다. 신설된 건축세 업무 5명을 포함해, 세무서에 103명
이, 증가하는 감독 업무를 위한 감독국에 5명이 증원되었다(『公文類
聚』1938/06/07; 1939/05/04). 이보다 앞서 1937년 4월 법인자본세·외화
채특별세·휘발유세의 신설과 조선자본이자세령의 개정, 조선임시
조세증징령 시행에 의한 제1종 소득세 등의 증징에 따라 7월 감독
국 속 2명과 세무서 속 22명이 증원되었다(『公文類聚』1937/07/07a).

둘째, 세액 및 납세 인원 증가에 따른 증원 수요에 부응하기 위
한 정원 변동은 제3종 개인소득세가 큰 폭으로 증징된 것이 가장
중요한 이유다. 1934년 세무 관서 설치 당시 개인소득세 납세 인
원이 1000명 이상인 세무서에 대해서는 이를 전담하는 속 1명을

둔다는 원칙에 따라 66명을 배치했다. 그러나 1934년 8만 8000
여 명 규모였던 납세 인원이 1937년 21만여 명으로, 세액도 274
만 원에서 802만 원으로 증가해 증원이 불가피했다는 것이다.[68]
이에 1936년 9월 13명, 1937년 7월 25명의 세무서 속을 증원했
고, 1939년에도 소득세·영업세·상속세 등 직접세 사무 증가를 반
영해 14명을 증원했다(『公文類聚』 1936/08/31; 1937/07/07a; 1938/09/09).[69]

셋째, 이 기간에 승격된 관리는 모두 10명인데 경성 세무 감독
국장의 칙임관 승격을 제외한 9명은 증원에 의한 것이다.[70] 1937
년 7월 사무관 1명이 세무·경리 양부의 부장을 겸임해 업무 하중
이 큰 광주·함흥 세무 감독국에 사무관 각 1명을, 직접세 사무가
급증한 평양 세무 감독국에 부사무관 1명을 증원하고, 서장 5명
을 사세관으로 승격했다(『公文類聚』 1937/07/07a).[71] 1938년 9월에는 세
무서 과장으로서는 처음으로 경성세무서 직세과장을 사세관으로

68 이 수치는 당시 일제 공문서에서 증원 이유를 설명하면서 제시하고 있는데『조선총독
부통계연보』상의 수치와는 약간 차이가 있다. 또한 개인소득세 도입 첫해에는 세액을
반액만 부과했기에 이듬해부터 세액과 인원이 급증할 수밖에 없었다. 따라서 이를 기준
으로 한 정원 배치는 수정할 만한 사정이 있었다.

69 이와 함께 1936년 증원에서는 간접세 사무가 증가한 5개 세무서의 속 각 1명씩, 1937년
증원에서는 제3종 소득세 사무가 증가한 4개 세무 감독국 속 각 1명씩 추가 증원되었다.
1938년 증원에서도 주세 등 간접세 사무 증가에 따라 세무리 17명이 증원되었다.

70 1937년 7월 경성 세무 감독국장의 칙임관 승격은 주임관인 국장 정원 1명의 감원이 동
시에 이루어져 증원 효과는 없었다.

71 사세관 서장으로 승격한 강경·순천·진주·사리원·웅기세무서의 속 5명과 평양 세무 감
독국 부사무관 승격에 따른 속 1명의 정원은 감원하는 대신 제3종 소득세 사무 증가에
따른 증원 수요에 반영한 것으로 설명되어 있다.

승격했다(『公文類聚』 1938/09/09). 넷째, 감원은 한 차례 있었는데 1939년 5월 경비 절감 차원에서 세무서 중 정원이 가장 많은 경성·평양 두 곳에서 속 1명씩 각각 감원했다(『公文類聚』 1939/05/04).

다섯째, 세무 관서가 겸하고 있는 국유재산 관리 업무와 관련해 9명이 증원되었고, 세무청사 영선 관련 기술직 5명도 증원되었다. 먼저 1934년부터 8개년 계획으로 추진해 오던 국유임야 개측 사업에 따라 불하 또는 대부하게 된 이동지의 임야대장 및 임야도 정리 등의 사무를 담당할 기수 4명을 증원하는 것으로, 1936년 1월 첫 번째 세무 관서 관제 개정에서 이루어졌다.[72] 조선에 국유재산법이 시행됨에 따라(『日本官報』 1936/08/15; 1937/05/21) 국유재산 관리 업무가 증가하자 1937년 7월 관제 개정에서 기존 세무 감독국별 속 1명에 더해 추가로 1명씩 증원했다(『公文類聚』 1937/07/07a). 세무 관서 청사 건축 및 수리를 위해 기술 업무를 담당하는 국局 기수 5명을 증원했다. 일제 공문서에 따르면 세무 관서 설치 3년여가 지난 1937년 7월 시점에서 5개 감독국 청사는 함흥 세무 감독국의 부속 건물을 제외하고는 모두 건립되었고, 98개 세무서 가운데 63곳은 청사를 지었지만 35곳은 아직 짓지 못한 상태였다(『公文類聚』 1937/07/07a).[73]

---

[72] 이들 4명은 홍천·평창·후창·무산세무서에 각각 배치했다(『公文類聚』 1935/12/24).
[73] 설치 당시 99개였던 세무서는 1936년 3월 영등포세무서가 폐지되어 98개로 줄었다.

　　　　　　　2부　대표와 동의 없는 과세

나. 1940~43년의 상시 직원 정원 변동

1940~43년 사이에는 증원 347명, 감원 94명, 관리 승격 87명의 내용으로 정원이 변동했다. 앞 시기에 비해 변동 폭이 큰 반면 증원이 모두 조세 증징에 따른 것이라는 차이가 있다. 첫째, 조세 증징에 따른 증원은 1940년, 1942년, 1943년 세 차례에 걸쳐 단행되었다. 1940년 5월 제3차 세제 정리를 뒷받침할 관제 개정에서는 유흥음식세 관련 31명, 주세 관련 25명, 특별법인세 신설 및 소득세·상속세 개정 관련 20명, 물품세 증징 5명 등 세무서 속 81명이 증원되었다(『公文類聚』 1940/05/24).[74]

1942년 5월에는 한 달 전에 이루어진 제3종 소득세 등 직접세 증징과 전기가스세 등 세 가지 세목 신설을 뒷받침하기 위한 185명의 증원이 단행되었다. 제3종 소득세와 영업세 개정을 뒷받침하는 데 64명, 전기가스세·마권세·광고세 신설을 위해 52명, 유흥음식세 개정을 통한 증징에 35명, 물품세 개정 및 증징에 34명이 각각 증원되었다(『公文類聚』 1942/05/11). 1943년 4월 증원 역시 한 달 전 단행된 간접세 중심의 증징과 직물세·특별행위세 신설을 뒷받침하고자 단행되었다. 직물세 신설 41명, 특별행위세 신설 20명,

---

74 조선총독부는 서뿐 속 90명 증원을 내용으로 하는 관제안을 제출했으나 내각 심의 과정에서 예산상의 이유로 주세 5명, 유흥음식세 4명 등 9명이 삭감되었다. 또 함께 제출된 칙임 감독국장 1명, 감독국 부사무관 1명, 세무서장 73명의 사세관 및 사세관보로 승격을 내용으로 하는 세무 관서 정비를 위한 증원안도 모두 삭감되었다(이 안은 후술하는 9월 증원에서 실현된다).

주세 개정 20명 등 모두 81명이 증원되었다(『公文類聚』 1943/03/25).

둘째, 이 시기 증원에서 기존 세목의 세액과 납세 인원의 증가 사무를 보완할 후속 조치로서의 증원은 없었다. 셋째, 세무 관리 승격에 따른 정원 변동은 87명으로 모두 증원 없이 이루어졌다. 1940년 9월 세무 관서 정비를 위한 증원에서 평양 세무 감독국장의 칙임관 승격, 세무 감독국 과장급을 위한 부사무관 7명 승격이 이루어졌다. 세무서장 98명 가운데 속屬 서장 73명 전원이 14명은 사세관으로, 59명은 사세관보로 승격했다(『公文類聚』 1940/09/09). 1942년 5월 증원에서 사세관보 서장 3명을 사세관으로 승격했고, 평양·대구 감독국 간세과장을 부사무관으로 승격했다. 1943년 개정에서는 서기관을 신설해, 기존 사무관 8명을 승격해 임명했으며, 증원된 부사무관 1명을 포함해 기존 11명을 사무관으로 승격했다.

이로써 칙임 세무 감독국장은 경성·평양 두 곳으로 늘었고, 감독국의 직접세 및 간접세 담당 과장급은 대부분 부사무관으로 승격되었다. 세무서에서도 사세관 세무서장이 전체의 절반 가까운 42명으로 각각 늘었으며, 속으로 보임된 세무서장은 이제 없게 되었다. 이는 전시하 대대적인 증세를 독려하기 위해 일선 세무 관리에 대한 사기 진작 차원에서 이루어진 인사라 할 수 있다.

넷째, 감원은 일본 정부의 전시 재정 정책에 부응한 사무 재편성 및 행정정리에 따라 이루어졌다. 1941년 12월 국局 속, 서署 속, 세무리 등 판임관 62명을 감원한 것은 일본 내각의 '불요불급한 사무의 정지 또는 축소'를 통한 이른바 행정조직의 전시戰時 편성 방침에 따른 관청 사무 재편성의 일환으로 단행된 것이다(『每日新報』 1941/08/12; 『公文類聚』 1941/12/01). 앞서 조세 증징을 위해 185명을 증원했던 1942년 5월 관제 개정에서는 '정원 합리화' 차원에서 25명 감원도 함께 단행했다. 1942년 11월에는 본국 정부의 방침에 따라 '반도 행정 부분의 결전 체제를 확립'하기 위한 행정 간소화의 일환으로 세무 감독국 사무관 2명, 부사무관 2명, 기사 1명 등 5명을 감원했다(『每日新報』 1942/11/01; 『朝鮮總督府官報』 1942/11/09; 『公文類聚』 1942/09/17). 다섯째, 이 기간에 국유재산 관리 업무 관련 정원 변동은 없었다.

② 임시 직원 정원의 변동

임시 직원 설치제 제2조의7은 ① 임시이득세, ② 회사 직원 급여 임시 조치, ③ 회사 경리 통제, ④ 토지 임대 가격 조사, ⑤ 무신고 이동지 정리, ⑥ 토지 측량표 사무 등 6개 사무에 관한 임시 직원의 정원을 규정했다. ①과 ④, ⑤는 세무 관서 고유 업무인 내국세 사무이고 ⑥은 겸임 업무인 국유재산 관리 사무인 반면, ②와 ③은 새롭게 추가된 사무이다. 제2조의7은 1943년 11월 세무 관서 폐지와 함께 삭제될 때까지 아홉 차례 개정되었는데, 1941년 2월 개정에서 회사경리통제령 사무를 담당하는 회사감사관(주임관)과 회사감사관보(판임관)가 신설된 것 외에는 모두 세무 관서 관직 정원의 변동이었다. 이하에서는 사무별로 임시 정원의 변동 내역을 보는데 제2조의7 ②와 ③, ④와 ⑤는 각각 연속적인 사업이므로 묶어서 살펴본다.

가. 임시이득세 사무

일본에서 임시이득세가 신설된 지 한 달 만인 1935년 4월 조선 임시이득세령이 시행되었고, 이에 따라 같은 해 6월 임시 직원 설치 제 제2조의7을 신설 세무서에 속 4명을 임시 직원으로 두었다.[75] 임시이득세는 도입 당시 1937년 말까지 한시적으로 실시하기로 한 것이어서 임시 직원 설치제에 그 정원을 규정하기 시작했다. 그러나 중일전쟁이 장기화되면서 과세가 계속 연장되었고, 과세 대상도 법인소득에서 개인소득으로 확대되었으며 세율도 지속적으로 인상되었다. 1935~44년 사이 임시소득세 세율은 1936년과 1941년을 제외하고 매년 인상되었고 과세 대상도 확대되었다.

그 결과 1935~42년 사이에 임시이득세는 153배로 급증했고, 1935년에는 내국세 총액의 0.9%에 불과했으나 1942년에는 20%의 비중을 차지했다(정태헌 1996, 202). 이에 따라 임시이득세 담당 임시 직원의 정원도 1938년 7월과 1939년 6월 각각 23명과 14명을 증원해 총 41명으로 증가했다.[76] 하지만 그 뒤로 임시이득세 담당 임시 직원의 증원 기록은 나타나지 않는데, 이는 이후 임시이득세가 상시적인 세제로 정착되었기 때문으로 보인다.

---

[75] 임시이득세 담당 속 4명은 경성세무서에 2명, 부산·대구세무서에 각 1명을 배치했다(『公文類聚』 1935/06/05).

[76] 1938년 증원된 인원은 5개 감독국에 1명씩 5명을 경성세무서 4명, 부산·대구·평양세무서 각 2명 등 12개 세무서에 18명을 각각 배치했다(『公文類聚』 1938/07/26). 1939년 증원된 인원은 경성 등 9개 세무서에 배치했다(『公文類聚』 1939/06/05).

나. 회사 직원 급여 임시 조치 및 회사 경리 통제 사무

전시경제로 접어든 일본은 전비를 충당할 전시 증세뿐만 아니라, 전비를 상대적으로 축소하는 인플레이션을 억제하고자 물가 통제 정책을 실시했다. 이를 위해 1939년 국가총동원법을 제정하고 이에 의거해 물가통제를 위한 가격통제령(칙령 703호)과, 가격 구성 요소 중 하나인 임금을 통제할 수단으로 회사직원급여임시통제령(칙령 제706호)을 공포하고 조선에서도 이를 시행했다(『日本官報』 1939/10/18).[77] 이에 따라 1940년 2월 제2조의7을 개정해 5개 세무 감독국에 속 각 1명, 다수의 회사를 관할하는 세무서 11개서에 속 1~3명 등 총 19명을 증원했다(『朝鮮總督府官報』 1940/02/07; 『公文類聚』 1940/01/30).[78] 이들은 해당 회사의 각종 임금 관련 준칙과 지급 상황을 보고받고 승인 또는 허가하며 필요할 경우 현장 검사[臨檢]하는 사무를 집행했다.

1940년 10월 일제는 그간 시행해 오던 회사직원급여임시통제령(칙령 제706호)과 회사이익배당및자금융통령(칙령 제179호)을 통합한 회사경리통제령(칙령 제680호)을 공포해, 거의 모든 회사 경리에 대해 통제를 전보다 강화했고 조선에도 이를 시행했다(『日本官報』 1940/10/19). 이에 따라 회사의 이익배당, 적립금, 직원 및 사원의 급여 등

---

77 일제 말기 통제경제 정책과 물가통제에 대해서는 하원호(1998: 2006)를 참조.

78 경성세무서 3명, 부산세무서 2명, 대구·평양·청진·함흥·인천·목포·원산·군산·웅기세무서 각 1명을 배치했다.

에 대해 조선총독부의 허가를 받아야 했고, 이 허가 사무 중 자본금 100만 원 미만의 회사에 대해서는 세무 감독국이, 50만 원 미만의 회사에 대해서는 세무서가 담당하게 했다(『朝鮮總督府官報』 1941/03/08; 『公文類聚』 1941/02/20).

이를 위해 제2의7을 개정해 회사 직원 급여 임시 조치를 담당하던 정원을 삭제하고 대신 회사 경리 통제 사무를 담당하는 세무 관서 임시 정원 51명을 신설했다. 주임관으로 사무관 1명 외에 회사감사관會社監査官이라는 직을 신설해 1명을 배치했으며, 판임관도 속 37명, 기수 3명 외에 회사감사관보 9명을 신설·배치했다(『朝鮮總督府官報』 1941/03/08; 『公文類聚』 1941/02/20).[79] 6월에는 다시 17명이 증원되어 세무 감독국에 배치되었고(『朝鮮總督府官報』 1941/06/17; 『公文類聚』 1941/06/05),[80] 1942년 11월 행정 간소화를 위한 정원 조정에 따라 세무 감독국 배치 인원 가운데 사무관 1명과 회사감사관 1명이 감원되어(『朝鮮總督府官報』 1942/11/09; 『公文類聚』 1942/09/17)[81] 1943년 11월 세무 관서가

---

[79] 세무 감독국에는 37명을 배치했는데 감독국별 배치 현황은 다음과 같다. ① 경성 : 사무관 1명, 회사감사관 1명, 속 10명, 회사감사관보 4명, ② 광주 : 속 3명, 회사감사관보 1명, ③ 대구 : 속 4명, 회사감사관보 2명, 기수 1명, ④ 평양 : 속 3명, 회사감사관보 1명, 기수 1명, ⑤ 함흥 : 속 3명, 회사감사관보 1명, 기수 1명. 세무서에는 경성세무서 3명, 부산세무서 2명, 대구·평양·청진·웅기·함흥·목포·인천·원산·군산세무서 각 1명씩 모두 14명을 배치했다.

[80] 17명은 ① 평양·함흥 감독국에 회사감사관 각 1명, ② 경성 8명, 대구·함흥 3명, 평양 2명, 광주 1명 등 속 17명, ③ 경성 3명, 광주·평양·함흥 각 1명 등 회사감사관보 6명, ④ 경성 2명, 광주 1명 등 기수 3명이 각각 배치되었다.

[81] 사무관은 경성감독국에서 감원되었으나 경성·평양·함흥감독국에 각 1명씩 배치된 회사감사관 중 감원 인원 1명의 소속 감독국은 자료의 한계로 알 수 없다.

폐지될 때까지 유지되었다.

다. 토지 임대 가격 조사 및 무신고 이동지 신고 사무

일제는 1940년 제3차 세제 정리에서 지세의 과세표준을 지가에서 임대 가격으로 바꾸기로 결정하고, 이를 위해 약 3개년에 걸쳐 토지 임대 가격 조사 사업을 실시하기로 함에 따라 같은 해 12월 제2조의7을 개정해 이를 담당할 임시 정원 344명을 증원했다(『朝鮮總督府官報』 1940/12/16; 『公文類聚』 1940/11/29).[82] 세무 감독국에는 국局속이 경성·대구 각 5명, 광주·평양 각 3명, 함흥 2명, 그리고 국기수가 감독국별 각 1명 등 총 23명이 배치되었다. 세무서에는 속 300명, 기수 21명이 배치되었다. 세무서의 소속 감독국별로는 서屬속의 경우 경성감독국 86명, 광주감독국 56명, 대구감독국 68명, 평양감독국 57명, 함흥감독국 33명 등이다. 기수는 경성감독국 5명, 광주감독국 3명, 대구감독국 5명, 평양감독국 6명, 함흥감독국 2명 등이다.

1942년 11월에는 행정 간소화를 위한 정원 조정에 따라 제2조의7이 개정되어 토지 임대 가격 조사 업무를 담당하던 임시 정원 중 속 189명, 기수 15명이 감소되었다(『朝鮮總督府官報』 1942/11/09; 『公文類聚』

---

[82] 자료 상태가 좋지 않아 개별 세무서별 배치 인원은 판독하기 어렵다. 다만 광주 세무 감독국 관할 세무서별 임시 직원 배치 현황은 광주세무감독국(光州稅務監督局 1943, 56~57)에 나와 있다. 토지 임대 가격 조사 사업에 대해서는 조석곤(2012)을 참조.

1942/09/17).[83] 사업이 어느 정도 진척된 데 따른 감원으로 판단된다. 1943년 4월 무신고 이동지無申告 異動地 정리 사무 지도·감독 업무를 담당할 임시 직원 54명이 증원된 것도 토지 임대 가격 조사 사업의 연장선에 있다(『朝鮮總督府官報』 1943/04/12; 『公文類聚』 1943/09/15).

무신고 이동지란 지적공부地籍公簿의 지목과 다른 지목으로 형질이 변경되었으나 이를 신고하지 않은 토지를 말한다. 이를 방치할 경우 지적공부가 현실에 맞지 않을뿐더러 과세에도 큰 문제가 되기에 세무 관서에서 조사 신고를 하도록 하다가 1938년부터는 조선지적협회를 설립해 이를 담당하게 해왔다(『每日申報』 1938/01/26). 나아가 1943년 임대 가격 기준의 지세 과세가 시작되는 것을 계기로 무신고 이동지를 일소一掃할 5개년 사업을 수립하고 이를 위해 임시 직원 증원을 단행한 것이다.

라. 토지 측량표 사무

1937년 7월 토지 측량표 사무에 종사하는 세무 감독국 기수 5명이 증원되어 세무 관서 폐지 때까지 유지되었다(『朝鮮總督府官報』 1937/08/06; 『公文類聚』 1937/07/07b). 토지개량, 시가지 계획, 철도 건설 등으로 말미암아 일반 지적 이동 정리 사무는 점차 증가하는 가운데 1936년 조선토지측량표령이 공포·시행됨에 따라 세무 감독국이 도근점표석圖根點標石과 그 부지의 보관 사무를 담당하게 되었다(『朝鮮總督

---

[83] 자료의 한계로 세무 감독국 및 세무서 전체 인원 대상의 조정 현황만 알 수 있다.

2부 대표와 동의 없는 과세

府官報』1936/02/18; 1936/07/14). 도근점표석은 지적측량을 위한 기준점 표식 중 하나로, 세무 감독국이 시가지에 이미 설치된 도근점표석의 조사·복구 및 신설을 위한 6개년 계획을 세우고 이 사무를 담당할 인력을 증원한 것이다.

③ 고원을 포함한 세무 관서 인력 운용의 추이와 특징

〈표 3-12〉는 지금까지 살펴본 세무 관서의 연도별 상시 및 임시 직원의 정원과 고원을 포함한 실제 재직 인원(현원現員)을 비교한 것이다. 한편 8년간 정원 내에서 인력을 운용하다가 1942년에 현원이 정원보다 1%를 초과한 것으로 나타나는데 이는 임시 직원의 현원이 정원을 초과했기 때문이다. 일제 공문서에 따르면 1943년 2월 현재 세무 관서의 임시 직원 현원은 제2조의7보다 세무 감독국 5명, 세무서 62명 등 67명이 초과되고 있다(『公文類聚』1943/09/15).[84] 이는 일본 본국의 행정 간소화 방침에 따라 임시 직원 설치제의 정원은 감축했지만 토지 임대 가격 조사 사업이 마무리되지 않았고, 무엇보다도 임시이득세가 거듭 증징되어 사실상 상시 사업으로 계속됨에 따라 불가피하게 정원을 초과하는 인원을 유지한 데 따른 것으로 보인다.

---

[84] 세무 감독국은 속 5명이, 세무서는 속 55명, 기수 7명이 각각 정원 초과 근무자로 나타나고 있다. 조선총독부 세무과도 임시 직원의 정원보다 5명(기사 1명, 속 2명, 기수 2명) 초과되어 있다.

표 3-12 **세무 관서의 정원과 재직 인원(현원) 추이**(1934~43년; 단위 : 명)

연도	세무 관리의 정원			세무 관리와 고원의 재직 인원(현원)					정원 대비 관리 현원(%)	변동 추이 (1934년 = 100)			
				인원수			비중(%)						
	상시	임시	계	관리	고원	총원	관리	고원		정원(계)	관리	고원	총원
1934년	1,142	-	1,142	1,071	1,453	2,524	42	58	94	100	100	100	100
1935년	1,142	-	1,142	1,092	1,447	2,539	43	57	97	100	102	100	101
1936년	1,164	4	1,168	1,100	1,409	2,509	44	56	94	102	103	97	99
1937년	1,235	9	1,244	1,191	1,447	2,638	45	55	96	109	111	100	105
1938년	1,350	32	1,382	1,336	1,412	2,748	49	51	97	121	125	97	109
1939년	1,456	46	1,502	1,466	1,443	2,909	50	50	98	132	137	99	115
1940년	1,537	409	1,946	1,783	1,257	3,040	59	41	92	170	166	87	120
1941년	1,475	469	1,944	1,878	1,664	3,542	53	47	97	170	175	115	140
1942년	1,630	263	1,893	1,915	1,537	3,452	55	45	101	166	179	106	137
1943년	1,711	317	2,028	(1,765)	(1,435)	(3,200)	(55)	(45)	(87)	178	(165)	(99)	(127)

주 : 1) 세무 관서 관제와 임시 직원 설치제 제2조의7에 규정된 정원은 모두 판임관 이상의 세무 관리이므로 여기에 관리의 신분을 얻지 못한 고원은 반영되어 있지 않다. 따라서 임시 및 상시 직원의 정원은 현원 중 관리의 정원을 의미함.
2) 세무 관리의 정원 중 '상시'는 조선총독부 세무 관서 관제의 정원, '임시'는 조선총독부 부내 임시 직원 설치제 제2조의7의 정원임.
3) 재직 인원은 1934~42년은『朝鮮總督府統計年報』(각 연도) 수치임.
4) 1943년 재직 인원은『朝鮮稅務統計書』(1942)에 기록된 1943년 4월 현재 수치로 같은 해 4월 상시 정원 증원 및 이에 수반한 고원 증원 등이 반영되지 않았을 가능성이 큼.
자료 :『朝鮮總督府官報』;『日本官報』;『朝鮮總督府統計年報』;『朝鮮稅務統計書』에서 작성.

고원을 포함한 세무 관서의 전체 인력 운용은 1939년을 기점으로 고원 중심의 전반기와 세무 관리 중심의 후반기로 구별된다. 조선총독부는 일본 내각의 긴축재정 정책하에서 10년간 세무 기구 독립을 추진해 왔기 때문에 재정에 부담을 주는 비용 증가를 극도로 꺼렸고, 세무 관리를 적게 임용하는 대신 급료가 싼 조선인 고원을 대규모로 채용해 일선 세무서에 집중 배치했다. 그 결과 직원의 절반 이상을 고원으로 채용한 세무서가 전체 99개 중 88개에 달했다. 그러나 이는 '법규의 오석誤釋' 등 세무 행정의 질을 떨어뜨려 과세에 대한 '불평 원망'을 증가시키는 등(吳南柱 1935,

55) 안정적인 조세 증징을 어렵게 했다.

이에 고원 채용 절차의 개선 및 신분 안정화, 교육 강화와 함께[85] 초기 58%에 달하던 고원 비중을 점차 줄여 1939년 절반 수준이 되었고, 1940년에는 41%까지 감소한다. 1941년부터는 고원이 다시 증가하는데 이는 1940년 말부터 3개년 계획으로 추진된 토지 임대 가격 조사 사업과, 태평양전쟁 발발에 따른 전비 마련을 위한 기록적인 조세 증징의 영향으로 보인다. 하지만 1943년 말 세무 관서 폐지 때까지 고원 비중은 전반기와는 달리 절반 미만을 유지했을 것으로 보인다.

고원을 포함한 세무 관서 전체 직원은 설치 당시 2500명 규모에서 10년 동안 약 40%, 1000여 명이 증가해 세무 관서 폐지 시기에는 3500명 규모에 달했다. 10년간 세무 관리 정원은 1142명에서 2028명으로 1.8배로 증가했다. 중일전쟁기에 한 차례 정원이 크게 증가해 1940년이 되면 1934년에 비해 70%가 증가했다. 1941년에는 일본 본국의 행정정리에 따라 감소하다가 그해 말 태평양전쟁 발발 이후 다시 증가해 폐지 직전인 1943년이 되면 1934년 대비 78%가 많은 정원수를 기록하게 된다.

현원 기준으로는 판임관 이상 관리가 1071명에서 1915명(1942

---

85 1935년 6월부터는 '고원의 지위를 안정시키고 대우를 통일하기 위해' 세무서 고원 중 정수를 제한해 그 급료를 세무 감독국 직접 경리로 하고 판임관을 임용할 경우 이들 중에서 전형을 거쳐 선발하는 것을 원칙으로 했다(『第一號 秘書例規 甲種 庶務課』 1935/06/12). 고원에 대한 교육 강화 필요성에 따라 각종 강습회 등을 거쳐 1940년 세무 관리 양성소 설치로 발전한다(『朝鮮總督府官報』 1940/02/12).

년)으로 1.8배로 증가했다. 반면 1934년 대비 1941~42년 고원 규모는 약 1.1배 안팎으로 증가 폭이 가장 낮았다. 더욱이 1940년까지는 고원 규모가 동결되거나 감소해 왔다는 점에서 조선총독부가 안정적인 조세 증징을 위해 세무 관리 중심의 인력 운용으로 전환을 꾀해 왔음을 확인할 수 있다.

(2) 사무 분장의 변화

세무 관서의 내부 부서 편제와 담당 업무를 담은 사무 분장 규정은 세무 감독국과 세무서로 각각 나누어 1934년 5월 1일 제정되었다. 당시 세무 감독국은 2부 6과제를, 세무서는 3과제를 채택했는데, 1943년 세무 관서가 폐지될 때까지의 변화 내용을 살펴본다.

① 세무 감독국

세무 감독국의 사무 분장 규정은 부서의 구성과 배치를 바꾼 두 차례를 포함해 총 다섯 차례 개정되었다. 시간 순서로 개정 요인과 내용을 살피되 앞의 세무 관서 관제 및 임시 직원 설치제의 변화와 겹치는 요인이 있으므로 이를 감안해 서술하기로 한다.

세무 감독국의 사무 분장 규정은 1937년 4월 처음 개정되었다. 회계과의 업무 중 '관유재산에 관한 사항'이 '국유재산에 관한 사항'으로 바뀌었으며, '역둔토에 관한 사항'이 삭제되었다(『朝鮮總督府官報』 1937/04/01b). 이는 뒤에서 살펴볼 세무서 사무 분장 규정 개정과 마

그림 3-1 **조선총독부 세무 감독국(및 도 재무부) 조직의 변화**(1934~45년)

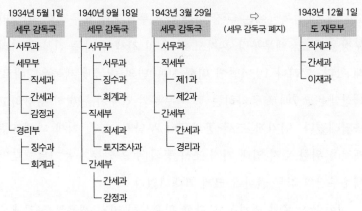

자료 : 『朝鮮總督府官報』; 朝鮮總督府財務局 編(1944, 1048~1049, 「道事務分掌規程(準則)」)에서 작성.

찬가지로 1937년 4월 1일부터 일본의 국유재산법이 식민지 조선
에도 시행됨에 따라 관유재산관리규칙 및 역둔토특별처분령이 폐
지된 데 따른 것이다(『朝鮮總督府官報』 1936/08/19). 1938년 7월 제2차 개
정에서는 서무부에 감정과를 두어 간세과에서 담당하던 분석 및 감
정에 관한 업무를 담당하게 했다(『朝鮮總督府官報』 1938/07/01).[86] 이는 간
세과의 업무 부담을 줄이려는 개정으로 보인다.

1940년 9월 제3차 개정에서는 세무 관서 관제 설치 이래의 세
무부·경리부·서무과의 2부 1과제를 서무부·직세부·간세부의 3부

---

86 1934년 세무 감독국 설치 당시부터 경성·대구·평양 세무 감독국에는 직세과 및 간세과
외에 감정과를 두어 분석 및 감정에 관한 사항을 담당하고 있었다(『朝鮮總督府官報』 1934/05/
01a). 따라서 1938년 7월의 개정은 그간 감정과를 두지 않았던 광주·함흥 세무 감독국에
까지 감정과를 설치한다는 의미이다.

제로 부서 구성과 배치를 대폭 변화시켰다(『朝鮮總督府官報』 1940/09/18). 그동안 각 감독국에는 국장 아래에 서무과장과 세무부장 및 경리부장을 두고, 세무부장 혼자서 직세 및 간세의 사무 전부를 처리해 왔다. 그러나 1934년에 비해 1940년의 내국세 세목은 2배로, 예산액은 3.7배로 증가하는 등 세무부의 업무가 급격히 팽창하고 복잡해졌다. 여기에 조세·공과금의 부담액 조사, 지세 과세표준 개정을 위한 토지 임대 가격 조사 등의 주요 업무가 추가됨으로써 세무부장의 직무 권한이 크게 확대되었다.

이처럼 업무와 권한을 분할할 필요성이 커진 세무부를 직세부와 간세부로 나누는 한편, 기존에 독립된 과였던 서무과를 경리부로 흡수하고 그 명칭을 서무부로 개정해 3부제로 전환한 것이다(『公文類聚』 1940/05/24). 또한 곧 개시될 토지 임대 가격 조사 감독 업무를 위해 직세부에 토지조사과를 신설했으며, 세무부에 있던 감정과는 간세부로 이동시켰다.

1941년 3월 제4차 개정에서는 회사직원급여임시조치령이 폐지되고 대신에 회사경리통제령이 공포되었는데, 그에 따른 업무 변화를 반영한 개편이 이루어졌다. 우선 직세부 직세과 담당 업무 중 '회사직원급여임시조치령에 관한 사항'을 '회사경리통제령의 시행에 관한 사항'으로 개정했다. 또 경성 세무 감독국의 직세부에는 직세과 및 토지조사과 외에 회사감사과를 두어 이 사무를 분장케 했다(『朝鮮總督府官報』 1941/03/19).[87]

---

[87] 회사경리통제령과 관련 세무 감독국은 자본금 100만 원 이하 회사의 배당·배당률·적

토지 임대 가격 조사 사업이 마무리되어 가던 1943년 3월 제5
차 개정이 단행되어 직세부·간세부·서무과의 2부 1과 체제로 대
폭 개편되었다. 가장 큰 변화는 직세부 산하의 토지조사과를 폐지
하고 직세부를 제1과와 제2과로 개편한 것이었다(『朝鮮總督府官報』 1943/
03/29).[88] 토지 임대 가격 조사가 큰 틀에서는 일단 마무리된 상황을
반영하는 한편, 직접세의 거듭된 증징에 따라 복잡해진 직세 사무
를 분화한 것이다.

② 세무서

1934년 세무 관서 설치 이후 1943년 폐지 때까지 조선총독부
세무서 사무 분장 규정은 모두 네 차례 개정되었다. 1935년 8월
제1차 개정에서는 주재원사무소 설치를 위해 제5조를 추가했다.
이에 따라 8월 27일 장진군 군내면에 함흥세무서 주재원사무소
가, 9월 5일에는 울릉도 도동道洞에 포항세무서 주재원사무소가 각

립금과 직원 및 사원 급여 등과 관련한 경리에 대한 검사 및 감사 허가 업무 등을 담당
하게 했다(『公文類聚』 1941/02/20).

88 세무감독국 사무분장규정 제4조에서 제1과의 사무는 ① 제2과에 속하지 않는 직접세
사무의 감독에 관한 사항, ② 직접세 등의 부담의 조사에 관한 사항, ③ 회사경리통제령
의 시행에 관한 사항으로 규정되었다. 또 제5조에서 제2과의 사무는 ① 직접세 중 지세,
광세, 상속세, 건축세 및 등록세 사무의 감독에 관한 사항, ② 토지 임대 가격 조사 사무
의 감독에 관한 사항, ③ 이동지 조사 사무의 감독에 관한 사항, ④ 국유재산에 관한 사
항. 제6조 경성 세무 감독국의 직세부에는 제1과 및 제2과 외에 회사감사과를 두어 제4
조의 제4호 사무를 담당하는 것으로 규정되었다.

그림 3-2　조선총독부 세무서 조직의 변화

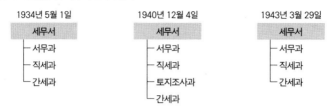

자료:『朝鮮總督府官報』.

각 설치되었다(『朝鮮總督府官報』 1935/08/27; 1935/09/14; 1935/09/18).[89]

　국유재산법이 조선에서 시행됨에 따라 관유재산관리규칙 및 역둔토특별처분령이 폐지되고, 세무서가 국유재산의 경계 조정에 관한 업무를 맡게 됨에 따라 1937년 4월 제2차 개정이 이루어졌다. 이에 따라 세무서 서무과의 업무 중 '관유재산에 관한 사항'이 '국유재산에 관한 사항'으로 바뀌었으며, 역둔토에 관한 사항은 삭제되었다. 또한 직세과의 업무에 '국유재산의 경계 조정에 관한 사항'이 추가되었다(『朝鮮總督府官報』 1937/04/01a).

　1940년 12월 제3차 개정에서는 토지 임대 가격 조사 사업이 개시됨에 따라 토지조사과를 신설했다(『朝鮮總督府官報』 1940/12/04). 또 1943년 3월 제4차 개정에서는 토지 임대 가격 조사가 마무리되어 감에 따라 토지조사과를 폐지하고 관련 사무는 직세과에 통합했다(『朝鮮總督府官報』 1943/03/29). 아울러 서무과 사무였던 국유재산에

---

89 장진군 군내면에 설치된 함흥세무서 주재원사무소는 1939년 9월 30일 폐지되었다(『朝鮮總督府官報』 1939/09/22).

관한 사항이 직세과로 이동되었다.

(3) 명칭·위치·관할구역의 변화

세무 관서 설치 당시 5개 세무 감독국, 99개 세무서로 출발한 이래 1943년 폐지 때까지 세무 감독국의 명칭·위치·관할구역은 변화가 없었고 세무서의 명칭·위치·관할구역만 열 차례 개정되었다.

열 차례 개정 과정에서 명칭·위치·관할구역 중 하나라도 바뀐 세무서는 37개이다. 22개 세무서는 위치만, 8개 세무서는 위치와 관할구역이, 5개 세무서는 관할구역만, 1개 세무서는 위치와 명칭이 변경되었다.[90] 또 10년 동안 1개 세무서가 폐지되고 다른 1개가 신설되어 99개였던 세무서는 98개로 줄었다가 1943년 세무 관서 폐지 당시 99개를 유지하고 있었다.[91]

37개 세무서의 명칭·위치·관할구역 변경 사유를 살펴보면 행정구역 변경에 따른 위치(정확히는 세무서 주소) 변경이거나 관할구역 변경이 절대다수이다. 21개 세무서는 면이 읍으로 승격됨에 따라 위치(주소) 또는 관할구역이 변경되었다. 1942년 혜산진세무서, 1937년 원주 등 6개 세무서, 1938년의 평택 등 4개 세무서, 1940년 영동 등 5개 세무서, 1942년 양주 등 5개 세무서의 위치

---

[90] 혜산진세무서가 한 번은 위치만, 또 한 번은 위치와 관할구역이 바뀌어 두 차례 변경되었다.

[91] 세무 관서 관제 폐지에 따라 세무 감독국은 폐지되었지만 세무서는 각 도(道) 산하로 그대로 존재했다.

또는 관할구역 변경이 여기에 해당된다. 7개 세무서는 읍이 부로 승격되면서 위치(주소) 또는 관할구역이 변경되었다. 1935년 대전 등 3개 세무서, 1936년 웅기세무서, 1938년 해주세무서, 1941년 성진세무서, 1942년 진주세무서의 위치 또는 관할구역 변경이 여기에 해당된다.

1942년 혜산진세무서와 원산세무서는 군의 신설 또는 변경에 따라 위치(주소) 또는 관할구역이 변경되었고, 같은 해 용인세무서는 청사가 자리한 용인군 수여면이 용인면으로 명칭이 바뀌어 위치(주소)가 변경되었다. 또 1936년 영등포세무서의 폐지와 인천·수원세무서의 관할구역 변경은 경성부의 구역 확장에 따른 것이다. 즉, 1936년 2월 경성부의 구역이 시흥군과 김포군 일대까지 확장되었다.

이에 조선총독부는 3월 16일 이 일대를 관할구역으로 삼아 온 경성감독국의 영등포세무서를 폐지하고, 김포군은 인천세무서가, 시흥군은 수원세무서가 각각 관할하도록 했다(『朝鮮總督府官報』 1936/02/14; 1936/03/16). 이상 행정구역 변경에 따른 세무서의 명칭·위치·관할구역 변경은 비교적 그 내용이 단순하므로 행정구역 변경 이외의 사유에 따른 변경 4건에 대해 살펴본다.

먼저 창성세무서의 위치 및 명칭 변경을 보자. 1939년 8월 창성세무서의 명칭이 삭주세무서로 변경되고 위치는 창성군 창성면에서 삭주군 삭주면으로, 명칭은 삭주세무서로 변경되었다(『朝鮮總督府官報』 1939/08/01). 세무서의 명칭이 변경된 것은 1934년 세무서 설치 이후 처음이자 일제하에서는 유일한 사례이다. 이는 수풍댐 건설 및 평북선 개통과 관련이 깊다.

창성세무서는 1934년 처음 설치될 때 평안북도 창성군·삭주군·벽동군 등 3개 군을 관할구역으로 하여 창성군청사 내에 30평(약 100제곱미터) 규모의 임시 청사를 마련하고 집무를 시작했다.[92] 그러나 불편한 점이 많아 청사 신축을 추진했으며, 지방 유지와 관계 당국의 알선으로 부지 선정까지 마쳤다. 그런데 막 공사에 착수할 즈음 삭주군 구곡면 수풍동에 조선총독부 '국책 사업'으로 '세계적인 규모'의 수력발전소인 수풍댐을 축조하고 아울러 댐이 있는 삭주군과 정주군을 잇는 평북선平北線을 건설하는 계획이 수립되었다.

이에 따라 창성군에 신축하려던 계획을 수정해 국경 지역의 물자가 집산되는 중요 지역으로 부상한 삭주군으로 세무서를 이전하기로 했다. 1938년 9월 삭주군 삭주면에서 신축 공사를 시작해 "수전회사 및 관민 유지의 물질적·정신적 원조와 상부 당국의 주도적인 지도·감독 아래" 1939년 8월 1일 조선총독부령 제119호로써 서명을 삭주세무서로 변경함에 따라, 위치 변경을 공포하고 8월 10일 이전식을 거행했다. 함흥 세무 감독국 명천세무서의 경우도 1937년 7월 청사 신축 공사를 시작해 10월 준공 예정이었던 점을 감안하면(『東亞日報』 1937/07/06) 10월 위치가 명천군 하우면에서 상우북면으로 변경된 사유도 청사 신축에 따른 이전이었을 것으로 보인다.

---

[92] 창성세무서의 이전과 명칭 변경 경과는 김의준(金儀俊 1940, 97)을 참조. 수풍댐 축조 공사는 1937년 10월부터 1943년 11월까지 진행되었고, 평북선은 1939년 10월 개통되었다.

1943년 4월 용산세무서 신설과 경성세무서 관할구역 변경은 일
제 말기 거듭된 조세 증징에 따라 경성 일대의 세무 행정 사무가
폭주한 결과이다. 용산세무서 신설 배경에 대해 조선총독부 기관지
매일신보는 "중일전쟁 이래 임시 증세 등 누차에 걸친 세제의 개정
과 경성부의 비약적인 발전에 따라 폭주하는 세무 행정을 원활하
게 처리하기 위한 것"이라고 밝히고 있다(『每日新報』 1943/03/14; 1943/04/
29). 용산세무서는 종래 경성세무서의 관할구역 중에서 용산·서대
문·영등포와 고양군 관내를 분할해 관할했는데, 이로써 1936년
영등포세무서 폐지로 줄었던 세무서 수는 다시 99개로 증가했다.

(4) 세무 관서 존속 기간의 조세 징수 변화

1934년 일반 소득세를 중추로 한 세제의 개편과 세무 기구 독
립 이후 전시 증세를 거치면서 조세의 규모와 구조가 크게 변화했
다. 내국세액은 10년 만에 12배로 급증했고 조세의 구조도 크게
변화했다. 세무 기구 독립 첫해 내국세 중 12%를 점하던 소득세는
1937년 제2세목으로, 1939년부터는 제1세목으로 올라섰다. 소득
세의 증가와 임시이득세 증징 등에 따라 1918년 이래 고착화된
간접세 중심의 국세 구조도 변화했다. 1934년 42%이던 직접세 비
중은 소득세가 제2세목이 된 1937년 49%로 간접세와 격차를 좁
혔다. 소득세가 제1세목이 된 1939년에는 직접세 비중이 54%로
역전되어 1942년까지 57~62%를 유지했다. 하지만 1943년 전비
마련을 위해 간접세를 무차별 증징한 결과 간접세 중심으로 재역
전되었다(이하 〈표 3-11〉 참조).

조세의 증징을 뒷받침하기 위해 인력을 크게 늘린 결과 1934년 2500명 규모이던 세무 인력은 1941~42년 3500명 규모로 약 40% 증가했다. 세무 인력의 확충은 인건비를 비롯한 징세비의 증액으로 연결되었다. 1934년 세무 기구 독립 당시의 징세비는 과도한 고원 비중 등의 요인으로 독립 이전에 비해 조금 낮은 수준이었으나 인력 충원 등 요인이 작용해 이듬해부터 늘기 시작했다. 그 결과 1934년 313만 3000원이던 내국세 징세비는 1943년 4배가 넘는 1295만 3000원으로 급증했다.

그러나 세무 인력의 증원과 이에 따른 징세비의 증가에도 불구하고 내국세액의 증가 속도가 훨씬 빨랐기 때문에 세무 관리의 평균 내국세 징수액은 점차 증가했고, 거꾸로 일정 금액의 내국세를 걷는 데 소요되는 징세비는 점차 감소했다. 세무 직원 1인당 내국세 징수액은 1934년 1만 6700원에서 1938년 3만 4700원으로 2배 넘게 증가한 데 이어, 1942년에는 9만 7300원으로 늘어나 1934년 대비 5.8배 수준으로 증가했다. 일제의 조선 병합 이후 줄곧 10원 이상을 기록하던 100원당 징세비는 세무 기구 독립 첫해 처음으로 7.4원으로 감소했고 1938년부터 3~4원대 수준으로 낮아졌다. 1943년에는 2.6원으로 낮아져 10년 만에 3분의 1 수준이 되었다. 이는 세무 관서 설치 이후 조선총독부의 세무 인력 확충을 통한 조세 증징이 대단히 효율적으로 진행되었음을 의미한다.

3) 세무 관서 폐지 이후(1943년 12월~1945년 8월)의 세무 기구 변화

(1) 세무 감독국 폐지

일제는 1943년 11월 30일자로 조선총독부 세무 감독국을 폐지하고 각 도에 재무부를 부활해 국세와 지방세 사무, 회사 경리 사무를 관장하게 했다. 세무서는 도지사의 관할 아래 두어 내국세 부과 징수 등 기존 사무에 더해 지방세 업무를 추가로 담당하게 했다(『朝鮮總督府官報』 1943/12/08b).[93] 세무 감독국 폐지는 태평양전쟁 전황의 악화에 대응하려는 일본 내각의 '행정 기구 정비 강화' 방침에 발맞춰 조선총독부가 단행한 이른바 '결전행정' 확립을 위한 행정 기구 개혁의 일환이었다(『每日新報』 1943/11/02). 이와 관련해 아베 노부유키阿部信行 조선 총독은 그 이유를 "도지사의 활동 범위를 확충·강화하여 그 종합 행정의 기능을 일원적으로 전력 증강에 집중하고 상하일치 관민일체 국가 최고 목적에 즉응하야 종횡으로 활약시키려고 하는 의도에서 나온 것"으로 설명하고 있다(『每日新報』 1944/08/26).[94]

---

[93] 조선총독부 세무 관서 관제가 폐지되는 것은 칙령 제896호의 부칙에 의해서였다. "(부칙) 본령은 공포일로부터 시행한다. 조선총독부 세무 관서 관제, 조선총독부영림서관제 및 조선총독부직업소개소관제를 폐지한다."

[94] 김민철(2003, 306)에 따르면 1943년 조선총독부의 행정 기구 개편은 식민지 조선에서 식량의 증산, 지하자원과 기타 군수물자의 개발·증산, 육해 수송력 증강, 징병과 기타 인적 자원의 수탈을 위해 행정 기구를 일원적 통합 체제로 대폭 축소 개편한 데 그 특징이 있다.

표 3-13. **조선총독부 지방 행정 기구 개혁 요강**(1943년)

제1요령	① 중앙 업무를 하부로 위양委讓해 지방 기구를 강화 ② 지방관청이 할 수 없는 특수 업무 외에는 폐지·이관해 지방장관 권한을 집중적으로 강화 ③ 총독부 중앙 기구의 개편에 대처해 지방 기구를 개편
제2요령	① 지방철도국을 지방교통국으로 개조 ② 해사서와 세관을 지방교통국 소관으로 함 ③ 세무 감독국을 폐지하고 도 재무부 설치 ④ 세무서를 도의 소속으로 함 ⑤ 사정국 토목출장소를 폐지하고 해당 사무를 도에 이관 ⑥ 영림서를 도의 소속으로 함 ⑦ 직업소개소를 폐지하고 사무를 부군으로 이관 ⑧ 도의 산업부를 광공부로, 식량부를 농상부로 개조하고 각 부 사무를 조정 ⑨ 꼭 필요한 읍면에 관리를 배치

자료 : 『公文類聚』(1944/10/14).

제2차 세계대전에서 패색이 짙던 일본은 1943년 10월 군수생산 자금 동원을 위해 중앙정부에 군수성·농상성·운수통신성을 신설하는 한편, 지방 기관이 할 수 없는 특수 업무를 제외한 중앙행정을 지방으로 이양하는 것을 주 내용으로 하는 '지방행정기구정비강화조치요강'을 발표했다(『每日新報』 1943/10/20). 이에 발맞춰 조선총독부도 같은 해 12월 광공국·농상국·교통국 신설 등 중앙 행정 기구 개편과 함께 중앙 업무의 하부 이양을 축으로 한 지방 행정 기구 개편을 단행했다. 조선총독부의 지방 행정 기구 개편 요강의 주요 내용은 〈표 3-13〉과 같다.

요약하면 세무 행정은 '지방관청이 할 수 없는 특수 업무'에서 제외되었고, 세무 관서가 도지사의 권한을 강화하기 위한 기구 폐지 목록에 포함된 것이다. 이로써 약 10년에 걸친 식민지 시기 독립적 세무 기구의 역사는 종말을 고하고 세무 행정은 다시 지방행정에 통합되었다. 또한 감독 기관이 폐지된 가운데 집행기관인 세무서는 지방행정기관인 도 관할로 존속해 내국세와 지방세 업무를 함께 담당하는 기형적 체계로 남게 되었다.[95]

그런데 일본 내각의, '지방관청이 할 수 없는 특수 업무를 제외한 중앙행정의 지방 이양' 방침에 따라 조선의 세무 감독국이 폐지된 것과 달리 일본의 세무 감독국은 재무국으로 명칭을 바꾸어 독립적 세무 기구를 계속 유지했다.[96] 결국 세무 감독국의 폐지와 세무서의 기형화는 패망 직전 일제가 단행한 '결전행정 기구' 확립의 식민지 버전이었던 것이다.

한편 세무 관서 관제 폐지 이후에도 조선총독부는 연속적인 대증세를 단행했다.[97] 1944년 '전세의 악화를 저지'하기 위한 총력전에 돌입하면서 4월에 소득세를 비롯해 21종의 세목 전반에 걸쳐 30~100%의 대대적 증세를 단행하고 과세 범위를 확대했다. 또 외

....

95 이런 기형적 체계는 미군정기인 1948년 3월 각 도 재무국이 폐지되고 세무 감독국의 후신인 9개 사세청을 설치해, 일반 지방행정으로부터 세무 행정을 분리 독립시킬 때까지 계속되었다.

96 일본에서는 1937년 중일전쟁 발발과 1938년 국가총동원법 시행 이래 매년 기록적인 전시 증세가 누적된 결과 세무 감독국의 징세 사무가 증대했다. 이에 따라 징세 사무 외에 국유재산 관리, 회사 직원 급여 임시 조치 등 내국세 외의 사무를 세무 감독국에서 분리해 담당할 수 있도록 지방부국地方部局으로 재무국을 설치하자는 안이 대장성 내에서 제기되었다. 그러나 대장성 산하에 지방 기관을 추가로 설치하기가 어려워지자 1941년 7월 세무 감독국을 재무국으로 개칭해 내국세 사무, 회사 경리 통제 사무, 국유재산 관리, 예금부 자금의 운용 및 경리사무를 함께 담당하게 했다(『日本官報』 1941/07/16). 1943년 11월 군수성 등의 설치와 지방 행정 기구 개편 때에도 회사경리통제령에 관한 보고서 제출 사무가 추가됐을 뿐 독립적 세무 기구의 위상은 변함이 없었다. 세무서는 명칭 변경 없이 담당 사무만 확대되었다(日本大蔵省財政金融研究所財政史室 編 1998b, 342~343).

97 1944년, 1945년 세제 개정 내용은 박기주(2012, 225~226)를 참조.

형을 과표로 하는 영업세를 폐지하고 순익을 과표로 하는 사업세를 신설했다. 사업세는 영업세 외에 거래소세와 광산세를 통합한 것으로 세율은 법인이 4%, 개인이 2.6%였다(『朝鮮總督府官報』1944/03/31a; 1944/03/31b; 1944/03/31d; 1944/03/31e; 1944/03/31f). 패전의 전망이 짙어진 1945년에도 소득세·특별법인세·자본이자세·임시이득세·지세·사업세·통행세·주세·입장세·유흥음식세에 대해 세율을 인상하는 등 대증세를 단행했다(『朝鮮總督府官報』1945/03/15).

(2) 도 재무부의 부활과 사무 이관

① 도 재무부의 부활

그간 세무 감독국이 맡고 있던 업무는 각 도 재무부로 이관되었다.[98] 재무부의 사무는 세무 감독국의 내국세 부과 징수 감독, 국유재산 관리, 회사 경리 통제 외에 지방세, 저축 장려, 지방 금융, 보험·유가증권, 금 관리 등 지방세 및 지방 금융 등 재무 관련 업무를 포괄하고 있다. 도 재무부는 직세·간세·이재과의 3과 체제를 채택해 일제 패망 때까지 그대로 유지되었다. 각 과별 사무 내용은 〈표 3-14〉와 같다.

---

[98] 선행 연구에서는 1943년 12월 세무 감독국의 사무를 인계받아 부활된 기관을 '도 재무국'이라 표현하고 있는데(국세청 1996b, 299) 이는 잘못이다. 도 재무부가 도 재무국으로 명칭이 바뀐 것은 미군정기인 1946년 10월이다(『미군정관보』1946/10/23).

표 3-14 **조선총독부 도 재무부의 사무 분장(1943년 12월~1945년)**

도 재무부	각 과	
① 세무서 감독 ② 국세 및 지방세 ③ 조세 부과 물건의 분석·감정 및 조사 ④ 지적 ⑤ 납세 시설 ⑥ 주류의 생산·배급 ⑦ 세외 제 수입 ⑧ 국유재산 ⑨ 저축 장려 ⑩ 회사 경리 통제 및 임시 자금 조정 ⑪ 지방 금융 및 금융기관 ⑫ 유가증권업 ⑬ 도 금고의 감독	직세과	① 직접국세 및 지방세의 부과 ② 국세 및 지방세 등의 부담 조사 ③ 지적 ④ 토지 임대 가격 조사 ⑤ 이동지 조사 ⑥ 국유재산 ⑦ 재무 직원의 강습 훈련 ⑧ 부내 타 과의 주관에 속하지 않는 사항
	간세과	① 간접국세 ② 조세 부과 물건의 분석·감정 ③ 국세 지방세의 징수 및 세외 제 수입 ④ 납세 시설 ⑤ 징세비의 경리 ⑥ 주류의 생산·배급
	이재과	① 지방 금융 ② 금융기관 감독 ③ 도 금고의 감독 ④ 자금 조정 ⑤ 저축 장려 ⑥ 보험업 ⑦ 유가증권업 ⑧ 금의 관리 ⑨ 회사 경리 통제

자료 : 『朝鮮總督府官報』(1943/12/01b); 『朝鮮稅務法規提要』(1944, 1048~1050, 「道事務分掌規定」).

② 사무 이관과 정원 이동

세무 감독국의 인력도 대부분 각 도 재무부로 전환 배치되었다. 5개 세무 감독국 164명 중 2명을 제외한 162명이 13개 도 재무부 해당 업무 정원으로 전환 배치[組替]되었다(『公文類聚』 1943/11/26).[99]

---

[99] 세무 감독국 국장 5명과 감독국 서기관 8명 등 13명은 도 사무관으로, 감독국 사무관 11명은 도 이사관으로, 감독국 기사 5명은 도 기사로, 감독국 속 105명은 도 속으로 각

표 3-15 **도 재무부**(이재과 및 회사감사과 제외) **직원 정원표**(1944년 5월 31일 전후; 단위 : 명)

		경기	충북	충남	전북	전남	경북	경남	황해	평남	평북	강원	함남	함북	계
사무관	전	1	1	1	1	1	1	1	1	1	1	1	1	1	13
	후	1	1	1	1	1	1	1	1	1	1	1	1	1	13
이사관	전	2			1	1	2		2	1			1	1	11
	후	2	2	2	2	2	2	2	2	2	2	2	2	2	26
기사	전	2				1		1		1					5
	후	3				1		1		2					7
속	전	16	6	7	8	6	7	9	8	9	7	7	8	7	105
	후	20	6	7	8	7	9	13	8	13	8	7	10	9	125
기수	전	4	1	1	2	3	3	2	1	3	2	1	3	2	28
	후	3	1	1	2	3	3	2	1	2	2	1	3	2	26
계	전	25	8	9	11	12	15	10	16	11	9	13	11		162
	후	29	10	11	13	14	15	19	12	20	13	11	16	14	197

주 : 1944년 5월 31일 공포·시행된 칙령 제372호를 기준으로 1943년 12월 1일~1944년 5월 30일은
'전'前, 1944년 5월 31일~1945년 8월 15일은 '후'後로 구분한 것임.
자료 : 『公文類聚』(1944/05/25).

상시 정원 162명의 13개 도 재무부별 배치 현황은 〈표 3-15〉의 '전'前 항목에서 알 수 있다.

1944년 3월 영업세와 거래소세, 광산세를 통합해 사업세를 신설하고 4월에는 소득세를 비롯해 21종의 세목 전반에 걸친 대증세가 단행되어 내국세 사무가 급증하자 1944년 5월 31일 공포된 칙령 제372호를 통해 도 재무부와 세무서 정원을 조정했다. 이 가

각 전환되었다. 다만 감독국 기수 30명은 28명으로 감원되어 도 기수로 배치되면서 총 정원은 2명이 감소한 162명이 되었다. 한편 이 자료에 따르면 기수 30명도 그대로 전환 배치된 것으로 표기되고 있으나, 이듬해 5월 31일 공포된 칙령 제372호에 따르면 기수는 28명으로 2명 감원되었다(『公文類聚』 1944/05/25).

운데 도 재무부 정원 변동(이재과 및 회사조사과 제외)은 도 속 15명을 이사관으로, 도 기수 2인을 도 기사로 각각 승격한 것과, 도 속 20명을 증원하는 내용이었다. 이에 따라 도 재무부 정원은 197명으로 증원되어 일제 패망 때까지 유지되었다. 197명의 13개 도 재무부별 배치 현황은 〈표 3-15〉의 '후'後 항목에서 알 수 있다.

세무 감독국이 폐지되고 해당 업무가 도 재무부로 이양됨에 따라 임시 직원 설치제 제2조의7에 포함되어 있던 세무 감독국의 임시이득세, 토지 측량표, 회사 경리 통제, 무신고 이동지 담당 임시 직원은 제3조 '도 임시 직원' 항목으로 이관되었다. 아울러 회사 경리 통제에 관한 사무 종사자 중 속 17명을 감원하는 대신 기수 17명을 증원했다(『朝鮮總督府官報』 1943/12/08a). 다만 자료의 한계 탓에 어떤 이유로 어느 도의 임시 직원에 변동이 있었는지는 알 수 없다. 이후 일제 패망 때까지 임시이득세, 토지 측량표, 회사 경리 통제, 무신고 이동지 담당 도 임시 직원의 변동은 일어나지 않았다.

(3) 도 세무서의 제도 변화

① 위상과 사무 분장의 변화

세무 관서 관제 폐지 후 세무서는 독립적 세무 기구의 집행기관이라는 위상이 훼손되었다. 조선 총독 관할에서 도 관할로 변경되어 도지사의 지휘·감독을 받게 된 것이다.

조선총독부 지방관 관제

제7조의2 지사는 세무서장의 처분이 법령에 위반된다고 인정될
　　때는 이를 취소할 수 있다.

제31조 세무서장은 지사의 지휘·감독을 받아 서무를 관리하고 부
　　하 직원을 지휘·감독한다(『朝鮮總督府官報』 1943/12/08b).

세무서의 담당 사무 중 가장 큰 변화는 기존 내국세 부과 징수
등 업무에 지방세 업무가 추가되었다는 점이다.

조선총독부 지방관 관제

제27조 도에 내국세에 관한 사무를 집행하기 위해 세무서를 둔다.
　　세무서는 전항의 사무 외 조선 총독이 정한 바에 따라 지방세의
　　부과에 관한 사무를 집행할 수 있다. 세무서의 명칭, 위치 및 관
　　할구역은 조선 총독이 정한다.

제32조 세무서장은 법령에 따라 부읍면에 속한 내국세의 징수 및
　　지방세의 징수에 관한 사무를 감독한다.

구체적으로 추가된 업무는 도세의 부과 및 징수에 관한 업무였다.

조선총독부령 제369호

조선총독부 지방관 관제 제27조의 규정에 의해 세무서는 지방세
중 도세의 부과에 관한 사무를 집행한다(『朝鮮總督府官報』 1943/12/01b;
1943/12/14).

표 3-16 **경기도 세무서의 사무 분장**(1943년 12월 1일)

서무과	① 내국세 및 도세의 징수와 세외수입 ② 납세 시설 ③ 환급, 오납하려 및 교부금의 교부 ④ 회계 ⑤ 청 내 감독 ⑥ 영선 ⑦ 문서의 접수·발송·편찬 및 보관 ⑧ 관보 보고 ⑨ 통계 및 보고 ⑩ 기밀 ⑪ 관인의 간수 ⑫ 타 과의 주관에 속하지 않은 사항
직세과	① 직접국세 및 도세의 부과 및 감면 ② 직접국세 및 도세 검사 ③ 지적 ④ 토지 임대 가격 조사 ⑤ 이동지 조사 ⑥ 국유재산
간세과	① 간접국세의 부과 및 감면 ② 간세에 관한 영업의 면허 ③ 간세의 감시, 검사 및 검정 ④ 조선간접국세범칙자처분령에 의한 처분 ⑤ 주류의 생산 및 배급

자료: 『朝鮮總督府官報』(1943/12/01b).

세무서가 도 관할로 편제된 1943년 12월 1일 공포된 경기도 세무서 사무 분장 규정을 보면 세무서에는 서무·직세·간세의 기존 3과 체제를 유지하는 가운데 도세의 부과·감면·징수·검사, 납세 시설, 주류의 생산 및 보급 등 기존 사무 분장 규정에 없던 업무가 추가되었다(〈표 3-16〉 참조).[100]

---

100 남효중에 따르면 일제 말기에 도세道稅 업무가 세무서로 이관되었고, 이때 직제에서 지방 서기 제도가 있었다(삼척세무서 1991, 322에서 南孝重,「回顧辭」). 남효중은 1944~45년 강

② 정원 변화

세무서가 도 소속으로 재편될 당시 세무서의 상시 직원 정원인 1547명은 그대로 유지되었는데(『朝鮮總督府官報』 1943/12/08b), 도별 세무서 정원 배치 현황은 〈표 3-17〉의 '전' 항목과 같다.[101] 도 세무서의 정원은 1944년 5월에 처음 조정되었는데 사업세 신설 및 21종의 세목 전반에 대한 대증세와 3개 세무서의 신설을 뒷받침하기 위해서였다(『朝鮮總督府官報』 1944/06/09;『公文類聚』 1944/05/29). 먼저 조세 증징에 따른 증원 수요에 따라 사세관보 9명과 속 8명 등 17명의 사세관을 승격하고 속 136명을 증원했다. 여기에 더해 종로·서대문·대동세무서를 신설하기 위해 사세관 4명, 사세관보 1명, 속 5명을 각각 증원했다.

종로·서대문세무서장에는 각각 사세관을, 대동세무서장에는 사세관보를 배치했다. 또 종로세무서 직세 및 간세과장에 각각 사세관 1명씩을 배치하고, 서대문세무서의 서무·직세과장 2명 및 대동세무서의 서무·직세·간세과장 3명 등 5명은 속으로 배치했다. 그 결과 세무서 상시 직원은 총 1701명으로 증원되었는데, 13개 도별 배치 현황은 〈표 3-17〉의 '후' 항목과 같다.

1945년 5월 15일 일제의 마지막 세무서 상시 직원 정원 조정

원도 울진세무서에서 속으로 근무한 경험이 있다.

101 세무서가 도 관할로 편제됨에 따라 세무리 임용 규정도 다시 공포되었다(『朝鮮總督府官報』 1943/12/01b).

표 3-17 **도 세무서 직원 정원표**(1944년 5월 31일 전후)

		경기	충북	충남	전북	전남	경북	경남	황해	평남	평북	강원	함남	함북	계
사세관	전	8	2	3	4	4	5	4	3	2	3	1	2	4	45
	후	14	2	3	5	5	5	7	3	6	4	3	4	5	66
사세관보	전	4	1	3	4	5	4	6	5	4	7	8	4	2	57
	후	4	1	3	3	4	4	5	5	3	6	6	3	2	49
속	전	251	26	64	80	110	127	146	78	106	89	58	85	72	1,292
	후	295	28	70	89	121	141	161	82	118	95	62	93	78	1,433
기수	전	6	3	4	6	7	7	6	5	5	5	5	4	4	67
	후	6	3	4	6	7	7	6	5	5	5	5	4	4	67
세무리	전	9	3	3	5	7	10	12	6	6	6	4	8	7	86
	후	9	3	3	5	7	10	12	6	6	6	4	8	7	86
계	전	278	35	77	99	133	153	174	97	123	110	76	103	89	1,547
	후	328	37	83	108	144	167	191	101	138	116	80	112	96	1,701

주 : 1944년 5월 31일 공포·시행된 칙령 제372호를 기준으로 1943년 12월 1일~1944년 5월 30일은 '전',
1944년 5월 31일~1945년 8월 15일은 '후'로 구분함.
자료 : 『公文類聚』(1944/05/25).

내용이 포함된 칙령 제291호가 공포되었다. 사세관보로 배치되어 있던 경기도 양주세무서장, 충청남도 홍성세무서장, 평안남도 대동세무서장 등 3명을 사세관으로 승격하기 위해 사세관보 정원을 49명에서 46명으로 감원하고, 사세관 정원은 66명에서 69명으로 증원하는 내용이었다. 이들 세무서는 서장이 사세관보로 배치된 세무서 중에서 그 소재지가 부府나 읍邑에 있고 납세액 및 과세물건이 사세관 배치 세무서 못지않은 곳이었다(『朝鮮總督府官報』1945/05/15; 『公文類聚』1945/04/28). 한편 1943년 11월 30일 세무 관서 관제가 폐지된 뒤 임시 직원 설치제에 규정되었던 세무서 임시 직원은 제2조의7에서 제5조로 이동되었을 뿐 인원 변동 없이 일제 패망 때까지 유지되었다(『朝鮮總督府官報』1943/12/08a).

③ 위치·명칭·관할구역의 변화

세무 감독국 폐지 후 세무서 명칭과 위치 및 관할구역이 처음 개정된 것은 1944년 4월이다.[102] 계속되는 대증세에 따라 경기도 경성, 평안남도 평양, 경상남도 부산 등 도시지역의 과세물건과 세액이 급격히 증대하자 3개 세무서를 신설하고 관할구역을 조정한 것이다. 이를 도별로 나누어 살펴보면 다음과 같다(『朝鮮總督府官報』 1944/04/28; 『公文類聚』 1944/05/25).

① 경기도: 경성세무서의 관할구역에서 종로구와 동대문구를 분리해 종로세무서를, 용산세무서 관할구역에서 서대문구와 고양군을 분리해 서대문서를 신설했다. ② 평안남도: 평양세무서의 관할구역에서 대동군, 강동군, 중화군을 분리해 대동세무서를 신설했다. ③ 경상남도: 부산세무서의 관할구역에서 동래군과 양산군을 분리해 김해세무서의 관할구역에 통합했다.

종로·서대문·대동세무서의 신설에 따라 세무서 수는 창설 이래 가장 많은 102개로 증가해 일제 패망 때까지 존속했다.[103] 1944년

---

102 세무 감독국이 폐지되면서 1934년 부령 제45호(『朝鮮總督府官報』 1934/04/30b)를 대신하는 부령 제370호(『朝鮮總督府官報』 1943/12/01a)가 1943년 12월 1일 공포되었다. 그러나 표의 내용에서 감독국이 삭제되었을 뿐, 세무서 명칭과 위치 그리고 관할구역은 직전 개정 내용인 부령 제129호(『朝鮮總督府官報』 1943/04/30)와 같다.

103 국세청이 펴낸 『세정 100년 약사』는 일제 패망 시 조선총독부 세무서 수를 96개로 잘못 기록하고 있다. "세무 감독국은 1943년 전시 총동원 체제로 세제를 개편하면서 폐지되고 각 도에 재무국을 설치하여 업무를 이관했으며 세무서는 96개로 축소하여 1945년 해방 시까지 지속되었다"(국세청 1996b, 299). "국세 행정의 감독 기관인 세무 감독국은 1943년 12월

10월 경기도 서대문세무서의 관할구역에 마포구가 추가되었고(『朝鮮總督府官報』 1944/10/30), 같은 해 11월 함경남도 함흥세무서의 관할구역에 홍남부가 추가되었다(『朝鮮總督府官報』 1944/11/29). 행정구역 개편에 따라 마포구와 홍남부가 각각 신설된 데 따른 후속 조치였다. 이후 세무서의 명칭·위치·관할구역 개정은 없었다.

1일자 조선총독부령 제370호에 의하여 창설 9년 만에 폐지되고 각 도에 재무국을 설치하여 세무 행정을 관장케 했다. 그러나 세무서 기구는 변함없이 당초의 99개소를 그대로 유지하다가 이후 3개를 축소하여 1945년 해방 시에는 96개소가 존속되었다"(국세청 1996b, 350). 그 영향으로 최근까지도 각 연구물에서 패망 시 세무서 수를 96개로 잘못 기록하고 있다. "1943년 11월에는 행정 기구 대개편에 의해 세무 감독국이 폐지되고 대신 각 도에 재무국이 설치되어 세무 행정을 관장했으며, 세무서는 3곳이 축소된 후 96개소가 해방 당시까지 그대로 존속했다"(박기주 2012, 202).

4장

일제하 세무 관서의 부과 징수 체계

개인소득세 부과 징수와 소득조사위원회를 중심으로[1]

1. 일본과 조선의 개인소득세 부과 징수 제도

1절에서는 개인소득세를 중심으로 조선총독부 세무 관서의 조세 부과 징수 체계를 살펴보고자 한다. 식민지 조선에서는 1916년 이래 법인소득세만 부과되다가 1934년 개인소득세가 신설되어 일반 소득세로 개편되었다. 이를 뒷받침하기 위해 전문성을 갖춘 독립적 세무 기구가 설치되었으며, 이후 소득세가 중심 세목으로 자리 잡았다. 따라서 개인소득세는 세무 관서의 과세 운영 체계의 특징을 살펴보기에 적절한 세목이라 할 만하다. 한편 식민지 개인소득세 제도는 일본의 제도를 식민 통치의 필요에 따라 변형한 것이므로 일본의 제도와 비교하면서 살펴봐야 한다. 특히 식민지 세무 기구의 부과 징수 체계가 갖는 특징을 살펴보기 위해 개인소득세 부과 징수 과정에서 납세자의 권리 그리고 소득조사위원회의 위상과 역할을 비교하려 한다.

---

[1] 4장은 손낙구(2016a)에도 일부 내용이 실렸다.

1) 개인소득세제의 연혁

(1) 일본 소득세법의 제·개정

① 메이지 헌법 시대 법률의 제·개정 절차

1890년 메이지 헌법이 공포·시행된 이후 일본에서 세법을 비롯한 법률의 제·개정은 제국의회의 협찬을 거쳐 천황의 재가를 얻은 뒤 공포되어 법률로서 효력을 발휘했다.[2] 입법권이 천황에게 속한 가운데 제국의회는 협찬 기구의 위상이 있었고, 선출직 의원들로 구성되는 중의원[3]과 임명직 의원들로 구성된 귀족원의 의견이 일치할 때만 협찬이 성립한다는 점에서 제한적인 과세 동의권이 보장되었던 것이다.

제국의회에 제출되는 법률안은 크게 세 가지 경로를 통해 이루어졌다. 첫째, 정부가 법률안을 발의할 수 있었다.[4] 둘째, 제국의회

---

[2] 메이지 헌법 시기 법률 제·개정 절차는 중의원·참의원(衆議院·參議院 編 1990a, 21~22, 35~37, 43~44, 69~71) 참조. 또 메이지 헌법과 의원법 및 중의원 규칙, 귀족원 규칙 등 관련 법령은 이규수 옮김(2011)을 참조.

[3] 1890년 첫 중의원 선거 때 선거권은 직접국세 15엔 이상을 납부한 25세 이상의 남자에게 부여되었다. 1900년 선거법 개정으로 선거권에 필요한 납세액은 10엔 이상, 1919년 다시 3엔 이상으로 인하되었고, 1925년에는 납세액 제한을 철폐했다.

[4] 정부 제출 법률안은 내각에서 결정해 추밀원의 자문을 요할 경우 자문을 거친 뒤 칙재勅裁를 얻고 칙지勅旨를 봉해 양원 중 하나에 제출했다. 다만 세법을 비롯한 재정 관련 법률안은 항상 먼저 중의원에 제출하는 것이 전례였다.

의원이 20인 이상의 찬성을 얻어 법률안을 발의할 수 있었다. 셋째, 메이지 헌법 제30조가 국민의 청원권을 보장함에 따라 일반 국민도 제국의회에 입법 청원을 할 수 있었다. 법률안이 제출되면 본회의에서 대체 토론, 축조심의, 의결의 3독회를 거쳐 심의·의결하는 것이 원칙이었다.

② 일본 소득세법의 제·개정 연혁

일본 소득세법은 메이지 헌법 시행과 제국의회 개설 3년 전인 1887년 천황의 칙령으로 공포·시행되었다.[5] 헌법 시행과 제국의회 개설을 앞두고 서둘러 소득세를 도입한 데는 의회 개설 전에 되도록 많은 세목을 신설해 재정권을 확보하려는 집권 세력의 의도가 작용했다. 또 신흥 부유층인 자본가계급에 대해 납세자 제한 선거제도를 매개로 일정한 정치적 지위를 부여함으로써 봉건 지주층이 제국의회를 독점하는 것을 막으려는 목적도 작용했다(日本大蔵省財政金融研究所財政史室 編 1998a, 233).

일본 소득세법은 1899년 제1차 개정을 시작으로 조선에서 일반 소득세가 실시되는 1934년 4월까지 모두 열한 차례 개정되었고 그 뒤 1945년 일제 패망 때까지 열 차례 더 개정되었다.[6] 1887년

---

5 1887년 일본 소득세 도입의 취지와 이유 및 준비 과정에 대한 연구사는 오리이 요시노리·야마모토 히로시(織井喜義·山本洋 1990)를 참조.

6 이 밖에 비상특별세법 제·개정을 통해 소득세가 증징되거나(1904년, 1905년) 긴급칙령 및 법률로서 지진 피해자에 대한 조세 감면 조치(1923년, 1924년, 1927년, 1931년, 1933년)

소득세법은 개인에게만 과세했으나 1899년 개정을 통해 법인으로 확대되었고, 1913년 개정에서는 2.5~22%의 14단계 초과누진세율과 함께 근로소득 공제 제도가 도입되었다. 1920년 개정을 통해 법인소득을 초과·유보·배당·청산소득 및 외국인 법인의 5개 종류로 분류해 과세하기 시작했다. 또 개인의 과세 최저한(면세점)을 500엔에서 800엔으로 높이는 동시에 과세 대상을 배당·상여금으로 넓혀 세율을 0.5~36%까지 21단계로 세분화했고,[7] 가족 부양 공제 제도를 도입했다. 이 가운데 1934년 일제가 조선에 도입한 일반 소득세는 1920년 전면 개정된 일본 소득세법을 원형으로 한 것이다.

일반 법률과 마찬가지로 소득세법 개정안 역시 정부, 제국의회, 일반 국민의 입법 청원이라는 세 가지 경로를 거쳐 발의되었는데 주로 정부 제출 개정 법안이 의회에서 심의·의결되었다. 정부 제출 법안의 경우 대장성 주세국에서 신新조세법규로 기획 입안되어 대장성에서 법안으로 결정된 뒤, 각의를 거쳐 제국의회에 제출되었다(大藏省昭和財政史編集室 編 1956, 36).[8] 이 과정에서 제국의회는 정부 제출 소득세법 개정안을 부결하거나 중요한 수정을 가했다. 특히

등으로 소득세가 감면되었다.

[7] 일본 소득세법에서 개인소득세의 면세점은 300엔으로 출발해 1913년 400엔, 1918년 500엔, 1920년 800엔, 1926년 1200엔까지 단계별로 인상된 뒤 1938년 1000엔으로 소폭 인하되었다. 1934년 조선에 개인소득세가 도입될 당시 일본 소득세법의 면세점은 1200엔이었고 세율은 20단계에 걸쳐 0.8~36%였다.

[8] 규모가 큰 세제 개정의 경우 대장성 주세국이 주체가 되어 내각 주요 관리 및 관계자 등을 위원으로 하는 세제조사위원회를 구성해 세제 개정안을 마련했다.

정당내각의 출현, 의회정치의 활성화 등 정당정치 체제가 뿌리내리기 시작한 '다이쇼大正 데모크라시 시대'(1905~32년)에 활발했다 (고든 2007, 300). 주요 사례는 다음과 같다.[9]

1908년 정부가 제출한 주택 임대 소득 및 치외법권 지역 거주자 과세, 소득 구간별 세율 조정, 소득조사위원회 선거·운영 제도 개정 등을 내용으로 하는 제1차 소득세 정리안을 제출했으나 중의원은 감세 기조에 못 미친다는 이유로 만장일치로 부결했다. 정부는 1910년 제1차 정리안을 일부 수정한 제2차 정리안을 제출했으나 다시 부결되었다. 중의원은 1913년에도 정부 제출 소득세법 개정안 중 법인소득 과세 강화 방안에 대해 ① 상공업 발달을 저해한다는 이유를 내세워 세율 인상분을 낮추고, ② 국민의 생활비를 감안해 개인소득 과세 최저한을 인상했으며, ③ 무신고·허위 신고자 및 세무 관리의 직무 집행 방해자에 대한 벌금 제재 방안에 대해 납세자를 괴롭히고 손해를 끼친다는 이유로 삭제하는 등 중요한 수정을 가해 통과시켰다.

1920년의 소득세법 개정은 전면적인 개정이었던 만큼 정당 각파의 의견 대립이 커 통과되기까지 우여곡절이 더 많았다. 정부가 1920년 1월 제42회 제국의회 중의원에 소득세법 개정안을 제출하자 헌정회는 국민경제에 미치는 영향이 광범위한 만큼 충분한 검토가 필요하다는 이유로 1년 후 처리를 주장했고, 다수당인 여당이 수정안을 제출해 가결되었으나 귀족원 심의 중 중의원이 해

---

9 대장성(大藏省 編 1937, 1032~1104)을 참조해 정리했다.

산되어 통과가 무산되었다. 정부는 중의원 수정안을 거의 그대로 반영한 소득세법 개정안을 7월 소집된 제43회 제국의회 중의원에 재차 제출했으나 제1차 세계대전 직후 반동 공황[10]의 여파로 정당 각파의 의견 대립이 재연된 끝에 재계의 부담을 완화하는 내용의 수정안이 가결되었다. 뒤이어 귀족원에서 다시 법인 및 개인소득세 부담을 완화하는 중요한 수정을 가해 최종 통과되었다.

1929년 정부가 제출한 소득세법 개정안도 중의원에서 중요 조항이 수정되었고, 귀족원에서는 정당 정파 간 의견 대립이 심해 심의 일정을 끌다가 끝내 의결하지 않았다. 소득세법의 개정 과정에서 제국의회가 정부 제출안에 대해 부결 또는 중요한 수정을 가한 사례는, 메이지 헌법하에서 원칙적으로 입법권이 천황에 속해 있다는 한계에도 불구하고 국민이 선출한 의원들이 입법 협찬권을 활용해 정부를 활발하게 견제했음을 말해 준다고 하겠다. 그러나 다이쇼 데모크라시 이후 군국주의 파시즘 체제가 등장하고 전시체제로 이행하면서 의회정치는 급격히 쇠퇴했다.

---

10 제1차 세계대전 기간에 전쟁 특수로 대호황을 누렸던 일본은 전쟁이 끝난 뒤 1920년 3월부터 주가 폭락, 물가 하락, 기업과 은행 줄파산 등 불황에 빠져들었는데 이를 '전후 공황' 또는 '반동 공황'反動恐慌이라 부른다.

(2) 조선소득세령의 제·개정 연혁

① 조선총독부 제령의 제·개정 절차

1910년 조선을 강점한 일본은 '조선에는 당분간 헌법을 시행하지 않고 대권에 의해 통치'하기로 하고 조선 총독에게 대권을 위임해 법률사항에 관한 명령, 즉 제령制令을 발동할 권한을 부여했다. 단, 제령은 내각 총리대신을 거쳐 천황의 재가를 받게 했으며 법률의 전부 또는 일부를 조선에 시행할 필요가 있는 것은 칙령으로 정하도록 했다(「倂合後の韓國に對する施政方針決定の件」1910/06/03, 外務省編 1965, 336에서 재인용; 『日本官報號外』1910/08/29). 제령을 제정 또는 개정하는 절차는 크게 3단계를 거친다(이승일 2006, 90~96).[11]

1단계는 제령안 입안 단계다. 총독부 내 해당 국에서 초안을 만들어 법령의 심의·해석·적용을 담당하는 심의실로 이송한다. 심의실에서 법령의 형식과 내용을 검토하고, 필요할 경우 수정해 결재를 담당하는 문서과로 이송한다. 문서과가 결재를 상신해 총독의 결재를 받은 뒤 일본 정부로 이송한다(조선 총독 상주안朝鮮總督 上奏案).

2단계는 일본 내각 법제국 심사와 천황의 재가 단계이다. 내각 법제국에서 제령안을 법률적으로 심사해, 의견을 달거나 수정해

<hr />

11 이 가운데 제령안의 내용이 수정될 가능성이 높은 단계는 조선총독부 심의실과 일본 내각 법제실의 법률 심사였다.

총리대신에게 제출(진달進達)하는데, 1929년 척무성(1942년 폐지) 설치 후에는 척무대신의 청의請議에 의해 총리대신에게 진달했다. 이후 총리대신이 각의에 상정해 결정한 뒤 천황에게 재가裁可를 받고 총무대신이 조선총독부에 제령을 송부한다(지령指令).

3단계는 제령의 공포 단계다(『朝鮮總督府官報』1910/08/29).[12] 조선 총독은 제령임을 명기하고 서명한 뒤 공포 연월일을 기입해 관보에 포고한다. 관보가 관청에 도달한 다음 날부터 기산해 만 7일을 거쳐 시행된다.

② 조선소득세령의 제·개정 연혁

1920년 조선소득세령이 제정될 때는 법인소득세만 징수하는 내용이었다가 1934년 개정 때 개인소득세를 신설하고 개인·이자·법인소득을 포괄하는 일반 소득세로 발전했다.

제정안 입안 과정에 대해서는 사료의 한계로 자세히 알 수 없으나 늦어도 1919년 말부터는 준비에 착수했을 것으로 보인다.[13] 기록상 조선총독부가 입안한 조선소득세령 제정안이 일본 정부로 이송된 것은 1920년 6월 25일이다(『公文類聚』1920/07/30). 7월 23일 진달된 것으로 보아 약 한 달간 법제국 심사를 받았고,[14] 7월 28일

---

12 제령에 시행일을 명시한 경우는 그날부터 시행한다.

13 1916년부터 조선에 일부(법인소득세 규정) 시행되던 일본 소득세법이 1920년 1월 개회된 제국의회에서 전면 개정될 예정이어서 그대로 둘 경우 법인소득세를 징수할 수 없었기 때문이다.

각의에 상정한 문서가 작성되어 30일 내각 총리대신이 상주上奏하고 천황의 재가를 받은 것으로 보아 그사이 각의 결정 절차를 밟은 듯하다. 또한 7월 31일 내각 총리대신이 조선 총독에게 지령서를 보냈다(『公文類聚』 1920/07/30). 관보에 공포된 것은 7월 31일이고 하루 뒤부터 시행되었다(『朝鮮總督府官報』 1920/07/31).

조선소득세령은 일제 패망 때까지 스무 차례 개정되었는데,[15] 제1~3차 세제 정리를 중심으로 개정 과정을 살펴보면 다음과 같다. 조선총독부는 중요한 세령을 제정하거나 개정할 때는 일본과 마찬가지로 임시로 조사위원회 등의 특별위원회를 설치했다. 소득세령의 경우 제1차(1926년) 및 제3차(1940년) 세제 정리 때 세제조사위원회가 설치되어 그 논의 결과 개정안이 입안되었다. 1926년 세제조사위원회에서는 개인소득세 신설 계획이 논의되었으나 연기되었고 법인소득세만 개정하기로 했다.

위원회 내부에서는 초과 소득에 대한 과세를 폐지하고 초과·유보·배당소득을 통합한 총소득액을 과표로 하여 비례 과세(5%)하는 초안을 마련했다. 그러나 심의 과정에서 일본의 법인소득세와 맞지 않고, 조선의 금리가 높은 점과 담세력이 큰 것에 중과해야 하는 점을 감안해야 한다며 초과 소득에 대한 과세를 유지하고 유

---

14 법제국 심사가 한 달 정도 걸린 것은 7월 5일부터 27일까지 중의원과 귀족원에서 일본 소득세법 전면 개정안이 심의되고 있던 것과 관련이 있어 보인다. 당시 보도에 따르면 7월 제국의회에 제출된 일본 소득세법 정부 제출안이 일부 수정됨에 따라 조선소득세령도 원안을 일부 수정했다(『東亞日報』 1920/08/04).

15 타법 개정에 따른 자구 수정 수준의 열여섯 차례 개정은 제외했다.

보·배당소득을 통합한 보통 소득에 5%의 비례세를 부과하는 안으로 바뀌어 위원회를 통과했다(朝鮮總督府財務局 編 1940, 104~105). 조선 총독의 조선소득세령 개정안 상주안이 일본 정부로 이송된 것은 이듬해인 1927년 1월 7일이었고, 3월 16일 진달서가 작성되었으니 두 달 넘게 법제국 심사 단계에 머물러 있었던 셈이다. 3월 30일 각의를 통과하고 재가를 얻은 개정안에 대한 지령서가 31일 조선총독에게 통지되었고(『公文類聚』 1927/02/03), 같은 날 공포되어 4월 1일부터 시행되었다(『朝鮮總督府官報』 1927/03/31).

1932년 12월 일본 정부가 다시 세제개정준비위원회를 설치해 세제 개정을 준비하자 조선총독부는 이에 부응해 1933년부터 일반 소득세 도입과, 보완세로서 상속세·청량음료세 신설 등 제2차 세제 정리에 착수했다. 그 결과 그동안 법인소득세만 과세하던 조선소득세령을 전면 개정해 제2종 및 제3종(개인) 소득세가 신설되어 소득세가 일반 소득세제로 완성되었다.

이 과정을 보면 1934년 2월 15일 조선총독부가 입안한 개정안이 일본 정부로 이송되었고, 2월 27일 척무대신의 진달서가 내각 총리대신에게 송부되었다(『公文類聚』 1934/04/19). 앞서 살폈듯이, 법제국 심사 기간은 정확히 알 수 없으나 내각 총리대신 명의의 각의 상정 문서 작성일이 4월 19일이고, 24일 각의 결정이 이루어진 것으로 보아 4월 중하순까지 법제국 심사가 진행됐던 것으로 보인다.[16] 4월 24일 각의 결정 후 25일 천황의 재가를 받은 내각 총리

---

16 각의 결정일은 4월 24일이다(『每日申報』 1934/04/25). 당시 조선의 제2차 세제 정리 방침에

표 4-1 조선소득세령의 주요 내용(1934년 5월 현재)

1. 납세의무자	• 조선 내 주소를 둔 자 또는 1년 이상 거주자 • 비거주자로서 조선 내에서 일정한 소득을 얻은 자
2. 소득 종류	• 제1종 : 법인의 (갑) 보통 소득, (을) 초과 소득, (병) 청산소득 • 제2종 : (갑) 조선에서 받은 공사채 이자, 금융채권·은행예금 이자, 대부신탁 이익, (을) 비거주자가 조선에 본점을 둔 법인으로부터 받은 이익·이자의 배당과 상여 • 제3종 : 제2종에 속하지 않는 개인의 소득
3. 세율	• 제1종 : (갑) 조선 내 본점 법인 5/100, 기타 법인 8/100, (을) 일정 소득 금액의 1할 초과 4/100, 2할 초과 10/100, 3할 초과 20/200, (병) 적립금 등 3/100, 기타 금액 8/100 • 제2종 : (갑) 공채이자 2/100, 기타 3/100, (을) 5/100 • 제3종 : 22단계 초과누진세율, 최저 0.3/100, 최고 27/100(동거 가족의 소득은 합산해 적용)
4. 면세점(제3종)	800원
5. 소득공제(제3종)	• 근로소득 공제 : 소득 총액 1200원 이하 소득자에 대해, 6000원 이하의 소득에 대해서는 2/10, 6000원 초과 소득에 대해서는 1/10을 공제 • 부양가족 공제 : 근로소득 공제 후 소득 3000원 이하 소득자로서, 소득 1500원 이하이면 부양가족 1인당 60원, 1500원을 초과하면 부양가족 1인당 30원 • 생명보험 공제 : 생명보험 불입액(200원 한도)

자료 : 『朝鮮總督府官報』(1934/04/30e).

대신이 4월 26일 조선 총독에게 지령서를 보냈다. 4월 30일 관보에 공포되어 즉시 시행되었다(『朝鮮總督府官報』 1934/04/30e).[17]

중일전쟁이 장기화되고 1939년 제2차 세계대전이 발발하자 조선총독부는 일본의 세제 개정 추진에 부응해 세제조사위원회를 구성했고 1940년 제3차 세제 정리를 단행했다. 소득세·임시이득세·상속세·외화채특별세·법인자본세 등에 대해 전방위적인 증세를 단

___

따라 조선소득세령뿐만 아니라 조선상속세령, 조선자본이자세령, 조선청량음료세령 등
여러 세제의 제·개정안이 천황의 재가를 받기 위해 일본 정부로 이송되어 있었다.
17 이하 1934년 개정 조선소득세령.

행하고, 일본과 마찬가지로 지세의 과세표준을 지가에서 임대 가격으로 바꾸기 위해 토지 임대 가격 조사를 실시하는 내용이었다. 제3차 세제 정리를 위한 조선총독부의 조선소득세령 개정안이 일본 정부로 이송된 것은 1940년 3월 13일, 척무대신의 진달서가 내각 총리대신에게 송부된 것은 3월 16일이었다. 3월 29일자 각의 결정 및 천황 재가를 받아 30일 조선총독에게 지령서를 보냈다 (『公文類聚』1940/03/29). 31일 관보에 공포되어 4월 1일부터 시행되었다 (『朝鮮總督府官報』1940/03/31).

(3) 비교

일본은 새로운 세제를 도입하거나 개정할 때 국민에게 제한적인 과세 동의권이 부여된 반면, 식민지 조선은 조선총독부가 임의로 공포한 제령에 따랐다. 일본에서 개인소득세는 소득세법이 제국의회 개설 전인 1887년에 천황의 칙령으로 제정되면서 도입되었는데, 1945년 일제 패망 때까지 스물한 차례 개정은 모두 제국의회를 통해 이루어졌다. 의회 심의 과정에서는 정부가 제출한 개정안을 부결하거나(1908년, 1910년), 세율을 낮추고 과세 최저한을 높이거나(1913년), 중요한 수정을 가해(1920년, 1929년) 통과시켰다. 다만 다이쇼 데모크라시 이후 전시 파시즘기로 접어들면서 의회의 기능은 크게 쇠퇴했다.

일제는 식민지 조선에 의회도 설치하지 않았고 조선인들에게 참정권도 보장하지 않았다. 이에 따라 식민지 조선의 세제는 일본 본국의 관할 아래 조선총독부가 명령(제령)을 통해 자의적으로 공포·시행했다. '권리 없는 의무'로서 '대표 없는 과세'가 이루어진 것이다. 1920년 법인소득세 부과만을 내용으로 공포된 조선소득세령이 1934년 일반 소득세를 포괄하는 내용으로 확대 개정됨에 따라 개인소득세가 도입되었다. 1920년 제정 때와 같이 일본 본국의 사정 때문에, 또는 1926년 개정 때와 같이 총독부 내부에서 의견 차이로 일부 수정되는 경우는 있었지만 납세자 및 조선인의 참여는 전혀 이루어지지 않았다.

2) 세무 관리의 장부·물건 검사권 비교

(1) 일본의 장부·물건 검사권

일본의 소득세법 개정 과정에서는 과세 대상 및 세율 조정 등만이 아니라 장부·물건 검사권을 중심으로 한 세무 관리의 권한을 둘러싸고 정부와 제국의회의 의견 대립이 지속되었다. 1899년 개정 소득세법 제34조에서 조사상 필요할 경우 세무 관리에게 납세의무자의 소득에 대해 질문할 권한을 부여함으로써 관련 조항이 처음 도입되었다(『日本官報』 1899/02/13a). 1905년 개정 소득법에서는 납세의무자에게 금전 또는 물품을 지불할 의무가 있다고 인정되는 자에 대해 그 금액·수량·가격 또는 지불기일에 대해 질문할 수 있게 함으로써 질문 대상을 확대했다(『日本官報』 1905/03/01). 세무 관리에게 질문권에 대해서만 벌칙 조항 없이 부여한 것인데 여기까지는 정부 제출안대로 제국의회에서 통과되었다.

정부가 세무 관리에게 질문권뿐만 아니라 장부·물건 검사권을 부여하고 이와 관련한 제재 및 벌칙 조항을 담은 소득세법 개정안을 1913년 제30회 제국의회에 제출하면서부터 의회와 대립하기 시작했다(『日本官報』 1913/03/12, 101~102). 이에 대해 중의원에서는 이 조항이 납세자를 괴롭히고 손해를 끼칠 수 있다는 이유로 반대하고, 검사권과 제재 조항을 삭제한 수정안을 통과시켰다. 장부·물건 검사권과 관련해서는 이전에 비해 사실상 달라진 바가 없었던 것이다(『日本官報』 1913/04/08).

정부는 1920년 1월 제42회 제국의회에 소득세법 전면 개정안을 제출하면서 세무 관리의 장부·물건 검사권을 보장하고 이를 거부하거나 방해하는 자에 대한 제재 조항을 담았다.[18] 그러나 중의원에서는 이들 조항에 대해 '온당하지 않다'는 이유로 지불 조서 미제출 및 부정 제출자에 대한 벌금 조항을 제외한 나머지 조항을 삭제한 수정안을 통과시켰고, 중의원 수정안이 귀족원에서 심의되는 도중 중의원이 해산돼 결국 의결되지 못했다. 정부는 같은 해 7월 제43회 제국의회에 다시 소득세법 전면 개정안을 제출하면서 세무 관리의 장부·물건 검사권 및 관련 제재 조항을 포기하고 앞의 중의원 수정안을 그대로 반영한 개정안을 제출했다. 이 개정안은 제국의회에서 통과되어 법률 제11호로 공포되었다. 그 내용은 다음과 같다.

제57조 세무서장 또는 대리관은 조사상 필요할 때는 납세의무자

---

18 정부 제출 법안 전문은 『일본관보』(『日本官報』 1920/01/30, 65~69)를 참조.

또는 납세의무가 있다고 인정되는 자 또는 전조 제1항의 지불 조서를 제출할 의무가 있는 자에게 질문할 수 있다.

제58조 세무서장 또는 그 대리관은 조사상 필요할 때는 납세의무 자 또는 납세의무가 있다고 인정되는 자에게 금전 또는 물품을 지불할 의무가 있다고 인정되는 자에 대해 그 금액·수량·가격 또는 지불기일에 대해 질문할 수 있다.

제75조 정당한 사유 없이 제56조 제1항의 규정에 의해 정부에 제 출해야 하는 지불 조서를 제출하지 않거나 부정하게 기재한 지불 조서를 제출한 자는 1000엔 이하의 벌금에 처한다(『日本官報』 1920/ 07/31).[19]

정부가 세무 관리의 장부·물건 검사권 입법화를 다시 추진한 것 은 1929년 제56회 제국의회에 제출한 소득세법 개정 법률안을 비 롯한 17건의 세제 개정안에서다. 관련 조항의 내용은 다음과 같다.

제58조의2 세무서장 또는 그 대리관은 조사상 필요할 때는 납세 의무자 또는 납세의무가 있다고 인정되는 자의 소득에 관한 장 부·물건을 검사할 수 있다.

제75조의2 제58조의2의 규정에 의한 장부·물건의 검사를 방해하

---

[19] 1923년 4월 18일 법률 제45호로 공포된 개정 소득세법에서 신탁재산에 대한 과세가 시작되고 신탁 수탁자에게 정부에 신탁 계산서 제출 의무를 부과함으로써 질문권 및 불 이행 시 제재 대상에 '계산서'가 추가되었다.

거나 또는 허위로 기재한 장부를 제출한 자는 100엔 이하의 벌금에 처한다(『日本官報』1929/01/27, 101).[20]

중의원에서는 세무 관리의 장부·물건 검사권에 대해 '소득세는 본래 신고세로서 신고자의 자본을 검사한다는 것은 법의 취지에 어긋나고 가정의 입장에서 보면 생각할 수 없는 일'이라며, 제58조의2 조문 중 '소득'을 '영업'으로 수정하는 안이 제출되어 가결되었다(日本國立國会圖書館帝國議會會議錄檢索システム 1929/02/20). 중의원 수정안이 귀족원으로 이관되었으나 17건의 세제 개정안을 둘러싸고 정당 정파 간 의견 대립이 심해 심의를 마무리하지 못함으로써 법률안으로 성립되지 못했다(衆議院·參議院 編 1990b, 251).

비록 제국의회를 통과하지 못했고 제56회 중의원의 수정안이 영업에 한정되긴 했지만 20여 년간 대장성이 줄기차게 추진해 온 장부·물건 검사권과 이와 관련한 제재 조항을 담은 소득세법이 처음 입법화 문턱까지 갔다는 데 의의가 있었다. 그런데 세무 관리에게 '소득'이 아닌 '영업'에 한정해 장부·물건 검사권을 부여한 것은 이번이 처음은 아니었다. 1896년 제정된 영업세법과, 1926년 영업세를 폐지하고 제정된 영업수익세법에 규정돼 있었던 것이다(『日本官報』1926/03/27).

영업 장부·물건 검사권을 주된 내용으로 하는 중의원 수정안이

---

20 뒤에서 살펴보겠지만 이 내용은 1920년 공포·시행된 조선소득세령 제28조 및 제30조와 동일하다.

최종 입법화된 것은 1940년 소득세법 전면 개정에서다. 정부 제출안에는 벌금 액수를 1000엔으로 증액한 것 외에 지불 조서 및 계산서에 대한 검사권이 추가되었고, 이에 대해 중의원 심의에서는 '비상하게 강권적인 규정'이라는 지적이 있었지만 정부 제출안대로 제국의회를 통과해 공포·시행되었다. 그 내용은 다음과 같다.

제81조 세무서장이나 그 대리관은 조사상 필요할 때는 납세의무자 또는 납세의무가 있다고 인정되는 자에게 질문하거나 그 영업에 관한 장부, 서류, 기타 물건을 검사할 수 있다.

　　세무서장이나 그 대리관은 조사상 필요할 때는 전조 제1항 또는 제2항의 지불 조서 또는 계산서를 제출할 의무가 있는 자에게 질문하거나 이에 관한 장부, 서류, 기타 물건을 검사할 수 있다.

제82조 세무서장이나 그 대리관은 조사상 필요할 때는 납세의무자 혹은 납세의무가 있다고 인정되는 자에게 금전이나 물품을 지불할 의무가 있다고 인정되는 자에 대해, 또는 납세의무자 혹은 납세의무가 있다고 인정되는 자에게 금전이나 물품의 지불을 받을 권리가 있다고 인정되는 자에 대해 그 금전, 수량, 가격, 지불기일 등에 대해 질문할 수 있다.

제90조 정당한 이유 없이 제80조 제1항 또는 제2항의 규정에 의해 정부에 제출해야 할 지불 조서나 계산서를 제출하지 않거나, 허위로 기재한 지불 조서나 계산서를 제출한 자는 1000엔 이하의 벌금에 처한다.

제92조 제81조의 규정에 의한 장부, 서류, 기타 물건의 검사를 거부하거나 방해 또는 기피 또는 허위로 기재한 장부, 서류를 제지

한 자는 1000엔 이하의 벌금에 처한다(『日本官報』 1940/03/29).

1945년 일제가 패망하기까지 세무 관리의 장부·물건 검사권을 둘러싼 정부와 제국의회 간 공방은 이로써 실질적으로 일단락되었다. 그 내용은 전체 소득이 아닌 분류소득세 중 영업에 관한 부분과 지불 조서 및 계산서에 한정해 검사권을 부여하고 이와 관련한 제재 조항을 두는 것으로 되었다.[21]

(2) 식민지 조선의 장부·물건 검사권

1920년 제정된 조선소득세령에 규정된 장부·물건 검사권 및 제재 조항은 다음과 같다.

제28조 세무 공무원은 조사상 필요한 때에는 납세의무자 또는 납세의무가 있다고 인정한 자에게 질문을 하거나 그 소득에 관한 장부·물건을 검사할 수 있다.

제30조 제28조의 규정에 의한 세무 공무원의 질문에 대하여 답변

---

21 이 밖에 1944년 소득세법 개정에서 제82조에 다음 조항이 추가되었다. "세무서장 또는 그 대리관은 조사상 필요할 때는 납세의무자가 조직한 단체 또는 정내회町內會, 부락회部落會, 기타 이들에 준하는 단체에 대해 그 단체원의 소득에 대해 질문할 수 있다"(『日本官報』 1944/02/15). 일본 정부가 소득세법에 규정하고자 했던 장부·물건 검사권 및 관련 제재 조항이 명실상부하게 입법화된 것은 일제 패망 후 미군정하에서 메이지 헌법이 폐기되고 일본국 헌법의 시행을 눈앞에 두고 있던 1947년 3월 31일 공포된 법률 제27호였다(『日本官報』 1947/03/31).

을 하지 아니하거나 또는 허위 진술 및 장부·물건의 검사를 거
부·방해 또는 기피한 자는 100원 이하의 벌금 또는 과료에 처한다
(『公文類聚』1920/07/30;『朝鮮總督府官報』1920/07/31).

관련 조항은 조선총독부 원안과 천황 재가 후 공포안이 동일해
조선총독부가 입안할 때부터 세무 관리에게 장부·물건 검사권을
확고하게 보장했음을 알 수 있다. 주목되는 점은 1920년 일본 소
득세법 개정 과정에서 제국의회의 반대로 부결된 세무 관리의 장
부·물건 검사권 및 제재 조항이 같은 해 법인소득세만을 도입한
식민지 조선의 소득세령 제정 내용에 담겨 있다는 것이다. 이 조
항이 개정된 것은 개인소득세를 실시하고, 일반 소득세를 도입한
1934년 전면 개정 때이다. 그 내용은 다음과 같다.

제48조 세무 관리는 조사상 필요한 경우에는 납세의무자 또는 납
    세의무가 있다고 인정한 자 또는 전조 제1항의 지불 조서 또는
    동조 제2항[신탁]의 계산서를 제출할 의무가 있는 자에게 질문
    을 하고 또는 그 소득·지불 또는 계산에 관한 장부·물건을 검사
    할 수 있다.
제49조 세무 관리는 조사상 필요한 경우에는 납세의무자 또는 납
    세의무가 있다고 인정한 자, 금전 또는 물품을 지불할 의무가 있
    다고 인정한 자에 대하여 금액·수량·가격 또는 지불기일에 대하
    여 질문할 수 있다.
제67조 ① 정당한 사유 없이 제47조 제1항 또는 제2항의 규정에
    의하여 정부에 제출할 지불 조서 또는 계산서를 제출하지 아니

하거나 또는 부정한 기재를 한 지불 조서 또는 계산서를 제출한 자는 1000원 이하의 벌금에 처한다.

제69조 제48조의 규정에 의한 세무 관리의 질문에 대하여 답변을 하지 아니하거나 또는 허위 진술을 한 자, 장부·물건의 검사를 거부·방해·기피한 자 또는 허위 기재를 한 장부를 제시한 자는 100원 이하의 벌금 또는 과료에 처한다(『朝鮮總督府官報』 1934/04/30e).

일본 소득세법에서 개인소득세 관련 장부·물건 검사권은 1940년이 되어서야 소득이 아닌 영업에 대해서만 도입되지만, 조선에서는 개인소득세 도입 시점부터 영업을 포함한 모든 소득에 대한 장부·물건 검사권이 세무 관리에게 주어진 것이다. 다만 1940년 일본 소득세법이 영업 장부·물건 검사 거부 및 방해에 대한 벌금 및 과료를 1000엔으로 규정한 반면, 조선소득세령의 소득 장부·물건 검사 거부 및 방해에 대한 벌금 또는 과료는 1920년 제정 때의 100원이 패망 때까지 유지되었다. 장부·물건 검사권 및 제재 조항은 1944년 3월 31일 개정된 조선소득세령에서 '납세의무자가 조직하는 단체 및 이에 준하는 단체의 단체원에 대한 질문권'이 추가되었을 뿐 일제 패망 때까지 그대로 시행되었다.[22]

---

22 1944년 3월 31일 개정 조선소득세령에서 신설된 관련 조항은 다음과 같다. 제49조 ② 세무 관리는 조사상 필요한 경우에는 납세의무자가 조직하는 단체 및 기타 이에 준하는 단체에 대하여 그 단체원의 소득에 대해 질문할 수 있다(『朝鮮總督府官報』 1944/03/31g).

(3) 비교

제국의회의 심의를 거쳐야만 했던 메이지 헌법 체제하의 일본 소득세법 개정의 역사는 세무 관리에게 장부·물건 검사권을 부여하려는 정부와, 이를 끈질기게 반대하는 제국의회가 오랫동안 공방을 펼친 역사였다. 정부가 소득에 대한 세무 관리의 장부·물건 검사권 보장 방안을 처음 의회에 제출한 1913년 이후 제국의회는 번번이 납세자의 권익을 보호한다는 이유로 이를 부결했고, 27년 만인 1940년에야 소득 전체가 아닌 영업에 대해서만 검사권을 부여하는 데 동의했다.

반면 세제의 제·개정이 조선총독의 입법 명령으로 이루어진 조선에서는 1920년 조선소득세령 제정 때부터 세무 관리의 소득에 대한 장부·물건 검사권이, 이를 거부할 경우의 벌칙 조항을 포함해 온전히 부여되었다. 1934년 개인소득세 도입 때에는 그에 맞추어 대상이 확대되고 구체화되었다. 견제받지 않는 조선총독부 권력에 의한 자의적인 세제의 도입은 강력한 세무 관리의 권한 보장도 수반했던 것이다.

3) 개인소득세 부과 징수 절차와 납세자 권리

(1) 일본의 부과 징수 절차와 납세자 권리

① 부과 징수 절차

새로운 세법이 제국의회를 통과해 천황의 재가를 받아 공포되면 주세국장은 세법과 이에 관한 행정절차를 갖춰 전국의 각 세무감독국장과 세무서장에게 통지하고 세무서가 국세의 부과와 징수를 담당한다.[23] 단, 국세징수법 제5조에 따라 개인소득세에 대한 납세의 고지와 징수 사무는 시정촌市町村에 위임한다. 국세가 부과되고 징수액이 결정되면 납세자는 세금을 납부하며, 시청촌에서는 납세자에게 영수증을 교부한 뒤 현금을 국고에 송부한다.

1947년 소득세의 신고 납세 제도가 도입되기 전까지 일본 소득세 제도는 과세권자, 즉 정부의 결정에 의해 납부할 세액이 확정되는 부과과세 방식을 취하고 있었다. 부과과세 제도 아래에서 납세의무자의 신고는 참고 자료일 뿐 최종적으로는 정부, 즉 세무기관의 조사 결정에 의해 과세표준과 세액이 결정된다.

세금 감독국은 이상의 국세의 부과 및 징수 사무가 법률과 칙령을 위반하지 않았는지를 감독한다. 세무 행정의 중앙기관인 주세국에서는 국세의 부과 징수 사무를 기초로 세입 전반에 관한 예산 및 결산을 조사해 세무 행정과 재정 정책을 연결하는 역할을 담당했다. 1934년의 시점을 기준으로 일본 개인소득세의 부과 징수 절차를 요약하면 다음과 같다.

---

23 개인소득세의 부과 징수 절차는 대장성 주세국(大藏省主稅局 編 1938), 대장성 쇼와 재정사 편집실(大藏省昭和財政史編集室 編 1956, 36~37), 기타무라 사부로우(北村三郎 1932), 오무라 이사무(大村勇 1934), 마쓰모토 도라토시(松本寅俊 1939)를 참조.

가. 소득 신고

납세의무자는 매년 3월 15일까지 소득의 종류 및 금액을 기록해 관할 세무서에 신고하며, 근로소득·부양가족·생명보험료 공제 및 면제 대상자는 신청서를 동시에 제출한다. 봉급과 급료 등을 지불하는 자는 지불 조서를, 신탁의 수탁자는 신탁 계산서를 관할 세무서에 제출한다.

나. 소득 금액 결정

① 세무서에서는 소득 신고서, 공제 및 면제 신청서, 지불 조서, 신탁 계산서, 세무서의 질문에 대한 회답 등을 기초로 독자적인 조사를 거쳐 4월 하순까지 납세의무자별 소득 조사서를 작성해 소득조사위원회에 제출한다.[24] ② 소득조사위원회는 5월까지 회의를 열어 세무서장이 제출한 소득 조사서를 원안으로 심의하고 각 납세의무자의 소득 금액을 결의해 세무서장에게 통지한다. ③ 소득조사위원회 결의를 통지받은 세무서장은 소득 금액을 결정한다. 위원회의 결의가 정당하다고 인정되면 그대로 결정하고, 부당하다고 인정될 때는 7일 이내에 재조사를 요구한다. 재조사 결과 위원

---

24 이때 세무서는 수많은 납세의무자의 실제 소득액을 일일이 조사해 결정하는 것은 곤란했기 때문에 '적당한 소득표준율을 설정해 이에 따라 소득을 산출'하는 방법을 사용했다(大藏省 編 1937, 1141의 「所得稅法施行上取扱方心得」). 소득표준율 작성은 1893년부터 실시되었다(牛米努 2010, 155).

회의 결의가 정당하다고 인정되면 결의대로 결정한다. 결과가 부당하다고 인정되거나 재조사 기간 내에 조사가 종결되지 않는 경우, 또는 5월 말까지 위원회가 성립하지 않는 경우에는 세무서장이 결정한다. ④ 세무서장은 결정된 소득 금액을 5월 하순부터 6월 중순 사이 납세의무자에게 통지한다.

다. 심사 청구와 소원 및 행정소송

① 세무서장이 결정한 소득 금액에 이의가 있는 경우 납세의무자는 소득 금액 결정 통지서를 받은 날로부터 20일 이내에 세무서장을 경유해 관할 세무 감독국장에게 심사 청구서를 제출한다. ② 소득 심사가 청구되면 세무 감독국장은 소득심사위원회의 결의에 따라 결정해 납세의무자에게 통지한다. ③ 납세의무자가 세무 감독국장의 심사 결정에 불복할 때는 심사 결정 통지일로부터 60일 이내에 대장대신大藏大臣에게 소원하거나, 행정재판소에 소송을 제기할 수 있다. ④ 동일인에 대해 둘 이상의 세무서에서 결정하거나, 공제 계산을 잘못하는 등 세무서 결정이 단순 명료한 오류일 경우 절차가 복잡하고 시간이 오래 걸리는 심사청구 대신 서면 또는 구두로 정정을 요구할 수 있다.

라. 감손 경정 청구

① 특정 연도의 봉급·급료·세비·연금·은급·퇴직금 및 제 급여 소득과 기타소득(토지·가옥·영업·직업의 소득)에 대해 그해의 소득이

세무서가 결정한 소득 금액의 2분의 1 이상 감손한 때에는 납세 의무자는 이듬해 1월 말까지 세무서에 소득 금액의 경정更訂 청구를 할 수 있다. ② 경정 청구가 제출되면 세무서장은 해당 납세의무자의 소득 금액을 조사해 2분의 1 이상의 감손이 있을 때에는 이를 경정하고 그렇지 않을 때에는 각하한다. ③ 세무서장의 결정에 대해 이의가 있을 때에는 납세의무자는 소원 또는 행정소송을 제기할 수 있다.

마. 징수

납세의 고지 및 징수 사무는 시정촌에 위임해 집행한다. ① 세무서는 결정한 소득 금액에 기초해 납기마다 납세의무자에게 세액을 고지하고, 납세의무자는 1년분 개인소득세를 7월과 10월 및 다음 해 1월과 3월로 나누어 납부한다. ② 납세의무자가 시정촌에 세금을 납부하면 국고로 송부한다.

② 납세자의 권리

개인소득세 부과 징수 단계별로 납세자의 권리를 살펴보면 다음과 같다. 첫째, 소득조사위원 선출을 통한 부과 징수 과정의 참여권이다. 소득세법 제정 당시부터 도입된 소득조사위원회 제도는 각 세무서마다 평균 7명 규모(1926년 개정 소득세법 기준)의 위원들로 조직되었는데 소득세 납세자들이 투표를 통해 선출했다.[25]

둘째, 오류 정정 및 심사 청구권이다. 세무서장이 결정한 소득 금액이 명백한 단순 계산 오류의 결과일 경우 직접 오류 정정을 요구할 수 있고, 그렇지 않을 경우 세무 감독국장에게 심사를 청구할 수 있다. 심사가 청구되면 세무 감독국장은 소득심사위원회의 결의에 따라 이를 결정한다.[26] 셋째, 감손 경정 청구권이다. 특정 연도의 급여 소득과 기타소득에 대해 그해의 소득이 세무서가 결정한 소득 금액의 2분의 1 이상 감손한 때에는 납세의무자는 이듬해 1월 말까지 세무서에 소득 금액의 경정 청구를 할 수 있다.[27]

넷째, 소원 및 행정소송의 권리이다. 심사청구 및 감손 경정 청구 결과에 이의가 있을 경우 소원 및 행정소송 중 하나를 제기할 권리가 있다. 체납처분에 관한 세무관청의 위법처분으로 권리를 훼손당한 자도 소원 및 행정소송을 제기할 수 있다. 소원 제도와 행정소송 제도는 1890년 제1회 제국의회에서 소원법(법률 제105호)과 행정재판법(법률 제48호) 및 행정청의 위법처분에 관한 행정재판의 건(법률 제106호)이 의결·제정·공포됨으로써 시행되기 시작했다(『日本官報』1890/06/30; 1890/10/10a; 1890/10/10b).

---

25 위원 선거 방식은 1920년 개정 소득세법에서 간접선거에서 직접선거로 전환되었는데, 선거권은 ① 관할 세무서 구역에 거주하고, ② 전년도에 제3소득세를 납부했으며, ③ 그해 개인소득세 신고를 한 자에게 부여되었으며 피선거권 부여 자격도 동일했다(『日本官報』1920/07/31).

26 소득심사위원회 제도는 1899년 개정 소득세법에서 도입되었는데, 대장성이 임명한 위원 3명과 관내 소득조사위원들이 선출(호선互選)한 위원 4명으로 구성되어 민간 선출 위원이 과반수를 차지했다(大藏省主税局 編 1938, 56).

27 감손 경정 청구 제도는 1940년 소득세법 개정에서 폐지되었다(『日本官報』1940/03/29).

(2) 식민지 조선의 부과 징수 절차와 납세자 권리

① 부과 징수 절차

1934년을 기준으로 조선의 개인소득세 부과 징수 절차는 대체로 다음과 같았다(『朝鮮總督府官報』 1934/04/30a; 1934/04/30e).[28] 새로운 세법이 천황의 재가를 받아 조선총독에 의해 관보에 공포되면 재무국장은 이에 관한 행정절차를 갖춰 각 세무 감독국과 세무서장에게 통지하고 세무서가 부과와 징수를 담당한다. 국세징수령 및 그 시행규칙에 따라 제3종 개인소득세와 지세, 영업세의 징수 업무는 부읍면에 위임되었다(『朝鮮總督府官報』 1934/04/30d).

국세가 부과되고 징수액이 결정되면 납세자는 세금을 납부하고 부읍면은 납세자에게 영수증을 교부한 뒤 일본은행 또는 국고금을 취급하는 체신관서에 송부한다. 세무 감독국은 이상의 국세의 부과 및 징수 사무가 법령에 위반되지 않았는지를 감독하며, 총독부 재무국 세무과에서 내국세의 부과 및 징수, 세제의 제·개정 관련 세무 행정 전반을 총괄했다.

---

28 1934년 세무 관서 관제 실시 이후 소득세를 포함한 내국세 전반에 대한 부과 징수 절차는 니시노 유이치(西野勇一 1939)를 참조.

가. 소득 신고

제3종 소득세 납세의무자는 조선소득세령 제38조에 따라 매년 4월 중에 소득의 종류 및 금액을 자세히 기록해 세무서에 신고해야 한다.[29] 근로소득·부양가족·생명보험료 공제 및 면제 대상자는 신청서를 함께 제출한다. 조선소득세령 제47조에 따라 봉급과 급료 등을 지불하는 자는 지불 조서를, 신탁의 수탁자는 그 계산서를 관할 세무서에 제출한다.

나. 소득 금액 결정

① 세무서는 소득 신고서 등의 자료를 기초로 독자적인 조사를 거쳐 납세의무자별 소득 조사서를 작성해 소득조사위원회에 자문한다.[30] 세무서의 개인소득세 소득 조사는 일본과 마찬가지로 소득 표준율을 기준으로 소득을 추계하는 방법을 주로 사용했다.[31] ② 소득조사위원회는 세무서장의 소득 조사서를 심의해 의사 종결 사항을 7월 15일까지 세무서장에게 보고한다. ③ 소득조사위원회에 자문해 세무서장이 소득 금액을 결정한다. 7월 15일까지 소득조사

---

29 소득 신고 기한은 '4월 말(1934년) → 3월 15일(1940년) → 3월 말(1944년)'로 변화했는데, 소득 신고 기한을 앞당긴 것은 세수를 조기에 확보하려는 목적으로 판단된다.

30 조선소득세령과 그 시행규칙에 소득 조사서 제출 기한은 명기되어 있지 않다.

31 "소득 조사상 각인의 소득 사항에 대해 구체적으로 조사하는 것이 곤란한 경우에는 적당한 소득표준율을 두어 이에 따라 소득을 산출할 것"(朝鮮總督府財務局 1942, 69).

위원회가 성립하지 않았거나 자문 사항을 의결하지 않았을 경우 세무서장이 즉시 소득 금액을 결정한다.[32] ④ 세무서장은 결정된 소득 금액을 납세의무자에게 통지한다.[33]

다. 심사 청구

① 세무서장의 소득 금액 결정에 이의가 있는 경우 통지를 받은 날부터 30일 내에 세무서장을 거쳐 세무 감독국장에게 소득 심사 청구서를 제출한다.[34] ② 소득 심사가 청구되면 세무 감독국장은 소득심사위원회에 자문해 결정하고 이를 납세의무자에게 통지한다. ③ 소득 금액 내역의 합계가 잘못된 경우, 중복 계산된 경우, 공제 금액의 계산이 잘못된 경우, 비과세 소득을 포함한 때, 회계검사원會計檢査院의 심리에서 잘못이 발견된 때, 기타소득의 산정 또는 법령의 적용에 명백한 오류가 있는 때에는 심사 청구 절차 없이도 정정한다(『第三種所得稅 例規(直稅課)』 1940/06/24에 첨부된 朝鮮總督府財務局, 「所得稅取扱方通牒」, 1940의 제360항).

---

[32] 소득조사위원회의 회의 성립 및 자문 종료일도 앞선 소득 신고 기한과 연계해 '7월 15일(1934년) → 5월 말(1940년) → 4월 말(1944년) → 5월 말(1945년)'로 변화했다. 조선소득세령과 그 시행규칙에는 소득조사위원회의 개회일도 명시돼 있지 않은데, 1940년의 경우 재무국의 지침을 통해 소득조사위원회를 매년 5월 10일까지 개회하도록 하고 있다(『第三種所得稅 例規(直稅課)』 1940/06/24).

[33] 통지 기한 역시 조선소득세령과 시행규칙에 명시되어 있지 않다.

[34] 일본과 마찬가지로 이 경우 세금의 징수는 유예되지 않고 심사를 거쳐 감면 여부가 결정된다.

라. 감손 경정 청구

① 특정 연도의 봉급·급료 등 제 급여 소득과 기타소득에 대해 그 해의 소득이 세무서 결정 소득 금액의 2분의 1 이상 감손한 때에는 납세의무자는 이듬해 1월 말까지 세무서에 경정 청구를 할 수 있다. ② 경정 청구가 제출되면 세무서장이 소득 금액의 내용을 자세히 조사해 2분의 1 이상의 감손이 있는 때에는 이를 경정한다.[35]

마. 징수

납세의 고지 및 징수 사무는 부읍면에 위임해 집행한다. ① 세무서에서 결정한 소득 금액에 기초해 납기마다 납세의무자에게 세액을 고지한다. 1년분 개인소득세를 8월과 11월 및 이듬해 2월의 납기로 나누어 납부한다.[36] ② 납세의무자가 부읍면에 세금을 납부하면 일본은행 또는 국고금을 취급하는 체신관서에 송부한다.

② 납세자의 권리

이상 개인소득세 부과 징수 단계별로 식민지 조선의 납세자 권

---

[35] 감손 경정 청구 조항은 1940년 제3차 세제 정리에서 삭제되었다.

[36] 단, 1934년분 제3종 소득세에 한해 11월 및 이듬해 2월로 했다(1934년 개정 소득세법 부칙 제74조). 1944년 7월, 10월 및 이듬해 1월로, 1945년에 8월과 이듬해 1월로 바뀌었다.

리를 살펴보면 크게 두 가지로 요약할 수 있다. 첫째, 오류 정정 및 심사청구권이다. 세무서의 소득 금액 통지가 잘못되었을 경우 계산 착오 등 단순 오류에 대해서는 곧바로 세무서에 정정을 요구하고, 단순 오류가 아닌 경우 세무 감독국에 심사청구를 할 수 있는 권리가 있다. 둘째, 감손 경정 청구권이다. 그해 급여 소득과 기타 소득이 세무서 결정보다 2분의 1 이상 감소했을 경우 납세의무자는 이듬해 1월 말까지 세무서에 감손 경정 청구를 할 권리가 있다.

(3) 비교

조선의 개인소득세 제도는 일본 소득세법을 근간으로 했기에 부과과세 방식에 의해 납세의무를 확정한 점, 징수 업무를 지방행정 기관에 위임한 점, 소득조사(심사)위원회 제도를 운용한 점 등에서 적어도 외형적으로는 부과 징수 절차가 일본과 유사했다. 그러나 납세자의 권리는 차이가 컸다. 앞서 살펴보았듯이 조선에는 세제를 제정하거나 개정하는 과정에서 납세자들의 과세 동의권이 박탈되어 있었으며, 부과 징수 과정에서도 일본 납세자들에게 보장돼 있는, 소득조사위원 선출을 통한 참여권도 없었다. 또한 일본에는 존재하는 소원 및 행정소송 제도가 조선에는 없었다.

감손 경정 청구권이나 소득 심사청구권과 같이 조선에 보장된 납세자의 권리도 내용상으로는 일본과 차이가 있다. 감손 청구에 대한 세무서장의 결정에 이의가 있을 경우 일본에서는 소원 또는 행정소송을 제기할 수 있지만 조선에서는 이의를 제기할 수 없다. 이는 거꾸로 감손 경정 청구에 대한 세무서의 결정에도 영향을 미칠 수 있다는 점에서 내용상 차이가 있는 것이다.

소득 심사청구권은 차이가 크다. 왜냐하면 소득 심사청구에 대한 심사 과정에 개입하는 소득심사위원회의 구성과 기능 및 역할이 일본과 크게 다르기 때문이다. 일본은 소득심사위원회 위원 7명 중 4명을 소득조사위원들이 선출한 위원으로 구성한다. 회장 역시 심사 위원들이 선출한다. 반면 조선은 위원이 7명인데[37] 회장은 세무 감독국 고등관 중에서 조선 총독이 임명하고, 나머지 위원도 세무 관리 중 3명, 소득조사위원 중 3명을 모두 조선 총독이 임명한다. 그런데 후술하는 바와 같이 소득조사위원도 세무 감독국장이 임명하므로 결국 7명 모두를 조선 총독(세무 감독국장)이 임명하는 것이다.

일본의 경우 소득심사위원회의 결의가 세무 감독국장의 결정에 구속력이 있고, 부당하다고 인정할 경우 재조사를 요구할 수 있는 반면, 조선은 단순 자문 기능에 불과해 모든 결정권이 세무 감독국장에게 있고 재조사 과정도 없다. 또한 일본과 달리 소원 및 행정 소송 제도가 없어 세무 감독국장의 결정에 더는 이의를 제기할 수 없다는 점에서도 세무 감독국장의 결정권은 조선에서 훨씬 컸다.

---

37 소득심사위원회 정원은 1944년 3월 31일 공포된 개정 소득세법부터는 회장 1명 및 위원 4명으로 변동된다.

2부 대표와 동의 없는 과세

4) 소득조사위원회 제도

(1) 일본의 소득조사위원회 제도

① 제도 도입

일본은 1887년 개인소득세를 도입할 당시부터 소득조사위원회라는 독특한 납세자 참여 제도를 시행했다.[38] 당시 일본 소득세법은 프로이센의 '계급세 및 계층별 소득세법'(1851년 제정)을 참조해 제정되었다. 프로이센 소득세법에는 납세자들이 투표를 통해 선출한 위원으로 구성된 평량위원회가 군장 및 시장과 공동으로 납세자들의 등급을 평량해 소득세를 부과 결정했는데, 이를 모방해 소득조사위원회 제도를 둔 것이다.

1896년 영업세법 제정을 계기로 세무서가 처음 설치되었지만 소득 파악 능력은 여전히 취약했으며, 장부·물건 검사권을 비롯한 세무 관리의 권한 강화는 의회의 견제로 오랫동안 실현되지 않았다. 납세자들이 세무 관리의 조사를 꺼렸기 때문에 자칫 가혹한 조사로 인해 민심이 악화될 것도 우려되었다. 세무서가 표본 조사를 통한 소득표준율을 기준으로 개인별 소득 금액을 추계하는 것도 각기 다른 납세자들의 사정을 반영하지 못해 공평성 시비를 불

---

38 1887년 제정 소득세법에서는 '소득세조사위원회'라는 명칭이었는데 1899년 개정 소득세법부터 '소득조사위원회'로 바뀌었다(『日本官報』 1887/03/23: 1899/02/13b).

러일으킬 가능성이 높았다.

이런 조건에서 납세자 대표들을 개인소득세 부과 징수 과정에 참여시킴으로써 ① 당시 소득 파악 능력이 부족했던 세무 행정 기구의 취약성을 보완하고, ② 가혹한 소득 조사에 따른 여론 악화와 지역 및 납세자 간 과세의 불균형에 따른 갈등 요소를 사전에 줄임으로써 원만한 부과 징수를 도모하려 한 것이다(牛米努 2010, 156~160). 이 제도는 1947년 폐지될 때까지 60년간 존속했다.

② 위원 선출

소득조사위원회는 세무서마다 설치했는데 위원은 개인소득세 신고자의 선거를 통해 선출되었다.[39] 애초 선거는 그해 개인소득세 신고자 10명당 1명씩 도시 단위로 선출된 선거인이 다시 관내 조사위원을 뽑는 복선제復選制 방식의 간접선거였고, 투표는 기명으로 조사위원 정원만큼의 이름을 적는 기명연기제記名連記制였다. 1899년부터는 외국인이나 여성에게도 선거권이 주어졌고, 1913년부터는 선거권 요건에 전년 소득세 납세가 추가되었다.[40]

1920년을 전후해 중의원 선거권에서 납세 요건을 철폐하는 보통선거 운동이 고조되는 시기와 맞물려 상공업자들이 소득조사위

---

39 1877년 소득세법 제정 당시 군郡·구區 단위로 설치된 위원회는 1896년 세무서가 설치되자 1899년 소득세법 개정 이후부터 세무서 단위로 설치되었다.

40 소득조사위원 선거에 대해서는 스즈키 요시유키(鈴木芳行 2006), 우시고메 쓰토무(牛米努 2010), 나카니시 게이타(中西啓太 2011)를 참조.

원회 선거제도 개선 및 정원 증가, 권한 강화 등을 강력히 요구했다. 이에 따라 1920년 소득세법 개정에서 선거 방식이 무기명 1인 1표의 직접선거로 전환되었다. 세무서별 5명이던 정원은 1926년 소득세법 개정을 통해 7명으로 증원되었다.[41]

③ 운영과 기능

소득조사위원회는 세무서장의 통지에 따라 매년 4~5월에 세무서장이 송부한 소득 조사서를 원안으로 확인·심의해 결의서를 작성하고 세무서장에게 통지했다. 회의는 위원 과반수의 출석으로 성립하며, 매년 개회 때 조사위원 중에서 선거를 통해 회장을 선출했다. 의사는 출석 위원 중 다수결로 결정했다. 소득 금액은 세무서의 1차 조사를 바탕으로 조사위원회가 2차 조사를 진행해 결의하면 이에 따라 정부가 결정하는 것이 원칙이고 관례였다(牛米努 2010, 157).

개인의 소득에 대해 2차 조사를 해온 소득조사위원회는 1926년부터는 개인의 영업 순익 금액[42] 및 을종 자본이자 금액,[43] 1935년

---

41 소득조사위원회 위원의 정원은 1887년 군·구당 5명에서 1899년 세무서당 5명으로, 1926년 세무서당 7명으로 변동되었다. 세무서별 7명이 원칙이었지만 세무서별 납세자 수, 지역의 넓이 등을 감안해 대장대신이 정원을 조정할 수 있었기 때문에 세무서별 실제 정원은 3~15명으로 다양했다(牛米努 2010, 161).

42 영업 순익 금액은 영업수익세의 과세표준으로 전년도 총수입 금액에서 필요경비를 공제한 금액이다. 일본은 1927년부터 기존 영업세법을 폐지하고 영업수익세법을 시행해 판매금·수입금 등을 과세 대상으로 하는 거래 규모나 거래량에 따른 외형표준에 의한

부터는 개인 이득 금액[44]에 대해서도 2차 조사를 담당했다. 이에 따라 소득조사위원 선거권 및 피선거권도 개인의 소득세 또는 개인의 영업수익세 납세의무자로 확대되었고,[45] 소득조사위원회는 개인의 소득세, 개인의 영업수익세, 을종 자본이자세, 개인의 임시이득세 납세자의 대표 기관으로 자리매김되었다.

④ 위상과 역할

소득조사위원회의 성격과 역할 관련 세법 조항(大藏省主税局 編 1938, 34~44)

소득조사위원의 선출 : (소득)조사위원은 각 선거구에서 선거한다 (소득세법 제29조).

소득 금액의 조사와 결정 : 제3종의 소득 금액은 소득조사위원회

과세에서 순익에 대한 과세로 전환했다. 조선은 1926년 시행된 영업세가 기본 틀이 되어 그대로 유지되다가 1944년 이를 폐지하고 사업세를 도입하면서 순익에 대한 과세로 전환했다.

43 일본 자본이자세의 과세 대상은 갑종(공사채, 산업채권, 은행예금, 대부신탁의 이익)과 을종(제3종 소득 중 비영업 대금 및 예금이자)으로 나뉘는데, 을종의 과세표준인 자본이자 금액은 전년도의 수입 금액으로 산정한다. 조선 자본이자세는 1937년부터 을종 자본이자에 대한 과세가 시작되었다.

44 임시이득세의 과세 대상은 법인의 이득과 개인의 이득으로 나뉘는데, 개인 이득 금액은 개인에 대한 임시이득세의 과세 대상으로, 기준 연도 3개년의 평균 이익 초과금으로 산정한다. 조선에서도 일본과 같이 1935년부터 임시이득세가 시행되었다.

45 대체로 을종 자본이자세 납세자는 개인소득세 납세자에, 임시이득세 납세자는 영업수익세 납세자에 포함되었다(松本寅俊 1939, 289).

의 조사에 의하여 정부에서 이를 결정한다(소득세법 제26조). 세
무서장은 매년 제3종 소득세 납세의무가 있다고 인정되는 자의
소득 금액을 조사하여 그 조사서를 소득조사위원회에 송부한다
(소득세법 제27조). 소득조사위원회의 결정은 회장이 이를 세무서
장에게 통지한다(소득세법 시행규칙 제36조). 정부는 소득조사위원
회의 결의가 부당하다고 인정될 때에는 7일 이내에 재조사에 부
쳐 그 결의가 부당하다고 인정되거나 재조사 기간 내에 조사가
종료되지 않을 때에는 정부에서 소득 금액을 결정한다(소득세법
제52조).

일본의 소득조사위원회는 선거를 통해 구성된 납세자의 대표
기관으로서 세무서가 제출한 소득 조사서를 기초로 독자적인 소
득 금액을 결정해 세무서에 통지하는 역할을 담당한다. 위원회가
결정한 소득 금액을 최종적으로 확정하는 권한은 세무서에 있지
만 위원회 결정대로 세무서가 확정하는 것이 원칙이다. 예외적으
로 위원회 결정에 대해 세무서가 부당하다고 판단할 경우 위원회
에 재조사를 요청하고, 그 결정조차 부당하다고 판단될 경우에만
위원회와는 다른 소득 금액을 결정할 수 있다. 따라서 소득조사위
원회의 소득 금액 조사 결정은 일정한 무게와 구속력을 갖는 것이
고, 위원회의 위상 또한 뒤에서 살펴볼 조선의 경우와 같은 단순
한 자문기관을 훨씬 넘어서는 것이다.[46]

----

46 조선과 비교해서는 일본 소득조사위원회의 위상이 훨씬 높지만 일본 내에서는 그 역할

1903년부터 1935년까지 소득조사위원회의 조사 결정 결과를 세무서의 1차 조사 및 최종 결정 결과와 비교한 통계에서도 위원회의 위상과 역할을 뚜렷하게 확인할 수 있다.[47] 32년 동안 소득조사위원회는 소득 금액에 대해서는 최대 6.27%(1903년)에서 최소 0.59%(1923년)까지, 세액은 최대 7.79%(1905년)에서 최소 0.69%(1929년)까지 세무서의 조사액을 삭감했다. 납세 인원도 최대 2.59%(1903년)에서 최소 0.14%(1926년)까지 줄였다. 전체적으로 조사위원회가 세무서의 조사 금액을 삭감하는 역할을 담당한 것이다.

또한 정부(세무서)의 결정은 1929년까지 27년 동안은 조사위 결의를 약간 웃돌았고 이후 6년간은 조사위와 동일했는데, 1929년까지 조사위원회 삭감액 가운데 소득의 경우 97.1%, 세액의 경우 95.8%가 정부(세무서)의 결정 때 관철된 것으로 나타났다. 이에 따라 최초 세무서의 조사액은 소득조사위원회의 2차 조사와 결의를 거치면서 매년 삭감된 금액으로 (정부의) 최종 결정이 내려져 납세자에게 고지되었다. 소득 금액은 최대 6.24%(1903년)에서 최소

<hr />

을 더 강화해야 한다는 문제 제기가 많았다. 1913년 당시 제국의회에서도 야당인 국민당이 '현재의 소득조사위원회는 자문 기구에 불과하므로 결정 기관으로 개정하려 한다'는 취지로 '제1종 및 제3종의 소득 금액은 소득조사위원회가 결정한다'(제9조)는 내용을 담은 소득세법 개정안을 제출했다(『日本官報』1913/03/05, 49~50). 일본 소득조사위원회의 위상에 대한 선행 연구는 대장성 100년사 편집실(大藏省百年史編集室 編 1969, 174), 일본 대장성 재정금융연구소 재정사실(日本大藏省財政金融研究所財政史室 編 1998a, 346), 호리구치 가즈야(堀口和哉 1997, 87), 다카기 가쓰이치(高木勝一 2007, 48), 마쓰모토 도라토시(松本寅俊 1939, 289)를 참조.

47 일본 대장성 주세국이 펴낸 『주세국 통계연보서』主稅局統計年報書에서 해당 항목 통계는 1936년까지 게재되고 그 뒤로는 사라진다. 이하 서술은 우시고메 쓰토무(牛米努 2010)를 참조.

0.59%(1923년)까지, 세액은 최대 7.64%(1905년)에서 최소 0.68%
(1929년)까지 삭감되었다. 납세 인원도 최대 2.1%(1908년)에서 최
소 0.14%(1926년)까지 감소했다.[48]

(2) 식민지 조선의 소득조사위원회 제도

① 제도 도입과 위원 임명

조선에서 소득조사위원회 제도는 일본 소득세법을 식민지에 맞
게 변용하는 방식으로 1934년 조선소득세령이 개정되는 과정에서
유입되었다. 조선의 소득조사위원회 역시 일본과 마찬가지로 세무
서마다 설치되었다. 조사위원의 정원은 납세자 수 및 관할구역의
규모 등에 따라 세무서마다 달랐는데, 1934년 설치 당시 최소 3명
에서 최대 10명까지 분포되어 99개소에 총 416명이었다.[49]

조사위원은 소득조사위원회가 속하는 구역 내에 거주하며 전년
에 제3종 소득세를 납부하고 그해에 소득 신고를 한 자 중에서 세
무서장이 정원의 2~3배에 해당하는 조사위원을 추천하고 이 중에

---

48 우시고메 쓰토무(牛米努 2010, 193~198)에 따르면 1930년부터 6년간 조사위와 정부 결정
액이 동일한 것은 소득조사위원회가 형해화形骸化되고 세무 당국과 조사위원회가 담합한
결과이다.

49 세무서별 조사위원 총수는 1936년 412명으로 감소했다가 1938년 423명으로 증가한 뒤
계속 늘어 1944년부터는 449명으로 증가했다. 평균 조사위원의 수는 1936년까지 4.2명
을 유지하다가 1938년부터 4.3명으로, 1942년부터 다시 4.4명으로 증가했다. 세무서별
평균 인원수로 보면 평균 5.2~9.4명이었던 일본에 비해 적은 규모였다.

서 세무 감독국장이 임명했다. 1935년 대구 세무 감독국이 관할 각 세무서장 앞으로 보낸 소득조사위원 추천 지침에 따르면 '각 부군도별 할당과 일본인과 조선인의 균형을 고려'하고, '성질이 온후하며 지위와 덕망이 있는 자'를 엄선하되, 다음에 해당하는 자는 제외토록 했다.

1. 금치산자, 준금치산자, 미성년자 및 처妻
2. 파산자로서 복권되지 않은 자
3. 국세체납처분을 받은 뒤 1년이 안 된 자
4. 6년의 징역 또는 금고 이상의 형에 처해진 자
5. 6년 미만의 징역 또는 금고의 형에 처해진 자로 그 형의 집행이 끝나지 않았거나 또는 집행 예정인 자
6. 조선소득세령 제66조 내지 제69조 또는 조선영업세령 제24조, 제25조 또는 조선상속세령 제22조, 제23조의 규정에 의해 처벌을 받은 뒤 5년이 지나지 않은 자[50]
7. 조선인으로 일본어를 전혀 못하는 자(1934년 개정 조선소득세령 제41조;『第三種所得稅 例規(直稅課)』1935/10/10)[51]

일본인과 조선인으로 나눠 정원 및 보충 인원의 3배를, 임기 만

---

50 소득세·영업세·상속세의 포탈 및 세무 관리 등의 수비 의무 위반, 소득세 관련 지불 조사 제출 및 질문·검사 관련 위법 행위자로 처벌받은 자를 말한다.

51 이 공문 내용의 7번 항목을 제외하고는 일본 소득세법에서 규정하고 있는 소득조사위원 선거 때 피선거권 자격이 없는 자의 요건과 유사하다(1920년 일본 개정 소득세법 제31조).

료 시에는 그해 5월 5일까지, 보충의 경우는 보충 사실 발생 후 1주일 이내에 추천하도록 했다. 1938년 4월 대구 세무 감독국 공문에서는 추천인 수를 정원 및 보충 인원의 3배에서 2배로 조정했다(『第三種所得稅 例規(直稅課)』 1938/04/23).[52]

② 운영과 기능

조사위원회는 세무서장의 통지에 의해 개회하며 개회 일수는 각 구역 내 전년 제3종 소득세 납세자 수에 따라 3000명 이상은 20일 이내, 1000명 이상은 15일 이내, 1000명 미만은 10일 이내로 했다. 소득조사위원회 개·폐회 기한은 소득 신고 기한의 변동과 연계되어 변화했다. 개인소득세 도입 초기에는 4월 말까지 소득 신고를 마치고 6월 하순부터 7월 15일까지 소득조사위원회가 개회되었다. 1940년 소득 신고 기한이 3월 15일로 앞당겨지자 소득조사위원회는 5월 10일부터 20일을 기한으로 열렸다(『第三種所得稅 例規(直稅課)』 1940/06/24에 첨부된 朝鮮總督府財務局, 「所得稅取扱方通牒」, 1940, 330항). 1944년 소득 신고 기한이 3월 말로 조정되어 위원회 회의 기간도 4월 10일부터 말일까지로 바뀌었다가(『第三種所得稅 例規(直稅課)』 1944/11/17) 세

---

52 아울러 제외 대상자 항목 '4. 6년의 징역 또는 금고 이상의 형'을 '4. 6년 이상의 징역 또는 금고의 형'으로 변경했다. 1940년 재무국의 지침에서도 세무서장이 소득조사위원의 임기 만료 1개월 전이나 결원이 생겼을 경우 적임자를 전형해 이력과 직업, 기타 참고사항을 담은 조서를 첨부해 관할 세무 감독국장에게 추천하도록 하고 있다(이상은 『第三種所得稅 例規(直稅課)』 1940/06/24에 첨부된 朝鮮總督府財務局, 「所得稅取扱方通牒」, 1940, 326~327항).

무서의 소득 조사서 작성 기간이 너무 촉박해서인지 1945년 다시 5월 10~31일로 복귀되었다(『第三種所得稅 例規(直稅課)』 1945/06/07).

회의는 위원 과반수 출석으로 성립해, 출석 위원의 다수로 의사를 결정했고 회장은 매년 개회 초에 조사위원 중에서 세무서장이 임명했다. 조사위원회는 세무서장이 송부한 소득 조사서를 기초로 심의해 자문한 결과를 회장이 세무서장에게 보고하는 기능을 담당했다(1934년 개정 조선소득세령 제39조 및 시행규칙 제50조). 나아가 1937년 조선자본이자세령에 따른 을종 자본이자 금액, 1938년 조선임시이득세령에 따른 개인의 이득 금액, 1944년 조선사업세령에 따른 사업세에 대해서도 세무서의 과세표준 결정 과정에서 자문을 담당하는 등 기능이 순차적으로 확대되었다.[53] 조사위원의 임기는 4년이며 회기별로 수당 및 여비가 지급되었다. 그러나 조사위원 중 제3종 소득세 납부 의무가 없어지거나 구역 밖으로 이사할 경우 그 직을 상실했다.

③ 위상과 역할

조선 소득조사위원회의 역할과 성격은 조선소득세령과 그 시행규칙 관련 조항에 함축돼 있다.

---

53 연도만 다를 뿐 일본 소득조사위원회의 심의·의결 대상으로 추가된 세제와 일치한다. 조선사업세령은 1944년 조선영업세령을 폐지하고 제정된 것으로 물품 판매업 등 21개 업종의 법인 및 개인 사업의 순익 등에 사업세를 부과한 세령이다.

소득조사위원회의 역할과 성격 관련 조항(『朝鮮總督府官報』 1934/04/30a;

1934/04/30e)

조사위원의 임명 : 소득조사위원은 …… 세무 감독국장이 임명한다

　　(조선소득세령 제41조).

소득 금액의 조사와 결정 : 제3종의 소득 금액은 소득조사위원회에

　　자문을 하여 정부에서 이를 결정한다(조선소득세령 제39조). 소득

　　조사위원회에서 의사가 종결된 사항은 회장이 이를 세무서장에

　　게 보고하여야 한다(조선소득세령 시행규칙 제50조).

조사위원의 해임 : 조사위원이 그 직무를 게을리하거나 또는 체면을

　　손상하는 행위를 했을 경우에는 세무 감독국장은 이를 해임할 수

　　있다(조선소득세령 제42조 ③).

　　조선의 소득조사위원회는 세무 감독국장이 임명한 위원들로 구
성되는 자문기관으로서 세무서가 조사한 소득 금액에 대해 자문한
결과를 세무서에 보고하는 역할을 담당했다. 소득 금액에 대한 최
종 결정 권한이 세무서에 있는 점은 일본과 같다. 그러나 일본은
위원회의 결정대로 세무서가 확정하는 것을 원칙으로 하고 부당하
다고 판단될 경우 위원회에 재조사를 요청하는 데 비해, 조선은 위
원회의 자문 결과와 관계없이 세무서에 전적인 최종 결정 권한이
부여되었다. 따라서 위원회의 역할은 말 그대로 자문인 것이고 그
결과는 별다른 구속력이 없었으며, 재조사 권한도 주어지지 않았다.

　　납세자로 구성되었다는 점, 세무서의 소득 금액 결정 전에 반
드시 조사위의 자문을 거치도록 한 점에서 외형상으로는 일본과
유사한 틀을 갖추었다. 그러나 일제가 일본의 제도를 식민정책에

표 4-2 **일본·조선·대만의 소득조사위원회 제도 비교**(1934년 기준)

		일본	조선	대만
세무서별 위원 수		평균 7명	3~10명	5~7명
위원회 구성 방식		선거구별 납세자의 투표에 의한 선출제	세무 감독국장에 의한 임명제	지사 또는 청장에 의한 임명제
위원 임기		4년	4년	2년
회의 기한		10~30일 이내	10~20일 이내	10~30일 이내
정부의 위원 해임 권한		없음	있음	있음
소득 금액의 결정 절차		세무서의 소득 금액(안) 제출→위원회의 조사·결의→세무서의 결정	세무서의 소득 금액(안) 제출→위원회의 자문→세무서의 결정	세무서의 소득 금액(안) 제출→위원회의 자문→세무서의 결정
세무서장에 대한 위원회의 역할		위원회의 결의를 서장에게 통지	위원회의 결의를 세무서장에게 보고	위원회의 결의를 세무서장에게 보고
위원회의 결의가 부당할 경우 세무서장의 권한		위원회에 재조사 요구, 재조사 결의도 부당할 경우 서장이 결정	서장이 결정	서장이 결정
납세자의 이의 제기 제도	소득 심사청구 제도 (소득심사위원회)	있음	있음	없음
	행정소송 제도	있음	없음	없음
	소원 제도	있음	없음	없음
소득조사위원의 소득심사위원회 참가 방식		조사위원의 투표에 의한 선출제	조선 총독에 의한 임명제	소득심사위원회 미설치

자료: 『朝鮮總督府官報』(1934/04/30a; 1934/04/30e); 朝鮮總督府財務局(연도 미상).

맞게 변용했기 때문에 내용적으로는 식민지적 성격이 뚜렷했다.[54] 조선의 제도는 일본보다는, 1921년 도입된 식민지 대만의 제도와 유사했다(이하 〈표 4-2〉 참조). 일본과 비교해 가장 큰 차이는 소득 조사위원을 세무 감독국장이 임명한다는 점이다. 실제 집행 과정에서는 세무서장이 일본인과 조선인으로 나눠 정원의 3배에 해당하는 인원을 추천하고 이 중에서 세무 감독국장이 임명했다.[55] 또

---

54 식민지 조선 소득조사위원제도의 식민지적 성격에 대해서는 정태헌(1996, 224~225)을 참조.

조사위원이 그 직무를 게을리하거나 또는 체면을 손상하는 행위를 했을 경우에는 세무 감독국장이 해임할 수 있게 한 점도 일본에는 아예 없는 조항으로 세무 관서에 종속된 조사위의 성격을 보여 주는 것이다.[56]

권한과 역할에서도 식민성이 뚜렷했다. 일본은 조사위원회의 결의대로 세무서가 확정하는 것이 원칙이었다. 만약 위원회의 결의가 부당하다고 판단될 경우 세무서장은 위원회에 재조사를 요청해야 하고 재결의 결과조차 부당하다고 판단될 경우에 독자적으로 결정할 수 있었다. 반면 조선은 위원회의 자문 결과와 관계없이 최종 결정 권한이 세무서에 온전하게 부여되었다. 따라서 위원회의 역할은 말 그대로 자문이고 그 결과는 별다른 구속력이 없었으며, 재조사 권한도 주어지지 않았다. 납세자의 대표성뿐만 아니라 역할과 기능의 독립성도 미약했던 것이다.

한편 세무서장이 확정 통지한 소득 금액에 대한 납세자의 이의제기 권한에서는 조선은 일본과도 다르고 대만과도 차이가 있었다. 일본의 경우 세무서가 확정 통지한 소득 금액에 대해 납세자가 이의를 제기할 수 있는 소득 심사청구·행정소송·소원 제도가 도입

---

55 1938년 4월 대구 세무 감독국 공문에 따르면 추천인 수를 정원의 3배에서 2배로 조정했다(『第三種所得稅 例規(直稅課)』1938/04/23).

56 실제로 조선총독부 재무국은 지침을 통해 세무서장으로 하여금 조사위원의 자격이 없어졌을 경우 또는 직무를 게을리한 자나 체면을 훼손하는 행위를 하여 해임할 필요가 있을 경우 그 성명과 사유를 세무 감독국장에게 제출하게 했다(『第三種所得稅 例規(直稅課)』1940/06/24에 첨부된 朝鮮總督府財務局, 「所得稅取扱方通牒」1940, 328항).

된 반면, 조선에는 행정소송·소원 제도를 도입하지 않았고, 대만에
는 세 가지 모두 도입하지 않았다. 조선에는 대만에 없는 소득심
사위가 설치되었지만 구성 방식과 권한 및 위상에서는 일본과 차
이가 컸다. 일본의 경우 납세자가 선출한 조사위원들이 투표를 거
쳐 심사위원을 선출하고, 이들이 심사위의 과반수를 차지했다. 반
면 조선은 조선총독에 의해 임명된 조사위원과 세무 관리로 구성
되었다. 권한과 위상의 측면에서도 조사위와 마찬가지로 일본이 독
립성과 결정의 구속력을 가진 반면, 조선은 그 위상이 단순 자문기
관에 불과했으며 세무 감독국에 종속적 성격이 강했다.

특히 조사위원이 그 직무를 게을리하거나 체면을 손상하는 행
위를 했을 경우 세무 감독국장이 해임할 수 있었는데(1934년 개정 조
선소득세령 제42조), 일본 소득세법에는 없는 내용으로 조선 소득조
사위원의 위상이 매우 낮았음을 보여 주는 또 하나의 사례이다. 이
와 관련해 재무국은 지침을 통해 세무서장으로 하여금 조사위원의
자격이 없어졌을 경우 또는 직무를 게을리한 자나, 체면을 훼손하
는 행위를 하여 해임할 필요가 있을 경우 그 성명과 사유를 세무
감독국장에게 제출하게 했다(『第三種所得稅 例規(直稅課)』 1940/06/24에 첨부된
朝鮮總督府財務局,「所得稅取扱方通牒」, 1940, 328항). 소득조사위원회는 제도상
으로는 조선소득세령이 폐지되고 대한민국 소득세법이 제정되는
1949년 7월까지 유지되었을 뿐만 아니라, 제정 소득세법에도 승
계되어 존속하다가 1950년 12월 개정 소득세법에서 폐지되었다
(『관보』 1950/12/01).

앞서 일본의 경우 세무서의 소득 조사액에 대한 소득조사위원
회의 결의액 및 세무서의 최종 결정액을 통계로 살펴본 바 있는

표 4-3 **제3종 소득세 조사 결정 추이**(1935~42년; 단위: 명, 원, %)

	연도	세무서의 조사(A)			세무서의 결정(B)			B/A			B-A		
		인원	소득	세액	인원	소득	세액	인원	소득	세액	인원	소득	세액
전국	1935년	172,573	292,568,655	6,550,955	172,572	292,407,169	6,547,751	100.0	99.9	100.0	-1	-161,481	-3,204
	1936년	193,299	337,043,430	7,795,810	193,298	336,943,568	7,795,962	100.0	100.0	100.0	-1	-99,862	152
	1937년	197,999	348,712,184	8,019,726	197,999	348,712,184	8,019,726	100.0	100.0	100.0	0	0	0
	1938년	237,186	445,079,458	14,180,721	237,186	445,079,458	14,180,721	100.0	100.0	100.0	0	0	0
	1942년	534,235	941,249,847	54,357,061	534,235	941,249,847	54,357,061	100.0	100.0	100.0	0	0	0
	계	1,335,292	2,364,653,574	90,904,273	1,335,290	2,364,392,226	90,901,221	100.0	100.0	100.0	-2	-261,348	-3,052

주: 『조선세무통계서』(『朝鮮稅務統計書』, 1938, 57)의 1936년 결정액 중 경성과 광주 세무 감독국 소득 금액 항목이 각각 1억 3107만 8410원과 4339만 6200원으로 표기되어 있으나 이는 각 도 소득 금액의 합이 1억 3107만 8660원과 4329만 6200원인 점에 비추어 계산을 잘못한 것(오산誤算)으로 보인다.
자료: 『朝鮮稅務統計書』(해당 연도).

데, 조선의 경우 조선총독부가 발표한 통계자료에 일본과 같은 '소득조사위원회의 결의액'이라는 항목 자체가 없다.[57] 다만 현재 남아 있는 1935~38년 및 1942년분 소득 금액 결정 내역에 관한 자료를 보면, 소득조사위원회 자문 이전 세무서의 소득 조사 금액과 자문 이후의 결정액이 전체적으로 대동소이한 가운데, 1935년과 1936년의 경우 세무서의 소득 조사 결과와 소득조사위원회 자문 이후 세무서의 최종 결정액에 일부 차이가 있다(〈표 4-3〉 참조).

구체적으로 이 차이는 광주와 평양 세무 감독국 관내 세무서에

---

57 그 이유가 조선의 경우 위원회가 별도의 인원·소득 금액·세액을 결정하지 않아서인지는 알 수 없으나 이 때문에 조사액과 소득조사위원회의 자문 결과가 정확히 어느 정도 차이가 있는지도 확인할 방법이 없다. 따라서 소득조사위원회에 제출된 세무서의 조사액과 소득조사위원회의 자문을 거쳐 세무서가 결정한 금액을 비교함으로써 자문의 '실체'를 간접적으로 확인할 수 있다.

표 4-4 **광주·평양 세무 감독국의 제3종 소득세 조사 결정 추이**(1935~36년; 단위: 명, 원, %)

연도	세무감독국	도	세무서의 조사(A)			세무서의 결정(B)			B/A			B-A		
			인원	소득	세액	인원	소득	세액	인원	소득	세액	인원	소득	세액
1935년	광주	전라북도	11,959	20,565,653	459,324	11,959	20,406,260	455,217	100.0	99.2	99.1	0	-159,393	-4,107
		전라남도	13,371	23,066,270	537,051	13,370	23,075,410	538,179	100.0	100.0	100.2	-1	9,140	1,128
		계	25,330	43,631,923	996,375	25,329	43,481,670	993,396	100.0	99.7	99.7	-1	-150,253	-2,979
	평양	황해도	10,997	16,036,751	314,786	10,997	16,028,221	314,572	100.0	99.9	99.9	0	-8,530	-214
		평안남도	13,288	21,004,779	440,551	13,288	21,004,779	440,551	100.0	100.0	100.0	0	0	0
		평안북도	9,176	13,185,393	192,875	9,176	13,182,690	192,864	100.0	100.0	100.0	0	-2,703	-11
		계	33,461	50,226,923	948,212	33,461	50,215,690	947,987	100.0	100.0	100.0	0	-11,233	-225
1936년	광주	전라북도	11,612	20,340,292	466,637	11,611	20,239,110	466,766	100.0	99.5	100.0	-1	-101,182	129
		전라남도	13,393	23,055,770	504,924	13,393	23,057,090	504,947	100.0	100.0	100.0	0	1,320	23
		계	25,005	43,396,062	971,561	25,004	43,296,200	971,713	100.0	99.8	100.0	-1	-99,862	152

자료: 『朝鮮稅務統計書』(해당 연도).

서 발생했다(〈표 4-4〉 참조). 광주 세무 감독국의 경우 1935년 전라북도 내 세무서에서 소득 금액 15만 9393원, 세액 4107원이 각각 삭감되었고, 전라남도 내 세무서에서 납세 인원 1명이 감소하고 소득 금액과 세액은 각각 9140원과 1128원이 증가했다. 1936년에도 전북 지역 세무서에서 납세 인원이 1명 감소하고 소득 금액은 10만 1182원이 감소했으며 세액은 129원이 증가했다. 평양 세무 감독국의 경우 1935년 황해도 지역 세무서에서 소득 금액과 세액이 각각 8530원과 214원 삭감되었고, 평안북도 지역 세무서에서 소득 금액과 세액이 각각 2703원과 11원 삭감되었다.[58]

---

58 자료에는 이 차이가 발생한 도道까지만 표기되어 있어 어느 세무서에서 발생했는지는 알 수 없다.

이 같은 자문 결과로 미루어 볼 때 일제는 소득조사위원회를, 과세표준을 확정해 개인소득세를 부과하기 위한 통과의례 정도로 운영하려 했고 다수 조사위원들도 여기에 협조한 것으로 판단된다. 그러나 위원에 따라서는 일제의 운영 기조와는 일정하게 거리를 두면서 자신의 이해관계에 따라 조사위원회를 '활용'했을 가능성이 있는 것으로 추정된다. 뒤에서 살펴보겠지만 1934년 10월 영변세무서 소득조사위원 이찬엽이 세무서의 소득 조사 금액에 대해 수정을 요구했다가 받아들여지지 않았다는 기록이 있다(『每日申報』 1934/10/02a). 〈표 4-4〉에 나타난 수정 인원·소득·세액이 소득조사위원회가 세무서장에게 보고한 수정 의견의 최소치라고 보면, 이찬엽 이외에 더 많은 조사위원이 세무서의 소득 금액 조사 결과에 이의를 제기했을 가능성이 있다.

(3) 비교

일본과 조선 개인(제3종) 소득 금액 결정 절차는 세무서의 1차 조사 결과를 세무서별로 설치된 소득조사위원회 회의에 부의한 뒤 세무서가 최종 확정한다는 점에서 외형적으로는 유사했다. 그러나 내용적으로는 소득조사위원회의 성격과 역할은 차이가 컸다.

일본 소득조사위원회는 납세자가 선출한 대표들로 구성된 대표 기관인 데 비해, 조선의 위원회는 세무 감독국장이 임명한 위원들로 구성되어 대표성이 없었다. 일본과 조선 모두 소득 금액에 대한 최종 결정 권한이 세무서에 있다는 점에서는 같았지만 이 과정에서 소득조사위원회의 기능과 역할은 달랐다. 일본의 소득조사위원회는 독자적인 소득 금액을 결정했고 세무서는 그대로 확정하는 것이 원칙이자 전례였다. 단, 예외적으로 세무서가 위원회 결정이 부당하다고 판단할 경우 재조사에 부치고, 그조차 부당하다고 판단되면 세무서 임의로 결정할 수 있는 길이 열려 있었다.

반면 조선의 소득조사위원회는 세무서의 소득 조사 결과에 대한 자문 기능에 한정되었고, 위원회 자문 결과와 상관없이 세무서에 최종 결정 권한이 부여되었다. 제도에 나타난, 소득조사위원회에 대한 일본과 조선의 차이는 사료로 남아 있는 개인소득세의 신고와 조사 및 결정 결과 통계 비교에서도 대체로 확인되었다.

2. 개인소득세의 부과 징수와 소득조사위원회

2절에서는 경성 세무 감독국 관내 세무서의 활동을 중심으로 세무 관서 설치 첫해 실시된 개인소득세 부과 징수의 구체적 진행 경과와 소득조사위원회 구성 및 자문 상황을 살펴보려 한다. 1934년은 처음 세무 관서가 설치되어 업무를 개시한 해이자 최초로 개인소득세가 도입된 해로, 이후 일제 패망기까지의 개인소득세 부과 징수 체제가 형성되는 시기로서 의미가 있다. 또한 경성감독국은 조선 중부권의 경기·충북·충남·강원 4개 도를 관할구역으로 했다. 이 지역은 1930년대 중후반 식민지 전체 인구의 29%, 총 생산액의 27%, 회사 불입 자본금의 58%, 부동산 임대 가격의 31%, 국세 총액의 32%, 개인소득세의 39%를 차지했다(『朝鮮總督府統計年報』1937; 朝鮮總督府財務局 1938;『稅務要覽』1939).

따라서 1934년 경성감독국 관내 세무서를 대상으로 한 분석만
으로도 개인소득세 부과 징수와 소득조사위원회의 역할을 상당 부
분 이해할 수 있다. 또한 경성 세무 감독국은 5개 감독국 가운데
식민지 조선 세무 행정의 수반국首班局 위치에 있었기 때문에(古庄逸
夫 1937a, 62) 이를 통해 전체 세무 관서의 상황을 알 수 있는 장점이
있다. 문제는 한정된 분석 대상 시기와 공간을 뒷받침할 자료가 충
분히 남아 있지 않다는 점이다. 이에 일차적으로는 1934년 경성
세무 감독국 및 관내 세무서의 활동 관련 자료를 활용하되, 자료
의 한계를 보완하기 위해 필요할 경우 다른 세무 감독국이나 이후
시기의 자료를 아울러 활용하려 한다.

1) 경성 세무 감독국과 관내 세무서 설치

(1) 경성 세무 감독국 설치

경성감독국은 1934년 5월 1일 경성부 왜성대정京城府 倭城臺町 옛
총독부 청사 자리에 사무실을 마련하고 업무를 개시했다(『京城日報』
1934/05/02).[59] 경성감독국의 조직 체계는 2부 6과제로, 국장 직속으
로 서무과를, 세무부에 직세·간세·감정과의 3과를, 경리부에 징
수·회계과의 2과를 각각 두었다. 1934년 7월 현재『직원록』에 수

---

59 경성 세무 감독국은 1937년 4월 경성부 태평동 1정목 18번지에 새 청사를 건립해 이
　주했다(『朝鮮財務』1937/05, 77~78).

록된 경성감독국 관리는 35명으로 국장을 비롯해 부장과 과장 등 각 부서 책임자는 물론이고 조선인 하급관리 6명을 제외한 29명이 모두 일본인이다(『朝鮮總督府及所屬官署職員錄』 1934). 각 과별 배치 인원을 보면 개인소득세 부과 징수 업무를 담당하는 직세과에는 13명이 배치되어 타 과에 비해 2~4배의 규모를 보이고 있다.

한편 조선총독부 세무 관서 관제(이하 세무 관서 관제) 제정 당시 조선총독부가 일본 내각에 제출한 설명 자료에 따르면 경성감독국 배치 예정 직원 수는 관리 38명과 고원 28명 등 66명이었다(『公文類聚』 1934/04/12). 『직원록』에 수록된 관리 수가 예정 인원보다 3명이 적은 것인데(『朝鮮總督府及所屬官署職員錄』 1934, 107),[60] 자료의 한계로 고원은 몇 명이 채용됐는지 정확히 알 수 없다. 다만 『조선세무통계서』를 보면 1936년 4월 현재 경성감독국 고원은 예정 인원의 2배 가까운 53명에 달해 고원 비중이 60%였다(『朝鮮稅務統計書』 1937, 549~558). 민족별로는 일본인과 조선인이 대체로 7 대 3의 비율을 보이는 가운데 관리직은 8 대 2, 고원은 6 대 4의 비율로 나뉘고 있다.

(2) 관내 세무서 설치

경성감독국 관내 일선 세무서도 5월 1일 일제히 업무를 개시

---

60 『직원록』에는 고원을 제외한 세무 관리만 게재하고 있다. 이 중 속 인원은 24명으로, 배치 예정 26명보다 2명이 적은데, 서무과장 미무라 세이이치三村誠一가 징수과장을 겸하고 있는 것을 감안하면 3명이 적은 셈이다. 참고로 『직원록』은 해당 연도 7월 1일 현재 관리를 수록하고 있기 때문에 이후 추가로 임명된 관리는 누락되어 있다.

했다. 1934년 경성감독국 설치 당시 세무서 수는 경기도 9개, 충북 3개, 충남 6개, 강원도 9개 등 모두 27개였다.

대부분의 세무서는 개관 당시 청사를 별도로 마련하지 못해 관할구역 내 군청이나 부청 등에 임시로 사무실을 설치했다. 1934년 5월 1일 개관 당시 설치 장소에 대한 기록이 남아 있는 17개 세무서 가운데 11곳은 군청에, 2곳은 부청에 임시 사무실을 마련했다. 또 인천세무서는 경찰서 건물 2층에, 이천·양주세무서는 옛 교육 시설에, 춘천세무서는 옛 상공회관 건물에 각각 임시 사무실을 두었다.[61]

세무 관서 관제 제정 당시 경성감독국 산하 일선 세무서에는 관리 289명과 고원 408명을 배치할 계획이었으나 관리의 경우 19명이 적은 270명이 배치되었다. 고원의 배치 현황은 자료의 한계로 알기 어려운데, 1936년 4월 현재 고원 채용 인원이 388명인 것으로 보아 관리와 마찬가지로 계획보다 다소 적은 수가 배치된 것으로 추정된다(『朝鮮稅務統計書』 1937, 549~558). 고원이 포함된 배치 예정 인력 기준으로 전국에서 가장 규모가 컸던 경성세무서의 직원 수는 86명으로 홍천세무서 13명의 6.6배에 달했다.[62]

---

61 이 가운데 양주세무서는 가장 빠른 시기인 1934년 12월 8일 청사를 신축해 이전 후 다시 개관했다(『朝鮮財務』 1935/01, 86). 나머지 세무서도 대략 1937년까지 청사를 신축해 이전했다.

62 경성세무서는 인구 및 세수 규모에서 가장 방대한 관할구역을 담당하고 있어 직원 규모도 제일 컸다. 1934년 당시 경성세무서가 관할하고 있는 경성부京城府와 고양군高陽郡의 인구는 39만 4511명과 23만 9961명으로 전국 234개 부군도府郡島 가운데 1위와 2위를 기록하고 있었다(『朝鮮總督府統計年報』 1935, 22~31).

조선총독부는 1934년 설치 당시 99개 세무서를 세원과 세액의 크기에 따라 갑甲지와 을乙지로 구분해 갑지 세무서장의 관등은 사세관으로, 을지 세무서장의 관등은 속으로 보임했다(국세청 1996b, 297).[63] 경성감독국 27개 세무서 중 갑지는 6개로, 이 가운데 춘천세무서장 최운상을 제외하고는 모두 일본인을 서장으로 임명했다.[64] 27개 세무서 중 조선인 서장은 모두 9명으로 전체의 3분의 1을 차지했다.[65]

세무서에는 서무과·직세과·간세과 등 3과를 두었는데, 개인소득세 부과 징수를 담당하는 직세과장의 경우 일본인 14명, 조선인 13명으로 규모가 비슷했다. 다만 경성감독국 갑지 세무서 6곳의 직세과장은 일본인이 4명으로 조선인의 2배에 달했다. 10개 세무서는 1명이 2개 또는 3개의 과장 자리를 겸임한 것으로 나타났다. 경성세무서의 경우 직세과 내에 토지계·법인계·개인계 등을, 간세과 내에 주세계·인지계 등을 두고 역할을 나누었다(『朝鮮總督府官報』1934/05/01b;『東亞日報』1934/05/02).

조선총독부는 세무 관서 설치 당시 각 세무서별 개인소득세 납세 인원이 1000명이 넘을 경우 해당 업무를 전담하는 속 1명씩을 두는 것을 원칙으로 했다. 이에 따라 경성세무서의 경우 납세 인원

---

63 을지 세무서장의 직급은 1940년 9월부터 사세관보로 올려 보임했다.

64 설치 당시 전국 99개 세무서 중 노른자위에 해당하는 갑지 세무서는 20곳이었는데 18명이 일본인이었고 조선인은 춘천세무서장 최운상崔雲祥과 해주세무서장 김영일金榮— 단 2명에 불과했다.

65 전국 99개 세무서 중 조선인 서장은 32명으로 경성감독국과 비슷한 비중이었다.

을 1만 8753명으로 예상하고 이를 전담하는 속 12명을 배치했다. 또한 인천·대전세무서에 각 2명, 개성·청주·충주·공주·강경·홍성·천안세무서에 각 1명씩의 전담 속 인력을 배치했다(『公文類聚』 1934/04/12).[66]

2) 1934년분 개인소득의 신고와 조사

(1) 개인소득세 부과 징수의 세부 절차

개인소득세 부과 징수는 크게 ① 납세의무자의 소득 신고, ② 세무서의 소득 조사, ③ 소득조사위원회 자문, ④ 세무서의 소득 금액 결정과 통지, ⑤ 납세 고지와 소득세 납부 등 5단계 절차를 거친다(『朝鮮總督府官報』 1934/04/30a; 1934/04/30e).[67] 이 점은 1934년분의 부과 징수에서도 같았지만 세무 관서 설치 및 개정 조선소득세령 시행 시점이 5월인 점을 감안해 각 단계의 시행 시기를 대략 3개월씩 늦췄다.

〈그림 4-1〉은 1934년분 개인소득세 부과 징수의 흐름을 단계

---

66 세무서별 개인소득세 납세 인원 예상 수는 인천서 2506명, 대전서 2030명, 개성서 1674명, 청주서 1636명, 충주서 1083명, 공주서 1498명, 대전서 2030명, 강경서 1716명, 홍성서 1302명, 천안서 1213명 등이다. 전국적으로는 1000명 이상 세무서를 34개로 예상하고 66명을 배치했다.

67 조선의 개인소득세 부과 징수 절차의 기본 틀은 일본의 제도를 원형으로 했지만, 세제 도입 자체가 국민의 대표(의회)의 동의 없이 이루어질 뿐만 아니라 임명제의 소득조사 위원회와 소득심사위원회의 어용적 성격 등 식민성이 뚜렷했다(정태헌 1996: 손낙구 2016a).

그림 4-1 **1934년분 개인소득세의 부과 징수 절차**

	부읍면	납세의무자	세무서	소득조사위원회
1934년 5월			(준비 조사)	
6월			⇩	
7월		①소득 신고 ⇨		
8월			②소득 조사	
9월			③소득 조사서 작성 ⇨	④위원회 개회
10월		⇦	⑥소득 금액의 결정·통지 ⇦	⑤자문 결과 보고
11월	⑦납세 고지(1) ⇨ ⇦	⑧소득세 납부(1)		
1935년 2월	⑨납세 고지(2) ⇨ ⇦	⑩소득세 납부(2)		

자료 : 『朝鮮總督府官報』(1934/04/30a; 1934/04/30e); 『第三種所得稅 例規(直稅課)』(1934/05/30에 첨부된 大邱稅務監督局, 「第3種所得調査要綱」, 1934)에서 작성.

별 시행 시기를 감안해 정리한 것이다. 이를 중심으로 부과 징수 절차의 흐름을 살펴본다.

첫째 단계인 소득 신고 시기는 4월에서 7월로 늦춰졌다. 이에 따라 개인소득세 납세의무자는 7월 1일부터 31일 사이에 소득의 종류와 금액을 상세히 기록한 신고서를 관할 세무서에 제출해야 했다. 부양가족 및 생명보험료 공제 신청서도 같은 기간에 제출했다. 둘째, 세무서의 소득 조사는 8월 말까지 완료하도록 했다. 소득 조사는 납세의무자의 소득 신고와 별개로 진행되며, 후술하듯이 세무 관서 설치 이전부터 개인소득세 시행에 대비한 각종 준비 조사를 진행하고 있었다. 9월 초까지 소득 조사서를 완성해 9월 중순 소득조사위원회 개회에 맞추어 제출하도록 했다.

셋째, 소득조사위원회 종료 시한은 7월 15일에서 10월 15일로 조정되었다. 조사위원회 개회 일수가 최장 20일임을 감안하면 늦어도 9월 중순까지는 소득조사위원이 임명되어야 했다. 네 번째는 소득조사위원회의 자문 사항 보고에 기초해 세무서가 소득 금액을 결정해 납세의무자에게 통지하는 단계이다. 이는 소득조사위 자문 종료 시점인 10월 15일에서 1차 납기가 시작되는 11월 1일 사이에 이루어졌다.

끝으로 납세 고지와 소득세 납부 단계로 3기(8월과 11월, 이듬해 2월)에서 2기로 조정되어 제1기는 11월, 제2기는 이듬해 2월로 각각 정해졌다. 국세징수령 시행규칙에 따라 개인소득세 징수는 부읍면에 위임되었기 때문에 부읍면에서 납세고지와 세금 징수를 담당했다.

(2) '제3종 소득 조사 요강'의 하달

세무 관서 설치 한 달 만인 1934년 5월 30일 대구 세무 감독국은 관내 각 세무서에 「제3종 소득 조사 요강」第3種所得調査要綱(이하 요강)이라는, 개인소득세 부과 징수 업무 지침을 하달했다(『第三種所得稅 例規(直稅課)』 1934/05/30). 〈표 4-5〉는 요강에 포함된 「쇼와 9년분 제3종 소득 조사 계획서」(이하 계획)를 요약 정리한 것이다. 정확히는 계획서의 견본으로, 이를 바탕으로 각 세무서의 사정을 감안해 적절한 조사 계획을 수립하되 세부 진행 단계별 완료 시기는 지키라는 의미이다. 각 감독국의 소득 조사 매뉴얼은 사실상 동일했을 듯하고, 경성감독국의 사료는 남아 있지 않기에 〈표 4-5〉를 중심으로 1934년 세무서의 소득 조사 활동을 살펴본다.

요강은 소득 신고부터 소득 결정 통지서 배부까지 전 과정에 걸

표 4-5 세무서의 제3종 소득 조사 계획서의 주요 내용(1934년)

	내부 업무	외부 업무	
소득 신고서 배부	소득 신고서 배부(06/20~06/20)	① 변호사 사건 취급 건수(6월 20일) ② 대서인의 대서 건수(6월 13~20일) ③ 대가대지貸家貸地(4월 16일~6월 5일)	자료 조사
자료 조회 수집(6월 2일)	① 봉급·급료·은급(7월 10일) ② 배당금(6월 10일) ③ 과수전반별果樹田反別(6월 10일) ④ 조선인삼작부반별·연초경작반별(6월 10일) ⑤ 잠종蠶種 제조고(6월 10일) ⑥ 우편소 운영(도절渡切경비(6월 10일) ⑦ 인지 어음 매상액(6월 10일) ⑧ 우편소 보험 수수료(6월 10일) ⑨ 서업자명庶業者名(6월 10일) ⑩ 경찰서 자료(6월 10일) ⑪ 간세 물건(6월 15일) ⑫ 제1종 소득세와의 연결 자료(6월 15일) ⑬ 영업세와의 연결 자료(6월 10일)	④ 전화 대장(6월 15일) ⑤ 산림소득(6월 1~5일) ⑥ 예기선항藝妓線香 매상액(6월 20일) ⑦ 거래소(6월 30일) ⑧ 어확량(6월 5일) ⑨ 어장대부(6월 15일) ⑩ 봉급·급료·은급(7월 25일~8월 5일) ⑪ 회사 지불 이자 등(6월 15일) ⑫ 신용대금(6월 20일)	
		① 토지 소득표준율(6월 5일) ② 임가 표준율(6월 5일) ③ 상공업 표준율(6월 5일) ④ 광업 기타 표준율	소득표준율 조사
자료 정리	A. 서면조사(6월 4~30일) ① 신고서 접수(6월 20일~7월 31일) B. 실지 조사(6월 4일~7월 5일) ① 신용대금 조사부(6월 25일~7월 5일) ② 변호사 대서인 취급 건수(6월 13~20일) ③ 전화대장(6월 15일) ④ 대가대지貸家貸地(6월 5일) ⑤ 예기선항藝妓線香 매상액(6월 20일) ⑥ 예기치옥별선항藝妓置屋別線香 매상액(6월 20일) ⑦ 거래소(6월 30일) ⑧ 산림소득(7월 5일) ⑨ 어확량(6월 5일) C. 자료 통보(8월 10일)	① 물품 판매업(7월 10일) ② 제조업(7월 10일) ③ 서업(7월 10일) ④ ······ ① 호순戶順 조사(8월 15일) ② 읍면별 세대장 조사, 읍면장 의견 청취(8월 15일)	소득 실사 보정 조사
소득 조사서 작성	① 조사부 정리(8월 15일), ② 신고서 및 신청서 정리(8월 15일), ③ 소득 산출(8월 5~25일), ④ 산출 소득 정산(8월 26~30일), ⑤ 조사서 작성(9월 5~10일)		
소득조사위원회(9월 11~20일)			
소득 결정 통지서(9월 11~20일)			

주 : 괄호 내 수치는 완료 예정 시기 또는 착수~완료 예정 시기. 단, 필체로 보아 완료 예정일은 대구감독국이
　　하달한 계획서의 견본에 표기된 수치로, 착수일은 이 문서를 접수한 세무서에서 가필한 수치로 보임.
자료 : 『第三種所得稅 例規(直稅課)』(1934/05/30).

쳐 세무서가 해야 할 업무에 대한 지침서이다. 그러나 중심적인 내용은 소득 조사에 대한 것이고, 소득 신고와 소득조사위원회 및 소득 결정 통지서 업무는 간략히 다루고 있다. 소득 조사 업무는 상호 보완관계에 있는 '자료의 조회·수집 → 정리'(내무 업무)와, '표준율·자료 조사 → 실지·보정 조사'(외부 업무) 등 두 축으로 진행되었음을 알 수 있다. 착수 시점이 가장 빠른 것은 표준율 조사와 자료 조사인데 두 사업의 완료 시점은 다르다. 표준율 조사는 6월 5일까지 완료하고 자료 조사는 소득 종류마다 차이를 두어 진행했다. 부동산·산림·어업 소득에 대한 자료 조사는 6월 초·중순까지 완료한 반면, 봉급·급료·은급 소득에 대한 조사는 가장 늦은 8월 초까지 이어지고 있다.[68]

이어서 착수할 사업은 자료의 조회·수집이다. 6월 2일에 소득 종류별로 해당되는 각 기관 및 업체에 자료 제출을 요구하는 공문을 발송하되, 제출 시점을 달리한 것으로 보인다. 열세 가지 항목 중 배당금 등 열 가지는 6월 10일, 간세 물건 등 두 가지는 6월 15일, 봉급·급료·은급은 7월 10일을 기한으로 하고 있다.

소득 실사(실지 조사)와 자료 정리는 동시에 병행된 듯하다. 소득 실사는 표준율로 추계하기 어려운 소득에 대해 실시하는 조사이다. 대구감독국은 요강을 통해 매상액 3만 원 이상의 물품 판매

---

68 식민지 조선의 소득 조사는 일본과 같이 소득표준율을 기준으로 소득을 추계하는 방법을 주로 사용했다. 세무서별 조사를 바탕으로 세무 감독국에서 업종별 소득표준율을 계산해 내규로 세무서로 보내 소득 금액 산출의 기준으로 삼게 했다(朝鮮總督府財務局 1942, 69).

업(부府 지역은 5만 원 이상), 순익 3000원 이상의 기타 영업(부 지역은 1만 원 이상), 일정 소득 이상의 서업, 특수 서업의 소득에 대해서는 실사를 거치도록 했다.[69] 세무 관리는 실사 과정에서 조선소득세령에 규정된 장부·물건 검사권을 행사했다.[70] 자료 정리는 수집된 자료를 기초로 소득세 조사부를 작성한 뒤 과세 대상자를 추려 정리하는 공정이다.

수집된 자료를 소득 조사부에 기입한 뒤에는 보정 조사(보정실지조사補正實地調査)를 통해 표준율 조사 및 실사를 보완한다. 보정 조사의 방법으로는 부府와 이에 준하는 시가지市街地에서는 호순戶順 조사,[71] 이 외의 지역은 읍면호별 세대장의 내용 조사 또는 읍면장 의견 청취 등이 있다. 소득세 등급과 조사액의 차이가 큰 경우 읍면장 등의 의견을 들어 조사를 보완하고, 조사액과 신고액의 차이가 큰 경우에는 본인에 대한 조사를 실시한다. 마지막으로 조사서 작성 단계에서는 그동안 작성한 소득 조사부와 납세의무자의 소득 신고서 및 공제 신청서를 정리한 뒤 소득을 산출·정산해 소득 조사서를 작성하고, 소득조사위원회에 제출한다.

---

69 서업소득庶業所得은 의사, 변호사, 계리사, 문사, 화가, 기타 자유업자 등의 소득을 말한다(金日善 1935, 28).

70 식민지 조선의 개인소득세 부과·징수 제도는 일본의 제도를 전형으로 했지만 일본과 달리 세무 관리의 장부·물건 검사권이 확고하게 보장되어 있었다(정태헌 1996, 225).

71 호순 조사는 일정한 지역을 선정해 한 호씩 방문해 조사하는 세무조사 방법의 일종으로 주로 신흥 상가나 신흥 개발 지역과 같이 실제 소득에 비해 과소 신고 가능성이 높은 지역을 대상으로 한다(이동희 1976, 3).

　　　　　　　　　　　　2부　대표와 동의 없는 과세

(3) 국서장局署長 회의와 소득세무 강습회

개인소득세가 처음 도입되어 한편에서는 납세의무자의 소득 신고가, 다른 한편에서는 세무서의 소득 조사가 한창이던 1934년 6월 18일부터 나흘간 총독부 제1회의실에서 제1회 전국 세무 감독 국장 회의가 개최되었다(『朝鮮財務』 1934/07, 86~90). 회의 주재자는 하야시 시게조 재무국장이었고, 5개 감독국 국장이 모두 참석했다. 특히 우가키 가즈시게 총독과 이마이다 기요노리 정무총감 등 조선 총독부 수뇌부와, 척무성·대장성 관리 및 히로시마 세무 감독국장 등 일본 본국 식민지 담당과 재무 관리까지 참석해, 세무 관서 설치 첫해 식민지 세무 행정에 대한 관심을 짐작하게 한다.

회의에서 다룬 안건은 지시 사항 16개, 자문 사항 2개, 협의 사항 2개 등 스무 가지였다. 세무 관서 관제 시행 후 첫 회의인 만큼 소득세·영업세·지세·청량음료세·주세 등 주요 세목 징수와 관유 재산·징수 시설 등 세무 행정 전반이 다뤄진 것이다. 이 가운데 개인 소득세와 관련해서는 그간 진행된 준비 조사 상황을 점검하고 특히 소득표준율 조사와 그 적용에 대해 철저히 준비할 것을 지시했다

(『朝鮮財務』 1934/07, 86~87).

세무 감독국장 회의에 뒤이어 각 감독국별로 관내 세무서장 회의가 소집되었다. 세무서 설치 후 첫 세무서장 회의였다. 회의 내용은 세무 감독국장 회의에서 총독부 지시 내용을 중심으로 각 지역별 사정에 맞게 안건이 추가되어 개최되었다. 개인소득세와 관련해서는 소득표준율 조사 및 적용 상황 점검, 소득 금액 합산 실무, 토지 소득 자료의 작성 방안, 토지 소득 자료 작성 시 읍면 서

기 이용 방안 등이 다뤄졌다.

경성감독국에서는 세무서장 회의 대신 개인소득세 업무를 담당하는 관내 세무서 담당 직원들을 모아 놓고 7월 20일부터 나흘에 걸쳐 '일본의 제3종 소득세 사무 취급 선례를 두루 섭렵하고 조선의 실상을 자세히 조사한 세령의 각조에 관련된 300여 조'에 대한 강습을 실시했다. 평양 세무 감독국에서도 7월 27일부터 나흘간 개인소득세 업무를 담당하는 관내 세무서 직세과장들과 직원들을 대상으로 소득세 강습을 실시했다.

(4) 소득 신고서 배부

1934년분 개인소득세 부과 징수 절차 중 첫 번째 소득 신고 단계의 세무 관서 사무와 관련된 사료로 독립기념관이 소장하고 있는 「개인소득세의 창설」과 「쇼와 9년분 제3소득 금액 신고서」라는 문서가 있다(京城監督局 稅務署 1934a; 1934b). 「개인소득세의 창설」은 한 장짜리 전단 형태의 문서로 한쪽 면만 인쇄되어 있다(〈그림 4-2〉참조).

이 전단을 발행한 주체는 '경성 세무 감독국 ○○세무서'로 되어 있어 경성감독국에서 일괄적으로 제작한 것으로 짐작된다. 한글과 한문, 일문을 병용했고 날짜에 음력을 함께 표기하고 있는 점이 눈에 띄는데, 이는 개인소득세를 부담할 조선인들을 감안한 듯하다. 내용은 크게 개인소득세 창설을 알리는 부분과, 소득 신고 및 공제 신청을 안내하는 부분으로 나뉘어 있다. 개인소득세 창설에 대해서는 ① 세제 정리의 결과 5월 1일부터 개인소득세가 창

그림 4-2 1934년 개인소득세의 창설을 알리는 전단지(독립기념관 소장)

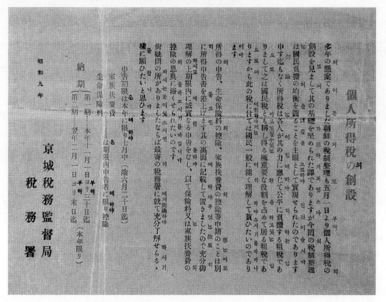

설되었으며, ② 그 목적은 부담의 균형을 도모하는 데 있고, ③ 개인소득세는 국민세라고 불리는 조세이므로 널리 이해를 구한다고 적고 있다. 또한 소득 신고 및 공제 신청은 별도로 배부한 소득 신고서의 이면을 참조하라는 글귀와 함께 신고 기한 및 납기를 안내하고 있다.

「쇼와 9년분 제3소득 금액 신고서」는 한글과 한문, 일문으로 된 한 장짜리 문서인데, 앞면은 신고자의 소득 사항과 소득 금액의 내역을 양식에 맞게 작성하도록 되어 있다(〈그림 4-3〉 참조). 아울러 부양가족에 대한 공제 신청서, 생명보험료의 공제 신청서, 제2종 소득세가 부과되는 소득에 대한 공제 신청서도 양식에 맞게 작성하도록 되어 있다.[72] 뒷면은 '제3종 소득 금액 신고 주의 사항'

그림 4-3　1934년 개인소득세 신고서 앞면(독립기념관 소장)

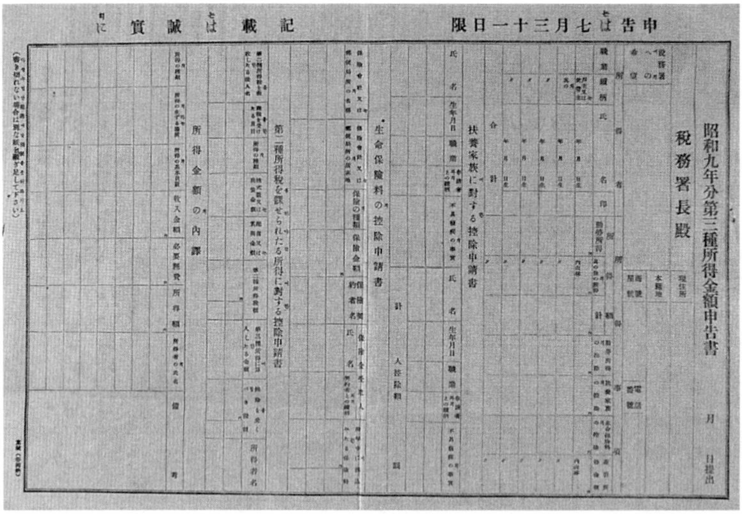

이라는 제목으로 앞면의 각 항목을 작성할 때 참조할 수 있도록 설명을 적어 놓았다.

　이 두 가지 문서의 제작 및 배포 경로와 시기를 알 만한 직접적인 기록은 남아 있지 않다. 다만 요강 중에 다음과 같은 내용이 있어 어느 정도 추정이 가능하다.

1. 신고서의 배부

　제3종 소득세의 납세의무자는 7월 중에 신고할 의무가 있어 이 신

---

72 1934년 개인소득세 도입 당시에는 근로소득 공제, 부양가족 공제, 생명보험료 공제, 손실 공제 등 네 가지 공제 규정을 두었다가 1942년 기초공제가 신설되었다. 일제하 개인소득세의 소득공제 규정의 내용과 분석에 대해서는 정태헌(1996, 234~258)을 참조.

고서는 정리의 편의상 양식을 일정하게 인쇄하여 배부할 예정이니 받게 되면 바로 부읍면으로 하여금 납세의무가 있다고 인정되는 자에게 배부하도록 조치할 것(『第三種所得稅 例規(直稅課)』1934/05/30).

이에 따르면 대구감독국에서 개인소득 신고서를 일괄 인쇄해 산하 세무서로 보낼 예정이므로, 세무서는 받는 즉시 관할구역 내 부읍면에 보내어 납세의무자들에게 배포하라는 것이다. 또한 요강에 포함된 계획서에 따르면 소득 신고서의 배부 예정일은 6월 20일로 잡혀 있다(〈표 4-5〉 참조). 이로 미루어 볼 때 「개인소득세의 창설」과 「쇼와 9년분 제3소득 금액 신고서」는 경성감독국에서 일괄 인쇄해 산하 27개 세무서를 거쳐 관할구역 부읍면에 전달해, 납세의무자들에게 배포한 것으로 보인다. 그 시기는 1934년 6월 20일 전후로 추정된다.

(5) 소득 신고 홍보

개인소득세를 도입한 첫해 가장 큰 어려움 중 하나는 일반인들이 세제 신설 사실 자체를 잘 모르고 세제의 내용도 복잡해 이해하기 힘들어한다는 점이었다.[73] 경성 세무 감독국장 미자 류세키

---

73 조선총독부 재무국 세무과 속 히가노 하루오日賀野溫는 1934년분 개인소득세 제1기 납기가 끝난 1934년 12월 신설된 제3종 소득세에 대해 초창기에 극히 좋은 결과를 거두고 있다고 자평하면서도 "아직도 세에 대한 이해 정도가 낮고 불평등하다는 생각도 상당하여 관계 당국의 노력이 필요하다"고 진단하고 있다(日賀野溫 1934, 23).

는 조선의 민중들에게 "옛날 세금[古稅]은 좋은 세금[良稅], 새로운 세금[新稅]은 나쁜 세금[惡稅]"이라며 개인소득세와 상속세 등 새로운 세제 도입의 어려움을 지적했다(『朝鮮財務』1934/10a, 66).[74] 우가키 가즈시게 총독도 6월 18일 개최한 제1회 세무 감독국장 회의 훈시를 통해 일반 소득세에 대해 "납세자와 교감이 번잡하고 과세 기술도 종전에 비해 비상하게 곤란하고 복잡"하다고 지적하고 납세자가 세제 개정의 취지에 대해 철저하게 깨닫도록 노력할 것을 주문했다

(「稅務監督局長會議ニ於ケル總督訓示(1934/06/18 總督 宇桓一成)」, 민족문제연구소 엮음 2000 에서 재인용).

세무 관서에서는 조선 총독의 훈시에 적극 부응해 '교감이 번잡'하고 '과세 기술도 복잡'한 개인소득세의 도입 취지와 내용을 일반인들이 깨닫도록 적극적인 홍보 활동에 주력해야 했다. 앞서 살펴본 전단 「개인소득세의 창설」도 이 같은 노력의 일환으로 관공서를 통해 납세의무자들에게 배포한 개인소득세 홍보물이었던 셈이다. 당시 일간신문들도 개인소득세의 도입 취지와 내용을 홍보하는 기획 해설 기사를 연달아 내보냈다.[75] 경성감독국은 세무부장 사이토 이와조齋藤岩藏 명의로 개인소득세 신고 요령을 발표해 7

---

74 경성 세무 감독국의 소득 신고 안내 담화문에서도 "소득의 계산과 신고서의 기재 방법은 비교적 어려워 완전히 하기는 당분간은 어려울 것"이라며 불완전한 기재에 대해서는 세무서에서 고쳐 편의를 봐주겠다고 밝히고 있다(『每日申報』1934/07/28).

75 당시 개인소득세 해설가로 활약한 사람은 계리사計理士 김일선과 다카쓰카 사다오이다. 김일선(金日善 1934/05/30~31, 06/01)은 『동아일보』에 「개인소득세 세무회계에 대하야」라는 해설 기사를 세 차례 연재했고, 다카쓰카 사다오(高塚貞雄 1934/07/03~06, 08, 10~13)도 1934년 7월 초 해실 기사(『朝鮮の稅制務整理と所得稅の檢討』, 『朝鮮新聞』)를 10여 차례 게재했다.

월 10~14일 각 일간지에 연재하게 했다(『每日申報』1934/07/11; 1934/07/12;

1934/07/13; 『朝鮮中央日報』1934/07/10; 1934/07/11; 1934/07/12; 『朝鮮日報』1934/07/10;

1934/07/15; 1934/07/19).

그 밖에도 세무 관서에서는 라디오 방송, 전단, 포스터, 책자용
홍보물, 강연회와 질의응답 좌담회 개최 등 다양한 홍보 활동을 벌
였다(『每日申報』1934/08/25b). 경성감독국은 "상당한 사람의 수효가 한
집에 모여 설명을 구하면 이에 응할 것"이라며 세무서별로 설명회
를 개최했다(『每日申報』1934/07/28). 경성세무서의 경우 7월 20일까지 시
내 35개소, 시외 11개소 등 46개소에서 질의응답 좌담회를 개최
했지만 '그래도 알 수 없다' 하여 강연 좌담회 등의 요구가 속속
쇄도했다. 경성세무서는 문의가 폭주해 이에 응답하느라 혼잡한
상황이었는데, 특히 봉급생활자들로부터는 좌담회 등의 요구가 많
은 반면 상공업자들의 반응이 미온적인 점이 세무 당국을 긴장시
켰다(『每日申報』1934/07/21).[76]

상공업자들에 대한 홍보가 미진하고 특히 '필요경비'에 대한 이
해가 부족하다고 자체 판단한 경성세무서는 7월 25일 서장 야스
다 게이준 명의로 상공업자의 소득세와 필요경비에 대한 해설문을
발표했다. 이 내용은 각 일간지에 전문이 연재되었다(『東亞日報』1934/
07/25; 1934/07/31; 『每日申報』1934/07/26; 1934/07/27). 그러나 소득 신고 마감
일이 얼마 남지 않은 7월 하순까지도 상황은 크게 개선되지 않았던

---

[76] 경성세무서는 7월 23~27일에도 용산부청 출장소에 세무 관리를 파견해 질의응답 좌담
회를 개최했다.

듯하다. 한 예로 2500명의 납세의무자를 예상하고 있던 대전세무서의 경우 마감을 5일 앞둔 26일 현재 소득 신고자는 500명에 불과했다(『每日申報』 1934/07/30). 경성감독국은 신고 마감을 이틀 앞두고 마지막으로 신고 독려 및 안내 담화문을 발표하고, 세무서가 아니라 면面에 신고해도 무방한 것으로 했다(『每日申報』 1934/07/28).

이처럼 전체적으로 개인소득세에 대한 홍보는 양적으로나 질적으로 크게 부족한 가운데 첫 소득 조사가 마무리되었다. 예를 들어 일본에서는 개인소득세 도입 첫해인 1877년 한 해 동안 출판된 소득세법 매뉴얼 도서만 31권에 달했다(鈴木芳行 2006, 630). 반면 조선에서 소득세와 관련한 상세한 해설서가 나오기 시작한 것은 1년 뒤인 1935년부터였다(金日善 1935; 龍花貞藏 1936이 대표적이다).

(6) 소득표준율 조사 착수 시기

앞서 살펴본 바와 같이 대구감독국이 요강을 하달한 것은 세무 관서를 설치하고 한 달 만인 1934년 5월 30일이다. 그러나 실제 소득 조사가 시작된 것은 훨씬 전부터이다. 대표적으로 부동산 관련 자료 조사와 소득표준율 조사는 세무 관서 설치 이전부터 시작되었다는 기록이 있다. 황해도 봉산군 속으로 일하다 1934년 5월 세무서 설치와 함께 사리원세무서장으로 임명된 한 일본인 관리는 당시 상황을 다음과 같이 기록하고 있다.

봄에 홀연히 소득세 준비 조사의 대명大命이 내려졌다. …… 소득세 준비 조사는 …… 대체로 토지의 기본 및 임대 택지[貸宅地], 셋집

[貸家] 조사와 이들 소득에 대한 표준율 작성이 그 골자였다. ……
표준율 작성을 끝냄과 동시에 세무 기관의 독립이 드디어 현실이
되었다. …… 신설 세무서로서 …… 보통 사무의 정리와 병행하여 제
3종 소득세에 대한 본 조사에 착수했다(沙里院稅務署長 山下吉左衛門 1934,
41~47).[77]

세무서 설치 이전 봉산군 속으로 근무할 때 이미 개인소득세 준
비 조사의 명을 받고 토지의 기본 및 셋집과 임대지[貸家貸地] 소득표
준율 작성에 착수했고, 5월 1일 세무서 설치와 동시에 본 조사에
착수했다는 것이다. 대구감독국이 하달한 요강 중에도 '이미 마무
리된 전답·셋집·대지 소득에 대한 자료 조사와 소득표준율 조사
결과' 중 아직 보고하지 않은 경우 양식에 맞게 바로 보고하라는 내
용이 있다.

계획서상 자료 조사 항목 중 셋집과 임대지 조사 예정 기간이
4월 16일~6월 5일로 표기된 것도 이미 4월부터 조사가 시작되었
음을 보여 준다.[78] 또 '상공업 소득표준율에 대해서는 이전의 통첩
에 따라 지정한 것 외에 대구·부산·마산의 각 세무서에서는 다시
다음 종목에 대해 조사해 양식에 맞게 보고'할 것을 지시하고 있다.

---

77 이 글은 1934년 사리원세무서의 제3종 소득 조사 경과를 기록하고 있는데, 그해 99개
세무서 전반에 해당되는 내용으로 판단된다. 사리원세무서의 관할구역은 황해도 봉산군
과 황주군이다.

78 착수 항목의 '4·16'과 완료 항목의 '6·5'의 필체가 다른 것으로 보아 이 문서를 접수한
세무서 담당자가 '4월 16일에 이미 착수'했다는 의미로 가필한 것으로 보인다.

상공업 소득표준율 조사에 대해서도 이미 감독국의 소득표준율 조사 통첩이 하달되어 조사가 진행되었음을 알 수 있다.

(7) 지불 조서 제출 사업

세무서의 소득 조사 중에는 근로소득자 및 이익·이자의 배당소득자의 소득을 파악하기 위한 지불 조서 제출 사업이 포함되어 있다.[79] 1934년 6~7월 사이 경성세무서가 소득 조사 사업의 일환으로 조선사편수회로부터 지불 조서를 제출받는 과정에서 주고받은 공문 4건을 중심으로 이를 간략히 살펴본다(〈표 4-6〉 참조).

경성세무서는 1934년 6월 12일 조선사편수회장에게 「1934년분 봉급, 급료, 기타 지불 조서 제출에 관한 건」이라는 공문을 보냈다. 조선사편수회 직원들의 급료 지불 현황을 '봉급, 급료 등 자료전' 양식에 맞게 작성해 6월 30일까지 제출하라는 내용이다(朝鮮史編修會 編 1934a). 또한 자료 작성 참고용으로 별책 「배당 상여 제급여 등의 지불 조서에 대하여」를 함께 송부하고, 지불 조서 작성 방법에 대해 상담을 희망하는 경우 6월 18일 오후 경성부 회의실에서 실시하는 상담에 참석토록 안내했다.

조선사편수회는 마감일보다 3일이 빠른 6월 27일 지불 조서를

----

79 지불 조서는 개정 조선소득세령 제47조에 따라 개인소득에 속하는 봉급·급료·세비·연금·은급·상여 또는 이와 유사한 성질의 급여를 지불하는 자 또는 이익·이자의 배당을 하는 법인이 관할 세무서에 제출하는 문서이다. 1934년분 지불 조서는 조선소득세령 시행규칙 제81조에 따라 7월 31일까지 제출해야 했다(『朝鮮總督府官報』 1934/04/30a).

표 4-6 **지불 조서로 본 조선사편수회 직원 소득 현황**(소득 800원 이상 해당자; 단위 : 원)

순위	소득자		소득							계산의 기초	비고
			합계	봉급	급료	상여	가봉	택료	수당		
1	수사관	이나바 이와키치稻葉岩吉	5,827	3,725	-	512	1,490	-	100	4등1급	1933년 12월 31일 승급 전 2급
2	수사관	나카무라 히데다카中村榮孝	2,533	1**5	-	184	**5	-	-	5등8급	1933년 12월 31일 승급 전 9급
3	촉탁	세노 우마쿠마瀨野馬熊	2,523	-	2,268	255	-	-	-	월 189	
4	수사관보輔	스에마쓰 야스카즈末松保和	2,323	1,242	-	283	745	264	-	3급	1933년 6월 30일 승급 전 4급
5	촉탁	최남선崔南善	2,160	-	2,160	-	-	-	-	월 180	
6	수사관	홍희洪憙	1,972	1,820	-	152	-	-	-	4등8급	
7	수사관보	하기와라 히데오萩原秀雄	1,631	840	-	71	504	216	-	월 70	
8	촉탁	다가와 고조田川孝三	1,548	-	-	108	-	-	1,440	월 수당 120	
9	촉탁	소노타 요지로園田庸次郎	1,355	-	-	155	-	-	1,200	촉탁 월 100	
10	촉탁	다케다 긴사쿠武田金作	1,200	-	-	-	-	-	1,200	월 100	1933년 9월 15일 채용
11	촉탁	스도오 요시유키周藤吉之	1,200	-	-	-	-	-	1,200	월 100	1933년 9월 15일 채용
12	촉탁	마에다 코오조前田耕造	1,167	-	-	147	-	-	1,020	월 수당 85	
13	수사관보	신석호申奭鎬	1,165	1,020	-	145	-	-	-	5급	
14		구찬서具瓚書	1,152	-	-	132	-	-	1,020	월 85	
15	서기	현양섭女陽燮	1,140	1,140	-	-	-	-	-	4급	
16		조승호趙承祜	815	-	696	119	-	-	-	월 58	
17	촉탁	구로다 쇼우조黑田省三	800	-	-	-	-	-	800	월 수당 110	1934년 4월 30일 채용

주 : **는 판독 불가능한 숫자임.
자료 : 朝鮮史編修會 編(1934d).

제출하는 공문을 송부했다(朝鮮史編修會 編 1934d). 조선사편수회가 제출한 '봉급급료등자료전'에 수록된 직원은 총 67명으로 이들에게 지급한 봉급 등 소득은 총 4만 7135원이다. 이 가운데 개인소득세 면세점 800원 이상인 사람은 모두 17명으로, 이들의 소득 내역은 〈표 4-6〉과 같다. 소득이 가장 많은 사람은 수사관修史官 이나바 이와키치로 봉급 3725원, 가봉 1490원, 상여 512원, 수당 100원 등 총소득이 5827원에 달한다. 17명 중에는 조선인도 6명이 포함돼 있는데, 조선인 중에는 촉탁 직원으로 등록된 최남선이 급료 2160원을 받아 소득이 가장 많았다.

한편 지불 조서 제출 마감을 4일 앞둔 6월 26일 경성세무서는 「관사 또는 사택 등에 거주를 명 받은 자의 봉급, 급료, 기타 지불 조서에 관한 건」이라는 일종의 보완 공문을 조선사편수회에 보낸 다(朝鮮史編修會 編 1934b). 이 공문에서 경성세무서는 '관사료 지급 규정 또는 급여 내규 등에 의해 일정의 숙사료를 급여하도록 정해진 경우에 있어서 숙사 또는 사택 등에 거주케 하고서 이 숙사료를 급여받지 못한 자가 있다면 현금 지급의 예에 의하여 이를 포함해 제출'하도록 했다. 현금을 지급받지 않았더라도 숙박 시설을 제공받기 때문에 소득에 포함해야 한다는 취지였다.[80] 이에 대해 조선 사편수회는 7월 2일 추가 공문을 보내 관사官舍에 살고 있는 일본인 두 사람의 사택료를 기재한 추가 자료를 제출한다(朝鮮史編修會 編 1934c).

(8) 소득 신고 및 조사의 완료

① 소득 신고의 완료

7월 말에 완료된 1934년분 개인소득 신고의 전체적인 결과는 자료의 한계로 알기 어렵다. 다만 당시 신문 기사를 통해 일부 내

---

80 첫해에 논란이 됐던 사택료는 다음 해인 1935년부터 개인소득 금액에서 제외시킨다(『每日申報』 1935/04/20).

용을 확인할 수 있는데 이를 요약하면 다음과 같다. 경성감독국 관내 청주세무서에는 총 3000여 명이 소득 신고서를 제출했다(『每日申報』 1934/10/06b). 광주감독국 관내 광주세무서는 2814건이(『每日申報』 1934/08/22a), 대구감독국 관내 진주세무서는 1294건이 각각 신고되었고(『每日申報』 1934/10/03), 거창세무서에는 473명이 소득을 신고했다(『釜山日報』 1934/08/08). 평양감독국 관내 평양세무서에는 7000매가 신고되었고(『每日申報』 1934/08/18), 사리원세무서에는 2269명이(『每日申報』 1934/08/12), 희천세무서에는 488명이 각각 신고했다(『每日申報』 1934/10/18). 한편 1934년 8월 25일 매일신보 기사 중 27개 세무서에 총 5만 4000명이 신고했다는 내용이 있다. 27개 세무서가 어느 지역인지 알 수 없지만 상당한 규모의 신고가 이루어졌음을 뒷받침하는 기록으로 보인다(『每日申報』 1934/08/25b).[81]

② 소득 조사의 완료

조선소득세령에 의한 과세표준의 결정권은 세무서에 있었고, 납세자의 소득 신고는 참고 자료 성격이 강했다.[82] 납세자의 신고보다 세무서의 조사가 핵심이었던 것이다. 그런데 개인소득세 도

---

[81] 1934년 세무 관서 설치 당시 5개 세무 감독국의 관내 세무서 수는 경성 26개, 광주 17개, 대구 19개, 평양 24개, 함흥 13개이다.

[82] 조선소득세령의 과세표준 결정 방식은 일본과 같이 납세의무자의 신고가 없거나 신고가 부적당하다고 인정할 때 정부, 즉 세무서가 조사한 제반 자료에 의해 임의로 과세표준액을 결정해 부과 징수하는 인정과세認定課稅, estimated taxation였다.

입 첫해 세무서의 소득 조사 준비는 여러 가지로 미흡했고 특히 조사 기간이 짧았다. 이 때문에 신고에서 납세까지 기간을 순연했지만 세원을 충분히 파악하기에는 역부족이었다.

조선총독부는 1934년 초 개인소득세 도입 계획 수립 당시 첫해분에 한해 평년도 예상 세액 489만 원의 절반을 부과키로 했고 이에 따라 244만 원이 징수될 것으로 예상했다(『公文類聚』 1934/04/19; 『昭和財政史資料』 1934/02).[83] 이는 7년 전인 1927년 기준 소득 조사에 근거한 것이기 때문에 최소한의 징수 목표액이었다. 만약 소득 조사가 제대로 이루어지지 않을 경우 징수 목표액 달성에 차질이 빚어질 수 있었고, 충분한 조사 없이 징수를 강행할 경우 큰 반발을 초래할 수 있었다.

이런 상황에서 조선총독부가 내세운 것이 납세자의 소득 신고를 존중해 과세표준을 결정한다는 이른바 '신고 존중 방침'이다(『朝鮮日報』 1934/10/11). 1934년의 경우 개인소득세를 도입한 첫해이고 조사 시간도 충분하지 않아 각 개인의 소득을 정확히 조사하기 곤란하기 때문이라는 게 그 명분이었지만, 되도록 많은 소득 신고를 유도함으로써 최대한의 세원을 파악하기 위해서였다. 그러나 표면적으로는 '신고 존중'을 내세우면서도 "일본의 예에 의하면 납세자의 신고 중 정확한 신고는 극히 소수"이며(『每日申報』 1934/08/18;

---

[83] 1934년분 개인소득세액의 정확한 징수 목표액은 244만 3523원으로, 1928년에 조선총독부가 조사한 1927년 기준 개인소득 금액에 면세점 800원과 가족 부양 및 생명보험료 공제 등을 적용해 산출한 것이다.

1934/08/25a), "신고 건수는 양호하나 내용은 극히 부실"하다는 게 총독부의 실질적인 판단이었다(『每日申報』 1934/08/25b).

특히 세원이 투명하게 노출된 근로소득의 경우 납세자의 신고와 세무서의 조사가 일치한 반면 나머지는 부합하지 않는다고 보고[84] 신고와 조사를 세밀하게 대조한 뒤 부실한 신고에 대해서는 재조사했다(『每日申報』 1934/08/25b). 가족 부양 공제 및 생명보험료 공제 신청서의 적절성 여부도 검사했다(『第三種所得稅 例規(直稅課)』 1934/05/30). 또한 납세 대상임에도 미신고자가 상당수라고 보고 미신고 상업 소득에 대한 실지 조사,[85] 호별 방문 조사[86] 등을 통해 세원을 최대한 파악해 소득 조사를 마무리했다.

③ 신고와 조사 결과의 비교

세무서의 1934년분 소득 조사는 감독국의 지침에 따라 대체로 8월 말까지 완료된 듯하나 자료의 한계로 정확한 내역은 알 수 없다. 다만 1935~38년과 1942년의 각 감독국별 소득 신고 및 소득 조사의 내역에 관한 자료가 남아 있는데, 〈표 4-7〉은 경성감독국

---

84 "신고서를 조사한 결과가 신고와 조사가 합치되는 자는 봉급생활자뿐으로 기타는 전부가 부합치 않았는데 …… 모다 세무서에서 세밀히 조사한 바에 의하야 부과하기로 되었다"(『每日申報』 1934/10/06b).

85 "사리원세무서 관내에 7월 31일까지 개인소득세 신고자 수는 2269명에 달한다 하며 기일 내에 신고치 안은 상공서업자를 실지 조사코저 지난 7일부터 13일까지 사리원, 황주, 겸이포 방면의 서원이 출장 중이라 한다"(『每日申報』 1934/08/12).

86 경성세무서의 1934년 호순 조사 상황은 『조선재무』(『朝鮮財務』 1935/02, 55~56)를 참조.

표 4-7 **경성 세무 감독국 관할구역의 개인소득세 신고·조사 비교**(1935~38년, 1942년; 단위 : 명, 원, %)

	납세자의 신고				세무서의 조사(B)		신고 대비 조사(B/A)		조사 대비 신고(A/B)	
	납세자의 신고 계(A)		면세점 이하							
	인원	소득	인원	소득	인원	소득	인원	소득	인원	소득
1935년	36,051	43,708,714	7,218	4,581,288	60,372	114,068,390	167	261	60	38
1936년	36,327	58,793,088	6,902	5,530,953	66,935	131,078,660	184	223	54	45
1937년	33,055	51,790,908	5,620	4,262,698	65,647	127,678,420	199	247	50	41
1938년	33,728	62,000,254	5,399	5,050,636	76,754	161,824,050	228	261	44	38
1942년	74,274	126,624,263	13,369	8,388,688	162,885	325,244,340	219	257	46	39
계	213,435	342,917,227	38,508	27,814,263	432,593	859,893,860	203	251	49	40

자료 : 『朝鮮稅務統計書』(해당 연도).

관할구역의 내역을 정리한 것이다. 여기서 알 수 있듯이 1938년
까지 면세점 이하를 포함한 신고자 수는 감소 추세를 보이고 있는
데, 해를 거듭할수록 신고 대상이 명확해지고 총독부의 '신고 존
중' 방침이 사실이 아닌 것으로 드러남에 따른 듯하다. 반면 소득
은 대체로 증가 추세를 보이는데, 물가 상승이나 명목소득 증가가
반영된 듯하다. 1942년에 모든 수치가 급상승한 것은 같은 해 면
세점이 800원에서 500원으로 대폭 인하되어 납세의무자가 크게
확대되었기 때문이다(『朝鮮總督府官報』 1942/03/24).

또한 세무서의 소득 조사 결과는 납세자의 소득 신고에 비해
인원은 평균 2배, 소득 금액은 평균 2.5배에 달한다. 이에 따라 납
세자의 소득 신고가 차지하는 비중은 인원이 평균 49%, 소득이
40%에 그치고 있다. 이는 일본의 경우와 유사한 것으로, 조선총
독부 세무 관서는 일본 경험을 전형으로 삼아 애초부터 신고 대비
2~2.5배 수준의 결과를 예정하고 소득 조사를 진행한 듯하다.[87]

3) 소득 금액 결정과 개인소득세 징수

(1) 소득조사위원 임명

관내 세무서의 소득 조사가 완료되자 경성감독국은 9월 5일부터 3일간 관내 세무서장 회의를 개최했다(『朝鮮財務』 1934/10a, 64~68). 이 자리에서 경성 세무 감독국장은 소득세 조사는 단기간에 다량의 사무를 처리해야 하는 사무임에도 직세과 이외의 부서에서 협조가 미흡한 데 대해 유감을 표시하는 등 그간의 소득 조사 사업을 평가했다. 이어 9월에 진행해야 할 소득조사위원회의 의사에 관한 안건을 논의했다.[88] 소득세·상속세 등 신설 세제에 대한 일반 민중의 동향과 세금 징수 과정에서 주의할 사항도 점검했다. 이하 9월 들어 진행된 제1기 소득조사위원회의 구성을 살펴보기에 앞서 상공업 단체의 적극적인 참여 움직임이 있어 이를 먼저 검토한다.

① 상공업자들의 움직임

소득조사위원회 구성을 앞두고 상공업 단체가 움직이고 있었음을 나타내는 기록이 있다. 경성상공회의소 등 상공업 단체는 1934년

---

[87] 1903~35년 일본 개인소득세 조사 대비 신고 현황을 보면 인원은 43%, 소득은 40%로 납세자의 신고에 비해 세무서의 소득 조사는 인원은 2.3배, 소득은 2.5배 수준에서 이루어졌다(『主稅局統計年報書』 1903~1935에서 계산).

[88] 식민지 조선의 소득조사위원회의 성격에 대해서는 정태헌(1996), 손낙구(2016a)를 참조.

7월 말 개인소득세 소득 신고 마감을 앞두고 소득조사위원회에 상
공업자가 많이 진출하기 위해 빠짐없이 소득을 신고할 것을 권유
했다. 제3종 소득세는 소득조사위원회 자문 후 결정되기 때문에 상
공업자의 권익 옹호를 위해서는 되도록 많은 인원이 위원에 선정되
어야 한다는 이유에서다.

소득세조사위원회[89] 조직

경성세무서 관내에서는 소득세조사위원회를 조직하기로 되었는데
위원은 정원 10명이어서 7월 31일까지 제3종 소득세의 신고를 필
한 자 중에서 선거하기로 되엇으므로 경성상공회의소에서는 위원
에 상공업자 중에서도 선임되기를 원하고 동시에 전 회원에 대하
야 이 소득세 신고에 태만치 않도록 29일부로 통지하엿다(『東亞日報』
1934/08/01).

소득조사위원을 '제3종 소득세의 신고를 필한 자 중에서 선거'
하는 것으로 기술하고 있는 점이 눈에 띈다. 조선의 소득조사위원
은 임명제임에도 동아일보의 단순 오보인지, 아니면 경성상공회의
소가 일본처럼 조선 소득조사위원회도 선거제로 구성되는 것으로
착각했는지는 알 수 없다. 어쨌든 개인소득세의 주된 과세 대상 중
하나인 상공업자의 지역 대표 조직인 경성상공회의소가 소득조사
위원회에 적극적인 참여 의사를 밝히고 있음이 주목된다.

---

89 '소득조사위원회'를 '소득세조사위원회'로 오기하고 있다.

한편 불과 1년 뒤 상공회의소는 단순 자문 기구에 불과한 소득조사위원회의 성격과 위상에 대해 문제를 제기하고 나선다. 다음 기록은 1935년 6월 대구상공회의소가 소득조사위원회를 결의기관으로 전환할 것을 결의해 상공업자의 전국 중앙 대표 단체인 조선상의朝鮮商議에 건의한 내용이다.

대구상의의 제안 내용

조선상의에 제안은 좌左와 여하다.

1. 소득조사위원회를 결의기관으로 곳치기를 희망함(『每日申報』 1935/06/08).

조선상의가 이 건의를 어떻게 처리했으며, 이후 상공업자들의 대응이 더 이어졌는지 등에 대한 기록은 현재까지 발견되지 않고 있으나 상공업자들이 소득조사위원회에 적극 참가하고자 했으면서도 그 한계에 대해 문제의식을 가졌음이 확인되고 있다.

② 후보의 추천과 임명

조선소득세령에 따라 소득조사위원은 관할 세무 감독국장이 임명했다. 그런데 사료를 보면 실제로는 세무서장이 정원의 2~3배에 해당하는 조사위원을 추천한 것을 기초로 세무 감독국장이 임명하는 것으로 나타났다(『第三種所得稅 例規(直稅課)』 1935/10/10).

조선총독부가 첫 소득조사위원 임명 수순을 밟기 시작한 것은 1934년 8월 20일 전후다(『每日申報』 1934/08/19). 총독부는 8월 20일부터 이틀간 세무 감독국 세무부장 회의를 열고 소득세 조사에 필요한 사항과 소득조사위원 약 400명의 임명에 대해 협의했다(『東亞日報』 1934/08/19; 『朝鮮中央日報』 1934/08/22; 『朝鮮日報』 1934/08/19). 22일에는 '9월에 소득조사위원이 모든 계급에 걸쳐 고루 임명'될 것이라는 하야시 재무국장의 발언이 나왔다(『每日申報』 1934/08/22b). 9월 1일부터 21일 사이에 5개 세무 감독국 99개 세무서별 소득조사위원이 임명되었다(『朝鮮總督府官報』 1934/09/27). 경성세무서 10명을 비롯해 경성감독국 관내 27개 세무서 소득조사위원 114명이 일괄 임명된 것은 9월 20일이었다.

어떤 사람들이 소득조사위원에 임명되었을까? 필자가 조사한 결과 1934~45년 사이 제1~3기 경성 세무 감독국 관내 세무서의 소득조사위원 역임자는 조선인 112명, 일본인 98명 등 210명이다.[90] 조사위원의 직업은 양조업·상업·운수창고업·농림업·금융신탁업·수산업 순으로 많았다. 조선인 위원은 양조업이 압도적으로 많고 상업·제조공업·농림업이 비슷한 규모로 2위권을 형성했다. 또한 소득조사위원 중 61%인 129명이 전·현직 지방의원을 역임했고 재임 기간도 상대적으로 길었다. 조선인 지방의원 역임자는 68%인 76명으로 더 많았는데, 세무서마다 1명 이상의 지방의원을 배치해 제1~3기 위원 중 조선인 지방의원 역임자가 없는 세무서는 1~2개에 그쳤다. 96명은 경제 단체 임원 경력이 확인되었는데, 이 중 조선인 위원은 58명이며 지역별 금융조합 임원이 가장 많고,

---

90 이하 소득조사위원의 사회적 배경 분석 내용은 손낙구(2016a, 83~127)를 요약했다.

상공업단체·수리조합·산업조합 순으로 많았다. 소득조사위원 중 61명은 관리 경력이 확인되는데 조선인 위원은 41명으로 전·현직 면장 경력자가 가장 많고 군청 관리 출신자가 뒤를 이었다.

소득조사위원의 사회적 배경을 분석한 결과 이들이 담당한 역할의 식민지적 특성이 나타났다.

첫째, 지역 유력 집단을 조세 행정의 파트너로 조직하기 위한 수단으로서의 역할이다. 소득조사위원의 직업을 분석한 결과, 개인소득세를 가장 많이 내는 소작인과 근로소득자가 제외된 대신 양조업자가 차지하는 비중이 가장 많았다. 이는 양조업자가 밀주 단속을 매개로 세무서와 지역별 공조 체계를 갖추고 있기 때문이다. 이 외에도 지주, 상인, 제조공업체 임원, 운수·창고업자, 금융조합·상공회의소 임원, 전·현직 면장 등 각 지역의 유력자 집단을 포괄했다.

둘째, '대표 없는 과세' 체제의 취약성을 보완하는 외형적 전시 행정 장치이자, 제한적 범위에서나마 동의 기반을 확대하는 수단으로서 소득조사위원회를 활용한 것이다. 이는 당시 납세자 투표에 의한 유일한 선출직이었던 지방의원 경력자를 세무서별로 1명 이상 필수적으로 위원에 임명한 데서 알 수 있다.

셋째, 지역 유력 집단의 탈세 등 민원 창구로서의 기능이다. 지방의원들은 이미 지방세인 호별세 자문 위원을 맡아 자신들의 과세 자료를 빼내 탈세를 일삼아 왔다. 개인소득세·영업수익세·자본이자세·임시이득세의 과세표준 자문기관인 소득조사위는 여기에 참여한 지역 유력 집단에게 탈세 등 민원 기회의 확대를 의미했다

(2) 소득조사위원회의 자문과 소득 금액의 결정

경성감독국 관내 세무서들은 1934년 9월 말부터 소득조사위원회를 열어 자문을 거친 뒤 소득 금액을 결정했다. 〈표 4-8〉은 현재 확보 가능한 자료를 바탕으로 소득조사위원회 개최 기간과 이후 세무서의 소득 금액 결정 사항을 정리한 것이다.[91]

소득조사위원회의 실제 자문 과정을 알 수 있는 사료가 거의 남아 있지 않지만, 몇몇 단편적인 기록을 통해 개인소득세 도입 첫해인 1934년 경성 세무 감독국 관내 세무서를 중심으로 당시 상황을 살펴보면 다음과 같다.

경성감독국 관내 세무서들은 1934년 9월 말부터 소득조사위원회를 열어 자문을 거친 뒤 소득 금액을 결정했다. 소득조사위원회 회의가 개최된 장소는 세무서 회의실, 세무서장실 등 세무서 내 공간이 가장 많았고 군회의실, 읍회의실, 공회당 등을 이용하기도 했다(『每日申報』 1934/09/28; 1934/09/29a; 1934/09/29b; 1934/10/12; 1934/09/24; 1934/09/26; 『朝鮮財務』 1934/11, 53). 임명된 소득조사위원 전원이 참석하는 경우가 일반적이지만 여행 등의 이유로 불참한 사람도 있었다.[92] 위

---

[91] 1940년 발간 자료를 보면 조선총독부는 일선 세무서에 소득조사위원회 개회 중에 일지를 작성하고 출석 위원의 성명, 의사 진행 상황 및 경과, 기타 참고할 사항을 기록해 폐회 뒤 세무 감독국장에게 보고할 것을 지시하고 있다(『第三種所得稅 例規(直稅課)』 1940/06/24에 첨부된 朝鮮總督府財務局, 「所得稅取扱方通牒」, 1940, 334~335항). 하지만 1934년 경성감독국 관내 세무서별 소득조사위원회 활동 기록은 거의 남아 있지 않다.

[92] "위원 4명 중에 여행 중인 김기태金琪部 씨만 불참하엿스나 전기前記 독회일에는 참석하겠다고 통지가 있다고 하며"(『每日申報』 1934/10/03).

표 4-8 경성 세무 감독국 관내 세무서의 1934년분 개인소득 결정 현황(단위 : 명, 원)

도	세무서	소득조사위원회 개회 기간	세무서의 소득 금액 결정 사항		
			납세 인원	소득 금액	세액
경기	경성		24,916	57,730,000	738,622
	인천		3,247		83,803
	영등포	9월 26~30일			
	수원		1,260	2,410,000	43,000
	평택				
	용인				
	이천				
	개성		2,860	6,500,000	113,097
	양주	9월 25일~			
	계		37,215	77,414,980	1,028,165
충북	청주	9월 25일~10월 2일	1,990	2,846,690	22,700
	영동	9월 26일~10월 2일	911	1,272,610	10,680
	충주	9월 24일~			
	계		4,352	5,980,580	45,742
충남	공주				
	대전	9월 25~27일, 10월 1일	2,140		21,690
	강경	9월 29일~10월 1일			
	홍성				
	예산	~10월 1일			
	천안		1,148	1,680,000	16,570
	계		9,159	13,453,070	121,088
강원	춘천	9월 26일~			
	고성		470	875,206	15,112
	김화	9월 25~29일			
	철원	9월 25일~	1,110		7,633(제1기)
	울진		429	580,000	3,683
	홍천				
	원주	9월 25~26일			1,800(제1기)
	평창		309		1,300(제1기)
	강릉	9월 26~30일			
	계		4,811	7,183,426	52,264
경성 세무 감독국			55,537	104,032,056	1,247,259
전국			154,453	257,678,796	2,739,233

주 : 철원·원주·평창세무서의 세액은 1934년 11월 납부할 제1기분으로 이듬해 2월의 제2기분은 제외됨.
자료 : 『每日申報』, 『朝鮮日報』, 『朝鮮中央日報』, 『東亞日報』, 『朝鮮總督府統計年報』에서 작성.

원회는 세무서장의 통솔하에(『每日申報』 1934/10/06a; 1934/10/10a) 감독국과 세무서의 세무 관리가 다수 임석臨席한 가운데 시작되는 경우가 많았다.[93] 위원회에는 세무서에서 제출한 소득 조사서가 의안으로 배부되었고(『每日申報』 1934/10/03), 먼저 서장이 인사말을 한 뒤 회장을 임명하면 회장이 취임 인사를 했다(『朝鮮財務』 1934/11, 53).

이어 세무서장이 소득 조사의 내용에 대해 설명했는데(『每日申報』 1934/10/02b) 경우에 따라서는 일반 재계의 동향과 소득세의 지위 내용, 소득 조사 방침 등을 장황하게 덧붙였다(『每日申報』 1934/09/29a). 위원들의 질의에 이어 세무서가 제출한 소득 조사서를 독회하는 등 심의가 진행되었는데 짧게는 이틀, 길게는 8일간 계속되었다. 회의는 대부분 '원안대로 원만하게' 폐회했고(『每日申報』 1934/10/02b; 1934/10/06a; 1934/10/10a), 요정에서 위로연을 열기도 했다.[94]

한편 소득조사위원회에서 세무서의 소득 조사서에 대해 이견이 제출되었다는 기록도 남아 있다. 1934년 10월 2일자 매일신보 기사를 보면 평양감독국 관내 영변세무서 소득조사위원회 회의에서

---

93 춘천세무서 소득조사위원회 회의에는 경성 세무 감독국 직세과 속 이기와 기쿠토井川菊人가, 원주세무서 소득조사위원회 회의에는 세무서장과 함께 과장 및 담당 속 권영택權寧澤이 임석하고 있다. 또 청진세무서 소득조사위원회에는 함흥 세무 감독국 세무부장 유원홍楢原弘과 직세과 속 안본정岸本正이 임석했다(『每日申報』 1934/09/29a; 1934/10/02b; 『朝鮮財務』 1934/11, 53). 소득조사위원이 5명인 함흥감독국 관내 청진세무서의 9월 25일 소득조사위원회 개회일 회의에는 무려 21명이 참석했다(『朝鮮財務』 1934/11).

94 "원주세무서에서는 본월 9월 25일 오전 9시부터 소득조사위원회를 개최하고 …… 엄정히 의사를 심회하얏는대 다음 날 26일까지 대략 원안대로 가결된바 동일 오후 3시부터 요정 일력—カ에서 위로연이 잇슨 후 산회하고"(『每日申報』 1934/10/02b).

세무서의 소득 조사 내용에 대해 수정을 요구하는 조사위원이 있었다(『每日申報』 1934/10/02a). 기사 내용을 요약하면 다음과 같다. ① 북진금광회사의 미국인 납세의무자는 소득 신고를 하지 않았고, 소득 조사를 위해 세무 관리가 방문해 장부 제출을 요구했으나 거부했다. ② 이에 세무서는 조선 내에 거류하는 다른 미국인의 소득을 참조해 추정한 소득 금액을 소득조사위원회에 제출했다. ③ 소득조사위원 이찬엽李燦燁은 세무서의 추정액이 실제보다 너무 과대하다고 문제를 제기하며 10~20% 감액할 것을 요구했다.[95] ④ 그러나 나머지 소득조사위원 세 명은 세무서가 제출한 원안에 찬성해 수정되지 않고 원안대로 가결되었다.

경성 세무 감독국 관내에서도 소득조사위원의 문제 제기가 있었을 가능성을 시사하는 기록이 있다. 다음은 1935년 5월 13일부터 15일까지 경성에서 열린 경성감독국 관내 직세과장 사무협의회에서 천안세무서 직세과장 조중용과 경성감독국 세무부장 사이토 이와조의 질의응답 기록이다.

질문(천안세무서 직세과장 조중용) : '소득조사위원으로부터 수정 요

---

95 기록에 따르면 이찬엽은 평안북도에서 신복금광新馥金鑛을 운영하는 금광업자로(『朝鮮總督府官報』 1934/01/27; 1936/02/04) 동종업계 상공인에 대한 '과도한' 세금 부과에 대해 문제를 제기했다고 볼 수 있다. 다른 한편으로 당시 소득조사위원회에서 세무서의 소득 금액 조사가 과다하다고 문제 제기한 사례가 일간신문에 보도된 경우는 이찬엽이 유일했는데, 이찬엽은 다음 해인 1935년 5월에 실시된 지방선거에 출마해 운산군 북진면 면협의원에 당선되었다는 점에서(『東亞日報』 1935/05/29) 소득조사위원 활동이 지역 정치 행위의 일환이었다고 해석할 수도 있다.

구가 있을 경우의 취급에 관한 건' 조사위원이 소득자의 소득에
대해 그 부당함을 지적하고 수정을 요구할 때는 심의의 원만을
기하기 위해 어느 정도의 한도에서 수정한다고 할지 그 한도를
명시해 달라.

답변(경성감독국 세무부장 사이토) : 결정이 부당한 때는 이를 수정할
수 있게 해야 하고 여기에 한도가 있는 것은 아니다. 결정이 부
당하지 않을 때에는 소득조사위원으로부터 수정 요구가 있어도
수정하지 말아야 한다(『朝鮮財務』 1935/07a, 127~128).[96]

경성감독국 세무부장이 '부당할 때는 수정하고 부당하지 않을
때는 수정하지 말아야 한다'며 원론적으로 답변하고 있지만, 천안
세무서 직세과장의 질의 내용을 보면 소득조사위원회에서 세무서
의 소득 조사서에 대한 수정 요구가 나왔음을 짐작케 한다. 또한
세무 관리들은 소득조사위원들과 원만한 관계를 유지하기 위해 어
느 정도까지는 그 요구를 수용할 필요성을 인지한 것으로 보인다.
이처럼 자료의 한계로 구체적인 운영 실태를 확인하는 데 어려움
이 있지만 조사위원 중에서 세무서가 제출한 개인별 소득 금액에
대해 문제 제기를 한 경우가 있었고, 세무 당국 또한 이에 대비하
고 있었던 것이다.[97]

---

96 회의가 열린 1935년 5월 13~15일은 1934년 한 차례 소득조사위원회 제도를 시행하고
나서 1935년분 소득 신고 및 세무서의 소득 조사가 끝나고 5월 10일부터 소득조사위원
회가 개회된 시점이었음을 감안할 필요가 있다.

97 이는 앞서 살펴보았던 1935~36년 광주감독국과 1935년 평양감독국 사례처럼 일부

당시 신문 보도를 종합하면 10월 11일까지 경성을 제외한 4개 감독국 관내 세무서에서 소득조사위원회 자문을 거쳐 소득 금액을 결정해 조선총독부 재무국 세무과에 보고했다(『朝鮮日報』 1934/10/13). 경성 세무 감독국 관내 세무서도 10월 중하순에 소득 금액을 결정했다(『京城日報』 1934/10/10; 『東亞日報』 1934/10/27). 대전세무서는 9월 28일부터 30일까지 소득조사위원 5명이 참여한 가운데 소득조사위원회를 개최한 뒤 소득 금액을 결정했고(『東亞日報』 1934/10/04), 개성세무서도 9월 25일부터 조사위원 5명이 참석한 가운데 위원회를 연 뒤 소득 금액을 결정했다(『朝鮮中央日報』 1934/10/14). 개성은 평양과 함께 납세 인원당 세액이 전국에서 가장 많아 부유한 도시로 평가되었다.[98] 수원세무서는 10월 13일을 전후해 소득 금액을 결정했다(『朝鮮中央日報』 1934/10/13). 인구수가 가장 많은 경성세무서는 이보다 한 달쯤 늦은 10월 하순 소득 금액을 결정했는데(『朝鮮中央日報』 1934/10/27; 『東亞日報』 1934/12/12b) 소득조사위원회 자문 관련 기록은 없다.

소득조사위원회의 자문을 거쳐 일부 세무서가 결정한 1934년분 소득 금액은 〈표 4-8〉과 같은데, 조사위원회 자문 전후의 인원 및 소득·세액의 차이는 자료의 한계로 알 수 없다. 다만, 1935~38년 및 1942년분 경성 세무 감독국 관내 세무서의 소득 금액 결정 내역에 관한 자료가 남아 있다. 이에 따르면 소득조사위원회 자문 이전 세무서의 조사액과 자문 이후의 결정액이 동일하다(〈표 4-9〉

소득조사위원들이 지역 차원의 세금 정치를 펼친 정황과도 연관된 것으로 보인다.
98 개성은 인삼 생산액이 많고, 평양은 신흥 공업이 약진한 결과였다(『東亞日報』 1934/12/12b).

표 4-9 **제3종 소득세 조사 결정 추이**(1935~42년; 단위 : 명, 원, %)

구역	연도	세무서의 조사(A)			세무서의 결정(B)			B/A			B-A		
		인원	소득	세액	인원	소득	세액	인원	소득	세액	인원	소득	세액
경성 감독국	1935년	60,372	114,068,390	2,842,768	60,372	114,068,390	2,842,768	100.0	100.0	100.0	0	0	0
	1936년	66,935	131,078,660	3,390,473	66,935	131,078,660	3,390,473	100.0	100.0	100.0	0	0	0
	1937년	65,647	127,678,420	3,163,491	65,647	127,678,420	3,163,491	100.0	100.0	100.0	0	0	0
	1938년	76,754	161,824,050	5,768,312	76,754	161,824,050	5,768,312	100.0	100.0	100.0	0	0	0
	1942년	162,885	325,244,340	21,810,310	162,885	325,244,340	21,810,310	100.0	100.0	100.0	0	0	0
	계	432,593	859,893,860	36,975,354	432,593	859,893,860	36,975,354	100.0	100.0	100.0	0	0	0

주 : 『조선세무통계서』(『朝鮮稅務統計書』 1938, 57)의 1936년 결정액 중 경성 세무 감독국 소득 금액 항목이
  131,078,410원으로 표기되어 있으나 이는 각 도 소득 금액의 합이 131,078,660원인 점에 비추어 오산으로
  보인다.
자료 : 『朝鮮稅務統計書』(해당 연도).

참조).[99]

(3) 소득 금액 통지와 소득 심사청구

① 소득 금액 통지와 납세자들의 반발

10월 초가 되자 경성을 제외한 4개 감독국 관내 세무서별 소
득 금액 결정이 마무리되었다. 경성감독국 관내 세무서 중에도 영
동세무서의 경우 10월 2일 소득 금액을 결정하고 10월 5일 소득

---

[99] 한 가지 유의할 점은 조선의 경우 일본과 달리 소득조사위원회의 독자적인 결정액이
 없이 단순 자문에 그쳤기 때문에 세무서의 조사액과 소득조사위원회의 자문 결과가 정
 확히 어느 정도 차이가 있는지도 확인할 방법이 없다. 따라서 소득조사위원회에 제출된
 세무서의 조사액과 소득조사위원회의 자문을 거쳐 세무서가 결정한 금액을 비교함으로
 써 자문의 '실체'를 간접적으로 확인할 수는 있다.

금액 결정 통지서를 송달하는 등 이미 상당수 세무서는 통지서 송달까지 마친 상태였다(『每日申報』1934/10/12). 이에 조선총독부는 10월 15일까지 경성감독국의 소득 금액 결정을 완료한 뒤 10월 20일에서 25일 사이에 소득 금액 결정 통지서를 납세의무자에게 송달할 계획을 세웠다(『京城日報』1934/10/10; 『每日申報』1934/10/10b). 전국에서 납세 인원이 가장 많은 경성세무서의 경우 10월 25일 소득 금액 결정 통지서를 송달했다(『東亞日報』1934/11/07).

그러나 소득 금액이 통지되자 납세의무자들의 항의가 빗발쳤다. 세무서가 통지한 소득 금액이 자신들이 신고한 소득에 비해 2~3배에 달했기 때문이다. 세무서는 쇄도하는 질문과 항의 때문에 세무 관리들을 총동원해 이에 대해 해명하느라 진땀을 흘렸다. 당시 신문은 제목에 눈코 뜰 새 없이 바쁘다는 뜻의 '안비막개'眼鼻莫開라는 표현을 사용해 경성세무서의 상황을 다음과 같이 전하고 있다.

그리하야 이 통지를 받은 2만 4900여 인의 납세의무자들 중에는 그 착오에 대하야 질문 또는 이의와 항의를 진입하려고 또는 불분명한 점에 대한 세무당국의 명을 듣고저 세무서로 달려오는 사람들이 매일 수백여 명에 달한다고 한다. 동 세무서에서는 이에 대한 설명과 또는 재조사를 위하야 십수 명의 서원을 동원하야 그에 종사케 하고 있는 중이라 한다(『東亞日報』1934/11/07).

세무서의 과세표준 결정에 대한 반발을 원인별로 유형화하면 크게 네 가지로 나뉘었다. 첫째, 각 개인의 실정을 무시하고 소득표준율에 따라 일률적으로 과세표준을 결정함으로써 실제보다 지나치게 많은 소득액이 산정되었다는 지적이다. 군산미곡상과 개성 삼업종합의 항의, 사리원세무서에 대한 문제 제기가 여기에 해당되었다(『朝鮮日報』 1934/11/01; 1934/11/02b; 『每日申報』 1934/11/07). 둘째, 같은 업종임에도 타 지역에 비해 과중한 과세표준을 결정한 데 대한 항의다. 대표적으로 목포미곡상의 경우 똑같은 곡물업인데 군산보다 더 큰 이득을 얻는다고 계산함으로써 부당하게 과도한 세금을 물렸다며 개선을 요구했다(『朝鮮日報』 1934/11/14). 첫째와 둘째는 모두 현실과 동떨어진 소득표준율 적용 방식에 대한 항의였다.

셋째, 소득이 없음에도 많은 소득 금액이 결정되어 과세되었다는 지적이다. 타인에게 매도한 토지와 황무지 3599평이 과세 대상에 포함되자 영흥세무서에 이의신청을 낸 함경남도 영흥군 진평면 김형상·김승도 부자의 경우가 여기에 해당한다(『朝鮮日報』 1934/11/18b). 넷째, 세무서가 결정한 소득 금액이 납세자의 소득 신고보다 과도하게 많은 경우, 한 가족의 소득 금액을 분리한 경우, 이명동인異名同人의 소득 금액을 각각 별개 소득으로 하여 소득 금액을 늘린 경우, 기타 납세의무자의 실정을 잘 알지 못하고 내린 불공평한 결정 등에 대한 항의이다(『東亞日報』 1934/11/07; 『朝鮮日報』 1934/11/29; 1934/11/10).

반발은 주로 중산계급 이하 납세자에서 집중적으로 표출되었다(『朝鮮日報』 1934/10/31). 고소득층은 소득 신고를 제대로 하지 않았음에도[100] 세무서가 철저하게 조사하지 않은 반면, 중산계급 이하에 대

---

100 정태헌(1996, 222)에 따르면 신고자 비율보다 신고액 비율이 낮은 것은 고소득층일수록

해서는 신고에 비해 높은 소득 금액을 결정했기 때문이다. 이들은 세무서로 몰려가 항의하는가 하면 지역별로 동업조합들 간 대책 회의를 열고, 대표단이 감독국을 방문해 국장과 담판을 시도하는 등 다양하게 반발했다(『朝鮮日報』 1934/11/02b; 1934/11/14; 1934/11/21). '신고 존중'의 기만성과 세무서의 결정에 들러리 역할을 한 소득조사위원회의 무책임성도 비판의 대상이 되었다(『朝鮮日報』 1934/11/02a).

② 총독부의 태도

납세자들의 반발에 대해 세무 관서는 '납세자의 신고를 존중하여 과세표준을 결정했기 때문에 실제 소득 이상으로 결정된 과세표준은 없다'는 완강한 입장이었다. 또 일본의 사례를 들어 반발하는 납세자 중 60~70%는 스스로 오류를 인정하고 이의신청을 취하할 것으로 전망했다(『每日申報』 1934/12/15).

세무서의 과세표준 결정에 반발한 납세의무자 중 일부는 조선소득세령에 따라 세무서를 경유해 해당 감독국에 소득 심사를 청구했다. 1934년분 소득 심사청구 현황은 자료의 한계로 전모를 파악하기 어렵다. 다만 1935년 2월 20일 광주 세무 감독국 관내 소득 심사위원회가 개최되어 5건을 심사했다는 기록(『朝鮮財務』 1935/03, 79)과 평양감독국의 경우 '1명의 불복자도 없으므로 심사위원회를 개최할 필요도 없이 징수에 착수'했다는 기록이 있다(『每日申報』 1935/04/

소득 신고를 기피한 경우가 많았다는 것을 의미한다.

11). 이로 보아 세무서의 결정에 반발했던 상당수가 세무 관서의 완강한 태도로 인해 소득 심사청구를 포기한 것으로 보인다.

③ 소득심사위원회 구성

소득 심사가 청구되면 세무 감독국장은 조선소득세령에 따라 소득심사위원회의 자문을 거쳐 재결정했다. 소득심사위원은 감독국마다 7명을 두었는데, 첫 소득심사위원이 임명된 것은 1934년 11월 5일이다(『朝鮮總督府官報』 1934/11/10). 1934~43년 경성 세무 감독국 소득심사위원 명단은 〈표 4-10〉과 같다. 소득심사위원회는 소득조사위원회와 마찬가지로 임명제의 회장과 심사위원으로 구성되었다(정태헌 1996, 226). 경성 세무 감독국 소득심사위원 7명 중 4명은 감독국의 고위직 세무 관리들로 임명되었으며, 나머지 3명은 관내 세무서 소득조사위원이었다. 감독국장과 부장 및 직세과장이 교체될 경우 소득심사위원도 후임자로 교체되어 사실상 당연직 위원으로 운영되었다.

민족별로는 소득조사위원 1명을 제외하고는 모두 일본인으로 임명되었는데 일본인은 조선총독부 관리 역임자나 경성상공회의소 임원, 조선인은 도 참여관이나 지사를 역임한 친일 인사가 임명되었다. 심사위원에 임명된 소득조사위원은 해당 시기 경성세무서 소득조사위원으로 있던 인물들이다.

전 시기 위원을 역임한 이시카와 도세이는 조선총독부 관리 출신으로 1932년 평안북도지사로 퇴관한 뒤 1942년까지 조선화재해상보험(주) 사장을 지냈다(『每日新報』 1942/07/24). 히라이 구마사부로

표 4-10 **경성 세무 감독국 소득심사위원회 위원(1934~43년)**

연도	국장(회장)	경리부장(1934년 5월~)/직세부장(1940년 11월~)	세무부장(1934년 5월~)/간세부장(1940년 11월~)	직세과장(1934년 5월~)/서무부장(1940년 9월~)/직세과장(1942년 12월~)	소득조사위원	연도
1934년			사이토 이와조 齋藤岩藏			1934년
1935년		오다 마사요시 小田正義			히라이 구마사부로 平井熊三郎	1935년
1936년	미자 류세키 美座流石	쓰지 게이고 辻桂五	야마무라 마사스케 山村正輔	쓰다 소타로 津田宗太郎		1936년
1937년		혼다 다케오 本多武夫				1937년
1938년			다카하시 히데오 高橋英夫		이시카와 도세이 石川登盛 / 박용구 朴容九	1938년
1939년		미즈하시 다케히코 水橋武比古	사카모토 간조 坂本官藏		다나카 사부로 田中三郎	1939년
1940년			다카하시 히데오 高橋英夫			1940년
1941년	후지모토 슈지 藤本修三	스즈키 시나오 鈴木沙奈夫	미야자와 간사부로 宮澤完三郎	다카히사 사카에 高久榮		1941년
1942년		모리 나오타로 森直太郎			와다 야치오 和田八千穗	1942년
1943년	세키구치 사토시 關口聰	오자키 다케오 尾崎丈夫	다카히라 다카시 高平峻	데시마 사다조 手島定藏	한규복 韓圭復	1943년

주 : 세무 감독국의 부서는 1934년 5월 세무·경리의 2부에서 1940년 9월 서무·직세·간세의 3부로, 1943년 3월 직세부·간세부의 2부로 변화.
자료 : 『朝鮮總督府官報』; 『朝鮮總督府及所屬官署職員錄』에서 작성.

는 일본 중의원 출신으로 1923년 조선으로 건너왔다. 왕장광산[旺場金山]·삼척탄갱광산을 경영하던 자본가로 경성상공회의소 부회장을 맡고 있다가 1935년 10월 사망했다(朝鮮人事興信錄編纂部 1935, 386; 京城商工會議所 編 1941, 86). 후임 다나카 사부로는 1919년 조선으로 건너와 다나카 시계점이라는 귀금속 가게를 경영하면서 조선서적인쇄(주)·조선화재 이사를 역임하고 경성상공회의소 의원을 다섯 차례 역임한 뒤 1938년 부회장에 취임했다(京城新聞社 編 1936, 45; 京城商工會議所 編 1941, 88). 와다 야치오는 조선 병합 이전에 조선으로 건너와 한

성병원장을 지냈고 1920년 조선의학회 부회장, 1922년 조선총독부 조선중앙위생회 위원을 역임한 의사이다(『皇城新聞』1902/01/13; 『東亞日報』1920/05/26; 『朝鮮總督府及所屬官署職員錄』1922).

박용구朴容九는 1932년 전북 참여관으로 퇴관한 뒤 중추원 참의로 있던 조선총독부 고위 관리 출신 조선인이다(『朝鮮總督府官報』1932/02/19; 1933/06/09; 『朝鮮總督府及所屬官署職員錄』).[101] 박용구가 1943년 4월 사망함에 따라(『朝鮮總督府官報』1943/04/10) 그 후임 위원으로 임명된 한규복韓圭復 또한 1933년 황해도지사로 퇴관한 뒤 중추원 참의로 있던 조선총독부 고위 관리 출신으로 경성양조(주) 이사를 맡고 있었다(東亞經濟時報社 編 1942).

④ 소득 심사청구와 경정액 결정

소득 심사청구 통계는 현재 1935~38년과 1942년분이 남아 있어 1934년 상황은 알 수 없다. 〈표 4-11〉에 따르면 소득 심사청구자의 4분의 3 이상이 경성감독국 관내 거주자로 나타났다. 경성감독국 관내 개인소득세 납세의무자가 전체의 3분의 1 수준임을 감안하면 세무 당국과 납세자 간 분쟁이 경성감독국 관내에서 집중적으로 발생했음을 알 수 있다.

1935년 경성감독국 관할구역에서 납세의무자 중 0.1%인 59명

---

101 박용구는 1910년부터 1924년까지 조선총독부 탁지부와 재무국 세무과에서 근무했고 1925년 세제조사위원회 임시조사위원을 지내는 등 세무 관리 경력자이기도 했다.

이 소득 심사를 청구했는데 이 중 39명이 당초 결정 소득의 73%, 당초 결정 세액의 66%로 경정 금액을 통보받았다. 또 1942년까지 청구자 중 3분의 2가 당초보다 세금이 4분의 1가량 깎였다. 하지만 소득 심사청구를 제기한 인원은 갈수록 줄어 1942년이 되면 5명에 그쳐 소득 심사청구 절차가 제 구실을 하지 못한 것으로 나타났다.[102]

한편 1937년 전국 통계를 보면 두 가지 점에서 이례적인 사건이 일어났음을 알 수 있다. 첫째, 세무서가 결정한 개인소득세액 801만여 원 중 무려 29.4%에 달하는 235만여 원이 소득 심사청구 대상이 되었다. 둘째, 소득심사위원회 심사 결과 경정 결정을 받은 11명에 대한 세액이 당초 세무서 결정보다 6만 4219원이 더 늘어났다.[103]

이는 평양감독국 관내 창성세무서가 평안북도 대유동광산大楡洞鑛山과 조선합동광업 소유주 유태인 루빈 스타이의 수백만 원대 탈세 사실을 포착해 과세한 데서 시작되었다(『朝鮮日報』 1937/12/03; 『東亞日報』 1937/12/04). 루빈은 조선 및 일본에 3개, 해외에 7개 등 세계 곳곳에 많은 광산을 소유하며 '국적도 없이 세계를 무대로 전전유랑하며 사유재산 2억 원을 모은' 국제 광산업자로 두 광산을 팔기 위해

---

[102] 일본의 경우 소득심사위원회 결정에 불복할 경우 소원 및 행정소송 제도가 존재했지만 조선에는 이 제도를 두지 않았기 때문에 납세자들이 더 이의를 제기할 길은 막혀 있었다.

[103] 경성세무서 속 이시무라 다카시에 따르면 소득 심사청구 결과 당초 결정액보다 많은 경정액이 결정되는 것은 특별한 사정이 없는 한 일어나지 않는 이례적인 일이다(石村隆司 1934, 19).

표 4-11 **개인의 결정 소득에 대한 소득 심사청구 결과**(1935~38년, 1942년: 단위 : 명, 원, %)

| | | 세무서의 소득 조사 결정 | | | 소득 심사청구자의 당초 결정 금액 | | | | |
| | | 인원 | 소득 | 세액 | 인원 | 당초 결정 | | 인원 | |
						소득	세액		당초 결정(A)
경성 감독국	1935년	60,372	114,068,390	2,842,768	59	455,940	22,242	39	365,370
	1936년	66,935	131,078,660	3,390,473	31	472,706	32,854	26	434,671
	1937년	65,647	127,678,420	3,163,491	15	168,533	12,358	6	93,582
	1938년	76,754	161,824,050	5,768,312	7	235,205	22,100	4	28,570
	1942년	162,885	325,244,340	21,810,310	5	1,843,078	422,584	3	156,542
	계	432,593	859,893,860	36,975,354	117	3,175,462	512,138	78	1,078,735
전국	1935년	172,572	292,407,169	6,547,751	80	653,636	34,702	45	508,830
	1936년	193,298	337,043,568	7,795,962	35	482,191	33,838	26	434,671
	1937년	197,999	348,712,184	8,019,726	24	18,367,926	2,356,292	11	18,053,780
	평안북도				2	18,133,083	2,340,429	1	17,918,758
	경상남도				5	31220	1,777	3	30,820
	1938년	237,186	445,079,458	14,180,721	8	238,755	22,161	5	32,120
	1942년	534,235	941,249,847	54,357,061	6	1,979,038	456,307	3	156,548
	계	1,335,290	2,364,492,226	90,901,221	153	21,721,546	2,903,300	90	19,185,949

주 : '경정 인원과 금액' 중 당초 결정 금액은 청구자의 당초 결정 소득 금액(세액)에서 '경정 이유 없음·무자격·미결정'의 소득 금액(세액)을 뺀 금액임.
자료 : 『朝鮮稅務統計書』(1935, 59~60; 1936, 59~60; 1937, 61~62; 1938, 65~66; 1942, 71~72).

1936년 11월 일본광업(주)와 1500만 원에 매매계약을 체결했다. 그러나 이는 막대한 현금이 한꺼번에 외국인에게 유출되는 문제라 일본 대장성 차원에서 예의주시하는 한편 창성세무서에서 수 개월 간 내사를 진행했다(『朝鮮日報』 1937/05/27;『東亞日報』 1937/12/04).

1937년 9월 11일 두 광산의 매매 절차가 최종적으로 마무리 되어 일본광업(주)이 루빈에게 매매 대금 1300만 원을 지불하자 창성세무서는 9월 20일 루빈이 1919년부터 총 360만 원을 탈세 했다며 이를 전액 과세했다. 루빈은 이에 반발해 소득 심사청구를 제기하는 한편 매매 대금을 챙겨 비행기를 이용해 해외 도주를 시

| 경정 인원과 금액 | | | | | | | 경정 이유 없음·무자격·미결정 | | |
| 소득 | | | 세액 | | | | | | |
경정(B)	B-A	B/A	당초 결정(C)	경정(D)	D-C	D/C	인원	소득	세액
265,950	-99,420	73	17,998	11,832	-6,166	66	20	90,570	4,244
293,938	-140,733	68	29,434	20,081	-9,353	68	5	38,035	3,420
79,048	-14,534	84	5,005	4,252	-753	85	9	74,951	7,353
17,380	-11,190	61	1,015	459	-556	45	3	206,635	21,085
148,559	-7,983	95	41,489	35,900	-5,589	87	2	1,686,536	381,095
804,875	-273,860	75	94,941	72,524	-22,417	76	39	2,096,727	417,197
400,050	-108,780	79	27,331	20,514	-6,817	75	35	144,806	7,371
293,938	-140,733	68	29,434	20,081	-9,353	68	9	47,520	4,404
17,984,556	-69,224	100	2,296,813	2,361,032	64,219	103	13	314,146	59,479
17,847,388	-71,370	100	2,289,717	2,353,111	63,394	103	1	214,325	50,712
47,320	16,500	154	1,767	3,335	1,568	189	2	400	10
21,100	-11,020	66	1,076	525	-551	49	3	206,635	21,085
148,559	-7,989	95	41,589	35,900	-5,689	86	3	1,822,490	414,718
18,848,203	-337,746	98	2,396,243	2,438,052	41,809	102	63	2,535,597	507,057

도했고, 경성세무서 관리가 추격 끝에 동경제국호텔에서 검거했다. 당시 보도에 따르면 1937년 12월 30일 개최된 평양 세무 감독국 소득심사위원회는 7시간 동안 이 사건을 심사한 끝에 루빈의 심사청구를 기각하고 원안대로 결정했다고 한다(『朝鮮日報』 1937/12/03; 『東亞日報』 1937/12/04).

조선총독부가 남긴 세무 통계를 분석해 보면 창성세무서가 당초에 결정한 루빈의 1937년분 개인소득세는 228만 9717원이었는데, 소득 심사를 통해 경정한 세액은 이보다 6만 3394원이 많은 234만 3111원이었다(『朝鮮稅務統計書』 1939, 61~62). 창성세무서가 적발한,

1919년부터 19년 동안의 탈세 총액 360만 원은 원안대로 결정되었으나 그중 1937년분 소득세는 더 늘어난 것이다. 또한 경상남도에서 청구되어 경정 결정이 난 3건의 경우에도 당초 결정 세액 1767원보다 배 가까이 늘어난 3335원을 확정했는데 자세한 내막은 자료의 한계로 알기 어렵다.

한편 선행 연구에서는 1937년의 이례적인 소득 심사청구 및 경정액 결정에 대해 '개인소득 10만 원을 초과한 151명의 최고 소득층 가운데 상당수가 심사청구를 한 것'으로 이해하고, 이는 식민지 과세 행정의 근간을 뒤흔들 만큼 위협적인 '불안'을 안겨 주고 일제의 '권위'에 대한 도전으로 비쳤을 것이라 평가하고 있다 (정태헌 1996, 228). 그러나 이 같은 시각은 외국인 소유 광산의 매각에 따른 자본의 해외 유출에 대해 일제가 세무조사를 통해 상당액을 회수하려 한 것이 사건의 본질이었다는 점에서 재검토될 필요가 있다.

그럼에도 소득심사위원회가 세무서의 당초 결정보다 더 많은 세액의 경정액을 결정한 이례적인 사건은 소득 결정에 불만을 품는 분위기에 철퇴를 가하고 소득 심사청구는 오히려 불리한 결과를 초래한다는 체념을 충분히 불어넣었음 직하다(정태헌 1996, 229). 실제로 1938년 소득 심사청구는 1937년의 3분의 1 수준으로 급감했고, 1942년 불과 6건이 청구된 것으로 보아 이 같은 추세가 이후 지속된 것으로 보인다.

(4) 개인소득세 징수

기록에 나타난 첫해 개인소득세 징수 과정을 보면 납세 성적이 극히 불량해 세무 관서는 개인소득세 징수에 어려움을 겪었던 듯하다. 제1기분 납기를 6일 앞둔 11월 25일 현재 납부액은 30%에 불과했다(『朝鮮日報』 1934/11/30). 경성부의 경우 개인소득세 등의 제1기분 납세 기한을 사흘 앞둔 1934년 11월 28일 현재 불과 10%밖에 징수되지 않았다(『東亞日報』 1934/11/28). 막판에 납세를 독려했음에도 납세자의 20% 이상이 미납해 독촉장을 발부해야 했다(『東亞日報』 1934/12/12a).

여기에는 납세자의 신고에 비해 세무서가 통지한 소득이 지나치게 많은 데 대한 불만, 연말 가계의 경제 사정 등이 작용했다(『朝鮮日報』 1934/11/30).[104] 또한 첫해 개인소득세 징수 체계가 제대로 작용하지 않은 것도 주요 원인 중 하나였다. 바로 개인소득세 징수를 위임받은 부읍면의 비협조 때문이었다. 이전까지 같은 지방 행정 기구인 군郡의 지휘를 받아 내국세 징수를 담당했던 부읍면은 독립기관인 세무서에 대해서는 '태도가 전반적으로 변화'했다(『朝鮮財務』 1935/07b, 62~63).

1935년 6월 조선총독부가 정무총감 명의의 통첩을 통해 실태를 조사한 결과에도 각지에서 공통적으로 세무서와 부읍면의 관

---

[104] 세무 관서 설치 첫해부터 잇따라 터져 나온 세무 비리도 불만을 증폭했다. 이에 대해서는 후술한다.

계가 원만하지 않은 것으로 나타났다(『朝鮮財務』 1935/07b, 63). 이에 경
성감독국은 7월 10일자로 세무서의 부읍면에 대한 감독 규정을
하달하고 세무서장이 부읍면에 대해 매년 1회 이상 감사를 실시해
갑甲(성적 양호), 을乙(보통), 병丙(불량)으로 그 성적을 평가해 보고하
도록 했다(「京城稅務監督局訓令 第2號 府邑面國稅, 驛屯賭收入及驛屯土拂下代徵收事務監
督規程(1935/07/10)」, 국세청 1996b, 320~322에서 재인용). 국세 징수에 비협조적
인 부읍면에 대한 견제 수단을 세무서에 부여함으로써 문제를 해
결하려 한 것이다. 다른 한편으로 세무서별로 세무협의회를 조직
해 서장이 회장이 되고 부윤府尹·군수郡守를 고문으로 두며 세무서
전 직원과 부읍면의 재무 직원을 회원으로 하여 적어도 1년에 1회
이상 협의회를 개최하도록 했다(김성환 1975, 81). 이처럼 식민지 조선
에 처음 도입된 개인소득세 부과 징수는 수많은 혼란과 우여곡절을
거쳤다.

경성감독국 관내 개별 세무서의 개인소득세 징수 자료는 1935~
38년분이 있다(『朝鮮稅務統計書』 1935~1938; 『朝鮮總督府統計年報』 1935~1938). 이
자료를 분석한 결과 경기도 경성부와 고양군 관할구역인 경성세
무서가 납세 인원의 43%, 세액의 62~66%를 차지한 가운데 개성·
인천·강경·고성세무서의 세액 비중이 상대적으로 높았다. 또 1935~
38년 사이에 납세 인원은 고성세무서에서 가장 큰 폭으로 증가해
2배로 느는 등 전체 평균 1.5배로 늘었으며, 세액은 홍천세무서와
고성세무서가 각각 7배와 6배로 폭증한 것을 비롯해 전체 평균 3배
로 증가했다.

관내 인구 중 개인소득세를 내는 인원수 비율은 전체 평균 1%
에서 1.2%로 증가한 가운데 세무서별로는 경성세무서 4%를 비

롯해 인천·수원·개성·대전세무서는 1%대를 기록했고 나머지는 1% 미만이다. 그러나 동거 가족을 감안한 전체 호수(세대수) 대비 납세자 비율은 3.7%에서 4.5%로 증가한 가운데 1938년이 되면 경성세무서 관내 거주 호수의 15%가 세금을 내게 되었으며, 인천 (7%)과 대전(6%) 순으로 비율이 높다. 납세자 1명당 평균 세액은 1935년 47원에서 1938년 75원으로 증가했는데, 1935년 경성세무서가 67원으로 가장 높았으나 1938년에는 고성세무서가 120원으로 가장 높았다.

일제하 세무 관서의 인력 운용

1. 세무 관서의 세무 인력[1]

1절에서는 세무 관서 설치 이전의 세무 인력 현황을 간략히 살펴본 뒤 조선총독부 세무 관서 인력의 충원과 운용을 간부급 중심으로 분석하고자 한다.[2] 인력 충원은 유형별 충원 방식과 충원 시기 및 규모의 변화 그리고 기관별 분포를 민족별 세무 인력을 염두에 두면서 살펴보려 한다. 인력 운용은 간부급 조선인을 주된 분석 대상으로 하며, 이를 위해 먼저 1934~42년 『직원록』에서 조선인 세무 관리 1159명을 추출해[3] 충원 시기와 규모의 변화, 운

---

1 5장 1절은 손낙구(2015a)를 수정·보완했다.

2 이 글에서는 판임관 이상은 '세무 관리'로, 여기에 고원 등을 포함한 전체 근무자를 가리킬 경우에는 '세무 인력' 또는 '세무 직원'으로 각각 표기했다. 또한 세무 인력의 충원 경로와 관련해 세무 관리는 '임용'으로, 고원은 '채용'으로 각각 표현했다. 일제의 문서와 각종 법령에서도 조선총독부 관리가 아닌 고원에 대해서는 '임용' 대신 '채용'이라 표현하고 있다(『朝鮮總督府官報』 1912/05/14; 1913/06/26).

3 『직원록』은 ① 온전히 발간된 것은 1942년도까지여서 1943~45년도 현황은 알 수 없고, ② 1940년 2월 11일 일본식 성명 강요 시행에 따라 성명만으로 조선인 구별이 가능한 것은 1939년도까지이며, ③ 판임관 이상만을 수록하고 있기 때문에 고원 등의 면면은 알 수 없다는 한계가 있다. 그럼에도 조선인 세무 관리 명단을 폭넓게 확인할 수 있는 가장

용 실태를 파악하고자 한다. 분석 대상 조선인 간부급 세무 관리
는 재무국 세무과 및 5개 세무 감독국 근무자 37명, 세무서 서장
역임자 87명, 세무서 과장 역임자 217명이다.

1) 세무 관서 설치 이전의 세무 인력[4]

병합 초기부터 조선총독부에서 재정을 총괄하던 부서는 탁지
부였는데 탁지부 내 사세국과 그 하부의 세무과에서 세무 행정을
담당했고, 1915년 사세국이 폐지됨에 따라 세무과에서 담당했다.
1920년 조직 개편 이후 재정 총괄 부서가 재무국으로 이름이 바
뀌었고, 세무 행정은 계속 세무과에서 담당했다. 1910~33년 사
이 조선총독부 내 세무과의 고원을 제외한 인력 규모는 연평균
28명으로 조선인 1~2명을 제외하고는 모두 일본인이었다. 탁지
부 장관·사세국장·재무국장·세무과장 등 세무 행정을 총괄하는 부
서장은 초기에는 대한제국기에 조선으로 건너온 인물들이 담당했
으나 1920년대 중반 이후에는 병합 이후 조선으로 건너온 인물들
로 교체되었다. 매년 세무과 인력 중 조선인은 아예 없거나 1~2
명 수준으로 인태식, 김무엽金武燁 등 7명이 거쳐 갔다.

중요한 자료이다. 이 글에서는 1934~42년도 『직원록』에 수록된 재무국 세무과, 세무 감
독국, 세무서 관리 중 조선인으로 판단되는 1159명을 추출해 이를 기초로 논의를 전개하
고자 한다. 조선인을 구별하는 데는 조선총독부(朝鮮總督府 1934에 수록된 250성씨) 및 조선총독
부 중추원(朝鮮總督府中樞院 1934에 수록된 326성)을 참조했다.

4 세무 관서 설치 이전 세무 인력을 자세히 분석한 내용은 손낙구(2015b, 제4장 1절)를 참조.

1910년부터 13개 도에서 내국 세무 행정을 담당한 부서는 재무부였다. 도 재무부는 1915~20년 사이에 제2부로 개명되었다가 1921년부터 원래 명칭을 회복했고, 재무부 내 세무과에서 해당 업무를 담당했다. 각 도에서 내국 세무 행정을 담당한 고원을 제외한 세무 인력은 연평균 기준으로 재무부(1910~21년)는 166명, 재무부 세무과(1922~33년)는 138명으로, 이 중 조선인은 대략 22~23%를 차지했다. 조선인 재무부장과 세무과장은 아예 없거나 1명을 두는 정도에 그쳤다. 재무부장은 일본에서 대학을 졸업한 뒤 고문에 합격한 고급 관리들이 담당했는데, 1920년대 초까지는 주로 대한제국기에 조선으로 건너와 침략 기반을 닦은 인물들이, 그 이후는 고문 합격 후 조선에서 첫 관리 생활을 시작한 자들이 담당했다. 이와 달리 비고문 출신인 세무과장은 다수가 병합을 전후해 조선으로 건너와 말단 직원부터 관리 생활을 시작한 인물들이다. 조선인으로는 김동훈, 김시권, 윤태빈, 이창근李昌根이 재무부장을 역임했고, 김동훈은 유일하게 세무과장도 역임했다. 조선인 중에서는 1910~21년도 재무부에 188명, 1922~33년도 세무과에 130명의 근무 경력이 확인된다.

일제는 강점 초기부터 부군(1915년 도제島制 실시 이후는 부군도府郡島)에 재무계를 두어 내국세 징수 업무를 담당하게 했다. 부군도의 내국 세무 행정 실무를 책임진 재무 주임은 1925년부터 파악할 수 있는데, 1933년까지 재무 주임을 역임한 연인원 2094명 중 조선인은 14%인 299명에 그쳐 다수가 일본인으로 나타났다. 2년 이상 연임한 인원을 감안한 실제 조선인 재무 주임 역임자는 101명으로 이 가운데 5년 이상 재임자는 14명, 3~5년 43명, 3년 미만 44명이다.

이 분석 결과를 1934~43년 사이 『직원록』에 수록된 직원 명단과 비교한 결과, 세무 관서 설치 당시 인력은 대다수가 기존 세무 인력에서 충당된 것으로 나타났다. 재무국(세무과)의 경우 국장은 연임되었으며, 신임 세무과장은 경기도 재무부장이 임명되었고 기존 과장은 대구 세무 감독국장으로 옮겨갔다. 1933년에 세무과에 근무 중이던 조선인 2명 중 1명은 1939년까지, 나머지 1명은 1934년까지 근무하다 세무서로 전환 배치되었다.

세무 관서를 설치할 당시 재무국 세무과장과 광주·평양·함흥 세무 감독국장, 그리고 5개 세무 감독국 부장 관직 10개 중 8개를 1933년 각 도 재무부장이 맡았고, 기존 재무부장 역임자 중 5명이 1935년 이후 순차적으로 세무 감독국장에 임명되었다. 1933년 각 도 세무과장 중 8명은 세무서장에, 3명은 세무 감독국 과장에 임명되는 등 퇴직자 2명을 제외한 전원이 세무 관서로 전환 배치되었다. 조선인 중에서는 1910~21년 도 재무부 근무자 중 5명, 1922~33년 도 세무과 근무자 중 36명이 각각 1934~43년 사이 세무 관서에서 근무했다.

1933년 부군도의 일본인 재무 주임 188명 중 126명이 세무 관서로 전환 배치되었다. 세무 감독국에는 4명의 과장을 포함해 8명, 세무서에는 서장 44명, 과장 73명, 서원 1명 등 118명이 배치되었다. 조선인 재무 주임 36명 중 서장 19명, 과장 3명 등 22명이 세무서에 배치되었다. 또 1933년 234개 부군도 중 222개 부군도에 재직하던 조선인 528명이 1934년 5월 세무 관서로 전환 배치되었다. 세무 관서 인력의 절반이 넘는 비중을 차지하는 고원의 경우 기록의 한계로 1934년 이전과 이후의 연관성을 직접적으로 확인하기 어렵다. 다만 1933년 내국 세무 담당 고원 인건비가 1934년 세무 관서 고원 인건비의 79%에 달했던 점에 비추어, 1933년 고용원 규모가 1100명 이상이었고, 이들 다수가 세무 관서 고용원으로 전환 배치되었으리라고 추정된다.

2) 세무 인력 충원

(1) 유형별 충원 방식

조선 등 식민지를 포함한 근대 일본의 천황제하에서 국가 사무에 종사하는 자의 신분은 관리와 관리가 아닌 자(고원, 용인, 촉탁 등)로 대별되었다. 관리는 천황으로부터의 신분적 거리가 엄밀하게 구분되었는데 크게 친임관親任官, 칙임관(1~2등), 주임관奏任官(3~8등), 판임관判任官으로 나뉘었다(內田達孝 1936, 116, 196).[5]

주임관 이상을 고등관이라 했는데 조선에서 친임관은 총독과 정무총감만 해당되었기 때문에 세무 관리 중에서는 칙임관(1등)인 조선총독부 재무국장이 가장 높은 관등이었다. 주임관 3~4등에 걸쳐 있던 5명의 세무 감독국장 중 일부가 1937년부터 칙임관으로

---

5 친임관은 천황의 친임식親任式을 거쳐 임용되는 관리를, 칙임관은 천황의 칙령勅令에 의해 임용되는 관리를, 주임관은 장관이 상주上奏해 임용되는 관리를 뜻한다. 판임관은 천황의 위임을 받은 행정관청(조선의 경우 조선총독부)의 장이 임명하는 관리를 말한다.

임명되었다(『朝鮮總督府官報』 1937/07/17).[6] 주임관에 해당하는 세무 관리는 재무국 세무과의 사무관·이사관·기사技師, 세무 감독국의 국장·사무관·회사감사관·부사무관·기사, 세무서의 사세관이었다. 고등관이 고급 관리였던 반면 판임관은 중하급 관리였다. 판임관은 각 관청의 실무 사무를 집행하고 처리하는 일을 담당했는데, 세무 관리 중에는 재무국 세무과의 속과 기수, 세무 감독국의 속과 기수, 세무서의 속·기수·세무리가 여기에 해당되었다.

일제의 법체계상 엄밀한 의미에서 관리는 판임관 이상을 지칭했다. 하지만 고원·용인·촉탁 등, 조선총독부와 소속 관서 및 지방행정기관에서 공무를 수행하면서도 관리 신분을 얻지 못한 다수가 존재했다. 이들은 사법私法상 고용 관계로 채용된 말단 직원이다(秦郁彦 1981, 663). 재무국 세무과, 세무 감독국, 세무서에도 고원 등이 다수 배치되었다.

1934년 세무 관서 설치 당시에는 세무 관리 정원 1142명의 절대다수인 1033명을 기존 도道와 부군도府郡都의 관리를 전환 배치했고 증원된 정원 109명도 대부분 기존 관리로 충당했다(『公文類聚』 1934/04/12). 따라서 초기에는 세무 분야에 특화된 임용 정책이 미약했다. 그러나 판임관임용내규, 세무리특별임용규정, 국 경리 고원 정원局經理雇員定員 확대 정책 등을 통해 점차 세무 업무에 적합한 자질을 갖춘 관리를 임용하기 시작했다. 이에 따라 1939년을 전후

---

6 이하 관등별 세무 관리의 직職은 조선총독부관제朝鮮總督府官制 및 조선총독부세무관서관제朝鮮總督府稅務官署官制에 따른다.

해 신규 임용된 관리가 다수를 차지하게 되었다.

한편 조선총독부 재무국의 고등관이나 세무 감독국의 국장 등 세무 행정의 핵심 요직은 100% 일본인으로 임명되었다. 따라서 조선인이 올라갈 수 있는 가장 높은 직책은 세무 감독국 사무관(부장), 사세관 세무서장이었다. 이하에서는 주임관, 판임관, 고원으로 나누어 조선인 세무 인력의 임용 및 채용 경로를 살펴본다.

① 주임관

주임관이 되는 데는 문관임용령 및 주임문관특별임용령에 따라 크게 두 가지 경로가 있었다. 첫째, 고등문관시험(이하 고문)에 합격해 관리로 배치되는 경로다.[7] 둘째, 판임관으로 5년 이상 재직한 뒤 고등시험위원의 전형을 거쳐 주임관이 되는 경로다.[8] 후술하는 바와 같이 조선인 세무 관리 역임자 중 주임관에 오른 사람은 52명이다. 10명은 고문 합격자이며, 42명은 판임관으로 다년간 재직한 뒤 주로 사세관 세무서장으로 승진한 경우다.

----

7 "문관임용령文官任用令 제5조 주임문관은 아래 자격 중 하나를 가진 자 중에서 임용한다. 1. 고등시험행정과시험에 합격한 자"(『日本官報』 1918/01/18).

8 조선총독부 세무 관서 설치에 따라 주임문관임용특별령이 개정되어 조선총독부 세무 감독국 부사무관과 조선총독부 사세관이 '5년 이상 판임 이상의 관에 재직하여 행정사무에 종사하는 판임관 5급봉 이상의 봉급을 받는 자로서 고등시험위원의 전형을 거쳐 임용'되는 주임문관에 포함되었다(『日本官報』 1934/04/30).

② 판임관

　판임관 세무 관리가 되려면 문관임용령 및 조선총독부 세무리 특별임용규정에 따라 학력, 자격시험, 경력 그리고 특채 요건에 해당하는 임용 자격을 갖추어야 했다(『朝鮮總督府官報』 1934/04/30c).[9] 일제 공문서에 따르면 1940년 2월 현재 세무 관서에 재직 중인 판임관 1438명 가운데 조선인은 726명인데 이들을 임용 자격별로 분류하면 학력-경력-특채-자격시험 순으로 나타난다(이하 〈표 5-1〉 참조).

　절반이 넘는 368명(51%)은 학력으로 세무 관리가 되었다. 즉, 239명은 중학교 이상 학교 졸업자(문관임용령 제6조 1항)로, 129명은 전문학교령에 의한 학교 졸업자(제6조 3항)로서 임용된 것이다. 경력으로 세무 관리가 된 사람은 260명(36%)이다. 4년 이상 고원으로 재직한 경력으로 판임관이 된 사람은 218명이었고, 42명은 2년 이상 문관 재직자였다.

　세 번째로 문관임용령 제7조 '보통시험위원 전형으로 임용된 특별학술기예를 요하는 문관'에 해당되어 특채로 판임관에 임용된 사람은 72명(10%)으로 나타났는데, 이들은 세무 감독국 기수 5명과 세무서 기수 67명이었다. 기수는 '상관의 지휘를 받아 기술

---

9 문관임용령은 일본 및 식민지 전체에 적용된 반면, 세무리는 조선에만 존재하는 관직이었다. 세무리는 원칙적으로 세무리 시험에 합격한 자 중에서 임용하되, 중학교·보통학교 및 동등 이상의 학력을 가진 자나 만 2년 이상 세무에 종사한 고원은 시험 없이 임용될 수 있었다. 1943년 12월 세무 감독국 폐지 이후에는 조선총독부도무서세무리특별임용규정 朝鮮總督府道務署稅務吏特別任用規定으로 대체되었다(『朝鮮總督府官報』 1943/12/01b).

표 5-1 판임관 임용 자격별 인원(1940년 2월 1일 현재; 단위 : 명)

문관임용령	합계			조선인						
				세무서				세무 감독국		
	계	일본인	조선인	계	속	기수	세무리	계	속	기수
학력 (제6조) 1. 중학교 이상 학교 졸업자	615	376	239	228	190	-	38	11	11	-
(제6조) 3. 전문학교령에 의한 학교 졸업자	307	178	129	121	121	-		8	8	-
소계	922 (64%)	554 (78%)	368 (51%)	349 (50%)	311 (56%)	-	38 (54%)	19 (61%)	19 (73%)	-
시험 (제6조) 2. 고등시험예비시험 합격자	2	-	2	1	1	-		1	1	-
(제6조) 4. 보통시험 합격자	45	23	22	21	18	-	3	1	1	-
소계	47 (3%)	23 (3%)	24 (3%)	22 (3%)	19 (3%)	-	3 (4%)	2 (6%)	2 (8%)	
경력 (제6조) 6. 2년 이상 문관 재직자	61	19	42	42	42	-				
(제6조) 7. 4년 이상 고원 재직자	295	77	218	213	184	-	29	5	5	-
소계	356 (25%)	96 (13%)	260 (36%)	255 (37%)	226 (41%)	-	29 (41%)	5 (16%)	5 (19%)	-
특채 (제7조) 보통시험위원 전형으로 임용된 특별학술기예를 요하는 문관(비중)	102 (7%)	30 (4%)	72 (10%)	67 (10%)	-	67 (100%)	-	5 (16%)	-	5 (100%)
기타	11	9	2	2	2					
합계	1,438 (100%)	712 (100%)	726 (100%)	695 (100%)	558 (100%)	67 (100%)	70 (100%)	31 (100%)	26 (100%)	5 (100%)

자료 : 『公文類聚』(1940/09/09)에서 작성.

에 종사'하는 기술직이다. 끝으로 보통시험(22명) 및 고등시험예비시험(2명) 등 자격시험에 합격해 판임관에 임용된 조선인은 24명(3%)에 그쳤다.

기관별로 보면 세무서는 학력-경력-특채-시험 순인 데 비해 세무 감독국은 학력이 1순위라는 점에서는 같지만 그 비중이 61%로 훨씬 높고, 경력과 특채가 16%로 동률을 기록해 경력 비중이 상대적으로 낮게 나타났다. 일본인의 경우에도 학력-경력-특채-시험 순인 점에서는 같았지만 조선인에 비해 학력 비중이 78%로 월등히 높은 반면, 경력 비중은 14%로 훨씬 낮았다. 특히 4년 이상 고원 재직 경력을 거쳐 판임관에 임용된 조선인이 218명에 달하는 데 비해, 일본인은 77명에 그쳤다. 일본인과 달리 조선인은 다년 간의 고원 생활 후에 세무 관리로 임용된 것이다.

여기서 주의할 점은 세무 관서 설치 이후 판임관 임용은 원칙적으로 세무 관서에서 1년 이상 재직한 고원 중에서 내규에 의한 시험을 거쳐 시행했다는 점이다. 1935년 5월 25일 결정된 대구 세무 감독국 판임관임용내규에 따르면 판임관 시험 응시 자격은 전문학교 이상 졸업자는 1년 이상, 중학교 및 고등보통학교 졸업자나 보통시험 합격자는 2년 이상, 그 외에는 4년 이상 대구감독국 및 관내 세무서에서 고원으로 종사한 자 중에서 감독국장과 세무서장의 추천을 받은 자에게 부여되었다(『秘書例規』 1935/05/25).[10]

필기와 구술로 나뉘는 시험은 필요에 따라 수시로 시행했고 과목도 그때마다 정했는데, '천성과 품행', '실무에 정통한가', '사무처리 능력이 있는가'를 평가하는 데 주안점을 두었다. 같은 해 6월 2일부터 이틀간 시행된 대구 세무 감독국 관내 판임관임용고사 첫날 필기시험에서는 징수·회계·관유재산 사무 관련 15문제 중 5문제, 간접세 사무 10문제 중 5문제, 직접세 사무 10문제 중 5문제, 주산 5문제, 법제경제시험 4문제를 답하도록 했다. 이튿날에는 구두시험을 치렀다(『朝鮮財務』 1935/06, 71~74).

---

10 전문학교 졸업 후 2년 이상, 중학교 및 고등보통학교 졸업 또는 보통시험 합격 후 4년 이상, 그 밖의 경우 6년 이상 근무 성적이 우수한 고원으로 퇴직한 경우에는 시험을 생략하고 판임관으로 임용할 수 있도록 했다.

이처럼 세무 관서 설치 후에는 세무 관서별로 세무 관련 실무 및 사무 처리 능력을 중심으로 한 판임관 임용 정책이 추진되었다. 이에 따라 임용된 인원이 1940년 2월 현재 판임관 재직자 1438명 중 62%를 차지할 정도로 다수가 되었다.[11] 또한 세무서마다 사세관보, 속, 기수, 세무리 각각에 대해 민족별 정원을 정해 이에 맞춰 관리했다(『秘書例規』 1943/12/02).[12]

③ 고원

1934년 세무 관서 설치 당시에는 고원도 세무 관리와 마찬가지로 지방 행정 기구에서 전환 배치되었다. 세무 관서 설치 이후 신규 고원의 채용 권한은 세무 감독국장에게 주어졌고 세무서장이 세무 감독국장의 승인을 얻어 채용하는 방식으로 진행되었다.[13] 일제 지배 초기인 1912~13년 공포된 채용 규정에 따라 고원은 체격

---

11 연도별 임용자는 1934년 67명, 1935년 71명, 1936년 79명, 1937년 129명, 1938년 255명, 1939년 288명이다(『公文類聚』 1934/04/12에 실린 「判任官在官年數別人員表」 1940/02/01 현재 참조).

12 세무 감독국 폐지 후 도지사가 각 세무서장에게 보내는 문서인데, 감독국 폐지 이전인 1943년 5월 기준 정원표 위에 수치를 수정해 기입하고 있어 이전부터 세무서별로 민족별 정원을 두었음을 알 수 있다. 이는 세무 관서에서 판임관에 대해 '내선인 정원제'를 시행하고 있었음을 의미한다. 후술하듯이 고원에 대해서도 '내선인 정원제'가 시행되었다. 일제하 경찰 인사의 '내선인 정원제' 시행에 대해서는 장신(2009, 161~166)을 참조.

13 1934년 11월 5일부터 사흘간 개최된 대구 세무 감독국 관내 세무서 서무과장 회의에서는 안동세무서 서무과장이 세무서 고원 채용 시 세무 감독국 승인제 철폐를 건의했다 (『朝鮮財務』 1934/12b, 51~55).

검사 후 필기·구술시험을 거쳐 채용하되 문관보통시험 또는 조선인판임문관시험 합격자나 학술 기능이 특별한 자는 시험을 생략할 수 있었다.

고원 채용 시에는 자필 이력서, 학업성적 증명서, 경력, 의사의 신체검사서, 성행 조서 등의 서류와 함께 반드시 경찰서 신원 조회를 거치도록 했다. 신원 조회 내용에는 자산 상태, 가정 상황, 호주 및 본인의 직업 등과 함께 '사상 경향'이 포함되어 있다(『秘書例規』 1937/01/30). 또 금전 취급을 보조하는 일이 많은 자의 경우 일정 금액 이상의 부동산 자산을 보유한 보증인의 신원 보증서를 받도록 했다(『秘書例規』 1934/07/20).

1935년 6월부터는 '고원의 지위를 안정시키고 대우를 통일하기 위해' 세무서 고원 중 정수를 제한해 그 급료를 세무 감독국 직접 경리로 하고 판임관을 임용할 경우 이들 중에서 전형을 거쳐 선발하는 것을 원칙으로 했다(『第一號 秘書例規 甲種 庶務課』 1935/06/12).[14] 또한 국 직접 경리 고원에 대해서는 해직을 피하고 이 외의 고원은 되도록 임시 고원으로 채용하도록 했다. 또 각 세무서마다 세무 감독국이 직접 경리하는 고원의 민족별 정수를 정했는데, 4년 뒤인 1939년 6월부터는 그 정원을 늘리는 대신 세무서에서 경리하는 고원을 폐지했다.[15]

---

14 이 문서에서 내성세무서에 정해진 국 직접 경리 고원 수는 일본인 2명, 조선인 4명 등 합계 6명이다. 그런데 1934년 세무서 설치 당시 내성세무서 고원 정원은 10명이었으므로 나머지 4명은 서 자체 예산으로 경리하라는 의미로 보인다(『公文類聚』 1934/04/12).

15 1939년 내성세무서 국 직접 경리 고원 정원은 일본인 3명, 조선인 8명, 합계 11명으로

이 같은 고원의 신분 안정화 정책이 실시된 배경에는 일선 행정을 신분이 불안정한 고원이 담당함으로써 세무 행정의 질이 떨어지고 납세자들의 불만이 증가한 것과 관련이 있다.[16] 일제는 안정적인 조세 징수를 어렵게 하는 고원의 신분을 안정화하는 것과 함께 고원 비중의 단계적 축소, 세무 관리 양성소 설치를 통한 '교육·양성 후 임용' 정책으로 세무 인력 임용 정책의 전환을 추진하게 된다.[17]

(2) 충원 시기와 규모의 변화

① 충원 시기

〈표 5-2〉는 1933~42년도 『직원록』에 수록된 명단을 비교해 임용 시기 및 재직 현황을 기준으로 조선인 세무 관리 1159명을 분류한 것이다. 이에 따르면 전체의 47%인 550명은 조선총독부 관리로 재직하다가 1934년 5월 1일 세무 관서 설치와 동시에 재

증원하고 대신 세무서에서 직접 경리하는 고원은 폐지시켰다(『第一號 秘書例規 甲種 庶務課』 1939/06/17). 고원에 대한 '내선인 정원제'가 시행되었음을 알 수 있다.

16 "최근 왕왕 과세에 관한 불평 원망[怨望]의 소리를 듣는 것은 당국자로서 대단히 유감스러운 일로 이제 그 원인을 생각건대 법규의 잘못된 해석[誤釋], 납세자의 오해, 당국자의 위법처분 또는 착오 처리 등이 그 주된 것이다. 이들 원인을 제거하기 위해서는 세무 전 직원의 3분의 2 이상을 점하는 고원에게 일반 관리로서의 기능을 갖추게 할 필요가 있다"(吳南柱 1935, 55).

17 세무 관리 양성소 설치에 대해서는 후술한다.

표 5-2 **임용 연도별 조선인 세무 관리 재직자 수 추이**(1934~42년; 단위 : 명)

임용＼재직	1934년	1935년	1936년	1937년	1938년	1939년	1940년	1941년	1942년
1933년 이전	550	522	482	430	369	335	210	10	6
1934년	30	28	26	22	21	21	16	1	0
1935년	-	41	40	38	32	28	16	2	2
1936년	-	-	48	47	45	43	35	4	1
1937년	-	-	-	63	58	56	47	6	4
1938년	-	-	-	-	135	125	101	12	6
1939년	-	-	-	-	-	126	96	10	5
1940년	-	-	-	-	-	-	115	8	3
1941년	-	-	-	-	-	-	-	41	12
1942년	-	-	-	-	-	-	-	-	10
계	580	591	596	600	660	734	636	94	49

주 : ① 1934~42년도 『직원록』에서 1159명을 추출한 뒤, ② 1933년 『직원록』 명단과 비교해 1934년 이전 입관자를 가려낸 뒤, ③ 연도별 신규 임용자 및 퇴관자(타 기관 전환 배치 포함)를 계산했다. 단, 1940년 이후는 일본식 성명 강요의 영향으로 조선인을 가려내기 어려워 성씨로 구분 가능한 경우만 계산했다.
자료 : 『朝鮮總督府及所屬官署職員錄』(1933~1942)에서 작성.

배치되었고, 53%인 609명은 1934년 이후 신규 임용되었다.[18]

세무 관서 설치 첫해인 1934년의 경우 절대 다수인 550명은 기존 조선총독부 재직자이고,[19] 신규 임용된 사람은 30명에 불과

----

18 1934년 이후 세무 관리로 임용된 608명 중에도 지방행정기관 등에서 관리를 역임한 자가 없지 않았으나 그 규모는 1936년 임용자 중 5명, 1937명 임용자 중 3명, 1938년 임용자 중 1명 등 총 9명으로 극히 일부이고 절대다수는 기존 관직 경험이 없는 것으로 나타났다.

19 550명의 1933년 재직 기관은 재무국 세무과 속 2명, 13개 도 20명(사무관 1, 속 18, 서기 1), 부군도 428명(속 422, 기수 56, 세무리 41, 서기 9)이다(『朝鮮總督府及所屬官署職員錄』 1933: 1934를 비교한 결과). 한편 일제 공문서에 따르면 1934년 세무 관서 관리 정원 1142명 중 1033명을 기존 도와 부군도에서 전환 배치한 것으로 나타나고 있으나(『公文類聚』 1934/

했다. 그런데 기존 재직자 550명 중 매년 28~62명 규모로 1939
년까지 215명이 퇴직했다.[20] 반면 신규 임용자는 1934년 30명에
이어 1935년 41명, 1936년 48명, 1937년 63명, 1938년 135명,
1939년 126명 등 6년간 총 443명에 달했고, 이 중 44명이 그사
이 퇴직했다. 그 결과 1939년이 되면 재직 조선인 세무 관리 734
명 가운데 1934년 이전부터 재직해 온 관리는 47%인 335명인 반
면, 53%인 399명은 세무 관서 설치 이후 신규 임용된 관리로 나
타났다.[21]

　　일본식 성명 강요의 영향으로 1940년도 이후 『직원록』에서 조
선인 세무 관리를 추출하기가 쉽지 않은 점을 감안하면, 1939년을
기점으로 신규 임용자가 다수를 점하는 국면으로 전환된 것은 분명
한 추세였던 것으로 판단된다. 또한 이 같은 추세가 계속됐다고 보
면 일제 패망 시점에는 세무 관서 재직 조선인 관리 중 절대다수가
1934년 이후 신규 임용된 인원들로 구성되었을 것으로 보인다.

　　② 규모의 변화

　　『조선총독부통계연보』에 따르면 1934년 세무 관서 설치 당시

04/12) 조선인이 각 몇 명인지는 기록이 없다.

20　1934~39년도 『직원록』에 수록된 명단을 비교 분석한 결과 1935년(1934~35년 사이)
　　28명, 1936년 60명, 1937년 52명, 1938년 61명, 1939년 34명이 각각 퇴관했다.

21　앞서 살펴본 바와 같이 1940년 2월 현재 세무 관서 판임관(일본인 포함) 재직자 1438명
　　중 62%가 1934년 이후 임용되어 이 같은 추정을 뒷받침하고 있다.

표 5-3 **세무 인력 규모의 변화**(1934~42년: 단위 : 명)

		1934년	1935년	1936년	1937년	1938년	1939년	1940년	1941년	1942년
전체 세무 인력	계	2,524	2,539	2,509	2,638	2,748	2,909	3,040	3,542	3,452
	칙임관	-	-	-	1	1	1	2	2	2
	주임관	34	35	35	42	42	43	60	64	66
	판임관	1,037	1,057	1,065	1,148	1,293	1,422	1,721	1,812	1,847
	고원	1,453	1,447	1,409	1,447	1,412	1,443	1,257	1,664	1,537
조선인 세무 인력	계	1,746	1,724	1,660	1,738	1,784	1,938	2,016	2,490	2,359
	칙임관	-	-	-	-	-	-	-	-	-
	주임관	3	3	4	9	9	9	15	15	15
	판임관	577	587	586	606	653	726	951	1,023	1,026
	고원	1,166	1,134	1,070	1,123	1,122	1,203	1,050	1,452	1,318

자료 : 『朝鮮總督府統計年報』(각 연도).

2500명 규모로 출발한 세무 직원 수는 1941~42년 3500명 안팎으로 증가했다(이하 〈표 5-3〉 참조).[22] 1936년까지 비슷한 수준을 유지하다가 중일전쟁기(1937~39년)에 조세 증징을 위한 증원으로 매년 100~200명씩 증가했다. 또 제2차 세계대전 발발에 따른 전비 마련을 위해 제3차 세제 개편을 단행한 1940년부터는 3000명을 넘어섰다.

22 연도별 세무 직원 규모의 변화 추이가 기록된 사료로는 『조선총독부통계연보』朝鮮總督府統計年報와 『조선세무통계서』朝鮮稅務統計書가 있다. 1942년까지 매년 발간된 『조선총독부통계연보』는 1934년부터 1942년까지 매년 주임관·판임관·고원으로 나뉜 민족별 인원수가 기록되어 있는 반면 세무 감독국과 세무서가 구별되어 있지 않다. 1934년부터 매년 발간된 『조선세무통계서』는 매년 4월 현재 민족별 인원수가 재무국 세무과, 세무 감독국, 세무서로 나뉘어 기록되어 있는 반면 남아 있는 자료가 일부에 그쳐 1936~39년 및 1943년 치 자료 외에는 확인하기 어렵다. 또 두 자료 모두 1944년과 1945년 직원 수는 기록되지 않았고, 세부적인 수치도 약간 차이가 있다.

양적으로는 조선인 비중이 전체의 3분의 2를 넘었다. 조선인 세무 직원 수는 1934년 1700여 명으로 출발해 비슷한 수준을 유지하다가 1939년 1900여 명, 1940년 2000여 명으로 늘어난 데 이어 1941~42년에는 2400명 규모로 증가했다. 조선총독부 세무 관서 설치 당시 인력 구조는 고원 비중이 58%로 매우 높은 특징을 보였으나,[23] 점차 그 비중을 낮춰 1941~42년에는 45~47% 수준이 되었다.

조선인은 주로 말단 직원인 고원으로 채용되거나 중하급 관리인 판임관에 임용되었지만 일부는 고급 세무 관리가 되었다. 1934~42년 사이 세무 관서 고원 중 평균 81%, 판임관 중 54%가 조선인이었다. 같은 기간 주임관 이상 관리 중에서는 평균 19%가 조선인이었다. 초기 3명 수준이던 조선인 주임관은 1937년부터는 9명으로, 1940년부터는 15명으로 증가했다. 또한 같은 기간 조선인 세무 인력의 평균 0.5%는 주임관으로, 39%는 판임관으로, 61%는 고원으로 근무했다. 일제 패망에 가장 근접한 1942년을 기준으로 조선인 2359명이 세무 관서에 근무하고 있었는데 15명은 고급 관리인 주임관으로, 1026명은 중하급 관리인 판임관으로, 1318명

---

23 고원의 비중은 자료마다 미세하게 차이가 있지만 1934년 조선과 일본 세무서 및 1910년 대한제국 재무서의 세무 직원 중 고원이 차지하는 비중은 각각 56%, 45%, 25%로 나타나고 있다(3장 2절 참조). 이는 조선총독부가 긴축재정 정책을 견지하던 본국 정부의 오랜 반대를 무릅쓰고 1934년 세무 기구 독립을 실현하는 과정에서 '비용 절감'을 위해 세무 관서 설치에 필요한 예산을 극도로 적게 잡아 인건비가 싼 고원의 채용을 늘렸기 때문이다.

은 말단 직원인 고원으로 근무했다.

(3) 세무 기관별 분포

『조선세무통계서』에 실린 1939년 4월 현재 세무 기구별 직원 현황을 보면 조선인들은 주로 세무 행정을 집행하는 세무서에 근무하고 있다(이하 〈표 5-4〉 참조). 다만 세무서 안에서도 말단 직원인 고원에서 절대다수(85%)를, 판임관에서 다수(54%)를 차지하고 있을 뿐 고급 관리인 주임관 중에는 소수(27%)를 차지하고 있다. 세무 행정을 감독하는 세무 감독국 역시 조선인은 고원에서 절반 수준을 채우고 있을 뿐 칙임관은 아예 없고 주임관 중에서는 극소수, 판임관 중에서는 소수에 그치고 있다. 조세 부과와 징수 정책을 총괄하는 재무국 세무과는 고등관은 물론이고 판임관, 심지어 고원에서조차 조선인은 소수였다.

(4) 조선인 인력 충원의 배경

지금까지 살펴본 바와 같이 일제는 1934년 세무 관서 설치 이후 세무 인력의 3분의 2가량을 조선인으로 충당했고, 그 규모도 해가 갈수록 증가했다. 그 이유와 배경은 무엇일까? 조선총독부가 조선인을 세무 인력으로 충당하기 시작한 것은 1910년 식민 통치 기구를 정비할 때 대한제국기 재무 관서 출신을 지방행정기관에 대거 존속시키면서부터다.[24] 앞에서 살펴본 바와 같이 1934년 세무 관서 설치 당시 조선인 세무 인력 또한 이전 지방행정기

표 5-4 **세무 기구별 직원 현황**(1939년 4월; 단위 : 명)

	재무국 세무과			세무 감독국			세무서		
	계	일본인	조선인	계	일본인	조선인	계	일본인	조선인
칙임관	1	1	-	1	1	-	-	-	-
주임관	3	3	-	16	14	2	26	19	7
판임관	20	18	2	142	112	30	1,167	533	634
고원	29	20	9	187	92	95	1,191	182	1,009
계	53	42	11	346	219	127	2,384	734	1,650

주 : 세무과에 재무국장 1명을 추가한 수치임.
자료 : 『朝鮮稅務統計書』(1940).

관에서 내국세 징수를 담당하다 전환 배치된 인물들이었다.

선행 연구에 따르면 일제하 식민지 조선 권력 구조의 핵심적인 지위에는 모두 일본인 관리가 임용되었다(박은경 1999, 38~39). 반면 조선인은 일본인들에 의해 입안되고 결정된 정책들을 집행하는 대민 집행관으로서의 기능과, 식민 통치에 대해 정당성을 부여하

---

24 일제는 조선 병합에 따른 관리들의 반발을 무마하고 회유하는 한편, 병합 직후의 행정 공백을 막기 위해 각 분야에 구한국 조선인 관리들을 대거 임용했다. 이에 따라 조선 병합과 함께 재무 관서가 폐지되고 내국세 징수 업무가 도와 부군에 이관되었지만 대한제국기의 재무 관리들은 조선총독부 탁지부 및 지방행정기관인 도와 부군으로 대거 승계 기용되었다(안용식·김기홍·권자경·신원부 엮음 2010, 5~9). 탁지부에는 병합 전 탁지부 일본인 고등관 14명, 조선인 고등관 1명이 기용되었다. 판임관은 일본인 44명, 조선인 2명이 기용되었다. 지방행정기관에 배치된 일본인 고등관 중에서도 재무 감독국 출신이 12명, 재무서 출신이 10명이었고, 이 중 도 장관은 1명, 도 재무부장은 4명이었다. 판임관으로 배치된 일본인도 251명에 달했는데 이 중 재무 감독국 출신은 114명, 재무서 출신은 137명이었다. 조선인의 경우도 유사해 재무서 주사 출신으로 지방행정기관에 배치된 판임관이 348명, 재무 감독국 주사 출신이 38명이었다. 1933년이 되면 이들 중 지방행정기관에 잔류하는 인원이 조선인 46명, 일본인 12명 등 58명으로 줄어든다(『朝鮮總督府及所屬官署職員錄』; 안용식·김기홍·권자경·신원부 엮음 2010을 비교해 산출).

는 기능, 그리고 조선인들을 회유하는 기능 등을 수행하는 지위에 주로 임용되었다. 이 점은 세무 분야에서도 동일한 것으로 판단된다. 실무적으로도 조선인에게 조세를 징수하기 위해서는 조선어를 아예 구사하지 못하거나 서툰 일본인을 대신할 조선인 관리가 필요했다.[25] 또한 과도한 징세비 절감이 세무 기구 독립 추진의 주요한 배경 중 하나였던 만큼 인건비가 적게 드는 조선인으로 세무 인력을 충당할 필요도 있었다.[26]

〈표 5-3〉에서 보는 바와 같이 세무 인력은 크게 두 차례에 걸쳐 증원되었다. 첫 번째 시기는 중일전쟁기(1937~39년)로 전비 마련을 위한 잇따른 세제 신설과 증징에 따라 증원 수요가 크게 증가한 데서 비롯되었다. 일제는 중일전쟁에 필요한 전비를 마련하기 위해 1937년 조선법인자본세령·조선외화채특별세령·조선휘발유세령을 공포·시행한 데 이어, 1937년 자본이자세, 1938년 소득세·상속세·주세·임시이득세를 개정 증징했다. 특히 1937년 조선임시조세증징령과 조선북지사건특별세령에 이어 1938년 조선지나사변특별세령

---

25 이형식(李炯植 2013, 4~5)에 따르면 영국과 프랑스 등 구미 열강의 경우 식민지 관리 육성 학교를 통해 배출된 전문 관료 집단이 식민지 통치의 중핵이 되었던 반면, 일본의 식민지 관리는 현지어를 습득하지도 않고 식민지에 대한 지식이 전혀 없는 상태에서 식민지에 부임했다.

26 일본인 관리에게는 '가봉'加俸이라 불리는 수당, 은급 가산금, 숙사료 등이 추가 지급됨에 따라 조선인을 임용하는 것보다 훨씬 많은 인건비가 지출되었다. 1936년도 경성 세무 감독국 관내 26개 세무서의 민족별 1명당 평균 인건비를 계산해 본 결과 조선인의 인건비는 일본인의 53%(주임관 61%, 판임관 67%, 고원 81%)에 불과했다(『朝鮮稅務統計書』 1935, 549~558). 일본인은 고위직에, 조선인은 하위직과 말단직에 집중 배치된 점을 감안하더라도 조선인 세무 인력 충당은 징세비를 절감할 주요 방편이 됨 직했다.

을 공포하고, 한시적 성격의 임시세령 및 특별세령을 통해 개별 세목을 증징하거나 새로운 세목을 신설 부과했다.

그 결과 내국세 총액은 1936년 5500여만 원에서 1939년 1억 3200여만 원으로 3년 만에 136%가 증가해 기존 세무 인력으로는 감당하기 어려워졌다. 이에 따라 1937년 7월, 1938년 6월, 1939년 5월 등 세 차례 조선총독부 세무 관서 관제 개정(『公文類聚』 1937/07/07a; 1938/06/07; 1938/09/09)과 1937년 7월, 1938년 7월, 1939년 6월 등 세 차례 조선총독부 임시 직원 설치제 개정(『公文類聚』 1937/07/07b; 1938/07/26; 1939/06/05)을 통해 세무 관리 정원을 해마다 증가시켰다. 그 결과 1939년 세무 직원 총수는 1936년 대비 400명이 증가했는데,[27] 그 가운데 조선인이 278명으로 전체 증가자의 70%를 차지했다.

두 번째 시기는 제2차 세계대전 발발 및 토지 임대 가격 조사 시기(1940~41년)로 1941년 세무 인력 총수는 1939년 대비 633명이 증가했다. 일제는 1939년 말 제2차 세계대전이 발발하자 1940년 대대적인 제3차 세제 정리를 단행한 데 이어, 1941년 12월 '진주만 공습' 이후 전비 충당을 위해 1941년 간접세 중심의 증세, 1942년 직접세 증세 등 연이어 대증세를 단행했다.[28] 그 결과 1939년 대비

---

27 중일전쟁 발발 이전에도 1935년 6월 임시이득세 시행에 따른 증원 4명, 1936년 9월 개인소득세 세액 및 납세 인원 증가에 따른 증원 1936년 13명 등 일부 정원 증원이 이루어졌다(『公文類聚』 1935/06/05; 1936/08/31).

28 1940년 세제 정리를 통해 임시조세증징령과 지나사변특별세령을 폐지하고 두 법령에 의해 복잡해진 세목을 단일 세령으로 규정하기 위해 물품세·유흥음식세 등 7개 세령을 제정하고, 특별법인세를 추가로 신설했다. 동시에 소득세·지세·임시이득세·주세·물품세 등 거의 모든 세목에 걸쳐 세율을 인상했다. 1941년 12월 주세·청량음료세·사탕소비세·

내국세 총액은 1941년 77%가 증가한 2억 3400만여 원, 1942년 154%가 증가한 3억 3500만여 원으로 폭증했다(연도별 내국세 총액은 〈표 3-11〉 참조).

또한 1940년 제3차 세제 정리에서 지세의 과세표준을 지가에서 임대 가격으로 바꾸기 위한 토지 임대 가격 조사 사업을 실시하기로 했다. 나아가 통제경제를 통한 전비 마련을 위해 회사 직원 급여 임시 조치 및 회사 경제 통제 사무를 세무 관서가 담당하도록 했다. 이를 뒷받침하기 위해 세무 인력을 증원하는 관제 개정이 각각 1940년 2월, 5월, 12월, 1941년 2월, 6월에 단행되었다(『公文類聚』 1940/01/30; 1940/05/24; 1940/11/29; 1941/02/20; 1941/06/05). 이 시기 조선인은 552명이 증가해 전체 증가자의 87%를 차지했다.

3) 기관별 조선인 세무 관리

조세 행정을 결정하고 감독하는 재무국 세무과와 세무 감독국에는 주로 일본인을, 일선 세무서의 중하급 관리나 말단 직원에는 조선인을 주로 임명했다. 이 책에서는 일본인 관리에 대한 세부 분석은 생략했으나 필자가 학위논문에서 분석한 내용을 요약하면 1934~43년 사이 최고위직이라 할 만한 재무국장과 세무과장, 세

물품세·유흥음식세·입장세·통행세·건축세 등의 세율을 인상하고 과세 최저한도를 낮추는 간접세 중심의 증세를 단행했다. 일제 말 전시체제기(1937~45년) 세목 신설 및 세율 인상, 납세 인원 확대 등 증세 현황은 박기주(2012, 210~230)를 참조.

무 감독국장을 역임한 23명은 모두 고문 출신으로 대부분 병합 이후 조선에서 관리 생활을 시작한 자들로 퇴관 후에는 조선에 머물면서 조선총독부와 직간접 관계에 있는 기업 등의 임원을 맡았다.[29] 세무 감독국 부장을 역임한 37명은 세무 관리 경력이 짧은 30대의 다수 고문 출신과 세무 분야에서 잔뼈가 굵은 실무형의 소수 비非 고문 출신으로 나뉘었다.

과장을 역임한 105명은 판임관 출신으로 감독국의 실질적 업무를 담당했기 때문에 조선인이 소수 포함된 부장과 달리 모두 일본인으로 임명했다. 이들 중 80% 이상은 일본에서 세무 관리로 근무하다 1920년대 이후 경력직으로 관리가 된 것으로 보인다. 1934년 임명된 25명은 지방 행정 기구 근무를 거쳐, 이후 임명된 80명은 주로 세무 관서 근무를 거쳐 과장이 되었다. 과장 이후에는 관등이 더 높은 사세관 서장 등으로 관직을 이어갔으며, 퇴관 후에는 조선총독부 관련 기업이나 양조업체 등으로 진출했다.

(1) 재무국 세무과의 조선인 관리

이제 조선인 세무 관리에 대해 본격적으로 살펴보자. 1934~42년도 『직원록』에 수록된 재무국 세무과 관리 중 조선인으로 확인된 인원은 5명이다.[30] 2명은 이전부터 세무과에 근무해 오던 김무

---

29 식민지 조선의 일본인 세무 관리에 대한 사세한 분석은 손낙구(2015b, 제4장 2절)를 참조.
30 이 외에 광주 세무 감독국 직세과 속으로 근무하다 1939년 9월 퇴직한 남정우南鼎祐가

엽과 인태식이다. 김무엽은 1933년부터 1939년까지 세무과에 근무했으며, 인태식은 1930년부터 1934년까지 세무과에서 근무한 뒤 세무서로 배치되어 주임관인 사세관 세무서장을 역임한다.[31]

다른 2명은 장수길張壽吉과 전지용全智鎔으로 둘 다 고문 행정과에 합격한 뒤 총독부 관리로 임용되었다. 도쿄 제대에 재학 중이던 1935년 고문에 합격한 장수길은 경기도 내무부 학무과 속을 거쳐 1937년 재무국 세무과 속이 되었고 1938년 주임관인 이재과 사무관으로 옮겨갔다. 전지용은 1938년 경성제대를 졸업하던 해에 고문에 합격한 뒤 1939년 재무국 세무과 속으로 임용되어 1940년까지 근무한 뒤 1941년 주임관인 재무국 관리과 사무관으로 옮겨갔다. 나머지 1명은 1941년 세무과 속으로 임명된 남창南彰이라는 인물인데, 자세한 신상을 알기 어렵다.

(2) 세무 감독국의 조선인 관리

① 기존 재직자의 이동 배치

1934~42년 『직원록』에 수록된 5개 세무 감독국 관리 중 조선

1940년 촉탁 직원으로 수록되어 있다.

31 인태식은 1930년 도호쿠 제대 법문학부를 졸업한 뒤 재무국 세무과 속, 경성세무서 속, 강경세무서 속(서무과장), 홍천·청주세무서장을 거쳐 1945년 4월부터 강원도 재무부 간세과장으로 근무하다 해방을 맞았다(내외홍보사 엮음 1949, 138; 『朝鮮總督府及所屬官署職員錄』; 『朝鮮總督府官報』).

인은 32명이다.[32] 이 가운데 17명은 세무 관서 설치 이전부터 총독부 관리로 재직해 온 인물들이다.

세무 감독국 조선인 관리(1934년) : 기존 재직자

경성 세무 감독국 : 김재항金在恒, 문명선文明善, 박규원朴奎遠, 이민구李敏求, 장형기張亨基

광주 세무 감독국 : 권중형權重衡, 권직權稷, 남정우南鼎祐, 송갑수宋甲洙, 오동환吳東桓

대구 세무 감독국 : 유영준兪永濬, 정호기鄭灝基

평양 세무 감독국 : 김근형金根炯, 김사필金士弼, 양형섭梁亨涉, 이창근李昌根

함흥 세무 감독국 : 권창섭權昌燮

경성 세무 감독국에 배치된 5명은 모두 경기도와 충청도 재무부 세무과 재직자들로 세무 관서 설치와 동시에 전환 배치되었다. 박규원과 이민구는 경기도 재무부 세무과, 장형기는 충북 재무부 세무과, 김재항과 문명선은 충남 재무부 세무과에서 각각 근무했다. 광주 세무 감독국에서 일하게 된 5명 중 4명 또한 도 재무부 세무과 출신이며, 1명은 군 속 출신이다. 권중형과 오동환은 전북 재

---

32 방규홍方奎弘은 1934~40년도『직원록』에 함흥 세무 감독국 속으로 수록되어 있으나 함흥세무서 속으로 있으면서 겸임한 것이고, 1941년 경성 세무 감독국 사무관으로 수록된 전지용도 재무국 관리과 사무관으로 있으면서 겸임했기에 제외했다.

무부 세무과에서, 송갑수는 전남 재무부 세무과에서, 남정우는 충북 재무부 세무과에서 근무했다. 권직은 전북 임실군 속으로 근무했다.

대구 세무 감독국의 유영준은 경북 재무부 세무과에서, 정호기는 경남 재무부 세무과에서 근무하다 세무 관서 설치와 동시에 전환 배치되었다. 평양 세무 감독국의 양형섭은 함경남도 재무부 세무과에서, 김근형은 황해도 재무부 세무과에서 근무 중 전환 배치되었다. 17명 중 유일한 주임관인 이창근(사무관, 세무부장)은 1923년 메이지 대학을 졸업하던 해에 조선인 최초로 고문에 합격한 뒤 함경남도 재무부에서 전환 배치되었다. 김사필은 평북 박천군 속 출신이다. 함흥 세무 감독국 권창섭은 강원도 재무부 세무과 근무 중 1934년 세무 관서 설치와 함께 전환 배치되었다.

1934년 이후 이들의 진로는 엇갈렸다. 이민구는 이후 『직원록』에 없는 것으로 보아 1934년 세무 관리를 끝으로 퇴직한 듯하다.[33] 이창근은 1935년까지 평양 세무 감독국에 근무하다가 1936년 경상북도 참여관 겸 산업부장으로 옮겨갔다. 남정우는 광주 세무 감독국에서, 양형섭과 김사필은 평양 세무 감독국에서 계속 근무하다가 1939년 퇴직했다. 김근형은 평양 세무 감독국에서, 오동환은 광주 세무 감독국에서 각각 1939년과 1940년까지 근무했는데 1940년 이후는 확인되지 않는다.

---

33 도쿄 제대 경제학부를 졸업한 이민구는 1939년 (주)조선공영朝鮮工營 창립자 겸 상무이사, 경성부회 의원을 역임한다(『朝鮮總督府官報』 1939/12/07; 『每日新報』 1943/04/22).

나머지는 근무처를 세무서로 옮겼다. 경성 세무 감독국에 근무하던 김재항은 1937년 강경세무서로, 장형기와 문명선은 1938년부터 대전세무서와 경성세무서로 전환 배치되었다. 광주 세무 감독국 송갑수는 1936~37년 광주세무서를 거쳐 1938년부터 금산세무서, 권중형과 권직은 1939년과 1940년부터 각각 광주세무서로 전환 배치되었다. 대구 세무 감독국 유영준은 1938년부터 대구세무서로 옮겼고, 정호기는 1937년 김해세무서를 거쳐 1938년부터 안동세무서에서 근무했다. 함흥 세무 감독국 권창섭은 1937년부터 웅기세무서로 옮겨 근무했다. 이 가운데 김재항, 장형기, 문명선, 송갑수, 권중형, 권직, 유영준, 정호기, 권창섭 등 9명은 주임관인 사세관 세무서장을 역임했다.

② 신규 임용 및 배치자

한편 1934년 세무 관서 설치 이후 1942년까지 세무 감독국에 신규 임용된 조선인 관리는 모두 15명으로 확인되었다. 이들의 임용 연도별 현황은 다음과 같다.

세무 감독국 신규 임용 조선인 관리(1934~42년) : 근무 첫해 기준
1934년 : 김성환金聖煥(대구), 이해익李海翼(대구), 전예용全禮鎔(경성)
1935년 : 황준성黃俊性(경성)
1936년 : 장윤식張潤植(평양)
1937년 : 정민조鄭民朝(광주)
1938년 : 문충선文忠善(경성), 윤정순尹正淳(평양), 최종태崔鍾台(함흥)

1939년 : 이여임李如林(함흥), 최재은崔在殷(경성)

1941년 : 서호송西虎松(대구), 한종건韓鍾建(대구), 오엽吳曄(광주),

임문석林文碩(광주)

이들을 크게 고문 출신과 비고문 출신으로 나눠 살펴본다. 이해익·전예용·김성환·장윤식·정민조·한종건·임문석 등 7명은 고문 출신이다. 도호쿠 제대에 재학 중이던 1933년 고문 행정과에 합격한 이해익은 1934년 대구 세무 감독국 속으로 임용되었다. 규슈 제대를 졸업하던 1933년 고문 행정과에 합격한 전예용은 1934년 경성 세무 감독국 속으로 임용되었다. 1933년 경성제대를 졸업한 김성환은 1934년 고문 행정과에 합격한 뒤 같은 해 대구 세무 감독국 속으로 임용되었다.

도호쿠 제대를 졸업하던 1927년 고문 행정과에 합격한 장윤식은 총독부 내무국과 경기도 및 식산국, 내무부 등을 거쳐 1936년부터 평양 세무 감독국 경리부장과 세무부장, 1940년부터 대구 세무 감독국 세무부장 겸 직세부장을 맡았다. 1928년 도쿄 제대를 졸업한 정민조는 평안남도 재무부 세무과 속으로 근무하던 1931년 고문 행정과에 합격했다. 경기도 장단군수와 황해도 내무부 산업과장을 거쳐 1937년 광주 세무 감독국 경리부장을 맡았고 1940년부터는 세무부장, 직세부장 겸 서무부장 등으로 옮겨 근무했으며, 1941년에는 평양 세무 감독국으로 옮겨 직세부장을 맡았다.

한종건은 1929년 도쿄 제대 졸업 후 귀국해 평안남도 내무부 속으로 일하던 중 고문 사법과(1932년)와 행정과(1933년)에 연이어 합격했다. 평안남도 내무부 관료와, 전북 경찰부 경시 및 황해도와 평안남도 경찰부 보완과장 등 경찰 관료를 거쳐 1941년부터 대구 감독국 서무부장과 직세부장을 역임했다. 1943년 9월부터는 평양 세무 감독국 직세부장을, 12월 세무 감독국 폐지 후에는 평안북도 재무부장을 맡아 해방 때까지 재직했다.[34] 1930년 경성제대 졸업 뒤 고문 행정과(1932년)와 사법과(1933년)를 연이어 합격한 임문석은 평북 운산·선천군수, 황해도 내무부 사업과장, 전북 내무부 산업과장 및 지방과장을 거쳐 1941년부터 광주 세무 감독국 간세부장을 맡았다.

그 밖에 고문 출신 세무 감독국 조선인 관리들의 이후 관직 경력은 다음과 같다. 이해익은 1937년 7월 황해도 신계군수로 옮겨갔다. 전예용은 1936년 개성세무서 속으로 옮겨 근무하다 1937년부터는 경기도 광주군수, 1942년에는 함경남도 상공과장 겸 조정과장을 역임한 뒤 1943년 9월 대구 세무 감독국 직세부장을 맡았다. 1943년 12월 세무 감독국이 폐지된 뒤에는 경상북도 재무부장으로서 세무 관련 업무를 계속 이어갔다.

김성환은 1937년부터 전주세무서장, 1939년부터 대구세무서장을 역임한 뒤 1940년 대구 세무 감독국 세무부장으로 승진했다.

---

34 한종건은 1919년 사립 중앙고등보통학교 2학년에 재학 중일 때 3·1운동에 참여했다가 체포되어 같은 해 11월 징역 6월, 집행유예 3년형을 언도받았다. 일본 유학 중이던 1927년에는 일본 신간회 교토지회에 가입해 활동했으며, 조선청년총동맹 교토지회가 주최한 집회에서 조선총독부 폭압 정치 반대 연설을 하다가 경찰관에게 제지당하는 등 반일 활동을 했다. 이 같은 경력 때문인지 한종건은 고문 사법·행정 양과 합격에도 불구하고 사법시보에서 탈락했고, 이후 내무·경찰·세무 분야 행정 관료의 길을 걸었다(전병무 2012, 95~96).

1942년부터는 함흥 세무 감독국 간세·서무·직세부장을 역임하다 1943년 12월 경성부 민생부장으로 옮겨 해방 때까지 일했다. 장윤식은 1941년 황해도 참여관 겸 상공부장으로 옮겼다. 정민조는 1941년 대구지방전매국장을 거쳐 1943년부터 함경남도 내무부장을 맡았다. 임문석은 1943년 9월 충청남도 참여관 겸 산업·광공부장으로 옮긴 뒤 1944년 11월부터 전라남도 재무부장으로 재임 중 해방을 맞았다.

조선인 고문 출신으로 1934~42년 사이 세무 관리를 역임한 사람은 앞서 살펴본 재무국 세무과 장수길과 전지용, 기존 총독부 관리로 재직하다 1934년 평양 세무 감독국 사무관으로 전환 배치된 이창근을 포함해 모두 10명이다.[35] 이들은 모두 주임관을 지냈다. 고문 출신 조선인 세무 관리들의 출신 대학은 경성제대가 3명으로 가장 많고, 도쿄 제대와 도호쿠 제대 각 2명, 메이지 대학과 교토 제대, 규슈 제대가 각 1명이다. 고문 출신들은 세무 분야뿐만 아니라 각 분야의 행정 관리를 두루 역임한 탓에 일부를 제외하고는 세무 관리로서 재직한 기간이 비교적 짧게 나타난다. 세무 감독국 2곳과 세무서 2곳에서 두루 세무 업무를 섭렵한 김성환이 9년으로 가장 길 뿐 대부분 3~4년 정도이다.

이들 외에 고문 출신자 중 1943~45년 사이 세무 관리를 역임한 자는 1943년 경성 세무 감독국 세무 관리로 임용된 김만기, 1943년

---

35 1937년 황해군수로 부임하면서 주임관이 된 이해익을 포함해 장수길, 전지용 등 3명을 제외하고는 모두 세무 관서에서 주임관에 올랐다.

12월 세무 감독국 폐지 이후도 재무부장을 지낸 최병원崔秉源과 홍헌표洪憲杓 등 3명이 더 있다. 김만기는 일본 세무서에 근무 중이던 1943년 고문 행정과에 합격한 뒤 조선으로 돌아와 세무 감독국에서 근무한 보기 드문 경우다. 김만기는 1937년부터 일본 오사카 세무 감독국 다마쓰쿠리玉造 세무서 속, 1941년부터 후시미伏見 세무서 속으로 근무하는 가운데 간사이 대학을 마치고 고문에 합격했다. 합격 후 조선으로 건너와 경성 세무 감독국 회사감사과 속으로 근무 중 해방을 맞았다(김만기 1989, 15~38; 총무처 인사국 인사과 1954c).

최병원은 1929년 니혼 대학을 졸업하고 1931년 고문 행정과에 합격한 뒤 총독부 전매국 염삼과 속, 경북 성주군수, 충남 산업과장, 경남 상공과장, 경성부 재무부장을 거쳐 1943년 12월부터 충청남도 재무부장을 맡아 해방될 때까지 재직했다(『每日申報』 1934/11/14; 『朝鮮總督府及所屬官署職員錄』; 『朝鮮總督府官報』). 홍헌표는 1933년 교토 제대를 졸업한 뒤 1934년 고문 행정과에 합격해 총독부 재무국 사계과 속으로 임용되었다. 그 뒤 평남 강서군수, 평남 산업부 산업제2과장과 내무부 조정과장, 평안북도 산업부장을 거쳐 1944년 11월부터 함경북도 재무부장을 맡았다(강진화 엮음 1956, 1124; 『朝鮮總督府及所屬官署職員錄』; 『朝鮮總督府官報』).

고문 출신을 제외한 나머지 조선인 세무 관리 8명을 살펴보자. 1935년 임용된 경성 세무 감독국 속 황준성은 1936년 철원세무서로 옮긴 뒤 1940년 다시 인천세무서로 옮겨 근무했다. 1938년 임용된 경성 세무 감독국 기수 문충선은 그 이상의 경력이 확인되지 않는 것으로 보아 바로 퇴직한 듯하다. 윤정순·최종태·이여림·

최재은·서호송은 모두 기술을 담당하는 관리들로 임용 이후 2년
간은 같은 세무 감독국에서 계속 근무한 기록이 확인되지만 최종태
외에는 일본식 성명 강요의 영향 등으로 이후 기록은 분명하지 않
다.[36] 1941년 광주 세무 감독국 속으로 수록된 오엽은 이듬해 근무
지를 안주세무서로 옮겼다.

(3) 세무서의 조선인 관리 : ① 서장

앞에서 살펴본 바와 같이 재무국 세무과와 세무 감독국 근무자
37명 가운데 14명은 근무처를 세무서로 옮겼다. 이들을 포함해 세
무서 근무가 확인되는 조선인 세무 관리는 1136명이다. 이하에서
는 서장·과장을 중심으로 세무서의 조선인 관리 임용 현황을 살
펴본다.

1934년 세무서 설치 이후 조선인으로서 세무서장을 역임한 것
으로 확인된 사람은 모두 87명이다. 연도별 조선인 세무서장 수
현황은 〈표 5-5〉와 같다. 1943년부터는 상대적으로 확인이 어려
운 점을 감안하면 매년 조선인 세무서장이 32~36명 범위에서 존
재했던 것으로 판단된다. 대략 전체 세무서의 3분의 1 정도가 조선
인 세무서장이었던 셈이다.

---

36 최종태는 이후 1943년 함경남도 재무부 직세과에서 근무하다 해방을 맞은 뒤 재무부
사세국에서 일했고 1952년부터 1957년까지 토지수득세과장을 거쳐 대전·광주사세청
장에 올랐다(총무처 인사국 인사과 1954b).

표 5-5 **연도별 세무서 수와 조선인 세무서장 수 현황**(단위 : 명, %)

		1934년	1935년	1936년	1937년	1938년	1939년	1940년	1941년	1942년	1943년	1944년	1945년
세무서	총계	99	99	98	98	98	98	98	98	98	99	102	102
	사세관서	20	20	20	25	25	25	25	39	42	43	53	56
조선인 세무서장	총계	32	32	32	33	33	34	34	36	33	31	30	18
	사세관서	2	2	2	6	7	7	8	14	14	15	21	15
조선인 비중	총계	32	32	33	34	34	35	35	37	34	31	29	18
	사세관서	10	10	10	24	28	28	32	36	33	35	40	27

주 : 1943년과 1944년 조선인 세무서장 항목에는 구체적인 세무서명은 확인되지 않았지만 '전북·경북·평남·전북 관할 세무서'
　등으로 표현된 4명의 세무서장을 반영.
자료 : 『朝鮮總督府及所屬官署職員錄』; 국사편찬위원회 한국사데이터베이스에서 작성.

　　　1934년 세무서 설치 당시 도와 부 소재지에 있는 세무서 중 세
액이 많은 노른자위 세무서에 대해서는 그에 걸맞은 직책을 보장
하기 위해 20개 세무서의 서장을 주임관인 사세관으로 임명했으
며, 이후 꾸준히 늘었다. 1934년 조선인은 2명에 불과했으나 1937
년 사세관서 수가 25개로 늘어나면서 조선인 사세관 서장도 6명
으로, 이듬해에는 7명으로 점차 늘어났다. 1941년부터는 14명으로,
1944년에는 21명으로 증가해 조선인 서장이 전체 사세관 서장의
40%를 차지했다.

　　　1945년까지 사세관 세무서장을 역임한 조선인은 모두 34명이
다. 8명은 처음 서장이 될 때부터 사세관 서장이었던 반면, 4명은
사세관보로 출발해 사세관 서장으로,[37] 22명은 속 서장으로 시작
해 사세관 서장으로 승진하는 등 26명이 판임관 서장으로 출발해

---

37 사세관보(판임관)라는 관직이 신설된 것은 1940년 9월이다(『朝鮮總督府官報』 1940/09/27).

표 5-6 **조선인 세무서장의 관등별 분포**(서장 재임 시 최종 관등 기준)

관	직	성명
주임관	사세관	권중형權重衡, 권창섭權昌燮, 김기득金箕得, 김상현金尙鉉, 김성환金聖煥, 김신욱金信旭, 김영도金永道, 김영일金榮一, 김재기金在奇, 김재항金在恒, 김철호金喆浩, 문무성文武晟, 문학명文學明, 박규원朴奎遠, 박형균朴瀅均, 송갑수宋甲洙, 연관延寬, 오종수吳鍾洙, 유영준兪永濬, 유진하兪鎭夏, 이경준李景俊, 이만식李萬植, 인태식印泰植, 임상길林常吉, 임창규林昌奎, 임철호任喆鎬, 정민조鄭敏朝, 정응록鄭應祿, 정인위鄭寅瑋, 정호기鄭顥基, 조문제趙文濟, 최운상崔雲祥, 한국원河國源, 홍윤남洪允南 (34명)
판임관	사세관보	고일윤高鎰潤, 권영택權寧澤, 김대준金大俊, 김봉인金鳳燐, 김세제金世濟, 김태정金泰晶, 김태진金太鎭, 박붕서朴鵬緖, 박종병朴鍾秉, 방규홍方奎弘, 신영갑辛泳甲, 유영호柳榮浩, 이용학李容鶴, 임풍조林豊助, 임현익任鉉益, 장영선張永墡, 전영극田永極, 한문관韓文寬, 함기일咸基一 (19명)
	속	강원균姜元均, 강인영姜寅永, 고주환高周桓, 김관초金錧初, 김병식金秉植, 김성렬金聖烈, 김영순金永運, 김용교金容敎, 김용업金容業, 김우규金佑圭, 김원찬金元燦, 김정언金正彦, 김종두金鍾斗, 김창현金彰鉉, 김현숙金顯叔, 박승국朴承國, 박재승朴載昇, 박중식朴仲植, 석주신石柱宸, 신정균申貞均, 우도섭禹道燮, 윤홍병尹弘炳, 이근변李根采, 이덕순李德淳, 이두용李斗鎔, 이병춘李炳春, 이석진李錫振, 이우창李愚昌, 임보근林輔根, 장규섭張圭燮, 장순용張舜鏞, 정연덕鄭然德, 한태동韓台東, 황도연黃道鍊 (34명)

자료: 『朝鮮總督府及所屬官署職員錄』; 『朝鮮總督府官報』에서 작성.

주임관 서장으로 올라선 것으로 나타났다. 이 밖에 34명은 속 서장으로 시작해 속 서장으로, 11명은 사세관보 서장으로 시작해 사세관보 서장으로 끝난 반면, 8명은 속 서장으로 시작해 사세관보 서장으로 승격한 것으로 나타났다.

조선인 서장 87명의 세무서장직 재임 기간은 평균 약 4년으로 나타나는데, 10년 이상 서장직을 맡은 사람은 모두 6명이다(12년 4명, 11년 1명, 10년 1명). 1934년 5월 세무서 설치 때 각각 거창·장연·강계·초산세무서장에 임명된 문무성·유진하·임상길·정응록은 해방 때까지 4~5개 세무서를 옮겨가며 12년간 서장을 역임했다.

문무성은 1895년 경상남도 양산에서 태어나 1915년 경남 진주공립농업학교를 졸업했다. 그런데 1932년부터 1934년 4월까지 경남 산청군 속(재무계 주임)을 지냈으며 대구전매지국 진주출장소

기수를 겸했다는 기록 외에 1934년 5월 거창세무서장 임명 이전의 자세한 경력이 남아 있지 않다. 1935년 7월 울산세무서 서장(속)으로 옮겨 1939년 8월까지 근무한 뒤 안동세무서장으로 이동했고 1941년 사세관보로 승진했다. 1941년 10월부터 사세관으로 승진해 춘천세무서장을 맡았고, 1944년 5월부터 해방될 때까지 김천세무서장을 지냈다(이하『朝鮮總督府及所屬官署職員錄』;『朝鮮總督府官報』).

경기도 출신 유진하는 1916년 임시토지조사국 서기로 입관한 이래 평안북도 창성군 서기와 선천군 속, 경기도 양주군 속을 거쳐 1934년 5월 장연세무서 서장(속)에 임명되어 1937년까지 근무했다. 1938년 재령세무서 서장(속)으로 옮겨 1940년까지 일했다. 1940년 9월 사세관으로 승진해, 정주세무서 서장이 되어 해방될 때까지 근무했다.

임상길이『직원록』에 처음 등장하는 것은 '1922년 평안북도 초산군 속'이다.[38] 1934년 4월까지 평안북도 의주군 및 희천군 속, 평안북도 재무부 세무과 속, 평안북도 창성군과 강계군 속을 거쳤다. 1934년 5월부터 1936년까지 강계세무서 서장(속)을 지냈으며, 1937년부터 1939년까지 선전세무서 서장(속)을 역임했다. 1940년

---

38 필자는 임林 씨가 1930년 조선총독부 조사 결과에 나타난 250개 조선인 성씨에 포함돼 있고,『직원록』및『조선총독부관보』상의 성명 배열도 '林 常吉'로 표기돼 있어 조선인으로 간주했다. 그러나 임상길이 조선인 또는 일본인이라는 직접적 기록은 보이지 않고 관보에 일본식 성명 기록도 나타나지 않으며, 해방 후인 1945년 12월 31일 광주세무서장에서 해임된 것으로 기록돼 있다. 기존 연구에서는 임상길을 일본인으로 보는 견해(안용식 엮음 2003, 693)와 조선인으로 보는 견해(국세청 1996b, 602)가 병존한다.

4월 사세관으로 승진해 사리원세무서장을 맡았고 1943년 9월 광주세무서장으로 옮겨 해방될 때까지 재직했다.

정응록은 1898년생으로 1923년부터 1934년 4월까지 평안북도에서 용천군 속, 박천군 속, 정주군 속을 지냈다. 1934년 5월부터 초산세무서 서장(속)을, 1938년 8월부터 구성세무서 서장(속)을 지냈다. 구성세무서장 재임 중이던 1941년 사세관보로 승진했고, 1944년 영변세무서장으로 옮겨 근무하다가 같은 해 12월 사세관으로 승진해 경주세무서장에 임명되어 해방될 때까지 근무했다.

오중수·김상현·정호기는 9~11년간 재임했다. 오중수는 1934년 5월부터 1945년 2월까지 울산·이천·예산·강경세무서 서장을 지냈다. 김상현은 1935년 9월부터 해방 때까지 구성·장연·북청·재령세무서 서장을 역임했다. 정호기는 1937년부터 1945년 5월까지 김해·안동·해주·선천세무서 서장을 맡았다.[39]

40명은 서장이 되기 전에 세무서의 과장을 거친 뒤에, 47명은 과장을 거치지 않고 서장 자리에 올랐다. 입관 후 서장이 되는 데는 평균 19년이 걸린 것으로 나타났다. 다만 고문 출신이나 대학 졸업자의 경우 예외적으로 빨리 서장 자리에 올랐다. 유일한 고문 출신인 김성환은 입관 4년 만에 서장이 되었고, 도호쿠 제대를 졸업한 인태식도 입관 8년 만에 서장 자리에 올랐다.

조선인 서장 87명 중 태어난 해를 알 수 있는 31명을 대상으로

---

39 이 밖에 서장직 8년 재임자는 7명, 7년 재임자는 3명, 6년 재임자는 7명, 5명 재임자는 7명, 4년 이하 재임자는 13명이다.

분석한 결과 평균 24세에 입관해 서장이 될 때의 평균 연령은 42세로 나타났다. 고문 출신 김성환은 28세에 서장 자리에 올라 유일하게 20대에 서장이 되었다. 인태식 등 6명은 30대에, 나머지 24명은 40대에 서장 자리에 올랐다.

출신 지역을 알 수 있는 사람은 42명인데 경기도가 8명으로 가장 많고 경남·경북·평남이 각각 7명으로 뒤를 이었다.[40] 충청남도는 5명, 황해도 3명, 함경북도는 2명이었고 전북·충북·함남은 각 1명이었다. 판임관 시험에 합격한 사람은 김기득·김상현(이상 1914년), 문학명·정호기(이상 1915년), 홍윤남(1916년) 등 5명이다.[41]

학력을 알 수 있는 사람은 다음 14명이다. 김성환(경성제대)·인태식(도호쿠 제대) 등 2명은 대학을, 유영준은 경성법학전문학교를 각각 졸업했다. 김영도(대구경북중)·김영일(경성사립봉명중)은 중학교를, 김재기(홍주군 공립간이농업)·문무성(진주공립농업)·정호기(수원농림)·홍윤남(공립간이농업)은 농업 및 농림학교를 졸업했다. 김기득은 협성학교를, 송갑수는 한성외국어학교를, 오종수는 경성전수학교를, 조문제는 경성 오성학교를 각각 졸업했다. 권중형은 행정강습소 출신이다.[42]

한편 조선인 세무서장 중 해방 당시 몇 명이 서장에 재임 중이었는지를 확인하기는 쉽지 않다.[43] 다만 조선인 세무서장 역임자

40 출신 지역은 국사편찬위원회 한국사데이터베이스에서 확인.

41 판임문관시험 합격 현황은 『조선총독부관보』에서 확인.

42 학력 현황은 국사편찬위원회 한국사데이터베이스에서 확인.

43 『조선총독부관보』 기록상 김상현·김재기·김태진·문무성·문학명·박규원·유진하·이경준·

87명이 조선총독부 관리로 입관한 연도를 계산해 보면 1945년 해방 때에는 평균 27년에 달하고, 1950년이 되면 32년이 되는 것으로 나타났다. 또한 태어난 해를 알 수 있는 31명의 경우 1945년 해방 당시 나이가 평균 49세가 되었다. 1950년이 되면 평균 나이가 54세로 증가해 40대인 김성환(40세), 유영준(48세), 인태식(48세), 박규원(49세) 등 4명을 제외하고는 모두 50대 이상이 되었다. 이 점은 일제하 세무서장 역임자의 해방 후 진로에 일정한 영향을 미치는 생물학적 요소가 되었을 것으로 판단된다.

(4) 세무서의 조선인 관리 : ② 과장

세무서의 조선인 과장을 분석하는 데 가장 어려운 점은 일본식 성명 강요 이후 조선인 식별이 사실상 불가능하다는 것이다. 세무서장 중에서도 일본식 성명 확인이 어려운 사람이 일부 있지만, 과장급은 대부분 일본식 성명을 알 수 없다.[44] 또 1940년도 『직원록』에는 과장 항목이 아예 표기되지 않았다. 따라서 여기에서는 아쉽지만 1934~39년 사이의 조선인 과장을 중심으로 하고, 1940년 이

임상길·정응록·유영준·유영호·윤홍병·임창규·임철호·하국원 등 16명이 해방 당시 현직 서장에 재임 중이었던 것으로 확인된다. 권영택·권중형·김영도·김철호·방규홍·연권·이용학 등 7명은 퇴관 기록을 확인할 수 없어 재임 여부가 불확실하다. 따라서 조선인 서장 역임자 87명 중 최소 16명에서 최대 23명이 해방 당시 현직 서장으로 판단된다.

44 확인 가능한 과장 경력 조선인 217명 중 일본식 성명이 확인되는 사람은 11%로 24명에 그친다.

표 5-7 **세무서 조선인 과장 현황(1934~39년)**

		전체(명)				조선인(명)					조선인 비중(%)				
		세무서	과장	겸임	실제	서무	직세	간세	겸임	실제	서무	직세	간세	겸임	실제
전체 세무서	1934년	99	297	57	240	49	35	34	11	107	49	35	34	19	45
	1935년	99	297	53	244	51	38	31	12	108	52	38	31	23	44
	1936년	98	294	61	233	52	37	30	18	101	53	38	31	30	43
	1937년	98	294	64	230	52	36	32	17	103	53	37	33	27	45
	1938년	98	294	69	225	51	41	36	21	107	52	42	37	30	48
	1939년	98	294	51	243	57	39	37	20	113	58	40	38	39	47
	계	590	1,770	355	1,415	312	226	200	99	639	53	38	34	28	45
사세관서	1934년	20	60	7	53	7	3	4	0	14	35	15	20	0	26
	1935년	20	60	7	53	8	2	2	0	12	40	10	10	0	23
	1936년	20	60	6	54	9	2	3	0	14	45	10	15	0	26
	1937년	25	75	11	64	12	2	4	1	17	48	8	16	9	27
	1938년	25	75	8	67	15	3	5	2	21	60	12	20	25	31
	1939년	25	75	6	69	17	4	3	1	23	68	16	12	17	33
	계	135	405	45	360	68	16	21	4	101	50	12	16	9	28

주: 음영 처리한 부분은 평균 비중임.
자료: 『朝鮮總督府及所屬官署職員錄』에서 작성.

후는 기록이 확인된 경우에 한해 분석하기로 한다.

1934~45년 조선총독부 세무서의 기본 조직은 1940년 12월 토지조사과를 신설했다가 1943년 3월 폐지한 것을 제외하고는 서무과·직세과·간세과의 3과 체제였다.[45] 따라서 1939년까지는 서무·직세·간세의 세 과장이 대상이다. 1934년 세무서 설치 이후 조

---

45 일제는 1934년 5월 3과 체제를 주 내용으로 하는 조선총독부세무서사무분장규정朝鮮總督府稅務署事務分掌規程을 공포했다(『朝鮮總督府官報』 1934/05/01b). 이 규정은 이후 여섯 차례 개정되었는데 1940년 12월 토지 임대 가격 조사를 위해 토지조사과가 신설되었다가 1940년 3월 폐지된 것을 제외하고는 서무과·직세과·간세과의 3과 체제는 변화가 없었다.

표 5-8 **내국세 중 직·간접세 징수 및 세무서 겸임·비겸임 과장 수 현황**(1934~39년)

	내국세					겸임 과장 수(명)						비겸임 과장 수(명)					
	금액(천 원)			비중(%)		전체			조선인			전체			조선인		
	계	직접세	간접세	직접세	간접세	서무	직세	간세	서무	직세	간세	서무	직세	간세	서무	직세	간세
1934년	42,201	23,316	18,885	55	45	42	32	32	10	5	7	57	67	67	39	30	27
1935년	49,675	27,371	22,304	55	45	44	35	27	11	7	6	55	64	72	40	31	25
1936년	55,911	30,876	25,035	55	45	51	40	31	17	11	8	47	58	67	35	26	22
1937년	71,603	42,466	29,137	59	41	60	30	40	15	9	10	38	68	58	37	27	22
1938년	95,247	56,403	38,844	59	41	62	20	52	21	5	16	36	78	46	30	36	20
1939년	132,226	81,089	51,137	61	39	48	10	44	20	4	16	50	88	54	37	35	21
계	446,863	261,521	185,342	59	41	307	167	226	94	41	63	283	423	364	218	185	137
평균	74,477	43,587	30,890	59	41	51	28	38	16	7	11	47	71	61	36	31	23

주 : 직세와 간세 금액 및 비중은 세관에서 징수하는 관세 등을 제외한 세무 관서 징수분 대상임.
자료 : 『朝鮮總督府及所屬官署職員錄』; 『朝鮮總督府官報』에서 작성.

선인으로서 세무서 과장을 역임한 것으로 필자가 확인한 사람은 모두 217명이다.[46]

1934~39년 전체 세무서 과장 가운데 조선인 비중은 겸임을 감안할 때 절반에 가까운 평균 45% 수준이다. 서무과장은 53%를 조선인이 담당한 반면, 직세과장은 38%, 간세과장은 34%에 머물러 직세·간세과장은 3분의 2 가까이를 일본인이 담당한 것으로 나타났다.[47]

직세·간세과장에 비해 서무과장에 조선인 임용 비율이 높은 것

---

46 217명 중 212명은 1939년 이전 과장 역임 경력이 있는 사람들이고 김원주·박제형·장순덕·조학윤·황익주 등 5명은 1941~45년 사이에 과장을 역임한 사람들이다.

47 당시 세무 직원들은 서무과보다는 간세과나 직세과를 선호했고, 특히 말단 직원들은 출장이 많아 여비를 두둑하게 챙길 수 있는 간세과 근무를 선호했다(順天署 今村生 1938, 52~54).

은 세무서 각 과장에 대한 조선총독부의 인력 배치 우선순위와 연관되어 있는 것으로 판단된다. 〈표 5-8〉은 1934~39년의 내국세 중 직·간접세 비중과 세무서 각 과장의 겸임 여부를 비교한 것이다. 이에 따르면 세무 관서 설치 첫해부터 직접세 비중이 55%를 차지했고, 중일전쟁기(1937~39년) 들어 60% 안팎으로 증가했다.[48] 이와 연계되어 세무서의 비겸임 과장 수 비교에서 1934~39년 평균 직세과 71명, 간세과 61명, 서무과 47명으로 조선총독부의 세무서 과장 인력 배치 우선순위가 직세-간세-서무과 순이었음을 알 수 있다.[49]

일제는 가장 많은 액수의 내국세 징수를 담당하는 직세과에 일본인 과장을 집중 배치하고, 조선인 과장은 우선순위에서 밀리는 서무과에 주로 배치한 것이다. 한편 이는 서무과의 업무 성격과도 연계되어 있다. 세무서의 주요 업무인 직접세와 간접세의 부과 징

---

[48] 1934년 개인소득세 및 상속세 도입, 1937년 조선법인자본세령·조선외화채특별세령·조선휘발유세령·조선북지사건특별세령의 공포·시행과 자본이자세 개정, 1938년 소득세·상속세·주세·임시이득세 개정 및 조선지나사변특별세령 공포·시행에 따라 직접세 비중이 증가했다.

[49] 필자는 타 과 업무를 겸임하지 않는 비겸임 과장 수를 인력 배치 우선순위를 엿볼 만한 척도로 삼았다. 조선총독부는 인건비 절약을 위해 초기부터 세무서 과장 상당수에게 2개 이상의 과를 맡기는 겸임 제도를 시행했다. 세무서 설치 첫해의 경우 2개 과장 겸임자가 41명(서무-간세 17명, 서무-직세 17명, 직세-간세 7명)에 달했고 심지어 3개 과장을 겸임한 자도 8명이나 되었다(『朝鮮總督府及所屬官署職員錄』 1934). 1934년 6월 제1회 세무 감독국장 회의에서 겸임 과장의 문제점이 지적되어 1개 세무서에 최소 2명의 과장을 배치하기로 하여 3개 과장 겸임자는 없어졌으나(『朝鮮財務』 1934/07, 89), 2개 과 업무를 겸임하는 과장은 이후에도 계속되었다.

수에 관한 업무를 담당한 두 과에 비해 서무과는 일반 서무를 담당하는 한편, 직세과와 간세과의 업무를 지원하는 간접 지원 부서 성격이 강했다.[50] 따라서 세무 행정의 핵심을 이루는 직세·간세과장 자리는 가급적 일본인을 임명해 조선인 과장이 적었던 데 비해, 서무과장 자리에는 조선인을 상대적으로 많이 배치했다.

같은 맥락에서 노른자위 세무서인 사세관서의 경우 전체 과장 중 평균 28%를 조선인이 차지해 일본인의 비중이 훨씬 높았다. 서무과장의 경우 50%를 조선인이 담당해 일반 세무서와 별 차이가 없었지만 직세과장 중 조선인은 12%, 간세과장은 16%에 그쳐 세무서장과 마찬가지로 사세 관서 세무서일수록 일본인이 대부분의 과장 자리를 차지한 것으로 나타났다. 다만 서무과장에 한정된 것이지만 세무서장과 마찬가지로 과장도 초기에 비해 점차 조선인 비중이 높아지는 추세를 보였다.

조선총독부 관리 입관 시기가 확인된 203명을 살펴보면 1910년 대 73명(36%), 1920년대 115명(57%), 1930년대 30명(15%) 순이었으며 세무서 과장이 되기까지 걸린 기간은 평균 14년으로 나타났다. 또 조선총독부 관리를 그만둔 시기를 확인할 수 있는 사람은 117명으로 나타났는데, 이들은 과장이 된 지 평균 4년 만에 퇴관했다.

---

50 서무과는 ① 내국세의 징수 및 세외수입, ② 불려·오납·하려 및 교부금의 교부, ③ 관유재산, ④ 역둔토, ⑤ 회계, ⑥ 청중 단속, ⑦ 영선, ⑧ 문서의 접수, 발송, 편찬 및 보존, ⑨ 관보 보고, ⑩ 통계 및 보고, ⑪ 기밀, ⑫ 관인의 판수를 담당했다(『朝鮮總督府官報』 1934/05/01b).

과장 재임 기간이 가장 긴 경우는 손호봉과 허건으로 9년간 과
장직에 있었다. 1920년 판임관 견습으로 관리 생활을 시작한 손호
봉은 1928년까지 경북 군위군 속으로, 1933년까지 성주군 속으로
일하다 1934년 세무 기관 독립과 함께 왜관세무서 직세과장에 임
명되었다. 1938년부터 합천세무서 직세과장을 맡았고, 1941년부
터 1942년까지 경주세무서 직세과장 겸 토지조사과장을 지낸 뒤
1943년 2월 퇴관했다(『朝鮮總督府及所屬官署職員錄』; 『朝鮮總督府官報』1943/03/03).

허건은 1916년 조선인판임문관시험에 합격해 1919년 함북 무
산군 판임관 견습을 거쳐 군 서기가 되었다. 1928년까지 함북 성
진군 속을, 1932년까지 무산군 속을 지내다 1933년 명천군 속을
거쳐 1934년 5월 명천세무서 직세과장에 임명되었다. 1938년부
터 영흥세무서 직세과장을 지냈으며, 1941년부터 단천세무서 직
세과장 겸 토지조사과장을 맡은 뒤 1943년 3월 퇴관했다(『朝鮮總督
府及所屬官署職員錄』; 『朝鮮總督府官報』1943/04/09).

1934년 5월부터 1937년까지 수원세무서 서무과장을 역임하고
1938년 인천세무서 서무과장에 임명돼 1940년까지 재직한 뒤
1941년 강경세무서로 옮긴 오성영도 과장직에 장기간 근무했다.[51]
오성영은 1915년 경기도 용인군에서 고원 생활로 시작해 1922년
경기도 진위군 속으로 임용되었고, 1930년부터 1933년까지 경기

---

51 고일윤은 1934~35년 울산세무서 간세과장, 1937년 경주세무서 서무과장, 1938~41년
마산세무서 서무과장을 지냈다. 임현익은 1934~37년 성천세무서 직세과장 1938~40년
안주세무서 직세과장, 1941년 안주세무서 직세과장 겸 토지조사과장을 역임했다(『朝鮮
總督府及所屬官署職員錄』).

도 수원군 속을 지냈다. 1934년부터 1941년까지 세무서 과장을 거쳐 1942년에 각각 마산세무서장과 곡산세무서장에 임명된 고일 윤과 임현익은 과장을 거쳐 서장으로 임명된 40명 중 과장 재임 기간이 가장 긴 조선인으로 꼽힌다. 과장을 거쳐 서장이 된 조선인 들은 과장에 임명된 지 평균 4년 만에 서장 자리에 올랐다.

출신 지역이 확인된 조선인 과장 경력자는 모두 35명이다. 경 기도가 7명으로 가장 많고 경남(6명), 평남(5명), 경북·함남(각 4명) 순으로 많았다. 충남은 3명, 강원·전북·충북은 각 2명씩이다.

학력 기록이 확인되는 조선인 과장 경력자는 14명인데 이 중 7명은 과장을 거쳐 서장으로 승진한 사람으로 앞에서 살펴본 서장 학력 사항과 겹친다.[52] 다른 7명의 졸업 학교 현황은 다음과 같다. 1938~39년 밀양세무서 직세과장을 지낸 임형재는 와세다 대학 졸업자로 가장 학력이 높았다.[53] 1939~42년 나주·광주세무서 서 무과장 정학철은 경성법학전문학교를 졸업했다. 1938~39년 영동 세무서 직세과장을 지낸 김종하는 경성제일고보를, 1938~39년 하 동세무서 간세과장 이붕림과 1935~39년 수원·강경·철원세무서 간세과장 정낙필은 각각 경성고등공업학교를 졸업했다. 1938~39

52 권중형權重衡·김영도金永道·김재기金在奇·송갑수宋甲洙·유영준兪永濬·인태식印泰植·조문제趙 文濟 등 7명으로 조선인 서장의 학력에서 살펴본 바와 같다. 이하 학력은 국사편찬위원 회 한국사데이터베이스에서 확인.

53 1898년 부산 출생인 임형재는 1926년 경남 고성군 서기보로 입관했고, 경남 합천군·섬 천군·합천군 속을 거쳐 1934년부터 부산세무서에서 속으로 일했다. 일본식 성명 강요 이 후 1940년대 경력은 상세히 알 수 없다(『朝鮮總督府及所屬官署職員錄』).

년 고성세무서 직세과장 임병윤은 경기중학교를, 1939년 철원세무서 서무과장 유상일은 강화공립실업학교를 졸업했다.

조선인 과장 경력자 가운데 판임문관시험 및 보통시험에 합격한 사람은 정순우(1914년)·신응필(1914년)·문학명(1915년)·이돈화(1916년)·허건(1916년)·강이정(1916년)·박남휘(1918년)·송세용(1919년)·최근수(1923년)·황수극(1923년)·김두현(1924년)·최덕하(1928년)·김상찬(1932년) 등 13명이다.[54] 이 중 문학명은 유일하게 서장으로 승진했다. 1945년 해방 당시에는 조선인 세무서 과장 역임자들이 입관한 때로부터 24년이 되는 것으로 계산되었는데, 실제로 113명은 이미 퇴관한 뒤였고 98명은 퇴관 관련 기록이 없어 해방 때 재직 여부는 확인되지 않는다. 다만 서장으로 승진한 40명 중 김재기·김태진·문학명·유영준·유영호·이경준·하국원 등 7명은 서장 재직 중 해방을 맞이했다.

2. 세무 인력의 교육 훈련과 조선인[55]

2절에서는 세무 인력에 대한 교육 훈련을 분석하고자 한다. 일제는 세무 관서를 안정적이고 효율적으로 운영함으로써 원활하게

---

54 괄호 안은 합격한 해. 조선인판임문관시험 및 보통시험 합격 현황은 『조선총독부관보』에서 확인.

55 2절은 손낙구(2016b)를 수정·보완했다.

조세를 증징하기 위해 세무 인력에 대한 교육 훈련에 힘썼다. 조선총독부 세무 관리들이 남긴 기록을 종합하면 일제의 세무 직원 교육 훈련은 정신 수양, 주산, 세무 행정 실무 등 세 가지 영역에서 진행되었다(古庄逸夫 1937a, 61~65; 1937b, 9~16; かず子 1939, 72~74).

직원을 사무에 숙달[習熟]시키는, 즉 머리를 개조하여 유능한 관리[能吏]로 만들기 위해서는 정신적인 방면과 학술적 방면의 두 분야에서 여러 방법을 할 수 있겠지만 경성국에서는 (1) 이도吏道의 쇄신, (2) 법규, 실무의 연구, (3) 주산의 연마에 힘썼다(かず子 1939, 73).

이하에서는 세 가지 영역의 세무 직원 교육 현황을, 당시 기록을 바탕으로 살펴보고 여기에 나타난 함의를 분석하되, 각 영역마다 실시 현황과 이에 대한 조선인의 수용 정도, 그리고 교육 훈련 이후 조선인의 경력을 각각 살펴보고자 한다.

1) 정신교육

(1) 분야별 정신교육

정신 수양 교육은 크게 ① 황국신민화 교육, ② 납세 설득 교육, ③ 시국관과 덕목 교육으로 구분할 수 있다. 황국신민화 교육이 모든 관리에게 공통되었다면 나머지는 세무 관리를 대상으로 한 정신교육이었다.

　　　　　　　　　　　2부　대표와 동의 없는 과세

① 황국신민화 정신교육

먼저 경성 세무 감독국장 후루쇼 이쓰오古庄逸夫에 따르면 세무 관리에 대한 정신 수양 교육은 '국체 관념國體觀念의 명징明徵, 국민 정신의 작흥作興, 심전개발心田開發, 이도진숙吏道振肅'과 같은 식민 통치 방침을 철저히 함양해 만주사변에 뒤이어 중일전쟁·태평양전쟁으로 치달은 전시체제에서 관리로서 '국난을 타개'하는 데 헌신적인 마음가짐을 갖게 하기 위한 것이었다(古庄逸夫 1937a, 62~63). '국체 관념의 명징, 국민정신의 작흥, 심전개발, 이도진숙'은 제6대 조선 총독 우가키 가즈시게(1931년 6월~1936년 8월 재임), 제7대 조선 총독 미나미 지로(1936년 8월~1942년 5월 재임) 시기 식민 통치 정강 및 정책의 핵심 내용들이다.

'국체 관념의 명징'은 일본 정부가 1935년 '천황기관설'을 배격하기 위한 국체명징운동 과정에서 선포한 것으로, 조선총독부도 즉각 이를 통치 정강으로 채택했다. 이를 계기로 일본 사회에서 정당정치 시대의 종말과 전체주의 체제화의 정신적·심리적 기반이 확립되었다(한상일 1988, 320~321). 이는 천황을 일본 민족의 중추이자 근본으로 삼는다는 국체를 명확히 인식하게 하는 것, 즉 황국신민화를 의미했다.

국체명징이 식민 통치의 최고 이데올로기라면 나머지는 이를 실현하기 위한 정책 수단이라 할 수 있다. '국민정신의 작흥'은 조선총독부가 1932년부터 실시해 온 '정신 교화' 운동의 하나이며, 1935년부터 이를 발전시켜 추진한 것이 '심전개발'이다. 심전개발의 목표는 신앙 운동을 통해 국체 관념의 명징을 달성하는 것,

표 5-9 **경성 세무 감독국의 직원 정신 수양 교육**

교육·행사	내용
월례회에서의 정신 수양 강좌	경성 세무 감독국에서는 1934년 10월부터 매월 1일 아침 일찍 집합해 궁성요배宮城遙拜 등 행사를 한 뒤 '심지우사'心之友社 주간 오우라 간도大浦貫道의 정신 수양에 관한 강좌 진행. 1938년에는 오우라 간도가 경성 세무 감독국 관내 세무서를 순회 강좌 실시.
국민정신 작흥 주간의 행사	1936년 11월 국민정신 작흥 주간 행사 주간에 ① 조선신궁朝鮮神宮 요시다 사다하루吉田貞治 권궁사權宮司로부터 일본 정신과 신사神社의 본의本義에 대해, ② 오우라 간도의 국민정신작흥에 관한 조서환발詔書渙發에 대해, ③ 경성기독교 청년회 가사야笠谷 총주사總主事로부터 국민도덕에 대해 강좌를 개최.
매주 월요일 『윤리어진 강초안』倫理御進講草案에 대한 정신교육	매주 월요일 경성감독국장 후루쇼 이쓰오가 스기우라 주고杉浦重剛의 『윤리어진강초안』을 교재로 정신 수양 교육을 시행해 국체 관념의 명징과 이도진숙을 함양.

자료 : 古庄逸夫(1937a, 64); かず子(1939, 73).

즉 황국신민화에 있었다.[56] 심전개발 정책은 종교·신앙을 이용해 전개되었는데(한긍희 1996, 164~182) 이는 세무 관리 교육에서도 마찬가지였다. 〈표 5-9〉에 정리된 경성 세무 감독국의 직원 및 관내 세무서 직원에 대한 정신 수양 교육 훈련 상황은 이를 잘 보여 준다.

세무 직원 정신교육의 단골 강사였던 오우라 간도는 1929년부터 1939년까지 조선총독부 경찰관 강습소 촉탁 직원을 지낸 인물로 조선총독부 경찰과 세무 직원은 물론 지방 관리들에 대한 전문

---

56 조선총독부의 심전개발 정책 실행 내용을 담고 있는 다음 글은 이를 잘 보여준다. "국체 관념도 선조숭배祖先崇拜를 뿌리로 하여 종합 가족제도의 최고 존속인 천황을 국가의 중심으로써 절대 복종하고 받들며, 천황을 최고 도덕자로서 존경하고 받드는 것이다. 그래서 천황을 명률신明律神 또는 현인신現人神이라고 말하는 것이다. 즉, 천황은 국가의 지배자·통솔자이며 국민 전체의 종가존장宗家尊長이며 신격화된 신인 것이다. 따라서 일본국은 신의 나라이고, 일본인은 실로 신의 후손이라고 할 것이다"(朝鮮總督府學務局社會科 1936, 2). 심전운동에 대한 자세한 연구는 한긍희(1996)를 참조.

정신교육 강사였다.[57] "원래 선종禪宗 출신으로 화한학和漢學에 능통해 직원 정신 수양에 도움이 컸다"는 후루쇼 이쓰오의 평가(古庄逸夫 1937a, 64)로 보아 불교를 황국신민화 교육에 적극 이용한 경우로 보인다. 또한 천황 숭배를 요체로 하는 일본의 신도神道는 물론 기독교도 이용되고 있음을 알 수 있다. 경성 세무 감독국장 후루쇼 이쓰오가 매주 월요일 정신교육의 교재로 썼다는 스기우라 주고의 『윤리어진강초안』은 1890년 일본 천황이 '하사'한 「교육 칙어」에 대한 해설서로 쇼와 천황의 소년기 교육 교재였다(所功 2010, 48~62).

② 납세 설득 정신교육 : 납세보국과 황국 조세 이념

일제는 또한 세무 관리들로 하여금 조선인 납세자들에게 세금을 납부해야만 하는 이유를 설득할 수 있는 논리를 하달하고 이를 적극 시행하도록 했다. 조선 총독은 매년 6월을 전후해 열리는 첫 세무 감독국장 회의에 고정적으로 참석해 훈시를 통해 그해 세무 행정의 방향을 제시했는데, 납세 설득 논리도 그 내용 중 하나였다. 〈표 5-10〉은 매년 조선 총독의 훈시 내용을 검토해 납세 설득 논리가 시기별로 어떻게 변화했는지를 정리한 것이다.

1934년 5월 일반 소득세 도입을 중추로 한 제2차 세제 개정

---

57 1920년대부터 일제 패망 때까지 식민지 조선에서 일제 식민 통치의 이데올로그로 활동한 오우라 간도는 조선총독부 기관지 『매일신보』(『每日新報』 1945/06/09)에 따르면 "총력전總力戰에 선구先驅인 사상전사思想戰士" 중 1명이다. 사회주의와 공산주의에 대한 비판서와 종교 및 정신 수양에 대한 강연집을 집필하기도 했다(大浦貫道 1926; 1928; 1934).

표 5-10 조선 총독 훈시 납세 설득 논리의 키워드 변화 추이

표 5-10 조선 총독 훈시 납세 설득 논리의 키워드 변화 추이

총독	납세 설득 논리	
	키워드	훈시 내용
우가키 가즈시게 (~1936년 8월)	공평과세	이번 세제 개정은 국민 부담의 공정을 도모하는 것을 목적으로 하고 있다. …… 세무 관리들은 세제 개정의 취지를 일반 납세자에게 철저하게 납득시켜 개정 세제를 원만하게 시행할 것(1934년 6월 18일, 세무 감독국장 회의).
미나미 지로·고이소 구니아키(~1944년 7월)	납세보국	각 세의 운영에 대해 세무 직원들은 충분히 연구해 과세의 적정을 기하고 …… 임시 증세의 취지를 일반 민중에게 이해 납득케 하여 납세 보국의 정성을 다하도록 할 것(1938년 5월 12일, 세무 감독국장 회의).
아베 노부유키 (1944년 7월~)	황국 조세 이념	세무 관리로 하여금 황국 조세 이념에 철저케 하고 적절한 시책과 창의로써 국민의 계몽운동을 전개해 관민일치가 됨으로써 결전세무 행정의 적정·원활한 운영을 꾀할 것(1944년 8월 25일, 각 도 재무부장 회의).

이후 1937년 하반기 중일전쟁 발발 이전까지는 주로 일반 소득세제를 정착시키는 데 납세 논리의 주안점이 두어졌다. 이에 따라 초기 제3종 소득세가 주로 고소득층을 과세 대상으로 하는 점을 감안해 부담의 공정, 즉 공평과세를 강조하는 방향에 강조점이 있었다. 적어도 이때까지는 납세 설득 논리가 정신교육적 성격을 띠지는 않은 셈이다.

그러나 중일전쟁이 발발한 이후부터 전시 증세가 본격화됨에 따라 납세보국이라는 새로운 키워드가 등장했다.[58] 납세보국은 전시체제기 일제가 일본과 식민지 전역에서 납세 조합을 결성해, 라

---

[58] 납세보국은 '납세봉공', '세무보국' 등 유사한 개념과 함께 사용되었다. 미나미 지로 총독은 이듬해인 1939년 6월 6일 훈시에서는 '납세보국' 대신 '세무보국'을 사용하고 있다(『東亞日報』 1939/06/07).

디오·영화·노래·포스터와 표어 등을 동원한 납세 캠페인 등을 광범위하게 벌이면서 내세운 일종의 총력전용 납세 독려 구호라 할만하다.[59]

납세보국이 의미하는 바는 조선총독부 재무국 세무과장 야마나미키오山名酒喜男의 "전선은 피로써, 후방[銃後]은 납세로써 보국해야겠다는 굳은 결심"이라는 발언에 함축되어 있다(『每日新報』1941/11/09). 중일전쟁과 태평양전쟁은 단순히 군대끼리 싸우는 전쟁이 아니라 경제전·재정전·사상전 등 총력전이며, 후방의 납세자는 경제전·재정전의 주력 전사로서 납세로 애국해야 한다는 대국민 정신교육 슬로건이었던 것이다.

정신교육 성격의 납세 논리는 일제 패망의 그림자가 짙게 드리우던 1944년 7월 부임한 마지막 조선 총독 아베 노부유키가 한 달 뒤 소집한 전국 재무부장 회의에서 장장 30분에 걸쳐 여섯 가지 조세정책 방향을 담아 훈시한 내용에서 절정을 이루었다.[60] 다음은 이 훈시에 포함된 황국 조세 이념 관련 항목의 전문이다.

조세 이념의 앙양 철저에 관하여
대저 결전하 납세 사상의 앙양은 이를 세무 행정의 요체로 하야 강조할 것이나 국민의 조세 관념에 있어서 일반적으로는 아직 정신

---

59 이와 관련해 경성 세무 감독국이 1937년 그동안 일본과 조선의 다양한 납세 선전 사례를 담아 펴낸 자료집(京城稅務監督局 1937)이 남아 있다.

60 1943년 12월 조선총독부 세무 관서가 폐지됨에 따라 기존 세무 감독국장의 업무를 이어받은 13개 도 재무부장 회의를 소집한 것이다.

적 요소에 결缺하여 조세 도의租稅道義의 확립에 이르지 못한 느낌이 있어 조세 이념의 앙양 철저를 꾀함이 극히 긴절緊切하다고 인정한다. 즉, 국체 관념을 기조로 하는 황국 조세 이념을 기조로 하는 황국 독자의 조세 이념을 명징하여 왕성한 국민의 국가 의식과 정확한 시국 인식을 서로 작용시켜 이것을 조세에 구현시키지 않으면 안 된다. 이를 위하여는 먼저 징세의 임任에 있는 세무 관리로 하여 진실로 황국 조세 이념에 철저케 하여 적절한 시책과 창의로써 국민의 계몽운동을 전개하고 참으로 관민일치가 됨으로써 결전 세무 행정決戰稅務行政의 적정·원활한 운영을 기도하고자 한다(『每日新報』 1944/08/26).

황국 조세 이념은 1943년부터 일본 대장성 주세국 주도로 '국체의 본의에 입각해 왕성한 납세봉공의 정신을 국민들 사이에 양성'하기 위해 추진하던 일본 군국주의식 조세 이념 설계에서 출발했다.[61] 그 성격이 영국식 개인주의적 국가관에 입각한 조세론을 배격한다는 점에서, 납세를 의무로 규정하는 독일의 국가주의적 조세관과 유사하다. 하지만 조세를 '신에게 바치는 공양물'로 규정하고, 국민이 국가의 은덕에 보은하기 위해 스스로 '상납'해야 하

---

61 대장성 주세국 내에 설치된 황국조세이념조사회의 설치 요강에는 '대동아전쟁의 장기화로 인해 전시 재정 경제에서 조세의 중요성이 점차 누증하는 데 따라 국민 일반의 조세에 대한 인식을 더욱 심화함과 함께 국체의 본의에 기초한 황국 조세 이념을 천명함으로써 왕성한 납세 봉공의 정신을 국민 사이에 양성'하는 것을 목적으로 제시하고 있다(吉牟田勳 2002, 5).

는 것으로 정의한다는 점에서(吉牟田勳 2002, 16, 34) 천황제에 기초한 정신적 조세관이라는 특징이 있다.

한편 일본에서는 황국 조세 이념의 설계를 위해 주세국 내에 위원회를 구성해, 두 차례 회의를 열어 자료를 검토하는 단계까지 진행되었지만 체계적으로 정립된 것은 아니었다(日本大藏省財政金融研究所財政史室 編 1998b, 248). 그런데 어떤 과정을 거쳐 조선 총독이 전격적으로 황국 조세 이념을 선포했는지 현재까지 밝혀지지 않고 있다. 하지만 패망 1년 전부터 식민지 조선에서는 조선 총독의 지시에 따라 세무 관리를 대상으로, '신에게 공양물을 바치는 심정으로 세금을 내자'는 황국 조세 이념으로 철저하게 무장시키기 위한 정신교육이 시작되고 있었던 것만은 분명하다.

③ '식민지 세무 관리의 상像'에 대한 정신교육

한편 1936년 부임한 미나미 지로는 '국체명징國體明徵, 선만일여鮮滿一如, 교학진작敎學振作, 농공병진農工竝進, 서정쇄신庶政刷新' 등 5대 정강을 식민 통치의 기조로 삼았다. 이 가운데 '서정쇄신'은 전시체제기의 국가 목표인 '고도 국방 국가'高度國防國家 실현을 목표로 했는데 '이도진숙'吏道振肅도 이를 위한 구체적 정책 중 하나로, 일제가 제시한 전시체제기 관리의 상이라 할 수 있다. 일본에서는 만주 침략 이후 준전시에서 전시체제로 이행하는 시기부터 행정조직 전반을 전시체제에 걸맞게 재편하려는 시도가 있어 왔는데, 특히 1936년 2·26 사건 발생 직후부터 관리의 독선을 배제하고 관민 일치를 이루기 위한 국민 정신 운동의 일환으로 '이도진숙', '이도

표 5-11 **재무국장 미즈타의 이도 관련 정신교육 내용 구성(1941년)**

구분	주요 내용
세무 관리의 시국관	① 팔굉을 일우로 하는 것은 무엇인가, ② 동아공영권의 강화와 우리의 각오, ③ 국방 국가의 확립, ④ 처세의 마음가짐, ⑤ 전몰장병의 영혼에 묵념을 올리는 마음으로, ⑥ 보은과 감사
세무 관리의 덕목	① 청렴할 것, ② 공평무사할 것, ③ 상식을 기를 것, ④ 세심한 주의를 기울일 것 ⑤ 언행을 신중하게 할 것, ⑥ 함부로 응낙하지 말 것
일선 행정사무의 개선	① 민중에 대한 개선 : 친절·공손한 태도를 가질 것, 민중에게 폐를 끼치지 말 것 ② 부내部內의 개선 : 신속·정확한 처리, 친절·공손한 태도, 엄정·공평한 과세, 직원 화합 ③ 직원 각자의 개선 : 업무에 집중할 것, 각근정려(各勤精勵)할 것, 건강에 유의할 것

자료 : 水田直昌(1942a, 10~13; 1942b, 4~9; 1942c, 9~14; 1942d, 2~7)에서 작성.

쇄신'吏道刷新 등으로 표현된 전시체제기 관리 복무 규율을 강조하기 시작했다.[62]

조선 총독이 제시한 서정쇄신의 구체적 정책에 담긴 '이도진숙'도 그 연장선에 있었다. 따라서 조선총독부의 세무 관리에 대한 정신교육에서도 이도는 중요한 분야였다. 〈표 5-11〉은 조선총독부 재무국장 미즈타 나오마사水田直昌가 1941년 전선 중견 세무 관리 강습회全鮮中堅稅務官吏講習會에서 강의한 이도 관련 정신교육의 주요 내용이다.[63]

---

62 "이도의 쇄신은 특히 세무관이도稅務官吏道를 확립하여 [경성 세무 감독]국풍局風을 만들수 있도록 쇼와 11년부터 제창된 것"(かザ子 1939, 73)이라는 기록에서 알 수 있듯이 식민지 조선에서도 1936년부터 이도쇄신을 세무 관리 정신교육에 본격적으로 활용하기 시작했다.

63 1941년 전선 중견 세무 관리 강습회라는 명칭의 강습회가 별도로 없었던 것으로 보아같은 해 7월 17일부터 8월 30일까지 개최된 제14회 조선총독부 세무 강습회를 가리키는 듯하다.

미즈타 나오마사의 강의는 크게 세무 관리가 가져야 할 시국관과 덕목, 세무 행정의 개선 사항 등 세 가지로 구성되어 있다. 그는 세무 관리가 갖춰야 할 시국관에 대해 '팔굉일우'八紘一宇, '동아공영권'東亞共榮圈, '국방 국가'國防國家 등 주로 일제의 천황제 파시즘의 핵심 이데올로기와 전시체제기 일제가 내건 정책 목표를 내세워 설명하고 있다. 이들 개념은 모두 1940년 7월 제2차 고노에 후미마로 내각이 공포한 「기본 국책 요강」에서 제시된 천황제 파시즘의 핵심 언술이다(保坂祐二 2000, 388). '팔굉일우'는 『일본서기』日本書記에 나오는 '팔굉위우'八紘爲宇에서 따온 것인데 일본을 중심으로 세계를 통일한다는 의미로 사용한 것이다. '동아공영권'은 '팔굉일우'의 아시아적 표현이며, 이를 달성하기 위해 총력을 발휘할 국가 체제로 내세운 것이 '(고도) 국방 국가'였다.

미즈타에 따르면 '팔굉일우'는 세계의 모든 민족이 흡사 자애가 넘치는 가장 밑에서 한 가족처럼 화목하게 사는 것을 의미한다(水田直昌 1942a, 11). 또 태양이 동쪽에서 떠올라 우주를 비추듯이 동방 문명의 빛을 세계에 미치게 하여 세계 인류를 따뜻하게 하고 명랑한 빛을 드리워 태평의 즐거움을 향수케 하는 것이 일본의 사명이자 이상이다(水田直昌 1942a, 13). 이 같은 논리의 연장선에서 미즈타는 영국 등 구미 열강의 식민정책이 착취를 목적으로 하는 반면, 일본의 조선 병합은 일본의 국시 '팔굉일우' 정신이 실현되어 '천황 각하의 인자함에 기초한 강력한 국가 시설에 의한 큰 보호의 손길'이 조선에 미친 것이라 주장했다(水田直昌 1942a, 12~13). 또 일본의 중국 침략은 영국 등 구미 열강의 식민지 및 반식민지 상태에 있는 동아시아 민족을 해방하기 위한 것이며, '동아東亞는 동아인東亞人의 동아로서 안거낙업安居樂業의 기초를 쌓는 동아공영권'을 실현하기 위해 국방 국가 체제를 확립해야 한다고 강조했다(水田直昌 1942b, 4). 국방 국가를 확립하기 위해 국가의 전 능력을 최대한도로 발휘할 수 있도록 국민의 총활력을 국방에 집결해야 한다는 것이다(水田直昌 1942b, 5).

이처럼 미즈타가 강조하는 시국관은 일본 천황제 파시즘에 입각한 군국주의 논리로 점철되어 있는데, 이 같은 시국관에 입각해 세무 관리는 '전장에서 죽어 간 영령에 보답하기 위해 직무에 최선을 다해야 한다'는 주문으로 이어진다. 또 전선 장병의 노고에 1만 분의 일이라도 대신한다는 결의로 매일 아침 황실을 위해 궁성을 향해 절하고, 출정 장병의 '무운장구'를 빌고 전몰장병을 생각하며 매일 정오 묵도할 것을 주문하고 있다(水田直昌 1942b, 8).

미즈타는 세무 관리가 갖출 덕목으로는 ① 청렴, ② 공평무사, ③ 상식을 기를 것, ④ 세심한 주의를 기울일 것, ⑤ 신중한 언행, ⑥ 함부로 응낙하지 말 것 등을 제시하고 있다. 또한 일선 행정사무 개선 사항으로 신속·정확, 친절·공손, 엄정·공평, 화합, 각근정려 등을 들고 있다. 이 같은 내용은 일본 내각이 1939년 하달한 이도쇄신안의 주요 내용인 관리의 품위 유지, 신중한 언행, 식견 연마, 정려각근, 신속·적절 등과 맥락을 같이하는 것이다.[64] 또한 일제는 관리의 고압적이고 독선적인 태도가 민간의 전쟁 협력과 동

---

64 1939년 히라누마 기이치로 내각이 하달한 내각훈시 「이도쇄신안」吏道刷新案 전문은 『매일신보』(『每日新報』 1939/02/25)를 참조.

원을 방해한다는 판단 아래 친절·공손한 태도와 신속·정확한 업무 처리 등을 요구했다.[65]

미즈타는 1937년 10월부터 일제 패망 때까지 사실상 전시체제기 조선총독부 조세정책을 총괄했기 때문에 그의 이도 교육은 세무 직원 정신교육의 최고 지침이었다.

2) 세무 행정 교육

(1) 실시 현황

세무 행정 실무 교육은 세무 행정에 필요한 기초 과목에 대한 교육과 세제의 부과 징수 관련 실무 교육으로 구성되었다. 강습회 주최 기관 기준으로는 조선총독부 재무국 세무과의 세무 강습회와 각 세무 감독국의 세무 강습회로 나눌 수 있다. 여기에 세무 관리가 되려는 자를 양성할 목적으로 1940년 설치된 세무 관리 양성소의 교육 훈련 과정이 추가되었다. 교육 내용 수준은 조선총독부 주최 세무 강습회가 가장 높고 그다음이 세무 감독국 강습회, 그리고 세무 관리 임용 이전의 고원에 대한 교육 훈련인 세무 관리 양성소의 교육과정이 가장 낮거나 감독국 강습회와 비슷하다. 이

---

65 일제의 이도쇄신 정책은 ① 책임 수행 원칙, ② 결전집무 원칙, ③ 진두지휘 원칙, ④ 명령 각준恪遵 원칙, ⑤ 친절정녕親切叮嚀 원칙, ⑥ 품위 보지 원칙, ⑦ 언동 신중 원칙 등 7개 항을 주요 내용으로 하는 1944년 칙령 제2호 전시관리복무령戰時官吏服務令으로 제도화되었다(『每日新報』 1944/01/06).

와는 별도로 세무과 세무 강습회 수료자 중 일부를 선발해 약 3개월 과정의 일본 대장성 세무 강습회에 파견 교육을 보냈다.

① 대장성 세무 강습회 파견 교육

일본의 세무 직원 교육 훈련은 처음에 세무서에서 직장 연수 형태로 진행되다가 1918년 대장성에서 1개월간 중견 직원 대상의 주세국 중앙 강습회를 설치한 것을 계기로 통일적인 교육제도로 자리 잡았다(石橋大輔 1968, 379). 1918년에는 법인 사무 강습회로 개최되었다가 이듬해 직접세 전체를 대상으로 확대되었고, 1920년대 중반부터는 직접세·간접세·서무 등 세 가지 과정으로 나누어 1944년까지 매년 개최되었다. 이와는 별도로 지역별로 세무 감독국 주최의 강습회가 진행되었다(今村千文 2012, 6).

일제는 조선과 만주 등 식민지 세무 관리들도 대장성 세무 강습회에 참가시켰다. 1929년의 경우 직접세 강습회 참가자 118명 중 식민지 관리가 11명(조선 3, 대만 3, 관동주 2, 사할린 3)이었고(磯貝生 1929, 61~63),[66] 1931년 강습회(직접세, 서무) 참가자 117명 중에도 11명이 식민지 관리였다(『朝鮮財務』 1931/10, 90). 식민지 관리의 참가 자격은 ① 1년 이상 세무 사무에 종사할 것, ② 고급중학교 졸업 이상

---

[66] 이 글의 필자는 강원도청 속 이소가이 긴이치로磯貝金一郞로 세무 관서 독립 후 강경세무서장(1935년), 경성감독국 회계과장(1937년), 함흥세무서장(1938년), 평양감독국 회사감사관(1942년)을 역임했다.

2부 대표와 동의 없는 과세

의 학력 보유자로 일본어에 능통할 것, ③ 세무 간부로서의 장래가 충분할 것, ④ 35세 미만일 것 등이었다(東条英機 1938). 기록에 따르면 손음박孫蔭樸 등 만주국 세무 관리 4명이 1938년 5월 3일부터 70일 동안 대장성 세무 강습회에 참가한 뒤 계속해서 일본 세무 감독국에서 30일 동안 실무 실습을 했다(東条英機 1938). 만주에서 세무 관리를 하고 있던 조선인 황중률黃仲律도 1940년 9월 1일부터 12월 9일까지 제20회 대장성 세무 강습회(직접세)에 파견되어 수료했다(총무처 인사국 인사과 1960).[67]

조선총독부에서도 1920년대부터 대장성 세무 강습회에 세무 관리들을 참가시켰다(K生 1926, 72; 左文生 1926, 93~99). 1929년 대장성 세무 강습회에는 조선에서 6명(직접세 3, 간접세 3)이 참가했는데 평안남도 청 속 김효삼을 제외하고는 모두 일본인 관리였다(『朝鮮財務』 1929/08, 100). 9월 14일부터 90일간 진행된 직접세 강습회에 참가했던 일본인 관리가 남긴 기록에 따르면 강습 과목과 강습 시간은 다음과 같다(磯貝生 1929).[68]

헌법(20), 행정법(20), 민법(40), 상법(30), 재정학(30), 경제학(30),

---

67 황중률은 해방 후 용산세무서(1946년)를 거쳐 1948년부터 재무부 사세국에서 근무했고 부산사세청 조사과장(1951년), 서울사세청 직세과장(1952년), 대전사세청 세무국장(1956년), 재무부 사세국 토지수득세과장 및 직세과장을 거쳐 1960년 부산사세청장에 올랐다.
68 강습 과목 이외에 구세군일본총사령관소장 야마무로 군페이山室軍平가 '유혹'을 주제로, 아마노 노리히코天野矩彦가 '처신수양으로서의 간담회'를 주제로 특강을 했으며 아사히신문사 견학 프로그램이 덧붙여졌다.

사회학(20), 상업학(30), 회계학(20), 일본 조세제도(20), 외국 조세
제도(20), 법인소득세법(30), 개인소득세법(20), 지조조례(20), 영업
수익세법(20), 상속세법(19), 부기학(50), 회계 실무(24), 징수법(30),
통계(24), 국유재산법(14).

강의 시수로 보면 헌법과 상법 등 세무 행정에 필요한 기초 과
목과 부기학 등 연관 과목에 408시간을, 법인소득세법 등 세법에
223시간을 할애해 기초 과목에 대한 비중이 높게 나타나고 있다.
강습 과목마다 주관식 시험을 치른 뒤 수료증을 교부했다. 1940년
춘천세무서에 근무하던 김진하金振河도 앞서 살핀 황중률과 같은 시
기 강습회 수강생이었다. 김진하의 회고에 따르면 대장성 세무 강
습회는 '세무 직원의 최고 교육과정'이었다(삼척세무서 1991, 325에서 김
진하, 「50년을 회고하며」).

　1941년 순천세무서 간세과장 겸 서무과장으로 근무하던 이창
규도 그해 대장성 세무 강습회에 참가했다(총무처 인사국 인사과 1954c).[69]
마산세무서 구본택 역시 시기는 알 수 없지만 대장성 세무 강습회
를 수료했다(국회공론사 엮음 1960, 84). 이 3명 모두 이전에 조선총독부
세무 강습회를 수료한 것으로 보아,[70] 대장성 세무 강습회는 조선

---

69 이창규는 재무부 사세국 간세과장(1950년)과 징수과장(1953년)을 거쳐 1954~57년 사
　이 서울사세청장을 역임했다.

70 김진하는 충주세무서 속으로 근무하던 1937년 제11회 조선총독부 세무 강습회를 수료
　했다(『朝鮮財務』 1934/10b, 130). 이창규(평양세무서 속)와 구본택(마산세무서 속)도 1939년 제
　13회 조선총독부 세무 강습회를 수료했다(『朝鮮財務』 1940/02b, 106).

총독부 세무 강습회 과정을 마친 관리들 가운데 선발해 파견했던 것으로 판단된다.

② 조선총독부의 정기 세무 강습회

조선총독부 세무 강습회는 중견 관리를 대상으로 한 것으로 일본 대장성 세무 강습회를 모델로 1922년 제1회 강습회가 시작되었다. 이후 매년 약 40일간 도부군道府郡 중견 관리 수십 명에 대한 연수 교육제도로 정착되어 1933년까지 제8회 세무 강습회가 진행되었다(『每日申報』 1922/08/16; 1923/09/19; 『稅務通信』 1927, 109; 『朝鮮財務』 1929/10, 85~88; 1933/10, 85~87). 세무 관서 설치 후에도 30~55일간의 숙박 교육 형태로 매년 또는 격년 단위로 정례화되었다. 조세 구조가 복잡해진 것을 감안해 직접세와 간접세로 나누어 각각 진행했으며, 세무 관서 폐지 이후에도 지속되어 일제 패망 1년 전까지 개최된 사실이 확인되었다(〈표 5-12〉 참조).

강습 과목은 크게 조세론·경제학·행정법·상법·부기·회계학 등 기초 과목과 직접세 또는 간접세제 내용에 대한 것으로 나뉘었다. 과목별 강습 시간을 알 수 있는 제9회 강습회를 보면 55일 동안 기초 과목에 70시간, 세제 이해 및 실무에 120시간이 각각 할애되어 있다. 대장성 강습회와 비교하면 강습 기간과 참가 인원은 절반 이하 수준이고 기초 과목보다는 실무 교육 비중이 더 컸다. 또 대장성 강습회와 달리 헌법 과목이 없는데, 이는 조세 관련 헌법 규정의 핵심이라 할 만한 세제 제·개정에 대한 의회의 협찬권이 식민지 조선에 전혀 적용되지 않았던 것과 관련이 있어 보인다.

표 5-12 **조선총독부 주최 세무 강습회 현황(1934~44년)**

연도	회	강습 기간	강습생 (조선인)	강습 장소	강습 과목(강습 시간 수)
1935년	제9회	9월 26일~ 11월 9일(45일)	55명 (25명)	경성법학 전문학교 강당	[직접세 사무 집행에 필요한 기초 학과와 실무] 조세론(8), 행정법(15), 상법(15), 부기(15), 회계학(17), 제1종 소득세 실무(18), 임시이득세 실무(5), 제3종 소득세 실무(20), 영업세 실무(14), 소득세 및 영업세 조사법 (18), 지세 실무(15), 상속세 실무(15), 징수 실무(15)
1936년	제10회	5월 1일~ 6월 14일(55일)	40명 (17명)	총독부 도서관 강당	[간접세 사무 집행에 필요한 기초 학과와 실무] 국세 개요, 재정학 대의, 주류 및 청량음료 제조 기술, 경제학 대의, 행정법 대의, 지방세 개요, 회계법 대의, 형사소송법 대의, 형법대의, 범죄 수색법, 청량음료세, 사탕소비세 및 범칙자 처분법 실무, 관세 실무, 주세 및 인지세 실무, 취인소세 및 골패세 실무, 징수 실무
1937년	제11회	9월 21일~ 11월 4일(45일)	45명 (16명)	총독부 도서관 강당	[직접세 사무 집행에 필요한 기초 학과와 실무] 국세 제도, 경제학 대의, 행정법 대의, 상속세 실무, 부기법, 영업세 실무, 회계학, 회계 사무 대의, 제1종 소득세(부) 법인자본세·임시이득세 실무, 제3종 소득세 실무, 지세 실무, 제2종 소득세 실무, 직접세 조사법, 상법 대의, 민법 대의, (과외 특강): 조선의 재정, 조선의 금융, 북지사변특별세의 대요
1938년	제12회	10월 20일~ 11월 18일(30일)	30명 (9명)	–	[법인세 사무 집행에 필요한 학과 및 실무] 경제학, 회사의 소득 조사법, 부기법, 회계학 (과외 특강): 임시 자금 조정 및 위책 관리, 중앙과 지방의 조세 부담 조정, 은행 경영의 실제와 세무
	제12회	11월 21일~ 12월 20일(30일)	20명 (7명)	–	[주조 검사 집행에 필요한 학과 및 실무] 경제학, 행정법, 주조 기술, 일반 주조 검사, 조선주 검사 기타 (과외 특강): 임시 자금 조사 및 위채 관리, 물품세 과세 상품
1939년	제13회	10월 23일~ 12월 1일(40일)	40명	경성감독국 회의실	[서무 및 간세 사무 관계]
1941년	제14회	7월 17일~ 8월 30일(45일)	49명	경성감독국 직원 훈련소	[내국세 집행에 필요한 학과 및 실무]
1942년	제15회	~12월 2일			[직세 사무]
1943년	제17회	~12월 2일			
1944년	제18회	~8월 15일			[직세 사무]
1944년	제20회	~10월 28일			[간세 사무]

자료: 『朝鮮財務』(1935/09a~1941/11); 총무처 인사국 인사과(1950a, 717; 1950b, 993; 1950c, 1373,
1399)에서 작성.

2부 대표와 동의 없는 과세

강습 수강에 대한 평가는 과목마다 출제된 주관식 시험문제 2~4개를 주어진 시간에 풀고 이를 채점해 합격한 자에 한해 수료증을 교부했다. 제9회 강습회의 경우 강습 과목 중 조세론과 임시이득세를 제외한 11개 과목에 대한 시험을 실시했다.[71] 또 애초 59명이 강습회에 입소했으나 질병으로 결석이 많았던 4명을 제외한 55명에게 수업 인증서를 수여했다는 기록으로 보아(『朝鮮財務』 1935/11c, 64) 시험 성적과 함께 출석 일수도 엄격히 관리한 듯하다.

조선총독부 주최 세무 강습회는 "장래 지도적 인물로 만들기 위해 특별히 선발"한 세무 관리를 대상으로 "장기간 임지를 떠나" "다액의 경비를 필요"로 하는(『朝鮮財務』 1936/06, 2), 식민지 조선 내에서는 유급 연수 교육의 최고위 과정이었다. 따라서 일선 세무 관리들로서는 여기에 참가하는 것이 승진의 발판이 될 수 있었고, 강사진 또한 식민지 조선의 해당 분야 최고급 세무 전문가들로 구성되었다.

강사는 무라야마 세무과장을 비롯한 조선총독부 재무국 세무과의 일본인 관리들을 중심으로 검사·판사·경시·철도국 해당 분야 전문가들이 투입되었다. 그러나 조선인 중에서도 드물지만 강사를 맡은 세무 관리가 있었다. 예를 들어 김무엽[72]은 1936년 제10회와 1938년 제12회 강습회에서 주세 및 인지세 실무에 대해

---

71 시험문제 문항 전문은 『조선재무』(『朝鮮財務』 1936/03, 68)를 참조.

72 김무엽은 1922~24년 경남 재무부 세무과 속, 1925~27년 부산부 속, 1928~29년 경남 사천군 속, 1930~32년 경남 재무부 세무과 속을 거쳐 1933년부터 1939년까지 조선총독부 세무과 속으로 근무했다. 1939년 8월 퇴관 후 양조업을 경영했다.

강의했고, 장수길[73]은 1937년 10월 제11회 강습회에서 민법 대의를 강의했다.

총독부 강습회의 주된 대상은 각 세무서의 속·세무리 등 판임관들이었는데, 당시 세무서의 판임관 중 조선인 비중이 평균 54%였다(손낙구 2015a, 273). 그런데 수강생 명단이 확인되는 1935~38년 사이 다섯 차례 수강자 190명 가운데 연인원 기준으로 일본인이 116명(61%), 조선인이 74명(39%)으로 나타났다. 일본인에게 교육 기회를 더 보장한 민족 차별적인 세무 강습이었던 것이다.

③ 세무 감독국의 강습회

〈표 5-13〉은 『조선재무』에 실린 세무 감독국 주최 세무 강습회 기사 내용을 정리한 것으로 함흥감독국을 제외한 4개 감독국의 강습회 개최 현황을 일부 확인할 수 있다.[74] 다수의 강습회는 세제

73 장수길은 도쿄 제대에 재학하고 있던 1935년 고문 행정과에 합격해 경기도 내무부 학무과 속을 거쳐 1937년 재무국 세무과 속이 되었다. 1938년 이재과 사무관으로 승진해 1945년 4월까지 근무한 뒤 경성부윤 관방 조사실 주간으로 일하다 일제 패망을 맞았다. 1940년 2월 조선총독부 세무 관리 양성소 강사를, 1945년 3월에는 조선총독부 지방 관리 양성소 강사를 맡았다. 해방 후 경성부 토목부장으로 근무했고 1949년 9월부터 재정 금융위원회 위원을 맡았다. 장신(2007, 64)에 따르면 장수길은 식민지 시기에 조선인에 대한 차별 속에서도 일본인보다 앞서간 대표적인 조선인 관료다. 장수길은 보성고보와 3고(교토)를 거쳐 1936년에 도쿄 제대 법과를 졸업하면서 총독부 속으로 임용되었다. 대학 재학 중 병으로 두 번이나 휴학했음에도 전체 5등으로 고문을 통과했다. 그는 임용 후부터 계속 총독부에 근무하면서 2년 7개월 만에 재무국 사무관으로 승진했다(北岳山人 1940, 71).

내용, 부과 징수 실무, 간접국세 범칙자 처분 등과 관련한 세무 행정 실무에 집중되고 있다. 1935년 경성감독국, 1935·1937년 대구 감독국, 1938년 평양감독국의 강습회와 같이 행정법이나 부기회 계학 등 세무 행정에 필요한 기초 과목 교육이 포함된 경우가 있지만 조선총독부 주최 강습회와 비교해서는 과목 수가 적다.

1935·1937년 대구와 1938·1941년 평양감독국의 강습회 개최 상황을 보면 정기적인 기획 강습회를 통해 관내 세무 직원의 세무 행정 실무를 강화하려 한 흔적을 엿볼 수 있다. 강습 기간을 보면 최대 한 달에서 최소 4일까지 다양하고, 기초 과목을 포함한 기획 강습의 경우 비교적 장기간에 걸쳐, 신설 세제 교육과 같은 당면 현안 교육은 세무서장 회의 중 일부로 짧게 진행되었다. 또한 감독국 주최 세무 교육은 새로 도입되는 세제에 대한 이해를 돕기 위한 당면 현안 교육의 성격을 띠고 있다. 1934년 경성·평양감독국 강습회에서는 같은 해 도입된 제3종 소득세와 상속세에 대한 이해와 실무 교육이 주된 내용이었다. 1941년 대구·평양감

----

74 이 외에도 경성감독국 직원 훈련소에서 1개월 기간의 교육 훈련 과정을 운영해 1941년 1월 30일 제3회 직세 훈련을 수료했다는 기록이 있다(총무처 인사국 인사과 1950c, 978). 또 대구감독국에서 1938년에 법인 및 상속세 세무 강습회를 개최해 11월 21일 수료식을 열었고(총무처 인사국 인사과 1950a, 1366), 1939년에는 제1회 국유재산 사무 강습회를 열어 3월 9일 수료식을 개최했으며(총무처 인사국 인사과 1950a, 1372), 1940년에는 제5회 법인 세무 강습회를 열어 11월 26일 수료식을 개최했다(총무처 인사국 인사과 1950a, 1373). 한편 1944년 경상남도 주최로 세무 강습회를 열어 11월 30일 수료식을 열었다는 기록(총무처 인사국 인사과 1950a, 1392)으로 보아 세무 관서 폐지 후 감독국 세무 강습회는 각 도 재무부로 이관된 듯하다.

표 5-13 **세무 감독국 주최 세무 강습회 현황**(1934~41년)

국局	강습회·강습 주제	강습 기간	강습 인원	강습 내용(강습 시간)
경성	제3종 소득세 실무 강습회	1934년 7월 20~23일(4일)	31명	주제 : 제3종 소득세와 상속세 강사 : 국 속 및 사무관 대상 : 관내 세무서 직세과장 및 직세 관원
	간접국세 범칙 사건 취급 방법	1938년 5월 26일	세무서장 회의 참가자	주제 : 간접국세 범칙 사건 취급 방법 강사 : 경성지방법원 검사
	강습회(고원 대상)	1938년 9월 (30일)	60명	과목 : 세령 전반, 국유재산, 회계 법규, 부기회계 및 주산(총 25과목) 강사 : 국 세무 관리 및 경성공립상업학교 교원 대상 : 판임관 등용 예상 고원 60명
광주	간접국세 범칙 사건 취급 방법	1938년 7월	세무서장 회의 참가자	주제 : 간접국세 범칙 사건 취급 방법 강사 : 광주지방법원검사국 검사
	강습회	1941년 1월 23일~2월 1일 (10일)	17명	1월 23~25일 징수 회계 사무(징수 사무 일반, 체납처분 실무, 회계법 개념, 급여 및 물품, 회계 실무) 1월 27~29일 법인사무(제1종 소득세 실무, 법인자본세 실무, 법인임시이득세 실무, 손익의 제 문제) 1월 30일~2월 1일 간접국세 범칙자 처분 사무 대상 : 관내 세무서 속 및 세무리
대구	제1회 세무 강습회	1935년 9월 9일~10월 6일 (28일)	51명	과목 : 행정법 대의, 민법 대의, 형법 대의, 재정학 대의, 소득세, 영업세, 상속세, 지세, 지적, 간세 사무 일반, 청량음료세, 주세, 골패세, 취인세, 인지세, 간접국세 범칙자 처분, 주조 기술, 징수, 회계, 관유재산, 주산 경기
	세무 강습회	1937년 8월 6일~9월 6일 (31일)	48명	강사 : 감독국 속 과목 : 행정법 대의, 민법 대의, 재정학 대의, 소득세, 부기회계학, 영업세, 상속세, 지세, 주세, 간접국세 범칙자 처분, 징수, 회계, 주산 경기회 대상 : 감독국 및 관내 세무서 직원
	토지 임대 가격 사무 강습회	1941년 3월 12~15일(4일)	24명	대상 : 관내 세무서 토지조사과장 등 담당자
평양	소득세 사무 강습회	1934년 7월 27~30일(4일)	35명	과목 : 제3종 소득세, 상속세 강사 : 총독부 속 대상 : 관내 세무서 직세과장 및 담임자
	제1회 세무 강습회	1938년 9월 19~28일(10일)	40명	과목 : 부기회계학 강의 및 연습(20), 직세조사법(13), 제1종 소득세·법인자본세·법인임시이득세 실무(18), 회사법(11), 과외 특강(3) 강사 : 총독부 이사관, 감독국 속
	제1회 소득세 세무 강습회	1941년 10월 2~15일(14일)	26명	과목 : 제1종 소득세 실무, 법인자본세 실무, 법인임시이득세 실무, 부기회계학, 직세조사법, 회사경리통제령, 특강 강사 : 총독부 속, 감독국 회사감사관보, 감독국 직세과장, 국장·직세부장(특강) 대상 : 관내 세무서 속 및 세무리

자료 : 『朝鮮財務』(1934/08~1941/12)에서 작성.

독국 강습회에서는 이 시기에 시행된 토지 임대 가격 조사 사업과 회사통제령에 대한 교육을 주제로 했다.

　교육 대상은 주로 속과 세무리 등 세무서 중견 간부들이었지만, 1938년 경성감독국의 강습회처럼 판임관 임용을 앞둔 고원들을 대상으로 한 교육도 병행되었다. 일부 강습회에서는 주산 강습회 및 경기회를 포함하고 있다. 1934년과 1938년 경성감독국, 1938년 광주감독국의 세무 교육과 같이 관내 직세과장 및 담당자, 또는 세무서장 회의와 결합해 진행되기도 했다. 제1회 대구감독국 강습회의 '강습생 심득'에 따르면 강습생은 수업 시작 10분 전에 입실해 출석부에 날인하고, 질병 또는 기타 사유로 출석할 수 없을 때는 의사의 진단서 등을 첨부해 사유를 제출하며, 사고로 1주일 이상 결석할 경우 감독국장의 허가를 받도록 하고 있다. 또한 강습 대상 12과목마다 해당 강습이 끝나면 시험을 치렀다(『朝鮮財務』 1935/11b, 67).

　감독국 강습회 강사는 주로 조선총독부 재무국 세무과 관리나 각 감독국에서 해당 업무를 관장하는 관리가 담당했는데, 이는 이들이 관련 업무의 실무를 가장 잘 알았기 때문인 듯하다. 1941년 평양감독국 강습회처럼 감독국장 등이 특강을 하기도 했다.

　강습회 강사는 대부분 일본인이었지만 예외적으로 조선인도 발견된다. 1937년 대구감독국 강습회 강사 7명 중 2명은 조선인이었다. 대구감독국 간세과 속으로 근무하던 김성환[75]이 행정법 대

---

75 김성환은 1933년 경성제국대학을 졸업하고 이듬해 고문 행정과에 합격해 대구감독국 속으로 임용된, 조선인 세무 관리 중에는 보기 드문 고문 합격자이다. 1937~38년 전주

의와 민법 대의를, 같은 간세과 속 박용하[76]가 간접국세 범칙자 처분에 대해 각각 강의해 12과목 중 3과목을 조선인이 담당했다.

반면 이 강습회를 수강한 48명 가운데 조선인은 33명인 데 비해 일본인은 15명으로 강습 대상 다수가 조선인 세무 직원이었다. 기관별로도 대구감독국 소속 수강생 7명 가운데 조선인은 1명에 불과한 반면, 관내 세무서 소속 수강생 41명 중 조선인은 32명으로 나타났다. 이는 감독국의 속 이상 세무 관리 중에는 조선인이 극히 드물었던 반면, 세무서 세무 직원은 조선인이 다수를 차지했던 기관별 세무 직원의 민족 구성이 반영된 것이다. 또한 상대적으로 고급 수준의 총독부 강습회는 일본인에게 더 많은 기회가 주어진 반면, 감독국 강습회는 조선인에게 더 많은 기회가 돌아간 것으로 판단된다.

세무서장, 1939년 대구세무서장을 역임한 뒤 1940년부터 대구 세무 감독국 세무부장, 1942년부터 함흥 세무 감독국 간세·서무·직세부장을 맡았다. 1943년 12월 세무 감독국 폐지 후에는 경성부 민생부장으로 옮겨 일제 패망기까지 근무했다. 해방 후에는 경성부 총무부장, 경성부윤 대리에 이어 1951~60년 심계원審計院 심계관審計官으로 근무했다.

[76] 박용하는 동래고보를 졸업하고 1930~33년 경남 마산부 세무리, 1934~36년 밀양세무서 간세과 속을 거쳐 1937~40년부터 대구 세무 감독국 속으로 근무했다. 일본식 성명 강요로 이후 관리 이력은 확인되지 않는데 일제 패망기까지 세무 관리로 근무한 것으로 추정된다. 해방 후 1946~53년 상주·포항·대구동부세무서장, 1954~55년 대전·부산사세청 총무국장, 1956~60년 재무부 사세국 세정·간세과장 등을 역임했다. 박용하는 1936년 밀양세무서 속으로 근무할 당시 55일 동안 진행된 제10회 조선총독부 세무과 주최 세무 강습회에 참가해 이수했는데, 이후 대구 세무 감독국으로 자리를 옮겨 강습회 강의를 맡은 것이다.

④ 세무 관리 양성소의 교육 훈련

조선총독부 세무 관리 양성소는 잇따른 조세 증징에 따라 일선 세무 관리에 대한 수요가 증가하고 기존 종사자에 대한 체계적이고 종합적인 교육의 필요성이 대두되어(국세청 1996b, 352) '세무 관리가 되려는 자를 양성하는 것을 목적'으로 1940년 4월 설치되었다(『朝鮮總督府官報』 1940/02/12; 1940/04/05). 양성소 설치는 세무 관리 충원 방식이 종전의 시험 또는 특별 전형을 통한 임용에서 교육·양성 후 임용하는 방식으로 변경되었음을 뜻했다.

양성소 입소 자격은 '신체가 건강하고 지조가 확실하며 품행이 방정한 17세 이상 26세 이하의 자'로 중학교 졸업 이상의 학력 또는 보통시험 합격자 그리고 4년 이상 고원에 종사한 사람에게 주어졌다. 매년 50명의 정원 범위에서 선발 시험을 거쳐 뽑았다. 시험을 보려는 자는 원서와 신체검사서 등 일곱 가지 서류를 갖춘 뒤,[77] 추천서와 함께 총독부 재무국장 앞으로 제출해야 했다.[78] 각 세무 감독국 단위로 1차 필기시험('국어', 즉 일본어, 산술, 일본 역사)을 거친 뒤 합격자에 한해 경성에 있는 양성소에서 2차 구술시험

---

77 일곱 가지 서류는 다음과 같다. ① 입소 원서, ② 이력서, ③ 의사의 신체검사서, ④ 호적 사본 또는 등본, ⑤ 수험 허가서(관공서 재근자에 한함), ⑥ 학교장의 성행 및 학업 증명서 또는 시험 합격 증서[관공서 근무자 이외의 자로서 중등학교 이상의 졸업자는 최종 학교장의 성행 및 학업성적 증명서를 받아 이를 첨부하고, 보통시험(이에 상당한 시험을 포함) 합격자는 합격증서 사본을 첨부], ⑦ 사진(『朝鮮總督府官報』 1940/02/05).

78 총독부 본부 근무자는 각 국 부장 및 관방과 실의 장, 세관 근무자는 각 세관장, 기타의 자는 거주지 관할 세무 감독국장의 추천을 받도록 했다(『朝鮮總督府官報』 1940/02/05).

표 5-14　조선총독부 세무 관리 양성소 학과목과 강사(1940년 2월)

학과목	훈육, 체육, 국사, 수학, 헌법, 행정법, 민법, 상법, 형법, 형사소송법, 재정, 경제, 부기 및 회계, 상품학, 각종 세무 법규, 각종 세무 실무
강사	• 조선총독부 : 미즈타 나오마사水田直昌(재무국장), 무라야마 미치오村山道雄(세무과장), 야마나 미키오山名酒喜男(관세과장), 오카무라 다카시岡村峻(이재과 사무관), 가타야마 이치로片山一郎(사계과 사무관), 장수길張壽吉(이재과 사무관), 데라야마 도키지寺山時二(세무과 이사관), 와타나베 하치로渡邊八郎(세무과 기사), 오타 야지로太田彌次郎(관세과 기사), 아베타 쓰이치阿部達一(관방 심의실 사무관), 마키야마 마사히코牧山正彥(관방 심의실 사무관), 나카무라 에이타카中村榮孝(학무국 편집과 편수관), 이사야마 이사부로伊佐山伊三郎(경무국 위생과 기사), 요코야마 도시히사橫山俊久(경무국 위생과 기사), 다케우치 하루요시武內晴好(농림국 농무과 기사) • 세무 감독국 : 후지모토 슈지藤本修三(경성 세무 감독국장), 사카모토 간조坂本官藏(경성 세무 감독국 세무부장), 다카하시 히데오高橋英夫(경성 세무 감독국 경리부장) • 경성제국대학 교수 : 시라이 세이윤白井成允, 오다카 아사오尾高朝雄 • 세관 : 후루타 다카테루古田高輝(인천세관 경성세관지서 관세관) • 조선신궁 : 요시다 사다하루吉田貞治(조선신궁 권궁사)

자료: 『朝鮮總督府官報』(1940/02/12; 1940/02/22).

을 실시했다.

　조선총독부 세무 관리 양성소 규정에 따르면 강습 기간은 매년 4월 1일에 시작해 다음 해 3월 31일에 마치되 필요할 경우 기간을 단축할 수 있도록 했다. 위 규정의 공포일 기준 이수 학과목은 훈육, 체육, 국사, 수학, 헌법, 행정법, 민법, 상법, 형법, 형사소송법, 재정, 경제, 부기 및 회계, 상품학, 각종 세무 법규, 각종 세무 실무 등이었다(『朝鮮總督府官報』 1940/02/12). 강사진은 모두 22명으로 조선총독부 본부 소속 고위직 관리가 15명으로 가장 많았는데 이 중 재무국 소속 관리가 9명이었다. 나머지는 세무 감독국 3명, 경성제대 교수 2명, 세관 1명, 조선신궁 1명 순이었다. 총독부 이재과 사무관 장수길을 제외하고는 모두 일본인이다.[79]

　『직원록』에 나타난 세무 관리 양성소 관리는 모두 일본인이다. 1941년까지는 총독부 재무국장과 세무과장이 겸직 관리로서 소장

표 5-15 　조선총독부 세무 관리 양성소 제1~3회 교육 현황

	입학	졸업	인원	
			전체	조선인
제1회	1939년 6월	1940년 3월	47명	29명
제2회	1940년 5월	1941년 3월	41명	25명
제3회	1941년 4월	1941년 12월	48명	38명

자료:『朝鮮財務』(1940/05a, 83; 1940/06, 92; 1941/06, 55); 국세청(1996b, 352).

所長과 사무관으로 배치되었을 뿐 그 이상의 관리 명단은 보이지 않는 것으로 보아 고원을 두어 일반 사무를 처리한 듯하다. 1942년에는 겸직 속 3명과 촉탁 1명이 추가 배치되었다.

그런데 실제 세무 관리 양성소 운영 과정을 보면 관련 규정이 정비되기 훨씬 전인 1939년 6월부터 입소가 시작되었다. 조선의 세무 관리 양성소 설치는 일찍부터 내부에서 그 필요성이 제기되었다.[80] 특히 세무 행정에 대한 일반인의 불만이 커지는 것과 관련해, 일선 세무 행정을 대부분 담당하는 고원에 대한 체계적 교육 훈련을 대안으로 제기하는 목소리가 많았다. 이 같은 필요성에 따라 1939년 6월 1일 '제1회 세무 행정 강습회'라는 이름으로 강습생 48명의 입소식을 열고 개강했고, 1940년 3월 47명이 졸업한 것이다(『朝鮮財務』 1939/07a, 126; 1940/05b, 83). 제1회 졸업생 중 조선인은

---

79 강사진은 이후 수차례 교체되거나 추가 임명되었다. 장수길 외에 조선인 강사가 1명 더 있었다는 기록이 있지만(세무공무원교육원 1988, 88) 일본식 성명 강요로 확인하기 어렵다.

80 현직 세무 관리들이 세무 관리 양성소 설치를 제기한 다음 두 편의 글이 대표적이다(吳南柱 1935, 55; か # 子 1939).

표 5-16   조선총독부 세무 관리 양성소 제4~6회 교육생 모집 현황

구분	모집 공고 시기	정원	모집 대상	입소 시기
제4회	1941년 10월 20일	50명	일본인	1942년 2월
제5회	1942년 8월 20일	50명	일본인	1943년 2월
제6회	1943년 9월 1일	50명	일본인	1944년 2월

자료 : 『朝鮮總督府官報』(1941/11/19; 1942/09/21; 1943/09/23).

29명이었으며 일제 패망 때까지 총 여섯 차례 입소생을 모집했다.[81]

일본에서도 조선보다 약간 늦은 1941년에 신규 채용 세무 관리 양성을 목적으로 한 대장성 세무 관리 강습소가 설치되었다(『日本官報』 1941/05/01). 설치 당시 모집 정원은 200명으로 내국 세무 행정을 담당하던 고원 중에서 100명, 세무 행정 이외의 부서 직원으로 세무 관리를 희망하는 자 중에서 100명을 선발했다. 강습 훈련은 직접세와 간접세의 2부로 나누어 학과 9개월과 실습 3개월 등 1년 과정으로 진행했다. 학과목은 각종 세법을 직접세와 간접세로 나누어 강의한 것 외에 수신, 관리 복무규율, 헌법, 행정법, 민법, 상법, 경제학, 재정학, 부기, 회계학, 통계학, 일본과 외국 조세제도, 징수법, 회계법, 경제통제론, 세무 실습을 공통과목으로 했다(『公文類聚』 1941/05/01). 1944~45년에 걸쳐 센다이·나고야·히로시마·

---

81 세무공무원교육원(1988, 89)에서는 제4회까지 진행한 것으로 기술하고 있다. 또한 국세청 (1996b, 352)에서는 권태호權泰浩의 증언을 기초로 제5회까지 진행한 것으로 기술하고 있다. 그러나 『조선총독부관보』에 따르면 제6회 모집까지 진행되었다(『朝鮮總督府官報』 1943/09/ 23). 제4회부터는 제2차 세계대전의 '전황 악화'로 일본인 세무 관리들이 다수 징집됨에 따라 그 자리를 메우기 위해 일본인만 모집했다(〈표 5-16〉 참조).

구마모토·오사카 지소가 설치되었다(石橋大輔 1968, 380~381).[82]

(2) 조선인의 세무 행정 교육 참가

① 조선총독부 세무 강습회의 조선인 수강생

조선총독부 재무국 세무과 주최 세무 강습회는 식민지 조선 내 세무 관리 교육 훈련 과정 중 가장 높은 단계인 데다 40일 이상의 유급 숙박 연수 교육이었기 때문에 세무 관리라면 누구나 수강을 희망했다. 그러나 수강생은 일본인 세무 감독국장이 '장래 지도적 인물로 만들기 위해 특별히 선발'했기 때문에 조선인은 상대적으로 적었다.[83] 제9회 45%를 차지했던 조선인 수강생은 제10회 43%, 제11회 36%로 계속 감소해 제12회에는 32%로 떨어졌다. 1936~ 38년 세무서 판임관 가운데 조선인 비중이 56~60%에 달했던 점(『朝鮮稅務統計書』 해당 연도에서 산출)을 감안하면 민족 차별이었지만, 역으

---

82 1947년에는 현직 중견 세무 관리에게도 1년간 장기 연수 교육을 할 수 있는 대장성 고등 재무 강습소가 설치되었다.

83 제9회 조선총독부 세무 강습회 수강생의 선발 기준은 ① 연령 35세 이하로 현재 판임관으로 세무에 종사하고, ② 지조가 견실하고 신체가 건장한 자로 중학교 졸업자, 보통 시험 합격자 또는 그 이상의 학력이 있으며, ③ 장래 계속 직세 사무의 중견으로 근무할 자 중에서 세무 감독국장이 인선한 자였다(『朝鮮財務』 1935/11c, 65). 제9회 조선인 수강생 중 연령을 알 수 있는 임병윤·이춘식·최세환이 모두 1902년 출생자인 것을 보면(출생 연도는 국사편찬위원회 한국사데이터베이스에서 확인), 이 같은 기준은 어느 정도 지켜진 듯한데, 민족별 선발 기준은 따로 보이지 않아 세무 감독국장의 자의적 판단이 작용했을 것으로 보인다.

표 5-17 **조선총독부 주최 세무 강습회 조선인 수강생 현황(1935~39년)**

	제9회(1935년)				제10회(1936년)				제11회(1937년)			
	이름	서署	관직	관등	이름	서	관직	관등	이름	서	관직	관등
1	임병윤林炳閏	경성	속	월70원	임헌국林憲國	홍성	속	월60원	이성구李聖求	경성국	속	7
2	김교환金敎奐	양주	속	8	서명준徐明俊	철원	속	10	김정윤金正允	평택	속	10
3	김기룡金起龍	청주	세무리	월32원	이태종李台鍾	이천	세무리	월50원	김진하金振河	충주	속	11
4	백남수白南壽	이천	속	월60원	최기영崔琦永	광주	속	9	조정호趙正鎬	홍천	속	11
5	김종하金鍾河	강경	속	월70원	이종태李鍾泰	남원	속	10	서승규徐升圭	광주	속	8
6	이영배李永培	홍성	세무리	월32원	이양섭李陽燮	목포	속	11	김근수金根守	영광	속	월41원
7	손동혁孫東赫	나주	속	7	이붕임李朋林	포항	속	7	최경락崔慶洛	진주	속	8
8	박경호朴炅昊	광주	속	8	박용하朴用河	밀양	속	8	김수덕金壽德	상주	속	10
9	이춘식李春植	대구	속	8	김승회金承會	안동	속	11	이상옥李相玉	울산	속	10
10	임신묵林愼黙	김해	속	10	신양규申良圭	하동	속	11	김희경金熙炯	강계	속	10
11	김세창金世昌	부산	세무리	월35원	허지관許之觀	구성	속	월60원	박문규朴文奎	재령	속	9
12	장순덕張純德	상주	속	9	임도순任道淳	장연	속	9	이형석李炯碩	신의주	속	9
13	김응두金應斗	경주	속	월60원	이두인李斗寅	후장	세무리	월44원	윤승희尹承曦	안주	세무리	월46원
14	최세환崔世煥	통영	속	8	백원신白元信	서흥	세무리	월40원	강억필姜億弼	평양	세무리	월40원
15	박태정朴泰禎	장연	속	10	김규룡金奎龍	진남포	세무리	월37원	박영우朴永祐	함흥	속	11
16	독고요獨孤堯	창성	속	11	김용하金容夏	함흥	속	11	성열경成悅慶	원산	세무리	월40원
17	최두수崔斗壽	남천	속	9	이응표李應杓	북청	세무리	월37원				
18	최이옥崔利沃	구성	세무리	월42원								
19	김병식金炳湜	영변	세무리	월42원								
20	김영석金永奭	안주	세무리	월40원								
21	이규풍李奎豐	청진	속	8								
22	전승길田昇吉	성진	속	8								

주 : 제9회 강습회에 조선총독부 재무국 세무과 고원 강신철·서충석과 사계과 고원 전판도가 청강생으로 수강함.
　　제12회 강습회는 직접세와 간접세 분야 수강생을 합한 수치임. 제13회 강습회는 조선인 수강생 가운데
　　참가 소감을 제출한 일부에 국한된 수치임.
자료: 『朝鮮財務』(1935/09a~1940/02a)에서 작성.

로 40% 정도는 조선인에게 주어졌기 때문에 이 기회를 얻은 조
선인도 상당수에 달했다.

〈표 5-17〉은 1935년 제9회에서 1939년 제13회까지 조선총독
부 세무 강습회에 수강생으로 선발된 조선인 세무 관리 73명의 소
속 기관과 관직 관등 현황이다.[84] 주 대상은 일선 세무서의 속과 세

제12회(1938년)				제13회(1939년)			
이름	서	관직	관등	이름	서	관직	관등
정연안鄭然安	경성국	속	월40원	서진하徐鎭河	부산	속	9
장형기張亨基	대전	속	5	조성우趙誠羽	안주	속	9
김두현金斗鉉	제주	속	6	김호진金昊鎭	원산	속	10
임명직林命稷	광주	속	7	심상대沈相大	정읍	속	8
신태희申泰熙	통영	속	6	이창규李暢圭	평양	속	8
박태정朴泰禎	장연	속	8	정학철鄭學澈	나주	속	월70원
독고요獨孤堯	순천	속	8	한만식韓萬植	경성	속	10
김병식金炳是	신의주	속	9	구본택具本澤	마산	속	8
이규풍李奎豊	청진	속	9	정인흥鄭仁興	춘천	속	월60원
오명숙吳明淑	공주	속	6				
권직權稷	광주	속	6				
이붕임李朋林	하동	속	6				
김규룡金奎龍	평양	속	10				
백원신白元信	진남포	속	10				
김용하金容夏	함흥국	속	9				
최덕하崔德河	함흥	속	8				

무리 등 판임관들임을 알 수 있다. 초기에는 월 32원을 받는 세무

---

84 연인원은 80명인데 김규룡·김병식·김용하·독고요·이명림·박태정·백원신 등 7명이 두
차례 수강해 실제 인원은 73명이다.

리나 속 11관등과 같은 갓 임관한 관리부터 임관 후 수년이 지난 속 6~7관등까지 하위직 중심으로 참가했다면, 1938년에는 세무서 과장을 맡고 있는 속 5~6관등의 간부급들까지 포괄하고 있다.

한편 조선인 세무 관리 중 일부는 조선총독부 강습회보다 교육 수위가 더 높은 일본의 대장성 세무 강습회에 참가한 기록이 남아 있다. 일제하에서 강릉세무서 서무과장과 김화세무서 직세과장을 역임한 김진하는 "홍성·충주·강릉세무서를 거치는 동안 중앙청이 실시하는 세무 강습을 위시해 세무 직원의 최고 교육인 일본 대장 성 개최 3개월간 세무 강습 등 제반 교육을 이수"했다고 회고하고 있다(삼척세무서 1991, 325에서 김진하, 「50년을 회고하며」).[85] 김진하(충주)는 1937년 제11회 조선총독부 세무 강습회를 수료한 바 있다. 제13 회 조선총독부 세무 강습회 수료생이었던 마산세무서 구본택 역시 시기는 알 수 없지만 대장성 세무 관리 강습회를 수료했다(국회공론 사 엮음 1960, 84).

1940년 12월 9일 받은 것으로 되어 있는 김진하의 수료 증서를 보면 당시 대장성 세무 강습회의 강습 과목은 다음과 같았다.

헌법, 행정법, 민법, 상법, 재정학, 경제학, 통제경제, 회사경리통제 령, 부기학, 회계학, 일본 조세제도, 외국 조세제도, 소득세법, 법인

---

85 김진하가 말하는 '중앙청이 실시하는 세무 강습'은 조선총독부 세무 강습회를 의미한다. 김진하는 충주세무서 속으로 근무하던 1937년 9월 21일부터 45일 동안 총독부 세무과 가 주최한 제11회 세무 강습회에 강습원으로 참가한 기록이 있다(『朝鮮財務』 1934/10b, 130).

세법, 특별법인세법, 영업세법, 임시이득세법, 배당이자특별세법, 외화채특별세법, 유가증권이전세법, 지조법, 가옥세법, 상속세법, 건축세법, 통행세법, 광구세법, 지방세 및 실무(삼척세무서 1991, 199).

조선총독부 세무 강습회와 비교하면 강습 기간이 2~3배 긴 반면 강습 과목은 유사하게 나타난다. 이로 볼 때 조선총독부는 일본 본국 세무 관서의 교육 훈련 내용을 기본으로 식민지에 맞게 압축해 활용한 것으로 판단된다. 다만 김진하가 대장성 교육을 이수한 1940년은 조선총독부 세무 강습회가 개최되지 않았던 해이다. 제2차 세제 정리를 단행한 1934년에 세무 강습회가 실시되지 않은 것과 마찬가지로 1940년에는 대대적인 제3차 세제 정리로 재무국 세무과와 세무 관서가 여력이 없었던 것으로 판단된다. 어쨌든 조선총독부 세무 강습회가 개최되지 않았기 때문에 대장성 강습회에 일부를 참가시켰는지, 최고 교육과정에 정기적으로 식민지 세무 관리가 참가했는지는 좀 더 확인이 필요하다.

② 감독국 세무 강습회의 조선인 수강생

신설 세제에 대한 관내 세무서장 및 과장 등을 대상으로 단기간의 현안 교육을 제외하고 기획 성격의 세무 감독국 주최 세무 강습회 조선인 수강생을 알 수 있는 기록은 대구 세무 감독국 제1회 및 제2회 강습회가 있다. 〈표 5-18〉은 이를 소속 기관별로 정리한 것인데 대구감독국 소속 각 1명씩 참가한 것을 제외하면 모두 관내 세무서 소속 세무 직원들이다. 조선인 비중은 제1회 수강

표 5-18 **대구감독국 세무 강습회 조선인 수강생**

참가자(소속)	임용				참가자(소속)	임용			
	연도	서훈	관직	관등		연도	서	관직	관등
제1회(29명) 구본택具本澤(대구국)	1936년	대구	세무리	월42원	강일수姜一壽(마산)	1938년	마산	세무리	월35원
서진하徐鎭河(대구)	1936년	부산	세무리	월37원	김귀근金貴根(하동)				
이치우李致雨(대구)	1939년	김해	기수	11	이정근李貞根(통영)	1940년	통영	속	10
임규석林圭奭(대구)					노규상盧圭相(합천)				
여희원呂喜元(경주)	1936년	상주	세무리	월45원	박종호朴宗浩(밀양)	1937년	밀양	세무리	월37원
한억문韓億文(경주)					김형원金炯源(포항)				
박육필朴陸弼(안동)	1939년	김천	속	11	서종원徐鍾元(포항)	1938년	포항	세무리	월38원
안임득安任得(의성)					이상옥李相玉(의성)	1937년	마산	속	10
김기석金基石(상주)					김순종金舜鍾(왜관)				
박찬인朴贊仁(상주)	1938년	상주	속	11	유봉달兪鳳達(김천)	1938년	상주	속	11
제2회(33명) 배영호裵泳鎬(대구국)					김영순金榮享(의성)				
박공명朴公明(대구)	1938년	대구	세무리	월35원	윤부영尹富榮(의성)	1938년	부산	속	11
박달규朴達圭(대구)	1940년	상주	속	10	김용탁金龍卓(왜관)	1939년	부산	속	11
윤복룡尹福龍(대구)	1938년	진주	세무리	월36원	권병중權炳重(김천)	1939년	포항	속	10
김무조金武祚(대구)	1938년	대구	속	11	권세우權世馬(상주)				
이봉화李鳳華(경주)	1938년	부산	속	11	김진영金鎭永(상주)	1938년	상주	세무리	월35원
이상후李祥厚(경주)	1940년	의성	세무리	월43원	곽명준郭明俊(내성)	1938년	대구	속	11
조정희趙正熙(포항)	1938년	부산	속	11	정달호鄭達雄(부산)				
엄세진嚴世鎭(포항)					황지연黃志淵(마산)				
한용정韓容正(안동)					정우엄鄭又嚴(마산)				
김찬종金贊鍾(안동)	1938년	김천	속	11	박인식朴寅植(마산)	1938년	마산	속	11

주 : 참가자 소속은 강습회 참가 시 소속된 세무서이고, 임용 항목은 각각 임용 첫해, 서, 관직 및 관등이다
자료 : 『朝鮮稅務』(1935/11a; 1937/10); 『朝鮮總督府及所屬官署職員錄』에서 작성.

자 51명 중 29명, 제2회 48명 중 33명으로 각각 57%와 69%를 차지해 조선총독부 강습회에 비해 월등히 높다. 특기할 점은 이들의 관직과 관등을 알아보기 위해 『직원록』과 대비한 결과 해당 연도 관리 명단에 아예 등장하지 않는다는 것이다. 이들이 『직원록』에 처음 등장하는 것은 강습회 수료 1년 뒤부터인데 제1회 9명, 제2회 14명은 아예 명단이 없다. 그 이유는 강습회 수강 당시 이

참가자(소속)	임용			
	연도	서	관직	관등
유시증柳時曾(상주)	1937년	울산	세무리	월 37원
성낙길成洛吉(내성)	1936년	상주	세무리	월 37원
문상환文翔煥(부산)	1937년	부산	세무리	월 44원
백남표白南杓(마산)	1936년	마산	세무리	월 45원
이수원李樹源(울산)	1936년	부산	세무리	월 35원
윤기용尹基鎔(거창)	1937년	거창	세무리	월 37원
조형수趙亨洙(통영)				
최상봉崔詳鳳(진주)	1940년	대구	세무리	월 44원
주경주朱璟柱(진주)	1938년	부산	속	11
조용억趙鏞億(하동)				
남진구南辰九(하동)	1939년	하동	세무리	월 35원
소주성蘇周成(거창)	1938년	부산	속	11
김길환金吉煥(통영)				
최종락崔鍾洛(통영)	1938년	포항	속	10
김석환金錫煥(합천)	1938년	대구	속	11
오순수吳順壽(진주)				
강치복姜致福(진주)	1940년	진주	세무리	월 42원
김수득金壽得(김해)				
정만수鄭萬洙(밀양)				
유태영柳台永(밀양)				

들은 모두 고원이었기 때문이다.[86]

---

[86] 『직원록』 수록 대상은 판임관 이상의 정식 관리들이기에 관리로 임관하지 못한 신분인
고원은 수록되지 않는다. 대구감독국 세무 강습회를 수강한 조선인 고원들의 『직원록』
수록 시점, 즉 세무 관리 임관 시점은 후술한다. 다만 후술하듯이 이 가운데 제2회 권세
우(상주세무서)는 1952년 대구서부세무서 서장에 오르고 있어 일본식 성명으로 바꿨거

수강 대상이 모두 고원이며 수료 후 점차 판임관으로 임용되는 것으로 보아 강습 목적이 1938년 경성감독국의 강습회처럼 판임관 임용을 앞둔 고원을 대상으로 체계적인 교육 훈련을 실시하는 것으로 판단된다. 대구 세무 감독국의 경우 1935년 6월부터 고원의 지위 안정을 위해 세무서 고원 중 정수를 제한해 그 급료를 세무 감독국 직접 경리로 하고, 판임관을 임용할 경우 이들 중에서 전형을 거쳐 선발하는 것을 원칙으로 했다(『第一號 秘書例規 甲種 庶務課』 1935/06/12). 따라서 판임관 임용을 위한 전형 대상에 대한 예비 교육이었을 가능성이 높다.

③ 세무 관리 양성소의 조선인 졸업생

세무 감독국별로 진행해 오던 고원에 대한 교육 훈련은 앞에서 살펴본 바와 같이 1939년부터 신설된 세무 관리 양성소에서 담당했다. 세무 관리 양성소에서는 제1회부터 제3회까지는 일본인과 조선인을 모두 모집했고 상대적으로 조선인을 더 많이 선발했다. 그러나 제4회부터는 제2차 세계대전에 동원된 일본인 세무 관리의 자리를 메우기 위해 일본인만 모집했기에(권태호 1992a, 53) 조선인 졸업생은 제3회까지만 배출되었다.

그런데 1941년 4월 입소해 12월 졸업한 제3회 졸업생의 경우 일본식 성명 강요의 영향으로 조선인 식별이 어려워 극히 일부만

니 뒤늦게 임용된 것으로 판단된다.

표 5-19 **조선총독부 세무 관리 양성소 조선인 졸업생 현황**

회(강습 기간)	성명(발령지, 근무지, 출신 학교)
제1회 (1939년 6월 ~1940년 3월)	최영순崔永淳(경성세무서), 최덕영崔德永(경성세무서), 최경원崔慶源(인천세무서), 정명모鄭明謨(수원세무서), 임영택林英澤(청주세무서), 전병권田炳權(철원세무서), 조경우曹慶佑(공주세무서), 조병석趙炳石(광주세무서), 정상연鄭相衍(강진세무서), 명재철明在哲(강진세무서), 김룡호金龍虎(목포세무서), 유수천柳壽天(군산세무서), 이종문李鍾聞(나주세무서), 최종훈崔鍾勲(포항세무서), 박주석朴柱錫(합천세무서), 오복근吳福根(마산세무서), 장태현張兌炫(진주세무서), 고시박高時薄(안동세무서), 김재훈金載勲(정주세무서), 허윤許潤(평양세무서), 김정표金政杓(서흥세무서), 김정함金玎涵(영변세무서), 안기옥安基鈺(안주세무서), 이종선李鍾善(장연세무서), 문철진文哲進(원산세무서), 김례환金禮煥(함흥세무서), 박용문朴用文(함흥세무서), 이충빈李忠斌(청진세무서), 한상민韓相萬(북청세무서) : 총 29명
제2회 (1940년 5월 ~1941년 3월)	강태하姜泰夏(충남도청), 윤곤영尹琨榮(전남도청), 박완석朴完錫(구례금융조합), 이근호李根晧(왜관세무서), 이희수李喜洙(영변농업학교 졸업), 이명섭李明燮(영흥군청), 이종택李鍾澤(영동세무서), 송병익宋秉益(총독부 관세과), 고재호高在潝(김제세무서), 오가상吳珂祥(경북도청), 홍종민洪鍾敏(춘천중학 졸업), 전용완田溶玩(부산세무서), 최제민崔濟民(울진군청), 김용겸金用謙(총독부 사계과), 김상록金相祿(광성중학 졸업), 강몽룡姜夢龍(진주중학 졸업), 김호경金鎬鑿(부산세무서), 김명원金明元(안주농업학교 졸업), 김종식金鍾植(진주세무서), 김창근金昌根(제천세무서), 김종식金鍾植(홍성세무서), 신대균申大均(제천군청), 신중석愼重碩(용산세무서), 전명옥全明玉(원산세무서), 천명섭千命燮(해주중학 졸업) : 총 25명
제3회 (1941년 4~12월)	권태호權泰浩(세무서), 김원동金源東(대동상업학교 졸업), 남수택南秀澤(진주농업학교 졸업), 허흠許欽: 총 4명

주 : 제1회 졸업생 성명 옆 괄호 내용은 졸업 후 발령받은 세무서, 제2회와 제3회의 괄호 내용은 합격 당시
　근무지 또는 졸업 학교이다. 제3회 조선인 졸업생이 4명(권태호와 허흠은 권태호의 회고 글에서 제3회
　졸업생인 것을 확인)에 불과한 것은 대부분 일본식 이름으로 표기되어 조선인을 식별할 수 없기 때문이다.
자료 : 『朝鮮財務』(1940/05a~1940/06; 1941/06)에서 작성.

확인할 수 있다. 제3회 졸업생 권태호[87]의 회고록에 따르면 48명
이 입소한 제3회 강습생의 경우 13 대 1의 높은 경쟁률을 기록했다.
제1~3회 세무 관리 양성소에서 배출된 조선인 졸업생 92명 중

---

87 권태호는 양성소 졸업 후 원산세무서와 부산세무서 속으로 근무하다 해방을 맞았다(권
　태호 1992a, 52~54; 1992b 64~65). 해방 후 미군정청 재무관, 1952년 재무부 사세국 직세과
　주사, 1954년부터 동래·부산진·부산세무서 직세과장 등을 역임했고 1972년부터 대구·
　광주·부산지방 국세청장을 지냈다.

명단을 확인할 수 있는 사람은 〈표 5-19〉와 같다. 제1기 조선인 졸업생 29명은 모두 세무서 고원인 데 비해 제2기에는 세무서 9명, 중학교 및 농업학교 졸업자 7명, 도청과 구청 근무자 6명, 총독부 타 과 근무자 2명, 금융조합 근무자 1명으로 출신이 다양해지고 있다

④ 조선인 세무 관리의 수강 소감

1939년 제13회 조선총독부 세무 강습회 수강생 중 9명이 간단한 소감을 밝힌 기록을 남기고 있어 당시 세무 행정 교육에 대한 조선인 세무 관리들의 생각과 태도의 일단을 읽을 수 있다(『朝鮮財務』 1940/02b, 103~107). 춘천세무서 정인홍에 따르면 일선 세무 관리들에게 조선총독부 세무 강습회는 '동경의 대상'이었다. 따라서 수강자들은 대부분 자신이 수강생이 된 것 자체에 의미를 부여하면서 훌륭한 강의를 듣고 열심히 공부하려고 노력하는 등 적극적인 학습 태도를 보이고 있다.

정읍세무서 심상대는 "학교 교사가 애제자를 자기 아들처럼 지도·교육하는 마음으로 짧은 시간 안에 되도록 풍부한 지식을 흡입시키려 진력을 다했다"며 강습회 강사진의 지도열에 감동했다. 평양세무서 이창규는 그동안의 세무 지식을 계통화하고 세무 전반을 개관할 수 있었다는 점이 큰 수확이었다고 자평하면서, 특히 형법 강의에 대해 내용이 심오해 빈약한 형법관을 배가하는 데 도움이 되었다고 소감을 적었다. 반면 마산세무서 구본택은 조세제도 강의는 알아듣기 쉬웠으나 형법 강의는 난해했다는 의견을 내놓았다.

수강생들은 적극적인 학습 태도와 강습회 자체에 대한 긍정적 평가에서 한 걸음 더 나아가 본격적인 세무 관련 학습 욕구에 바탕을 둔 개선 과제도 밝히고 있다. 세무 강습 재정을 확충해 세무 관리들에게도 교육 기회가 확대되어야 한다는 점은 공통적인 지적이었다. 심상대(정읍)는 현재보다 기간이 더 길고 과목 수를 늘린 또 다른 강습회가 필요하다고 했고, 서진하(부산)는 구체적으로 행정학·형법·재정학 강의 시간을 늘리고 경제학 강의를 신설하자고 제안했다.

안주세무서 조성우는 형법·형사소송·관유재산과 같은 과목은 예비지식이 필요하다는 것을 절감했다며 5~6개월 전에 강습 과목을 발표해 충분히 예습할 수 있어야 한다고 했다. 구본철(마산)은 유일하게 강습회에서 과목마다 시험을 치르는 것에 대해 불만을 토로하고 개선을 촉구했다. 실제로 세무 강습회에서는 과목별 시험을 꼭 치렀고 일정 수준 이상의 기준에 해당되는 자에게 수료 인증서를 수여했다.

강습 도중 질병을 얻은 극소수를 제외하고는 모두 인증서를 받았다는 일제의 기록으로 보아 조선인 수강생들 역시 기준을 모두 충족한 듯하다. 이 같은 기록은 당시 조선인 세무 관리들이 적극적인 학습 욕구를 바탕으로 일제의 세무 관리 교육 훈련에 적극 호응했고, 한 단계 더 높은 교육과정을 요구했음을 알 수 있다.

(3) 세무 행정 교육 이후의 경력

① 총독부 세무 강습회 수료 이후 경력

〈표 5-20〉은 총독부 세무 강습회 수강 사실이 확인된 조선인 73명에 대해 『직원록』에 등재된 최종 연도와 1952년 『직원록』 등재 여부를 확인해 정리한 것이다. 이에 따르면 88%에 해당하는 65명이 1940년 이후 세무 관리로 승진해 근무한 것으로 추정된다.[88] 또한 제9회 임병윤·김교환·김종하, 제10회 및 제12회 이붕림, 제11회 김진하, 제12회 장형기·김두현·오명숙·최덕하, 제13회 정학철 등 10명은 세무서 과장의 보직을 맡은 것으로 확인되는 등 총독부 강습회 수강생들이 세무서에서 상대적으로 중요한 역할을 담당한 것으로 판단된다.[89]

또한 상당수는 일제 패망 후 미군정기를 거쳐 제1공화국기까지 세무 관리로 계속 근무했다. 〈표 5-20〉에서 알 수 있듯이 1952년

---

[88] 인물에 따라 차이가 있지만 일본식 성명 강요의 영향으로 1940년부터는 『직원록』에서 조선인 세무 관리의 재직 현황을 파악하기 어렵다. 따라서 『직원록』에 1938년까지 등장하다 이후 사라진 관리 8명은 퇴직한 것으로(1952년 경력이 확인되는 손동혁은 제외), 나머지 65명은 1940년대에 계속 근무한 것으로 보았다(일부는 두 차례 수강으로 중복). 다만 일본식 성명 강요의 영향으로 1940년부터는 『직원록』에서 조선인 여부를 구별하기 어려운 데다 1943년부터는 온전히 발간되지 않아 64명의 퇴직 연도를 알기는 어렵다.

[89] 김진하는 그의 회고 글에서 1944년 김화세무서 직세과장을 역임했음을 확인할 수 있고 (삼척세무서 1991, 325에서 김진하, 「50년을 회고하며」), 나머지 8명은 『직원록』에서 1939년까지 세무서 과장을 맡았음을 확인했는데 자세한 내용은 5장 2절을 참조.

표 5-20 조선총독부 세무 강습회 이후 조선인 수강생의 세무 관리 경력

왼쪽

회	이름	연도	서	관직	관등	서	관직	보직
제9회	임병윤林炳潤	1940년	고성	속	5	서대문	사세관	서장
	김교환金敎奐	1940년	청주	속	6	사세국	사무관	국유재산과
	김기룡金起龍	1940년	인천	속	월60원			
	백남수白南壽	1940년	개성	속	6			
	김종하金鍾河	1940년	영동	속	4	종로	사세관	서장
	이영배李永培	1939년	평창	속	8			
	손동혁孫東赫	1938년	나주	속	7	사세국	기정技正	양조시험소장
	박경호朴景鎬	1940년	목포	속	월70원			
	이춘식李春植	1940년	대구	속	7	영동	사세관	서장
	임선묵林宣默	1941년	김해	속	월70원	상주	사세관	서장
	김세창金世昌	1940년	대구국	속	8	김천	사세관	서장
	장순덕張利德	1940년	하동	속	월70원			
	김응두金膺斗	1937년	경주	속	월70원			
	최세빈崔世彬	1940년	대구	속	월70원	대구서부	사세관	서장
	박태정朴泰禎	1940년	사리원	속	7			
	독고요獨孤堯	1939년	순천	속	월60원			
	최두수崔斗壽	1936년	남천	속	9			
	최이옥崔利沃	1940년	평양	속	월60원			
	김병식金炳式	1940년	신의주	속	월60원	사세국	사무관	조사과
	김영석金泳奭	1940년	평양	속	월60원			
	이규풍李奎豊	1939년	청진	속	월70원			
	전승길田昇吉	1940년	원산	속	7			
제10회	임헌국林憲國	1940년	대전		월70원	대전	사세관	서장
	서명은徐明殷	1939년	경성국	속	월60원			
	이태종李台鍾	1941년	이천	속	7	서울청	기사技士	간세과
	최기영崔琦永	1940년	김제	속	7			
	이종태李鍾泰	1940년	김제	속	월60원	대동부	주사	간세과
	이양섭李穰燮	1940년	목포	속	월60원	순천	사세관	서장
	이봉림李鳳林	1939년	하동	속	6	군정청	기사技師	
	박용하朴用河	1940년	대구국	속	월70원	부산동부	사세관	서장
	김승회金承會	1940년	부산	속	월60원	사세국	사무관	간세과
	신량규申良圭	1940년	거창	속	9			
	허지관許之觀	1941년	선천	속	월70원			
	임도순任道淳	1936년	장연	속	9			

오른쪽

회	이름	연도	서	관직	관등	서	관직	보직
제11회	이성구李聖求	1940년	경성	속	6			
	김정은金正尤	1940년	평양	속	월60원	종로		총무과
	김진하金振河	1940년	춘천	속	8	울진	사세관	서장
	조정호趙正鎬	1939년	충주	속	9			
	서승규徐升圭	1939년	광주	속	월60원	광주청	사무관	간세과장
	김근수金根守	1939년	정읍	속	9			
	최정락崔慶洛	1940년	대구	속	월70원			
	김수덕金壽德	1939년	김천	속	8			
	이상옥李相玉	1940년	울산	속	월60원	달성	사세관	서장
	김희경金熙卿	1939년	강계	속	월60원			
	박문규朴文奎	1938년	재령	속	8			
	이형석李炯碩	1938년	평양	속	8			
	윤승희尹承喜	1940년	성천	속	월60원			
	강억필姜億弼	1940년	진남포	속	8			
	박영우朴永祐	1938년	성진	속	10			
	성열경成悅慶	1940년	함흥국	속	8			
제12회	정연안鄭然安	1940년	경성국	속	7			
	장형기張亨基	1939년	대전	속	5	서울청		청장
	김두현金斗鉉	1940년	제주	속	5			
	임명직林命稙	1941년	전주	속	6	사세국		직세과장
	신태희申泰熙	1938년	통영	속	6			
	박태정朴泰禎	1940년	사리원	속	7			
	독고요獨孤堯	1939년	순천	속	월60원			
	김병식金炳式	1940년	신의주	속	월60원	사세국	사무관	조사과
	이규풍李奎豊	1940년	청진	속	월70원			
	오명숙吳明淑	1940년	공주	속	5			
	권직權稷	1940년	광주	속	5	이리		서장
	이봉림李鳳林	1939년	하동	속	6	군정청	기사技師	
	김규룡金奎龍	1940년	평양	속	월60원			
	백원신白元信	1940년	평양국	속	월60원			
	김용하金容夏	1940년	함흥국	속	8			
	최덕하崔德河	1940년	청진	속	7			
제13회	서진하徐鎭河	1940년	부산	속	8	경주	사세관	서장
	조성무趙誠羽	1940년	안주	속	8			

이두인李斗寅	1940년	선천	속	7		김호진金昊鎭	1941년	원산	속	8	
백원신白元信	1940년	평양국	속	월60원		심상대沈相大	1940년	정읍	속	월60원	
김규롱金奎龍	1940년	평양	속	월60원		이창규李昌圭	1940년	평양	속	월60원	사세국	서기관	간세과장
김용하金容夏	1940년	함흥국	속	8		정학철鄭學澈	1940년	광주국	속	6	광주	사세관	서장
이응표李應杓	1936년	북청	속	11		한만식韓萬植	1940년	경성	속	9	
						구본택具本澤	1939년	대구	속	8	동래	사세관	서장
						정인흥鄭仁興	1939년	춘천	속	월60원	

주 : 해방 후 경력 중 이종태(제10회)·김진하(제11회)·이붕림(제12회)은 1946년, 임명직(제12회)은 1948년, 권직(제12회)은 1949년, 김정윤(제11회)은 1950년 경력임.

자료 : 『朝鮮總督府及所屬官署職員錄』; 내외홍보사 엮음(1949); 총무처 감수(1952); 대한연감사 엮음(1955); 삼척세무서(1991).

『직원록』 등을 통해 확인되는 인물만 전체 수강생의 3분의 1이 넘는 26명에 이르는데, 1940년 이후 계속 근무자 기준으로는 40%에 달한다. 또한 1940년 이후 계속 근무자 65명 가운데 해방 후와 연속성을 확인할 수 없는 인물은 38명인데, 북한 지역 세무서 출신이 절반임을 감안하면 실제 연속성은 50% 내외로 판단된다.

특히 이들이 세무서 서장급 이상의 핵심 간부로 성장했다는 점이 주목된다. 대표적으로 김교환(9회)·손동혁(9회)·김병식(9, 12회), 김승회(10회), 임명직(12회)·이창규(12회)는 조세정책을 총괄하는 재무부 사세국의 요직에 올랐다. 또한 제12회 장형기가 1952년 서울사세청장에 오른 것을 비롯해 이태종(9회), 서승규(11회)는 서울사세청과 광주사세청의 기사와 간세과장을 맡았다. 또한 제9회 6명, 제10회 3명, 제11회 2명, 제12회 1명, 제13회 3명 등 15명은 세무서장이 되었다.

이처럼 조선총독부 세무 강습회는 일제 패망 직전까지 세무 관서의 간부급 관리를 양성한 핵심 교육 훈련 과정이었을 뿐만 아니라, 미군정기와 제1공화국 초기 중앙의 세무 부처와 감독 기관 및 세무서 핵심 간부를 길러 낸 산실이었다.

② 세무 감독국 강습회 수료 이후 경력

〈표 5-21〉은 『직원록』에 나타난 대구 세무 감독국 세무 강습회 조선인 수강생 62명에 대한 식민지 시기 최종 관리 경력 및 1952년 세무 관리 경력 현황을 정리한 것이다. 앞서 살폈듯이 이들은 판임관 임용 결정을 앞둔 고원들로 제1회, 제2회 각 20명씩 40명이 수강 1년 뒤부터 정식 관리로 임용되었다.[90] 이들은 대체로 1940년 이후에도 계속 재직한 것으로 보이는데, 1952년에도 계속 세무 관리로 재직한 인원은 제1회 12명, 제2회 10명 등 22명에 이른다. 수강생 중 판임관으로 임용된 40명 대비 55%에 달하는 연속성이 확인되고 있는 것이다.

직위를 보면 재무부 사세국 사무관 유시회, 부산사세청의 직세부장 김석환과 토지수득세과장 이수원을 비롯해 세무서 서장 8명, 세무서 과장 11명 등 전원이 각 기관의 핵심 간부급이다. 이와 같이 세무 감독국 강습회는 고원이 정식 관리인 판임관으로 임용되는 식민지 세무 관리의 등용문이자, 세무서를 중심으로 해방 후 세무 행정의 허리를 길러 낸 교육 훈련 과정이었던 것이다.

90 제2회 권세우를 포함한다.

표 5-21 　대구 세무 감독국 세무 강습회 조선인 수강생의 이후 관리 경력

| | 제1회 | | | | | | | | 제2회 | | | | | | | |
| | 성명(소속) | 마지막 경력 | | | | 1952년 | | | 성명(소속) | 마지막 경력 | | | | 1952년 | | |
		연도	서	관직	관등	서	관직	보직		연도	서	관직	관등	서	관직	
1	구본택具本澤(대구국)	1939년	대구	속	8	동래	사세관	서장	배영호裵永鎬(대구국)							
2	서진하徐鎭可(대구)	1940년	부산	속	8	경주	사세관	서장	박공명朴公明(대구)	1940년	밀양	속	10			
3	이치우李致雨(대구)	1940년	김해	기수	10				박달규朴達圭(대구)	1940년	상주	속	10	거창		서장(1954년)
4	임규석林圭奭(대구)								윤복룡尹福龍(대구)	1939년	진주	속	11	진주	주사	간세과장
5	여희원呂熹元(경주)	1940년	대구	속	월60원				김무조金武祚(대구)	1940년	대구	속	9	경주	주사	직세과장
6	한억문韓億文(대구)					경주	주사		이봉화李鳳華(경주)	1940년	울산	소		대구동부	사세관	직세과장
7	박륙필朴稑珌(안동)	1940년	김천	속	10				이상후李祥厚(경주)	1940년	의성	세무리	월43원	거창	주사	간세과장
8	안임득安任得(의성)								조정희趙正熙(포항)	1940년	상주	속	9			
9	김기석金基石(상주)								엄세진嚴世鎭(포항)							
10	박찬안朴贊仁(상주)	1940년	상주	속	9				한용정韓容正(안동)							
11	강일수姜一壽(마산)	1940년	의성	속	9	부산진	사세관	직세과장	김찬종金贊鐘(안동)	1940년	김천	속	9			
12	김귀근金貴根(하동)								김영순金榮享(의성)							
13	이정근李貞根(통영)	1940년	통영	속	10	통영	주사		윤부영尹富榮(의성)	1940년	경주	속	10			
14	노규상盧圭相(합천)								김룡탁金龍卓(왜관)	1939년	부산	속	11			
15	박종호朴宗鎬(밀양)	1940년	합천	속	9				권병중權炳重(김천)	1940년	포항	속	9			
16	김형원金炯源(포항)								권세우權世禹(상주)					대구서부	사세관	서장
17	서종원徐鍾源(포항)	1940년	대구	속	9	밀양	사세관	서장	김진영金鎭永(상주)	1940년	상주	속	9			
18	이상옥李相玉(의성)	1940년	울산	속	월60원	달성	사세관	서장	곽명준郭明俊(내성)	1939년	왜관	속				
19	김순종金舜鍾(왜관)								정달호鄭達鎬(부산)							
20	유봉달兪鳳達(김천)	1940년	왜관	소	9	포항	사세관	총무과장	황지연黃志淵(마산)							
21	유시증柳時曾(상주)	1941년	진주	속	월60원	사세국	사무관	(토지수득세과)	정우엄鄭又嚴(마산)							
22	성낙길成洛吉(내성)	1939년	상주	속	9	부산	사세관	간세과장	박인사朴寅事(마산)	1940년	마산	속	9			
23	문상환文翔煥(부산)	1940년	부산	속	월60원	부산진	사세관	서장	조용억趙鏞億(하동)							
24	백남표白南杓(마산)	1940년	의성	속	7				남진구南辰九(하동)	1940년	하동	속	10	동래	사세관	간세과장
25	이수문李樹源(울산)	1940년	부산	속	8	부산청	사무관	토지수득세과장	소주성蘇周成(거창)	1940년	상주	속	9	대구동부	사세관	간세과장
26	윤기용尹基鏞(거창)	1940년	왜관	속	8				김길환金吉煥(통영)							
27	조청수趙靑洙(통영)								최종리崔鍾浬(통영)	1940년	포항	속	9			
28	최상봉崔祥鳳(진주)	1940년	대구	세무리	월44원	부산	사세관	총무과장	김석환金錫煥(합천)	1940년	통영	속	9	부산청	사무관	직세부장
29	주경주朱璟柱(진주)	1940년	부산	속	9	진주	사세관	총무과장	오순수吳順壽(진주)							
30									강치복姜治福(진주)	1940년	진주	세무리	월42원	김해	주사	직세과장
31									김수득金壽得(김해)							
32									정만수鄭萬洙(밀양)							
33									유태영柳台永(밀양)							

자료 : 『朝鮮總督府及所屬官署職員錄』; 내외홍보사 엮음(1949); 총무처 감수(1952); 대한연감사 엮음(1955).

　　　　　　　　　　　　　　　2부　대표와 동의 없는 과세

③ 세무 관리 양성소 졸업 이후 경력

끝으로 1940~41년 사이 세 차례 세무 관리 양성소를 거쳐 간 조선인들은 이후 어떤 길을 걸었을까? 먼저 염두에 둘 것은 앞에서 살펴본 감독국 주최 강습회와 세무 관리 양성소는 같은 고원 대상 교육 훈련 과정이지만, 전자는 판임관 임용 자격이 주어지는 것은 아닌 데 비해 후자는 자동적으로 판임관에 임용된다는 차이가 있다는 점이다. 즉, 양성소 입소생에게는 매월 학비로 수당이 지급되고, 졸업 후에는 세무 관서의 속 또는 세무리, 세관의 사무관보·감시·감리로 임용되는 특전이 주어졌다(『朝鮮總督府官報』 1940/02/05).

대신 졸업 후 3년간 조선 총독이 지정하는 세무 관서 또는 세관에 봉직할 의무를 부과했으며, 이를 이행하지 않을 경우 급여로 지급되었던 학비를 전액 상환해야 했다(『朝鮮總督府官報』 1940/02/12). 따라서 세무 관리 양성소는 1940년 이후 5년 동안 세무 관리가 되는 명실상부한 입구였다.

〈표 5-22〉는 명단이 파악된 조선인 졸업생 58명이 식민지 시기 『직원록』과 1952년 『직원록』에 등재된 현황을 정리한 것이다. 1940년 3월에 졸업한 제1기의 경우 29명 가운데 23명이 졸업과 동시에 총독부가 지정한 세무서에서 판임관으로 공식 관리 생활을 시작한 것으로 나타나 있다. 1명도 1952년 관리 경력이 나타나는 것으로 보아 임용된 것이 확실하다. 나머지 5명은 이후 임용되었거나 사정상 봉직 의무를 이행하지 못한 듯하다. 제2기 및 제3기 졸업생은 식민지 시기 『직원록』에 등재되지 않았는데 일본식 성명 강요의 영향으로 보인다.

표 5-22 세무 관리 양성소 조선인 졸업생의 세무 관리 경력

회	성명(소속)	1940년			1952년			회	성명(소속)	1952년		
		서署	관직	관등	서	관직	보직			서	관직	보직
제1회	고시박高時溥(안동)							제2회	강몽룡姜夢龍(진주중학)	동래	사세관	직세과장
	김례환金禮煥(함흥)								강태하姜泰夏(충남도청)			
	김룡호金龍虎(목포)	목포	세무리	월38원					고재호高在澔(김제)	목포	주사	직세과장
	김재훈金載勳(정주)	정주	세무리	월47원					김명원金明元(안주농업학교)			
	김정표金政杓(서흥)	서흥	세무리	월44원					김상록金相祿(광성중학)			
	김정함金汀涵(영변)	영변	세무리	월42원					김용검金用兼(총독부사계과)			
	명재철明在喆(강진)	강진	세무리	월38원	광주	사세관	직세과장		김종식金鍾植(진주)	나주	주사	직세과
	문철진文哲進(원산)	원산	속	11					김종식金鍾植(홍성)			
	박용문朴用文(함흥)	함흥	속	11					김창근金昌根(제천)			
	박주석朴柱錫(합천)	합천	속	11	사세국	사무관	직세과		김호경金鎬瓊(부산)			
	안기옥安基鈺(안주)	안주	세무리	월44원					박완석朴完錫(구례금융조합)			
	오복근吳福根(마산)	마산	세무리	월42원	통영	주사	간세과장		송병익宋秉益(총독부관세과)			
	유수천柳壽天(군산)								신대균申大均(제천군청)			
	이종문李鍾聞(나주)	나주	세무리	월38원	영광	주사	직세과장		신중식愼重頓(울산중학)			
	이종선李鍾善(장연)								오기상吳琦群(경북도청)	부산청	사무관	간세과
	이충빈李忠斌(청진)	청진	속	11	서울청	사무관	간세과		윤곤영尹坤榮(전남도청)			
	임영택林英澤(청주)	청주	세무리	월37원					이근호李根皜(왜관)			
	장태현張兌炫(진주)	진주	속	11					이명삼李明蔘(영흥군청)			
	전병권田炳權(철원)	대전	세무리	월37원					이종택李鍾澤(영동)			
	정명모鄭明摸(수원)	인천	세무리	월37원	대전	사세관	토지수득세과장		이희수李喜洙(영변농업학교)			
	정상연鄭相衍(강진)				순천	주사	직세과		전명옥全明玉(원산)			
	조경우曺慶佑(공주)								전용완田溶玩(부산)			
	조병석趙炳石(광주)	광주	세무리	월38원					천명섭千命燮(해주중학)	인천	주사	관세과
	최경원崔慶源(인천)	인천	세무리	월37원					최제민崔濟民(울진군청)			
	최덕영崔德永(경성)	경성	세무리	월37원	부산진	사세관	간세과장		홍종민洪鍾敏(춘천중학)			
	최영순崔永享(경성)	경성	속	10				제3회	권태호權泰浩	사세국	주사	직세과
	최종훈崔鍾勳(포항)	포함	속	11	동래	사세관	총무과장		김원동金源東(대동상업학교)	대전청	주사	직세과
	한상민韓相萬(북청)	북청	속	11					남수택南秀澤(진주농업학교)			
	허윤許潤(평양)	철원	세무리	월47원					허흠許솠	부산청	주사	직세과

자료: 『朝鮮總督府及所屬官署職員錄』; 총무처 감수(1952).

제1기 29명 가운데 9명이, 제2기와 제3기 29명 가운데 8명이 1952년 『직원록』에 각각 등재되어 있다.[91] 전체적으로는 3분의 1

정도가 해방 후 세무 관리로 계속 근무한 것이다. 제2기와 제3기에 비해 모든 졸업생이 세무서 고원 출신인 제1기를 자세히 보면 29명 가운데 12명이 북한 지역 세무서에서 근무하던 고원이며 이 가운데 1명을 제외하고는 1952년『직원록』에서 명단이 누락되었음을 알 수 있다. 이들을 제외하고 남한 지역 세무서 근무 고원들만 대상으로 할 경우 17명 중 8명이 1952년『직원록』에 등장한다. 절반 정도가 해방 후와 연속성을 보이는 것이다.

1952년『직원록』에 등장하는 17명의 기관별 분포를 보면 재무부 사세국 2명, 사세청 4명, 세무서 11명으로 나타난다. 사세국과 청 근무자 중 3명은 간부급인 사무관이다. 세무서 근무자 중 8명은 과장이다. 이처럼 정규 교육과정을 수료한 세무 관리 양성소 출신들이 제1공화국 초기 "세무 관서 운영에 큰 힘이 되기 시작"하면서(세무공무원교육원 1988, 90) 세무 인력의 중간 허리로서 세력을 구축하게 된다.

---

91 한편 권태호(1993b, 78)는 회고록에서 1952년 재무국 사세국 직세과 사무관 이규철도 조선총독부 세무 관리 양성소 제2회 졸업생이라 기록하고 있다. 다만 일본식 성명 강요의 영향으로 이를 확인하는 공식 기록은 나타나지 않고 있다.

3) 주산 교육

(1) 주산 강습 및 주산 경기회의 개최

세무 관서는 부과 물건의 조사 결정을 시작으로 징수, 회계 통계에 이르기까지 모두 주산을 이용했다(和田宇平 1940, 38).[92] 따라서 주산 기술 습득 여부는 세무 행정 능률과 직결되었고, 주산에 숙달된 직원 1명이 있을 경우 여러 명을 증원한 효과가 있었다. 그러나 세무 직원의 주산 기술은 다른 회사나 은행 등에 비해 뒤떨어져 사무 능률을 떨어뜨렸다. 각종 보고서 등의 지연, 오산 반려 원인 중 대부분이 주산 능력이 부족한 데 있었다. 심지어 주조장 임검 현장에서 계산하지 못하고 세무서에 돌아와 계산하는 일이 벌어져 부정행위를 현장에서 발견하지 못하기도 했다(光州局 今村生 1935, 101).

주산의 기원은 2세기 중국 한나라 말로 알려져 있고 한반도와 일본에는 16~17세기 이전에 전래되었다고 추정될 뿐 정확한 발전 과정이 밝혀지지 않았다(김일곤 2006; 全國珠算教育連盟 編 1982 참조). 근대에 들어와 주산이 사무 능률을 향상하는 수단으로 활용된 것은 1873년 일본 지조 개정 과정에서 주산 기능 보유자가 수완을 발휘하면서부터다(全國珠算教育連盟 編 1982, 120). 이후 근대 일본 자본주의 발전 과정에서 계산 사무가 증가함에 따라 이것을 처리하는 기술

---

92 주산은 주판을 이용해 계산하는 방법을 일컫는 것으로, 1970년대 전자식 계산기 보급 이전까지 필수적인 계산 방법이었다.

로서 주산이 점차 활용되었고, 특히 저축국에서 1902년부터 주산 기술 증진을 위한 사무 경기회를 매년 개최하기 시작했다.

상업학교는 물론 정규 교육 과정에서 주산이 필수과목으로 채택되었고 이 과정에서 계산 방법의 근대화, 계산 기구인 주판의 구조 개량 등이 수반되었다. 특히 1893년 윗알이 1개, 아래알이 4개인 일본식 개량 주판이 발명되어 보급되었고 1930년대 들어 정규 학교 교과서에서 정식으로 채택되는 등 계산 기술도 향상되었다(全國珠算教育連盟 編 1982, 126~127, 141). 일본이 조선을 지배하면서 조선에도 일본식 주산 기술이 보급된바, 1934년 독립적 세무 기구의 사무 능률 향상 방법으로 적극 활용되기 시작한 것이다.

1909년 중등교육 과정인 상업학교 수학 과목과 고등여학교 산술 과목 중 하나로 주산을 가르쳤고,[93] 제1차 조선교육령이 공포·시행된 1911년부터는 초등교육 과정인 보통학교 산술 과목에서도 주산을 가르쳤으며,[94] 종래 1학년 때만 가르치던 상업학교 주산 교육을 2학년 때에도 가르치기 시작했다.[95] 1922년 제2차 조선

---

[93] 1909년 실업학교 중 상업학교 1학년 수학 학과목(시수 매주 5시간)이 산술과 주산으로 구성되었다. 또 고등여학교 본과 산술 학과목(매주 2시간)은 2학년의 경우 분수·소수·주산으로, 3학년의 경우 비례·보합산步合算·주산으로 구성되었다. 또 고등여학교 기예전수학과 2학년 산술 학과목(매주 2시간)은 간이정수의 가감승제와 주산으로 구성되었다(『舊韓國官報』 1909/07/09).

[94] 주산은 보통학교 3, 4학년 산술 과목에 포함되었다(『朝鮮總督府官報』 1911/10/20a). 이때 종래의 고등여학교는 여자고등보통학교로 개칭되어 이전처럼 2, 3학년에 주산 교육이 실시되었다. 또한 중등교육 과정인 종래의 고등학교는 고등보통학교로 전환되어 4학년 수학 과목에 주산이 포함되었다(『朝鮮總督府官報』 1911/10/20b).

[95] 상업학교는 2학년 수학 과목에도 주산이 각각 포함되었다(『朝鮮總督府官報』 1911/10/20c).

교육령 공포 이후 수업연한이 확대됨에 따라 보통학교와 고등보통학교의 주산 교육 대상 학년도 확대되었다.[96] 또 상업학교를 비롯한 실업학교 교육의 각종 규정을 일본 실업학교령에 따르기로 했다.[97]

세무 기구 독립 이후 각 세무 관서에서는 직원들의 사무 능률 증진을 위해 앞 다투어 주산 강습회나 경진 대회를 개최해 직원들의 주산 실력 증진에 나섰다.[98] 『조선재무』에 게재된 기사를 기준으로 주산 경기회 개최 현황을 정리한 〈표 5-23〉을 보면 함흥 세무 감독국을 제외한 모든 감독국에서 1935년부터 주산 경기회를 개최하기 시작했음을 알 수 있다. 경성감독국에서는 1935년 6월 19일부터 한 달여 동안 퇴근 시간에 맞춰 전체 직원이 참가한 가운데 주산 강습회를 거친 뒤 경기회를 열었다(『朝鮮財務』 1935/09b, 96). 1937년부터는 감독국과 관내 세무서 직원 전체가 참가하는 국서

당시 상업학교 수업연한은 2~3년이었는데 학교에 따라서는 3학년에게도 주산을 가르쳤다. 부산공립상업학교의 경우가 그렇다(부상100년사 편찬위원회 1995, 36). 1913년부터는 실업학교 중 농업학교에서도 1, 2학년 수학 과목에 주산을 포함했다(『朝鮮總督府官報』 1913/02/15).

[96] 보통학교가 종래 3~4년에서 6년으로, 고등보통학교가 종래 4년에서 5년으로, 여자고등보통학교는 종래 4년에서 4~5년으로, 상업학교는 종래 2~3년에서 3~5년으로 확대되었다(『朝鮮總督府官報』 1922/02/06).

[97] 이후 주산 학교교육은 상업학교를 중심으로 확대되었다. 1923년 부산제2공립상업학교(부산공립상업학교)의 학과과정표를 보면 주산은 수학 과목에 포함되어 1~5학년 전 학년을 대상으로 가르쳤다(부상100년사 편찬위원회 1995, 46). 또 1940년대 전반기 경성여상 교과목을 보면 수학에서 독립된 주산 과목을 1~4학년 전 학년 대상으로 가르쳤다(서울여상 60년사 편찬위원회 1986, 76).

[98] 세무 관서 설치 이전의 주산 경기회는 주로 각 군 재무계나 조선재무협회 각 도 지부에서 주최했다(大田郡財務係 1926, 108~109; 山田生 1926, 99~100; 『朝鮮財務』 1929/02, 76~77; 1929/06, 87~88).

표 5-23 **세무 관서 주산 경기회 조선인 참가 및 입상자 현황**(1935~39년; 단위: 명)

주최		개최 시기	참가자					입상자		
			합계	조선인				합계	조선인	
				소계	속	세무리	고원		소계	입상 내역
국	경성	1937년 3월						8	2	만점자: 황준성黃俊性(수원서 고원), 한만식韓萬植(양주서 고원)
	광주	1935년 3월	97	69	35	2	32	11	8	2위 이풍재李豊宰(국 고원), 4위 심상대沈相大(국 고원), 5위 한봉석韓鳳錫(군산서 속), 6위 김득권金得權(순천서 속), 6위 이현장李炫章(남원서 고원), 7위 정남규鄭南圭(군산서 고원), 8위 황수극黃壽極(목포서 속)
		1939년 1월	377					3	2	1위 김득권金得權(순천서 속), 3위 김학량金學良(남원서 고원)
	대구	1935년 10월	51	29			29			
		1937년 8월	48	32			32	5	3	1위 권병중權炳重(김천서 고원), 2위 배영호裵永鎬(국 고원), 4위 김찬종金贊鍾(안동서 고원)
		1938년 6월						5	4	1위 한병윤韓秉允(대구서 고원), 2위 김원주金元柱(마산서 속), 4위 황지연黃志淵(마산서 고원), 김사영金思永(합천서 고원)
		1939년 7월						3	2	1위 이재식李載湜(하동서 고원), 3위 강신철姜信澈(김천서 속)
	평양	1935년 7월	26					6	5	2위 김락호金洛浩(구성서 고원), 3위 이형석李炯碩(신의주서 고원), 백원신白元新(국 고원), 최석崔錫(국 고원), 조기홍趙基鴻(진남포서 고원)
		1936년 10월	26	24	7	1	16	6	5	1위 김남원金南元(평양서 속), 2위 박용기朴容璣(사리원서 속), 4위 김명철金明澈(정주서 고원), 5위 송순화宋舜和(창성서 고원), 6위 강병건姜丙建(안주서 고원)
		1937년 10월	30	20	4	2	14	5	3	1위 백원식白元栻(신의주서 속), 2위 박순성朴淳成(국 고원), 5위 김덕인金德仁(곡산서 고원)
		1939년 6월						5	4	1위 김명섭金明燮(해주서 고원), 2위 안원길安元吉(덕천서 고원), 3위 이례근李禮根(연백서 고원), 4위 김상환金相煥(진남포서 고원)
서	성천	1935년 7월						4	4	1위 최흥래崔鴻來(속), 2위 장지한張志翰(기수), 3위 김상욱金相昱(고원), 3위 박연관朴淵寬(고원)
	성천	1936년 6월	16					3	3	1위 박연관朴淵寬(고원), 2위 정승호鄭承浩(고원), 3위 김상욱金相昱(고원)
	신의주	1936년 6월	32					5	3	1위 김용세金用世(고원), 3위 이건하李建河(고원), 4위 백원식白元栻(속)
	서흥	1936년 7월	13					3	3	1위 백원신白元信(세무리), 2위 신원묵辛元默(속), 3위 박정삼朴鼎三(속)
	정주	1936년 9월	16					3	1	1위 김명철金明澈(고원)

자료: 『朝鮮財務』(1935/04a~1939/09)에서 작성.

局署 연합 주산 경기회를 열고 우수한 성적을 거둔 참가자에 대해
서는 단체상과 개인상으로 나눠 시상했다. 1942년 제4회 경기회
에는 관내 세무 직원 915명이 참가했다.

광주감독국에서는 1935년 3월 21일 광주공립고등여학교 강당에서 관내 주산 경기회를 개최했는데, 광주감독국 12명, 관내 세무서 85명 등 국과 서에서 선발된 97명의 속·세무리·고원이 출전했다. 제한 시간 23분 안에 누가 많은 문제를 정확히 푸느냐를 기준으로 채점한 뒤 8명의 입상자에게 시상했다(『朝鮮財務』 1935/04b, 109; 1935/05, 98~100). 1939년 1월 판임관 166명, 고원 211명 등 관내 국서 전 세무 직원 377명이 참가한 가운데 제4회 주산 경기회를 개최했다는 기록으로 보아 1936년부터 선발자만이 아닌 전 직원을 대상으로 한 경기회로 전환한 듯하다(『朝鮮財務』 1939/07b, 127). 경기 방법은 감독국 직원이 정해진 시험문제를 휴대하고 각 서를 순회하는 방식으로 진행했다.

1935년 세무 강습회 일정 중 주산 경기회를 개최했던 대구감독국은 '주산 경기회 규약'을 제정하고 1938년부터 매년 세무서장 회의를 개최할 때 감독국과 관내 세무서에서 선수를 2명씩 선발해 국서 대항 주산 경기회를 열기로 했다(『庶務例規(甲種)』 1938/01/27; 1938/12/01). 1942년까지 다섯 차례 진행되었으며, 단체상과 개인상으로 나눠 시상했다. 평양감독국에서는 1935년 7월 19일 평양공회당에서 국 세무부와 경리부 및 각 세무서에서 선발된 직원 26명이 참가한 가운데 주산 경기회를 열었다(『朝鮮財務』 1935/08b, 146). 매년 관내 세무서장 회의가 열릴 때 하루를 정해 주산 경기회를 개최했는데 1942년까지 모두 일곱 차례 진행되었다.

세무서별 주산 경기회도 개최된 것으로 보이는데 『조선재무』에는 성천·신의주·서홍·정주세무서 상황이 남아 있다. 일부 세무서에서는 상업고등학교 교원을 초빙해 강습을 한 뒤 경기회를 열었다(『朝鮮財務』 1936/07, 93). 주산 경기회는 세무 관서가 직접 주최하기도 했지만 직원 모임이나 재무협회 조직을 활용하기도 했다. 경성감독국 주산 강습회는 직원 모임인 경성국우회가 주최했고,[99] 성천·서흥세무서 주산 경기회는 재무협회 분회 조직이 주최했다(『朝鮮財務』 1935/08a, 148; 1936/08, 116).

(2) 조선인의 주산 경기회 참가 및 입상

조선인 세무 직원들은 주산 경기회에 폭넓게 참가했다. 감독국에 따라서는 고원을 포함한 관내 세무서의 모든 직원을 참가시켜 세무서 직원의 절대다수를 차지하는 조선인들의 참여가 광범위할 수밖에 없었기 때문이다. 그뿐만 아니라 세무서별 1차 예선을 거쳐 선발된 대표들이 참여하는 감독국 주최 주산 경기회 참가 자격도 다수가 조선인에게 주어졌다. 조선인 수가 많았을뿐더러 주산 실력도 뛰어났기 때문이다.

민족별 참가자 수가 기록된 경기에서 조선인은 최소 3분의 2 이상을 차지했다. 특히 고원들이 많았다. 실력으로 겨루는 주산 경기회는 조선인 세무 직원, 그중에서도 말단 직원인 고원들의 독무대나 마찬가지였다. 민족 구분이 가능한, 일본식 성명 강요 이전 주

---

[99] 경성감독국 내에는 직접세 업무 종사 직원들의 모임인 직우회를 비롯해 직원 모임이 존재했다. 직우회는 직접세 업무 종사원의 친목 도모를 목적으로 1934년 11월 10일 창립되었는데 경성감독국 및 경성 부근 세무서 직원들이 회원이었다(『朝鮮財務』 1934/12a, 59~60).

산 경기회 가운데 입상자가 확인되는 13개 경기 중 11개 경기에서 조선인이 1위를 기록했다.[100] 또 입상자 75명 가운데 조선인은 52명으로 69%를 차지했다. 각 경기에서 최고 성적을 거둔 조선인 16명 중 고원이 11명이나 되었다.

주산 경기회 입상자에게는 관내 세무서장 회의에서 세무 감독국장으로부터 상장과 상품을 수여받았고, 최고 성적을 거둔 직원은 수상자 대표로 소감을 발표했다(『朝鮮財務』 1938/07b, 93~94). 입상자에게 승진 등의 가점을 주었다는 기록은 발견되지 않지만, 판임관 임용이 꿈이었던 고원들에게는 임용권을 쥐고 있는 감독국장 앞에서 강한 인상을 남길 수 있는 더할 나위 없는 기회였던 것이다.[101]

---

[100] 14개 경기 중 경성감독국의 1937년 제1회 국서局署 연합 주산 경기회는 공동 1위를 차지한 만점자 8명 중 2명이 조선인이었고, 나머지 13개 경기 가운데 1935년 광주감독국 관내 주산 경기회와 같은 해 평양감독국 관내 주산 경기회를 제외한 11개 경기에서 조선인이 1위를 차지했다.

[101] 『직원록』을 보면 주산 경기회에서 최고 성적을 거둔 고원 중 일부는 이후 판임관으로 임용된 것으로 나타난다. 1936년 성천세무서 주산 경기회 우승자 고원 박연관朴淵寬은 1938년 서흥세무서 세무리로 임용되었다. 1937년 경성감독국 제1회 국서 연합 주산 경기회 만점자인 고원 황준성과 한만식은 각각 1939년 인천세무서 세무리와 1938년 경성세무서 속으로 임용되었다. 같은 해 광주감독국 관내 주산 경기회에서 2위를 한 광주감독국 고원 이풍재는 1938년 광주세무서 세무리가 되었다. 1939년 평양감독국 제4회 국서 연합 주산 경기회 우승자인 해주세무서 고원 김명섭은 이듬해 정주세무서 속으로 임용되었다.

(3) 주산 경기회 입상 고원의 세무 관리 임용

〈표 5-24〉는 주산 경기회 입상자 가운데 감독국 주최 대회에서 우수한 성적을 거둔 고원을 대상으로 이후 판임관 임용 현황을 정리한 것이다. 전체 입상자 28명 중 13명이 임용됨으로써 절반 정도의 임용 비율을 기록하고 있다. 감독국별로 경성은 입상자 전원이, 광주는 60%가 임용된 반면, 대구와 평양은 29~43%의 임용 비율을 보였다. 시기별로는 4명이 대회 입상 다음 해에, 7명은 2년째 되는 해에, 2명은 3년째 되는 해에 각각 임용되었다.

대체로 수위를 차지한 입상자 순으로 임용되었지만 경우에 따라서는 후순위 입상자가 임용되는 경우도 있었다. 이는 판임관 임용이 문관임용령 및 조선총독부 세무리특별임용규정에 따라 학력, 자격시험, 경력 및 특채 요건에 해당하는 임용 자격을 갖춰야 했기 때문에 주산 이외의 다른 요소가 복합적으로 작용한 데 따른 것으로 보인다. 그럼에도 주산 경기회 입상자의 절반 정도가 판임관에 임용된 것은 주산 성적이 상대적으로 유리한 요소로 작용했음을 보여 준다. 이 같은 임용 현황은 일제가 세무 행정의 능률 제고와 효율화를 위해 대대적으로 전개한 주산 강습 및 경쟁에 대해 조선인 고원들이 적극적으로 호응함으로써 세무 행정의 효율성을 높이는 한편으로, 총독부 관리가 되고자 하는 자신들의 꿈을 실현하는 통로로 활용했음을 보여 준다.

표 5-24 **세무 감독국 주최 주산 경기회 입상 조선인 고원의 세무 관리 임용 현황**(단위 : 명)

감독국	입상자 수	임용자 수	입상 시기	순위와 성명 (입상 당시 소속)	임용				최종 경력			
					연도	서署	관직	관등	연도	서	직	관등
경성	2	2	1937년 3월	1위 한만식韓萬植(양주)	1938년	경성	속	11	1940년	경성	속	9
				1위 황준성黃俊性(수원)	1939년	인천	세무리	월40원	1940년	인천	속	10
광주	5	3	1935년 3월	2위 이풍재李豊宰(광주국)	1938년	광주	세무리	월43원	1941년	벌교	속	월60원
				4위 심상대沈相大(광주국)	1937년	목포	속	10	1940년	정읍	속	월60원
				7위 정남규鄭南圭(군산)	1939년	목포	속	11	1940년	곡성	속	9
대구	7	2	1937년 8월	1위 권병중權炳重(김천)	1939년	포항	속	10	1940년	포항	속	9
				4위 김찬종金贊鍾(안동)	1938년	김천	속	11	1940년	김천	속	9
평양	14	6	1935년 7월	3위 이형석李炯頓(신의주)	1937년	신의주	속	9	1938년	평양	속	8
				3위 최석崔錫(평양국)	1937년	덕천	세무리	월38원	1940년	평양	속	8
			1936년 1월	5위 송순회宋舜和(창성)	1938년	정주	세무리	월38원	1939년	재령	속	10
			1937년 1월	2위 박순성朴淳成(평양국)	1938년	남천	세무리	월45원	1940년	남천	속	8
			1939년 6월	1위 김명섭金明燮(해주)	1940년	정주	속	10	1940년	정주	속	10
				2위 안원길安元吉(덕천)	1941년	덕천	속	10	1941년	덕천	속	10
계	28	13										

자료 : 『朝鮮財務』(1935/04a~1939/09); 『朝鮮總督府及所屬官署職員錄』.

4) 세무 인력 교육 훈련과 식민지 유산

이하에서는 지금까지 살펴본 세무 관리 교육 훈련과 조선인의 수용 양상이 어떤 함의를 갖는지 분석하려 한다.

(1) 식민지 세무 행정 경험의 양면성

일제는 세무 관서 설치 이전에도 세무 행정의 실무력을 강화하기 위해 지방행정 기구의 세무 담당 인력에 대한 교육 훈련을 시행해 왔다.[102] 그러나 일반 소득세 도입 및 독립적 세무 기구 설치 이후에는 세무 관리의 전문성이 한층 강조될 수밖에 없었고 전시 체제기 기록적인 조세 증징을 위해서도 그러했다.

세무 인력에 대한 교육 훈련은 세무 행정 능력을 향상했을 것으로 판단된다. 특히 세무 관서의 조선인 세무 인력이 해방 후 세무 행정의 주축으로 자리 잡게 된 데는 식민지 시기 세무 관리 경력과 능력이 주요한 요소가 되었다는 점에서 이들이 갖추게 된 세무 행정의 경쟁력에 주목할 만하다. 조선총독부 세무 관서의 조선인 세무 관리들이 독립적 세무 기구하의 세무 행정 경험과 관리 양성을 위한 교육 훈련을 통해 갖춘 세무 행정 경쟁력은 크게 네 가지로 정리할 수 있다.

첫 번째 경쟁력은 독립적 세무 기구에서 얻은, 일반 소득세를 비롯한 다양한 세제의 부과 징수 경험 그 자체로서, 여기에는 양면성이 있다. 조선총독부 세무 관서는 이전부터 존재해 온 지세·주세 등은 물론 신설된 일반 소득세를 비롯해 자본주의적 시장경제에서 발생한 소득·소비·거래·자본·재산에 대한 부과 징수까지 다양한 내국세 징세를 담당했다. 특히 복잡한 세원의 파악과 소득 확정, 세율 계산과 부과 및 징수 등을 직접 담당했던 도시지역 세무 관리들의 경우 새로운 세무 행정 영역을 경험한 이들이었다.

다른 한편, 식민지 시기 세무 행정 경험은, 일제의 손발이 되어

---

102 세무 관서를 설치하기 이전에는 조선재무협회 각 도 지부나 각 도에서 간간이 세제 관련 실무 세무 강습회를 실시했다. 충청남도지부(忠淸南道支部 1927, 73~76), 함경남도지부(咸鏡南道支部 1929, 85)를 참조.

식민 지배와 전쟁 수행에 필요한 비용을 조달하기 위해 조세 증징에 앞장섰음을 의미한다는 점에서 부정적 측면을 동시에 갖는다. 납세자의 동의도 받지 않은 가운데 무차별 증징을 관철하기 위해 진행된 강압적 식민지 세무 행정을 직접 담당했던 경험은 근대 민주주의에 기반한 조세 행정과는 거리가 멀었던 것이다.

둘째, 세무 관리 교육 훈련 과정에서 습득된 세무 지식 또한 세무 행정의 중요한 경쟁력이 되었다. 후술하듯이 일제의 세무 관리 교육 훈련은 정신 수양 교육 전체와 세무 강습회 가운데 식민지적 조세관 등 근대적 성격과는 양립하기 어려운 한계가 뚜렷했다. 그러나 다른 한편으로 세무 강습회 학과목 중 상당수는 자본주의적 시장경제에서 발생한 세원을 대상으로 세무 행정을 집행하는 데 필요한 세무 지식이었다. 예를 들면 행정법, 상법, 부기, 회계학, 상법 대의, 민법, 수학, 형법, 형사소송법, 재정, 경제, 상품학 등의 학과목이 그러했다. 또한 각종 세제에 대한 이해와 집행 과정에 대한 지식 역시 마찬가지였다. 세무 지식을 통한 경쟁력 또한 양면성을 띠었다고 할 수 있다.

셋째, 세무 관리 교육 훈련 제도의 도입과 운영 경험 그 자체도 세무 행정 능력을 지속적으로 재생산할 발판이 되었다. 특히 조선총독부 세무 관리 양성소는 두 가지 측면에서 해방 이후 세무 행정과 연관이 깊다. 하나는 앞에서 살펴보았듯이, 양성소를 거친 조선인 졸업생들이 해방 후 세무 행정의 중요한 역할을 담당했다는 것이다.

다른 하나는 조선총독부 세무 관리 양성소가 해방 후 설치된 세무 공무원 양성소의 실질적 모태가 되었다는 점이다. 세무 공무원 양성소를 설치할 때 그 전신을 일제하의 세무 관리 양성소로 규정했으며, 그 대상자의 선발, 교육 과목의 배정, 교육 기간, 교육 방법 등 제반 문제는 일제하의 세무 관리 양성소의 교육 방법에 기초했다(세무공무원교육원 1988, 84~87).

넷째, 세무 행정사무의 능률과 효율성을 높이는 수단으로서 주산 기술을 습득했다는 점이다. 조선총독부 세무 관서 관리들의 근무 풍속도는 일찍 출근해 늦게 퇴근하는 '조출만퇴'早出晩退였다(かず子 1939, 72). 여기에는 직원을 증원해도 전시 증세가 거듭되면서 업무량이 늘어나 이를 감당할 수 없었던 것과 더불어, 사무 능률이 낮았던 것도 중요한 원인이었다. 이에 일제는 계산이 필수적인 세무 행정 분야에서 일반 기업보다 뒤떨어지는 주산 실력을 높이기 위해 전 세무 직원에 대한 대대적인 주산 강습에 나섰다.

그 결과 주산 실력이 급속히 높아졌다. 단적으로 1937년 제1회 주산 경기회에서 경성 세무 감독국 관내 감독국과 세무서 전 직원 중 만점자는 8명에 불과했으나, 1938년 제2회 51명, 1939년 제3회 68명, 1942년 제4회 83명으로 크게 늘어났다(『朝鮮財務』 1937/08; 1938/07a; 1939/08; 1942/10). 주산 실력자 1명은 직원 여러 명의 몫을 해내는 격이었기 때문에 일제는 주산 실력 증진을 위해 노력했고 조선인들은 승진과 관리 임용에 이득이 되는 주산 경기회 입상을 위해 적극적이었다. 그 결과 세무 행정의 능률과 효율성은 크게 향상되었다.

주산은 중국에서 발명된 동양의 전통적 요소가 일본 근대국가 성립 과정에서 근대적 계산 기술로 개량되어 활용된 '전통의 근대적 진화' 사례라 할 수 있다. 특히 주산은 그 뒤 1970~80년대 서양식 전자식 계산기로 대체되기 이전까지 세무 행정 분야는 물론 모든 분야의 사무에서 근대적인 계산 기술로 꾸준히 사용되었다는 점에서 중요한 경쟁력이 되었을 것이다.

(2) 납세보국·황국 조세 이념의 식민성

정신교육 가운데 이른바 국체 관념의 명징에 입각한 다양한 교육 주제들은 1930년대 중반 이래 일제가 식민지 관리에게 요구한 '후방의 국민'(총후銃後의 황국신민皇國臣民)이라는 정체성에 입각한 '일본주의적 전시 생활'로서 '국민 생활'의 일부라고 할 수 있다(이송순 2011, 308). 즉, 세무 관리뿐만 아니라 관리 전체, 나아가 식민지에 거주하던 모든 사람에게 강요하던 전시체제기 황국 신민 의식이었던 것이다.

또한 납세보국과 황국 조세 이념 등의 납세 논리는 전시체제기에 '황국 신민'이 마땅히 갖춰야 할 납세 의식이었다고 할 수 있다. 동시에 이는 근대적 납세 논리의 식민지적 변용이라는 점에서도 주목할 만하다.

① 근대국가 성립기 유럽의 조세관[103]

주지하다시피 '국민은 왜 국가에 세금을 내야 하는가'라는 문

---

[103] 조세와 유럽 근대국가 성립의 관계에 대한 자세한 내용은 이 책의 1부를 참조.

제, 즉 조세 근거의 측면에서 유럽 근대국가 성립기에 크게 두 가지 조세 이론이 형성되었는데, 각기 다른 국가론에 기초했다. 선발 자본주의국가인 영국과 프랑스에서는 시민혁명기를 거치면서 사회계약론에 입각해 자유롭고 평등한 개인을 출발점으로 하는 개인주의적 국가론이 성립했고,[104] 자본주의 시장경제에서 정부 역할을 최소한의 범위로 한정하려는 이론으로 발전했다. 이 같은 국가론에서는 국가는 자유롭고 평등한 개인들의 계약에 의해 성립하며, 국가는 개인의 생명과 재산을 보호하는 기능을 담당하기 때문에 이에 필요한 경비를 시민이 조세의 형태로 자발적으로 부담한다는 것이다.[105]

따라서 조세는 국가가 시민에게 제공하는 생명과 재산의 보호 등 편익에 대한 대가이며, 시민이 권리로서 자발적이고 능동적으로 내는 것이다. 만약 거꾸로 국가가 시민의 생명과 재산을 위협하는 존재가 되면 시민은 납세를 정지할 뿐만 아니라 국가를 전복해 새로운 정부로 대체할 권리를 갖는다. 또한 조세는 의회를 통

---

104 원자론적·기계론적 국가관이라고도 하는데 여기서 사회를 형성해 가는 출발점은 철저하게 개인이다(諸富徹 2013, 25~36).

105 이 같은 조세관은 영국의 토머스 홉스, 존 로크, 프랑스의 장-자크 루소, 몽테스키외, 중농학파를 거쳐 고전학파에 승계되었다. 특히 영국과 프랑스에서 봉건적 조세 사상에 대한 비판으로 발전하고 근대적인 자연법적 조세 원리로 발전했다. 자연법 이론과 개인주의 사상이 과세 이론으로 결합된 것이다. 이 조세 이론은 시장에서 재화 획득을 위해 재화 가격을 지불하듯이 조세를 국가가 제공하는 편익과 교환해 지불하는 대가로 파악하는 것으로 조세의 이익설 또는 교환설, 국가를 보험자로 국민을 피보험자로 파악한다는 점에서 보험설 등으로 발전했다(이필우 외 1997, 54~55).

한 시민사회의 동의 아래 징수되며 시민사회가 예산심의를 통해 이를 통제하는 권한을 갖는다. 이 같은 조세관은 풍부한 경제적 기반 위에 시민사회가 충분히 성장해 가던 근대 초기 영국 사회를 배경으로 형성되었다.

반면 후발 자본주의국가였던 독일에서는 개인과 국가를 운명 공동체로 파악하는 유기적 국가론이 주류를 이루었고, 자본주의 경제 발전을 국가가 주도해야 한다는 논리로 발전했다. 유기적 국가론에서 개인은 각기 생산과 소비를 전개하지만 이를 위해 불가피한 기반을 정비하는 것은 국가이기 때문에 개인은 국가 없이는 살아갈 수 없다. 국가는 그 경제적 자원을 개인이 부담하는 조세에 의존하므로 국가도 개인 없이는 존재할 수 없다. 국가를 경제적으로 지탱하는 것은 조세이므로 납세는 권리라기보다 의무로서 부담하지 않으면 안 된다는 것이다.

또한 국가 주도의 자본주의경제가 일정하게 성장함에 따라 독일에서는 조세를 국가의 재원 조달 수단일 뿐만 아니라 사회정책을 실시하기 위한 수단으로 파악하게 되었다. 이 점은 자본축적을 방해하지 않는 조세체계를 추구한 영국식 조세관과는 달랐다. 이 같은 조세관은 영국에 대항해 국가 주도의 경제 발전을 추구하던 후발 독일 자본주의를 배경으로 형성된 것이었다(諸富徹 2013, 59~96).

② 근대적 조세관의 식민지적 변용

후발 자본주의국가로 독일과 같은 국가 주도의 발전 모델을 채택한 일본에 절대적인 영향을 미친 것은 독일의 국가론과 조세관이었다. 파시즘의 길로 접어들던 1930년 이전에 이미 일본의 재정학자는 거의 예외 없이 독일의 재정학자 아돌프 바그너의 조세 의무설을 받아들였다(大内兵衛 1930, 348~349). 그 중심에는 오가와 고타로小川鄕太郎, 간베 마사오神戶正雄, 호리에 기이치堀江帰—로 대표되는 정통파 재정학자들이 있었다. 특히 간베는 의무설을 받아들인 데서 머물지 않고 조세는 본래 도의상 선한 것이고, 국민과 이에 준하는 자가 도의적 자각에 따라 내는 것이라는 조세 도의론을 주창했다(神戶正雄 1927).

간베는 서구 조세의 근거를 법률적·경제적 근거로 나눠 분류한 뒤 이와 별도로 도의적 근거가 추가되어야 한다며 국가로부터 받은 높은 은덕에 보답하는 마음에서 조세를 낸다는 보은관, 국가의 이익을 위해 희생하기 위해 조세를 낸다는 희생관, 공공적 생활을 하지 않을 수 없는 개인이 자기 생존을 위해 조세를 내는 것이라는 자기 보존설 등 세 가지 측면에서 이를 설명했다(神戶正雄 1929, 67~82; 1936, 233~244). 조세는 원래 도의적인 본질을 갖고 있기 때문에 세금을 낼 때는 도의상으로 국가의 은덕에 감사하면서 내야 한다는 것이다(神戶正雄 1939b, 18~20).

일본이 독일과 같이 1930년대 들어 파시즘화된 이후에도 나치 독일의 전체주의적 재정 조세관을 다룬 저서와 논문이 광범위하게 읽히는 등 큰 영향을 미쳤다.[106] 제2차 세계대전 패망 이전까지

---

106 조선총독부의 재정 조세 이론을 제공하고 있던 경성제대 교수 오다 다다오에 따르면 나치의 사상적 기초를 제공한 것으로 소개된 프리드리히 폰 고틀오틀릴린펠트Friedrich

일본 내 대학 등에서 공부한 재정학은 대부분 독일 재정학이었고 (諸富徹 2013, 98)[107] 조세의 근거에 대해 독일식 전체주의 논리를 세계적인 대세로 파악한다는 점에서 공통점이 있었다.

이 같은 시대적 분위기를 감안할 때 세무 강습회에서 무라야마 미치오 세무과장이 담당했던 조세론의 구체적 내용은 자료의 한계로 자세히 파악할 수 없으나,[108] 대체로 독일의 국가주의적 조세관에 입각한 전체주의적 재정관 및 조세론이었을 가능성이 높다. 전시체제기에 일본과 조선 등 식민지 전역에서 납세 슬로건으로 제시된 납세보국론 또한 전체주의적 국가론과 국가주의적 조세관

---

von Gottl-Ottlilienfeld의 『생활경제학』(1925)을 비롯해 나치 체제하 재정 조세 문제 해결 방안을 제시한 독일 베를린 대학 교수 호르스트 예히트Horst Jecht의 『전시재정론』(1938) 등이 광범위하게 읽혔다(小田忠夫 1940, 16). 전체주의적 재정론인 최소 사회 희생론을 주장한 도쿄 대학 교수 이토 한야 역시 "전체주의 재정론은 19세기 이래 차제에 세력을 넓혀 전체주의국가인 독일과 이탈리아에서 철저하게 실행되고 있을 뿐만 아니라 영국과 미국 같은 자유주의 제국에서도 전체주의 모습을 갖고 있는 등 '재정 자유주의에서 재정 전체주의' 이것이 세계 재정의 동향"이라고 소개하고 있다(井藤半彌 外 1942, 69~70).

107 독일의 국가주의적 재정학 이외에도 다이쇼 데모크라시를 배경으로 마르크스주의에 입각한 재정학, 근대 경제학적 재정학도 폭넓게 소개되어 이에 기반해 재정론을 펼치는 학자들이 나타났다. 그러나 1930년대 이후 일본 파시즘이 본격화되면서 마르크스주의에 입각한 대표적 재정학자 오우치 효에는 1938년 제2차 인민전선 사건에 연루되어 도쿄 제국대학 교수직에서 쫓겨났다. 케인스주의를 비롯한 근대 경제학적 재정학이 본격화된 것도 제2차 세계대전 패망 이후의 일이다(佐藤進 編 1986, 13, 128~129).

108 무라야마 세무과장이 남긴 기록은 대부분 조선의 세제에 대한 제·개정 내용에 대한 해설 중심이어서 그가 독자적인 조세론을 펼치지는 못한 것으로 보인다. 다만 세무 강습회 수강생의 소감 중 조세론과 관련해서는 무라야마 과장이 『조선재무』에 실린 구미의 기사를 활용해 강의했다는 것으로 보아(津田黃雀風 1936, 64) 영국과 독일 등 유럽의 조세 이론을 소재로 조세 이론을 강의한 듯하다.

을 논리적 기반으로 한 납세 설득 논리였던 것이다. 조선 총독 아베가 공식화한 황국 조세 이념은 여기서 한 걸음 더 나아가 일본적 조세관을 체계화하려는 시도였다고 할 수 있다.

이 이념은 영국식 조세관이 "개인주의 사상에 입각해 개인이 국가에서 어떤 이익도 받지 않는다고 생각될 경우에는 조세는 내지 않아도 된다는 생각을 이끌기 일쑤여서 우리나라에서는 용인될 수 없다"며 독일과 같은 국가주의적 조세관으로서의 성격을 명확히 하고 있다(吉牟田勳 2002, 16). 동양의 전근대 시기 수조권收租權이 전통적인 왕토사상王土思想에 기반했다는 점에서도 독일식 국가주의관이 좀 더 쉽게 수용되었을 가능성이 높다. 또한 조세를 '신에게 바치는 공양물供養物'로 규정하고 국민이 국가의 은덕에 보은하기 위해 스스로 '상납'해야 하는 것으로 정의하는, 천황제에 기초한 정신적 조세관이라는 점에서(吉牟田勳 2002, 16, 34) 독일의 조세관과도 구별된다. '일본적 조세관' 수립을 목적으로 한 황국 조세 이념은 근대적 조세관의 일탈이자 일본식 변용이었던 것이다.

앞에서 서술한 바와 같이 황국 조세 이념은 일본에서는 아직 채택 여부가 결정되지 않은 상황에서 식민지 조선에서 먼저 공식화되었다. '의무로서의 조세'를 국민의 납세 동의권을 보장하지 않은 가운데 징수하려는 독일식 조세관과, '신에게 바치는 공양물'과 같이 '상납'시키려 했던 일본식 조세관의 극단적 측면의 이종교배로서 황국 조세 이념은 식민지 조선에서 선제적으로 먼저 실험되었던 것이다.

(3) 세무 비리의 구조적 성격

일제가 정신교육의 주요 내용으로 세무 관리의 청렴과 친절의 덕목을 강조한 것은 일본 본국의 이도쇄신 움직임과 연관돼 있음과 동시에 세무 기구 독립 초창기부터 세무 비리가 만연하고 강압적 세무 행정에 대한 납세자들의 불만이 커진 데 대한 대응책의 성격을 아울러 띠고 있었다.

조선총독부 세무 관서 설치 6개월 만인 1934년 11월까지 원산·북청·강경·대구세무서에서 현직 세무 관리들이 연루된 독직 비리 사건이 줄지어 터져 나왔다(『東亞日報』 1934/08/20; 1934/10/21; 1934/11/10; 『朝鮮日報』 1934/08/24; 1934/09/05; 1934/11/18a; 『每日申報』 1934/11/29). 특히 강경 세무서 횡령 사건은 세무서장이, 원산·북청세무서 수뢰 사건은 간세과장이 주범으로 체포되는 등 간부급 관리들이 대거 연루되었으며 대구세무서 독직 사건은 세무 관리 2명, 지방의원 1명, 양조업자 3명 등 6명이 구속되고 8명이 불구속되는 등 대형 비리 사건이라 충격이 컸다. 때마침 경성부에서도 세무과와 수도과 직원의 거액 횡령 사건이 터져 파문이 더 확대되었다.

더구나 세무조사 과정에서 불법행위가 속출해 세무 관서에는 납세자의 불평이 잇따라 접수되었다. 이에 총독부 재무국에서는 각 세무 감독국에 긴급 통첩을 보내고 엄중 처벌 등 재발 방지에 부심했다(『朝鮮日報』 1934/11/27). 그럼에도 세무 비리는 확대되었다. 이듬해 1935년에는 조선총독부 공식 통계로도 한 해 동안 세무 관리 39명이 직을 이용한 비리를 저질러 열흘에 1명꼴로 적발되었다(『每日申報』 1936/05/14). 이에 조선 총독이 그해 세무 행정의 지침을 하달하는 정기 세무 감독국장 회의 시 훈시에서 이에 대해 유감을 표명 해야 했다(『東亞日報』 1936/07/10).

한편 조선총독부 세무 관리가 연루된 세무 비리 전반에 대한 통 계는 앞서의 1935년 조선총독부 발표 외에는 기록이 나타나지 않 고 있고, 신문 기사로 일부 실상을 알 수 있을 뿐이다. 필자가 세 무 관서 설치 이후 일제 패망 때까지 신문에 보도된 세무 비리 사 건과 연루된 세무 인력을 조사한 결과 1934년 3건 7명, 1935년 1건 2명, 1936년 4건 7명, 1937년 1건 1명, 1939년 4건 13명, 1941년 1건 2명 등 14건 32명으로 나타났다.[109] 그러나 신문 기 사는 실제 세무 비리 중 극히 일부만 반영된 것으로 보인다. 1935 년 발생해 세무 관리 39명이 처벌된 사건도 신문에 보도된 것은 청진세무서 간세과장 박동하朴東河와 일본인 부하 직원이 양조업자 로부터 뇌물을 받아 적발된 것뿐이다(『東亞日報』 1935/04/07).

또한 보도된 14건도 1934년 12월 강경세무서장 스즈키의 단독 횡령 사건을 제외하고는 모두 조선인 단독 범행 사건(7건)이거나 조선인과 일본인이 공모한 사건(6건)이다. 보도된 세무 비리 사건 은 대부분 조선인이 연루되었다는 특징이 있는 것이다. 따라서 신 문 기사는 실제 세무 비리, 특히 일본인이 연루된 비리 사건의 극히 일부만 반영된 것으로 보인다.

세무 비리의 만연은 시공을 넘어서는 문제이지만 1934년 세무 기구 독립의 주요 명분 중 하나가 조세의 중간 유출 차단이었다는

---

109 『每日申報』(『每日新報』)・『東亞日報』・『朝鮮日報』 등 일간신문 기사를 조사한 결과이다.

점에서 조선총독부 세무 관서가 안고 있는, 근대적 세무 기구로서의 한계와 연관해 파악할 필요가 있다. 동서양을 막론하고 근대화 과정에서 세무 기구를 독립시키는 이유는 크게 두 가지다. 하나는 세무 기구를 독립시켜 조세 행정만 전담하게 함으로써 근대적 세제의 세원을 정확히 파악하고 부과 징수할 수 있는 전문성을 갖추려는 이유에서다. 다른 하나는 징세 업무를 지방 행정 기구에 맡기거나 영국처럼 조세 청부업자에게 맡김으로써 발생하는 조세의 중간 유출과 세무 행정의 비효율성을 차단해 징수 체계의 효율성을 확보하기 위해서다.

그런데 세무 비리는 조세가 국고로 들어오지 않고 중간에 유출되는 것을 의미하기에 근대적 세무 기구로서는 비효율적인 요소가 될 수밖에 없었다. 더구나 일제는 중일전쟁 발발을 계기로 국가 총동원 체제를 구축해 소비생활과 근로 생활 등 식민지 후방의 일상까지도 전쟁의 일부분으로 포함해 통제하기 시작했다. 또 통제를 따르지 않는 행위를 경제 범죄로 규정하고 1938년 이를 단속할 경제경찰을 설치해 일반 소비자마저 경제사범으로 내몰고 있었다.[110] 따라서 조세의 중간 유출, 즉 세무 비리는 총력전 체제의 중대한 문제가 될 수밖에 없었다.

그럼에도 세무 비리가 끊이지 않은 것은 조선총독부 세무 관서

---

110 경제경찰제도에 대해서는 김상범(1997), 마쓰다 도시히코(松田利彦 2009, 651~701)를 참조. 일제 말기 통제 정책과 경제 범죄에 대해서는 허영란(2000), 이송순(2011), 송규진(2012), 이은희(2014)를 참조.

의 구조적 한계와 연관돼 있다. 이 시기 조세 부과는 '대표 없는 과세' 체제하에서 조선총독부 재무국을 정점으로 한 일원화된one-stop 시스템을 특징으로 했다. 세제의 제·개정과 같은 입법적 기능, 납세자의 이의 제기에 대한 심판과 같은 사법적 기능이 분화되어 별도의 기관에 배분되지 않은 채 재무국(세무과)-세무 감독국-세무서의 일원화된 행정 라인에서 모두 담당한 것이다. 누구에게도 견제받지 않았기 때문에 부정·비리에 취약할 수밖에 없는 구조였던 것이다.

(4) 세무 관리의 이미지에 대한 기억과 식민지 유산

식민지 세무 관리들이 남긴 기록을 보면 일제하에서도 세무 관리에 대한 이미지는 극히 좋지 않았다. 1937~39년 웅기세무서장을 지낸 권창섭은 1938년 초 『조선재무』에 기고한 글에서 세무 관리는 병에 걸려도 문병객이 없고 이웃 간 인정도 베풀어 주지 않는다고 썼다. 또 세무 관리는 "사방에서 감시하는 가운데 생활"하고, "출장을 가도 상대방이 대화할 때 훗날의 재난을 걱정"한다며 세무 관리를 백안시하는 세태를 표현했다(雄基稅務署長 權昌燮 1938, 152).

1934~37년 춘천세무서장을 지낸 최운상 역시 "세무 관서를 원망하는 마음으로 대하고, 세무 관리를 가렴주구의 차가운 눈초리로 대하는 무리"가 많다고 기록했다(春川稅務署長 崔雲祥 1936, 24). 특히 1934년 세무 감독국과 세무서가 설치된 이후 잇따른 세제 신설과 증징 후 이 같은 경향이 더 심해졌음을 실감했다고 한다. 일본인 세무 관리 이케다 세이池田生는 세무서가 국가적으로 최고 지위에

있지만 사회적으로 그 존재가 경시되고 있다고 불만을 제기했다 (池田生 1940, 50). 특히 지방에서는 군수와 경찰서장에 비해 세무서장은 그다지 그 존재를 인정받지 못하고 있다는 것이다.

근대 이전에도 조세를 둘러싸고 관직을 이용한 부패와 비리는 많았기 때문에 세무 관리에 대한 여론은 좋을 수가 없었다. 근대적 세제가 도입되었음에도 과세 동의권을 박탈한 가운데 식민 통치 비용을 피지배자인 조선인에게서 수탈하는 근대적 수탈이 구조화됨으로써, 조세의 부과 징수와 세무 관리에 대한 나쁜 인식은 계속되었거나 오히려 더 나빠졌을 것이다. 여기에 더해 일제 지배의 손발이 된 조선인들이 저지르는 세무 비리는 조선인 세무 관리 전체에 대한 반감을 악화시키는 요인이 되었다. 또한 일본 본국보다 훨씬 강력한 장부·물건 검사권 등 제도적 장치를 바탕으로 한 강압적 세무 행정은 일선 세무 관리와 납세자 간의 충돌을 빈발하게 하여 반감을 배가했다.[111]

황국신민화 교육과 시국관 교육을 적극 수용해 중일전쟁 수행에 앞장서고 일제에 협력해 훈장을 수여받은 조선인 세무 관리들

---

111 당시 일제의 통제를 받던 신문 보도에서도 세무 관리에 대한 납세자들의 반감, 세무 관리에 의한 조선인 농민 구타 사건, 무리한 가택수색 등에 반발한 농민들의 세무 관리 구타 사건 등을 엿볼 수 있다. 예를 들면 1936년 평양상공회의소 의원총회에서는 제3종 소득세 부과 등과 관련해 세무 관리의 '교만하고 건방진 행동'을 공격하는 목소리가 중론으로 제기되었다(『朝鮮日報』1936/06/12). 밀주 조사 과정에서 세무 관리가 농민을 구타하거나(『東亞日報』1934/11/23; 『朝鮮日報』1936/06/28; 『朝鮮中央日報』1936/07/31), 농민을 멸시하며 무리하게 가택을 수색하다가 주민들과 집단 충돌했다(『朝鮮日報』1935/06/20; 1935/06/21; 『東亞日報』1935/06/20; 1935/06/23).

의 행보 또한 일반 조선인의 생각과는 크게 달라 반감을 키웠다. 유언비어·'불온' 문서 연구를 통해 중일전쟁에 대한 민중의 인식을 분석한 미야타 세쓰코宮田節子·변은진 등의 연구에 따르면 중일전쟁에 대한 조선 민중의 생각은 세무 관리들과는 크게 달랐다.[112] 조선 민중은 '어느 쪽이 이겨도 우리와는 관계가 없다', '일본이 자민족을 위해 타민족과 싸우는데 우리 식민지 민족과 무슨 관계가 있는가'라는 제3자적·방관자적 태도로 전쟁의 실태를 정확히 파악하고 있었다. 일본이 내세운 전쟁 목적이나 대의명분에 대해서도 '일본사람은 조선을 빼앗은 뒤 만주를 차지하고, 또 지나支那를 침략하면서 이번 사변을 동양 평화의 성전이라고 하는 것은 구실이고 사실은 일본이 영토를 확장하려는 야심이 있기 때문'이라며 기만성을 꿰뚫어 보고 있었다.

나아가 '전쟁에 나간 일본 놈들은 전부 전사해 버려라', '지나사변支那事變은 일본이 지면 좋겠다', '지나는 일본의 몇 백 배나 크니까 전쟁을 오랫동안 끌면 결국 일본이 진다'며 일본이 질 것이라는 기대와 전망을 품고 있었다. 옥천 군수가 중일전쟁에서 전사한 조선인 이인석에 대해 경성일보를 통해 '의열무비義烈無比한 무인'으로 치켜세우고 '엄숙한 충동과 감동'을 표하자 군청 소사 유재혁이 '불온 문서'를 보내 '조선 청년이 일본을 위해 전사했는데 네 가슴은 어째서 그렇게도 기분이 좋은가'라며 규탄하기도 했다. 이 같은 민중의 중일전쟁관으로 볼 때 일제의 전비를 마련하려는 조

---

112 이하 서술은 미야타 세쓰코(1997, 1~28), 변은진(2013, 341~374)에 의거했다.

세 증징에 앞장서는 것도 모자라 황국신민화와 전쟁 수행에 앞장 선 조선인 세무 관리들의 모습은 일반 조선인들의 반감을 키우기에 충분했을 것이다.

이처럼 1세대 근대적 세무 관리들은 일제의 식민지 지배 논리를 적극 수용하고 집행에 앞장섬으로써 일반 민중과는 물 위에 뜬 기름과 같은 관계에 놓였다고 할 수 있다. 앞서의 분석에서 일제의 각종 세무 관리 교육에 적극 참여한 조선인들은 상당수가 해방 후 제1공화국 세무 행정의 주축이 되는 것으로 나타났다. 일제 패망과 미군정기를 거쳐 제1공화국기가 되면 과세 목적과 근거의 식민지성은 적어도 외형적·형식적으로는 해소되는 과정을 거친다. 그러나 일반 민중과 '물 위에 뜬 기름'의 관계에 있었던 1세대 세무 관리들이 안고 있던 문제는 기름이 물이 되는 것만큼이나 쉽게 해소되기 어려운 식민지 유산의 하나로 남을 수밖에 없었다.

지금까지 2부에서는 1934년 독립적 세무 기구의 설치와 제도의 변화, 개인소득세 부과 징수 체계, 세무 인력의 운용에 대해 살폈다. 일제하 중앙집권적 세무 기구는 '대표와 동의 없는 강압적 과세'를 위해 과대 성장되고 전문성과 효율성을 갖춘 식민 지배 기구로서의 성격이 뚜렷했다. 이제 3부에서는 일제하에서 만들어진 '대표 없는 강압적 과세' 체제의 유산이 해방 후 국가와 민주주의 형성 과정과 어떻게 연계되었으며, '조세 없는 민주주의'로 귀결되었는지를 분석하려 한다.

3부

조세 없는 민주주의의 형성: 해방 후 세무 기구 분석

6장

해방 후(~1960년) 세무 기구의 정비와 운영

1. 세무 기구의 정비

해방 직후 조선총독부를 대체해 등장한 미군정은 충분한 사전 준비 없이 한국 통치에 임했기 때문에 1945년 8월 9일 현재 시행 중인 조선총독부의 통치 기구와 제도를 그대로 승계한 다음 필요에 따라 기구와 제도를 정비해 가는 방식을 채택했다.[1] 이에 따라 38선 이남 9개 도 재무부와 64개 세무서가 그대로 승계되었다. 다만 1946년 11월 도 재무부의 명칭이 도 재무국으로 변경되었다.[2]

조선총독부 세무 행정 체제를 그대로 사용해 오던 미군정청이 처음으로 변화를 꾀한 것은 1948년 초였다. 1948년 3월 1일 미군정청은 '사세국의 기구 개혁'을 공포·시행했다. 주요 내용은 1943년

---

[1] "제1조 모든 법률 또한 조선 구 정부가 발포하고 법률적 효력을 갖는 규칙, 명령, 고시, 기타 문서로서 1945년 8월 9일 시행 중인 것은 그간의 폐지된 것을 제하고 조선 군정부의 특수 명령으로 폐지할 때까지 전 효력으로 이를 존속함"(『미군정관보』 1945/11/02).

[2] 1946년 11월 2일 시행된 군정법령 제114호 「도 기구의 개혁」에서는 각 도 재무부의 명칭을 재무국으로 변경하되 그대로 존속시켜 1943년 12월부터 담당해 오던 국세 및 지방세에 관한 부과 징수 사무의 감독 업무를 그대로 유지하게 했다(『미군정관보』 1946/10/23).

말 이후 지방행정기관에 편입돼 독립 기구로서의 위상을 잃어버렸던 세무 기구를 중앙정부인 재무부 산하로 이관하는 것이었다. 이에 따라 각 도의 재무국은 폐지되었고, 감독 기관으로서 남한 지역 각 도에 9개 국립사세청을 신설했다. 다만 기존 64개 세무서는 감독 기관이 도 재무국에서 각 사세청으로 변경되었을 뿐 그대로 유지되었다. 재무부 사세국에 징수서·직세서·간세서·감찰서 등 4개 부서를 두었고, 각 사세청과 세무서에는 징수과·직세과·간세과 등 3과를 설치했다(『미군정관보』 1948/03/01).

1948년 8월 대한민국 정부 수립 이후 정식 중앙 세무 행정기관으로서 재무부 산하에 사세국이, 지방 세무 행정기관으로서 4개 사세청과 67개 세무서가 각각 순차적으로 설치되었다(『관보』 1948/11/04; 1949/08/03; 1950/04/01a; 1950/04/01b). 사세국에는 징수과·직세과·간세과·국유재산과 등 4개 과를 두었다. 사세국 4과의 사무 분장은 다음과 같다. ① 징수과는 내국세의 징수, 세외수입, 제화부금 납세 시설, 세무 통계 및 국내局內 타 과 주관에 속하지 않는 사항을 분장한다. ② 직세과는 직접국세의 부과 감면, 직접국세와 지방 세제의 조사·연구, 토지 임대 가격 및 지적에 관한 사항을 분장한다. ③ 간세과는 간접국세의 부과 감면, 간접 세제의 조사·연구, 주류의 생산·배급 분석, 감정과 조사, 간접국세 범칙자 처분 및 간접국세법에 의한 면허에 관한 사항을 분장한다. ④ 국유재산과는 국유재산의 관리, 조사와 처분에 관한 사항을 분장한다(『관보』 1948/11/04).

사세청에는 총무국(총무과, 징수과)과 세무국(직세과, 간세과, 조사과)을 두었다. 사세청의 총무국과 세무국의 사무 분장은 다음과 같다. ① 총무국은 기밀, 공무원의 진퇴, 상벌, 관인의 관수, 문서의 접수, 편찬과 보관, 세무 통계, 예산, 결산, 회계, 용도, 물품의 관리와 영선, 과오납금불려와 교부금의 교부, 세무 직원의 훈련과 감사, 국세 징수, 세외수입 감독, 납세의 시설과 기획 및 타 국에 속하지 아니하는 사항을 분장한다. ② 세무국은 국세의 부과, 감면과 감독, 국유재산의 관리, 지적, 토지 임대 가격 조사, 이동지 조사, 과세 자료 조사, 경제 조사와 세원 조사, 주류의 생산과 배급 통제, 주류업 단체의 감독과 간접국세 징수 보조 단체의 지도·감독, 주류의 분석·감정, 주류 대용 원료의 조사·연구 및 간접국세 범칙자 처분에 관한 사항을 분장한다(『관보』 1950/04/01a).[3] 세무서에는 총무과·직세과·간세과를 각각 설치했고, 각 과에 계를 두어 계별로 사무를 좀 더 미세하게 분장했다. 총무과에는 행정계와 징수계를, 직세과에는 개인계·법인계·조사계·지적계를, 간세과에는 음료세계와 소비세계를 각각 두었다.[4]

한국전쟁이 발발하면서 전란 중 재정 확충을 위한 세원 조사 기능을 강화하기 위해 1951년 4월 15일 재무부 직제를 개정해 사세국에 조사과를 신설하고 세무서를 70개로 늘렸다.[5] 즉, 대구세무

---

3 한편 총무과에는 행정계·경리계·감사계를, 징수과에는 징수계와 정리계를, 직세과에는 개인계·법인계·지적계·국유재산계를, 간세과에는 음료세계·소비세계·감정계(서울·부산사세청)를, 조사과에는 조사계와 심사계를 각각 두어 자세한 사무를 분장했다(『관보』 1950/04/20a).

4 각 계별 사무 분장의 자세한 내용은 『관보』(1950/04/20b)를 참조.

5 "조사과는 국민소득, 조세 부담액, 기타 조세 부과 자료의 조사와 외국 조세제도의 조사·연구 및 조세 부과 조정의 사찰에 관한 사항을 분장한다"(『관보』 1951/04/15a). 한국전쟁으로 제주도를 제외한 전국에서 무려 51개 세무서가 건물, 집기 비품, 시설 피해를 입어 일

표 6-1　1950년과 1960년의 지방 세무 행정기관 현황

사세청	관할구역	1950년 현재 세무서(67개)	1960년 현재 세무서(81개)
서울	서울시, 경기도, 강원도	종로, 중부, 용산, 서대문, 동대문, 인천, 수원, 평택, 용인, 이천, 개성, 양주, 연백, 옹진, 춘천, 삼척, 홍천, 원주, 평창, 강릉(이상 20개)	종로, 북부, 광화문, 중부, 을지로, 용산, 남대문, 서대문, 동대문, 성동, 영등포, 인천, 동인천, 수원, 평택, 용인, 이천, 양주, 춘천, 삼척, 홍천, 원주, 평창, 강릉(이상 24개)
대전	충청북도, 충청남도	청주, 영동, 충주, 대전, 공주, 강경, 홍성, 예산, 천안(이상 9개)	청주, 영동, 충주, 대전, 동대전, 공주, 강경, 장항, 홍성, 예산, 천안(이상 11개)
광주	전라북도, 전라남도, 제주도	군산, 전주, 이리, 김제, 정읍, 금산, 진안, 남원, 수원, 나주, 곡성, 영광, 광주, 벌교, 강진, 순천, 제주(이상 17개)	군산, 전주, 이리, 김제, 정읍, 금산, 진안, 남원, 목포, 나주, 곡성, 영광, 광주, 서광주, 벌교, 강진, 해남, 순천, 여수, 제주(이상 20개)
부산	부산시, 경상북도, 경상남도	대구, 달성, 경주, 포항, 안동, 의성, 왜관, 김천, 상주, 내성, 부산, 북부산, 마산, 울산, 하동, 거창, 통영, 합천, 진주, 김해, 밀양(이상 21개)	대구동부, 대구중부, 대구서부, 경주, 포항, 안동, 의성, 왜관, 김천, 상주, 내성, 부산, 남부산, 중부산, 부산진, 동래, 마산, 창원, 울산, 하동, 거창, 통영, 합천, 진주, 김해, 밀양(이상 26개)

자료 :『관보』(1950/04/01b; 1960/07/19).

서를 대구동부 및 대구서부세무서로 분리하고, 영도세무서를 신
설했으며, 북부산세무서를 부산진세무서 및 동래세무서로 개편했
다(『관보』1951/04/15b). 1951년 9월 1일에는 해남 및 여수세무서를 신
설했다(『관보』1951/09/01). 9월 25일 임시토지수득세법이 제정·시행
됨에 따라 12월 1일 사세국·사세청·세무서에 토지수득세과를 신
설해 해당 업무를 담당하게 했다.[6] 1952년 2월 1일 영도세무서를
남부산세무서로 개칭하고 부산 시내 세무서의 관할구역을 조정했

상적인 세무 행정 집행에 타격을 입었다(공보처 통계국 2013, 533에서 재인용).
6 "토지수득세과는 과세에 필요한 농가 경제 농산물 가격과 농업생산비 조사와 토지수득
　세의 부과 감면, 토지 임대 가격과 지적에 관한 사항을 분장한다"(『관보』1952/04/03: 1951/12/
　01). 사세국과 사세청 및 세무서에 설치된 토지수득세과는 토지세의 지방세 이양에 따라
　1961년 10월 2일 일괄 폐지되었다.

으며(『관보』 1952/02/01),[7] 1953년 11월 1일에는 중부산세무서가 신설되었다(『관보』 1953/11/01). 이처럼 한국전쟁 기간 중에는 부산 지역에서 전국 국세의 60% 수준을 충당했기 때문에 부산 시내 소재 세무서가 집중적으로 증설되었는데, 1950년 4월 2개(부산·북부산세무서)였던 부산 시내 세무서는 1953년 말 5개(부산·남부산·부산진·동래·중부산세무서)로 증가했다(국세청 1996b, 428).

한국전쟁이 끝나자 정부와 국회는 1954년 3월과 10월에 걸쳐 경제 재건을 목표로 전시 세제를 평상 세제로 전환하기 위해 조세특례법과 조세임시증징법을 폐지하는 등 거의 모든 세법에 걸쳐 세제 개혁을 단행했다. 1956년 12월에는 기업의 직접세 부담을 완화하고 간접세 중심 조세 구조로의 전환을 목표로 총 13개 세법이 개정됐다(최상오 2012, 340~344). 한국전쟁 종전 이후 세무 행정기관은 일부 세무서의 신설과 미수복 지구 소재 세무서의 폐지를 제외하고는 큰 변동 없이 종전의 조직을 유지했다. 1954년 7월 10일 영등포·동인천·장항·광산·창원 등 5개 세무서가 신설되어 세무서의 수는 총 78개로 늘어났다(『관보』 1954/07/10).

1955년 2월 17일 재무부 직제를 개정했는데 한국전쟁 기간 중 설치했던 조사과를 세정과로 개편해 일반 행정 사무를 전담하게 했다.[8] 1957년 7월 18일 북부·광화문·을지로세무서 등 3개 세무

---

7 같은 해 5월 1일 부산·부산진·동래세무서의 관할구역이 다시 조정 시행되었다(『관보』 1953/04/20).

8 "세정과는 조세정책의 일반, 조세 행정 운영의 기획 감독, 외국 조세제도의 조사와 연구, 일반 경제 조사, 조세 부담액과 세원 조사, 내국세 수입의 추산과 결산, 세무 통계,

서가 신설된 반면, 미수복 지역의 3개 세무서(개성·연백·옹진)를 폐지했다(『관보』 1957/07/18). 1959년 2월 4일 남대문·성동·동대전세무서 등 3개 세무서가 신설되어 세무서 총수는 81개가 되었다(『관보』 1959/02/04). 1959년 5월 11일 사세국에 세제과를 신설하고,[9] 7월 16일 국유재산과를 폐지하는 등 체계를 정비했다(『관보』 1959/07/16).

세무 기구의 정비와 함께 세무 관리에 대한 체계적인 교육기관의 설치와 세무 강습도 추진되었다. 재무부 사세국이 관장하는 세무 공무원 양성소가 설치된 것은 정부 수립 직후인 1949년 1월이었지만, 실제 제1기 양성 교육이 시작된 것은 한국전쟁 발발 이후 정부 부처가 부산으로 옮겨가 있던 1952년 8월이었다.[10] 양성소 관련 업무는 초기에는 사세국 징수과에서, 나중에는 세정과에서 담당했다.[11]

양성소의 신규 세무 교육 과목은 신규 세무 공무원에게 필요한

국세 제도와 지방세 제도의 조정 및 국내 타 과의 주관에 속하지 않는 사항을 분장한다"(『관보』 1955/02/17).

9 "세제과는 국세 제도의 조사와 연구, 국세 제도와 지방세 제도의 조정, 외국 조세제도의 조사와 연구, 국민소득 추계 조사, 일반 경제 조사, 조세 부담액과 세원 조사에 관한 사항을 분장한다"(『관보』 1959/05/11).

10 세무 공무원 양성소는 1949년 1월 1일 서울 종로구 경운동에 설치되었으나 정식 직제에 근거한 것이 아니었고, 그해 3월 21일 국립공무원훈련원직제(『관보』 1949/03/21)가 공포되면서 이 훈련원 산하로 배치되었다(국세청 1996b, 408). 1955년 8월 5일 국무회의에서 세무공무원양성소직제(총무처 의정국 의사과 1955)가 안건으로 심의(『동아일보』 1955/08/06)되었으나 이 직제는 공포되지 않았다. 세무 공무원 양성 기관은 1962년 재무부공무원훈련소직제(『관보』 1962/05/01)가 공포되면서 비로소 독자적인 직제를 갖추게 되었다.

11 이하 서술은 세무공무원교육원(1988, 85~102)을 참조.

그림 6-1 **해방 후 세무 기구 조직의 변화**(1948~61년)

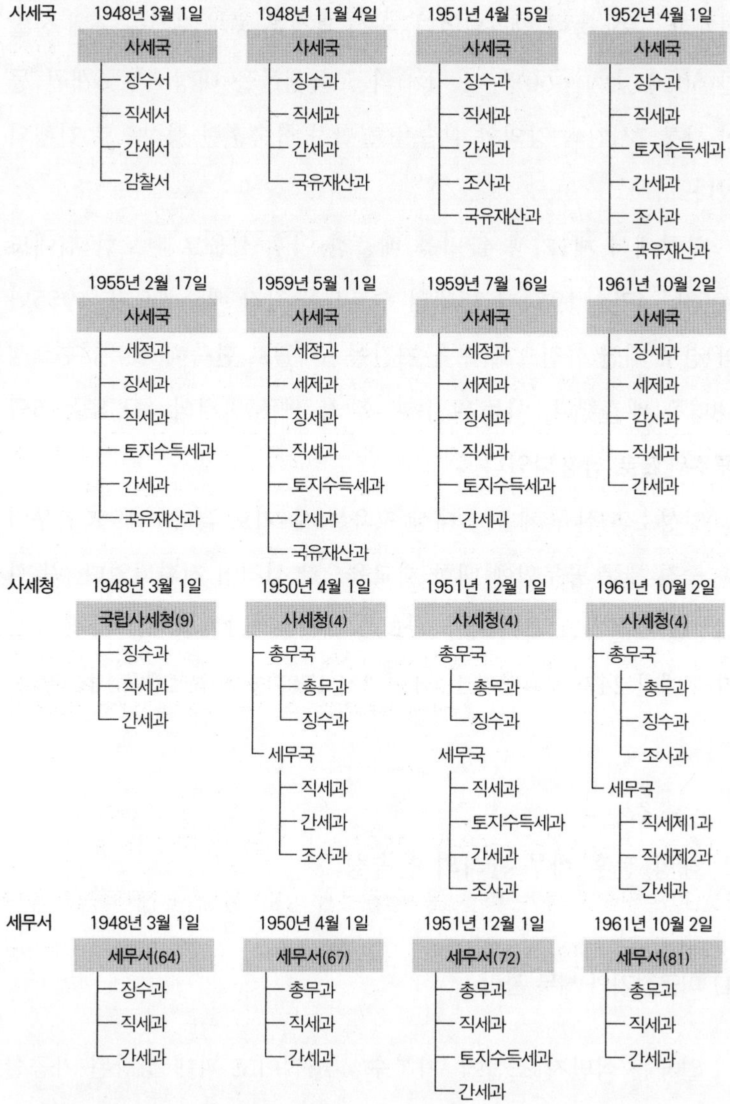

사세국

1948년 3월 1일
사세국
- 징수서
- 직세서
- 간세서
- 감찰서

1948년 11월 4일
사세국
- 징수과
- 직세과
- 간세과
- 국유재산과

1951년 4월 15일
사세국
- 징수과
- 직세과
- 간세과
- 조사과
- 국유재산과

1952년 4월 1일
사세국
- 징수과
- 직세과
- 토지수득세과
- 간세과
- 조사과
- 국유재산과

1955년 2월 17일
사세국
- 세정과
- 징세과
- 직세과
- 토지수득세과
- 간세과
- 국유재산과

1959년 5월 11일
사세국
- 세정과
- 세제과
- 징세과
- 직세과
- 토지수득세과
- 간세과
- 국유재산과

1959년 7월 16일
사세국
- 세정과
- 세제과
- 징세과
- 직세과
- 토지수득세과
- 간세과

1961년 10월 2일
사세국
- 징세과
- 세제과
- 감사과
- 직세과
- 간세과

사세청

1948년 3월 1일
국립사세청(9)
- 징수과
- 직세과
- 간세과

1950년 4월 1일
사세청(4)
- 총무국
  - 총무과
  - 징수과
- 세무국
  - 직세과
  - 간세과
  - 조사과

1951년 12월 1일
사세청(4)
- 총무국
  - 총무과
  - 징수과
- 세무국
  - 직세과
  - 토지수득세과
  - 간세과
  - 조사과

1961년 10월 2일
사세청(4)
- 총무국
  - 총무과
  - 징수과
  - 조사과
- 세무국
  - 직세제1과
  - 직세제2과
  - 간세과

세무서

1948년 3월 1일
세무서(64)
- 징수과
- 직세과
- 간세과

1950년 4월 1일
세무서(67)
- 총무과
- 직세과
- 간세과

1951년 12월 1일
세무서(72)
- 총무과
- 직세과
- 토지수득세과
- 간세과

1961년 10월 2일
세무서(81)
- 총무과
- 직세과
- 간세과

주 : 괄호 안은 사세청 및 세무서의 수. 해방 직후 64개(남한)이던 세무서 수는 67개(1950년 4월) →
    70개(1951년 4월) → 72개(1951년 9월) → 73개(1953년 11월) → 78개(1954년 7월) → 81개(1959년
    2월)로 증가.
자료 : 『미군정관보』(1948/03/01); 『관보』(1948/11/04; 1950/04/01a; 1951/04/15a; 1951/12/01;
    1952/04/03; 1955/02/17; 1959/05/11; 1961/10/02a; 1961/10/02b).

헌법, 재정법, 민법 등 기본 6법과 각종 세법, 실무에 필요한 부기, 회계학, 주산 등이 망라되었다. 양성 과정은 공개 모집을 통해 선발한 50(제1, 2기)~60명(제3, 4기)의 교육생들을 대상으로 6개월 동안 하루 7시간씩 강의와 실습을 결합한 합숙훈련 형식으로 진행되었다.

부산에서 제1기생 47명을 배출한 이후 서울로 환도한 뒤에도 1953년 47명, 1954년 55명의 수료생을 각각 배출했으며, 1955년의 경우 예산 사정으로 교육 기간을 3개월로 단축해 제4기 수료생 58명을 배출했다. 이들은 수료 후 각 세무 관서의 4급 또는 5급 공무원으로 임용되었다.

양성소의 신규 채용자 대상 교육은 제4기로 끝나고 1956년부터는 중견 세무 공무원에 대한 재교육으로 성격이 전환되었다. 각 사세청별로 선발된 재직 세무 관리를 대상으로 1개월 교육과정을 운영해 매년 247~300명씩 1961년까지 1707명의 수료생을 배출했다.

2. 해방 전후 세무 관리의 연속성

1) 미군정기의 세무 관리

일제는 식민지 조선에 '가분수'假分數적이고 과대 성장된 가공할 만한 관료 기구를 만들어 해방된 한국에 남기고 갔다(커밍스 1986a, 47). 해방 직후 조선총독부를 대체해 등장한 미군정은 일제가 남긴 관료 기구를 존속시켰고 어떤 부서들은 확장했다. 미군정은 소수 일본인 관리들을 유임해 비공식적인 고문으로 활용했고, 이들은 고위직에 한국인들을 추천하는 데 중요한 역할을 담당했다.

미군정은 일본인 관리들이 떠나고 공백이 된 자리에 기존의 위계 체계에 따라 한국인 관리를 승진시켜 임명한 뒤 미국인 책임자를 1명씩 배속했는데, 임명된 한국인 관리는 대부분 과거 총독부 관리를 역임했거나 한민당 계열이었다. 더욱이 분단과 더불어 북한에 있던 대부분의 관료들이 남한으로 도피해 왔기 때문에 새로 개편된 관료 기구와 미군정에서 일할 수 있는 관리들의 수는 2배로 늘어났다(커밍스 1986a, 261~263).

세무 분야도 양상이 비슷했다. 군정청에 재무부를 두고, 도道 재무국과 세무서 등 조선총독부의 세무 행정 기구를 그대로 유지한 채 일본인 세무 관리를 해임하고 그 자리에 한국인을 임명했다. 미군정은 1945년 9월 14일 정무총감 이하 조선총독부 각 국장을 해임했고, 세무 행정을 총괄하던 미즈타 나오마사 재무국장도 이때 해임되었다. 재무국의 다른 중하위직 관리들은 같은 해 11월까지 대부분 면직되었으며, 세무과 관리들도 11월 19일과 24일 이동사령 제39호와 제45호를 통해 대부분 파면됐다(『미군정관보』 1945/11/19; 1945/11/24).

미군정은 1945년 9월 29일부로 찰스 고든 육군중령을 재무국장에 임명한 뒤, 1947년 2월 15일부로 다시 재무국 고문으로 옮기게 하고 일제하 은행장 출신인 윤호병을 재무부장에 임명했다(『미군정관보』 1945/09/29; 1947/03/29).[12] 1948년 6월부터 정부가 수립되는 8월까지는 일제하에서 행정 관료를 두루 거친 홍헌표가 재무부장 대리를 맡았다.[13] 각 도의 일본인 세무 관리에 대한 면직은 1945년

10월에서 1946년 2월에 걸쳐 이뤄졌는데, 경기도와 경남은 1945년 10월에 이뤄진 반면 나머지는 11월부터 이듬해 1월 사이에 진행됐다. 이는 미군정이 1945년 9월 인천을 거쳐 경기도 일원을 먼저 점령한 뒤 부산을 비롯한 경남을 점령한 다음 나머지 지역을 10~11월 사이에 점령한 것과 관련이 있다(신상준 1997, 111).

미군정은 1945년 10월 2일 면직사령 제5호를 통해 재무부장 야마무라 마사야스山村正保 등 경기도 재무부 관리 4명과 다케베 마사토시竹邊眞俊 경성세무서장을 비롯한 경기도 일원 세무서장 7명 등 총 11명을 면직했다. 이 가운데 9명은 일본인이고 2명은 한국인이다. 한국인 중 1명은 1943년부터 수원세무서장을 맡아 오던 박규원으로, 같은 날 종로세무서장에 임명되었다. 수원세무서장 후임으로는 이건호가 임명되었다. 다른 1명의 한국인은 개성세무서장 조문제로 후임 개성서장에는 강오천이 임명됐고, 조문제는 같은 날 경성세무서장에 임명되었다(『미군정관보』 1945/10/02a; 1945/10/02b).[14]

---

12 윤호병은 일제하에서 동일은행 지배인을 역임하는 등 금융업에 종사했던 인물로 영어에 능통했다.

13 홍헌표는 1933년 교토 제국대학을 졸업했고 이듬해 고등문관시험 행정과에 합격했다. 1933년부터 조선총독부 재무국 사계과 속에 임명되어 관료 생활을 시작해 평안남도 강서군수, 평안남도와 평안북도 산업부장, 평안북도 재무부장을 거쳐 함경북도 농상부장으로 재직하던 중 해방을 맞았다. 1945년 12월 미군정청에 의해 재무부 사계과장에 임명되어(『미군정관보』 1945/12/14) 근무하던 중 재무부장 대리를 맡게 되었다.

14 박규원朴圭遠은 박규운朴圭雲으로, 이건호李健祜는 이건HO, 강오천은 강오CHUN으로 각각 기록되고 있다.

이어 아베 쓰루키치阿部鶴吉 재무과장 등 경상남도 재무부 일본인 관리 3명과, 마스코 요시시게 부산세무서장을 비롯한 마산·통영·진주·김해세무서장, 부산세무서의 직세·간세과장 등 경상남도 세무 관리 9명이 1945년 10월 19일부로 파면되었다(『미군정관보』 1946/02/07).[15] 뒤이어 11월에는 강원도와 충남 및 전남, 12월에는 전남과 전북 및 경북 순으로 세무 관리 면직 및 이동사령이 순차로 단행되었다. 일본인을 해임한 자리에는 순차적으로 한국인을 임명했다. 가장 빠른 지역은 경기도로 1945년 10월 2일 백봉제 재무부장, 문명선 직접세과장, 정낙필 간접세과장, 김만기 이재과장이 임명되었다. 경력을 알 수 없는 백봉제 재무부장을 제외하고는 모두 조선총독부 세무 관리 출신들이다. 같은 날 경기도 내 7개 세무서의 서장도 임명되었다. 역시 경력 미상인 강오천 개성세무서장을 제외한 6명 모두 조선총독부 세무 관리 출신이다.

〈표 6-2〉는 1946년 8월까지 각 도 재무부의 부장과 과장, 세무서의 서장과 일부 과장에 대한 임명사령을 모아 도표화한 것이다. 중복되는 3명(김재기·오인근·한창수)을 감안하면 이 기간에 임명사령에 등장하는 세무 관리는 총 84명이다. 필자가 84명의 경력을 조사한 결과 조선총독부 세무 관리 출신은 70%, 59명으로 나타났다.

59명 중 조선총독부 세무서 서장을 지낸 자는 11명, 세무서 과장을 지낸 자는 20명이었다. 과장을 거쳐 서장이 된 5명을 감안

---

15 이들에 대한 서류상 파면 처리는 이듬해인 1946년 2월에야 이뤄졌다.

표 6-2 미군정 임명사령에 나타난 도 재무부 부·과장 및 세무서 서·과장 현황

	도 재무부	세무서
경기	백봉제白鳳濟(재무부장 1945년 10월 2일), 차균찬車均燦(재무부장 1945년 11월), 문명선文明善(직세과장 1945년 10월 2일), 정낙필鄭樂弼(간세과장 1945년 10월 2일), 김만기金萬基(이재과장 1945년 10월 2일), 오인근吳仁根(직세과장 1946년 2월 12일)	조문제趙文濟(경성서장 1945년 10월 2일), 박규원朴圭遠(종로서장 1945년 10월 2일), 오인근吳仁根(서대문서장 1945년 10월 2일), 이건호李健HO(수원서장 1945년 10월 2일), 이창호李昌浩(용산서장 1945년 10월 2일), 이건운李健雲(인천서장 1945년 10월 18일), 강오천康五CHUN(개성서장 1945년 10월 2일), 남상용南相墉(양주서장 1945년 10월 2일), 홍윤남洪允男(종로서장 1946년 2월 12일), 이연갑李延甲(서대문서장 1946년 2월 12일), 장남섭張南燮(수원서장 1946년 2월 12일)
충북	김종하金鍾河(직세과장 1946년 3월 12일), 오명숙吳明叔(간세과장 1946년 3월 12일), 이성식李星植(재무과장 1946년 3월 12일)	장형기張亨基(청주서장 1946년 6월 13일), 황준성黃俊性(영동서장 1946년 6월 13일), 김병호金炳浩(충주서장 1946년 6월 13일)
충남	심일소沈佾蘇(재무부장 1945년 12월 5일), 이상락李相樂(직세과장 1945년 12월 5일), 이종선李鐘善(재무과장 1945년 12월 5일), 오영석吳永錫(간세과장 1945년 12월 5일), 김재기金在奇(재무과장 1946년 3월 18일)	김완희金浣喜(대전서장 1945년 12월 5일), 김현국金玄國(강경서장 1945년 12월 5일), 이대녕李大寧(홍성서장 1945년 12월 5일), 김의조金義祚(천안서장 1945년 12월 8일)
강원	임병윤林炳閏(직세과장 1946년 3월 13일), 연관延瓘(간세과장 1946년 3월 13일), 김명한金明漢(직세과장 1946년 7월 16일), 조수준趙秀俊(재무과장 1946년 7월 16일)	이정옥李正玉(춘천서장 1945년 12월 27일, 1946년 1월 1일), 손갑성孫甲成(울진서장 1946년 1월 1일), 고성렬高成烈(홍천서장 1946년 1월 1일), 신현묵申鉉默(원주서장 1946년 1월 1일), 임헌국林憲國(평창서장 1946년 1월 1일), 김석룡金錫龍(강릉서장 1946년 1월 1일)
전북	임명직林命稷(직세과장 1945년 11월 10일), 한창수韓彰洙(간세과장 1945년 11월 10일), 임창준任昶準(재무과장 1945년 11월 10일), 임철호任喆鎬(재무부장 1945년 12월 22일), 권직權稷(간세과장 1946년 8월 19일)	소재선蘇在先(군산서장 1946년 1월 10일), 김영도金永道(전주서장 1946년 1월 10일), 김병관金炳寬(이리서장 1946년 1월 10일), 권직權稷(김제서장 1946년 1월 10일), 이종태李鍾泰(정읍서장 1946년 1월 10일), 임광옥林光玉(진안서장 1946년 1월 10일), 이계선李桂善(남원서장 1946년 1월 10일), 한창수韓彰洙(김제서장 1946년 8월 19일)
전남	정인위鄭寅瑋(직세과장 1945년 11월 1일), 정학철鄭學澈(간세과장 1945년 11월 1일), 오병직吳炳稷(재무과장 1945년 11월 1일), 최태근崔泰根(재무부장 1945년 12월 6일)	
경북	김재기金在奇(직세과장 1945년 10월 13일), 정응록鄭應祿(간세과장 1945년 10월 13일), 강신묵姜信默(재무과장 1945년 10월 13일), 허억許億(재무부장 1945년 11월 20일), 이갑찬李甲燦(회계과장 1946년 1월 28일), 김창환金昌煥(직세과장 1946년 3월 18일)	

3부 조세 없는 민주주의의 형성

| 경남 | 윤상은尹相殷(재무부장 1945년 12월 16일), 하국원河國源(간세과장 1945년 12월 31일), 박봉화朴鳳和(직세과장 1945년 12월 31일), 김동조金東祚(재무과장 1945년 12월 31일), 추규영秋圭映(재무과장 1946년 5월 20일) | 한중원韓重源(부산서 직세과 토목기사 1945년 11월 20일), 신태조申泰照(마산서장 1945년 12월 31일), 김원주金元柱(울산서장 1945년 12월 31일), 정종환鄭鍾權(하동서장 1945년 12월 31일), 송철헌宋喆憲(거창서장 1945년 12월 31일), 최근수崔根壽(통영서장 1945년 12월 31일), 임창규林昌奎(부산서장 1945년 12월 31일), 박병인朴炳寅(합천서장 1945년 12월 31일), 김종도金鍾度(진주서장 1945년 12월 31일), 김재구金在九(김해서장 1945년 12월 31일), 임형재林亨在(밀양서장 1945년 12월 31일), 김을성金乙成(부산서 직세과장 1946년 1월 1일), 이광희李光喜(부산서 간세과장 1946년 1월 1일), 조영운趙永云(부산서 서무과장 1946년 1월 1일), 문성무文成武(통영서장 1946년 1월 1일), 정민조鄭敏朝(부산서장 1946년 3월 19일) |
| 제주 | 김호상金浩相(직세·간세·재무과장 1946년 8월 1일) | |

주 : 괄호 안은 직책 및 임명 연월일.
자료 : 『미군정관보』(1945/10/02~1947/03/31 「임명사령」·「이동사령」·「면직사령」 란); 『中央新聞』(1945/11/18).

하면 서장 또는 과장을 지낸 사람은 26명으로 조선총독부 세무 관리 경력자의 44%에 해당되었다. 임명사령에 등장하는 세무서장 44명과 세무서 과장 4명 등 48명 중에는 9명을 제외한 39명(81%)이 조선총독부 세무 관리 출신으로 나타났다.[16]

조선총독부 세무서장 경력자는 6명, 세무서 과장 경력자는 10명이었다.[17] 과장을 거쳐 서장이 된 2명을 감안하면 서장 또는 과

---

16 일제하 세무 관리 경력이 없거나 경력을 확인하기 어려운 9명은 다음과 같다. 강오천康五CHUN·김석룡金錫龍·김완희金浣喜·김의조金義祚·박병인朴炳寅·신태조申泰照·이건운李健雲·이대녕李大寧·한중원韓重源(가나다순).

17 조선총독부 세무서장 역임자 : 김영도金永道·박규원朴圭遠·임창규林昌奎·정민조鄭敏朝·조문제趙文淸·홍윤남洪允男, 조선총독부 세무서 과장 역임자 : 김병관金炳寬·김영도·김원주金元柱·김재구金在九·김현국金玄國·임형재林亨在·장형기張亨基·정종환鄭鍾權·조문제·최근수崔根壽.

장을 지낸 사람은 14명으로 세무서 경력자의 36%였다. 임명사령에 등장하는 도 재무부 부장과 과장 38명 중에는 23명(61%)이 조선총독부 세무 관리 출신이다.[18] 조선총독부 세무서장 경력자는 5명, 세무서 과장 경력자는 10명이었다.[19] 과장을 거쳐 서장이 된 사람은 3명이며, 서장 또는 과장을 지낸 사람은 13명으로 세무서 경력자의 55%였다.

한편 1948년 5월 18일자 신문에 실린 광고에 따르면 당시 제주사세청장은 김호상이었으며, 제주세무서장은 고태관, 총무과장 겸 직세과장은 최경식, 간세과장은 김두홉인 것으로 나타났다(『民衆日報』 1948/05/18). 또한 미군정기 울진세무서장의 경우 손갑성(1945년 8월~1946년 11월)·김진하(~1947년 4월)·김동헌(~1948년 4월)이 차례로 맡았던 것으로 기록되고 있다(삼척세무서 1991, 18). 이 가운데 고태관은 순천·제주세무서, 손갑성은 수원세무서, 김진하는 춘천세무서, 김동헌은 청주세무서에서 각각 조선총독부 속으로 일한 경력이 있다.

....

18 23명은 다음과 같다. 권직權稷·김만기金萬基·김명한金明漢·김재기金在奇·김종하金鍾河·김창환金昌煥·문명선文明善·박봉화朴鳳和·연관延瓘·오명숙吳明淑·오인근吳仁根·이상락李相樂·이성식李星植·임명직林命稷·임병윤林炳潤·임철호任喆鎬·정낙필鄭樂弼·정응록鄭應祿·정인위鄭寅瑋·정학철鄭學澈·하국원河國源·한창수韓彰洙.

19 서장 역임자 : 김재기金在奇·연관延瓘·정응록鄭應祿·정인위鄭寅瑋·하국원河國源, 과장 역임자 : 김재기·김종하金鍾河·박봉화朴鳳和·오명숙吳明淑·이성식李星植·임병윤林炳潤·정낙필鄭樂弼·정인위·정학철鄭學澈·하국원.

2) 제1공화국의 세무 관리

1948년 8월 정부 수립 이후 1948년 11월 4일 재무부 직제(대통령령 제20호), 1949년 8월 3일 지방 세무 관서 설치법(법률 제39호), 1950년 4월 1일 지방 세무 관서 직제(대통령령 제319호) 및 지방 세무 행정기관의 명칭, 위치 및 관할구역에 관한 건(대통령령 제320호) 등 관련 법령이 순차적으로 공포됨에 따라 세무 기구가 정비되었다.

세무 기구 정비에 발맞춰 각 기관마다 세무 관리들이 순차적으로 임명되었다. 1949년 말에 출간된 『단기4283년판 대한민국인사록』(내외홍보사 엮음 1949)의 세무 관리 명단을 보면 1948년 3월 1일 공포된 '사세국의 기구 개혁'에 근거해 임명되었음을 알 수 있고, 1950년 한국전쟁이 발발함에 따라 사실상 이들이 1950년 말까지 그대로 해당 직책을 맡고 있던 것으로 판단된다.

제1공화국 기간에 세무 인력 규모는 자료마다 편차가 커서 연도별 추이를 살펴보기 어렵다. 다만 한국전쟁 발발을 전후한 시기 세무 인력이 8000여 명 수준이었다는 회고가 있다.

> 사세국은 내국세를 관장하는 곳으로 전국의 시市 소재지에는 하나 이상의 세무서가 있었으며 군부郡部에도 두셋의 군郡들을 합하여 하나씩의 세무서가 있었으므로 총 종사원은 8000여 명에 달했다 (김만기 1989, 81).

한국전쟁이 끝나고 세무 기구가 어느 정도 안정된 1954년 초 현재 4개 사세청 693명, 73개 세무서 7001명 등 총 7694명이었다는 기록이 있다(대한민국정부 1954).[20] 또 1959년 말 기준으로는 사세국 61명, 4개 사세청 256명, 81개 세무서 5752명, 임시직 456명 등 총 6525명 수준이었다(재무부 사세국 엮음 1959, 48~51). 내국세 총액이 1954년 413억 원에서 1959년 1805억 원으로 4.4배 수준으로 증가한 것으로 미루어 볼 때 1950년대 말까지 점차 전체 세무 인력 규모를 하향 조정하는 과정을 밟았던 것으로 보인다.

이하에서는 제1공화국기(1949~60년)의 서장급 이상 간부급 세무 관리를 사세국 및 사세청과 일선 세무서로 나누어 살펴보고 이들 가운데 조선총독부 세무 관리 경력자를 분석하려 한다.[21]

(1) 사세국·사세청의 과장 이상 세무 관리

정부 수립 이후 세무 행정의 수장인 사세국장을 역임한 사람은 차균찬(1948년 8월~), 인태식(1948년 12월~), 이병두(1953년 10월~), 김만기(1954년 7월~), 권택상(1956년 6월~1960년 5월) 등 총 5명이다. 이 가운데 인태식·이병두·김만기 등 3명은 조선총독부 세무 관리를 역임했다. 제2대 사세국장 인태식은 1930년 도호쿠 제국대학을

---

20 패망 직전 한반도 전역의 13개 도 재무부와 102개 세무서에는 정원 1898명의 세무 관리와 그에 약간 못 미치는 규모의 고원을 포함해, 4000명에 육박하는 세무 인력을 유지하고 있었다. 이 가운데 3분의 2가 조선인이었다.

21 해방 후 기관별 세무 관리 현황은 1949년의 경우 그해 발간된 『대한민국인사록』大韓民國人事錄에서, 이후는 정부와 대한재무협회에서 펴낸 정부 및 사세관서의 『직원록』에서 파악할 수 있다. 그러나 한국전쟁 발발로 1950년은 자료가 누락되어 있고, 이후 시기도 『직원록』 자료가 없는 연도가 있어 『관보』에 게재된 임면 자료 등을 활용해 재구성했다.

졸업한 뒤 경성세무서 속, 강경세무서 서무과장, 홍천·청주세무서장을 거쳐 강원도 재무부 간세과장으로 일하다 해방을 맞았다. 미군정하에서 강원도 재무부장과 내무국장을 지낸 뒤 1948년 12월 재무부 사세국장에 임명되었다.[22]

제3대 사세국장 이병두는 1934년 연희전문학교를 졸업하고 1938년부터 조선총독부 경성세무서 속으로 근무한 인물로, 해방 후 용산세무서장(1948년~), 서울사세청 조사과장(1951년~), 사세국 조사과장(1953년~)을 거쳐 사세국장이 되었다.[23] 제4대 사세국장 김만기는 일본 오사카 지역에 있는 다마쓰쿠리 세무서(1937년 6월~), 후시미 세무서(1941년~)를 거쳐 요도가와淀川 세무서(1942년 6월~)에서 근무하던 중 고등문관시험 행정과에 합격했다. 1943년 9월부터 조선총독부 경성 세무 감독국과 경기도 재무부에서 근무하다 해방 후 평택·개성세무서장(1947년), 법제처 법제관(1950년), 사세국 직세과장(1950년 12월), 대전사세청장(1952년)·서울사세청장(1953년)을 거쳐 1955년 사세국장에 임명되었다.[24] 이 밖에 초대 국장 차

---

22 전형적인 엘리트 출신 조선총독부 세무 관리였던 인태식은 관재청장(1953년 9월~1954년 12월)을 거쳐 자유당 소속 제3, 4대 민의원에 연속으로 당선되었다. 1955년 3월부터 1956년 2월까지 국회 재정경제위원장을, 1956년 5월부터 1957년 6월까지 재무부 장관을 역임했다.

23 이병두는 허위 공문서 등을 작성해 거액의 국가보상금을 횡령한 혐의로 1954년 6월 24일 구속되어 같은 해 7월 22일 면직되었다(『경향신문』 1954/06/26; 『관보』 1954/07/23).

24 김만기는 이후 부산사세청장(1956년)·서울사세청장(1957년), 조선맥주(주) 관리인(1958년)을 거쳐 다시 재무부 사세국장을 역임(1960년 6월~1961년 4월)했다(한국세정신문사 엮음 1998, 119).

균찬은 '거물급 독립운동가' 출신이고(최형택 1984, 23),[25] 제4대 국장 권택상은 교토 제대 법학부를 졸업하고 조선총독부 내무국 속을 지냈으나 세무 관리 경력은 없다.

　1949~60년 사세청장을 지낸 사람은 모두 18명이다. 그중 김 만기·김소인·김종하·신긍우·이창규·오종수·임철호·임형재·장형 기·정낙필·조순구·최종태 등 12명은 조선총독부 세무 관리 출신 이다. 김소인은 교토 제대를 나와 1941년 광주세무서 속을, 김종 하는 경성제일고보를 나와 1938~39년 영동세무서 직세과장을, 신 긍우는 보성전문학교 법과를 졸업한 뒤 경기도 세무서 속을 각각 지냈다. 이창규는 평양세무서 속을, 오종수는 1934년부터 1945년 까지 울진·이천·예산·강경세무서장을, 임철호는 1938년부터 1945 년까지 영흥·웅기·정읍세무서장을 지냈다. 임형재는 1939년 밀양 세무서 속을, 장형기는 1938~39년 대전세무서 직세과장을, 정낙 필은 1939년 철원세무서 간세과장을 각각 지냈다. 조순구는 1938~ 39년 강릉세무서와 충주세무서 직세과장을, 최종태는 1940년 함 흥 세무 감독국 기수를 지냈다.

---

25 차균찬은 평북 선천 출생으로 상하이 후장滬江 대학을 졸업했다. 1932년 윤봉길의 홍커 우 공원 의거 직후 일제가 프랑스 조계를 급습해 임시정부 요인들을 체포했을 때 안창 호 등과 함께 체포되었다가 풀려난 적이 있다(국회도서관 엮음 1975, 728~729). 1945년 11월 부터 경기도 재무부장을 거쳐 1948년 6월 9일 사세국장에 임명되었다(『中央新聞』 1945/11/ 18: 『南鮮新聞』 1948/06/10). 그해 12월 외무부 조사국장에 임명되었고(『자유신문』 1948/12/08), 1949년 4월 홍콩 총영사에 임명되었다가 5월 병사했다(『東亞日報』 1949/04/08: 1949/05/14). 여기에서는 1949~60년 사이의 세무 관리를 분석 대상으로 하므로 1949년 이전 사세 국장을 역임한 차균찬은 분석 대상 인원수에서 제외했다.

표 6-3 **사세국과 사세청 과장급 이상 신규 임명자 중 일제하 세무 관리 경력자 현황**(1949년, 1951~60년)

			최초 임명 연도별 세무 관리	인원
사세국	국장	총	1949년 : 인태식印泰植, 1953년 : 이병두李秉斗, 1954년 : 김만기金萬基	3명
		기	1956년 : 권택상權澤相	1명
	과장	총	1949년 : 김무엽金武燁(간세), 오인근吳仁根(국유재산), 장형기張亨基(직세), 1951년 : 김소인金小仁(징수), 1952년 : 김만기(직세), 이병두(조사), 이창규李暢圭(간세), 최종태崔鍾台(토지수득세), 1953년 : 김승회金承會(간세), 김병식金炳是(조사), 황중률黃伸律(직세), 1954년 : 성두현成斗鉉(징수), 윤기봉尹基鳳(조사), 1956년 : 박용하朴用河(세정), 1957년 : 김재덕金在德(국유재산), 1959년 : 백상하白相夏(세정)	16명
		기	1949년 : 권택상(징수), 1951년 : 유기상柳基祥(국유재산), 1953년 : 김남준金南駿(국유재산), 1960년 : 함사식咸思植(세제)	4명
사세청	청장	총	1949년 : 김종하金鍾河(청주), 오종수吳鍾洙(대구), 임철호任喆鎬(전주), 임형재林亨在(부산), 조순구趙舜九(서울), 1951년 : 장형기(서울), 정낙필鄭樂弼(대전), 1953년 : 김만기(서울), 김소인(광주), 1955년 : 이창규(서울), 1958년 : 최종태(대전), 1959년 : 신긍우申肯雨(광주)	12명
		기	1949년 : 김호상金浩相(제주), 성창경成昌慶(대전), 유기상(춘천), 최태근崔泰根(광주), 1952년 : 추규영秋圭映(부산), 1953년 : 권택상(부산)	6명
	국장	총	1951년 : 김을조金乙祚(광주세무), 오인근吳仁根(서울세무), 전학수田學秀(대전총무), 1952년 : 남상용南相墉(광주세무), 1953년 : 김종하(대전총무), 문상환文翔煥(대전세무), 박병주朴炳宙(부산총무), 성두현(부산세무), 정학철鄭學澈(광주세무), 1954년 : 박용하(대전총무), 1955년 : 구본택具本澤(광주총무), 1956년 : 황중률(대전세무), 1957년 : 신긍우(서울세무), 1958년 : 박흥재朴興在(대전세무), 윤기봉(부산총무), 1959년 : 박희봉朴熙奉(서울세무), 1960년 : 김석환金錫煥(대전세무), 김재덕(광주총무), 장용하張鏞河(대전총무)	19명
		기	1951년 : 권택상(광주총무), 민옥인閔玉仁(서울총무), 양재원粱在源(대전세무), 이홍로李弘魯(부산총무), 1953년 : 유근완柳根完(광주총무), 1960년 : 김남준(서울총무)	6명
	과장	총	1949년 : 강형준姜炯浚(전주직세), 고성렬高成烈(춘천직세), 김병관金炳寬(전주징수), 김소인(광주직세), 김원회金元會(청주징수), 김종하(청주세세), 김태진金太鎭(대구징수), 김태흥金泰興(서울간세), 문상환(부산직세), 박병주(부산간세), 박석호朴昔鎬(대전직세), 서승규徐升圭(광주간세), 성두현(대구직세), 손갑성孫甲成(춘천징수), 이기룡李基龍(대전간세), 이정갑李廷甲(서울징수), 임헌국林憲國(춘천간세), 전병순田丙淳(전주간세), 전학수(대구간세), 조룡하趙龍夏(대전징수), 정학철(광주징수), 표이현表利鉉(제주직세·간세·징수), 1951년 : 구본택(부산간세), 김석환(부산직세), 김승회(대전직세), 서복태徐福泰(부산징수), 서종원徐鍾元(대전징수), 이병두(서울조사), 이범길李範吉(대전총무), 이복하李復夏(대전직세), 임익생林益生(광주징수), 조동희曺東喜(광주조사), 한종수韓鍾洙(서울총무), 황중률(부산조사), 1952년 : 박승철朴勝哲(대전간세), 박홍석朴洪錫(광주토지), 신해균申海均(서울징수), 오원석吳元錫(부산간세), 유상필兪相弼(부산조사), 윤기봉(부산징수), 이수원李樹源(부산토지), 이준호李濬鎬(서울간세), 장오랑張烺(대전징수), 1953년 : 강일수姜一壽(부산직세), 김민선金敏善(서울징수), 김세창金世昌(부산징수), 김창목金彰穆(광주간세), 김항진金恒鎭(광주징수),	77명

	박흥재(광주직세), 성유경成裕慶(서울직세), 임병윤林炳潤(서울조사), 임선묵林宣黙(부산토지), 정남규鄭南圭(광주토지), 1954년 : 김규찬金圭燦(광주토지), 김재덕(서울토지), 성낙길成洛吉(부산간세), 이강하李康河(서울조사), 이강호李康浩(대전조사), 이양섭李陽燮(광주징수), 1955년 : 김룡준金龍準(광주간세), 박장규朴璋圭(부산직세), 신계수申癸秀(대전총무), 최병민崔丙旻(대전간세), 최상봉崔祥鳳(부산징수), 최홍래崔鴻來(서울간세), 1956년 : 이춘식李春植(대전간세), 정동현鄭東鉉(광주토지), 최덕영崔德永(서울토지), 1957년 : 송연강宋然康(광주조사), 신긍우(서울징수), 주경주朱璟柱(부산징수), 최학주(광주토지), 홍종욱洪鍾旭(서울직세), 한상만韓相萬(대전조사), 1958년 : 김종호金鍾浩(서울징수), 1960년 : 명재철明在哲(광주직세), 최준종崔埈鍾(부산조사)	
기	1949년 : 박겸선朴兼善(청주징수), 양재원(서울직세), 추규영(부산징수), 1951년 : 김흥옥金興玉(광주총무), 1952년 : 공정린孔貞麟(대전징수), 김덕봉金德奉(부산징수), 조병갑趙秉甲(대전조사), 채규방蔡圭方(광주조사), 1953년 : 김경수金炅洙(광주총무), 김재률金載律(서울간세), 엄빈嚴彬(부산총무), 1954년 : 김옥경金玉卿(서울직세), 권세우權世禹(부산조사), 1955년 : 박항춘朴恒春(광주총무), 윤주관尹柱寬(대전조사), 1956년 : 노화경盧化卿(서울조사), 1958년 : 정남현鄭南鉉(광주징수), 1959년 : 이강룡李康龍(광주토지), 장병숙蔣秉淑(대전징수), 1960년 : 박승린朴勝璘(대전조사), 손성식孫性植(부산총무), 이재갑李在甲(광주간세), 이주훈李周勳(대전토지), 정하삼鄭河三(광주조사)	24명

주 : 1) '총'은 조선총독부 세무 관리 경력자를, '기'는 기타 경력자나 경력을 알 수 없는 관리를 가리킴.
　　2) 괄호 안의 사세국 과장은 해당 부서를, 사세청장은 해당 청을, 사세청 국·과장은 해당 청과 부서를
　　　가리킴('토지'는 토지수득세과장).
자료 : 『朝鮮總督府及所屬官署職員錄』; 내외홍보사 엮음(1949); 총무처 감수(1952); 총무처 엮음(1954);
　　　대한재무협회 엮음(1955); 강진화 엮음(1956); 중앙납세상담소출판부 엮음(1959); 대한재무협회
　　　엮음(1960); 안용식 엮음(1995·1996).

〈표 6-3〉은 지금까지 살펴본 사세국장 및 사세청장을 포함해
1949~60년 사이 사세국과 사세청의 과장급 이상 신규 임명자 중
조선총독부 세무 관리 경력자 현황을 정리한 것이다.[26] 중복자를
감안하면 과장 이상 간부급 세무 관리 역임자는 총 130명으로, 이
가운데 95명(75%)이 조선총독부 세무 관리 출신으로 분석되었다.
그중 5명은 조선총독부 세무서 서장 출신이며, 13명은 세무서 과

---

26 사세국의 국장과 과장, 사세청의 청장·국장·과장에 각각 처음 명단이 등장할 때를 기
준으로 했다. 후술하는 세무서장도 같다.

장 출신이다.[27]

(2) 세무서장

1949년에 발간된 『대한민국인사록』을 보면 당시 남한 각 지역 세무서장 64명의 명단을 확인할 수 있는데(내외홍보사 엮음 1949), 이 가운데 49명이 조선총독부 세무 관리를 역임한 것으로 분석되었다 (이하 〈표 6-4 참조〉). 대표적으로 공주세무서장 김재기는 1934~37년 예산세무서 서무·직세과장을 거쳐 1938년부터 해방될 때까지 평창·평택·상주세무서장을 지냈다. 경성세무서장 정낙필, 강경세무서장 김을조, 마산세무서장 박봉화, 안동세무서장 이만승은 조선총독부 세무서 과장 경력이 확인되었다. 1950년에는 한국전쟁 와중에 사망한 허수 전임 서장을 대신해 12월에 최응필이 후임 삼척세무서장으로 임명된 것을 제외하고는 새로 임명된 세무서장은 확인되지 않고 있다.[28] 1913년 강원도에서 태어난 최응필은 춘천농업학교를 졸업하고 20여 년간 세무 관서에서 재직하던 사람이다(대한연감사 엮음 1955, 753).

---

27 ① 조선총독부 세무서 서장 출신자 : 김병식金炳湜·김태진金太鎭·오종수吳鍾洙·인태식印泰植·임철호任喆鎬, ② 조선총독부 세무서 과장 출신자 : 김병관金炳寬·김을조金乙祚·김종하金鍾河·김태진·인태식·임병윤林炳潤·임철호·임형재林亨在·장형기張亨基·전학수田學秀·정낙필鄭樂弼·정학철鄭學澈·조순구趙舜九(과장을 거쳐 서장이 된 자 : 김태진·인태식·임철호).

28 청사가 울진에 있던 울진세무서는 1950년 3월 삼척으로 이전하고 명칭도 삼척세무서로 개칭했는데 6월 한국전쟁 발발 후 허수 세무서장이 사망했다(삼척세무서 1991, 91).

표 6-4 **신규 임명 세무서장 중 일제하 세무 관리 경력자 현황(1949~60년)**

임명 연도	출신	성명(세무서)	인원
1949년	총독부	고태관高太官(제주), 구본옥具本玉(울산), 권오전權五典(대전), 권준權埈(이천), 권직權稷(이리), 김규찬金圭燦(남원), 김기득金己得(강진), 김만기金萬基(개성), 김영수金永洙(김해), 김을조金乙胙(강경), 김재기金在奇(공주), 김흥남金興南(강릉), 김희경金熙坰(수원), 남상용南相墉(종로), 박봉화朴鳳和(마산), 박용하朴用河(포항), 박흥재朴興在(목포), 서복태徐福泰(밀양), 송연강宋然康(김제), 신해균申海均(천안), 여충현呂忠鉉(나주), 엄창환嚴昌煥(춘천), 원인식元寅植(원주), 유상필兪相弼(통영), 이두녕李斗寧(내성), 이만승李晩昇(안동), 이범길李範吉(청주), 이병두李秉斗(용산), 이복하李渡夏(충주), 이성근李成根(합천), 이양섭李陽燮(순천), 이영근李永根(거창), 이정옥李正玉(인천), 임광욱林光玉(용인), 인태면印泰冕(홍천), 임도순任道淳(연백), 장상화張相華(의성), 전경식全慶植(진주), 전석원錢碩原(상주), 정낙필鄭樂弼(경성), 정광鄭䥝(평창), 조남규趙南珪(곡성), 조동희曹東喜(영광), 최상준崔相俊(군산), 최세환崔世煥(김천), 최재명崔載明(경주), 최학주崔學周(평택), 한창수韓彰洙(전주), 홍종만洪鍾萬(대구)	49명
	기타	김정식金政植(광주), 박기윤朴基尹(홍성), 성창규成昌圭(서대문), 송남호宋南浩(금산), 안준의安駿義(옹진), 유익준兪翼濬(예산), 이희건李熙乾(용인), 장봉호張鳳浩(왜관), 장오張塿(영동), 지련관池蓮觀(부산), 진규인陳奎寅(진안), 최영호崔暎浩(하동), 허수許秀(울진), 홍강○洪康○(양주), 황수오黃壽梧(벌교)	15명
1950년	총독부	최응필崔應弼(삼척)	1명
1951년	총독부	강형준姜炯浚(이리), 김병관金炳寬(전주), 김세창金世昌(김천), 김원회金元會(청주), 김종하金鍾河(종로), 김태진金太鎭(북부산), 김태흥金泰興(용산), 문상환文翔煥(영도), 민기봉閔奇奉(김해), 박기윤朴基潤(충주), 박석호朴昔述(개성), 서진하徐鎭河(안동), 성두현成斗鉉(부산진), 손갑성孫甲成(홍천), 손호봉孫浩鳳(왜관), 신긍우申肯雨(동대문), 오원석吳元錫(하동), 이기룡李基龍(강경), 이상옥李相玉(달성), 임병산林炳珊(고성), 임선묵林宣黙(밀양), 전병순田丙淳(영광), 정남규鄭南圭(남원), 정학철鄭學澈(나주), 조룡하趙龍夏(홍성), 최영해崔塋海(내성)	26명
	기타	김덕봉金德奉(의성), 김호金鎬(동래), 김호상金浩相(제주), 유재황劉在晃(연백), 이석종李錫鍾(평창), 이윤현李允鉉(예산), 이홍로李弘魯(포항), 정봉우鄭奉宇(울산), 차경준車京濬(벌교), 최관현崔寬鉉(평택), 추규영秋圭映(부산)	11명
1952년	총독부	구본택具本澤(동래), 박병주朴炳宙(포항), 서종원徐鍾元(밀양), 신계수申桂秀(예산), 유홍준兪弘濬(하동), 이정갑李廷甲(통영), 이춘식李春植(영동), 임헌국林憲國(대전)	8명
	기타	김기현金淇玹(천안), 김재덕金在德(천안), 김항진金恒鎭(영평), 윤상범尹相範(내성), 이재완李在完(수원), 조기환曹琪煥(곡성), 채우석蔡祐錫(충주)	7명
1953년	총독부	권윤상權潤相(평택), 권태호權泰浩(목포), 김룡준金龍準(정읍), 김석환金錫煥(중부산), 김정두金正斗(왜관), 김희중金熙中(용인), 박달규朴達圭(거창), 박홍석朴洪錫(벌교), 백상하白相夏(왜관), 서승규徐升圭(광주), 성낙길成洛吉(안동), 이강하李康河(양주), 이봉화李鳳華(의성), 이준호李濬鎬(대전), 임익생林益生(김제), 윤중섭尹中燮(곡성), 주경주朱璟柱(김천), 지영귀池榮貴(공주), 최상봉崔祥鳳(김해), 홍종욱洪鍾旭(수원)	21명
	기타	김형철金炯喆(예산), 박항춘朴恒春(순천), 정남현鄭南鉉(해남), 조전희趙銓熙(원주), 채규방蔡圭方(나주), 최병식崔炳植(울산), 한종수韓鍾洙(연백)	7명
1954년	총독부	박주석朴柱錫(인천), 이충빈李忠斌(연백), 장상태張裖秲台(의성), 최준종崔埈鍾(용인)	4명
	기타	공정린孔貞麟(강경), 임병연林炳淵(동대문), 정하심鄭河三(진안), 조병갑趙秉甲(장항)	4명

3부 조세 없는 민주주의의 형성

1955년	총독부	강일수姜—壽(중부산), 박승철朴勝哲(남부산)	2명
	기타	김경수金炅洙(나주), 김규진金奎鎭(이천), 이상훈李相勳(홍성), 엄기응嚴基應(평창), 허대許垈(용인)	5명
1956년	총독부	권태익權泰益(합천), 김준식金俊植(평창), 박희봉朴熙奉(홍천), 최병민崔丙旻(양주)	4명
	기타	김옥경金玉卿(수원), 박승린朴勝璘(홍성), 손영복孫永福(의성), 이송이李松伊(금산), 이재갑李在甲(진안), 이주훈李周勳(충주), 임헌주林憲周(대구서부), 배숙裵叔(연백), 정찬희鄭燦熙(곡성)	9명
1957년	총독부	김민선金敏善(춘천), 김창목金永穆(양주), 명재철明在哲(벌교)	3명
	기타	박수돈朴壽敦(김천), 유세희柳世熙(홍천), 윤종룡尹鍾龍(용인), 윤주관尹柱寬(영동)	4명
1958년	기타	남진구南振九(김해), 노룡구盧龍九(평창), 이상봉李相鳳(영광), 홍성규洪性圭(공주)	4명
1959년	총독부	임헌국林憲國(대구서부), 최홍래崔鴻來(중부)	2명
	기타	윤전尹銓(용인)	1명
1960년	총독부	김종호金鍾浩(용산)	1명
	기타	나오연羅午淵(용인), 이정연李珵淵(진안), 이종국李鍾國(김천), 진덕호陳德浩(충주)	4명
계	총독부		121명
	기타		71명
	계		192명

자료 : 〈표 6-3〉과 같음.

  1951년에는 세무서장 37명이 새로 임명되는 대규모 인사 개편이 있었는데 이 가운데 26명이 조선총독부 세무 관리 출신이다. 그중 북부산서장 김태진은 1941~42년 합천서장, 1945년 왜관서장을 역임한 기록이 남아 있다. 1938년 전주세무서 서무과장을 지낸 김병관은 전주서장에, 1938~39년 영동세무서 직세과장을 지낸 김종하는 종로서장에, 1934~42년 왜관·합천·경주세무서 직세과장을 지낸 손호봉은 왜관서장에 각각 임명되었다. 또 서대문서장에 임명된 임병윤은 1938~39년 고성세무서 직세과장, 광주서장에 임명된 정학철은 1939년 나주세무서 서무과장 및 1942년 광주세무서 서무과장 경력이 확인되었다.

  1952년 신임 서장 15명 가운데는 8명이, 1953년 신규 임명 세무서장 28명 중에는 20명이 각각 조선총독부 세무서에서 근무한 기록이 남아 있다. 용인서장 김희중, 홍천서장 김정두, 김해서장 최상봉 등 3명은 각각 조선총독부 청주·양주·대구세무서에서 세무리로, 나머지 25명은 세무서 속 등으로 근무한 경력이 남아 있다. 목포서장 권태호는 1941년 12월 조선총독부 세무 관리 양성소 3기 졸업 후 원산세무서 속을 거쳐 1945년 4월 부산세무서로 전근해 근무하던 중 해방을 맞았다(권태호 1992a, 52~54; 1992b, 64~65).[29]

1954년부터는 신규 임명 서장 수가 감소하는 가운데 1960년까지 임명된 47명 중 16명이 조선총독부 세무 관리 경력자였다. 15명은 세무서 속, 1명은 세무리로 근무했다. 이 가운데 2명은 조선총독부 세무 관리 양성소를 졸업했다. 1954년 인천서장에 임명된 박주석과 1957년 양주서장에 임명된 김창목은 1940년 3월에 세무 관리 양성소(제1기)를 졸업하고 각각 합천세무서 속, 강진세무서 세무리로 근무한 경력이 있다. 이상을 종합하면 1949~60년에 신규 임명된 세무서장은 192명으로 조선총독부 세무 관리 경력이 확인된 사람은 63%인 121명이다.

(3) 식민지 시기와 해방 후 세무 인력의 연관성

지금까지 살펴본 1949~60년 재무부 사세국 및 사세청 과장 이

---

29 곡성세무서장 윤중섭은 1908년 충남에서 태어나 서산농림학교를 졸업하고 '세무 분야에서 20년간 재직'했다(대한연감사 엮음 1955, 700).

표 6-5 제1공화국 서장급 이상 세무 관리 중 조선총독부 세무 관리 경력자 현황(1949~60년; 단위 : 명)

		1949년	1950년	1951년	1952년	1953년	1954년	1955년	1956년	1957년	1958년	1959년	1960년	계
사세국/사세청 (과장 이상)	관직 수	41	-	38	43	43	43	43	43	43	43	44	43	467
	결원	0	-	8	0	0	0	0	0	0	0	1	0	9
	현원	41	-	30	43	43	43	43	43	43	43	43	43	458
	총독부	33	-	23	31	32	32	32	31	35	33	31	29	342
	기타	8	-	7	12	11	11	11	12	8	10	12	14	116
	총독부 비중	80%	-	77%	72%	74%	74%	74%	72%	81%	77%	72%	67%	75%
세무서장	관직 수	64	67	71	72	73	78	78	78	78	78	81	81	899
	결원	0	3	1	1	1	1	1	1	1	3	0	0	13
	현원	64	64	70	71	72	77	77	77	77	75	81	81	886
	총독부	49	50	51	51	51	54	50	47	45	42	48	49	587
	기타	15	14	19	20	21	23	27	30	32	33	33	32	299
	총독부 비중	77%	78%	73%	72%	71%	70%	65%	61%	58%	56%	59%	60%	66%
계	관직 수	105	67	109	115	116	121	121	121	121	121	125	124	1,366
	결원	0	3	9	1	1	1	1	1	1	3	1	0	22
	현원	105	64	100	114	115	120	120	120	120	118	124	124	1,344
	총독부	82	50	74	82	83	86	82	78	80	75	79	78	929
	기타	23	14	26	32	32	34	38	42	40	43	45	46	415
	총독부 비중	78%	78%	74%	72%	72%	72%	68%	65%	67%	64%	64%	63%	69%

주 : 1) '총독부'는 조선총독부 세무 관리 경력자를, '결원'은 세무서는 설치되었으나 해당 연도 『직원록』에 직원 명이 기재되지 않은 경우를 각각 의미함. 사세국과 사세청의 1950년 자료는 반영되지 못했음.
2) '비중'은 현원 대비 조선총독부 세무 관리 경력자가 차지하는 비중임.

상 세무 관리 130명, 세무서장 192명 가운데 중복자는 86명으로, 이를 감안하면 서장급 이상 간부급 세무 관리는 총 236명이다. 그 중 조선총독부 세무 관리를 역임한 사람은 62%인 147명이다.[30]

---

30 이 중 일제하에서 세무서장 역임자는 6명, 세무서 과장 역임자는 17명이다. ① 조선총독부 세무서장 역임자 : 김병식金炳湜·김재기金在奇·김태진金太鎭·오종수吳鍾洙·인태식印泰植·임철호任喆鎬, ② 조선총독부 세무서 과장 역임자 : 김병관金炳寬·김을조金乙祚·김재기·김종하金鍾河·김태진·박봉화朴鳳和·손호봉孫浩鳳·이만승李晚昇·인태식·임병윤林炳潤·임철호·임

〈표 6-5〉는 이들의 부서 이동, 승진, 재임 기간을 종합해 연도별 분포를 정리한 것이다.

이에 따르면 1949~60년 사이 사세국과 사세청의 과장 이상 간부급 관리 중 조선총독부 세무 관리 경력자의 연도별 평균 비중은 75%로 분석되었다. 67%를 기록한 1960년을 제외하면 모두 70%가 넘었으며 1949년과 1957년의 경우 80% 이상을 기록했다. 세무서장의 경우에도 초기 6년간은 70~78%가 조선총독부 세무 관리 출신들로 임명되었고, 이후 그 비중이 조금씩 낮아져 1958년에는 56% 수준으로 내려갔지만 1960년 다시 60%로 상승해, 연평균 66%를 기록했다.

이 두 가지 결과를 종합해 살펴보면 모든 세무 기구를 통틀어 1949~60년 중 앞 시기 6년은 70% 이상이, 나머지 6년은 60% 이상이 조선총독부 세무 관리로 채워져 연평균 69%에 달하는 것으로 분석된다. 1960년까지 세무서장 및 사세국·사세청의 과장급 이상 세무 관리의 3분의 2 이상을 조선총독부 세무 관리 출신들이 담당한 것이다.[31]

형재林亨在·장형기張亨基·전학수田學秀·정낙필鄭樂弼·정학철鄭學澈·조순구趙舜九(과장을 거쳐 서장이 된 자: 김재기·김태진·인태식·임철호).

31 이상철(2012, 159)에 따르면 1960년 1월 현재 재무부 과장급 이상 관료 69명 중 36명(52.2%)은 조선총독부 관료를, 5명(7.2%)은 만주에서 관료를 역임했다. 재무부·부흥부·외자청·농림부·상공부 등 경제 부처 전체 과장급 이상 관료 211명 중에는 103명(48.8%)은 조선에서, 16명(7.6%)은 만주에서, 9명(3.8%)은 일본에서 각각 관료로 근무한 경력이 있다.

(4) 세무 공무원 양성소의 인력과 강사진

앞서 말했듯이 세무 공무원 양성소는 설치 당시 그 전신을 일제하의 세무 관리 양성소로 규정했다(세무공무원교육원 1988, 84). 제1기생을 교육할 때에도 그 대상자의 선발, 교육 과목의 배정, 교육 기간, 교육 방법 등 제반 문제를 일제하 세무 관리 양성소의 교육 방법에 기초해 이루어졌다(세무공무원교육원 1988, 87).

양성소를 이끌어 간 인력도 조선총독부 관리 경력자나 세무 관리 양성소 출신들이 주축을 이루었다. 1952년 최초의 교육이 실시된 것도 당시 백두진 재무부 장관이 총독부 세무 관리 양성소에서 근무한 적이 있는 김소인 징수과장에게 활성화 방안을 지시함에 따라 김소인이 설립자이자 책임자가 되어 이루어졌다(세무공무원교육원 1988, 89).[32] 총독부 세무 관리 양성소 제3회 졸업생 권태호는 회고록에서 1952년 당시 영도세무서 근무 중 김소인의 명을 받고 사세국 직세과로 발령받아 세무 공무원 양성소 개설과 진행에 대부분의 일과를 보냈다고 밝히고 있다(권태호 1993b, 78).

강사진도 조선총독부 관리 경력자들이 다수를 차지했다. 과목

---

[32] 교토 제대 법학부를 졸업한 김소인은 1937년 10월 조선총독부 재무국 세무과 근무를 시작으로 광주세무서 속(1941년)을 거쳐 1944년 나주세무서 직세과장, 1945년 광주세무서 직세과장을 역임했다. 미군정기에 목포·광주세무서장을 지냈고, 1947년 광주사세청 직세과장, 1950년 광주사세청 세무국장, 1951년 재무부 사세국 징수과장, 1953~57년 대전사세청장, 1958년 부산사세청장, 1959년 서울사세청장을 역임했다(총무처 인사국 인사과 1954a; 국회공론사 엮음 1960, 84). 이 같은 이력으로 보아 1939~40년 조선총독부 재무국 세무과 근무 당시 세무 관리 양성소 업무를 담당했던 것으로 판단된다.

표 6-6　세무 공무원 양성소 강사 중 조선총독부 관리 경력자 현황

구분		강사(강습 과목)	인원
제1기 (1952년)	총독부 관리 경력자	박일경朴一慶(헌법), 강명옥康明玉(행정법), 문종철文鍾喆(민법), 이근상李根祥(형법), 김홍기金洪基(재정법), 김소인金小仁(조세개론), 박주석朴柱錫(영업세), 이규철李圭哲(등록세), 이창규李暢圭(조세범처벌법), 김승회金承會(주세), 최홍래崔鴻來(유흥음식세·면허세·인지세), 이병두李秉斗(직세조사), 김병식金炳湜(상속세·증여세), 유기상柳基祥(국유재산법), 최종태崔種台(토지수득세), 이성범李星範(주세검사)	16명
	미상/ 기타	김남준金南駿(부기), 김형철金炯喆(국세징수법·공무원법·주산), 김주환金柱桓(소득세), 박옥향朴玉鄕(법인세), 배수숙裵秀淑(물품세·전기가스세), 류근수柳謹秀(통행세·광세), 김재률金載律(직물세·입장세·마권세), 이렬모李烈模(영어), 윤승환尹承煥(관세)	9명
제4기 (1955년)	총독부 관리 경력자	박일경(헌법), 강명옥(행정법), 문종철(민법), 이해동李海東(재정학), 한상만韓相萬(재정학), 정동현鄭東玹(국유재산법), 박장규朴璋圭(법인세법), 김종호金鍾浩(징수법), 장병숙蔣秉淑(징수법), 최병민崔丙旻(주세법), 권태호權泰浩(통행세법·등록세법), 천명섭千命燮(입장세법·인지세법), 이성범(양조검사)	13명
	미상/ 기타	배숙順淑(형법·상속세법), 주문기朱文基(상법), 김남준(부기학·회계학), 조진희趙晉熙(직세조사법), 노화경盧化卿(토지수득세법), 최기덕崔基悳(소득세법), 류기수柳己秀(영업세법), 배수혁裵秀爀(물품세법·전기가스세법), 김석건金錫建(주산), 이부발李富撥(지적법)	10명

자료:『朝鮮總督府及所屬官署職員錄』; 내외홍보사 엮음(1949); 총무처 감수(1952); 대한재무협회
　　엮음(1955); 강진화 엮음(1956); 국회공론사 엮음(1960); 세무공무원교육원(1988).

수는 제1기의 경우 32개였고, 강습 기간이 3개월로 축소된 제4기
의 경우 22개였다. 〈표 6-6〉은 각 과목을 담당한 강사진의 조선총
독부 관리 경력을 분석한 것이다.

　기본법 교육을 담당한 박일경·문종철·이근상·강명옥은 일본 내
제국대학이나 경성제대를 졸업하고 고등문관시험에 합격한 뒤 총
독부 관리를 거쳐 당시 법제처 제1, 2, 3국장과 차장으로 일하고
있었다. 김홍기는 경성제대를 졸업하고 동 대학 회계과에서 근무
하다 해방을 맞은 뒤 1952년 당시 재무부 국고과장으로 일했다.
제4기 강의에서 재정학 강습을 담당한 이해동 상과대학 교수는 도
쿄 제국대학을 졸업해 고등문관시험에 합격한 뒤 총독부 사무관으
로 일한 경력이 있다(강진화 엮음 1956, 1083). 제4기 재정학 강습을 담

당한 재무부 제1지출 인정관 한상만은 북청세무서에서 총독부 세무 관리로 일했다.

제1기 세목별 세법을 강의한 김소인·이창규·이병두·유기상·최종태는 조선총독부 세무 관리로 일하다 해방을 맞은 뒤 1952년 사세국 각 과의 과장으로 일했다. 1952년 사세국 사무관으로 강습을 맡은 김승회·최홍래·김병식은 각각 일제하 부산·평양·신의주 세무서에서 일했다. 제4기 분야별 세법 강습을 담당한 정동현·박장규·김종호·최병민은 각각 일제하에서 함흥세무서·마산세무서·경성 세무 감독국·개성세무서에서 총독부 세무 관리로 일했다. 장병숙은 일제하 만주에서 세무 관리로 일했다(황중률 1969/04, 135~137).

세법 강습 강사 중에는 제1기 박주석(사세국 사무관)과 이규철(사세국 사무관) 제4기 권태호(부산동래세무서 직세과장)와 천명섭(사세국 사무관) 등 총독부 세무 관리 양성소 졸업생 4명도 포함되었다.[33] 양조검사 강습을 담당한 이성범(1952년 세관국 지도과장, 1954년 양조검사소장)은 일제하 세무 관서의 징수과에서 근무한 경력이 있다(국회 공론사 엮음 1960, 84).

이상을 종합하면 제1기(1952년) 강사진 25명 중에는 16명(64%)이, 제4기(1955년) 23명 중에는 13명(57%)이 각각 조선총독부 관리 경력자로 나타났다. 중복자 6명을 감안하면 42명 중 25명(60%)이 조선총독부 관리 경력자이다.

---

33 이규철이 총독부 세무 관리 양성소 출신이라는 것은 권태호(1993b, 78)의 회고록에 근거했다.

3) 세무 관리의 연속성이 갖는 의미

일제하 세무 관리 경력자들이 해방 후 세무 기구의 중심 세력이 된 데는 몇 가지 요인이 작용했을 것으로 보인다. 먼저 세무 관리 로서의 경쟁력이다. 가장 큰 경쟁력은 일제하에서 서른 가지가 넘 는 다양한 세제를 부과 징수해 온 경험 그 자체였다. 일제하 조세 제도를 그대로 승계한 미군정기는 물론이고 1950년대 내내 신설 된 일부 세목을 제외하고는 일제 말기와 큰 차이가 없었기 때문에,[34] 세제의 부과 징수 노하우도 사실상 그대로 연장되었다. 그뿐만 아 니라 식민지 세무 관리 경력자들은 조선총독부의 다양하고 체계적 인 정기 세무 강습회를 통해 근대적 세무 지식과 실무 훈련을 습득 했고, 일상적인 주산 교육을 통해 세무 행정에 필수적인 계산 능력 을 쌓을 수 있었다.

이에 따라 일제하 세무 관리 경력자들은 대한민국 정부에서 조 선총독부 경력을 모두 인정받았다. 실제로 이승만 정부는 세무 관 리를 임명할 때 일제하의 경력을 포함한 상세한 이력서를 파악해 이를 근무 연수로 환산한 뒤 직급과 봉급을 결정했다.

한 예로 김종하는 1922년 6월부터 조선총독부 관리 생활을 시 작해 세무 관서가 설치된 1934년부터 청주·개성·강경세무서를 거

---

[34] 1958년 말 신설된 교육세·자동차세·임시외환특별세를 제외하고는 1950년대 신설 세 목은 한국전쟁 때인 1951년 신설된 임시토지수득세가 유일했고 나머지는 일제 때부터 징수해 오던 세목이었다.

처 1938년부터 5년간 영동세무서 직세과장을 역임했고 이후 경성 세무 감독국 직세과와 충북 재무부 직세과에 근무하다 해방을 맞았다. 이후 미군정기에 충북 재무부 직세·간세 겸임 과장을 역임했다. 김종하는 세무서와 도道의 속, 세무서장 등 경력 16년 11개월에, 도 고원 및 군 속 11년 2개월 등 1922년 6월 이후 28년 9개월의 경력을 인정받아 1951년 4월 사세관 5호봉인 종로세무서장에 임명되었다. 1953년 6월에는 다시 대전사세청 총무국장(서기관)으로 승진하고 봉급도 1호봉 올랐는데 이때 기준이 된 근거 역시 일제하 경력을 포함한 30년 8개월의 관리 경력이었다(총무처 인사국 인사과 1951: 1953).

서울사세청장으로 근무하던 김만기는 1954년 7월 재무무 사세국장에 승진 임명되었는데(이사관, 3호봉), 임명 제청 서류에는 1937년 6월 23일 일본 다마쓰쿠리 세무서 속으로 시작되는 연도별 근무 경력이 담긴 상세한 이력서와 직전 근무지의 근무 성적표가 첨부되어 있다(총무처 인사국 인사과 1954c). 일제하의 관리 경력은 이 같은 방식으로 모두 관리되어 인정되고 승진의 발판이 된 것이다.

그러나 일제하 세무 행정 경험은 부정적 측면도 있었다. 앞서 말했듯이 조선총독부의 조선인 세무 관리들은 일제의 손발이 되어 납세자의 동의도 받지 않은 가운데 식민 지배와 전쟁 수행에 필요한 비용을 조달하기 위한 강압적 식민지 세무 행정에 앞장섬으로써 조선 민중들로부터 세무 행정에 대한 반감을 불러일으켰다. 또한 일제가 식민지 세무 관리에게 요구했던 황국신민화 논리와 전시戰時 시국관을 적극 수용해 다수가 '지나사변공적조서'와 '지나사변공로자공적조서'에 이름이 올랐고 상당수는 훈장을 받았다. 그뿐만 아니라 상당수는 일본인 세무 관리와 결탁해 세무 비리를 저질 렀다.

　문제는 일제 지배에 대한 협력만이 아니었다. 일제는 조선인들에게 조세란 '국가의 은덕에 보은하기 위해 스스로 상납하는 것'이라거나 '신에게 바치는 공양물'로 규정하는 이른바 '납세보국론' 및 '황국 조세 이념'과 같은 납세 논리를 강요했다. 이 같은 '대표 없는 강압적 과세' 시기의 조세관이 몸에 밴 세무 관리들이 똑같은 마인드를 가진 채 해방된 자주독립 국가의 세무 행정을 담당할 경우 많은 문제가 야기될 수 있기 때문이다. 1950년대 세무 관리들의 세무 행정 마인드를 엿볼 만한 조세 관련 출판물의 조세관을 분석해 보면 이를 확인할 수 있다.

3. 해방 후 세무 관리의 조세관

1) 해방 후 조세·재정학 관련 서적의 출판

　일제가 패망 직전 조세를 '신에게 바치는 공양물'로 규정하고 국민이 국가의 은덕에 대해 보은하기 위해 스스로 '상납'해야 하는 것으로 정의하는 이른바 황국 조세 이념을 전격 선포했음을 앞에서 살펴보았다. 그렇다면 해방 후 세무 관리들의 조세관은 어떠했을까? 자료의 한계로 이를 상세히 살펴보기에는 어려움이 있으나 1950년대까지 출판된 조세 관련 서적에 나타난 조세관을 통해 그 일단을 규명해 보기로 한다.

일제하에서 조세관을 다룬 한글 서적은 존재하지 않았다. 다만 미국에서 경제학 석사를 마치고 돌아온 동아일보 조사부장 김우평이 동아일보에 13회에 걸쳐 연재한 「조세란 무엇인가 : 재정, 경제 및 사회적 의의」가 유일한 한글 조세론이었다(『동아일보』 1931/04/ 22~05/08).[35] 이 글의 가장 큰 특징은 애덤 스미스의 조세론을 상세히 소개한 점이었다. 글은 '1. 머리말, 2. 세입의 자원, 3. 세금의 의의, 4. 세금의 분배, 5. 조세의 규범, 6. 조세의 전가, 7. 조세제도, 8. 결론'으로 구성되었다. 이 가운데 '4. 세금의 분배'는 3회에 걸쳐, '5. 조세의 규범'은 2회에 걸쳐 연재되었는데 주로 애덤 스미스의 『국부론』에서 주요 내용을 소개했다. '세금의 분배' 중 '납세자 대 통치 단체와의 관계'에 대한 항목에서는 독일식의 국가주의적 의무설을 아예 다루지 않고 애덤 스미스의 이익설과 부담 능력설만 다루면서 "조세의 근거로는 능력설이 가장 유력한 것", "보상(이익)설도 능력설과 겸용하면 효과가 뚜렷하게 나타날 것[較著]"이라고 주장했다.[36] 이 같은 주장은 당시 일제의 납세 설득 논리가

---

35 김우평(1898~1967)은 경성의 중앙학교를 마치고 1918년 일본 세이소쿠正則 중학교를 졸업한 후 센다이仙臺의 제이고등학교 독법문과 2학년을 중퇴했다. 동아일보 여수 지국 기자로 있다가 1921년 미국 유학길에 올라 1925년 오하이오 주립 대학교 경제과를 졸업하고 컬럼비아 대학교 대학원에서 경제학 석사 학위를 받은 뒤 1927년 귀국해 동아일보 기자로 근무했다. 해방 후 미군정청 중앙경제위원회 사무총장을 지냈으며, 1948년에는 대한민국의 유엔 승인을 위한 정부 홍보 사절로 유엔에 파견되었고, 1949년부터 3년간 외자청 초대 구매청장을 지냈다. 4·19 직후 제5대 민의원에 당선되었고, 1960년 9월부터 장면 내각의 부흥부 장관을 역임했다(최재성 2016, 124~125).

36 특징적인 것은 김우평이 조세의 근거를 크게 '국가에 의한 보상설'(이익설)과 '부담 능력설'로 나누고, 후자를 애덤 스미스의 주장으로 소개했다는 점이다. 애덤 스미스는 『국

의무설에 입각한 납세보국이었던 점과는 대조되는 것이다. 이 때 문인지 세금의 의의를 다룬 제3회 글은 검열에 걸려 삭제된 채 여백으로 발행되었다(『동아일보』 1931/04/24).[37]

조세관을 다룬 재정학 또는 조세론 관련 한글 서적이 처음 출판된 것은 1949년이다. 이후 모국어 사용과 한글세대의 성장, 고등교육의 양적 확대와 고시용 서적의 수요 증가에 따른 교재 출판 시장의 급팽창을 배경으로 1950년대 말까지 총 5명이 관련 서적 12권을 펴냈다(〈표 6-7〉 참조).[38] 김만기를 제외한 4명은 현직 대학 교수로 대학 재정학 강의 교재를 바탕으로 책을 펴냈다는 공통점이 있고, 김만기의 책이 조세의 총론과 각론으로 구성된 조세론인 반면, 나머지는 조세를 포함한 재정 전반을 다룬 재정학 교과서다.

부론』 제5편에서 "모든 나라의 국민은 정부를 유지하기 위해, 될 수 있는 대로 각자의 능력에 비례하여, 즉 각자가 각각 그 국가의 보호 아래 누리는 수입에 비례하여 갹출해야 한다"(스미스 2016, 860)라고 말하고 있어 '능력설'을 주장하는 것으로 해석될 수도 있다. 그러나 애덤 스미스는 조세의 근거론에서는 '이익설'을, 부담론에서는 그에 대응하는 '응익설'應益說, 應益原則, 應益主義을 주장하고 있다는 게 통설이다.

37 삭제 기사의 원본도 남아 있지 않아 그 내용을 알 수 없으나 연재 기사의 흐름으로 볼 때 조세에 대한 정의나 근거를 다룬 것으로 보인다. 한편 오기수(2016)의 연구에 따르면 일제강점기 이전인 1906년에 메이지 대학 법과에 재학 중이던 최석하(1866~1929)가 일본 유학생 단체 태극학회가 발간하는 회지 『태극학보』 제5호 및 제6회에 기고한 「조세론」이 한국인 최초의 조세 논문이다. 이 글에서 최석하는 영국 경제학자 찰스 베스터블Charles Francis Bastable(1855~1945)의 조세원칙을 소개했다.

38 이해동은 4권, 최호진은 5권을 각각 출판했지만 1950년대 저서는 1949년의 『재정학요론』과 『재정학』이 한국전쟁을 거치면서 판형이 손실되거나, 세제 변화를 반영하거나, 내용을 쉽게 풀어 쓸 필요가 있어 일부 내용을 수정·보완한 뒤 제목을 바꿔 출판한 것이다. 1954년 최호진의 『재정학』은 서문 작성일이 1949년 9월 1일로 되어 있어 1949년 출판한 『재정학』을 다시 출판한 것으로 보인다.

표 6-7 해방 후 조세·재정학 관련 저서의 조세론 목차 구성

저자	저서	조세론 목차
이해동	『재정학요론』(1949)	제1관款 조세 총론
	『재정학』(1954) 『재정학원론』(1955) 『재정학개론』(1957)	제2장 조세의 의의, 제3장 조세 용어와 그 분류, 제4장 조세론의 발전, 제5장 조세원칙, 제6장 세원의 소재, 제7장 조세의 전가, 제8장 조세제도
최호진	『재정학』(1949)	제1편 조세론
	『재정학개론』(1953) 『재정학입문』(1953) 『재정학』(1954) 『증정 재정학』(1957)	제1장 조세제도의 성립 과정, 제2장 조세의 분류와 조세의 술어, 제3장 조세의 학설사 제4장 근대사회에 있어서의 세원의 소재, 제5장 현대 세제 체계, 제6장 조세 각론, 제7장 조세의 전가 및 귀착, 제8장 조세 부담 경향과 그것의 사회적 의의
김만기	『조세개론』(1951)	제1편 조세 총론
		제1장 조세의 본질, 제2장 조세의 근거, 제3장 조세의 종류, 제4장 조세의 최고 원칙, 제5장 조세의 국민경제적 원칙, 제6장 조세의 원칙, 제7장 조세의 재정적 원칙, 제8장 조세의 부과 징수, 제9장 조세의 감면, 제10장 세제의 체계
한춘섭	『재정학』(1954)	제8장 조세의 의의 및 종류, 제9장 조세 부담의 배분 원리, 제10장 조세의 전가, 제11장 조세와 국민소득, 제12장 조세체계
전철	『재정학』(1957)	제5장 조세 총론
		제1절 조세의 본질, 제2절 조세의 발달, 제3절 조세에 관한 용어와 세율, 제4절 조세의 분류, 제5절 조세의 기본 원칙, 제6절 조세제도의 조직과 분화, 제7절 조세의 전가 이론, 제8절 조세의 영향, 제9절 조세의 국민경제적 이론

주 : 이해동은 『재정학요론』(1949), 최호진은 『재정학』(1954), 김만기는 1955년에 재판再版된 『조세개론』의 목차 구성임.

학력이 확인되지 않은 전철을 제외한 4명 모두 식민지 시기 도쿄 제대, 규슈 제대 등 일본 대학에서 공부했기 때문에 책의 내용도 그 영향을 강하게 받았을 것으로 보인다.[39]

39 1949년 재정학 도서 출판 당시 이해동은 도쿄 제국대학 졸업 후 조선총독부 사무관을 거쳐 상과대학 교수이자 국민대학 교수로, 최호진은 규슈 제국대학 졸업 후 경성대와 동국대를 거쳐 중앙대 교수로 재직 중이었다. 한춘섭은 도쿄 제국대학 졸업 후 보성전문학교 강사를 거쳐 1954년 고려대학교 교수로 재직 중 재정학을 출판했다. 전철은 1957년

조세의 정의와 근거를 중심으로 1950년대 말까지 출판된 조세 및 재정학 관련 서적의 내용을 보면 다음과 같다. 먼저 조세의 정의를 보면 별도의 정의를 내리지 않은 최호진을 제외하고는 표현의 차이는 있지만 ① 국가 또는 공공단체가 ② 수입 조달 또는 일반 경제를 지변支辨할 목적으로 ③ 반대급부를 제공하지 않고 ④ 재정권에 의해 강제적으로 징수하는 재財, 화폐, 자연물 급무, 노무 등으로 규정했다.[40]

조세의 근거에 대한 설명에서는 김만기를 제외한 4명의 저서가 방식의 차이는 있지만 이익설과 의무설 양쪽을 모두 소개하면서도 어느 한쪽의 관점에서 논리를 펴지는 않았다. 이해동은 ① 중상주의 시대, ② 중농주의 시대, ③ 고전 경제학 시대, ④ 사회주의 시대, ⑤ 사회정책학파 시대, ⑥ 현대의 조세론 등 시대별 조세론의 발전이라는 틀로 조세의 근거를 설명했다. 고전 경제학 시대에서 애덤 스미스를 중심으로 한 이익설 계통의 조세론을, 사회정책학파 시대에서 아돌프 바그너를 중심으로 한 의무설을 다룬 뒤 '현대의 조세론은 능력설, 의무설, 희생설, 한계효용설, 사회 가치설 등으로 조세의 근거를 정당화하려 하고 있다'고 정리했다(이해동 1949, 111~121).

최호진은 조세학설을 크게 두 계통으로 나누어 바그너 이전인 애덤 스미스, 데이비드 리카도, 존 스튜어트 밀, 페르디난트 라살

건국대학교 교수로 재직 중 재정학을 출판했다.

40 한춘섭은 미국 경제학자 에드윈 셀리그먼Edwin Robert Anderson Seligman(1861~1939)의 조세 정의를, 전철은 일본 재정학자 나가타 기요시永田淸의 조세 정의를 각각 인용했다(한춘섭 1954, 140; 전철 1957, 193).

Ferdinand Johann Gottieb Lassalle 등의 이익설, 능력설, 비례세설, 희생설과, 바그너를 중심으로 한 의무설, 능력설, 응능 제공설, 담세 능력설 등에 대해 소개했다. 이 가운데 후자인 사회정책학파의 조세 학설이 현대 시민 재정학의 통념이라고 규정하면서도 '의무설로는 조세의 본질을 설명하지 못한다'거나 '논리적 파정과 적용의 비현실성', '주관주의로 도피', '윤리적인 분식', '조세 문제를 윤리의 유린에 맡기는 것'이라는 비판적 입장을 보였다(최호진 1954, 114~122).[41]

한춘섭은 조세 공평의 기준이라는 틀에서 '이익 = 비용설'과 능력설로 나누어 소개한 뒤 후자가 통설이라 설명했다. 전철은 조세의 근거에 대한 학설을 ① 근로 비용설, ② 이익설, 보상설, 교환설, ③ 능력설, 의무설, ④ 희생설, ⑤ 순수 경제 가치설, ⑥ 사회 최소 가치설(이토 한야), ⑦ 한계 소비성향 증가설(케인스)로 세분해 소개했다.

---

41 사회정책학파의 조세론에 대한 최호진의 비판은 1930년 오우치 효에가 의무설에 가한 비판과 거의 유사하다(大內兵衛 1930, 346~348). 그렇다고 최호진이 바그너의 재정학을 낮게 평가한 것은 아니었다. 최호진은 일찍부터 바그너의 학문에 깊은 관심을 가지고 바그너가 저술한 『재정학』(전 4권)의 원본을 소장했다. 특히 '고소득층에게 고율의 조세를 부과하는 누진과세야말로 그의 업적 중 손꼽히는 것'이라 평가했다(국립중앙도서관 엮음 1993, 82). 한편 1960년대까지 최호진의 저술을 연구한 홍성찬(2011, 323~326)은 최호진은 원래 시장 기능보다 정부 통제를 선호한 학자였으나 한국전쟁을 거치면서 통제보다 시장 쪽으로 더 가까워졌다고 분석하고 있다.

2) 김만기의 『조세개론』

김만기의 『조세개론』은 해방 이후 1950년대 말까지 세무 관리가 남긴 유일한 조세론이자,[42] 조세의 근거에 대해 자신의 견해를 가장 선명하게 표현했다는 점에서 주목할 만하다. 앞에서도 살펴보았듯이 김만기는 조선총독부 세무 관리 출신 중에서 해방 후 재무부 사세국장이라는 최고의 자리에 오른 3명 중 1명이다.[43] 특히 김만기는 일본 본국과 조선에서 식민지 시기 세무 관리 경력을 쌓은 보기 드문 엘리트로서 해방 후에도 일선 세무서장에서 시작해 최고위직에까지 오른, 1930년대부터 1960년대까지 30여 년에 걸친 근대 세무 행정사를 두루 체화한 인물이었던 셈이다.

김만기는 그가 법제처 법제관으로 일하던 1950년 초부터 『조세개론』을 집필하기 시작해 한국전쟁이 발발한 뒤 부산에서 탈고 후 출판했는데, 제1편 조세 총론과 제2편 조세 각론으로 구성되어 국판으로 총 650쪽 분량의 대작이었다(한국세정신문사 엮음 1998, 133;

---

42 김만기 외에도 1950년대에 세무 관리가 펴낸 조세 관련 출판물로는 1959년 출간된 황중률의 『알기 쉬운 납세독본納稅讀本』이 있다. 하지만 조세론을 다루지 않고 당시 시행되던 각 세목에 대한 소개와 납세에 관한 실무를 주된 내용으로 하고 있어 여기서는 제외했다.

43 앞서 언급했듯이 이병두는 1953년 10월 사세국장에 임명되었다가 1954년 6월 국가보상금 횡령 혐의로 구속되어 불명예 퇴직했다. 인태식은 사세국장을 역임(1948~53년)한 뒤 제3, 4대 민의원과 국회 재정경제위원장을 거쳐 재무부 장관(1956년 6월~1957년 6월)에 올랐다. 김만기는 두 차례(1954년 7월~1956년 6월, 1960년 6월~1961년 1월)에 걸쳐 사세국장을 역임했다.

　　　　　　　3부 조세 없는 민주주의의 형성

김만기 1989, 75).[44] 조세에 관한 한글 서적이 없었던 당시 이 책은 폭발적인 판매 부수를 기록했다. 특히 기업, 금융기관, 일선 행정기관에서 관계 직원 숫자대로 일괄 단체 주문하는 경우가 많았고, 부산 시내나 가까운 지방에서는 포대에 지폐를 담아 책을 사가기도 했다.

그 결과 5판까지 인쇄하고 판매 부수가 10만 부를 넘어 당시 최고의 베스트셀러가 되었다. 그뿐만 아니라 김만기의 회고에 따르면 『조세개론』은 미국 하버드 대학교 한국학과에서 조세 관련 교재로 사용되었다.[45] 당시 연평균 세무 직원 수가 6000~8000여 명 수준이었던 점을 감안하면 『조세개론』은 세무 기관은 물론 관청과 기업체 등의 세무 업무 담당자들에게는 필독서에 가까웠고, 외국 대학에서도 교재로 사용될 만큼 권위를 인정받았던 것이다.

3) 김만기의 '조세 도의론'에 나타난 조세관

이 글의 분석 대상인 조세의 근거와 관련해 김만기의 『조세개론』은 1950년대의 다른 저서와 달리 자기주장이 뚜렷했다는 특징

----

44 1955년 재판 발행 때는 512쪽 분량으로 조정되었다.

45 "후에 하버드 대학을 졸업하고 재무부에 새로 취직했던 사람에게서 그 대학 한국학과에서 '조세개론'이란 내 책을 대학 교재로 사용하고 있다는 얘기를 전해 들었는데 ……" (김만기 1989, 76~77). 『조세개론』이 폭발적으로 판매된 덕택에 김만기는 상당한 재력을 얻게 되어 진동鎭東의 외가에 논 10두락(약 5000~1만 제곱미터)을 사주었고, 고향인 함안에서 농사를 짓던 이모부에게 정미소를 차려 주었다고 기록하고 있다.

표 6-8 **간베 마사오와 김만기의 조세의 중요성과 근거에 대한 목차 구성**

간베 마사오의 『재정학대강』	김만기의 『조세개론』
제1장 조세의 의의, 조세적인 것, 잠세	서론
1. 조세의 중요	제2장 조세의 중요성
(A) 재정상의 중요	제1절 조세의 재정상의 중요성
(B) 경제상의 중요	제2절 조세의 경제상의 중요성
(C) 도의상의 중요	제3절 조세의 도의상의 중요성
2. 잠세(생략)	
제5장 조세의 근거 및 성질	제1편 조세 총론
1. 조세의 근거	제2장 조세의 근거
(A) 조세 근거 일반	제1절 공수설
(B) 조세의 법률적 근거	제2절 교환설
(C) 조세의 경제적 근거	제3절 의무설
(D) 조세의 도의적 근거	(1) 법률적 근거
① 희생관, ② 보은관, ③ 자기 보존관,	(2) 경제적 근거
④ 여론	(3) 도의적 근거
2. 조세의 성질(생략)	① 보은관, ② 희생관, ③ 자기 보존설,
	④ 도의적 근거를 설명하는 세 가지 실익

자료 : 神戸正雄(1939); 김만기(1955, 초판은 1951년).

을 보인다. 1920년 이후 일제 패망기까지 일본에서 출판된 주요 재정학 및 조세론 관련 서적 가운데 내용 면에서 김만기의 주장과 가장 근접한 것은 간베 마사오의 '조세 도의론'으로, 간베가 1939년 출판한 『재정학대강』과 목차와 내용이 거의 유사했다(〈표 6-8〉 참조).[46]

간베는 당시 일본의 주류 재정학이었던 정통파 재정학을 대표

---

46 비교를 위해 살펴본 1920~45년 사이 일본의 재정학 및 조세론 저작은 다음과 같다(연도별). 오가와 고타로(小川鄕太郎 1923), 아베 겐이치(阿部賢一 1926), 오우치 효에(大内兵衛 1930), 오하타 후미히치(大畑文七 1934), 히지카타 나루미(土方成美 1935), 이토 한야(井藤半彌 1937), 간베 마사오(神戸正雄 1939a), 나가타 기요시(永田清 1940), 시오미 사부로우(汐見三郎 1941), 다카기 슈이치(高木寿一 1943), 시마 야스히코(島恭彦 1943).

하는 저명한 학자였기 때문에 김만기로서는 그 내용을 접했을 가능성이 크다. 우선 세무 관리 생활 중에 접했을 가능성이다. 김만기는 일본에서 세무 관리로 일하던 1943년 7월 2개월간의 대장성 세무 강습회 교육과정을 수료했는데(김만기 1989, 26) 이때의 강의 교본이었던 서적들을 참고해『조세개론』을 집필했다고 밝히고 있다(김만기 1989, 75).[47] 간베는 당시 대표적인 조세 의무론자였고 그의 조세 도의론이 일제가 내세운 납세보국이나 일본적 조세 이념으로 준비되고 있던 황국 조세 이념의 정신적 조세관과도 일맥상통한다는 점에서 대장성 세무 강습회에서 간베의 조세 도의론을 접했을 가능성이 있다.

또한 김만기와 간베는 1937~40년 간사이 대학의 학생과 학장 사이이기도 했다. 김만기는 일본에서 세무 관리로 일하던 1937년 4월 간사이 대학 전문부 2부 법과에 입학해 법률과 경제를 전공하고 1940년 3월에 졸업했다(한국세정신문사 엮음 1998, 119; 김만기 1989, 23~24). 간베는 1937년 교토 제국대학 교수직에서 퇴임한 뒤 간사이 대학 학장에 취임해 1944년까지 재임했다(佐藤進 編 1986, 57). 김만기는 현직 세무 관리로 조세와 재정에 관심이 많았기에 자신이 재학 중이던 대학의 학장이 당시 재정학계의 거두였다는 점에서 간베의 책을 접했을 가능성이 높다. 김만기는 세무 관리로 근무하던

47『조세개론』중 제2편 조세각론은 당시 대한민국에서 시행되고 있던 소득세 등 각 세목을 다루었기 때문에 서론과 제1편 조세총론을 쓸 때 대장성 세무 강습회 강의 교본 서적을 참고한 것으로 보인다.

중 1943년 고등문관시험 행정과에 합격했는데, 경제학은 필기 필수과목이자 구술 과목이었고 재정학은 선택과목 중 하나였다는 점에서(『日本官報』 1941/01/06) 고문 준비 과정에서도 간베의 재정학을 접했을 가능성이 있다.

앞서 살펴보았듯이 조세 도의론은 간베가 독일 재정학자 바그너의 조세 의무설을 받아들여 일본화하는 과정에서 주창한 것이다. 일본어로 도의道義의 사전적 의미는 '사람으로서 마땅히 행해야 할 도덕적 의리'를 가리키는데(松村明・三省堂編修所 編 2006),[48] 조세의 본질과 정의에서 도의적 해석이 무시되고 있다는 것이 간베의 생각이다(神戸正雄 1927, 24). 국가가 강제로 징수한다는 점에서 조세는 강제적 성격이 있지만 이는 일면적인 것이고, 좀 더 본질적으로 중요한 것은 국민이 그 의무를 자각해 자발적으로 기쁘게 내는 것이기에 조세는 도의적 본질을 갖고 있다는 것이다(神戸正雄 1939b, 18). 조세의 정의에서도 국민이 도의적 자각을 통해 세금을 낸다는 점이 포함돼야 한다고 말한다.

이처럼 간베는 납세를 인간의 도리와 무조건적 자발성에 기초한 정신적・도덕적 행위로 규정하는 극단적 의무론에서 출발해, 조세론을 구성하는 다양한 규정에서 도의 개념을 추가했는데, 그 내용이 김만기의 『조세개론』에서 그대로 되풀이되었다. 먼저 김만기는 조세의 중요성을 간베와 마찬가지로 재정・경제・도의의 세

---

[48] 도의와 유사한 단어로 도덕과 도리가 거론된다. 도의에 대한 한국과 일본의 사전적 의미는 거의 차이가 없다.

가지 측면에서 설명하고, 조세의 도의상 중요성과 관련해서는 납세 행위를 인간이 선천적으로 보유하고 있는 천성인 도의심의 훈련 작용이라고 규정했다(김만기 1955, 11).

김만기는 조세의 근거에 대한 이론을 크게 공수설·교환설·의무설로 구분한 뒤 17세기 독일 관방학파의 공수설에 대해서는 '의무설의 선구'로, 애덤 스미스를 중심으로 한 교환설(이익설)에 대해서는 '현대에 와서는 논할 가치가 없는 주장'이라 각각 규정해 뚜렷한 의무설 중심의 시각을 드러내고 있다. 실제로 의무설에 대해서는 법률적·경제적·도의적이라는 세 가지 영역에서 그 근거를 논했는데 특히 도의적 근거에 대해서는 다시 보은관, 희생관, 자기 보존설의 세 가지 측면에서 상세히 다루었다(김만기 1955, 26).

김만기에 따르면 보은관이란 국민이 국가로부터 받은 은택恩澤에 보답해야 한다는 사상이다. 조세는 아동이 부모에게서 받은 은택과 같이 광대무변하고 다대한 국가의 은혜에 보답하는 것이므로 불평하거나 불만을 가져서는 안 되며, 보은관은 타산적 이익을 따지는 개인주의 사상과 달리 몰아적沒我的·공동적共同的·봉공적奉公的인 것이다. 국가의 공공 이익을 위해 개인의 사익을 희생해야 한다는 측면에서 조세를 긍정하는 희생관 역시 공적·몰아적·공동적인 데 근본이념이 있다. 자기 보존설이란 국민은 생활상 국가를 필요로 하기 때문에 자기보존을 위해 조세를 낸다는 견해다. 따라서 도의적 관점에서 조세는 강제적 징수를 기다릴 것이 아니라 자발적으로 내야 하며, 경제상으로는 고통이지만 도의적으로는 쾌락과 영광으로 생각해야 하며, 의무의 자각이 필요하다(김만기 1955, 27).

그렇다면 조세의 근거를 왜 도의적 관점에서 설명하려는 것일까? 이에 대해서도 김만기는 간베의 논리를 되풀이하고 있다. 조세의 도의적 관점으로 국민을 설득하게 되면 첫째, 조세 부담의 부당한 회피를 방지하는 효과가 있고, 둘째, 조세 부담을 심적으로 대수롭지 않게[輕易] 느끼게 하는 방법이며, 셋째, 정치적·사회적 평화를 조장한다는 것이다(김만기 1955, 28). 1950년대 당대 최고의 베스트셀러가 된 김만기의 『조세개론』에 나타난 조세관으로만 본다면 식민지 시기 '대표 없는 강압 과세' 체제하의 지배계급의 조세 이데올로기가 해방 후에도 그대로 통용되고 있었던 셈이다.

4. 소득세법의 제·개정과 정부 주도성

1) 조세법률을 국회에서 제·개정하는 시대

해방 직후 일제의 제도와 통치 기구를 유지하기로 한 미군정의 점령 정책에 따라 일제의 조선소득세령이 그대로 시행되었다. 미군정기에 조선소득세령은 두 차례 개정되었는데, 일제 시기와 마찬가지로 납세자나 국민의 대표 기관이 아니라 미군정의 군정법령이 공포되는 형식을 띠었다. 1947년 6월 21일 제1차 개정에서는 세입 증대를 꾀하기 위해 제3종 개인소득세의 소득 구간을 16단계에서 15단계로 조정하고 기존 1.5~54%의 세율을 3~90%로 크게 인상했다. 또한 급격한 물가 상승으로 명목소득이 증가해 근로소득자의 실질 세 부담이 크게 늘어나는 것을 막기 위해 각종 인적 공제율을 확대했다(『미군정관보』 1947/06/21).

1948년 4월 1일 제2차 개정 역시 세입 증대를 목적으로 단행된 것으로 소득 구간을 13단계로 조정해, 최저 소득 금액을 상향조 정하는 대신 최저 한계 세율을 10%로 인상하고 최고 한계 세율은 70%로 인하했다(『미군정관보』 1948/04/01). 미군정기 소득세령 개정 과 정에서 세무 관리의 장부·물건 검사권 및 소득조사위원회 관련 조항은 별다른 변화가 없었다.

미군정기라는 과도기를 지나 한국 근현대사에서 보통선거권이 처음 주어진 것은 1948년 3월 17일 공포된 미군정 법령 175호 국 회의원선거법을 통해서였다. 선거권은 21세로, 피선거권은 25세 로 정해졌다. 이에 근거해 치러진 5·10 선거를 통해 제헌국회가 구성되었고, 1948년 7월 17일 헌법이 제정되었다. 헌법에 따라 입법권은 국회에 부여되었다. 국회의원과 정부가 법률안 발의권 을 가졌고, 국민에게도 입법 청원권이 보장되었다.[49] 이에 따라 세 법의 제·개정도 국회에서 이루어졌으니 적어도 법 형식상으로는 조세법률주의와 과세 동의권이 실현된 것이다.

하지만 보통선거권은 미국이 분단국가 수립을 둘러싼 북한(북 한 및 소련)과의 경쟁에서 단독정부 수립 과정을 정당화하고 국민

---

49 제헌헌법 제26조 ① 모든 국민은 법률이 정하는 바에 의하여 국가기관에 문서로 청원 할 권리를 가진다. 제31조 입법권은 국회가 행한다. 제32조 국회는 보통·직접·평등·비 밀선거에 의하여 공선된 의원으로써 조직한다. 제39조 국회의원과 정부는 법률안을 제 출할 수 있다. 1952년의 제1차 개정 헌법에서는 양원제 도입과 더불어 법률안을 민의원 에 우선 제출하도록 했고, 1954년 개정 헌법에서는 민의원 우선 제출 의무가 삭제되었 다가, 의원내각제인 1960년 헌법에서 다시 민의원에 먼저 제출하도록 했다.

을 선거로 유인·동원하기 위해 토지개혁과 같은 사회경제적 개혁과 함께 보통선거권을 핵심으로 하는 자유민주주의 제도를 이식한 결과였다(박찬표 2007, 319~320). 의회의 탄생은 조세 문제의 각축에서 비롯되지도 않았고, 대표는 납세자의 대표가 아니었으며 납세자의 조세 이해관계를 대변하지도 않았다. 따라서 의회가 조세의 협상 무대가 되거나 재정 협약 체결의 장이 된 것도 아니었다. 내용적으로나 실질적으로는 식민지 시기 '대표 없는 강압 과세'의 연장이었다.

이하에서는 1948년 국회가 설치되고 정부가 수립된 이후 1960년까지 소득세법의 제·개정 과정을 분석함으로써, 누구의 주도로 어떤 과정을 거쳐 조세 관련 법률을 만들고 고쳤는지를 살펴봄으로써 해방 후 '대표 있는 (또는 실질적으로는 없는) 과세'의 실상을 부분적으로나마 파악하고자 한다.

2) 소득세법의 제정과 세무 관리의 역할

(1) 정부의 소득세법 제정안 제출

일제가 만든 조선소득세령을 폐지하고 대한민국의 소득세법을 제정하기 위한 법률 입안 작업이 시작된 것은 정부 수립 직후인 1948년 10월을 전후한 시기다. 세법을 입안하기 위해서는 먼저 세무 행정상의 전문성, 국가 예산의 수입과 지출의 재정상 통계, 조세 변동에 따른 기대 효과 등이 검토되어야 한다. 이를 위해서는 세법의 체계, 규율 형식, 구성요건과 세무·회계·재정·경제 분야

표 6-9 **세제개혁위원회의 구성**(1948년)

	위원회 구성 당시(1948년 10월)	제1차 회의(1948년 10월 28일) 참석자
위원장	김도연金度演	김도연(재무부 장관)
부위원장	장희창張熙昌	장희창(재무부 차관)
위원	차균찬車均燦, 이창호李昌浩, 임명직林命稷, 정낙필鄭樂弼, 조순구趙舜九, 김영일金榮一, 장수길張壽吉, 문명선文明善, 김용갑金容甲, 임동운林東雲, 윤성로尹星老, 정래길丁來吉, 이건웅李建雄, 국회재경위 2명, 내무부 지방국 1명	차균찬(사세국장), 이창호(징수서장), 임명섭林命燮(직세서장), 정낙필(간세서장), 조순구(서울사세청장), 김영일(조선곡자주식회사), 장수길(재우회), 윤성지尹星志(유한양행), 정래길(유한양행), 이건웅, 이명경李明璟(기획처장)

주 : 제1차 회의 참석자 명단 중 임명섭林命燮은 임명직林命稷의, 윤성지尹星志는 윤성로尹星老의 오타로 보임.
자료 :『京鄕新聞』(1948/10/03; 1948/11/02).

등의 종합적인 조세 전문성을 갖춘 조직력이 뒷받침되어야 한다 (김웅희 2010, 236). 당시 이 같은 세법 입안 역량을 갖춘 곳은 일제의 식민지 통치 기간에 일본인 밑에서 훈련된 조선인 관료들이 자리 잡고 있던 행정부였다.

이승만 정권은 정부 수립 직후인 1948년 10월 세제개혁위원회를 설치해 미군정기까지 유지되어 온 일제하의 조세체계를 정비하고, 급증하는 재정 수요에 부응하기 위해 세제 개편을 추진했다. 세제개혁위원회 구성은 〈표 6-9〉와 같이 보도되었다(『京鄕新聞』 1949/10/03; 1949/11/02).

세제 개혁안은 재무부 사세국에서 초안을 작성한 뒤 세제개혁위원회에서 검토하는 방식으로 마련되었고(『京鄕新聞』 1949/11/02;『東亞日報』 1949/12/01),[50] 1949년 2월에는 '세제개혁 요강'과 그에 기초해

---

50 10월 27일 제1차 회의가 열렸고, 11월 30일 제2차 회의에서는 재무부 사세국에서 마

소득세법 등 20건에 가까운 각종 세법 제정안을 마련하는 단계에 이르렀다. 이처럼 세제개혁위는 재무부 사세국과 함께 정부의 세법 제정안 마련을 주도했다. 사세국 간부급 관리가 조선총독부 세무 관리 경력자 중심으로 구성되었음은 앞에서 살펴본 바와 같은데, 세제개혁위 위원도 크게 다르지 않았다. 세제개혁위 위원 절반이 조선총독부 세무 관리 출신이었다. 특히 위원회를 형식상 대표한 재무부 장관과 차관 등 상층부를 제외하고 세제 개편의 방향과 세 법안 제정의 실질적인 실무 책임을 담당하는 재무국 사세국 관리 전부와 서울사세청장, 외부 전문가로 참가한 위원 절반이 조선총 독부 세무 관리 출신이었다.

초대 사세국장 차균찬은 1948년 12월 외무부 조사국장에 임명 되었고, 강원도 내무국장 인태식이 후임 사세국장에 임명되었다(『자 유신문』 1948/12/08).[51] 앞에서 살펴보았듯이 인태식은 전형적인 엘리 트 출신 총독부 세무 관리였는데 재무부 사세국장과 관재청장을 거 쳐 자유당 소속 제3, 4대 국회의원을 역임하면서 1955년 3월부터 1956년 2월까지 국회 재정경제위원장을, 1956년 5월부터 1957년 6월까지 재무부 장관을 지냈다.

징수서장 이창호는 일제 때부터 20여 년간 세무 행정에 종사 했으며 해방 후 용인세무서장과 용산세무서장을 역임했다(내외홍보

런한 세제 개혁 초안을 놓고 토론을 벌였는데 이날은 주로 제1종·제2종·제3종 소득세 를 다루었다.

51 앞서 살폈듯이 차균찬의 이전 이력은 확인되지 않으나 1949년 4월 홍콩 총영사에 임 명되었다가 5월 병사했다(『東亞日報』 1949/04/08; 1949/05/14).

사 엮음 1949, 114). 직세서장 임명직은 1941년 전주세무서 토지조사과장 출신으로 1946년 전북 재무부 직세과장을 역임했다(내외홍보사 엮음 1949, 138). 간세서장 정낙필은 1925~33년 경성부 속, 1934년 경성세무서 속을 거쳐 1935~37년 수원세무서 간세과장, 1938년 강경세무서 간세과장, 1939년 철원세무서 간세과장, 미군정기 경기도 재무부 간세과장을 지냈다.

서울사세청장 조순구는 1938~39년 강릉서와 충주세무서 직세과장을 역임했다. 김영일은 1934~36년 해주세무서장과 청주세무서장을 지낸 뒤 1938년 조선곡자(주) 서무과장이 된 뒤 해방 후 조선곡자(주) 사장에 오른 인물이다. 장수길은 1935년 일본 고등문관시험에 합격한 뒤 1945년까지 조선총독부 재무국에 근무한 고위 세무 관리 출신이다. 문명선은 1934년부터 1937년까지 경성세무 감독국 속으로, 1938년부터 경성세무서 속으로 일했고 미군정기에 경기도 재무국 직세과장을 지냈다. 윤성로는 1934년 이후 개성세무서와 경성 세무 감독국 근무 경력이 있다.[52]

이 밖에 김도연은 한민당 계열이지만 미국 유학파 출신의 연희전문 교수로 재직하다 제헌의원이 되었으며, 이승만과 개인적 관계가 깊은 인물이다(김도연 1967, 198). 장희창 역시 연희전문 교수 출신이다. 김용갑은 동아일보 사원, 정래길은 유한양행 중역이다.

정부가 제출한 소득세 법안의 가장 큰 특징은 종래의 제1종 소득세를 법인세로 분리해 법인세법으로 독립시키고, 제2종 소득세

---

52 이상 세무 관리의 일제하 경력은 『朝鮮總督府及所屬官署職員錄』과 손낙구(2015)를 참조.

와 제3종 소득세를 통합해 일반 소득세와 특별소비세로 구분했다는 점이다. 일반 소득은 납세자가 신고한 소득 금액에 대해 소득조사위원회의 조사를 거쳐 정부가 결정한 뒤 종합소득세를 적용해 징수하도록 했고, 특별 소득은 분류소득세에 근거해 원천징수를 하도록 했다. 정부는 3월 8일 국무회의에서 소득세 법안을 의결한 뒤 3월 31일 국회에 제출했다(국회사무처 1949a). 제출된 소득세법 제정안은 정부안 외에는 없었다. 이처럼 소득세법 제정안 입안 과정부터 정부의 주도성, 특히 정부 내 조선총독부 출신 세무 관리들의 주도성이 두드러졌다.

(2) 1949년 제헌국회의 상황

정부가 제출한 소득세 법안은 제헌국회 제2회 정기회(1948년 12월 20일~1949년 4월 30일)에서 제4회 임시회(1949년 7월 1~30일) 사이에 국회에 제출되어 해당 상임위인 재정경제위원회 심사와 본회의 심의가 이루어졌다. 그런데 제헌국회를 구성하게 되는 1948년 5·10 선거는 남한 단독정부 수립이 기정사실화된 가운데 단정 수립을 위한 선거로 그 의미가 축소되었다. 해방 정국의 주요 정파 중에서 좌파, 중도파, 우파(김구·김규식) 등이 모두 선거를 거부하는 상황에서 한민당·이승만 세력의 단정 연합이 주도하는 가운데 치러졌다.[53] 정치적 상황 때문에 의회는 사회의 다양한 이해관계가

---

53 이하 제헌국회 구성과 정치 상황은 박찬표(2010)를 참조.

반영된 폭넓은 계급 계층의 대표들로 구성되지 못했던 것이다.

다만 김구·김규식 노선을 추종하는 세력들 가운데 일부가 무소속으로 출마해 상당수 제헌국회에 진출했다. 이들은 여타 민족주의 세력과 결합해 무소속으로서 이승만 세력 및 한민당에 이어 제3세력을 형성해, 국회 내 개혁 세력을 구축했다. 소장파 무소속 세력의 활약에 힘입어 제헌국회 중반기까지 의회는 행정부에 대한 우위를 점하고서, 국가기구 내 친일파 제거, 농지개혁 등 사회경제적 개혁, 지방자치 입법 등 정부 권력 구조의 분권화, 외군 철수와 평화통일을 추진했다.

하지만 친일파 청산을 위한 반민특위 활동을 둘러싼 대립의 연장선에서 1949년 6월을 전후해 잇따라 발생한 국회 프락치 사건, 반민특위 습격 사건, 김구 암살 사건을 계기로 소장파 세력이 사실상 제거되거나 무력화되었다. 이에 따라 소득세법이 제정되는 제헌국회 제4회 시기가 되면 국회는 크게 위축되었고 행정부에 대한 의회의 우위 역시 종식되었다.[54] 그나마도 무소속 소장파가 제거되자 의원 구성은 더욱더 이승만·한민당 계열 일색으로 굳어졌다.

제헌국회 초기부터 중반기까지의 원내 세력 분포는 대체로 한민당 계열 약 70~80석, 이승만 계열(독촉) 60석, 무소속 약 50석

---

54 제4회 국회에서 이승만 대통령이 요청한, 반민족 행위에 대한 공소시효를 단축하는 반민특위법 개정안이 통과돼 반민특위가 사실상 폐기되었으며, 9월에 열린 제5회 국회에서는 지방자치가 유보되는 등 제헌국회 중반기까지 일군 개혁 입법 상당수가 후퇴했다 (박찬표 2010, 175~178).

이었으나, 제4회 국회 개의 직전에는 한민당 계열(민국당) 70여 석, 이승만 계열(일민구락부) 40여 석, 기타 20여 석 등으로 크게 변화했다. 또 행정부 12부 중 7부를 한민당 계열이 차지함으로써 한민당과 이승만 정권의 협력 관계도 구축되었다(박찬표 2010, 173). 국회는 특정 정치 세력 중심으로 구성된 태생적 한계에 더해 무소속 소장파 세력이 무력화됨으로써 크게 위축되었다. 이에 따라 국회에 대한 행정부의 우위가 고착화되어 소득세 법안의 국회 심의는 정부의 주도성이 더 확고해지는 방향으로 진행되었다.

국회 심의 과정에서 먼저 문제가 된 것은 촉박한 심의 일정이었다. 당시 국회법에 따라 법률안이 발의되면 의장은 이를 국회에 보고하고 해당 위원회의 심사를 마친 뒤, 본회의에서 세 차례 독회를 거치고 나서야 의결하도록 되어 있었다. 정부는 1949년부터 신법인 소득세법을 시행하기를 희망했으나 물리적으로 정부 법안 제출 시기가 너무 늦었다. 정부 법안은 3월 31일 국회에 제출되어 4월 7일 본회의에 보고되었고(국회사무처 1949a, 1), 5월 말이 되어서도 해당 위원회인 재정경제위원회 심사가 진행 중이었다.

만약 신법이 제정되지 못할 경우 구법인 조선소득세령에 근거해 소득세가 부과되어야 했기 때문에 여러 가지 문제가 발생할 수밖에 없었다. 조선소득세령에 따르면 5월 10일부터 5월 말까지 소득조사위원회의 자문을 거쳐 정부가 일반 소득 금액을 결정하고, 5월 31일까지 소득조사위원회가 성립하지 않거나 자문 사항을 의결하지 않은 경우에는 정부가 즉시 소득 금액을 결정하도록 되어 있었다. 그러나 정부 제출 소득세 법안은 5월까지 재정경제위원회 심사도 마치지 못한 상태였다. 또한 이유는 분명치 않으나 소득조사

위원회가 구성되어 있지 않았다.[55]

　따라서 5월 말이 지나면 조선소득세령에 따라 정부가 소득 금액을 결정하는 절차에 들어가야 했다. 문제는 조선소득세령의 경우 면세점이 2만 5000원인 데 비해 정부가 제출한 소득세 법안은 3만 원이어서 신법이 통과될 경우 좀 더 많은 소득세를 부과해야 하는 등 '납세자에게 극히 불이익이 돌아가게' 된다는 것이 국회의 판단이었다. 이에 5월 27일 재정경제위원회 위원장 홍성하 외 21명이 소득세법이 제정될 때까지 일반 소득 금액의 조사 및 결정을 유예할 것을 내용으로 하는 임시조치법을 제출했고, 5월 30일 재정경제위원회와 본회의를 통과해 정부로 이송돼 31일 공포되었다(국회사무처 1949b; 『관보』 1949/05/31).[56] 이로써 급한 불은 껐지만 국회 스스로 구법인 조선소득세령의 시행을 사실상 정지해 1949년 소득세법 시행을 기정사실화한 상태에서 심의를 진행함으로써 더 시간에 쫓길 수밖에 없었다.

---

55 1949년 5월 30일 국회 본회의장에서 재경위원장 홍성하는 법률안 제안 설명을 통해 다음과 같이 발언하고 있다. "지금 소득조사위원회가 성립이 못 되어 있고, 따라서 의료되지 못했습니다. 그러면 정부는 내일의 소득 사정을 위해서 결정을 해야 할 단계에 이르렀습니다"(국회사무처 1949b, 6). 한편 1946~48년 사이 대구와 경주세무서의 소득조사위원회 개최 사실을 보도한 당시 신문 기사로 보아 해방 후에도 소득조사위원회 활동의 명맥은 유지된 듯하다(『嶺南日報』 1946/07/11; 『大邱時報』 1947/06/15; 1948/06/25).

56 조선사업세령 제28조에 따라 개인의 순익 금액도 소득조사위원회가 성립하지 않거나 자문 사항을 의결하지 않으면 정부가 이를 결정해야 했다. 기존 조선사업세령을 대체하는 영업세법 제정안 역시 국회 심의 중이었기에 똑같이 문제가 되었다. 한편 최상오(2012, 299)의 연구에서는 임시조치법을 정부가 발의한 것으로 되어 있으나 이는 잘못이다.

(3) 국회 재정경제위원회의 법안 심사

재정경제위원회의 소득세 법안 심사는 4월 초부터 7월 2일까지 세무와 전매 분야 의안 심사를 맡은 제3분과를 중심으로 진행되었다.[57] 제헌국회는 전체 의원 구성의 편향성뿐만 아니라 전문성 면에서도 많은 한계를 안고 출발했다. 세법 심사는 고도의 전문성을 요하기 때문에 의원의 학력 및 전공, 사회적 경력 등을 감안해 그에 부합하는 상임위 배정이 필요하지만 제헌국회 당시에는 의원 구성상 한계가 있을 수밖에 없었다.

일제하 및 미군정기에 세무 행정 경험을 쌓은 관리들은 절대다수가 행정부(사세국 및 사세청, 세무서)에 자리를 잡았다. 행정소송 제도가 처음 도입된 것은 1951년 8월이기 때문에 일제하는 물론 미군정기와 정부 수립 초기까지는 조세 관련 소송을 해본 변호사도 없었다. 또한 의원 모두가 초선이었으므로 의정 활동을 통해 전문성을 축적하지도 못했고, 의원의 입법 지원을 위한 국회 내 조직도 매우 취약했다.

〈표 6-10〉은 소득세법 정부안에 대한 재정경제위원회 심사

---

57 1948년 10월 2일 제정된 국회법에 따라 제헌국회는 8개 상임위원회를 설치했다. 재정경제위원회 위원 정원은 40명이었다. 각 위원회에는 분과를 두고 분과에 주사主査를 둘 수 있었으며, 주사는 위원회의 간사로 충당하게 했다(『관보』 1948/10/02). 재정경제위원회에는 제1분과(예산·결산), 제2분과(금융·통화), 제3분과(세무·전매), 제4분과(무역), 제5분과(일반경제·통계) 등 5개 분과를 두었다(국회사무처 1986, 38~39). 세법 심사를 담당한 제3분과의 주사는 제2회 국회까지는 정도영이, 제3회 국회부터는 이식이 맡았다.

표 6-10 　제헌국회 제2~4회 재정경제위원회 제3분과 위원 현황

성명	당적	생년	최종 학력	일제하 주요 경력	해방 후 주요 경력
이석李錫(주사)	독촉	1907년	메이지 대학 법학부	신문사 경영	독촉 강서지부장
정도영鄭島榮	독촉	1901년	교토 제1부립 중학교	3·1운동 참가, 중일전쟁 때 치안유지법 위반 투옥, 불교에 입문해 7년간 선방 수련	독촉 영천군지부위원장
최헌길崔獻吉	독촉	1901년	강릉농업학교	주문진 청년회장, 주문진 농촌진흥회장, 주문진읍회의원	독촉 주민진읍 지부장
한암회韓巖回	독촉	1900년	규슈 대학 농학부	상해 중화일보 하남성 지사장	독촉 상주지부장
이정기李珵器	조선민족청년단	1915년	보성전문 법과	남조선상업회사 이사	삼광공업회사·서울삼성 문화사 사장, 선민족청년단 남원군 단장
이호석李浩錫	무소속	1911년	니혼 대학 법과	만주 길림성에서 농장 경영	농업 종사
정구삼鄭求參	독촉	1893년	한성외국어학교	중국 천진에서 신중신문사 기자	농업에 종사
박기운朴근죠	대한노농당	1912년	와세다 대학 법학부 3년 수료	만보산 사건, 근화 비밀결사조직 등에 가담	청주치안대 등 청년 단체 활동

자료 : 국회사무처(1986, 38~52); 내외홍보사 엮음(1949); 강진화 엮음(1956); 청운출판사 엮음(1967); 『(사진으로 본) 국회20년 : 부록 역대국회의원약력』(1967); 대한민국국회사무처(1977).

(1949년 4월 7일~7월 2일)가 진행되던 제헌국회 제2회 정기회(1948년 12월 20일~1949년 4월 30일)에서 제4회 임시회(1949년 7월 1일~30일)까지 재경위 제3분과(세무·전매) 소속 국회의원 현황이다. 당적을 보면 대한독립촉성국민회(독촉) 5명, 대한노농당 1명, 조선민족청년단 1명, 무소속 1명이다. 한민당 계열이 아예 없는 점이 의아하지만 어쨌든 소득세 법안 상임위 심사를 담당한 의원의 다수가 이승만계인 독촉 세력이었음은 분명하다.

8명 중 5명이 대학 이상의 학력 보유자로 고학력자이며, 그중

4명이 법학을 전공했다. 일제하 경력을 보면 언론인이 3명으로 가장 많았고, 나머지는 종교인, 읍회 의원, 항일운동 경력자, 기업 경영자, 농장 경영자 등이 각 1명씩이었다. 해방 후 경력에서는 독촉의 지역 조직 책임자가 다수를 이루었다. 학력과 경력으로 볼 때 법학 전공자가 절반을 차지해 일반적인 법률 지식을 보유한 것으로 보이지만 세제 심사에 필요한 전문성을 축적했다고 판단하기는 어려웠다.

한편 제정 국회법(1948년)은 각 상임위원회에 위원회의 입법 활동을 지원하기 위해 '전문 지식을 가진 전문위원과 녹사錄事'를 두도록 했다.[58] 그러나 제헌국회 당시 전문위원의 총수는 20명에 불과했고 그중 재정경제위원회에는 2명이 배치되어(국회사무처 1987, 265)[59] 5개 분과에 걸친 방대한 재정 경제 관련 입법 및 의정 활동을 전문적으로 지원하기에는 한계가 뚜렷했다. 의원마다 현역 경찰관이 1명씩 수행원으로 배치되었을 뿐 의원 개인의 입법 활동을 보

---

[58] "제20조 각 위원회에 국회의원이 아닌 전문 지식을 가진 위원(전문위원이라 칭함)과 록사를 둔다. 전문위원은 각 위원회의 추천으로 의장이 임명한다. 전문위원은 위원회에 열석하여 발언할 수 있으며 의장의 요구가 있을 때에는 본회의에서 발언할 수 있다"(『관보』 1948/10/02).

[59] 재정경제위원회 전문위원은 제2~4대 국회에서 4명으로 증가했다. 위원회 전문위원은 제헌국회 및 제2대 국회에서는 직제상 법제조사국의 전문위원실 소속으로 되어 있었으며 복무에 관하여는 사무총장의 지휘·감독을 받고 직무에 관하여는 위원장의 지시를 받아 법안의 기초 및 심의를 지원하고 전문 사항의 조사·연구에 종사했으며 제3대 국회부터는 각 위원회에 소속되었다. 전문위원 임명 자격 기준은 제3대 국회까지 마련되어 있지 못하다가 제4대 국회에서 전문위원의 임명 자격 기준이 '전문위원 임명 동의 등에 관한 내규'라는 국회 내규로 제정되었다(이용기 2005, 143).

좌할 직원도 없었다.[60]

재정경제위원회가 정부안에 대한 심사를 마친 것은 7월 2일이 었다. 이 과정에서 정부안 중 근로소득에 포함된 '실비 보상'은 소득이 아니라는 이유로 과세 대상에서 제외하고, 공사채 이자·은행 예금이자 및 신탁이익에 의한 소득에 대한 과세 대상을 5만 원 이상으로 한 것은 너무 적다는 이유로 10만 원으로 수정했다. 또한 부양가족 1명당 인적 공제액 1500원을 3000원으로 인상하고, 특별소득 중 일시소득의 면세점 5만 원을 일반 소득과 같이 3만 원으로 수정했다(국회사무처 1949c, 7~10). 그러나 이와 같은 일부 미세한 조정을 제외하고는 큰 틀에서 정부안이 사실상 그대로 통과되었다.

(4) 국회 본회의의 심의와 통과 과정

제정 국회법에서는 법률안의 의결 절차에 대해 해당 위원회 심사를 거친 뒤 본회의에서 3독회를 거치는 것을 원칙으로 하고, 독회와 독회 사이의 기간은 적어도 3일을 두도록 하는 등 요식과 절차를 엄격히 규정했다. 제1독회에서는 법률안 낭독 후 질의응답과 대체 토론을 거친다. 제2독회에서는 축조심의를 하는데, 국회

---

60 법적으로 국회의원 보좌 직원이 처음 배치된 것은 제3대 국회 때인 1954년 8월 18일 국회사무처직제 중 개정안이 통과되면서부터이다. 제3대 국회에서는 당시 3급 을류(현 5급 상당), 제4대 국회에서는 3급 갑류(현 4급 상당)의 직급으로 의원 1명당 1명씩 채용할 수 있었으며 제5대에서는 3급 갑류와 4급 갑류(현 6급 상당)의 2명으로 확대되었다 (한국정치학회 2013/10, 14).

의원 20명 이상의 연서로 수정 동의를 제출할 수 있다. 제3독회
에서는 법률안 전체의 가부를 의결한다. 이후 해당 위원회 또는 법
제위원회의 자구 정리를 거칠 수 있게 했다(『관보』 1948/10/02).[61] 이처
럼 제헌국회에서 상임위원회의 법률안 심사는 예비 심사적 성격을
띠었고 국회의 주요 안건에 대한 실질적인 논의와 결정은 본회의
에서 이루어지는 체제였다.[62] 입법 지원 조직 가운데 위원회를 담
당하는 전문위원들이 배치되어 있었지만, 입법 지원 활동은 주로
본회의를 중심으로 이루어졌다(이용기 2005, 128).

소득세 법안에 대한 제1독회가 시작된 것은 7월 11일이었다.
법률안 낭독과 질의응답 및 대체 토론이 이튿날까지 이어졌지만
3일의 간격 없이 곧바로 제2독회로 이어졌고, 제3독회는 생략한
채 의결되었다(국회사무처 1949e, 28).[63] 단순 의사 진행 발언을 제외하
고 제1독회 질의응답 및 대체 토론에서는 의원 7명이, 제2독회
축조심의에서는 5명이 발언해, 중복을 제외하고 9명이 토론했다.
발언의 대부분은 면세점에 관한 내용으로 재정경제위원회 수정안

---

61 아울러 제38조에서는 국회의 결의로 독회를 생략하거나 독회와 독회 사이의 기간도 단
축하거나 생략할 수 있는 단서 조항을 두었다. 제5대 국회까지 본회의 3독회 원칙이 유
지되었다.

62 제헌국회부터 제5대 국회까지는 본회의 중심으로 국회가 운영됨에 따라 상임위원회의 심
사는 예비 심사적 성격을 가졌고 3독회 절차를 거쳐 실질적 심사를 했다(국회사무처 1987,
104). 이 시기의 국회 운영에 대해서는 본회의 중심주의로 보는 견해(정호영 2004, 569)와,
상임위 중심주의와 본회의 중심주의가 절충된 형태로 보는 견해(이호진·강인섭 1988, 61)로
나뉜다. 후자는 상임위가 예비 심사적 성격을 띠면서도 안건 채택 여부에 대한 권한도
있었다는 점을 감안한 것이다.

63 이하 본회의 심사 상황 서술은 해당 회의록에 근거했다.

인 3만 원안과, 10만 원으로 인상하자는 안으로 나뉘었다.

재정경제위원장 홍성하(한민당), 재정경제위원회 간사이자 제3분과 주사인 이석(일민구락부), 송창식(일민구락부) 그리고 정부를 대표한 김도연 재무부 장관은 3만 원을 주장했다.[64] 반면 이진수, 최봉식 등 무소속 의원들이 중심이 되어 10만 원으로 인상하자는 안을 내놓았고 일부 한민당 의원도 가세했다.[65] 이들은 제2독회에서 이진수 의원 외 11명 명의로 면세점을 10만 원으로 하는 수정안을 제출했다.

토론은 한민당 및 이승만 계열의 3만 원안에 대해 정부 측 김도연 재무부 장관이 구체적이고 풍부한 통계와 자료를 바탕으로 힘을 실어 줌으로써 심의 과정을 주도하는 양상으로 진행되었다. 3만 원안을 주장하는 의원들은 정부 측이 제시한 자료를 바탕으로 면세점을 3만 원으로 할 경우 납세 인원은 사업 소득자 14만여 명, 토지 소득자 16만여 명, 기타 14만여 명(근로소득자 4만 5000명) 등 50만 명에 달하지만, 10만 원으로 할 경우 사업 소득자 5만 명, 토지 소득자 2만여 명, 기타 1200명(근로소득자 280명)으로 총 8만 명에도 미치지 못한다고 지적했다.

---

[64] 홍성하는 일본 주오 대학中央大學 정치과를 졸업하고 18년간 보성전문 교수로 재직한 뒤 해방 후 과도정부 입법의원, 한민당 상임의원을 역임했다. 김도연·정해준의 뒤를 이어 제2회 국회부터 재정경제위원장을 맡았다. 초대 재정경제위원장 김도연은 재무부 장관에 임명되었다.

[65] 발언자 중 장홍염(한민당), 조영규(한민당) 의원도 10만 원안을 주장했다. 이 밖에 독촉 소속으로 당선된 조국현 의원은 면세점을 20만 원으로 인상할 것을, 일민구락부 소속 장병만 의원은 소득세 전폐를 각각 주장했다.

세수 또한 면세점 3만 원일 경우에도 29억 원으로 전년도의 3분의 2 수준으로 줄기 때문에, 10만 원으로 면세점을 올릴 경우 국가 재정에 미치는 영향이 너무 크다는 것이다. 10만 원 이상 소득자에 대한 누진세율 주장에 대해서도 자본축적과 산업의 개발·육성을 저해해 세원을 고갈시킨다는 논리로 반대했다. 반면 무소속 중심의 10만 원안은 주로 급격한 물가 인상 등의 여파로 '수입이 10만 원 미만인 국민 대부분은 호구지책조차 곤란'하다는 당위론을 근거로 내세웠다. 이진수 의원은 면세점을 3만 원으로 할 경우 "국민의 불평이 도화선이 되어 사상적으로 그릇된 길을 밟는다"는 논리를 폈다. 또 세수 부족분은 10만 원 이상 소득자에 대해 누진세율을 적용하면 해결될 수 있고, 그럴 경우 대다수 국민의 기본 생활을 안정시켜 "인조 공산당을 안 만들 것"이라고 주장했다.

하지만 이진수 외 11명의 수정안은 10만 원 이상 소득자에 대한 누진세율 적용의 원칙만을 제시했을 뿐 구체적인 소득 구간별 적용 세율은 명기하지 못함으로써 신익희 의장으로부터 "법률안의 수정안으로 갖춰야 할 체제가 구비되지 못했다"는 지적을 받았다 (국회사무처 1949d, 23).[66] 그럼에도 의장이 표결에 부쳐 재석 의원 114

---

[66] 수정안 설명에서 이진수 의원은 시간이 없어 통계를 보지 못했다고 양해를 구하고 "누진세율에 대한 퍼센티지는 소득을 가진 사람한테 비례한 수로써 율을 가산"하는 방식이라고 밝히고 있다. 이에 대해 신익희 의장은 구체적인 소득 구간별 세율을 제시하지 않고 '퍼센티지 가산'이라는 설명만 가지고는 수정안으로서 체제가 다 갖춰지지 못한 것이라고 지적했다. 엄밀한 의미에서 이진수 외 11명의 수정안은 법률안으로서 성립되지 않았다는 지적으로 읽힌다.

명, 찬성 23표, 반대 45표로 부결되었다. 대신 정부안이 담긴 재정경제위원회 수정안은 찬성 80표, 반대 5표로 가결되었다. 국회를 통과한 소득세 법안은 7월 14일 정부로 이송되어 15일 법률 제33호로 공포되었다(『관보』 1949/07/15).[67]

이처럼 소득세법 제정안 본회의 심의 과정은 3독회의 엄격한 절차와 요식이 부분적으로 생략되었고, 정부 측을 대표한 김도연 재무부 장관이 주도하는 양상으로 진행된 끝에 사실상의 정부안이라 할 재정경제위원회 수정안이 그대로 통과되었다. 또 심의의 초점도 면세점에 국한되었고 이에 대한 의원의 수정안이 제출되었으나 법률안으로서 기본 체제를 갖추지 못했다는 지적을 받는 등 전문성의 한계가 나타났다. 결국 제헌국회에서 소득세법이 제정되는 과정에서는 정부가 마련한 법안만 제출된 가운데 재정경제위원회와 본회의 심의에서 별다른 이견이 제출되거나 복잡한 토론도 진행되지 않은 가운데 큰 틀에서 사실상 정부안대로 통과되었다. 이 과정을 주도한 것은 조선총독부 세무 관리 경력이 있는 세무 관리들이었다.

3) 1950년대 소득세법의 개정과 세무 관리의 역할

소득세법은 1950년대 들어 일곱 차례 개정되었다.[68] 〈표 6-11〉

---

67 이로써 1920년부터 일제가 만들어 시행한 조선소득세령은 29년 만에 폐지되었다.
68 소득세법 자체의 개정 외에 한국전쟁 기간에 조세임시증징법과 조세특례법이 제정·시

은 1949년부터 1960년 초까지 소득세법(조세특례법 포함)의 제·개정 현황을 정리한 것이다. 제헌국회에 발의된 법률안 243건 중 145건 (62%)이 정부 입법안이었고 이 가운데 106건(73%)이 통과되었는데, 소득세법의 경우 2건 모두 정부가 제출해 통과되었다. 제헌국회에 제출된 의원 입법안은 89건(38%)으로, 이 가운데 43건(48%)이 통과되었으나 소득세법 제·개정안을 발의한 의원은 없었다.

소득세법 개정 의원 입법안은 1956년 12월 28일 윤형남 의원 외 22명이 처음으로 제출했고,[69] 의원 입법안이 반영되어 처음으로 소득세법이 개정된 것은 1959년 12월 28일이었다(국회사무처 1959, 41). 이용범 의원 외 14명이 발의한 것으로 일정한 고용주에게 고용되어 있지 않은 자유노동자의 근로소득 면세 혜택을 확대하는 내용인데, 일정한 고용주에게 고용되지 않은 근로자와의 형평성을 감안해 자유노동자의 근로소득 면세점을 신설하는 위원회 대안이 마련되어 통과되었다. 1950년대 소득세법 개정 관련 의원 입법안 발의는 앞의 윤형남이 같은 내용을 두 차례 제출한 것을 포함해, 이종남 의원과 이용범 의원 발의 법안이 전부이다.

나머지 전시에 이루어진 조세특례법 및 조세임시증징법 제·개

행되고 개정됨에 따라 소득세법의 주요 내용이 영향을 받기도 했다.

69 주요 내용은 정부의 조사에 의해 소득 금액을 결정하도록 한 제24조 제1항과 제25조 제1항을, '정부는 1회에 한하여 납세의무자와 협한 후 이를 결정한다'로 개정하자는 안인데, 회기가 끝나 폐기되자 1957년 6월 11일 같은 내용으로 다시 발의했으나 그해 말 다시 폐기되었다. 1959년 11월 30일 이종남 의원 외 11명은 퇴직급여 및 수시부과소득의 면세점 인상을 내용으로 하는 소득세법 개정안을 제출했으나 회기가 끝나 폐기되었다.

표 6-11 **제1공화국기 소득세법(조세특례법) 제·개정 현황**

제·개정(공포일)	발의자	경과	소득 종류	소득세 종류	세율 종류	징수 방법
소득세법 제정 (1949년 7월 15일)	정부	제안 : 1949년 3월 31일 재경위 통과 : 1949년 7월 2일 본회의 통과 : 1949년 7월 12일 (2독회 후 통과)	일반 소득(토지 가옥 소득, 이식이익 배당소득, 사업소득, 근로소득, 기타소득)	종합소득세	누진세율	납세자신고 - 소득조사위원회 조사 - 정부 결정 - 징수
			특별 소득(제1종 소득, 제2종 소득)	분류소득세	누진세율, 비례세율	원천징수
소득세법 일부 개정 (1950년 5월 1일)	정부	제안 : 1950년 3월 27일 재경위 통과 : 1950년 4월 11일 본회의 통과 : 1950년 4월 14일 (1독회에서 통과)	일반 소득(토지 가옥 소득, 이식이익 배당소득, 사업소득, 기타소득)	종합소득세	누진세율	납세자신고 - 소득조사위원회 조사 - 정부 결정 - 징수
			특별 소득(제1종 소득, 제2종 소득, 제3종 근로소득)	분류소득세	누진세율, 비례세율	원천징수
소득세법 일부 개정 (1950년 12월 1일)	정부	제안 : 1950년 11월 1일 재경위 통과 : 1950년 11월 17일 본회의 통과 : 1950년 11월 22일 (1독회에서 통과)	일반 소득(토지 가옥 소득, 이식이익 배당소득, 사업소득, 기타소득)	종합소득세	누진세율	납세자신고 - 정부 결정 - 징수
			특별 소득(제1종 소득, 제2종 소득, 제3종 근로소득)	분류소득세	누진세율, 비례세율	원천징수
조세특례법 제정 (1951년 4월 1일)	정부	제안 : 1950년 3월 1일 본회의 통과 : 1951년 3월 24일 공포 : 1951년 4월 1일 (2독회 후 통과)	부동산소득, 사업소득, 기타소득	분류소득세	누진세율	납세자신고 - 정부 결정 - 징수
			배당 이자소득			원천징수
			근로소득		비례세율	
소득세법 전면 개정 (1954년 3월 31일)	정부	제안 : 1954년 2월 15일 재경위 통과 : 1954년 3월 26일 본회의 통과 : 1954년 3월 29.일 (독회 생략)	부동산소득, 사업소득, 산림소득, 양도소득, 잡소득	분류소득세, 종합소득세	비례세율 (누진세율)	예정 신고 - 정부 결정 - 징수
			배당 이자소득, 급여소득, 퇴직소득, 비영업 대금 이자소득			원천징수
소득세법 일부 개정 (1954년 10월 1일)	정부	제안 : 1954년 9월 3일 재경위 통과 : 1954년 9월 9일 본회의 통과 : 1954년 9월 20일 (2독회 후 통과)	부동산소득, 사업소득, 산림소득, 양도소득, 잡소득	분류소득세, 종합소득세	비례세율 (누진세율)	납세자신고 - 정부 결정 - 징수
			배당 이자소득, 급여소득, 퇴직소득, 비영업 대금 이자소득			원천징수
소득세법 일부 개정 (1956년 12월 31일)	정부	제안 : 1956년 11월 7일 재경위 통과 : 1956년 12월 27일 본회의 통과 : 1956년 12월 30일 (2독회 후 통과)	부동산소득, 사업소득, 양도소득, 잡소득	분류소득세, 종합소득세	누진세율	납세자신고 - 정부 결정 - 징수
			배당 이자소득, 근로소득			원천징수
소득세법 일부 개정 (1958년 12월 29일)	정부	제안 : 1958년 11월 20일 재경위 통과 : 1958년 12월 24일 본회의 통과 : 1958년 12월 24일 (독회 생략)	부동산소득, 사업소득, 양도소득, 잡소득	분류소득세	누진세율	납세자신고 - 조세자문위원회 자문 - 정부 결정 - 징수
			배당 이자소득, 근로소득, 비영업 대금 이자소득			원천징수
소득세법 일부 개정 (1960년 1월 1일)	의원	제안 : 1959년 12월 14일 재경위 통과 : 1959년 12월 26일 본회의 통과 : 1959년 12월 28일 (독회 생략)	부동산소득, 사업소득, 양도소득, 잡소득	분류소득세	누진세율	납세자신고 - 조세자문위원회 자문 - 정부 결정 - 징수
			배당 이자소득, 근로소득, 비영업 대금 이자소득			원천징수

주 : 한국전쟁 발발 후 제정된 법률 제188호 조세특례법은 1951년 4월 1일 공포되었으나 그해 1월 1일부터 소급 적용. 1952년 12월 27일 한 차례 개정되었다가 1954년 3월 31일 폐지됨.

자료 : 국회사무처(1949~60)에 의거했고, 최상오(2012, 353)를 참조해 대폭 수정·보완함.

정은 물론이고, 소득세법이 개정되는 과정은 대부분 정부 입법안이 원안 또는 일부 수정 통과되는 방식으로 이루어졌다. 개정안의 심의 과정에서 별다른 토론이나 서로 다른 정파 간의 정치적 논쟁이 거의 없었다. 정부가 제출한 소득세법 전면 개정안을 심의한 1954년 3월 31일 『국회본회의 회의록』을 보면 재정경제위원회 위원장의 심사보고 후 독회 절차를 거치지 않고 곧바로 통과되었다(국회사무처 1954, 10~11). 1958년 12월 24일 본회의 상황 역시 정부가 제출한 소득세법 개정 법률안에 대한 재정경제위원회 위원장의 심사 보고가 있은 뒤, 부처 장관의 정부안에 대한 설명과 독회를 모두 생략하고 곧바로 표결에 들어가 재석 128명 중 127명의 찬성으로 일사천리로 통과되었다(국회사무처 1958, 24~25). 1950년 두 차례 개정, 1959년 개정 역시 독회를 생략한 채 통과되었다. 1949년 소득세법 제정, 1954년 9월과 1956년 개정 등 세 차례는 2독회 후 3독회를 생략한 채 통과되었다.

소득세법 개정 법안이 일곱 차례 발의되어 본회의 통과까지 걸린 기간은 평균 28일이었고, 이 중 세 차례(1950년 3월, 1954년 9월, 1959년 12월 발의 법안)는 전시가 아니었음에도 법안 발의 후 20일도 지나지 않아 통과되었다. 정부가 제출한 내용을 사실상 그대로 담아 국회가 법 형식을 갖춰 통과시키는 이른바 '통법부' 현상이 적어도 조세 분야에서는 국회 창설 초기부터 굳어졌다.[70] 소득세법

---

70 언론 보도에서 입법 및 행정부 견제라는 고유의 기능과 역할이 약화된 국회를 '통법부'라 칭하기 시작한 것은 1970년대 들어서다. "국회는 …… 행정부가 내놓은 예산이나 법

제정 과정에서 나타난 정부 주도성은 개정 과정에서도 크게 다르지 않았던 것이다.

5. 개인소득세 징수 제도의 변화

앞에서 살폈듯이 1949년 7월 소득세법이 제정된 이후 1960년까지 수차례 개정되는 과정에서 소득의 종류, 적용된 소득세와 세율의 종류 등이 계속 변화했다(〈표 6-11〉 참조). 소득의 종류는 조세특례법 제정(1951년 4월)을 계기로 크게 변화했고, 소득세의 종류는 초기에는 종합소득세와 분류소득세를 결합해 적용하다가 점차 분류소득세만 적용하는 방식으로 변경되었으며,[71] 여기에 누진세율과 비례세율이 복잡하게 얽혀 적용되었다.[72] 이런 제도 변화에 대해서는 정부 수립 초기 소득세제가 수평적 공평성을 꾀했다면,

---

안을 통과시키는 통법부로서의 기능을 더욱 활발하게 할 것 같다는 일반적인 관측이다"(『동아일보』 1973/03/09). "미처 국민들이 따져 생각해 볼 겨를도 없이 하루에 수십 개씩 무더기로 만들어진다면 국회는 입법부가 아닌 '통법부'에 지나지 않게 되며"(『동아일보』 1975/12/16).

71 종합소득세는 소득 획득자 개인별로 각종의 소득을 종합해 개인적 사정에 따른 담세력을 조정한 뒤 누진세율을 적용하는 제도를 말한다. 이에 비해 분류소득세제는 소득을 몇 가지 발생 원천별로 구별한 뒤, 소득 원천에 따라 단일 비례세율 또는 복수세율을 적용해 원천징수 방법으로 과세하는 제도를 말한다(국세청 홈페이지, 「세무용어사전」).

72 조세의 부과 징수에 따른 구별로서 과세표준에 비례해 과세하는 것을 비례세율이라 하고, 과세표준의 증가에 대해 비례 이상으로 누진적으로 증가하는 세율을 누진세율이라 한다(국세청 홈페이지, 「세무용어사전」).

한국전쟁기에 돌입하면서는 수직적 공평성에 근거한 조세 수입 확대를 중시했고, 전쟁 이후 잠시 수평적 공평성을 강조하다가 다시 수직적 공평성을 중시하는 방향으로 조정된 것으로 평가되고 있다(최상오 2012, 353~355 참조).[73]

동시에 소득세법이 개정되는 과정은 소득의 종류에 대한 분류와 각 소득에 대한 부과 징수 방법의 변화를 수반했다. 여기서 분석하는 대상인 개인소득세의 부과 징수 절차와 방법은, 근로소득에 대한 원천징수 제도가 도입되고 소득조사위원회가 폐지되는 1950년의 두 차례 소득세법 개정과, 조세자문위원회 제도가 도입되는 1958년 12월의 소득세법 개정을 계기로 크게 변화했다.[74] 이에 따라 해방 후 개인소득세 부과 징수 제도의 변화는 ① 1기(~1949년) : 식민지 시기 부과 징수 제도의 유지, ② 2기(~1958년) : 근로소득 원천징수 제도 도입과 소득조사위원회의 폐지, ③ 3기(~1961년) : 조세자문위원회의 설치와 운영 등 3단계로 구분할 수 있다.

---

73 수평적 공평이란 소득의 종류가 다른 동일한 소득수준의 국민들 간에 세금 부담이 공평해야 한다는 것이고, 수직적 공평이란 서로 다른 소득수준의 국민들 간에 세금 부담이 공평하게 배분되어야 한다는 것이다(국세청 홈페이지, 「세무용어사전」).

74 여기에서는 조선소득세령의 제3종 소득세를 중심으로 개인소득세의 집행 체계를 분석했다. 그러나 1949년 7월 15일 제정된 소득세법에서는 조선소득세령의 제1종 소득세를 분리해 법인세법으로 독립시키고 제2종 소득세와 제3종 소득세를 통합해 일반 소득세와 특별 소득세로 구분했다. 따라서 1949년 7월 소득세법 제정 이후부터는 소득세법상의 모든 소득을 대상으로 개인소득세 부과 징수 제도의 변화를 분석한다.

1) 1기 : 식민지 시기 부과 징수 제도의 유지(~1949년)

소득세법에 규정된 개인소득세의 부과 및 징수 절차는, 미군정기는 물론 정부 수립 후 1949년까지 ① 납세의무자의 신고, ② 소득조사위원회의 조사, ③ 정부의 소득 금액 결정, ④ 심사 청구, ⑤ 징수 등 5단계로, 일제 시기와 큰 차이가 없었다. 미군정기에 조선소득세령이 두 번 개정되었지만 제1차 개정(1947년 6월)에서는 인적 공제 확대와 소득 구간 조정 및 세율 조정, 제2차 개정(1948년 4월)에서는 최저 소득 금액의 상향 조정과 최저 한계 세율 및 최고 한계 세율의 조정, 그리고 자본이자세 등 유사 세목 통합이 중심이었다.

정부 수립 후 제정된 소득세법(1949년 7월)에서는 종래 제1종 소득세를 분리해 법인세법으로 독립시키고, 제2종 소득세와 제3종 소득세를 통합해 일반 소득과 특별 소득으로 구분해 과세하되 일반 소득에 대해서는 종합과세하고 특별 소득에 대해서는 원천과세를 실시했다. 이 같은 변화에도 불구하고 조선소득세령이 유지된 미군정기는 물론이고 1949년 제정 소득세법에서도 1934년에 그 틀이 만들어진 식민지 시기의 개인소득세 부과 징수 제도의 뼈대가 그대로 지속되었다.

제정 소득세법에서 채택한 소득조사위원회의 역할과 위상은 식민지 시기와 대동소이했다(『관보』, 1949/07/15; 1949/08/05). 소득조사위원은 관할 세무서 구역 내에 거주하며, 전년도 일반 소득세를 납부하고 해당 연도 소득 신고를 마친 자 중에서 사세청장이 임명하도록 했다. 위원회는 세무서가 송부한 소득 조사서를 의결해 세무서장에게 통지하는 기능을 담당했다. 세무서별 소득조사위원 정수는 최소 3명에서 최대 8명까지, 64개 세무서에 총 286명을 두었다. 위원 3명인 세무서 9개를 비롯해 4명 36개, 5명 10개, 6명 1개, 7명 5개, 8명 3개였다. 세무서당 평균 위원 수는 4.5명이었고 임기는 4년이었다.

김도연 재무부 장관에 따르면 1949년 제정 소득법의 소득조사위원회는 일제하에 비해 "기능을 강화하여 종래의 자문기관이던 것을 결의기관으로 하여 조세의 민주화를 기도한 것"이다(『東亞日報』 1949/07/22). 하지만 위원회의 의결 사항이 소득 금액에 대한 정부의 최종 결정에 어떤 규정력이 있는지에 대해서는 소득세법과 그 시행령에 규정되어 있지 않아 어떤 점에서 자문기관을 뛰어넘는 결의기관의 위상이 있었는지는 불명확하다. 더구나 사세청장에 의해 임명된다는 점, 일반 소득세를 납부하지 않았거나 구역 내 거주하지 않게 되었을 때뿐만 아니라 '직무를 태만하거나 체면을 오손하는 행위가 있을 때'에는 사세청장이 해임할 수 있게 한 점 등에서는 일제하 소득조사위원회와 그 위상에 큰 차이가 없었다.

이 시기에는 소득 심사청구 제도에서도 식민지 시기와 연속성이 확인된다. 1949년 제정 소득세법에서는 각 사세청에 회장 1명 및 위원 4명으로 구성되는 소득심사위원회를 두고 회장은 사세청 상급 공무원 중에서 재무부 장관이 임명했다. 위원은 세무에 종사하는 공무원 중에서 2명, 조사위원 중에서 2명을 재무부 장관이 임명했다. 납세의무자 모두에게 심사청구 자격이 주어졌다. 소원법이나 행정소송 제도는 식민지 시기와 마찬가지로 도입되지 않았다.

2) 2기 : 근로소득 원천징수 제도 도입과 소득조사위원회 폐지(~1958년)

(1) 근로소득 원천징수 제도의 도입

해방 후 개인소득세 부과 징수 제도의 중요한 변화는 한국전쟁 발발 직전과 직후 소득세법의 잇따른 개정과 소원법 및 행정소송법 제정에서 시작되었다. 먼저 1950년 5월 소득세법 개정에서 근로소득에 대한 원천징수 제도가 도입되었다.[75] 종래 일반 소득에 포함되었던 근로소득이 특별 소득으로 구분되어 원천징수되기 시작한 것이다. 물론 1934년 조선소득세령 개정 때부터 공사채 이자, 은행예금이자 및 법인으로부터 받은 이자·배당 등을 지급할 때 원천징수할 수 있는 제도를 도입하고 있었다.

1949년 제정 소득법(제46조)에서도 특별 소득[76]에 대해서는 그

---

[75] 당시 재무국 사세국은 원천징수 개념에 대해 '세무서장이 과세표준액을 결정하여 납세고지서를 발부하는 절차를 밟지 아니하고 소득 금액을 지급하는 자가 그 소득 금액을 지급할 때에 소정 세금을 징수하여 국고에 불입함으로써 조세 부과 징수의 효과를 달성하는 것'이라 정의했다(재무부 사세국 1953). 일반적으로 원천징수 제도는 첫째, 국가의 조세수입을 조기에 확보할 수 있고, 둘째, 징세비가 적게 들어 최소 징세비의 원칙에 적합하며, 셋째, 소득 또는 수익을 그 발생 원천에서 포착할 수 있어 세원의 일실을 방지할 수 있으며, 넷째, 납세자의 일시적인 자금 부담을 덜 수 있는 등의 장점이 있다(국세청 2006, 638).

[76] 소득세법(1949년) 제21조에 따른 특별 소득은 다음과 같다.

〈제1종〉 갑 : 국내에 본점 또는 주사무소를 둔 법인으로부터 받는 청산소득 또는 청산잉여금의 분배금과 퇴직급여 및 기타 일반 퇴직급여, 을 : 비영업 대금이자 및 일시소득.

〈제2종〉 갑 : 국내에서 지불을 받는 공채, 사채, 조선금융채권이거나 은행예금, 은행저축예금, 금융조합예금 및 어업조합예금의 이자 또는 합동운용신탁의 이익, 을 : 제1조의 규정에 해당하지 아니하는 자로서 국내에 본점 또는 주사무소를 둔 법인으로부터 받는

금액을 지불할 때 지불자가 그 소득세를 징수해 다음 달 10일까지 이를 정부에 납부하도록 규정해 원천징수 제도를 도입하고 있다. 그러나 1950년 5월 개인소득세의 중추를 이루는 근로소득에 대한 원천징수 제도가 처음 도입됨으로써 개인소득세 징수 방법은 본격적으로 신고 대상 소득과 원천징수 대상 소득으로 이원화되었다(이후 원천징수 대상 소득의 변화는 〈표 6-11〉 참조).[77]

(2) 근로소득 원천징수 도입 시기 :
일제하 만주 → 일본 → 해방 후 북한 → 남한 순

여기서 근대 역사에서 근로소득 원천징수 제도의 역사를 간략히 살펴보면 다음과 같다. 각 국의 소득세 도입과 부과 징수 제도의 변화는 전쟁과 밀접한 관련이 있다. 소득세는 1799년 영국에서 프랑스와 나폴레옹전쟁을 벌이던 중 전비를 충당하기 위해 도입되었다. 그 이후 1803년 소득 원천별 분류 과세 제도에 원천징수 제도를 가미했는데 그 일환으로 급여의 지급자가 급여를 지급할 때 공제한 세액을 보유하고 있다가 일정 기한까지 납부하기 시작한 데서 근로소득 원천징수 제도가 시작되었다(최원 2011, 12~14).

이후 소득세는 프로이센·미국·일본 등 세계 각지로 확산되었지

이익, 이식의 배당, 잉여금의 분배 또는 이익이나 잉여금의 처분인 상여 또는 상여의 성질이 있는 급여.

[77] 1959년 기준으로 원천징수 제도를 통해 징수한 근로소득세는 119억 원으로 전체 소득세 수납액 219억 원의 54%를 차지했다(재무부 사세국 1959, 24~25).

3부 조세 없는 민주주의의 형성

만 근로소득에 대한 원천징수 제도가 도입된 것은 나라마다 차이가 있었다. 예를 들면 미국에서는 1862년 남북전쟁에 필요한 막대한 군비를 조달할 목적으로 소득세를 처음 도입하면서 연방 정부로부터 받는 급여에 대해 소득세를 선공제하는 제한된 근로소득 원천징수를 실시했다. 이후 소득세는 1872년 폐지되었다가 1894년 재입법했지만 이듬해 위헌판결을 받았고 헌법 개정을 거쳐 1913년 비로소 영구세로 정착되었다. 그러나 미국에서 근로소득에 대한 원천징수 제도가 도입된 것은 제2차 세계대전 시기인 1943년이다(최원 2011, 14~15).

동아시아에서 근로소득 원천징수 제도가 도입된 것은 1938년 일제 지배하 만주 지역에서였다. 일제가 중일전쟁 발발(1937년 7월) 직후인 1937년 11월 28일 만주국 임시국무원회의에서 근로소득세법을 제정해 이듬해부터 실시한 것이다(『滿洲日日新聞』 1937/11/28). 이 법에서는 봉급·급료·수당·은급·연금·상여 등 급여를 지급하는 자는 매월 근로소득세를 징수해 다음 달 10일까지 만주중앙은행이나 세무 관서에 납부하도록 했다(『滿洲經濟法令集』 1938, 25~37).

만주에서 2년 동안 부과 징수 경험을 쌓은 일제는 태평양전쟁을 앞둔 1940년 본국에 근로소득 원천징수 제도를 도입했다. 전비 조달을 위해 근로소득의 기초공제 금액 기준을 인하하는 등 과세 대상을 저소득 급여 소득자로 대폭 확대해 1940년 400만 명 수준이던 소득세 납세자는 1944년 1200만 명으로 급증했다(高木勝 -2007, 109). 이로 인해 상대적으로 고소득자를 대상으로 하던 소득세는 명실 공히 '국민세'가 되었다. 특히 대중과세로 전환된 근로소득세를, 세원을 확실하게 포착해 징세비를 덜 들이며 매달 신속하게 징수할 수단으로서 근로소득 원천징수 제도를 도입했다(金子宏 1996, 141~149).

일제는 만주에 이어 일본 본토에 근로소득 원천징수 제도를 도입했지만 조선에는 도입하지 못한 채 패망해 물러갔다. 해방 후 근로소득 원천징수 제도는 북한 지역에서 먼저 도입되었다. 1946년 4월 1일 임시인민위원장 김일성과 서기장 강양욱의 명의로 공포된 「임시인민위원회 결정 제8호 1946년 제2기(4~6월) 세금징수에 관한 건」을 통해 '각 기관 및 직장에서 각 개인에게 지불하는 급여 금액에서 공제하여 그 지불 책임자가 급여 지불 후 3일 이내에 세금 수납기관에 납부할 의무를 부과'했다(정경모·최달곤 엮음 1990, 116). 이듬해 2월 27일 제정되어 4월 1월부터 시행된 소득세법(인민위원회 법령 제3호 소득세법)에서는 '급여의 지불자는 제급여를 지불할 때마다 근로소득세에 해당하는 금액을 공제해 3일 이내에 시, 면에 납부할 의무'를 부과했다(정경모·최달곤 엮음 1990, 126~133).

이처럼 동아시아에서 근로소득 원천징수 제도는 일제 지배하의 만주 지역에서 시작되어 일본, 북한, 남한 순으로 도입되었다. 또 일제하 조선인 중에는 근로소득 원천징수 제도가 시행된 만주와 일본에서 세무 관리로 근무하다 돌아와 해방 후 세무 관리로 계속 근무하는 경우가 발견되는데, 이들이 북한과 남한의 원천징수 도입과 시행에 일정한 역할을 한 것으로 보인다.[78]

---

78 실제로 1937년부터 각각 만주와 일본에서 세무 관리로 근무하다 정부 수립 후 재무부 사세국에서 일하고 있던 황중률과 김만기는 근로소득 원천징수 제도를 도입하고 정착

(3) 근로소득 원천징수 제도의 변화

다시 한국으로 돌아오면, 1950년 첫 도입 당시 원천징수 대상 근로소득은 종업원 10인 이상 사업장이었고, 10인 미만 사업장은 종전처럼 소득 신고 후 과세표준이 확정된 뒤 부과 징수하도록 했다(국회사무처 1950a, 3; 『관보』 1950/05/15).

개정 소득세법에 의한 근로소득 원천징수 제도의 대략적인 절차는 다음과 같다. 먼저 근로소득 원천징수 대상인 종업원 10인 이상 상시 고용 사업장의 사업주는 ① 매년 12월 10일까지 종업원의 직명별 인원을 기재한 신고서를 세무서장에게 제출하고, ② 납세의무자(종업원)의 소득을 지급할 때 법률이 정한 바에 따른 소득세를 원천징수해, ③ 다음 달 10일까지 이를 국고금을 취급하는 은행이나 관서에 납부한다(〈그림 6-2〉 참조). 만약 원천징수 소득세의 납부에 과오납過誤納이 있어 이를 돌려받고자 할 경우에는 관할 사세청장에게 청구해야 한다.

당시 세무 관리들의 회고에 따르면 1950년 도입된 근로소득 원천징수 제도는 한국전쟁 발발로 사실상 제대로 시행되지도 않은 상태에서,[79] 1951년 1월부터 시행된 조세특례법에서 원천징수 대상

시키는 데 자신들이 큰 역할을 했다는 내용을 회고록에 밝히고 있다(황중률 1969/04, 135~ 137; 김만기 1989, 69~74). 황중률은 1937년 보성전문학교 법과를 졸업한 직후 성만주국 경제부 세무사국 경제부세과 속으로 근무를 시작해 목단강 세무지국(1938년)을 거쳐 연길 세지국 제1과장(1940년), 천임3등환인지국장(1942년)으로 근무하다 해방을 맞았다(총무처 인사국 인사과 1960).

이 다시 종업원 수 5인 이상 사업장으로 확대되었다(『관보』 1951/01a;
1951/01b). 또한 퇴직소득을 제외한 원천징수 근로소득의 과오납에 대
해서는 다음 번 소득세 납부 시 이를 가감加減 계산해 납부할 수 있
도록 개선했다.

결국 근로소득 원천징수 제도는 한국전쟁 기간 중 국세의 60%
를 징수했던 부산을 중심으로 조세특례법 시행 이후부터 본격적으
로 시행되었다. 다음은 1951년 당시 부산세무서를 거쳐, 신설된 영
도세무서에서 근무하던 권태호의 회고 내용이다.

전비 조달을 위한 세제로 갑종근로소득세를 신설하고 매월 급료에
서 원천징수하기로 했다. …… 항상 세법이 개정되면 납세자들은
관심을 많이 갖는데 매월 급료에서 세금을 공제당하니 노무자들이

---

79 김만기(1989, 70)는 한국전쟁 발발 후 1950년대 하반기를 다음과 같이 회상하고 있다.
"당시 중앙정부 임시 청사는 경남도청에 있었는데 경남도청조차 근로소득에 대한 원천
징수를 제대로 이행하지 아니했다."

3부 조세 없는 민주주의의 형성

내용을 잘 이해 못 하고 월급날만 되면 곳곳에서 문제가 발생했다.

심지어는 세금 공제액만큼 급료가 감액되었다고 생각하고 회사의 제품을 훔쳐 가는 사례도 빈번해 설명을 해달라는 공장이 한두 건이 아니었다. 노무자들의 반발이 가장 심했던 영도의 대륙중공업(주)와 조선공사 등 수 개 처를 순회하면서 설득할 때엔 진땀이 나기도 했다(권태호 1993a, 103).

한국전쟁이 끝난 뒤 근로소득 원천징수의 대상은 확대일로를 걸었다. 1954년 3월 전면 개정된 소득세법에서는 종업원 수 제한 조항이 삭제되어 전 사업장으로 확대되었다(『관보』 1954/03/31; 1954/05/13). 1956년 12월 개정 소득세법에서는 종래 원천징수 대상에서 제외되어 있던 '일정한 고용주에게 고용되어 있지 아니한 자의 근로소득'도 포함했다(재무부 1958).

(4) 소득조사위원회 폐지, 소원법·행정소송법 제정

1950년에 12월 소득세법 개정에서 소득조사위원회가 폐지된 것도 식민지 시기 이래 개인소득세 부과 징수 제도의 변화를 초래했다(『관보』 1950/12/01). 앞서 1949년 상반기에 소득조사위원회 자체가 구성되지 않았다는 사실을 확인한 바 있지만, 1950년에도 한국전쟁 발발에 따라 소득조사위원회의 구성과 운영은 부실했을 것으로 추정된다.[80]

이 같은 상황에서 소득조사위원회 폐지를 주요 내용으로 하는 소득세법 개정안을 심의하는 『국회본회의 회의록』을 보면, 정부가 제출한 폐지안에 찬성하는 의견이 다수를 이루었다. '사무 간소화를 꾀하고자 종래 자문기관의 역할에 불과했던 소득조사위원회를 폐지'한다는 것이 정부의 공식 입장이었으며, 본회의에 출석한 재무부 차관은 소득세의 사정查定은 기술적인 부분이 많기 때문에 소득조사위원회를 운영하는 것이 효과는 적은 반면 상당한 비용이 들어, "있는 것보다 없는 게 낫다"고 설명했다.[81] 재정경제위원회 역시 "단지 형식에 불과한, 현실과 동떨어진, 쓸데없는 비용만 많이 드는 허무한 제도이자 헛된 위원회"라며 폐지에 동의했다.[82]

일부 의원은 세무서의 전횡을 우려해 소득조사위원회 폐지에 반대하는 의견을 개진했다.[83] 결국 재석 의원 112명 중 찬성 89표, 반대 3표로 소득세법 개정안이 통과되었다. 이로써 대한민국 첫 소득세법에서 재도입된 소득조사위원회 제도는 1년 6개월 만에 폐지되었다. 이에 따라 소득 금액의 결정은 납세의무자의 신고 절차 후 별도의 자문 없이 곧바로 세무서에 의해 이루어지게 되었다.

소득 심사청구 제도에도 변화가 있었다. 소득조사위원회 제도가 폐지되면서 소득심사위원회 위원 4명 모두 세무 공무원 중에서

---

80 한국전쟁 발발 즈음에 대구세무서에서 소득조사위원회가 운영된 기록이 남아 있다(「대구세무서, 소득세조사위원회를 열어 소득세 조정 개시」, 『경제신문』 1950/06/29, 국사편찬위원회 2010, 2~3에서 재인용). 기사에 따르면 6월 25일부터 대구세무서에서는 소득세조사위원회를 열어 (과세표준에 대한) 조정을 개시했다. 한편 대구세무서에서는 1949년 7월 15일 소득세법이 공포되자 사흘 뒤인 18일부터 소득조사위원회를 소집한 바 있다(『嶺南日報』 1949/07/14).

81 김유택 재무부 차관의 발언(국회사무처 1950c, 28)을 참조.

82 김학수 재정경제위원장의 재경위 심사보고 내용(국회사무처 1950c, 27)을 참조.

83 신광균 의원 발언(국회사무처 1950c, 27~28)을 참조.

임명했고, 1952년 12월 조세특례법 개정에 따라 세무 공무원 중 2명, 기타에서 2명을 임명 또는 위촉했다(『관보』 1949/07/15; 1950/12/01; 1952/12/27). 소득 심사청구의 자격에도 변화가 있었다. 1949년 제정 소득세법에서는 납세의무자 모두에게 심사청구 자격이 주어졌다. 그러나 1951년 1월 1일 시행된 조세특례법에서는 소득 신고를 한 자에 한해 심사청구 자격을 부여했으며 1954년 3월 31일 조세특례법 폐지와 동시에 이루어진 소득세법 개정에서도 이를 승계했다.

또 하나 중대한 변화로서 행정관청의 세무 행정에 대한 납세자의 새로운 권리 구제 제도가 마련되었다. 1951년 8월 소원법과 행정소송법이 각각 제정되어 9월부터 시행됨에 따라 소득 심사청구에 대한 사세청의 결정이나, 세무 당국의 체납처분, 기타 위법 및 부당한 처분에 대해 소원 및 행정소송을 제기할 수 있게 되었다(『관보』 1951/08/03; 1951/08/24). 이로써 식민지 시기에 일제가 납세자의 이의 제기권을 억압하기 위해 의도적으로 제도 자체를 도입하지 않아 생겼던 대표적인 세무 제도의 공백이 해방 6년 만에 비로소 메워지게 되었다.

(5) 세무 관리의 장부·물건 검사권 강화

1949년 제정 소득세법에서는 벌금 및 과료의 금액 차이를 제외하고는 조선소득세령의 장부 검사권, 세금 포탈, 수비의무守秘義務 조항을 사실상 그대로 승계했다(『관보』 1949/07/15). 그런데 1950년 5월 첫 번째 소득세법 개정에서 정부는 징역형 신설이라는 좀 더 강도 높은 처벌 조항 도입을 시도했다. 즉, 소득세를 포탈한 자에 대해서는 3년 이하의 징역, 지불 조서 및 계산서 미제출 또는 부정 제출자에 대해서는 1년 이하의 징역, 수비의무 위반자는 2년 이하의 징역, 장부·물건 질문 검사 거부 및 방해자는 1년 이하의 징역형을 신설하려 한 것이다. 그러나 국회 심의 과정에서 '소득세법에 대해서만 체형을 추가하는 것은 다른 세법과 균형이 맞지 않는다'는 이유로 삭제되었다. 대신 소득의 미신고 및 부정 신고자에 대한 10만 원의 벌금 및 과료 조항과, 타인의 소득세에 대한 허위 보고자에 대한 10만 원의 벌금 조항을 신설했다. 또 지불 조서 및 계산서를 제출하지 않거나 부정하게 제출한 자, 장부·물건 질문 검사 거부 및 방해자에 대한 벌금 및 과료가 각각 10만 원으로 증액되었다 (『관보』 1950/05/01; 국회사무처 1950a, 3~8; 1950b, 4~7).

그러나 정부의 징역형 신설 계획은 1년 뒤 실현되었다. 한국전쟁 발발 후 전시하의 혼란과 무질서 상황에서 탈세와 체납 등 세법 위반이 크게 늘어나자 1951년 5월 조세범을 강력히 처벌할 목적으로 한 조세범처벌법 제정을 추진해 국회에서 통과된 것이다 (국회사무처 1951).[84] 이에 따라 제재 조항이 소득세법에서 분리되고 벌칙도 징역형이 신설되는 등 크게 강화되었다(『관보』 1951/05/07). 지불 조서 및 계산서를 제출하지 않거나 부정하게 제출한 자, 질문 검사 거부 및 방해자에 대해서는 1년 이하의 징역형 또는 20만 원

---

[84] 무면허 물품 제조 판매 행위 5년 이하 징역형을 3년 이하로, 조세 포탈범 5년 이하 징역형을 3년 이하로, 3회 이상 체납 3년 이하 징역형을 2년 이하로, 과세표준 미신고 및 허위신고 3년 이하 징역형을 2년 이하로 낮추는 등 정부안 중 일부는 수정되었다.

이하의 벌금에 처하도록 했다.[85] 또 수비의무 위반 공무원에 대해서는 3년 이하의 징역형에 처하도록 했다. 세금을 포탈한 자는 3년 이하의 징역 또는 포탈 세금의 5~10배의 벌금에 처하도록 벌칙을 크게 강화했다. 3회 이상 체납자 역시 2년 이하의 징역 또는 체납 세금의 2~10배의 벌금에 처하도록 했다.[86]

3) 3기 : 조세자문위원회의 설치와 운영(~1961년)

1934년 일제에 의해 도입되어 미군정기와 대한민국 정부 수립 초기까지 16년 동안 명맥을 유지하다 폐지된 소득조사위원회는 1959년부터 조세자문위원회라는 명칭으로 다시 등장했다. 그 사정은 이렇다. 1958년 제4대 총선(5·2 총선)을 1주일 앞두고 집권 자유당은 ① 선거 후 1년 내에 농어촌 고리채 정리, ② 3개월 내에 공무원 처우 개선, ③ 1년 내에 소득 인정과세의 전폐 등 선거공약 3장章을 내걸었다(『동아일보』 1958/04/26).[87]

---

[85] 1954년 벌금은 다시 2000만 원으로 크게 증액되었으며(『관보』 1954/04/14), 1956년부터는 징역형이 삭제되었다(『관보』 1956/12/31).

[86] 세금 포탈자 및 3회 이상 체납자, 수비의무 위반자에 대한 징역형은 그대로 유지되었다. 벌금은 세금 포탈자의 경우 1954년부터 20배 이하로, 3회 이상 체납자의 경우 1956년부터 10배 이하로 강화되었다(『관보』 1956/12/31).

[87] 당시 야당인 민주당은 총선을 앞두고 조세 문제를 적극 이슈화하면서 인정과세 폐지를 공약으로 내걸었고, 선거가 가까워지자 자유당도 이를 주요 공약으로 내걸었다. 인정과세란 "조세의 징수에 있어서 신고가 없거나 신고가 부적당하다고 인정할 때에 정부가 임의로 결정하여 부과하는 것"을 말한다(국세청 홈페이지, 「세무용어사전」). 납세의무자의 신고에 의해 과세표준을 결정하는 실적과세實績課稅가 이상적이지만 신고에 문제가 있거나

부정선거 논란 속에 과반 의석을 확보한 자유당은 인정과세의 폐단을 시정한다는 명분으로 소득세와 영업세 부과 사무에 납세자 대표를 참여시키기 위해 조세자문위원회 설치 방안을 추진했다. 이전의 소득조사위원회를 폐지한 것이 세무 행정상의 고려에서 이뤄졌다면, 정치적 목적에서 그 변형인 조세자문위원회의 부활이 추진된 것이다. 11월 20일 정부가 조세자문위원회 도입을 포함한 소득세법 개정안을 국회에 제출하자 재경위 심의 과정에서 야당 의원들은 "자문 위원 매수"나 "미운 사람한테는 더 가혹한 세금을 부과하는 수단으로" 악용될 것이라며 반대했다(국회사무처 1958, 20). 여론도 "이 위원회의 역할이 기대되고 있으나 성과 여부는 미지수"라거나(『경향신문』 1958/11/11), "세무 관리가 독단·독선한 것이 아니라는 인상을 주기 위해, 심지어는 인정과세에 대하여 납세자가 항의하는 경우에 조세자문위원회를 팔기 위해서 만든 것"이라는 반응이었다(『동아일보』 1958/10/11). "세稅 이론에 밝고 이에 대한 조사·연구를 꾸준히 하고 있는 인사가 서울서도 대단히 드물거늘 황차 지방 세무서에서 그러한 인사들을 위원으로 한다는 것은 거의 무망한 일"이라며 실효성에 대해서도 혹평했다(『동아일보』 1958/10/11).

근거가 될 만한 장부를 비치하지 않아 정확성과 공평성을 유지할 수 없을 경우 부득이하게 세무서가 조사한 간접 자료에 의해 과세표준액을 결정하는 제도이다. 그러나 납세자가 납득하기 어려운 조세 부과나 불공정 과세, 세무 행정에 대한 문제의식이 장기간 누적된 데다, 한국전쟁을 치르는 과정에서 전비 마련을 위한 기록적인 증세가 거듭되었기 때문에 조세 문제에 대한 사회적 불만이 팽배해지자 정치권에서 이를 의식해 '인정과세 폐지'를 총선 공약으로 제기한 것으로 판단된다.

조세자문위원회 제도를 도입한 소득세법 개정안이 국회 본회의를 통과해 1959년부터 시행됨에 따라 근로소득 등 원천징수 대상 소득을 제외한 개인소득에 대한 부과 징수 절차는 ① 납세의무자의 신고, ② 조세자문위원회의 자문, ③ 정부의 소득 금액 결정, ④ 심사 청구, ⑤ 징수 등 5단계를 거치는 것으로 변화했다.

조세자문위원회는 이전의 소득조사위원회와 대체로 유사하면서도 일부에서 차이가 있었다. 세무서마다 위원회를 두어 세무서가 과세표준을 결정하기 전에 이 위원회의 자문을 거치게 한 점, 사세청장의 위촉에 따라 위원회가 구성된다는 점, 실질적인 결정권이 없는 단순 자문 기구라는 점, 사세청장의 해촉권이 규정되었다는 점 등에서 식민지 시기의 소득조사위원회 제도와 명칭만 다를 뿐 외형상 위상과 역할이 유사했다. 국회 재경위 심의 과정에서 삽입된 조항으로 사세청장이 위촉하기 전에 업종별 납세의무자의 추천을 거친다는 점 정도에 차이가 있으나, 위원의 임기는 2년으로 줄었고 소득심사위원회 참가 자격도 없어진 명예직으로 회기 또한 최대 7일로 줄어드는 등 실질적인 위상과 기능은 소득조사위원회보다 약화되었다. 또한 부동산 소득과 사업소득에 대한 개인소득세의 납세의무자가 될 수 없게 되었을 때는 자문 위원의 직을 상실하게 했다. 소수 부유한 자산가만 대상으로 함에 따라 개인소득세 납부 대상자의 대표성도 매우 취약했다.

조세자문위원회 제도가 폐지된 것은 1961년 5월 쿠데타로 정권을 장악한 군사정권이 국회의 기능을 정지한 뒤 12월 8일 국가재건최고회의 명의로 기존 소득세법을 폐지하고 새로운 소득세법을 제정·공포하면서다(『관보』 1961/12/08).

참고문헌

1. 자료

1) 신문·잡지

『京城日報』. 1934/05/02.「ㅁㅁけふ店開きの京城稅務監督局(倭城臺舊本府廳舍)」.

_____. 1934/10/10.「全鮮個人所得 二億五千萬圓」.

『京鄕新聞』. 1949/10/03.「세제 전면적 개혁」.

_____. 1949/11/02.「세제개혁심의 개시, 금년만은 과정세제 채용」.

『경향신문』. 1954/06/26.「李司稅局長等起訴」.

_____. 1958/11/11.「稅法改正의 解剖」.

『南鮮新聞』. 1948/06/10.「過政財務部 次長等發令」.

『大邱時報』. 1947/06/15.「所得調査委員會」.

_____. 1948/06/25.「所得稅調査委員會 開催」.

『東亞日報』. 1920/05/26.「醫學會 總會」.

_____. 1920/08/04.「朝鮮所得稅令에 就하여」.

_____. 1931/04/22~05/08.「租稅란 무엇인가 : 財政, 經濟, 及社會的意義」(1)~(13).

_____. 1932/07/28.「朝鮮의 增稅 日本의 態度如何로 決定」.

_____. 1932/08/23.「赤字補塡으로 結局增稅?」.

_____. 1933/04/26.「不完全한 朝鮮稅制 都鄙와 貧富에 均衡 없어 知事會議에도 稅制改正要望 今明年으로 一大改革, 個人所得稅實施 全般稅制大改革」.

_____. 1933/08/17.「豫算問題等으로 宇垣總督 談」.

_____. 1933/10/15.「明年度朝鮮豫算」.

_____. 1933/11/25.「稅制整理의 目標」.

_____. 1933/12/30.「稅制改正의 內容」.

_____. 1934/04/18.「稅務監督局勅令 今日閣議서 決定」.

_____. 1934/05/02.「京城稅務署 今日開館」.

_____. 1934/07/25.「商工業者의 所得稅 必要經費란 무엇? : 安田京城稅務署長談」.

_____. 1934/07/31.「商工業者의 所得稅 必要經費란 무엇? : 安田京城稅務署長談」.

_____. 1934/08/01.「所得稅調査委員會組織」.

『東亞日報』. 1934/08/19.「稅務部長會議」.

_____. 1934/08/20.「元山에 瀆職事件 十數名檢擧取調」.

_____. 1934/10/04.「第三種所得二萬圓」.

_____. 1934/10/21.「大田에 또 瀆職事件」.

_____. 1934/10/27.「所得額 틀리면 再審請求하라」.

_____. 1934/11/07.「所得稅額 決定通知와 殺到하는 質問과 抗議, 서원을 총동원해 재조사에 분망 眼鼻莫開의 稅務署」.

_____. 1934/11/10.「橫領事件의 張本人 江景稅務署長 取調」.

_____. 1934/11/23.「密酒檢查中 主人을 毆打」.

_____. 1934/11/28.「처음생긴 所得稅 納稅는 不過一 割」.

_____. 1934/12/12a.「稅金徵收成績 六七割에 不過」.

_____. 1934/12/12b.「所得稅人員十五萬名 總額 二百七十萬圓 人口比例로 工業都市 平壤과 開城의 富力이 首位」.

_____. 1935/04/07.「賣職稅務署員 六名 檢局送致」.

_____. 1935/05/29.「當選된 面協議員」.

_____. 1935/06/20.「密酒取締稅務員을 四十農民이 亂打」.

_____. 1935/06/23.「密造酒發見코 取調中 家族과 稅務吏間格鬪」.

_____. 1936/07/10.「稅務局長會議서 總督의 訓示」.

_____. 1937/07/06.「明川 諸官公署 新築工事 今日 落札」.

_____. 1937/12/04.「世界的 구두쇠의 守錢術」.

_____. 1939/06/07.「總督訓示」.

_____. 1949/04/08.「香港總領事에 車均燦氏 任命」.

_____. 1949/05/14.「車均燦香港領事 急逝」.

_____. 1949/07/22.「세율을 전면인하」.

_____. 1949/12/01.「세제개혁위 제2차회의」.

『동아일보』. 1955/08/06.「五日 國務會議」.

_____. 1958/04/26.「'認定課稅全廢 等 自由黨 選擧 公約三章을 發表」.

_____. 1958/10/11.「稅制의 前進과 踏步」.

_____. 1973/03/09.「요직 개편과 원내에의 파장, 체질 바꾸는 공화당」.

_____. 1975/12/16.「拙速立法을 삼가라」.

『滿洲日日新聞』. 1937/11/28.「滿洲國新法令(下) 二十七日의 國務院會議で可決」.

『每日申報』. 1922/08/16.「稅務講習會開始」.

_____. 1923/09/19.「稅務講習會, 十七日에 開會」.

『每日申報』. 1933/08/26.「個人所得稅의 創設로 農村의 負擔을 輕減 明年豫算及私鐵補助 問題로 今井田政務總監時事談」.

＿＿＿. 1934/02/28.「忠南道 稅務署爭奪戰 白熱化」.

＿＿＿. 1934/04/25.「朝鮮稅制關係 閣議決定」.

＿＿＿. 1934/07/11.「第三種所得稅의 要旨와 申告에 對하야 (1) 京城稅務監督局 齋藤稅務部長談」.

＿＿＿. 1934/07/12.「第三種所得稅의 要旨와 申告에 對하야 (2) 京城稅務監督局 齋藤稅務部長談」.

＿＿＿. 1934/07/13.「第三種所得稅의 要旨와 申告에 對하야 (3) 京城稅務監督局 齋藤稅務部長談」.

＿＿＿. 1934/07/21.「個人所得稅에 對한 內容을 充分히알나 막연히 아는 것만으론 안된다 府當局質疑를 歡迎」.

＿＿＿. 1934/07/26.「個人所得稅에 心要經費란 무엇 商工業者所得計算에 對하야 安田京城稅務署長談 (1)」.

＿＿＿. 1934/07/27.「個人所得稅에 心要經費란 무엇 商工業者所得計算에 對하야 安田京城稅務署長談 (2)」.

＿＿＿. 1934/07/28.「個人所得申告는 七月末日까지 신고 안하면 손해본다 京城稅務監督局談」.

＿＿＿. 1934/07/30.「個人所得申告 提出은 아직 僅少 大田稅務署苦情」.

＿＿＿. 1934/08/12.「沙里院稅務署所得稅申告數」.

＿＿＿. 1934/08/18.「平壤稅務署管內 第三種所得申告 實際賦課者는僅少 調査委員會에 諮問」.

＿＿＿. 1934/08/19.「所得稅調査委員 近日中에 任命할터 全鮮에 約四百名」.

＿＿＿. 1934/08/22a.「光州稅務署管內所得稅能力者査定數」.

＿＿＿. 1934/08/22b.「所得稅調査委員 九月中으로 任命 林再務局長談」.

＿＿＿. 1934/08/25a.「個人所得稅 不當申告가 多數 그 中 六七割은 誤診?」.

＿＿＿. 1934/08/25b.「申告件數로 良好 內容은 極히 不實, 不實한 것은 다시 調査 所得稅申告成績」.

＿＿＿. 1934/09/24.「永登浦稅務署 所得委員會」.

＿＿＿. 1934/09/26.「海州稅務署 所得稅申告 完了」.

＿＿＿. 1934/09/28.「鐵原稅務署 所得調査委員」.

＿＿＿. 1934/09/29a.「春川稅務署 調査委員會」.

＿＿＿. 1934/09/29b.「忠州稅務署 所得稅調査委員會」.

『每日申報』. 1934/10/02a.「寧邊稅務署에 所得調査委員會 米國人 所得額 問題로 討議

　　決局原案대로 可決」.

_____. 1934/10/02b.「原州稅務所 所得調査委員會開催」.

_____. 1934/10/03.「晋州稅務署 所得委員會」.

_____. 1934/10/06a.「金化稅務署 所得委員會」.

_____. 1934/10/06b.「淸州稅務署의 所得稅調査 完了 收稅할 總額은 二萬二千圓 納稅人은

　　二千名」.

_____. 1934/10/10a.「禮山稅務署 所得委員 任命」.

_____. 1934/10/10b.「初年度所稅額 二百四五十萬圓? 廿日부터 決定通知」.

_____. 1934/10/12.「永同稅務署 所得調査 終了」.

_____. 1934/10/18.「熙川稅務署所得額」.

_____. 1934/11/07.「實際와 不合한다고 質疑者가 遝至 現在所得을 無視한다고

　　沙里院稅務署 苦惱」.

_____. 1934/11/14.「江陵崔秉源君高等試驗合格」.

_____. 1934/11/29.「瀆職의 恥辱一掃로 大邱稅監局緊張 大邱稅務署責任者는 斷然懲戒

　　間稅課長會도 召集」.

_____. 1934/12/15.「個人所得稅 不當申告가 多數 그 中 六七割은 誤診?」.

_____. 1935/04/11.「平壤稅務監督局 所得稅 徵收完了 徵稅史上에 처음 볼 成績」.

_____. 1935/04/20.「個人所得稅金中에서 舍宅料는 除外키로 소득액 신고는 속히함이 득책

　　京城稅務署의 方針決定」.

_____. 1935/06/08.「大邱商議提案內容」.

_____. 1936/05/14.「官公職者瀆職事件 輓近激增의 怪風潮 관긔의 문난이 우에 더업서

　　宇垣總督 廓淸嚴令」.

_____. 1938/01/26.「財團法人朝鮮地籍協會의 設立에 際하야: 水田財務局長 談」.

『每日新報』. 1939/02/25.「吏道刷新案要綱決定: 官僚獨善을 排擊하고 官民一致의

　　精神發揚」.

_____. 1941/08/12.「官廳事務再編成: 國內體制强化策 行政機構를 整備

　　近衛第三次內閣의 使命漸次實現: 官界刷新의 具體案」.

_____. 1941/11/09.「納稅報國을 强調: 增稅는 來月 一日부터 實施할 터:

　　山名稅務課長歸任 談」.

_____. 1942/07/24.「石川火災社長退任」.

_____. 1942/11/01.「總督府機構改正, 今日公布實施: 行政簡素化方針에 卽應: 總務局新設

　　厚生局企書部 廢止: 本府에 書記官制를 新規實施」.

참고문헌

『每日新報』. 1943/03/14.「龍山 稅務署 新設 : 四月一日부터 事務 開始」.

_____. 1943/04/22.「潑溂한 新進이 多數 京城府의推薦候補者 56名 決定」.

_____. 1943/04/29.「龍山稅務署新設 來五月一日부터 執務」.

_____. 1943/10/20.「內地地方行政機構 整備强化要綱發表」.

_____. 1943/11/02.「決戰行政機構確立 總督府職員縮減案決定 : 來一日發足」.

_____. 1944/01/06.「責任態勢를 確立 : 戰時官吏服務令公布實施」.

_____. 1944/08/26.「皇國租稅理念昂揚 國民貯蓄緊急證强 : 行政信條는 [誠]에
    歸一總督訓示」.

_____. 1945/06/09.「總力戰에 先驅된 思想戰士必勝의 陣 昨日, 言論報國會 感激의 發會式 :
    役員」.

『民衆日報』. 1948/05/18.「祝五·十總選擧成功萬歲」.

『釜山日報』. 1934/08/08.「所得申告好成績」.

『稅務通信』. 1927(제5권 제9호).「稅務事務講習會狀況」.

『嶺南日報』. 1946/07/11.「賦課人員 七萬餘, 第三種所得稅調査委員會 審査」.

_____. 1949/07/14.「所得稅法案 通過로 調査委員會 召集」.

『자유신문』. 1948/12/08.「외무부 조사국장, 車均燦 씨가 취임」.

『朝鮮日報』. 1933/06/03.「明年度부터 朝鮮에 稅制改正」.

_____. 1933/08/30.「總督府豫算編成 二億五千萬圓으로 一段落」.

_____. 1933/09/07.「個人所得稅와 相續稅의 制定」.

_____. 1934/02/14.「三千浦에서 稅務署誘致運動 具體的 方針 決定」.

_____. 1934/07/10.「第三種所得稅 그 要旨와 所得의 申告, 京城稅務監督局稅務長談」.

_____. 1934/07/15.「第三種所得稅 그 要旨와 所得의 申告 (2) 京城稅務監督局稅務長談」.

_____. 1934/07/19.「第三種所得稅 그 要旨와 所得의 申告 (3) 京城稅務監督局稅務長談」.

_____. 1934/08/19.「稅務部長 會議. 20, 21일 개최」.

_____. 1934/08/24.「元山稅務署에 疑獄 間稅課長을 檢擧 家宅搜索書類를 押收」.

_____. 1934/09/05.「稅務署 不正事件 意外方面에 飛火 北靑서 間稅課長來押」.

_____. 1934/10/11.「九年間 增加입는 全朝鮮의 所得額, 所得稅 賦課코저 基礎의 調査,
    全額 二億 五千萬圓」.

_____. 1934/10/13.「明年度個人所得稅 五百萬圓超過豫想」.

_____. 1934/10/31.「所得稅 賦課額에 異議申立이 輻湊. 申立人은 大部分 中産以下民
    課稅委員會의 杜撰?」.

_____. 1934/11/01.「所得稅問題로 兩港穀商 奮起, 賦課標準이 不合理라고」.

_____. 1934/11/02a.「[社說] 個人所得稅에 對한 異議申立」.

『朝鮮日報』. 1934/11/02b.「蔘業組合에서 所得稅로 陳情」.

_____. 1934/11/10.「第三種所得稅. 異議申立 遝至, 金海에 十六件」.

_____. 1934/11/14.「所得稅 過重타고. 木浦穀物商 蹶起. 同一 管內에 査定上 差異는 矛盾. 再審査 要望을 決意」.

_____. 1934/11/18a.「某課長召喚審問 前後嚮應費만 五六千圓巨額 大邱稅務疑獄事件」.

_____. 1934/11/18b.「所得없는 土地에 所得稅를 査定 : 再査定을 申立」.

_____. 1934/11/21.「所得稅不當賦課 異議陳情奏效? 稅署長再調를 言明」.

_____. 1934/11/27.「不祥事件疊出로 稅務綱紀 大肅淸 : 稅務執行時 不法行爲도 頻發, 各管下에 嚴重한 通牒」.

_____. 1934/11/29.「所得稅調査 不公. 義州邑民의 反抗 : 稅務當局에 陳情」.

_____. 1934/11/30.「最初의 個人所得稅 納付成績이 大不良, 當局査定에 異議續出關係. 納入期以來 不過 三割受納」.

_____. 1935/06/20.「稅務署員八名을 洞民이 亂打中傷 家宅無斷侵入 햇다고 衝突 大邱府外中坌洞서」.

_____. 1935/06/21.「稅務署員被打事件은 農民蔑視가 動機 無斷侵入하야 衣籠을 뒤지다가 農民側도 三名이 重傷」.

_____. 1936/06/12.「稅務署員態度攻擊 商議總會에서」.

_____. 1936/06/28.「稅務署員의 行悖 農民을 無理毆打」.

_____. 1937/05/27.「昌城大楡洞鑛山을 千五百萬圓에 買收, 黃金狂 時代의 豪華스런 話題, 六月부터 日鑛이 採鑛」.

_____. 1937/12/03.「外人鑛主脫稅總額. 360萬圓 決定 : 昌城大楡洞金鑛主의 大脫稅 事件 : 所得稅審査委員會서 徵收」.

『朝鮮財務』. 1929/02(제7권 제2호).「珠算競技會」.

_____. 1929/06(제7권 제6호).「珠算競技會」.

_____. 1929/08(제7권 제8호).「大蔣省稅務講習會」.

_____. 1929/10(제7권 제10호).「第5回稅務講習會」.

_____. 1931/10(제9권 제10호).「第十三回大蔣省主催稅務講習會」.

_____. 1933/06(제11권 제6호).「道財務部長會同二於サル政務摠監訓示(昭和8年5月31日)」.

_____. 1933/10(제11권 제10호).「第8回稅務講習會開催」.

_____. 1934/07(제12권 제7호).「稅務監督局長會議」.

_____. 1934/08(제12권 제8호).

_____. 1934/10a(제12권 제10호).「京城稅務監督局管內稅務署長會議」.

_____. 1934/10b(제12권 제10호).「第11回稅務講習會開催」.

『朝鮮財務』. 1934/11(제12권 제11호).「清津稅務署第三種所得調査委員會」.

_____. 1934/12a(제12권 제12호).「京城監督局直友會創立」.

_____. 1934/12b(제12권 제12호).「大邱稅務監督局管內稅務署庶務課長打合會」.

_____. 1935/01(제13권 제1호).「楊洲稅務署廳舍落成式狀況」.

_____. 1935/02(제13권 제2호).「戶順調査餘聞」.

_____. 1935/03(제13권 제3호).「光州稅務監督局管內所得審査委員會狀況」.

_____. 1935/04a(제13권 제4호).

_____. 1935/04b(제13권 제4호).「光州稅務監督局支部管內珠算競技會」.

_____. 1935/05(제13권 제5호).「光州稅務監督局珠算競技會狀況」.

_____. 1935/06(제13권 제6호).「大邱稅務監督局管內判任官任用考査試驗執行狀況」.

_____. 1935/07a(제13권 제7호).「京城監督局管內直稅課長事務打合會並事務研究會狀況」.

_____. 1935/07b(제13권 제7호).「稅務を語ゐ夕」.

_____. 1935/08a(제13권 제8호).「成川稅務署珠算競技會」.

_____. 1935/08b(제13권 제8호).「平壤稅務監督局管內珠算競技會」.

_____. 1935/09a(제13권 제9호).

_____. 1935/09b(제13권 제9호).「京城稅務監督局珠算講習會竝珠算競技會狀況」.

_____. 1935/11a(제13권 제11호).

_____. 1935/11b(제13권 제11호).「大邱稅務監督局 第1回 稅務講習會」.

_____. 1935/11c(제13권 제11호).「第9回稅務講習會終了式」.

_____. 1936/03(제14권 제3호).「第9回稅務講習會試驗問題」.

_____. 1936/06(제14권 제6호).「第10回稅務講習會開會式における財務局長訓示」.

_____. 1936/07(제14권 제7호).「珠算講習會竝競技會開催(新義州瑞興稅務署)」.

_____. 1936/08(제14권 제8호).「珠算競技會開催(瑞興稅務署)」.

_____. 1937/05(제15권 제5호).「稅務監督局廳舍新築落成式」.

_____. 1937/08(제15권 제8호).

_____. 1937/10(제15권 제10호).

_____. 1938/07a(제16권 제7호).

_____. 1938/07b(제16권 제7호).「第二回局署聯合珠算競技會褒賞授與式狀況(京城支部)」.

_____. 1939/07a(제17권 제7호).「稅務行政講習所第一回入所式擧行」.

_____. 1939/07b(제17권 제7호).「珠算競技會狀況(光州)」.

_____. 1939/08(제17권 제8호).

_____. 1939/09(제17권 제9호).

_____. 1940/02a(제18권 제2호).

『朝鮮財務』. 1940/02b(제18권 제2호). 「學習の感想と希望」.

_____. 1940/05a(제18권 제5호).

_____. 1940/05b(제18권 제5호). 「税務官吏養成第一回卒業生」.

_____. 1940/06(제18권 제6호).

_____. 1941/06(제19권 제6호).

_____. 1941/11(제19권 제11호).

_____. 1941/12(제19권 제12호).

_____. 1942/10(제20권 제10호).

『朝鮮中央日報』. 1934/07/10. 「三種所得税의 要旨와申告에對하여 (1) 税務監督局
        齋藤部長談」.

_____. 1934/07/11. 「三種所得税의 要旨와申告에對하여 (2) 税務監督局 齋藤部長談」.

_____. 1934/07/12. 「三種所得税의 要旨와申告에對하여 (완) 税務監督局 齋藤部長談」.

_____. 1934/08/22. 「税務部長會議」.

_____. 1934/10/13. 「水原税務管內 個人所得調整」.

_____. 1934/10/14. 「開城府의 所得税, 總額 六百五十餘萬圓」.

_____. 1934/10/27. 「府人口 三五萬名中 納税義務 二萬餘, 京城税務署 管內만의 統計,
        所得額 調査를 完了」.

_____. 1936/07/31. 「密酒嫌疑取調로 農夫를 毆打重傷 被害者는 入院治療中 告訴 提起,
        統營税務署員의 暴擧」.

『中央新聞』. 1945/11/18. 「軍政廳辭令」.

『中外日報』. 1930/02/16. 「所得税新設計劃에 對하야」.

『皇城新聞』. 1902/01/13. 「今番에 本病院長 和田八千穗氏」.

• 그 밖에 본문에 직접 인용하지 않았지만 참조한 정기간행물은 다음과 같다.

『光明日報』, 『國税』, 『金融과 經濟』, 『大東新聞』, 『東光新聞』, 『東邦新聞』, 『신한민보』,
『調査月報』, 『朝鮮』, 『朝鮮經濟雜誌』, 『朝鮮新聞』, 『朝鮮地方行政』, 『朝鮮行政』, 『地籍』,
『漢城日報』.

2) 관보

• 『官報』(본문 및 이하 『日本官報』). 日本 內閣.

『日本官報』. 1887/03/23(제1115호). 「勅令 第5號 所得税法」.

_____. 1890/06/30(제2099호). 「法律 第48號 行政裁判法」.

_____. 1890/10/10a(호외). 「法律 第105號 訴願法」.

『日本官報』. 1890/10/10b(호외).「法律 第105號 行政庁ノ違法処分二関スル行政裁判ノ件」.

_____. 1899/02/13a(제4682호).「法律 第17號 所得税法」.

_____. 1899/02/13b(제4682호).「法律 第17號 所得税法中改正」.

_____. 1905/03/01(제6497호).「法律 第34號 所得税法中改正」.

_____. 1913/03/05(호외).「衆議院議事速記録 第6號」.

_____. 1913/03/12(호외).「衆議院議事速記録 第8號」.

_____. 1913/04/08(제204호).「法律 第13號 所得税法中改正」.

_____. 1918/01/18(제1636호).「勅令 第10號 文官任用令中改正」.

_____. 1920/01/30(호외).「衆議院議事速記録 第6號」.

_____. 1920/07/31(제2399호).「法律 第11號 所得税法中改正」.

_____. 1926/03/27(호외).「法律 第11號 営業収益税法」.

_____. 1929/01/27(호외).「衆議院議事速記録 第7號」.

_____. 1934/02/14(호외).「第65回 帝國議會衆議院議事速記録 第12號」.

_____. 1934/03/15(호외).「第65回 帝國議會貴族院議事速記録 第26號」.

_____. 1934/04/30(제2195호).「勅令 第115號 奏任文官特別任用令中改正」.

_____. 1936/08/15(제2887호).「勅令 第266號 國有財産法ヲ朝鮮二施行スルノ件」.

_____. 1937/05/21(제3112호).「朝鮮總督府令 第26號 國有財産法施行規則」.

_____. 1939/10/18(제3837호).「勅令 第706號 會社職員給與臨時措置令」.

_____. 1940/03/29(제3967호).「法律 第21號 所得税法中改正」.

_____. 1940/10/19(제4136호).「勅令 第6806號 會社經理統制令」.

_____. 1941/01/06(제4197호).「勅令 第1號 高等試驗令中改正」.

_____. 1941/05/01(제4291호).「勅令 第527號 税務講習所官制」.

_____. 1941/07/16(제4356호).「勅令 第760號 財務局官制」.

_____. 1944/02/15(제5124호).「法律 第7號 所得税法中改正」.

_____. 1947/03/31(호외2).「法律 第27號 所得税法中改正」.

『日本官報號外』. 1910/08/29(제8157호).「勅令 第324號 朝鮮に施行する法令に関する件」.

• 『官報』(본문 및 이하『舊韓國官報』). 內閣法制局官報課.

『舊韓國官報』. 1907/12/18a(호외).「勅令 제46호 財務監督局官制」.

_____. 1907/12/18b(호외).「勅令 제47호 財務署官制」.

_____. 1908/01/27a(제3981호).「財務監督局分課規程」.

_____. 1908/01/27b(제3981호).「財務署事務分掌規程」.

_____. 1909/03/19(호외).「勅令 제31호 財務監督局官制 改正」.

『舊韓國官報』. 1909/07/09(제4424호 부록). 「學部令 제1호 實業學校令施行規則」, 「學部令 제2호 高等女學校令施行規則」.

_____. 1909/08/20(제4459호). 「度支部訓令 제86호 財務監督局分課規程 改正」.

_____. 1910/01/18(제4579호). 「勅令 제2호 財務監督局官制 改正」.

• 『朝鮮總督府官報』. 朝鮮總督府.

『朝鮮總督府官報』. 1910/08/29(제1호). 「統監府令 제50호 制令公布式」.

_____. 1910/09/30(제28호). 「勅令 제357호 朝鮮總督府地方官官制」.

_____. 1911/10/20a(호외). 「朝鮮總督府令 제110호 普通學校規則」.

_____. 1911/10/20b(호외). 「朝鮮總督府令 제111호 高等普通學校規則」.

_____. 1911/10/20c(호외). 「朝鮮總督府令 제113호 實業學校規則」.

_____. 1912/05/14(제512호). 「朝鮮総督令 제104호 朝鮮總督府及所屬官署雇員採用規程」.

_____. 1913/02/15(호외). 「朝鮮總督府令 제9호 實業普通學校規則中改正」.

_____. 1913/06/26(제271호). 「朝鮮総督府令 제65호 朝鮮總督府及所屬官署雇員採用ニ關スル件」.

_____. 1920/07/31(호외). 「朝鮮總督府制令 제16호 朝鮮所得稅令」.

_____. 1922/02/06(호외). 「勅令 제10호 朝鮮教育令」.

_____. 1927/03/31(호외). 「朝鮮總督府制令 제8호 朝鮮所得稅令中改正」.

_____. 1932/02/19(제1533호). 「敍任及辭令」.

_____. 1933/06/09(제1923호). 「敍任及辭令」.

_____. 1934/01/27(제2112호). 「鑛業權設定 / 彙報-産業-鑛業-鑛業事項」.

_____. 1934/03/30(제2164호). 「朝鮮總督府制令 제2호 朝鮮淸凉飮料稅令」.

_____. 1934/04/29(제2187호). 「勅令 제111호 朝鮮總督府稅務官署官制」.

_____. 1934/04/30a(제2188호). 「朝鮮總督府令 제44호 朝鮮所得稅令施行規則中改正」.

_____. 1934/04/30b(제2188호). 「朝鮮總督府令 제45호 稅務監督局及稅務署ノ名稱, 位置及管轄區域別表」.

_____. 1934/04/30c(제2188호). 「朝鮮總督府令 제46호 朝鮮總督府稅務署稅務吏特別任用規程」.

_____. 1934/04/30d(제2188호). 「朝鮮總督府令 제48호 國稅徵收令施行規則中改正」.

_____. 1934/04/30e(제2188호). 「朝鮮總督府制令 제6호 朝鮮所得稅令中改正」.

_____. 1934/04/30f(제2188호). 「朝鮮總督府制令 제7호 地稅令中改正」.

_____. 1934/05/01a(제2189호). 「朝鮮總督府訓令 제20호 朝鮮總督府稅務監督局事務分掌規程」.

『朝鮮總督府官報』. 1934/05/01b(제2189호).「朝鮮總督府訓令 제21호 朝鮮總督府稅務署
　　事務分掌規程」.

＿＿＿. 1934/06/22(제2234호).「朝鮮總督府制令 제19호 朝鮮相續稅令」.

＿＿＿. 1934/06/25(제2236호).「朝鮮總督府制令 제22호 酒稅令中改正」.

＿＿＿. 1934/09/27(제2316호).

＿＿＿. 1934/11/10(제2251호).「會長竝二委員任命 / 彙報-官廳事項-官吏」.

＿＿＿. 1935/08/27(제2566호).「朝鮮總督府訓令 제39호 朝鮮總督府稅務官署事務
　　分掌規程中改正」.

＿＿＿. 1935/09/14(제2604호).

＿＿＿. 1935/09/18(제2607호).

＿＿＿. 1936/02/04(제2716호).「鑛業權設定 / 彙報-産業-鑛業-鑛業事項」.

＿＿＿. 1936/02/14(제2724호).「朝鮮總督府令 제8호 道ノ位置,管轄區域及府郡ノ
　　名稱,位置,管轄區域中改正」.

＿＿＿. 1936/02/18(제2718호).「朝鮮總督府制令 제1호 朝鮮土地測量標令」.

＿＿＿. 1936/03/16(제2750호).「朝鮮總督府令 제17호 稅務監督局及稅務署ノ
　　名稱,位置及管轄區域中改正」.

＿＿＿. 1936/07/14(제2850호).「朝鮮總督府令 제56호 朝鮮土地測量標令施行規則」.

＿＿＿. 1936/08/19(제2881호).「勅令 제266호, 國有財産法ヲ朝鮮ニ施行スルノ件」.

＿＿＿. 1937/04/01a(호외).「朝鮮總督府訓令 제12호 朝鮮總督府稅務官署事務
　　分掌規程中改正」.

＿＿＿. 1937/04/01b(호외).「朝鮮總督府訓令 제16호 朝鮮總督府稅務官署事務分掌規程
　　中改正」.

＿＿＿. 1937/07/17(제3151호).「勅令 제327호 朝鮮總督府稅務官署 官制中改正」.

＿＿＿. 1937/08/06(제3168호).「勅令 제382호 朝鮮總督府部內臨時職員設置制中改正」.

＿＿＿. 1938/07/01(제3444호).「朝鮮總督府訓令 제41호 朝鮮總督府稅務官署事務
　　分掌規程中改正」.

＿＿＿. 1939/08/01(제3759호).「朝鮮總督府令 제119호 稅務監督局及稅務署ノ名稱,
　　位置及管轄區域中改正」.

＿＿＿. 1939/09/22(제3804호).

＿＿＿. 1939/12/07(제3865호).

＿＿＿. 1940/02/05(제3910호).「稅務官吏養成所講習生募集」.

＿＿＿. 1940/02/07(제3912호).「勅令 제43호 朝鮮總督府部內臨時職員設置制中改正」.

＿＿＿. 1940/02/12(제3916호).「朝鮮總督府令 제16호 朝鮮總督府稅務官吏養成所規定」.

『朝鮮總督府官報』. 1940/03/31(호외). 「朝鮮總督府制令 제3호 朝鮮所得稅令中改正」.

_____. 1940/04/05(제3960호). 「朝鮮總督府訓令 제13호 朝鮮總督府稅務署事務分掌規程」.

_____. 1940/09/18(제4100호). 「朝鮮總督府訓令 제50호 朝鮮總督府稅務官署事務分掌
規程中改正」.

_____. 1940/09/27(제4107호). 「勅令 제609호 朝鮮總督府稅務官署官制中改正」.

_____. 1940/12/04(제4161호). 「朝鮮總督府訓令 제84호 朝鮮總督府稅務官署事務分掌
規程中改正」.

_____. 1940/12/16(제4171호). 「勅令 제834호」.

_____. 1941/03/08(제4236호). 「勅令 제144호 朝鮮總督府部內臨時職員設置制中改正」.

_____. 1941/03/19(제4245호). 「朝鮮總督府訓令 제24호」.

_____. 1941/06/17(제4318호). 「勅令 제687호」.

_____. 1942/03/24(제4544호). 「朝鮮總督府制令 제11호 朝鮮所得稅令中改正」.

_____. 1942/11/09(제4733호). 「勅令 제763호 行政簡素化實施ノ爲ニスル朝鮮總督府
部內臨時職員設置制外二十六勅令中改正ノ件」.

_____. 1943/03/03(제4823호).

_____. 1943/03/29(제4845호). 「朝鮮總督府訓令 제13호 朝鮮總督府稅務官署
事務分掌規程中改正」.

_____. 1943/04/09(제4854호).

_____. 1943/04/10(제4855호). 「卒去/彙報-官廳事項-官吏」.

_____. 1943/04/12(제4856호). 「勅令 제282호 朝鮮總督府部內臨時職員 設置制中ヲ改正」.

_____. 1943/04/30(제4870호). 「朝鮮總督府令 제129호 稅務署ノ名稱, 位置及管轄區域中
改正」.

_____. 1943/09/23(제4995호). 「稅務官吏養成所講習生募集」.

_____. 1943/12/01a(호외2). 「朝鮮總督府令 제370호 稅務署ノ名稱, 位置及管轄區域別表」.

_____. 1943/12/01b(호외). 「朝鮮總督府令 제373호 朝鮮總督府道稅務署稅務吏
特別任用規程」.

_____. 1943/12/08a(제5055호). 「勅令 제891호 朝鮮總督府內臨時職員設置制中改正の件」.

_____. 1943/12/08b(제5055호). 「勅令 제896호 朝鮮總督府地方官官制中改正」.

_____. 1943/12/14(제5060호). 「朝鮮總督府令 제384호 地方稅の賦課に關する件」.

_____. 1944/03/31a(호외). 「朝鮮總督府制令 제13호 朝鮮事業稅令」.

_____. 1944/03/31b(호외). 「朝鮮總督府制令 제14호 朝鮮淸凉飲料稅令中改正」.

_____. 1944/03/31c(호외). 「朝鮮總督府制令 제15호 朝鮮砂糖消費稅令中改正」.

_____. 1944/03/31d(호외). 「朝鮮總督府制令 제17호 朝鮮通行稅令中改正」.

『朝鮮總督府官報』. 1944/03/31e(호외).「朝鮮總督府制令 제18호 朝鮮廣告稅令中改正」.

_____. 1944/03/31f(호외).「朝鮮總督府制令 제19호 朝鮮所得稅令外十六制令中改正」.

_____. 1944/03/31g(호외2).「朝鮮總督府制令 제19호 朝鮮所得稅令中改正」.

_____. 1944/04/28(제5167호).「朝鮮總督府令 제186호 稅務署ノ名稱,

位置及管轄區域別表」.

_____. 1944/06/09(제5202호).「勅令 제372호 朝鮮總督府地方官官制中改正」.

_____. 1944/10/30(제5321호).「朝鮮總督府令 제361호 稅務署ノ名稱,

位置及管轄區域別表」.

_____. 1944/11/29(제5346호).「朝鮮總督府令 제389호 稅務署ノ名稱,

位置及管轄區域別表」.

_____. 1945/03/15(제5431호).「朝鮮總督府制令 제4호 朝鮮所得稅令外十五制令中改正」.

_____. 1945/05/15(제5498호).「勅令 제291호 朝鮮總督府官制外三勅令中改正」.

• 『관보』(본문 및 이하『미군정관보』). 군정청.

『미군정관보』. 1945/09/29.「임명사령 제3호」.

_____. 1945/10/02a.「면직사령 제5호」.

_____. 1945/10/02b.「임명사령 제6호」.

_____. 1945/11/02.「군정법령 제21호 법률 제 명령의 존속」.

_____. 1945/11/19.「이동사령 제39호」.

_____. 1945/11/24.「이동사령 제45호」.

_____. 1945/12/14.「임명사령 제50호」.

_____. 1946/02/07.「이동사령 제69호」.

_____. 1946/10/23.「군정법령 제114호 도 기구의 개혁」.

_____. 1947/03/29.「임명사령 제118호」.

_____. 1947/06/21.「남조선과도정부법령 제142호 조선소득세령의 개정」.

_____. 1948/03/01.「남조선과도정부법령 제169호 사세국의 기구개혁」.

_____. 1948/04/01.「남조선과도정부법령 제186호 조선소득세령의 개정」.

• 『관보』. 대한민국정부 공보처.

『관보』. 1948/10/02(제7호).「법률 제5호 국회법」.

_____. 1948/11/04(제11호).「대통령령 제20호 재무부직제」.

_____. 1949/03/21(제60호).「대통령령 제60호」.

_____. 1949/05/31(제100호).「법률 제30호 소득세 및 사업세 결정에 대한 임시조치에 관한

법률」.

『관보』. 1949/07/15(제133호, 호외의 2).「법률 제33호 소득세법」제31~41조.

_____. 1949/08/03(제146호).「법률 제39호 지방 세무 관서 설치법」.

_____. 1949/08/05(제148호).「대통령령 제155호 소득세법시행령」제33~43조.

_____. 1950/04/01a(제318호).「대통령령 제319호 지방 세무 관서 직제」.

_____. 1950/04/01b(제318호).「대통령령 제320호 지방 세무 행정 기관의 명칭·위치 및 관할
　　　구역에 관한 건」.

_____. 1950/04/20a(제332호).「재무부령 제21호 사세청 사무분장 규정」.

_____. 1950/04/20b(제332호).「재무부령 제22호 세무서 사무분장 규정」.

_____. 1950/05/01(제341호).「법률 제134호 소득세법개정법률」.

_____. 1950/05/15(제353호).「대통령령 제352호 소득세법시행령중개정의건」.

_____. 1950/12/01(제417호).「법률 제163호 소득세법 개정」.

_____. 1951/01a(호외).「대통령령 제480호 조세특례법시행령」.

_____. 1951/01b(호외).「법률 제188호 조세특례법」.

_____. 1951/04/15a(제457호).「대통령령 제474호 재무부 직제 중 개정」제7조.

_____. 1951/04/15b(제457호).「대통령령 제475호 지방 세무 행정 기관의 명칭 위치 및
　　　관할구역에 관한 건 중 개정」.

_____. 1951/05/07(제467호).「법률 제199호 조세범처벌법」.

_____. 1951/08/03(제512호).「법률 제211호 소원법」.

_____. 1951/08/24(제519호).「법률 제213호 행정소송법」.

_____. 1951/09/01(제522호).「대통령령 제529호 지방 세무 행정 기관의 명칭 위치 및
　　　관할구역에 관한 건 중 개정」.

_____. 1951/12/01(제563호).「대통령령 제574호 지방세무 관서직제 중 개정」.

_____. 1952/02/01(제592호).「대통령령 제604호 지방 세무 행정 기관의 명칭 위치 및
　　　관할구역에 관한 건 중 개정」.

_____. 1952/04/03(제630호).「대통령령 제616호 재무부 직제 중 개정」제7조.

_____. 1952/12/27(제805호).「법률 제260호 조세특례법 개정」.

_____. 1953/04/20(제875호).「대통령령 제778호 지방 세무 행정 기관의 명칭 위치 및
　　　관할구역에 관한 건 중 개정」.

_____. 1953/11/01(제996호).「대통령령 제827호 지방 세무 행정 기관의 명칭 위치 및
　　　관할구역에 관한 건 중 개정」.

_____. 1954/03/31(제1082호).「법률 제319호 소득세법」.

_____. 1954/04/14(제1912호).「법률 제331호 조세범처벌법개정법률」.

『관보』. 1954/05/13(제1111호). 「대통령령 제899호 소득세법시행령」.

_____. 1954/07/10(제1138호). 「대통령령 제919호 지방 세무 행정 기관의 명칭 위치 및 관할구역에 관한 건 중 개정」.

_____. 1954/07/23(제1144호).

_____. 1955/02/17(제1274호). 「대통령령 제997호 재무부 직제 중 개정」 제7조.

_____. 1956/12/31(호외). 「법률 제423호 조세범처벌법개정법률」.

_____. 1957/07/18(제1832호). 「대통령령 제1295호 지방 세무 행정 기관의 명칭 위치 및 관할구역에 관한 건 중 개정」.

_____. 1959/02/04(제2236호). 「대통령령 제1447호 지방 세무 행정 기관의 명칭 위치 및 관할구역에 관한 건 중 개정」.

_____. 1959/05/11(제2307호). 「대통령령 제1488호 재무부 직제 중 개정」 제7조.

_____. 1959/07/16(제2354호). 「대통령령 제1498호 재무부 직제 중 개정의 건」.

_____. 1960/07/19(제2627호). 「국무원령 제34호 지방세무 행정기관의 명칭·위치 및 관할구역에 관한 건 중 개정의 건」.

_____. 1961/10/02a(제2966호). 「각령 제167호 재무부직제 중 개정」.

_____. 1961/10/02b(제2966호). 「각령 제174호 지방세무 관서직제」.

_____. 1961/12/08(제3020호). 「법률 제821호 소득세법」.

_____. 1962/05/01(제3136호). 「각령 제727호」.

• 기타

『京畿道報』. 1943/12/01(호외). 「朝鮮總督府京畿道訓令 제45호 京畿道稅務署事務分掌 規定準則」. 京畿道廳.

3) 직원(인명)록·연감·통계서·법령집 등

강진화 엮음. 1956. 『대한민국 건국10년지』. 건국기념사업회.

『改正稅令提要』. 1938. 光州稅務監督局.

京城新聞社 編. 1936. 『大京城公職者名鑑』.

京城日報社 編. 1934~1945. 『朝鮮年鑑』.

고시현. 1954. 『한국인사록 : 내외·재무·전매·산업편』 제1권. 여론문화사.

_____. 1958. 『한국인사록』 상권. 여론문화사.

『국세통계연보』. 각 연도. 국세청.

국회공론사 엮음. 1960. 『행정간부전모』.

내무부치안국. 1956. 『미군정법령집, 1945~1948』.

내외흥보사 엮음. 1949.『단기4283년판 대한민국인사록』.

臺灣總督府財務局 編. 1919·1921.『臺灣總督府稅務年報』.

大藏省主稅局 編. 1936.『(大藏省)主稅局統計年報書 昭和8年度 第60回』.

_____. 1937.『租稅法規類輯 : 昭和12年5月10日 現在』. 東京 : 大藏財務協會.

_____. 1938.『租稅法規類集』. 東京 : 大藏財務協會.

_____. 1943.『新稅法規集 : 昭和18年』. 東京 : 大藏財務協會.

대한민국국회사무처. 1977.『역대국회의원총람』.

『大韓民國統計年鑑』. 각 연도. 內務部.

대한연감사 엮음. 1955.『대한연감 4288』.

대한재무협회 엮음. 1955.『전국사세관서직원록』. 대한재무협회.

_____. 1960.『전국사세관서직원록 : 단기4293년도판』. 대한재무협회.

東亞經濟時報社 編. 1923~1942.『朝鮮銀行會社組合要錄』.

『滿洲經濟法令集』. 1938(제33집).「勅令 제444호 勤勞所得稅法」,「經濟部令 제92호
        勤勞所得稅法施行規則」. 大連商工會議所.

『(사진으로 본) 국회20년 : 부록 역대국회의원약력』. 1967. 한국정경사.

稅務大學校稅務情報センター(租稅史料室). 2006.『租稅史料年報 2006年度版』.

『稅務要覽』. 1939. 京城稅務監督局.

『稅務統計書』. 1935. 大邱稅務監督局.

_____. 1954. 財務部司稅局.

_____. 1958. 財務部司稅局.

송병기·박용옥·박한설 엮음. 1970~1972.『한말근대법령자료집』I~IX. 국회도서관.

元山每日新聞社. 1940.『咸南名鑑 : 皇紀二千六百年記念』.

이규수 옮김. 2011.『일본제국의회 관계 법령집』. 선인.

日本外務省條約國 編. 1990.『外地法制誌』7·8·9. 東京 : 文生書院.

정경모·최달곤 엮음. 1990.『북한법령집』제2권. 대륙연구소.

재무부 사세국 엮음. 1959·1960·1961.『세무통계연보』.

全國經濟調査機關聯合會朝鮮支部 編. 1939~1943.『朝鮮經濟年報』1939~1942. 東京 :
        改造社.

『第4次 朝鮮總督府統計年報』. 1911. 朝鮮總督府.

朝鮮功勞者銘鑑刊行會 編. 1936.『朝鮮功勞者銘鑑』. 民衆時論社.

『朝鮮稅務統計書』. 1935·1936·1937(1935)·1938(1936)·1939(1937)·1940(1938)·
        1942. 朝鮮總督府財務局.

朝鮮人事興信錄編纂部. 1935.『朝鮮人事興信錄』.

朝鮮總督府 編. 1916~1942.『朝鮮法令輯覽』. 朝鮮行政學會 (국학자료원. 2000.
　　　　『일제하법령집람』 1~8).

朝鮮總督府. 1906~1941.『朝鮮總督府施政年報』(국학자료원. 1999.『조선총독부시정연보』
　　　　제1~24권).

『朝鮮總督府及所屬官署職員錄』. 1910~1943. 朝鮮總督府.

朝鮮總督府財務局 編. 1935·1938·1944.『朝鮮稅務法規提要』.

朝鮮總督府財務局. 연도 미상.『所得稅法臺灣所得稅令樺太·所得稅令及同施行規則ノ
　　　　比較對照(附所得稅二關スル諸法令)』.

『朝鮮總督府統計年報』. 1908~1942. 朝鮮總督府.

『主稅局統計年報書』. 1903~1943. 大藏省主稅局 編.

중앙납세상담소출판부 엮음. 1959.『전국사세관서직원록 : 단기4292년도판』.
　　　　중앙납세상담소출판부.

청운출판사 엮음. 1967.『대한민국인물연감』.

총무처 감수. 1952.『직원록 1952』. 대한출판문화사.

총무처 엮음. 1954.『(대한민국)정부직원록』. 총무처.

度支部 編. 1910.『度支部職員錄』.

度支部. 1907.『度支部聘傭外國人姓名案』.

度支部司稅局 編. 1910.『第一回稅務統計』.

「통화별 환율 조사통계」. 각 연도. 기획재정부.

4) 간행물·자료집(조선총독부, 일본 대장성, 대한민국 정부, 대한민국 국회 등)

京城稅務監督局. 1937.『編納稅宣傳施設例輯』. 驛屯土協會京城稅務監督局支部.

공보처 통계국. 2013.「6.25사변 종합피해조사표[1953년 7월 27일 현재]」. 국사편찬위원회.

光州稅務監督局. 1943.『土地賃貸價格調査槪要』.

국립중앙도서관 엮음. 1993.『(나를 감동시킨) 이 한권의 책』.

국사편찬위원회. 2010.『실록 대한민국사 자료집 : 한국경제 정책자료 3(1950/06~1951/04)』.

　　　　. 2013.『실록 대한민국사 자료집 : 한국경제 정책자료 8(번역·통계편)』.

국세청. 1986.『국세청20년사』.

　　　　. 1996a.『국세청30년사』.

　　　　. 1996b.『세정 100년 약사』.

　　　　. 2006.『국세청40년사』.

국회도서관 엮음. 1975.『한국민족운동사료』(중국편).

국회사무처. 1948~1960.『국회본회의 회의록』(제1~5대 대한민국 국회).

_____. 1949a. 「보고사항」. 『국회본회의 회의록』(제1대 국회 제2회 73차).

_____. 1949b. 「소득세 및 사업세 결정에 대한 임시조치에 관한 법률안」. 『국회본회의 회의록』(제1대 국회 제3회 7차).

_____. 1949c. 「소득세법안 제1독회」. 『국회본회의 회의록』(제1대 국회 제4회 7차).

_____. 1949d. 「소득세법안 제1독회」. 『국회본회의 회의록』(제1대 국회 제4회 8차).

_____. 1949e. 「소득세법안 제2독회」. 『국회본회의 회의록』(제1대 국회 제4회 8차).

_____. 1950a. 「소득세법 중 개정 법률안 제1독회」. 『국회본회의 회의록』(제1대 국회 제6회 75차).

_____. 1950b. 「소득세법 중 개정 법률안 제1독회」. 『국회본회의 회의록』(제1대 국회 제6회 76차).

_____. 1950c. 「소득세법 중 개정 법률안 제1독회」. 『국회본회의 회의록』(제1대 국회 제8회 55차).

_____. 1951. 「조세처벌법안 제1독회」. 『국회본회의 회의록』(제2대 국회 제10회 66차).

_____. 1954. 『국회본회의 회의록』(제2대 국회 제18회 46차).

_____. 1958. 『국회본회의 회의록』(제4대 국회 제30회 30차).

_____. 1959. 「소득세법 중 개정 법률안 제1·2독회」. 『국회본회의 회의록』(제4대 국회 제33회 25차).

_____. 1986. 『제헌국회경과보고서』.

_____. 1987. 『국회사무처 38년사』.

기획재정부. 2011/02/14. 「직·간접세 비중으로 세부담 역진성 평가 못해」.

大邱稅務監督局. 1940. 『間接國稅犯則者處分罰科全相當全量定標準』.

大藏省 編. 1940a·1936·1937·1937·1939·1940b. 『明治大正財政史』 1·2·6·7·18·19. 東京: 財政經濟學會.

大蔵省百年史編集室 編. 1969. 『大蔵省百年史』 上卷. 東京: 大蔵財務協会.

大藏省昭和財政史編集室 編. 1956·1955·1955·1965·1961. 『昭和財政史』 2·3·4·5·16. 東京: 東洋經濟新報社.

大藏省主稅局. 1931. 『土地賃貸価格調査事業報告書 : 大正15年4月 現在』.

대한민국국회. 2008. 『대한민국국회 60년사 : 1948~2008』. 국회사무처.

대한민국정부. 1951. 『단기4284년도 일반회계세출예산각목명세서』.

_____. 1953. 『단기4286년도 일반회계세출예산각목명세서(2/4)』.

_____. 1954. 『단기4287년도 일반회계세출예산각목명세서(1/2)』.

_____. 1955. 『단기4288년도 일반회계세출예산각목명세서 : 재무부소관(4/10)』.

보건복지부·국토교통부·교육부. 2020. 「제2차 기초생활보장 종합계획[2021-2023](안)」.

세무공무원교육원. 1988.『교육원40년사(교육실적 및 수료자명단) 1949~1988』.

세무조사연구소. 1981.『한국조세사총람』. 중앙경제사.

外務省 編. 1965.『日本外交年表並主要文書』上. 東京: 原書房.

日本國立國会圖書館帝國議會會議錄檢索システム. 1929/02/20.「第56回 帝國議會 衆議院
　　　地租条例廃止法律案外十六件委員會 會議錄 第17號」.
　　　http://teikokugikai-i.ndl.go.jp (2015/05/01).

日本大藏省財政金融研究所財政史室 編. 1998a.『大藏省史：明治·大正·昭和』1. 東京:
　　　大藏財務協會.

_____. 1998b.『大藏省史：明治·大正·昭和』2. 東京: 大藏財務協會.

日本總理府賞勳局 編. 1978.『賞勳局百年資料集』上·下. 東京: 大藏省印刷局.

재무부 엮음. 1958.『재정금융의 회고：건국10주년업적』. 재무부.

재무부·한국산업은행. 1993.『외자도입 30년사』.

재무부. 1958.「단기4291년 12월 영업세법 소득세법 개정에 의한 원천징수 취급 요령」.
　　　대검찰청 서울고등검찰청 서울지방검찰청 여주지청.『회계예규철』.
　　　1957~1959(BA0155150, 서울고검제11호영업세법 및 소득세법 개정에 의한
　　　원천징수사무 협조의뢰의 건).

_____. 1979.『한국세제사』상.

朝鮮財務協會 編. 1926.『現行朝鮮國稅制度槪要』.

朝鮮總督府. 1920.『道知事提出意見』. 京畿道.

_____. 1934.『朝鮮の姓』.

朝鮮總督府官房庶務課. 1921.『道知事會議提出意見二對スル處理槪要』.

朝鮮總督府內務局. 1924.『第3回地方改良講習會講演集』.

朝鮮總督府財務局 編. 1940.『朝鮮二於ケル稅制整理經過槪要』.

朝鮮總督府財務局. 1935.『朝鮮二於ケル稅制整理經過槪要』.

_____. 1938.『稅制改正參考資料』.

_____. 1941.『土地賃貸價格調査のあらまし』.

_____. 1942.『直稅事務提要』.

朝鮮總督府專賣局. 1936.『朝鮮專賣史』3.

朝鮮總督府中樞院. 1934.『朝鮮の姓名氏族に關する硏究調査』.

朝鮮總督府學務局社會科. 1936.『心田の開發』.

衆議院·參議院 編. 1990a.『議會制度百年史：議會制度編』. 東京: 日本大藏省印刷局.

_____. 1990b.『議會制度百年史：帝國議會史』下. 東京: 淸文社.

최저임금위원회. 2018.『최저임금 30년사(1988~2017)』.

度支部. 1908~1910. 『韓國財務經過報告』 1~5.

韓國政府財政顧問部. 1905~1908. 『韓國財政整理報告』 1~3.

韓國度支部. 1910. 『韓國財政施設綱要』.

5) 소장처별 자료

• 국가기록원

光州稅務署. 1940~1942. 『土地賃貸價格調査例規』(CJA0022169).

『秘書例規』. 1934/07/20. 「庶秘 제55호 稅務署雇員身元保證二關スル件」(CJA0022194, 발신 : 대구 세무 감독국장, 수신 : 각 세무서장). [당시 이 문서들을 묶은 문서철의 표제는 『昭和9年度 秘書例規』이고 국가기록원도 생산 연도를 1934년으로 명기하고 있지만, 이 문서철에는 1935, 1937, 1943년 문서도 포함돼 있음]

_____. 1935/05/25. 「大邱稅務監督局判任官任用內規(1935/05/25 결정)」(CJA0022194).

_____. 1937/01/30. 「庶秘 제32호 雇員採用二關スル注意ノ件」(CJA0022194, 발신 : 대구 세무 감독국장, 수신 : 각 세무서장).

_____. 1943/12/02. 「朝鮮總督府慶尙南道內訓 제14호 稅務署職員ノ定員別表ノ通定ム」(CJA0022194, 발신 : 경상남도지사, 수신 : 각 세무서장).

『庶務例規(甲種)』. 1938/01/27. 「庶 제9호 珠算競技會開催の件」(CJA0022195, 발신 : 대구 세무 감독국장, 수신 : 각 세무서장). [당시 이 문서들을 묶은 문서철의 표제는 『昭和9年度 庶務例規(甲種)』이지만, 이 문서철에는 이후 연도 문서도 포함돼 있음]

_____. 1938/12/01. 「大邱稅務監督局訓令 제7호 稅務署直稅課各係事務分掌事項」(CJA0022195, 발신 : 대구 세무 감독국장, 수신 : 각 세무서장).

재무부 사세국. 1953. 「1954년 10월 1일 시행 원천징수사무취급요령」. 재무부 국고국 회계제도과. 『법령관계서류철』(BA0145810).

『第三種所得稅 例規(直稅課)』. 1934/05/30. 「直 제66호 第3種所得調査二關スル件」(CJA0027673, 발신 : 대구 세무 감독국장, 수신 : 각 세무서장). [당시 이 문서들을 묶은 문서철의 표제는 『昭和9年度 第三種所得稅 例規(直稅課)』이지만, 이 문서철에는 1945년까지의 이후 연도 문서도 포함돼 있음]

_____. 1935/10/10. 「直秘 제99호 所得調査委員推薦二關スル件」(CJA0027673, 발신 : 대구 세무 감독국 세무부장, 수신 : 각 세무서장).

_____. 1938/04/23. 「直秘 제33호 所得調査委員推薦二關スル件」(CJA0027673, 발신 : 대구 세무 감독국 세무부장, 수신 : 각 세무서장).

_____. 1940/06/24. 「朝鮮所得稅取扱方通牒二關スル件」(CJA0027673, 발신 : 재무국장, 수신 : 세무서장).

_____. 1944/11/17. 「直 제54호 朝鮮所得稅令取扱方通牒中改正ノ件」(CJA0027673, 발신 : 경상남도 재무부장, 수신 : 각 세무서장).

_____. 1945/06/07. 「直 제43호 朝鮮所得稅令取扱方通牒中改正ノ件」(CJA0027673, 발신 : 경상남도 재무부장, 수신 : 각 세무서장).

『第一號 秘書例規 甲種 庶務課』. 1935/06/12. 「人秘 제140호 雇員ノ進退及稅待遇統一二 關スル件」(CJA0022178, 발신 : 대구 세무 감독국 세무과장, 수신 : 내성세무서장).
    [당시 이 문서들을 묶은 문서철의 표제는 『昭和9年度 第一號 秘書例規 甲種 庶務課』이지만, 이 문서철에는 이후 연도 문서도 포함돼 있음]

_____. 1939/06/17. 「庶秘 제222호 局雇直接經理雇員定員改正及署二經理雇員廢止ノ件」 (CJA0022178, 발신 : 대구 세무 감독국 세무과장, 수신 : 내성세무서장).

총무처 의정국 의사과. 1955. 「세무공무원양성소직제(안)」(BA0084201).

총무처 인사국 인사과. 1950~1960. 『임면관계철(재무부)』.

_____. 1950a. 「세무 관서 공무원 승서임명제청의 건 상신(부산사세청)」(BA0086074).

_____. 1950b. 「재무부 세무 관서 공무원 임명승서호봉발령 및 전보제청의 건 상신」(BA0086074).

_____. 1950c. 「재무부 소속 세무 관서 공무원 승서임명전보 및 퇴직의 건 상신」(BA0086074).

_____. 1951. 「재무부 세무 관서 공무원 임명 승서 호봉 발령 및 전보 제청의 건 상신」(BA0086074). 『임면관계철(재무부)』.

_____. 1953. 「재무부 소속 사세청 서기관, 사무관 및 세무서 사세관 급 승서 전보 전직의 건」(BA0086207). 『임면관계철(재무부)』.

_____. 1954a. 「사세청장 전보 및 임면 : 김소인 외 2명」(BA0086262).

_____. 1954b. 「사세청장 전보 발령안」(BA0087086). 『임면관계철(재무부)』.

_____. 1954c. 「이사관 및 사세청장 임면 건」(BA0086275). 『임면관계철(재무부)』.

_____. 1960. 「사세청장 임명 발령안」(BA0087181).

『支那事變功勞者功績調書 朝鮮總督府二十一』(CTA0003271). 1940.

『支那事變功勞者功績調書 朝鮮總督府一』(CTA0003251). 1940.

『支那事變功績調書 朝鮮總督府四』(CTA0003246). 1940.

『支那事變功績調書 朝鮮總督府一』(CTA0003243). 1940.

• 국사편찬위원회

朝鮮史編修會 編. 1934a. 「京城直 제○○호 昭和9年分俸給給料其他支拂調書提出 に關する件」(발신 : 경성세무서장, 수신 : 조선사편수회장, 1934/06/12). 『昭和九年庶務綴』.

_____. 1934b.「京税直 제○○호 官舍及社宅等に居住を命じられた者の俸給給料其他支拂調書に關する件」(발신 : 경성세무서장, 수신 : 조선사편수회장, 1934/06/26).『昭和九年庶務綴』.

_____. 1934c.「朝史 第○○號 官舍及社宅等に居住を命じられた者の俸給給料其他支拂調書に關する件回答」(발신 : 조선사편수회장, 수신 : 경성세무서장, 1934/07/02).『昭和九年庶務綴』.

_____. 1934d.「朝史庶 제355호 昭和9年分俸給給料其他支拂調書に關する件」(발신 : 조선사편수회장, 수신 : 경성세무서장, 1934/06/27).『昭和九年庶務綴』.

• 독립기념관

京城監督局 稅務署. 1934a.「個人所得稅の創設」(자료 번호 3-007237-000).

_____. 1934b.「昭和九年分制三種所得金額申告書」(자료 번호 3-007246-000).

• 일본 국립공문서관(日本國立公文書官)

『公文類聚』. 1920/07/30(第四十四編・大正九年・第二十二巻・財政六・税規二).「朝鮮所得税令制定案」(A01200188000).

_____. 1926/05/24(第五十編・大正十五年~昭和元年・第十巻・官職六・官制六, 朝鮮総督府).「朝鮮総督府部内臨時職員設置制中ヲ改正ス」(A01200549000).

_____. 1927/02/03(第五十一編・昭和二年・第二十五巻・財政五ノ二・税規二附手数料・専売).「朝鮮所得税令中改正制令案」(A01200570200).

_____. 1934/04/12(第五十八編・昭和九年・第七巻・官職六・官制六, 朝鮮総督府一).「朝鮮総督府税務官署官制ヲ定ム」(A01200668500).

_____. 1934/04/19(第五十八編・昭和九年・第三十三巻・財政七・税規一).「朝鮮所得税令ヲ改正ス」(A01200680800).

_____. 1935/06/05(第五十九編・昭和十年・第九巻・官職七・官制七, 朝鮮総督府一).「朝鮮総督府部内臨時職員設置制中ヲ改正ス」(A01200688100).

_____. 1935/12/24(第六十編・昭和十一年・第十三巻・官職十一・官制十一, 朝鮮総督府一).「朝鮮総督府税務官署官制中ヲ改正ス(林野台帳及林野図整理ノ為技手四人増員)」(A01200707700).

_____. 1936/08/31(第六十編・昭和十一年・第十六巻・官職十四・官制十四, 朝鮮総督府四).「朝鮮総督府税務官署官制中ヲ改正ス(属増員)」(A01200709900).

_____. 1937/07/07a(第六十一編・昭和十二年・第二十巻・官職十八・官制十八, 朝鮮総督府二).「朝鮮総督府税務官署官制中ヲ改正ス(國有財産法施行ノ為職員増員

税務監督局長一人ヲ勅任トス)」(A01200740900).

『公文類聚』. 1937/07/07b(第六十一編・昭和十二年・第二十二巻・官職二十・官制二十,
　　　朝鮮総督府四).「朝鮮総督府部内臨時職員設置制中ヲ改正ス(建築及土木ニ関
　　　スル事務等ノ為職員増置)」(A01200742400).

_____. 1938/06/07(第六十二編・昭和十三年・第二十四巻・官職二十二・官制二十二,
　　　朝鮮総督府二).「朝鮮総督府税務官署官制中ヲ改正ス(朝鮮支那事変特別税令ノ
　　　制定ニ伴ヒ増員)」(A02030033200).

_____. 1938/07/26(第六十二編・昭和十三年・第二十五巻・官職二十三・官制二十三,
　　　朝鮮総督府三).「朝鮮総督府部内臨時職員設置制中ヲ改正ス(臨時利得税ノ
　　　事務職員設置等)」(A02030034000).

_____. 1938/09/09(第六十二編・昭和十三年・第二十七巻・官職二十五・官制二十五,
　　　朝鮮総督府五).「朝鮮総督府税務官署官制中ヲ改正ス(事務増加ノ為司税官,
　　　属及税務吏増員)」(A02030035200).

_____. 1939/05/04(第六十三編・昭和十四年・第三十三巻・官職三十・官制三十,
　　　朝鮮総督府二).「朝鮮総督府税務官署官制中ヲ改正ス(朝鮮支那事変特別税令中
　　　改正施行及経費節減ノ為職員増減)」(A02030102000).

_____. 1939/06/05(第六十三編・昭和十四年・第三十四巻・官職三十一・官制三十一,
　　　朝鮮総督府三).「朝鮮総督府部内臨時職員設置制中ヲ改正ス(臨時資金調整並
　　　臨時利得税事務ノ為属増員)」(A02030102500).

_____. 1940/01/30(第六十四編・昭和十五年・第三十巻・官職二十八・官制二十八, 朝鮮
　　　総督府二).「朝鮮総督府部内臨時職員設置制中ヲ改正ス(高等警察貿易調整等ノ為増
　　　員及地代家賃統制及労務者等ノ住宅供給ノ事務等ノ為職員設置)」(A02030178800).

_____. 1940/03/29(第六十四編・昭和十五年・第八十七巻・財政十五・税規六).
　　　「朝鮮所得税令中ヲ改正ス(負担ノ均衡ト國庫ノ増収ヲ図ル為)」(A02030220200).

_____. 1940/05/24(第六十四編・昭和十五年・第三十二巻・官職三十・官制三十,
　　　朝鮮総督府四).「朝鮮総督府税務官署官制中ヲ改正ス(税制改正ニ伴ヒ属増員)」
　　　(A02030180500).

_____. 1940/09/09(第六十四編・昭和十五年・第三十五巻・官職三十三・官制三十三,
　　　朝鮮総督府七).「朝鮮総督府税務官署官制中ヲ改正ス(税務監督局長中勅任定員
　　　増加及司税官補設置等職員増員)」(A02030182500).

_____. 1940/11/29(第六十四編・昭和十五年・第三十八巻・官職三十六・官制三十六,
　　　朝鮮総督府十).「朝鮮総督府部内臨時職員設置制中ヲ改正ス(土地賃貸価格調査ノ
　　　為職員設置)」(A02030184800).

『公文類聚』. 1941/02/20(第六十五編·昭和十六年·第四十三巻·官職四十·官制四十, 朝鮮総督府四).「朝鮮総督府部内臨時職員設置制中ヲ改正ス(会社経理統制, 地代家賃統制等及従業者移動防止等ノ為職員増減)」(A02030271500).

_____. 1941/05/01(第六十五編·昭和十六年·第九巻·官職六·官制六, 大蔵省一).「税務講習所官制ヲ定ム」.

_____. 1941/06/05(第六十五編·昭和十六年·第四十六巻·官職四十三·官制四十三, 朝鮮総督府七).「朝鮮総督府部内臨時職員設置制中ヲ改正ス(臨時資金調整事務等ノ為職員減員及官庁事務再編成ノ為職員増員)」(A02030274800).

_____. 1941/12/01(第六十五編·昭和十六年·第四十九巻·官職四十六·官制四十六, 朝鮮総督府十).「朝鮮総督府税務官署官制中ヲ改正ス(官庁事務再編成ノ為職員減員)」(A02030277800).

_____. 1942/05/11(第六十六編·昭和十七年·第四十一巻·官職三十七·官制三十七, 朝鮮総督府六).「朝鮮総督府税務官署官制中ヲ改正ス(新税ノ創設等及定員合理化ノ為職員増減)」(A03010018100).

_____. 1942/09/17(第六十六編·昭和十七年·第四十二巻·官職三十八·官制三十八, 朝鮮総督府七).「行政簡素化実施ノ為ニスル朝鮮総督府部内臨時職員設置制外二十六勅令中ヲ改正ス」(A03010019200).

_____. 1943/03/25(第六十七編·昭和十八年·第三十五巻·官職二十九·官制二十九, 朝鮮総督府四).「朝鮮総督府税務官署官制中ヲ改正ス」(A03010083600).

_____. 1943/09/15(第六十七編·昭和十八年·第三十三巻·官職二十七·官制二十七, 朝鮮総督府二).「朝鮮総督府部内臨時職員設置制中ヲ改正ス(勅令第二百八十二号)」(A03010082400).

_____. 1943/11/26(第六十七編·昭和十八年·第三十八巻·官職三十二·官制三十二, 朝鮮総督府七).「行政機構整備実施ノ為ニスル朝鮮総督府地方官官制中ヲ改正シ。朝鮮総督府税務官署官制, 朝鮮総督府営林署官制 及朝鮮総督府職業紹介所官制ヲ廃止ス」(A03010088500).

_____. 1944/05/25(第六十八編·昭和十九年·第二十四巻·官職二十四·官制二十四, 朝鮮総督府三).「朝鮮総督府地方官官制中ヲ改正ス」(A03010164200).

_____. 1944/05/29(第六十八編·昭和十九年·第二十四巻·官職二十四·官制二十四, 朝鮮総督府三).「朝鮮総督府官制中ヲ改正ス」(A03010164300).

_____. 1944/10/14(第六十八編·昭和十九年·第二十五巻·官職二十五·官制二十五, 朝鮮総督府四).「朝鮮総督府地方官官制及台湾総督府地方官官制中ヲ改正ス」(A03010165900).

『公文類聚』. 1945/04/28(第六十九編・昭和二十年・第二十八巻・官職二十二・官制二十二,
　　朝鮮総督府一).「朝鮮総督府官制外三勅令中ヲ改正ス」(A03010230600).

東条英機. 1938.「満洲国官吏の税務講習並税務実務実習方に関する件」(C01003430200).
　　防衛省防衛研究所. 1939.『満受大日記 第6号』.

『昭和財政史資料』. 1924/06/03~04(第2号 第16冊).「大蔵省所管朝鮮総督府大正
　　13年度歳出追加予算要求額査定内訳」(A08071848800).

＿＿. 1931/09/18~10/11(第1号 第112冊).「朝鮮総督府官制其他組織の改廃」
　　(A08071741600).

＿＿. 1933/09/18(第3号 第13冊).「昭和9年度朝鮮総督府特別会計予算概計」
　　(A08072068100).

＿＿. 1934/02(第4号 第23冊).「朝鮮税制整理計画綱要」(A08072229500).

『外務省茗荷谷研修所旧蔵記録』. 1941/09/04.「被害二関スル件(金英洙)」(B06050120200).
　　帝國財政及経済政策関係雑件/朝鮮総督府関係(E17).

6) 개인 문서(회고록·일기·기고·전기류) 및 기타 발간물

K生. 1926.「大蔣省税務講習會に聽講生派遺」『税務通信』第4巻 第8号.

かず子(京城局). 1939.「税務教育雜考」『朝鮮財務』第17巻 第1号.

岡村峻. 1940.『會社經理統制領槪要：附質疑應答例關係法令集』. 朝鮮財務協會.

慶尙北道知事 金瑞圭. 1933.「税務行政の將來に對する希望」『朝鮮財務』第11巻 第11号.

京城商工會議所 編. 1941.『京城商工會議所二十五年史』.

고려서림 엮음. 1999.『재등실문서』2·3(조선총독시대관계자료). 고려서림.

古庄逸夫. 1937a.「税務職員の敎養訓練について」『朝鮮財務』第15巻 第1号.

＿＿. 1937b.「税制の刷新について」『朝鮮財務』第15巻 第8号.

＿＿. 1962.「林さんとの人生行路」. 林繁藏回顧錄編輯委員會 編.『林繁藏回顧錄：林繁藏』
　　(永島廣紀 編集. 2010.『植民地帝國人物叢書 26(朝鮮編 7)』. 東京: ゆまに書房).

高塚貞雄. 1934/07/03~06, 08, 10~13.「朝鮮の税制務整理と所得税の檢討(4)~(11)」.
　　『朝鮮新聞』.

谷助市. 1928.『(朝鮮)會計法撮要』. 會計硏友會.

光州局 今村生. 1935.「珠算競技會所感」『朝鮮財務』第13巻 第5号.

권태호. 1992~1993.「지나온 세무길」.『국세』307~314.

＿＿. 1992a.「지나온 세무길」.『국세』307.

＿＿. 1992b.「지나온 세무길」.『국세』308.

＿＿. 1993a.「지나온 세무길」.『국세』311(1993/01).

_____. 1993b. 「지나온 세무길」. 『국세』 312.

_____. 1993c. 「지나온 세무길」. 『국세』 313(1993/03).

近藤劒一 編. 1963. 『太平洋戰下の朝鮮』 1~3. 東京: 友房協會.

磯貝生. 1929. 「大藏省稅務講習會より」. 『朝鮮財務』 제7권 제11호.

김도연. 1967. 『나의 인생백서 : 상산회고록』. 상산회고록출판동지회.

김만기. 1955. 『조세개론』. 대한재무협회출판부.

_____. 1989. 『내가 걸어온 길』. 동아서적.

김성환. 1975. 「나의 첫 세무공무원시절」. 『국세』 제9권 제11호.

金儀俊. 1940. 「稅務署の移轉及落成式を終りて」. 『朝鮮財務』 제18권 제2호.

김일곤. 2006. 『현대주산의 역사 : 반세기 외길 인생 주산 교육자 김일곤 회고록』. 바론.

金日善. 1934/05/30~31, 06/01. 「개인소득세 세무회계에 대하야」. 『東亞日報』.

_____. 1935. 『朝鮮個人所得稅務會計解說』. 朝鮮稅務會計研究會.

內田達孝. 1936. 『朝鮮行政法槪要』. 近澤書店.

大田郡財務係. 1926. 「珠算競技會狀況」. 『稅務通信』 제4권 제6호.

大村勇. 1934. 『個人の所得稅·營業收益稅·資本利子稅と其の實務』. 東京: 森山書店.

大浦貫道. 1926. 『(修養講話)こころの宿』. 東京: 心の友社.

_____. 1928. 『新思想の 解說と善導』. 心之友社.

_____. 1934. 『宗敎の再吟味』. 京幾道敎育會.

島恭彦. 1943. 『財政政策論』. 河出書房.

目賀田種太郎. 1938. 『男爵目賀田種太郎』. 東京: 故目賀田男爵傳記編纂會.

문상환. 1989. 『나의 생애와 회고』. 문우사.

「未公開資料 朝鮮總督府關係者錄音記錄 (1) 東洋文化研究所所藏 1910.
　　友邦協会·中央日韓協会文庫 十五年戰爭下の朝鮮統治」. 『東洋文化研究』 2. 2000
　　(미야타 세쓰코. 2002. 『식민통치의 허상과 실상 : 조선총독부 고위관리의 육성 증언』.
　　정재정 옮김. 혜안).

민족문제연구소 엮음. 2000a. 『일제하 전시체제기 정책사료총서 제8권 : 제국의회
　　설명자료』(昭和16年 第79回 帝國議會 說明資料, 財務-A). 한국학술정보.

_____. 2000b. 『일제하 전시체제기 정책사료총서 제9권 : 제국의회 설명자료』(昭和16年
　　第79回 帝國議會 說明資料, 財務-A, B). 한국학술정보.

_____. 2000c. 『일제하 전시체제기 정책사료총서 제27권 : 총독부관계자료 3』. 한국학술정보.

釜山日報社 編. 1936. 『(始政廿五年記念)全鮮商工會議所發達史』.

부상100년사 편찬위원회. 1995. 『부상100년사 : 1895~1995』. 부산상업고등학교동창회.

北岳山人. 1940. 「總督府高等官評」. 『三千里』 12-3.

北村三郎. 1932.『國勢徵收手續』. 東京: 大同書院.

沙里院税務署長 山下吉左衛門. 1934.「第三種所得税決定の後を顧みて」.『朝鮮財務』
　　　第12권 제10호.

寺山時二. 1935.『朝鮮所得税令精義』. 朝鮮財務協會.

_____. 1939.『改正朝鮮所得税令精義』. 朝鮮財務協會.

山田生. 1926.「朝鮮珠算普及會統營夏季特別講習會に臨みて」.『税務通信』제4권 제11호.

三菱經濟研究所 編. 1939.『獨逸の現行税制と租税政策』.

三峰會 編. 1930.『三峰下岡忠治伝及餘録』. 三峰會.

삼척세무서. 1991.『삼척세무서 57년사』.

三千里社 編. 1933.『朝鮮思想家總攬·半島財産家總攬』. 三千里社.

西野勇一. 1939.『(朝鮮)內國税徵收事務解説』. 朝鮮財務協會.

서울여상60년사 편찬위원회. 1986.『서울여상60년사』. 문영학원.

石村隆司. 1934.「個人所得の審査請求と其の決定」.『朝鮮財務』제12권 제12호.

細井亥之助 編. 1935.『朝鮮酒造史』. 朝鮮酒造協會 (배상면 편역.『朝鮮酒造史』. 규장각.
　　　1997).

小田忠夫. 1940.「國家總力戰下における財政問題」.『朝鮮財務』제18권 제5호.

松本寅俊. 1939.『個人所得税』. 東京: 第一書房.

水澤謙三郎. 1908.『國税徵收法釋義』. 東京: 大成會.

順天署 今村生. 1938.「税務署の機構改革に就いて」.『朝鮮財務』제16권 제9호.

勝正憲. 1940·1944.『税』. 東京: 千倉書房.

신영길. 1993/08.「새끼 친일파의 반생」.『말』.

神戸正雄. 1928.『財政學 日本租税論(現代経済学全集 第18巻)』. 東京: 日本評論社.

_____. 1939.『財政學大綱』. 日本評論社.

吳南柱. 1935.「税務官吏養成機關の設置を提唱す」.『朝鮮財務』제13권 제4호.

龍花貞藏. 1935.『會社所得税の話』.

_____. 1936.『個人所得税第二種所得税の話』.

宇垣一成. 1968·1988·1988.『宇垣一成日記』Ⅰ·Ⅱ·Ⅲ. 東京: みすず書房.

雄基税務署長 權昌燮. 1938.「今か昔か」.『朝鮮財務』제16권 제1호.

尹定夏. 1938.『朝鮮税務要覽』. 帝國地方行政學會朝鮮本部.

栗原一平. 1944.『税の實務』. 東京: ダイヤモンド社.

李如星·金世鎔. 1932.『數字朝鮮研究』3. 世光社.

仁川商工會議所 編. 1934.『仁川商工會議所五十年史』.

日賀野温. 1934.「所得税の審査機構に就て」.『朝鮮財務』제12권 제12호.

林繁藏回顧錄編輯委員會 編. 1962.『林繁藏回顧錄 : 林繁藏』(永島廣紀 編集. 2010.

『植民地帝國人物叢書 26(朝鮮編 7)』. 東京: ゆまに書房).

田中麗水 編. 1936.『全鮮商工會議所發達史』. 釜山日報社.

井藤半彌 外. 1942.『經濟學3 : 財政及金融統制論』. 東京: 實業之日本社.

井上清. 1938.「私の稅務課長時代」.『朝鮮財務』제16권 제1호.

朝鮮商工會議所 編. 1938.『朝鮮商工會議所一覽』.

左文生. 1926.「大藏省稅務講習會聽講記」.『稅務通信』제4권 제11호.

中村進吾. 1936.『朝鮮施政發展史』. 朝鮮發展社.

池田生. 1940.「稅務事務雜感」.『朝鮮財務』제18권 제5호.

津田黃雀風. 1936.「第九回稅務事務講習會の印象」.『朝鮮財務』제14호 제3호.

車田篤. 1935.『朝鮮行政法論』上. 朝鮮法制研究會.

村山道雄. 1940.『朝鮮の國稅制度 : 朝鮮稅制の特異性と內鮮稅制の相關性』. 政治敎育協會.

최형택. 1984.『세금과 세무인』. 한국세정신보사.

春川稅務署長 崔雲祥. 1936.「年頭所感」.『朝鮮財務』제14권 제1호.

忠淸南道支部. 1927.「營業稅事務講習會狀況」.『稅務通信』제5권 제5호.

河田烈. 1927.『帝國歲計豫算の話』. 東京: 朝陽會.

한국농촌경제연구원. 1985.『농지개혁시 피분배지주 및 일제하 대지주 명부』.

한국세정신문사 엮음. 1998.『세정에 얽힌 비화 : 한국조세 반세기 그 주역들의 회고』.

　　　　한국세정신문사.

咸鏡南道支部. 1929.「咸鏡南道地籍事務講習會狀況」.『朝鮮財務』제7권 제12호.

咸尙勳. 1933/11/03.「明年度부터 實行할 稅制改正案 : 新設하는 個人所得稅와 相續稅」.

　　　　『朝鮮日報』.

和田宇平. 1940.「稅務と珠算」.『朝鮮財務』제18권 제12호.

황중률. 1959.『알기쉬운 납세독본』. 대한재무협회.

_____. 1969/04.「혼돈과 고난과 보람의 30년」.『국세』.

7) 홈페이지

국가기록원. http://www.archives.go.kr

국사편찬위원회 한국사데이터베이스. http://db.history.go.kr

국세청. www.nts.go.kr

대한민국전자관보. http://www.mogaha.go.kr

법제처 국가법령정보센터. http://www.law.go.kr

서울대학교 규장각 한국학연구원. http://e-kyujanggak.snu.ac.kr

한국역사정보통합시스템. http://www.koreanhistory.or.kr

日本國立公文書官アジア歷史資料センター. http://www.jacar.go.jp
日本國立國会圖書館デジタルコレクション. http://dl.ndl.go.jp
日本國立國會圖書館日本法令索引. http://hourei.ndl.go.jp
日本國立國会圖書館帝國議會會議錄檢索システム. http://teikokugikai-i.ndl.go.jp
日本政府統計の総合窓口(e-Stat). http://www.e-stat.go.jp

OECD Korea Economic Snapshot.
    https://www.oecd.org/economy/korea-economic-snapshot
OECD Revenue Statistics. 2020.
    https://www.compareyourcountry.org/social-expenditure

2. 연구 논저

1) 한국어 자료
강혜경. 1998. 「국가 형성기(1948~1950) 이승만정권의 행정기구 구성과 관료충원 연구」.
    『국사관논총』 제79집.
고든, 앤드루. 2007. 『현대일본의 역사 : 도쿠가와 시대에서 2001년까지』. 김우영 옮김. 이산
    (Gordon, Andrew. 2002. *A Modern History of Japan: From Tokugawa Times to
    the Present From Tokugawa Times to the Present*. New York: Oxford University
    Press).
고선. 2011. 「조세 징수 도급(Tax Farming)의 역사와 배경」. 『재정포럼』 제177호.
권순미. 2014. 「저부담 조세국가 한국과 일본의 역진적 조세정치」. 『한국정치연구』 23권 2호.
기유정. 2009. 「식민지 대 모국 간 경제마찰과 재조일본인 사회의 대응 : 1929~1936년
    '선미옹호운동'의 정치학적 함의에 대한 분석을 중심으로」. 『사회와 역사』 제82집.
김광석·Westphal, Larry E. 1976. 『한국의 외환·무역정책 : 산업개발전략적 접근』.
    한국개발연구원.
김기흥. 1990. 「삼국 및 통일신라기 세제의 연구」. 서울대학교 박사 학위논문.
김나아. 2012. 「1930~1931년 대전기성회의 충남도청 유치운동」. 『한국근현대사연구』
    제61집.
김낙년. 2006. 「식민지 시기의 공업화 재론」. 『해방전후사의 재인식』 1. 책세상.

_____. 2013.「식민지기 조선의 소득불평등, 1933~1940 : 소득세 자료에 의한 접근」.

　　　『경제사학』 제55권.

김동노 엮음. 2006.『일제 식민지 시기의 통치체제 형성』. 혜안.

김동률·조재형. 2000.「일정하 세제개혁기에 있어서 조세정책연구」.『외대논총』 제20집.

김동명. 2013.「1928년 전라남도 도평의회의 조선인과 일본인「알력」사건 연구」.

　　　『한일관계사연구』 제46집.

김명윤. 1964.「한국경영의 제문제 : 일제하의 한국조세구조」.『경영논총』 10권.

김미경. 2008.「한국의 조세와 민주주의 : 복지국가에 반하는 민주주의의 한국적 기원에

　　　대하여」.『아세아연구』 제51권 제3호.

_____. 2018.『감세국가의 함정』. 후마니타스.

김민철. 2003.「전시체제하(1937~1945) 식민지 행정기구의 변화」.『한국사학보』 제14권.

김상범. 1997.「일제말기 경제경찰의 설치와 활동」.『한국민족운동사연구』 제17집.

김석준. 1996.『미군정 시대의 국가와 행정』. 이화여자대학교 출판부.

김성보. 1992.「일제하 조선인 지주의 자본전환 사례 : 예산의 성씨가」.『한국사연구』 제76권.

김수행. 2004/12/02.「성장과 분배에 관한 철학적 고찰」. 스웨덴 사회복지모델과 경제성장론

　　　토론회 특별강연문.

김영순. 2021.『한국 복지국가는 어떻게 만들어졌나?』. 학고재.

김옥근. 1997.『일제하조선재정사논고』. 일조각.

김용달. 2003.『일제의 농업정책과 조선농회』. 혜안.

김용덕. 2008.「경성제국대학출신 엘리트의 행로 : 고등 문관 시험 합격자의 친일 및 독재체제

　　　옹호와 관련하여」. 김용덕·미야지마 히로시 외.『근대교류사와 상호인식 III : 1945년

　　　전후』. 아연출판부.

김운태. 1998.『일본제국주의의 한국통치』. 박영사.

김웅희. 2010.「조세입법의 구체적 문제점과 개선방안」.『세무학연구』 제27권 제1호.

김재호. 1997.「갑오개혁이후 근대적 재정제도의 형성과정에 관한 연구」. 서울대학교 박사

　　　학위논문.

_____. 2001.「근대적 재정 제도의 성립과 징세 기구의 변화, 1894~1945」. 안병직 엮음.

　　　『한국경제 성장사』. 서울대학교출판부.

_____. 2013.「대한민국 정부수립의 경제적 기초와 근대적 재정재도의 성립」. 성신여자대학교

　　　동아시아연구소.『대한민국 정부수립과 국가체제 구축 연구용역』. 대한민국역사박물관.

_____. 2014.「근대적 재정국가의 수립과 재정능력, 1894~1910 : 갑오개혁과 대안적 경로」.

　　　『경제사학』 제57권.

김혜수. 1996.「일제하 조선인 중소자본의 동향 연구, 1920~1945 : 충남제사(주)의

경영변동을 중심으로」.『역사문제연구』창간호.

김혜정 외. 2009.『통감부 설치와 한국 식민지화』. 독립기념관 한국독립운동사연구소.

김혜정. 2004.「일제의 고문정치와 한국재정 침탈」. 서강대학교 박사 학위논문.

달, 로버트. 1987.『포리아키』. 최호준·박신영 공역. 거목 (Dahl, Robert A. 1971.
　　　Polyarchy: Participation and Opposition. New Haven: Yale Univ. Press).

_____. 1999.『민주주의와 그 비판자들』. 조기제 옮김. 문학과지성사 (Dahl, Robert A. 1989.
　　　Democracy and its Critics. Connecticut: Yale University Press).

독일노동조합총연맹·프리드리히 에베르트 재단. 2000.『유럽연합 각국의 노동조합과
　　　노사관계』.

동선희. 2008.「조선총독부 통치구조하에서의 도 및 도지사의 기능과 역할」.
　　　친일반민족행위진상규명위원회.『2007년도 학술연구용역논문집 1』.

_____. 2011.『식민권력과 조선인 지역 유력자』. 선인.

마넹, 버나드. 2004.『선거는 민주적인가』. 곽준혁 옮김. 후마니타스 (Manin, Bernard. 1995.
　　　Principes du gouvernement représentatif: Sciences Humaines et Essais. Paris:
　　　Calmann-Lévy).

마셜, T. H.·T. 보토모어. 2014.『시민권』. 조성은 옮김. 나눔의집 (Marshall, T. H. 1950.
　　　Citizenship and social class: and other essays. Cambridge University Press).

메랭, 프랑수아-자비에. 2000.『복지국가』. 심창학·강봉화 옮김. 한길사 (Merrien,
　　　François-Xavier. 1997. *L'état-providence*. Paris: Presses universitaires de
　　　France).

문영주. 2009.「1920~1930년대 금융조합 유치운동과 지역사회」.『역사문제연구』통권21호.

문정인·김세중 엮음. 2004.『1950년대 한국사의 재조명』. 선인.

미야타 세쓰코. 1997.『조선민중과「황민화」정책』. 이형낭 옮김. 일조각. 1997 (宮田節子.
　　　1985.『朝鮮民衆と「皇民化」政策』. 東京: 未來社).

민족문제연구소 엮음. 2000.『총독관계자료 2』. 한국학술정보.

민주화운동기념사업회 기획. 정근식·이병천 엮음. 2012.『식민지 유산, 국가 형성, 한국
　　　민주주의』1·2. 책세상.

박기주. 2012.「식민지기(1905~1945년)의 세제」.『한국세제사(제1편 연대별)』.
　　　한국조세연구원.

박성진·이승일. 2007.『조선총독부 공문서 : 일제시기 기록관리와 식민지배』. 역사비평사.

박은경. 1999.『일제하 조선인관료 연구』. 학민사.

박찬표. 2007.『한국의 국가 형성과 민주주의』. 후마니타스.

_____. 2008.「한국 자유민주주의의 초상 : '민주주의 과장'인가 '자유주의 결핍'인가」.

『아세아연구』 제51권 제4호.

_____. 2010. 『한국의 48년 체제』. 후마니타스.

방기중. 2002. 「1930년대 물산장려운동과 민족·자본주의 경제사상」. 『동방학지』 제115집.

_____. 2003. 「1930년대 조선 농공병진정책과 경제통제」. 『동방학지』 제120집.

_____. 2007. 「1940년 전후 조선총독부의 '신체제' 인식과 병참기지강화정책」. 『동방학지』
제138집.

배영목. 1995. 「해방 후 재정의 안정화와 금융의 재편 : 1930년대부터 1950년대까지」.
『광복50주년기념논문집』. 경제사학회.

베버, 막스. 2021. 『소명으로서의 정치』. 박상훈 옮김. 최장집 해제. 후마니타스 (Weber, Max.
2020. *Charisma and Disenchantment: The Vocation Lectures*. Reitter, Paul and
Chad Wellmon eds. New York Review of Books).

변은진 외. 2007. 『제국주의시기 식민지인의 '정치 참여' 비교』. 선인.

변은진. 2013. 『파시즘적 근대체험과 조선 민중의 현실인식』. 선인.

브라진스키, 그렉. 2011. 『대한민국 만들기, 1945~1987 : 경제 성장과 민주화, 그리고 미국』.
나종남 옮김. 책과함께 (Brazinsky, Gregg. 2007. *Nation building in South Korea:
Koreans, Americans, and the Making of a Democracy*. Chapel Hill, NC: The
University of North Carolina Press).

서복경. 2010. 「국회 위원회제도의 기원에 관한 연구 : 제헌국회 및 2대국회를 중심으로」.
『의정논총』 제5권 제1호.

서순, 도널드. 2014. 『사회주의 100년 : 20세기 서유럽 좌파 정당의 흥망성쇠』 1.
강주헌·김민수·강순이·정미현·김보은 옮김. 황소걸음 (Sassoon, Donald. 2010. *One
hundred years of socialism: the West European left in the twentieth century*.
London: New York: I.B. Tauris Publishers).

서희열. 2013. 『세무학의 이해』. 세학사.

성경륭. 2000. 「분단체제와 시민사회」. 『아시아문화』 제16호.

손낙구. 2008. 『부동산 계급사회』. 후마니타스.

_____. 2010. 「1953년 노동조합법 제정과 단위노동조합의 조직 변화」. 『역사문제연구』 통권
23호.

_____. 2011. 「1923~1924년 조선총독부의 세무 기구 독립 정책 : 추진 경과와
조선·동아일보의 대응을 중심으로」. 『한국근현대사연구』 제59집.

_____. 2014. 「1934년 조선총독부 세무 관서의 설치 경과와 제도적 특징 : 대한제국·일본·해방
후 세무 기구와 비교를 중심으로」. 『한국근현대사연구』 제71집.

_____. 2015a. 「1934년 조선총독부 세무 관서 설치 이후 조선인 세무 관리 : 『직원록』에

수록된 1,159명 중 세무서장 등 간부급을 중심으로」.『역사교육논집』제54집.

_____. 2015b.「일제하 세무 관서의 설치와 운영」. 건국대학교 박사 학위논문.

_____. 2016a.「일제하 소득조사위원의 사회적 배경 : 경성 세무 감독국 관내 세무서의 조선인 위원을 중심으로」.『한국근현대사연구』제77집.

_____. 2016b.「조선총독부 세무 관서의 세무 인력 교육 훈련」.『사학연구』제122호.

손정목. 1990.「일제하 태평양전쟁기의 지방제도 : 지방선거와 의회운영을 중심으로」. 『연구논총』제16집.

_____. 1992.『한국지방제도·자치사연구』상. 일지사.

송규진. 2012.「일제말 조선의 경제범죄 양상 :『매일신보』의 물자통제경제정책 위반사례 기사를 중심으로」.『아세아연구』제55권 제1호.

송병권. 1997.「미군정기의 세제 개편과 대중과세」.『한국사학보』제2권.

송지영. 2005.「일제시기 부산부의 학교비와 학교조합의 재정」.『역사와 경계』제55집.

송혜경. 2000.「제1공화국 관료의 사회적 배경 연구」.『연세사회과학연구』제6권.

_____. 2001.「제1공화국 관료의 충원 및 이동분석」.『연세사회과학연구』제7권.

스미스, 애덤. 2016.『국부론』2. 유인호 옮김. 동서문화사 (Smith, Adam. 1776. *An Inquiry into the nature and causes of the wealth of nations*. London: W. Strahan and T. Cadell).

신동면. 2011.「복지없는 성장」. 유종일 엮음.『박정희의 맨얼굴』. 시사인북.

신상준. 1974.「일제하 조선총독부시대의 행정조직에 관한 연구」.『청주여자사범대학교논문집』3.

_____. 1997.『미군정기의 남한행정체제』. 한국복지행정연구소.

_____. 2005.『한국재무행정의 근대화과정 : 갑오개혁~한일합병기 : 1894~1910년』. 한국복지행정연구소.

신진욱. 2020a.「국가역량의 개념과 다차원적 분석틀 : 국가역량 레짐의 다양성 연구를 위한 이론적 고찰」.『한국사회학』제54집 제1호.

_____. 2020b.「한국 민주주의의 유산과 복지정치 전략」. 윤홍식 엮음.『우리는 복지국가로 간다』. 사회평론아카데미.

안용식 엮음. 1993.『한국행정사연구 (I)』. 대영문화사.

_____. 1994.『한국행정사연구 (II)』. 대영문화사.

_____. 1994·1995·1996.『대한제국관료사연구 (I)·(II)·(III)·(IV)』. 연세대 사회과학연구소.

_____. 1995·1996.『대한민국관료연구 (I)·(II)·(III)』. 연세대 사회과학연구소.

_____. 1997·1998.『대한민국관료연구 (IV)·(V)·(VI)』. 연세행정연구회.

_____. 2001a.『대한제국하 일본인관료 연구』. 연세대 사회과학연구소.

_____. 2001b.『일제지방관록』. 연세대 사회과학연구소.

_____. 2002·2003.『조선총독부하 일본인관료 연구』. 연세대 사회과학연구소.

_____. 2003.『조선총독부하 일본인관료 연구 III(인명별)』. 연세대학교사회과학연구소.

안용식. 2001.『한국관료연구』. 대영문화사.

안용식·김기홍·권자경·신원부 엮음. 2010.『일제강점초기 관료 분석』. 연세대학교
국가관리연구원.

안용식·송해경·정현백. 2007.「일제하 조선인 문관고등시험 합격자 분석」,『현대사회와 행정』
제17권 제3호.

_____. 2008.「대한제국관료의 임용제도 및 조선총독부로의 이동 연구」.『사회과학논집』
제39집 1호.

안용식·오연숙·오승은·원구환·송혜경. 2007.「조선총독부하 일본인관료 연구」,『동방학지』
제137집.

안진. 2012.『미군정기 억압기구 연구』. 새길아카데미.

양재진. 2020.『복지의 원리』. 한겨레출판.

양재진·민효상. 2013.「한국 복지국가의 저부담 조세 체제의 기원과 복지 증세에 관한 연구」.
『동향과전망』통권88호.

양정필. 2012.「개성상인의 상업적 전통과 자본 축적」. 연세대학교 박사 학위논문.

에스핑앤더슨, G. 2007.『복지 자본주의의 세 가지 세계』. 박시종 옮김. 성균관대학교출판부
(Esping-Andersen, Gøsta. 1990. *The three worlds of welfare capitalism.*
Princeton: Princeton Univ. Pr.).

오건호. 2021.「복지재원 마련을 위한 사회연대적 증세 방안」. 국회의원
장혜영·정의정책연구소.『복지재원 마련을 위한 사회연대적 증세 방안 토론회 자료집』.

오기수. 2016.「1906년에 발표된 최석하의 논문「조세론」에 관한 고찰」.『세무와 회계 연구』
제5권 제2호.

오연숙. 2007.「1905~1945년 조선총독부의 지방행정과 한국인 관료 : 한말·일제시기 조선인
군수의 임용현황」. 친일반민족행위진상규명위원회.『2006년도 학술연구용역논문집 1』.

오연천. 1990.「조세행정의 과세표준산정 합리화에 관한 연구 : 소득표준율제도의 실태와
개선과제를 중심으로」,『행정논총』제28권 제2호.

우명동. 1987.「일제하 우리나라의 재정분석 (2) 조세체계분석을 중심으로」.『연구논문집』
제25권. 성신여자대학교.

윤은주. 2001.「근대국가의 재정혁명 II : 신용 정책을 통해 본 영국과 프랑스의 재정 비교」.
『서양사론』제110호.

윤홍식 엮음. 2020.『우리는 복지국가로 간다』. 사회평론아카데미.

윤홍식. 2011.「복지국가의 조세체계와 함의 : 보편적 복지국가 친화적인 조세 구조는 있는

것일까?」.『한국사회복지학』 제63권 제4호.

_____. 2012. 「복지국가 조세 체제의 변화 : 복지국가는 어떻게 조세규모를 확대했을까?」.

『한국사회복지행정학』 제14권 제1호.

_____. 2013. 「복지국가의 다양성과 발전 동인 : 논쟁과 함의」. 민주화운동기념사업회 기획.

이병천·전창환 엮음.『사회경제 민주주의의 경제학 : 이론과 경험』. 돌베개.

_____. 2017. 「미군정하 한국 복지 체제, 1945~8 : 좌절된 혁명과 대역전」.『한국사회정책』

제24권 제2호.

_____. 2018. 「한국 사회의 정치·경제적 유산과 복지 체제의 과제」.『한국사회학회 심포지움

논문집』.

_____. 2019.『한국 복지국가의 기원과 궤적』 1·2·3. 사회평론아카데미.

이규수. 2013. 「재조일본인의 추이와 존재형태 : 수량적 검토를 중심으로」.『역사교육』

제125집.

이기동. 1985. 「일제하의 한국인 관리들」.『신동아』 제306호.

이동희. 1976.『세무계산의 부인과 대책』. 홍문관.

이병희. 2015/01. 「노동소득분배율 측정 쟁점과 추이」.『노동리뷰』.

이상의. 2007. 「1930년대 조선총독부 식산국의 구성과 공업화정책 : 상공과를 중심으로」.

『한국근현대사연구』 제40집.

이상철. 2012. 「한국 경제관료의 일제 식민지 기원설 검토(1950~1960년대 전반)」.

정근식·이병철 엮음.『식민지 유산, 국가 형성, 한국 민주주의 2』. 책세상.

이송순. 2007. 「1905~1945년 조선총독부의 지방행정과 한국인 관료 : 한말·일제시기 조선인

군수의 사회적 위상과 현실 인식」. 친일반민족행위진상규명위원회.『2006년도

학술연구용역논문집 1』.

_____. 2011. 「일제말 전시체제하 '국민생활'의 강제와 그 실태 : 일상적 소비생활을 중심으로」.

『한국사학보』 제44권.

이승렬. 1994. 「역대 조선총독과 일본군벌」.『역사비평』 1994년 봄호.

_____. 1996. 「1930년대 전반기 일본군부의 대륙침략관과 '조선공업화'정책」.『국사관논총』

제67집.

_____. 2007.『제국과 상인』. 역사비평사.

이승연. 1994. 「1905년~1930년대초 일제의 주조업 정책과 조선 주조업의 전개」.『한국사론』

제32권.

이승일. 2006. 「조선총독부 공문서를 통해 본 식민지배의 양상 : 조선총독의 제령(制令)의

제정을 둘러싼 갈등을 중심으로」.『사회와 역사』 제71집.

이영호. 2001.『한국근대 지세제도와 농민운동』. 서울대학교출판부.

이용기. 2005. 「국회입법지원조직에 관한 연구」. 경남대학교 박사 학위논문.

이윤상. 1986. 「일제에 의한 식민지재정의 형성과정 : 1894~1910년의 세입구조와 징세

　　　기구를 중심으로」. 『한국사론』 제14권.

＿＿＿. 1996. 「1894~1910년 재정 제도와 운영의 변화」. 서울대학교 박사 학위논문.

이은희. 2014. 「1940년대 전반 식민지 조선의 암시장 : 생활물자를 중심으로」. 『동방학지』

　　　제166집.

이정기·김길성. 2010. 『세무학개론』. 세학사.

이정은. 2012. 「5·16군사정부의 상업차관 도입과 운용 : 대자본가와의 관계를 중심으로」.

　　　『역사와 현실』 통권84호.

이타카키 류타. 2014. 「식민지 조선의 '술의 사회사' 시론」. 이타카키 류타·정병욱 엮음.

　　　『식민지라는 물음』. 소명.

이필우 외. 1997. 『한국조세의 이해』. 세학사.

이해동. 1949. 『재정학요론』. 명세당.

＿＿＿. 1954. 『재정학』. 정연사.

＿＿＿. 1955. 『재정학원론』. 양문사.

＿＿＿. 1957. 『재정학개론』. 일조각.

이형식. 2008. 「일제의 지방통치에서 참여관의 역할 및 인물 분석」.

　　　친일반민족행위진상규명위원회. 『2007년도 학술연구용역논문집 1』.

＿＿＿. 2010. 「중간내각 시대(1922.6~1924.7)의 조선총독부」. 『동양사학연구』 제113집.

＿＿＿. 2011a. 「조선총독의 권한과 지위에 관한 시론」. 『사총』 제72호.

＿＿＿. 2011b. 「패전 후 귀환한 조선총독부관료들의 식민지 지배 인식과 그 영향」.

　　　『한국사연구』 제153권.

＿＿＿. 2014. 「조선총독부 관방의 조직과 인사」. 『사회와 역사』 제102집.

이호진·강인섭. 1988. 『이것이 국회다!』. 삼성이데아.

일리, 제프. 2008. 『The left 1848~2000 : 미완의 기획, 유럽좌파의 역사』. 유강은 옮김.

　　　뿌리와이파리 (Eley, Geoff. 2002. _Forging democracy: the history of the left in_

　　　Europe, 1848-2000. Oxford University Press).

장병순. 1973. 『한국세정사』. 보성사.

장세윤. 2007. 「경성제국대학의 한국인 졸업생과 고등문관 시험」. 『향토서울』 제69호.

장신. 2007. 「일제하 조선인 고등관료의 형성과 정체성 : 고등문관시험 행정과 합격자를

　　　중심으로」. 『역사와 현실』 통권63호.

＿＿＿. 2009. 「조선총독부의 경찰 인사와 조선인 경찰」. 『역사문제연구』 통권22호.

전병무. 2012. 『조선총독부 조선인 사법관』. 역사공간.

전철. 1957. 『재정학』. 동학사.

정덕주. 2006. 「일제 강점기 세제의 전개 과정에 관한 연구」. 『세무학연구』 제23권 제4호.

정병욱. 2003. 「일제말(1937~1945) 전시금융과 조선인자본가의 존재방식」. 『한국사연구』 제120권.

정원오. 2010. 『복지국가』. 책세상.

정태헌. 1992. 「일제하 주세제도의 시행 및 주조업의 집적 집중 과정에 대한 연구」. 『국사관논총』 제40집.

_____. 1996. 『일제의 경제정책과 조선 사회 : 조세정책을 중심으로』. 역사비평사.

_____. 2011. 「한국의 근대조세 100년사와 국가, 민주화, 조세 공평의 과제」. 『역사비평』 34.

_____. 2013. 「일제하 조선인 '고문' 합격자들의 학교·관료생활과 시대인식」. 『사총』 제79호.

정호영. 2004. 『국회법론』. 법문사.

조석곤. 2012. 「식민지 말기 지세제도 변화와 그 역사적 의의 : 토지 임대가격 조사 사업을 중심으로」. 『국제경상교육연구』 제9권 제1호.

조선. 2017. 「해방 직후 일본군의 한반도 점령 실태와 귀환」. 『한국학연구』 제47집.

주상영. 2013. 「노동소득분배율 변동이 내수에 미치는 영향」. 『경제발전연구』 제19권 제2호.

_____. 2017. 「소득주도성장론에 대한 비판과 반비판」. 『사회경제평론』 제54호.

_____. 2018/08. 「소득불평등 지표 변동 원인에 대한 거시적 분석」. 『노동리뷰』.

주익종. 1992. 「일제하 한국인 주조업의 발전」. 『경제학연구』 제40집 제1호.

지수걸. 1996. 「일제하 공주지역 유지집단의 도청이전 반대운동 : 1930.11~1932.10」. 『역사와 현실』 통권20호.

_____. 1999. 「일제하 충남 서산군의 '관료-유지 지배체제' : 서산군지(1927)에 대한 분석을 중심으로」. 『역사문제연구』 통권3호.

차병권. 1998. 『일제하 조선의 조세정책』. 한국조세연구원.

_____. 2000. 「일본통치하 조선의 조세부담」. 『경제논집』 39권 1호.

최광·현진권 엮음. 1997. 『한국 조세정책 50년』 제1권. 한국조세연구원.

최명근. 2007. 『세무학 강의 : 그 구조적 특징과 범위 및 접근』. 영화조세통람.

최상오. 2012. 「대한민국 초기(1945~1961년)의 세제」. 『한국세제사(제1편 연대별)』. 한국조세연구원.

최원. 2011. 「원천징수의 개념에 관한 소고」. 『조세연구』 제17권.

최장집 지음. 박상훈 개정. 2010. 『민주화 이후의 민주주의』 개정2판. 후마니타스.

최장집 엮음. 1997. 『유럽민주주의와 노동정치』. 법문사.

최장집. 1989. 『한국 현대 정치의 구조와 변화』. 까치.

_____. 1996. 『한국 민주주의의 조건과 전망』. 나남출판.

＿＿. 2009. 『민중에서 시민으로』. 돌베개.

＿＿. 2012. 『노동 없는 민주주의의 인간적 상처들』. 후마니타스.

최재성. 2016. 「1930년대초 김우평의 금융조합 인식」. 『한국민족운동사연구』 제88집.

최형택. 1984. 『세금과 세무인』. 한국세정신보사.

최호진. 1949. 『재정학』. 박문출판사.

＿＿. 1953a. 『재정학개론』. 일한도서출판사.

＿＿. 1953b. 『재정학입문』. 일한도서출판사.

＿＿. 1954. 『재정학』. 박영사.

＿＿. 1957. 『증정 재정학』. 보문각.

친일반민족행위진상규명위원회 엮음. 2009a. 『친일반민족행위진상규명 보고서-3.1
친일반민족행위 연구』.

＿＿. 2009b. 『친일반민족행위진상규명 보고서-3.2 친일반민족행위 연구』.

친일인명사전편찬위원회 엮음. 2009. 『친일인명사전』 1~3. 민족문제연구소.

커밍스, 브루스. 1986a. 『한국전쟁의 기원 : 해방과 단정의 수립 1945~1947』 상. 김주환 옮김.
청사 (Cummings, Bruce. 1981. *The origins of the Korean war, I: liberation and
the emergence of separate regimes 1945-1947*. Princeton: Princeton Univ. Pr. /
커밍스, 브루스. 2007. 『한국전쟁의 기원』. 김자동 옮김. 일월서각).

＿＿. 1986b. 『한국전쟁의 기원 : 해방과 단정의 수립 1945~1947』 하. 김주환 옮김. 청사
(Cummings, Bruce. 1981. *The origins of the Korean war, I: liberation and the
emergence of separate regimes 1945-1947*. Princeton: Princeton Univ. Pr. /
커밍스, 브루스. 2007. 『한국전쟁의 기원』. 김자동 옮김. 일월서각).

＿＿. 2017. 『브루스 커밍스의 한국전쟁』. 조행복 옮김. 현실문화 (Cumings, Bruce. 2010.
The Korean War: a history. New York: Modern Library).

틸리, 찰스. 1994. 『국민국가의 형성과 계보 : 강압, 자본과 유럽국가의 발전』. 이향순 옮김.
학문과사상사 (Tilly, Charles. 1990. *Coercion, capital, and European states, AD
990-1990*. Oxford: Basil Blackwell).

파울랜바흐, 베른트. 2017. 『독일 사회민주당 150년의 역사』. 이진모 옮김. 한울
(Faulenbach, Bernd. 2012. *Geschichte der SPD: von den Anfängen bis zur
Gegenwart*. München: C. H. Beck).

하라리, 유발. 2015. 『사피엔스 : 유인원에서 사이보그까지, 인간 역사의 대담하고 위대한
질문』. 조현욱 옮김. 김영사. 2015 (Harari, Yuval Noah. 2015. *Sapiens: A Brief
History of Humankind*. London: Vintage Books).

하원호. 1998. 「일제말 물가통제정책에 관한 연구」. 『사학연구』 제55·56호.

_____. 2006.「일제말 통제경제정책과 물가통제」.『대동문화연구』제54집.

한국보건사회연구원. 2020.「제2차 국민기초생활보장제도 기본계획 및 종합계획 수립연구」.

한국세정신문사 엮음. 1995.『세원 따라 삼천리 : 92년~95년』. 한국세정신문사.

한국재정40년사편찬위원회. 1991.『한국재정 40년사』제4권. 한국개발연구원.

한국정치학회. 2013/10.『국회입법지원 인력과 기관에 관한 연구』. 국회사무처
　　　연구용역보고서.

한국조세연구원. 1997.『한국 조세정책 50년』제3권 : 소득세 자료집.

_____. 2012a.『한국세제사』제1편, 연대별.

_____. 2012b.『한국세제사』제2편 제1권.

한국조세재정연구원. 2017.『OECD 회원국의 조세통계로 본 국제동향』.

_____. 2021.「국가회계 재정통계 Brief」vol. 2021-02.

한긍희. 1996.「1935~37년 일제의 '심전개발' 정책과 그 성격」.『한국사론』제35권.

한상일. 1988.『일본의 국가주의 : 소화유신과 국가개조운동』. 까치.

한일관계사연구논집 편찬위원회 엮음. 2005.『일제 식민지지배의 구조와 성격』. 경인문화사.

한춘섭. 1954.『재정학』. 장왕사.

행정자치부 국가기록원. 2004.『국가기록원 일제문서해제 : 건축회계·세무·위생편』.

허수열. 2005.『개발없는 개발 : 일제하, 조선 경제 개발의 현상과 본질』. 은행나무.

허영란. 2000.「전시체제기(1937~1945) 생활필수품 통제 연구」.『국사관논총』제88집.

홍성찬. 2011.「최호진의 경제사 연구와 저술의 사회사 : 1940~60년대」.『동방학지』제154집.

홍순권. 2007.「1905~1945년 조선총독부의 지방행정과 한국인 관료 : 한말·일제시기
　　　지방제도와 군 행정」. 친일반민족행위진상규명위원회.『2006년도 학술연구용역논문집 1』.

_____. 2010.『근대도시와 지방권력』. 선인.

황명수. 1999.『한국기업사연구』. 단국대학교출판부.

2) 일본어 자료

岡本眞希子. 2008.『植民地官僚の政治史 : 朝鮮·臺灣總督府と帝國日本』. 東京: 三元社.

高木壽一. 1943.『戰爭財政の經濟理論』. 北隆館.

_____. 2007.『日本所得税発達史 : 所得税改革の発展と歴史 創設期から現在まで』. 東京:
　　　ぎょうせい.

堀口和哉. 1997.「明治32年の所得税法改正の立法的沿革」.『税務大学校論叢』28.

堀和生. 1982.「朝鮮における植民地財政の展開 : 1910~30年代初頭にかけて」.
　　　飯沼二郎·姜在彦 編.『植民地朝鮮の社會と抵抗』. 東京: 未來社.

今村千文. 2012.「「税務署」の誕生 : 平成24年度 特別展示のあらまし」.『税大大ジャーナル』21.

磯部喜久男. 1998.「創設所得税法概説：明治20年の所得税法誕生物語」.『税務大学校論叢』30.

吉牟田勲. 2002.「皇國租税理念調査会小史」.『東京経営短期大学紀要』10-1.

吉田義宏. 1988.「わが國における所得税創設の目的」.『広島経済大学経済研究論集』11(4).

金子宏. 1996.『所得課税の法と政策：所得課税の基礎理論下巻』. 有斐閣.

金載昊. 2000a.「近代的財政制度の成立過程における皇室財政：韓國と日本との比較」.
　　『朝鮮學報』175.

＿＿＿. 2000b.「皇室財政と「租税國家」の成立：韓國と日本との比較」.『社会経済史学』
　　66(2).

大内兵衛. 1930.『財政学大綱』中巻 租税論. 東京: 岩波書店.

大畑文七. 1934.『租税國家論』. 有斐閣.

渡部照雄. 1999.「納税奨励策について：大正時代を中心に」.『税務大学校論叢』33.

保坂祐二. 2000.「八紘一宇思想に對する一考察」.『日語日文學研究』37.

汐見三郎. 1941.『財政学』第四巻. 朝日新聞社.

石橋大輔. 1968.「税務職員の教育訓練と税務大學校」.『税務大学校論叢』1.

税務大學校研究部 編. 1996.『税務署の創設と税務行政の100年』. 東京: 大藏財務協會.

所功. 2010.「東宮「倫理」担当杉浦重剛の「教育勅語」御進講」.『特集「近代日本の
　　教育と伝統文化」：明治聖徳記念學會紀要』復刊第47号.

小川郷太郎. 1923.『財政学』. 有斐閣.

松田利彦・やまだあつし 編. 2009.『日本の朝鮮・臺灣支配と植民地官僚』. 京都:
　　思文閣出版.

松田利彦. 2009.『日本の朝鮮植民地支配と警察：1905~1945年』. 東京: 校倉書房.

松村明・三省堂編修所 編. 2006.『大辞林』. 東京: 三省堂.

松戸浩. 2007.「制定法に於ける事務配分単位の変容とその意義(二・完)：
　　所謂「分担管理原則」の影響」.『廣島法學』31-2.

水原商工會議所. 2000.『水原商議90年史』.

水田直昌 監修. 1974.『總督府時代の財政』. 東京: 友邦協會.

水田直昌. 1942a.「吏道に就て(1)」.『朝鮮財務』第20巻 第1号.

＿＿＿. 1942b.「吏道に就て(2)」.『朝鮮財務』第20巻 第2号.

＿＿＿. 1942c.「吏道に就て(3)」.『朝鮮財務』第20巻 第3号.

＿＿＿. 1942d.「吏道に就て(完)」.『朝鮮財務』第20巻 第7号.

神戸正雄. 1927.「租税道義」.『經濟論集』25(6).

＿＿＿. 1929.『租税論』. 東京: 改造社.

＿＿＿. 1936.『改訂増補 財政學』. 東京: 日本評論社.

_____. 1939a.『財政学大綱』. 日本評論社.

_____. 1939b.『増税論』. 第一書房.

阿部賢一. 1926.『租税の理念と其分配原理』. 早稲田大學出版部.

鈴木芳行. 2006.「所得税導入初期の執行體制：東京市の所得税調査委員を中心に」.
『税務大学校論叢』51.

永田清. 1940.『財政学』. ダイヤモンド社.

牛米努. 2002.「國税徴収機構成史序説：租税局出張所から税務管理局まで」.
『税務大学校論叢』39.

_____. 2009a.「大正期における所得の申告奨励方針について」.『税大ジャーナル』12.

_____. 2009b.「明治20年所得税法導入の歴史的考察」.『税務大学校論叢』56.

_____. 2010.「所得調査委員會の研究：個人所得税の賦課課税」.『税務大学校論叢』65.

_____. 2013.「営業税調査委員会の成立」.『税大ジャーナル』20.

李炯植. 2007.「政党内閣期(1924~1932年)の朝鮮総督府官僚の統治構想」.
『東京大學日本史學研究室紀要』11.

_____. 2013.『朝鮮總督府官僚の統治構想』. 東京：吉川弘文館.

日本公務員制度史研究會 編著. 1989.『官吏・公務員制度の變遷』. 東京：第一法規.

林健久. 1965.『(日本における)租税國家の成立』. 東京：東京大學出版會.

全國珠算教育連盟 編. 1982.『日本珠算史』. 東京：暁出版.

井藤半彌. 1937.『財政学入門』. 日本評論社.

諸富徹. 2013.『私たちはなぜ税金を納めるのか：租税の経済思想史』. 東京：新潮社.

佐藤進 編. 1986.『日本の財政学：その先駆者の群像』. 東京：ぎょうせい.

中西啓太. 2011.「所得調査委員と日露戦後の地域社会：埼玉県の事例から」.
『史学雑誌』120-4.

池田浩太郎. 1956.「わが國所得税の創設とその社会的諸条件：歴史的, 社会学的一研究」.
『成城大學經濟研究』6.

織井喜義・山本洋. 1990.「創成期の所得税制叢考」.『税務大学校論叢』20.

秦郁彦. 1981. 戦前期官僚制研究會 編.『戦前期日本官僚制の制度・組織・人事』. 東京：
東京大學出版會.

土方成美. 1935.『財政学原理』第三巻. 東洋出版社.

片上孝洋. 2010.「大日本帝國憲法と租税：課税承認権の封じ込め」.『社学研論集』15.

平井廣一. 1997.『日本植民地財政史研究』. 京都：ミネルヴァ書房.

3) 영어 등 자료

Alavi, Hamza. 1972. "The State in Post-Colonial Societies: Pakistan and Bangladesh."
    New Left Review 74, July-August (알라비, 함자. 1985. 「과대 성장 국가론 :
    파키스탄과 방글라데시」. 임영일·이성형 옮김. 『국가란 무엇인가 : 자본주의와 그
    국가이론』. 까치).

Ardant, Gabriel. 1975. "Financial Policy and Economic Infrastructure of Modern States
    and Nations." Tilly, Charles ed. *The Formation of National States in Western
    Europe*. Princeton, N.J.: Princeton University Press.

Ashton, Thomas Southcliffe. 1959. *Economic Fluctuations in England, 1700-1800*.
    Oxford: Clarendon.

Bahl, Roy, Chuk Kyo Kim, and Chong Kee Park. 1986. *Public Finances during the
    Korean Modernization Process*. Cambridge: Harvard Univ. Pr.

Bartolini, Stefano. 2000. *The political mobilization of the European left, 1860-1980:
    the class cleavage*. Cambridge: Cambridge University Press.

Bates, Robert H. 1991. "The Economics of Transitions to Democracy." *Political
    Science and Politics*, Vol. 24, No. 1.

Bates, Robert H. and Da-Hsiang Donald Lien. 1985. "A Note on Taxation,
    Development, and Representative Government." *Politics and Society*, Vol. 14,
    No. 1.

Beblawi, Hazem. 1987. "The Rentier State in the Arab World." Beblawi, Hazem and
    Giacomo Luciani. *The Rentier State*. London: Croom Helm.

Bonney, R. J. 1979. "The Failure of the French Revenue Farms, 1600-60." *the
    Economic History Review*, Vol. 32, No. 1.

Bonney, Richard and W. M. Ormrod. 1999. "Introduction: Crises, Revolutions and
    Self-Sustained Growth: Towards a Conceptual Model of Change in Fiscal
    History." Ormrod, W. M., Margaret Bonney and Richard Bonney eds. *Crises,
    Revolutions and Self-Sustained Growth: Essays in European Fiscal History,
    1130-1830*. Stamford: Shaun Tyas.

Bonney, Richard. 1999. "Introduction: The Rise of the Fiscal State in Europe
    c.1200-1815." Bonney, Richard ed. *The Rise of the Fiscal State in Europe
    c.1200-1815*. New York: Oxford University Press.

Bornschier, Simon. 2009. "Cleavage Politics in Old and New Democracies." *Living
    Reviews in Democracy*, 1.

Boucoyannis, Deborah. 2015. "No Taxation of Elites, No Representation: State Capacity and the Origins of Representation." *Politics & Society*, Vol. 43, No. 3.

Bräutigam, Deborah. 2002. "Building Leviathan: Revenue, State Capacity and Governance." *IDS Bulletin*, Vol. 33, No. 3.

Brewer, John. 1989. *The Sinews of Power: War, Money and the English State, 1688-1783*. Cambridge: Harvard University Press.

_____. 1999. "Servants of the public – servants of the crown: officialdom of eighteenth-century English central government." Brewer, John and Eckhart Hellmuth eds. *Rethinking Leviathan: The eighteenth-century state in Britain and Germany*. Oxford: Oxford University Press.

Carr, E. H. 1961. *What is History?*. London: Macmillan (카, E. H. 2014. 『역사란 무엇인가』. 길현모 옮김. 탐구당).

Castles, Francis G. 1978. *The Social Democratic Image of Society*. London: Routledge.

Causa, Orsetta and Mikkel Hermansen. 2017. "Income redistribution through taxes and transfers across OECD countries." OECD Economics Department Working Papers, No. 1453 (https://doi.org/10.1787/bc7569c6-en).

Chanel, Gerri. 2016. "Taxation as a Cause of the French Revolution: Setting the Record Straight." *Studia Historica Gedanensia*, VI.

Croce, Benedetto. 1938. *La storia come pensiero e come azione*. Bari: Laterza (크로체, 베네토. 2013. 『사고로서의 역사 행동으로서의 역사』. 최윤오 옮김. 새문사).

Daunton, Martin. 1996. "Payment and participation: welfare and state formation in Britain 1900-1951." *Past and Present*, No. 150.

_____. 2007. *Trusting Leviathan: The Politics of Taxation in Britain, 1799-1914*. New York: Cambridge University Press.

_____. 2012. "The politics of British taxation, from the Glorious Revolution to the Great War." Yun-Casalilla, Bartolomé, Patrick K. O'Brien and Francisco Comín Comín eds. *The Rise of Fiscal States: A Global History 1500-1914*. Cambridge: Cambridge University Press.

Dickson, P. G. M. 1967. *The financial revolution in England: a study in the development of public credit, 1688-1756*. Hampshire: Macmillan and Company.

Dietz, Frederick C. 1964. *English Government Finance, 1485-1558*. London: Frank Cass.

Easton, David, 1965. *A Framework for Political Analysis*. Englewood Cliffs, N.J.: Prentice-Hall.

Ebbinghaus, Bernhard and Jelle Visser. 2000. *The societies of Europe: Trade Unions in Western Europe since 1945*. London: Macmillan Reference; New York: Grove's Dictionaries.

Eckert, Carter J. 1991. *Offspring of empire: the Koch'ang Kims and the colonial origins of Korean capitalism, 1876-1945*. Seattle: University of Washington Press (에커트, 카터. 2008. 『제국의 후예: 고창 김씨가와 한국 자본주의의 식민지 기원, 1876-1945』. 주익종 옮김. 푸른 역사).

Evans, Eric J. 2019. *The Forging of the Modern State: Early Industrial Britain, 1783-c.1870*. Abingdon, Oxon; New York, NY: Routledge, Taylor & Francis Group.

Flora, Peter and Jens Alber. 1981. "Modernization, Democratization, and the Development of Welfare States in Western Europe." Flora, Peter and Arnold J. Heidenheimer eds. *The Development of Welfare States in Europe and America*. New Brunswick: Transaction.

Giddens, Anthony. 1982. *Profiles and critiques in social theory*. Berkeley: University of California Press.

Glete, Jan. 2002. *War and the state in early modern Europe: Spain, the Dutch Republic and Sweden as fiscal-military states, 1500-1660*. London: Routledge.

Goldscheid, Rudolf. 1917. *Staatssozialismus oder Staatskapitalismus: ein finanzsoziologischer Beitrag zur Lösung des Staatsschulden-Problems*. Wien; Leipzio.

He, Wenkai. 2007. *Paths toward the Modern Fiscal State: England(1642-1752), Japan(1868-1895), and China(1850-1911)*. Ph. D. dissertation, MIT.

Herb, Michael. 2003. "Taxation and Representation." *Studies in Comparative International Development*, Vol. 38, No. 3.

Hoffman, Philip T. and Kathryn Norberg. 1994. *Fiscal Crises, Liberty, and Representative Government, 1450-1789*. Stanford: Stanford University Press.

Hoppit, Julian. 2002. "Checking the Leviathan,1688-1832." Winch, Donald and Patrick K. O'Brien. *The Political Economy of British Historical Experience, 1688-1914*. Oxford: Oxford University Press.

Huber, Evelyne and John D. Stephens. 1998. "Internationalization and the Social

Democratic Model: Crisis and Future Prospects." *Comparative Political Studies*, Vol. 31, No. 3.

Huber, Evelyne and John D. Stephens. 2001. "Welfare States and Production Regimes in the Era of Retrenchment." Pierson, P. eds. *The New Politics of the Welfare State*. New York: Oxford University Press.

Hughes, Edward. 1934. *Studies in Administration and Finance 1558-1825*. Manchester University Press.

Huntington, Samuel P. 1991. *The third wave: democratization in the late twentieth century*. Norman: Univ. of Oklahoma Pr.

ILO. 2020. *Global Wage Report 2020-21: Wages and minimum wages in the time of COVID-19*. Geneva: ILO.

Johnson, Noel D. and Mark Koyama. 2013. "Tax farming and the origins of state capacity in England and France." *Explorations in Economic History*, Vol. 51, No. 1.

Karl, Terry Lynn. 1997. *The Paradox of Plenty: Oil Booms and Petro-States*. Berkeley: University of California Press.

Korpi, Walter. 1978. *The working class in welfare capitalism: Work, unions and politics in Sweden*. London: Boston: Routledge & Kegan Paul.

_____. 1983. *The Democratic Class Struggle*. London: Routledge.

_____. 2008. "Origins of Welfare States: Changing Class Structures, Social Democracy, and Christian Democracy." Manuscript. https://www.researchgate.net/publication/228382533_Origins_of_Welfare_States_Changing_Class_Structures_Social_Democracy_and_Christian_Democracy.

Krüger, Kersten. 1987. "Public Finance and Modernization: The Change from Domain State to Tax State in Hesse in the Sixteenth and Seventeenth Centuries - A Case Study." Witt, Peter-Christian ed. *Wealth and Taxation in Central Europe: The History and Sociology of Public Finance*. Hamburg and New York: Berg.

Levi, Margaret. 1988. *Of Rule and Revenue*. Berkeley: Univ. of California Pr.

Linnarsson, Magnus. 2018. "Farming out state revenue: the debate about the General Customs Lease Company in Sweden, 1723-65." *Parliaments, Estates & Representation*, Vol. 38, No. 2.

Lipset, Seymour Martin and Stein Rokkan. 1967. "Cleavage Structures, Party Systems and Voter Alignments: An Introduction." Lipset, Seymour Martin and Stein Rokkan eds. *Party Systems and Voter Alignments: Cross-National Perspectives*.

New York: Macmillan.

Macdonald, James. 2006. *Free nation deep in debt: The Financial Roots of Democracy*. N.J.: Princeton University Press.

Macpherson, C. B. 1967. *The Real World of Democracy*. Oxford: Clarendon Press.

Martin, Isaac William, Ajay K. Mehrotra and Monica Prasad. 2009. "The Thunder of History: The Origins and Development of the New Fiscal Sociology." Martin, Isaac William, Ajay K. Mehrotra and Monica Prasad eds. *The New Fiscal Sociology: Taxation in Comparative and Historical Perspective*. New York: Cambridge University Press.

Moore, Mick. 2004. "Revenues, state formation, and the quality of governance in developing countries." *International Political Science Review*, Vol. 25, No. 3.

Nakabayashi Masaki. 2012. "The rise of a Japanese fiscal state." Yun-Casalilla, Bartolomé, Patrick K. O'Brien and Francisco Comín Comín eds. *The Rise of Fiscal States: A Global History 1500-1914*. Cambridge: Cambridge University Press.

Nergaard, Kristine. 2014. "Trade Unions in Norway." *Friedrich-Ebert-Stiftung*.

Nilsson, Klas. 2017. *The Money of Monarchs: The Importance of Non-Tax Revenue for Autocratic Rule in Early Modern Sweden*. Lund: Lund University.

North, Douglass C. and Barry R. Weingast. 1989. "Constitutions and Commitment: The Evolution of Institutions Governing Public Choice in Seventeenth-Century England." *The Journal of Economic History*, Vol. 49, No. 4.

O'Brien, Patrick K. 1988. "The Political Economy of British Taxation, 1660-1815." *The Economic History Review*, Vol. 41, No. 1.

O'connor, James. 2009. *The Fiscal Crisis of the State*. New Brunswick: Transaction Publishers.

OECD. 2015. *In It Together: Why Less and Inequality Benefits All*. Paris: OECD Publishing.

_____. 2018. *Good jobs for all in a changing world of work: the OECD jobs strategy*. Paris: OECD Publishing.

_____. 2019. *Negotiating our way up: collective bargaining in a changing world of work*. Paris: OECD Publishing.

_____. 2020a. *Economic Surveys Korea 2020*. https://www.oecd.org/economy/korea-economic-snapshot.

_____. 2020b. *Revenue statistics 2020*. Paris: OECD Publishing.

https://doi.org/10.1787/8625f8e5-en.

____. 2021a. "Government at a Glance 2021." https://doi.org/10.1787/888934259237.

____. 2021b. *Poverty rate (indicator)*(doi: 10.1787/0fe1315d-en). Accessed on 08 June 2021.

Ogborn, Miles. 1998. "The capacities of the state: Charles Davenant and the management of the Excise, 1683-1698." *Journal of Historical Geography*, Vol. 24, No. 3.

Petersen, E. Ladewig. 1975. "From domain state to tax state: Synthesis and interpretation." *Scandinavian Economic History Review*, Vol. 23.

Roberts, M. 1955. *The military revolution, 1560-1660: an inaugural lecture delivered before the Queen's University of Belfast*. Belfast: Queen's University.

Schumpeter, Joseph Alois. 1918. *Die Krise des Steuerstaats*. Leuschner & Lubensky.

Stasavage, David. 2007. "Partisan Politics and Public Debt: The Importance of the Whig Supremacy for Britain's Financial Revolution." *European Review of Economic History*, Vol. 11, No. 1.

Steinmo, Sven. 1993. *Taxation and democracy: Swedish, British, and American approaches to financing the modern state*. New Haven: Yale Univ. Pr.

____. 2002. "Globalization and taxation: Challenges to the Swedish Welfare State." *Comparative Political Studies*, Vol. 35, No. 7.

____. 2003. "The Evolution of Policy Ideas: Tax Policy in the 20th Century." *British Journal of Politics and International Relations*, Vol. 5, No. 2.

Storrs, Christopher ed. 2009. *The Fiscal-Military State in Eighteenth Century Europe*. Farnham: Ashgate.

Storrs, Christopher. 2009. "Introduction: The Fiscal-Military State in the 'Long' Eighteenth Century." Christopher Storrs ed. *The Fiscal-Military State in Eighteenth Century Europe*. Farnham: Ashgate.

The National Archives. 2019. "Records of the Boards of Customs, Excise, and Customs and Excise, and HM Revenue and Customs." https://discovery.nationalarchives.gov.uk/details/r/C67.

Therborn, Göran. 1977. "The Rule of Capital and the Rise of Democracy." *New Left Review*, 103.

Tilly, Charles. 1975. "Reflections on the History of European State-Making." Tilly, Charles ed. *The Formation of National States in Western Europe*. Princeton,

N.J.: Princeton University Press.

Timmons, Jeffrey F. 2005. "The Fiscal Contract: States, Taxes, and Public Services." *World Politics*, Vol. 57, No. 4.

Vries, Peer. 2012. "Public Finance in China and Britain in the Long Eighteenth Century." *Working papers*, 167/12. The London School of Economics and Political Science, London, UK.

Webber, Carolyn and Aaron Wildavsky. 1986. *A History of Taxation and Expenditure in the Western World*. New York: Simon and Schuster.

Western, Bruce. 1993. "Postwar Unionization in Eighteen Advanced Capitalist Countries." *American Sociological Review*, Vol. 58, No. 2, p. 267.

Yun-Casalilla, Bartolomé, Patrick K. O'Brien and Francisco Comín Comín eds. 2012. *The Rise of Fiscal States: A Global History 1500-1914*. Cambridge: Cambridge University Press.

Yun-Casalilla, Bartolomé. 2012. "the rise of the fiscal state in Eurasia from a global, comparative and transnational perspective." Yun-Casalilla, Bartolomé, Patrick K. O'Brien and Francisco Comín Comín eds. *The Rise of Fiscal States: A Global History 1500-1914*. Cambridge: Cambridge University Press.

찾아보기

ㄱ

감손 경정 청구 240, 244, 245

개인소득세 50, 58, 73, 113, 120,
　　124~126, 128, 139, 140, 142~144,
　　178, 179, 215, 218, 220, 222, 223,
　　226, 227, 233~236, 239~242, 244,
　　245, 247, 248, 250, 255, 263~266,
　　268~271, 274~280, 282, 283, 285,
　　287~289, 291, 292, 295, 296, 308,
　　311, 313, 314, 337, 357, 478, 500,
　　501, 503, 504, 509, 515

결전행정 114, 173, 202, 204

경성 세무 감독국(장) 121, 128, 147, 149,
　　151, 156, 174, 179, 193~195, 264,
　　265, 276, 279, 280, 291, 294, 296,
　　298, 299, 301, 306, 336, 341, 343,
　　344, 346, 347, 363~365, 367, 419,
　　451, 463, 465, 483

경성세무서(장) 179, 184~186, 200, 213,
　　267, 268, 281, 284, 286, 289, 292,
　　294, 301, 303, 306, 309, 311, 314,
　　315, 340, 343, 414, 444, 451, 455,
　　483

계급세 52, 62, 247

고등문관시험(고문) 120~122, 147, 314,
　　319, 323, 339, 340, 342, 344~347,
　　352, 353, 380, 383, 443, 444, 451,
　　462, 476, 483

고원雇員 155, 157, 166, 167, 169, 173,
　　189~192, 201, 266, 267, 317~329,
　　332~334, 336, 359, 373, 383, 385,
　　387, 388, 395, 396, 398, 403, 405,

407, 412~415, 450, 465

과대 성장 국가(론) 64, 65, 74, 77, 79

과세 없이 대표 없다 68

광주 세무 감독국(장) 120, 147, 153, 156,
　　179, 187, 193, 262, 305, 320, 339,
　　341~345, 348

국가 재정 징수 역량 92, 94

국민 부담률 92

권력 자원 47, 96, 97, 104, 105

근로소득 원천징수 505, 507, 509

기수技手 148, 149, 155~157, 180,
　　186~189, 207, 208, 322, 324, 327,
　　330, 347, 351, 452

김만기金萬基 89, 121, 122, 346, 347, 445,
　　448, 450~452, 465, 468, 470,
　　472~478, 506, 508

김무엽金武燁 318, 339, 340, 379

김성환金聖煥 122, 343~346, 352~354, 383

김우평 467

ㄴ

남창南彰 340

납세 슬로건 424

납세 조합 366

납세보국 72, 88, 89, 115, 365~367, 420,
　　424, 466, 468, 475

납세자의 권리 73, 215, 239, 245

내국세 71, 74, 75, 78, 111, 129, 130, 136,
　　140, 147~149, 154, 155, 157,
　　163~165, 175, 176, 183, 184, 194,

200~202, 204, 205, 207, 209, 241,
313, 319, 335, 337, 338, 357, 358,
417, 436, 439, 449, 450
노동자 권력 자원   46~48, 55, 62~64,
92, 94, 96, 98, 106, 107

ㄷ

대구 세무 감독국(장)   149, 156, 193, 254,
255, 259, 271, 320, 326, 327,
341~345, 384, 393, 396, 403
대장성 세무 강습회   374~377, 392, 393,
475
대중민주주의   44, 62, 63, 96
대중세   52, 62
대중정당   12, 20, 44, 45, 48, 53, 66, 96,
112
대표 없는 강압 과세   60, 478, 480
대표 없는 과세   13, 60, 75, 114, 115, 227,
295, 429
대표 없이 과세 없다   25, 59, 68, 114
도 재무부   128, 155, 205~208, 319, 320,
335, 341, 381, 435, 445, 448, 450
도의적 조세관   89

ㅁ

면세점免稅點   143~145, 218, 285, 288, 290,
487, 491~496
명사 정당cadre party   43
명칭·위치·관할구역   126, 162, 163, 197,
198, 214
무라야마 미치오村山道雄   136, 424
문관보통시험   328
미자 류세키美座流石   279
미즈타 나오마사水田直昌   370, 371, 443
민주적 계급투쟁   47

ㅂ

보통선거권   12, 50, 66, 80, 85, 86, 95~97,
112, 115, 479, 480
보편적 선거권   12, 43, 44, 46, 48, 63, 66, 67
복지국가   12~14, 20, 52~55, 58, 62, 64,
92, 94, 96, 98, 106, 107
복지국가 유형(화)   54, 55
부산 세무 감독국(장)   151

ㅅ

사세관司稅官   149, 156, 157, 167, 170, 179,
181, 182, 211, 212, 268, 322, 323,
339, 340, 343, 349, 351, 352, 465
사세관보司稅官補   174, 181, 182, 211, 212,
268, 327, 349~352
사세국의 기구 개혁   435, 449
사세청   78, 88, 126, 160, 165, 166, 204,
407, 436, 438, 442, 449, 450, 454,
458, 460, 488, 511
사회보장 부담률   92
사회보험   50, 53, 62, 105, 107
사회적 균열(정치사회적 균열)   45, 47, 61, 63
산업적 시민권   46, 47
세금 납부자 선거 체제régime censitaire   27, 43,
63, 70, 86
세무 감독국(장)   111, 114, 122, 126, 127,
130, 138, 148~151, 153~155, 159,
160, 162, 163, 165, 169~171, 173,
174, 177, 179, 180, 182, 183, 185~
189, 191~193, 197, 202, 204~206,
208, 213, 214, 236, 238, 240, 241,
243, 245, 246, 254, 255, 257~260,
263, 265, 273, 275, 287, 293, 294,
296, 306, 318, 320~325, 327, 328,
332, 334, 338~340, 343, 345~348,
357, 367, 373~375, 380, 384~386,

389, 393, 396, 403, 414, 426, 429

세무 강습회 74, 370, 373, 374, 376, 377,
　　379~381, 384, 389, 390, 392, 393,
　　395, 398~400, 402, 403, 412, 417,
　　418, 424, 464

세무 공무원 양성소 89, 418, 440, 461

세무 관서 유치 운동 131, 146

세무 비리 313, 426~428, 430, 466

세무리 149, 155~157, 179, 182, 211, 322,
　　324, 327, 330, 380, 383, 384, 390,
　　391, 405, 412, 414, 458

세무서(장) 72, 74, 78, 79, 88, 89, 111,
　　114, 117, 118, 122~126, 128, 130,
　　138, 146~157, 159, 160, 162, 163,
　　165~167, 169~174, 177~182, 184~
　　192, 195~199, 202~204, 207~214,
　　228, 229, 231, 236~245, 247~249,
　　251~257, 259~271, 273, 275, 276,
　　279~284, 287, 289~291, 293~296,
　　298~306, 309, 312~314, 318, 320,
　　322~329, 332~334, 336, 338, 340,
　　343, 346~350, 352~358, 360, 361,
　　374, 380, 383, 384, 389, 390, 392,
　　393, 396, 398, 400, 402, 403, 405,
　　407, 408, 410, 412, 413, 419, 426,
　　429, 430, 435~440, 443, 445, 447~
　　450, 452, 454~460, 465, 472, 488,
　　501, 502, 507, 510, 514, 515

세율 38, 39, 49, 50, 52, 119, 143, 144,
　　149, 173, 175~177, 184, 205, 218,
　　219, 226, 227, 337, 338, 417, 478,
　　479, 494, 499, 501

세제개정준비위원회 133, 139, 224

소득 금액 결정 238, 243, 257, 261, 263,
　　269, 296, 301~303, 501, 515

소득 신고 125, 242, 243, 253, 255,
　　269~271, 273, 275~277, 280, 281,

287~290, 292, 299, 300, 304, 501,
　　507, 511

소득 신고서 237, 242, 274, 277, 279, 287

소득 심사청구 246, 259, 305, 306,
　　308~310, 312, 502, 510, 511

소득심사위원 306

소득심사위원회 120, 238, 240, 243, 246,
　　269, 305, 306, 309, 311, 312, 502,
　　510, 515

소득조사위원 127, 239, 240, 245, 246,
　　248, 250, 254, 255, 257, 258, 260,
　　263, 271, 292~296, 298~301, 306,
　　501, 502

소득조사위원회 73, 120, 125, 126, 128,
　　215, 219, 237, 239, 242, 243, 247~
　　253, 255~257, 260, 261, 263~265,
　　269~271, 273, 274, 291~293, 295,
　　296, 298~302, 305, 306, 479, 484,
　　486, 487, 500~502, 509, 510, 513~
　　515

소득표준율 237, 242, 247, 273, 275,
　　282~284, 303, 304

소원 제도 166, 240, 259, 260

속屬 118, 121, 148, 149, 155~157, 178~
　　182, 184~187, 189, 206, 208, 211,
　　266, 268, 269, 279, 282, 283, 298,
　　309, 322, 327, 330, 339~342, 344,
　　345, 347~352, 359, 360, 374~376,
　　379, 380, 383, 384, 387, 390, 392,
　　397, 405, 412, 414, 444, 448, 451,
　　452, 458, 461, 465, 483, 507

ㅇ

야스다 게이준安田慶淳 281

영업세 71, 72, 113, 135, 149, 179, 181,
　　205, 207, 230, 241, 250, 254, 275,

514

원천징수 제도 50, 52, 500, 503~508

의무설 423, 467, 468, 470, 471, 476, 477

이익설 421, 467, 468, 470, 471, 477

이창근李昌根 122, 319, 341, 342, 346

이해익李海翼 343~346

인민 예산 51, 54

인태식印泰植 120, 318, 340, 352~354, 360, 450, 451, 455, 459, 460, 472, 482

임문석林文碩 122, 344~346

ㅈ

작은 복지국가 58

작은 조세·복지 국가 106

장부·물건 검사권 73, 128, 161, 227~230, 232~235, 247, 274, 430, 479

장수길張壽吉 340, 346, 380, 386, 387, 483

장윤식張潤植 343, 344, 346

재무 감독국 129, 148, 159, 163, 170, 335

재무국 122, 126, 127, 136, 137, 139, 148, 162, 204, 205, 213, 214, 241, 243, 255, 259, 260, 279, 301, 308, 318, 320, 322, 323, 330, 332, 334, 338~ 341, 346~348, 367, 373, 379, 380, 383, 386, 389, 393, 407, 426, 429, 435, 436, 443, 444, 461, 482, 483, 503

재무서(재무 관서) 74, 126, 129, 148, 159, 162~165, 167, 170, 173, 333~335

재분배 수단으로서의 조세 48, 52, 103

재정 국가(론) 22~25, 32, 59, 70, 71

재정 혁명(론) 24, 25, 32

재정 협약 59, 63, 73, 87, 94, 480

재정-군사 국가(론) 22, 24, 37

전예용全禮鎔 343~345

전지용全智鎔 121, 122, 340, 341, 346

정민조鄭民朝 343, 344, 346, 447

제3종 소득세 143, 149, 153, 179, 181, 242, 244, 251, 253, 255, 256, 276, 278, 279, 283, 292, 366, 381, 430, 482, 484, 500, 501

제령制令 141, 142, 161, 221, 222, 226

조선소득세령 141, 142, 222~227, 230, 232, 234, 235, 242, 243, 253, 254, 256, 257, 260, 269, 274, 284, 287, 293, 305, 306, 478, 480, 486, 487, 495, 500, 501, 503, 511

조선인판임문관시험 328, 353, 359, 361

조선총독부 세무 관리 양성소 74, 89, 191, 329, 373, 380, 385~387, 396, 397, 405, 407, 418, 419, 458, 461, 463

(조선총독부) 세무 관서 관제(안) 126, 142, 147~151, 155~157, 161, 174, 176, 177, 180, 192, 193, 197, 202, 204, 208, 212, 241, 266, 267, 275, 337

(조선총독부) 세무 관서 111, 115~120, 123~128, 131, 133, 146~149, 153, 155, 157, 159~163, 165, 166, 169, 170, 172~174, 176~178, 180, 181, 183, 186, 188~192, 195, 197, 201, 203, 215, 259, 264, 265, 268~271, 275, 276, 280~282, 287, 290, 305, 306, 313, 317, 318, 320~324, 326, 327, 329~331, 333, 334, 338, 339, 341~343, 346, 357, 361, 367, 374, 377, 381, 393, 402, 405, 407, 408, 410, 413, 416, 417, 419, 426~429, 442, 455, 463, 464, 505

조세 도의(론) 368, 423, 474~476

조세 부담률 92

조세 없는 정치 90

조세 징수 청부 제도 33

『조세개론』 472, 473, 475, 476, 478

조세관 88, 89, 115, 368, 369, 418,
    421~425, 466~468, 475, 478

조세국가 18, 21~23, 25, 59~61, 63, 64,
    69, 70, 73, 85, 111

『조세국가의 위기』 21, 26

조세와 대표성의 연결 고리 59, 61, 75, 87, 89

조세의 근거 114, 423, 424, 467, 468,
    470~473, 477

조세의 협상 무대 12, 62, 87, 480

조세자문위원회 500, 513~515

주산 74, 128, 326, 362, 408~410, 413,
    415, 419, 442, 464

주산 강습회 383, 410, 413

주산 경기회 410~415, 419

주임관奏任官 149, 169, 170, 174, 179, 183,
    186, 321~323, 332~334, 336, 340,
    342, 343, 346, 349, 350

주판 408, 409

중앙집권적 세무 기구 13, 14, 33, 59, 61,
    69, 71, 73, 75, 78, 88, 108, 111, 113,
    115

지대 국가(론) 30, 64, 68

지불 조서 228, 229, 231~234, 237, 242,
    284, 286, 512

질문권 227, 229, 234

징세비 75, 136, 201, 336, 503, 505

ㅊ

차티스트운동 20, 43, 47, 66

최병원崔秉源 347

칙임관勅任官 149, 174, 179, 182, 321, 334

친임관親任官 321

ㅋ

큰 복지국가 58, 62

ㅌ

토지 임대 가격 조사 120, 154, 173, 176,
    183, 187~189, 191, 194~196, 226,
    337, 338, 355, 383, 437

ㅍ

판임관判任官 149, 157, 169, 174, 182, 183,
    186, 191, 317, 321~328, 331~336,
    339, 349, 353, 359, 380, 383, 389,
    391, 395, 396, 403, 405, 412, 414,
    415

평양 세무 감독국(장) 157, 174, 179, 182,
    193, 261, 262, 276, 311, 320, 341,
    342, 344~346

ㅎ

하야시 시게조林繁藏 137, 275

한종건韓鍾建 344, 345

함흥 세무 감독국(장) 151, 153, 157, 179,
    180, 193, 199, 298, 320, 341~343,
    346, 384, 410, 452

행정소송 제도 240, 245, 246, 309, 488, 502

홍헌표洪憲杓 347, 443, 444

황중률黃仲律 375, 376, 472, 506, 507

후루쇼 이쓰오古庄逸夫 147, 363, 365

기타

1, 2차 재분배 과정 99, 101, 102, 104, 107